投资正途

——大势·选股·买卖

（第二版）

丁圣元　著

地震出版社

图书在版编目（CIP）数据

投资正途——大势·选股·买卖/丁圣元，—北京：地震出版社，2008.11（2023.1重印）

ISBN 978-7-5028-1906-4

Ⅰ.投… Ⅱ.丁… Ⅲ.股票—证券投资—研究 Ⅳ.F830.91

中国版本图书馆 CIP 数据核字（2001）第 033152号

地震版 XM 5468 /F (2455)

投资正途

——大势·选股·买卖

丁圣元 著

责任编辑：李 玲

责任校对：庞娅萍

出版发行：地震出版社

北京市海淀区民族大学南路 9 号　　邮编：100081

发行部：68423031　68467991　　传真：68467991

总编室：68462709　68423029

证券图书事业部：68426052

http: //seismologicalpress.com

Email:zqbj68426052@163.com

经销：全国各地新华书店

印刷：河北盛世彩捷印刷有限公司

版（印）次：2008 年 11月第二版　2023 年 1 月第12次印刷

开本：787 × 1092　1/16

字数：589 千字

印张：23

书号：ISBN 978-7-5028-1906-4

定价：60.00 元

技术分析是行为准则和纪律

——《投资正途》再版前言

到底什么是市场？市场就是相互关联的每一个参与投资（投机）的人组成的群体。

在非洲大草原上，羚羊每年都会大规模迁徙，途中经常遭到狮子的袭击，于是羚羊挤成一团，扰乱狮子的视线，但是落在团团外的羚羊就会被狮子吃掉。市场就像这群羚羊，这群羚羊有时磨磨蹭蹭，哪儿也不去；有时突然发足飞奔，一路狂飙。投资者的策略就是始终保持在这个群体的团团之内，紧紧追随群体，不落到外面去。因为，群体的行动好歹要比个体的行动简单，呆在群体内，至少还是某种平均化的努力。

但是为什么在交易时我们常常感觉要和群体保持一致其实很困难呢？实际上，问题的核心并不是因为市场复杂，而是因为我们自己复杂。当我们做交易的时候，要同时解决两个问题，一个是市场的问题，一个是自身的问题。

剖析一下投资过程，大致总有几个步骤。我们一般从搜集信息开始，研究信息，寻找蛛丝马迹，形成判断；有了判断后还要下得决心，才真正入市操作；入市操作后市场不断变化，给你盈或亏的结果；最后，盈和亏的结果必然对你本人发生作用。上述过程往复循环，于是人们不知不觉进入了三种循环状态。

(1) 贪婪和恐惧。赚的时候还想赚得更多，赔得时候害怕赔得更多。

(2) 自信或者自卑。如上所说，在判断和决心之间，还有一段距离，我们常常根据自信程度来下决心或是下不了决心，等于给自己添加了第二道安全门。假如之前的投资结果是盈利的话，通常你的自信心会增强，对自己的下一次判断觉得更有把握；反过来，通常你可能会更加自卑、感觉没有把握。

(3) 科学实验。如果能够把盈亏看得超然一点，尽量客观地分析上述步骤和循环过程中各个步骤做得对或错、妥当或不妥，就能总结经验教训，在下一次循环中有所改进。

这三种循环路径对投资都是不可避免的。没有贪婪，你对股票、期货等根本不会有兴趣，更谈不到进入市场。当你真正遇到危险的时候，恐惧可以让你规避风险，留下一命。自信和自卑也一样，自信的人可以把判断转化为行动能力，自卑虽然不是什么好事，但是可以让你四处张望。既然市场是群体的市场，那么投资者张望张望，了解别人的想法，也不算坏事。

设想我们要做一道红烧茄子，红烧茄子当然要有油、味精和酱油，没有这些佐料就出不来红烧茄子的味道。但是，这道菜主要材料是茄子，如果油、盐、味精和酱油多过茄子，那就坏了，一定让人吃不消。投资就像做菜，贪婪和恐惧、自信和自卑都是调味料，科学实验才是主要材料。同样道理，做投资这道菜，绝不能把调味料放得太多，超过了主要材料，喧宾夺主。

这里面存在良性循环和恶性循环。主料和调料的比例配置得当，则投资方法得当，容易形成良性循环，投资者越来越超脱，投资成功的把握更大；如果贪婪和恐惧、自信和自卑的比重过大，则投资方法不当，就可能形成恶性循环，不知不觉之间，投资者越来越被贪婪和恐惧、自信和自卑困扰，最终就不可能取得投资成功。

问题是我们很难意识到自己处在恶性循环中，总是觉得自己是在努力学习、努力改进，百分之百地“科学实验”，而实质上却被贪婪与恐惧、自信与自卑搞得六神无主。在这种情况下，在投资方法上、投资资讯上下再多功夫、投再多钱，也是南辕北辙的，甚至可能更受蒙蔽，使自己不能对自己进行严格的解剖、分析，找到真正的症结。

换句话说，如果投资者超脱一些，习惯于严格地解剖自己的话，你已经成功了一大半。自己的问题解决了，操作市场的方法就比较简单了。

我们都说市场最根本的一点就是不确定。人类大部分事业，从小学的孩子来看，没有哪种事业是确定的，但是我们并不因为这种不确定性，而忽视了孩子从小系统地、一贯地努力。这看上去不是很矛盾的吗？

我们总说市场最大的特点是不确定性，而当我们投资时，总是清楚地认识到，我们必须系统地、一贯地努力，一分耕耘、一分收获（不是说投资收益是一次交易累计一点、积少成多的，而是指我们的努力和追求永无止境，一分努力，一分进境）。这种表面上的矛盾，需要很好地理解。投资者怎么解决系统和一贯的问题，使自己的努力有着力点呢？有三个层面的内容：

第一层面，根本原则，永远不变的东西。

(1) 顺应市场。市场顺应经济现实，你要想在市场中获得成功，就必须顺应市场。顺应不是预测、前瞻，而是要打开自己的身心去感受市场到底往哪儿去，及时采取应对措施。如果说市场是疯狂的，那只能说明现实世界其实更疯狂。

(2) 心安。你的心必须是平静的，心里装的东西必须是少的，不能是多的。心安有这么几条：①确保自己的财务安全。市场一涨一跌的时候就会涉及到你的财务安全，极端而言可能让你一朝暴富，也可能一夕破产，因此你承担的市场风险量一定要和自己的承受能力相称。②少我。婴儿是没有“我”的，只要吃饱了，穿暖了，就不会闹。老子说，只要你做到婴儿这样就会强大，这是少我。按照马斯洛需求五层次理论，人有五种基本需求：生理需求、安全需求、社会需求、尊重需求和自我实现需求，依次由较低层次到较高层次。婴儿的需求主要限于第一层次，最多到第二层次。越高层次的需求，越具有“我”的特点，越是不能带进投资实践中。③行为有尽可能客观的依据。

(3) 相信趋势、理解趋势、识别趋势、追随趋势。

第二层面，投资方法和工具，这些是随着交易环境而逐步变迁的东西。根据不同的市场还有市场环境的变化逐步改进。方法和工具不会总变化，而是逐步改变。

第三层面，具体的交易策略。第一层次之下有方法，第二层次之下有策略，投资策略必须经常变，市场变则策略变。

这三个层面组合起来大抵可以解决前面所说的表面的矛盾。

关于技术分析，有很多争论，特别是在股票投资界，似乎主流的是所谓“价值投资理论”，而技术分析则不登大雅之堂。遗憾的是，即使在声称自己奉行技术分析的人士中也普遍存在对技术分析的误解，以为技术分析是一门预测的学问。

技术分析是投资者的行为准则和纪律。

市场时时变化，技术分析帮助投资者从变化中识别有效的交易信号，交易信号驱动投资行为，几乎类似于某种智能化的机械反应过程。由此可见，技术分析的主要用处和目的并不是预测市场，而是指导投资者在合适的时候、合适的品种上采取合适的行动。

预测的过程通常是搜集信息、提炼原因、从原因到结果地推论。原因或理由常常既有正面的也有反面的，但是为了最终得出预测结论，往往必须选择一边。问题就在于选择的过程常常也是当事人心理强化的过程。时下流行辩论赛，为了气氛热烈，故意把辩手分为正方、反方，辩论赛并不在意选手的真实想法，而是着重考察辩论技巧、现场表现、仪表风度等。有趣的是，很多辩手原来心里持有相反的看法，但是通过在辩论中挖空心思找理由论证的过程，不知不觉之间竟然真正转变了看法，从原来的对立面走在了现在的同一面。我无意讨论心理学，只想强调，预测的过程同辩论的过程其实十分类似，本质上就是一个“合理化”的过程，区别在于“说服自己”还是“说服他人”，预测越明确、理由越强大，则心理强化的效果越显著。问题是驱动市场的因素是不可能穷尽的，通常情况下，市场变化不能明确对应到明显的理由；退一步说，即使存在明显理由，任何明显的理由至多只能是一时发挥作用，而且在它发挥效果的时刻，通常不可能立即识别它，总有时滞。给市场变化对应理由本来就是一个严重的错误，在这个错误的前提下，倘使投资者能够时刻清醒地意识到，市场上总是同时存在数不清的理由，既有正面的，也有反面的，因此随时保持正反面兼顾、尽可能客观开放的基本态度，那么这位投资者还算有救；倘若他再经过预测过程的强化，在数不清的正正反反的理由中，偏执于正面的或反面的一种或数种理由，那么他必然无药可救，成了花岗岩的脑袋。市场是不确定的，投资者不得不随行就市才能适应市场，一旦习惯于强化，就没有希望了。

开车的时候，必须立即稳妥处理此时此刻的现场和现象，没有时间追究现场和现象背后的理由。就安全驾驶来说，查究现象后的理由可以事后再说，甚至可以对大多数理由置之不理，但你就是不能不在第一时间做出合理反应——行动。这就是技术分析作为行动准则或纪律的含义。

投资者最重要的特质是胆识，外加一点运气。按照字典的解释，

胆识 = 胆量 + 见识

胆量和见识，都是围绕行动来说的。

胆量，是要敢于把想法付诸行动。行动同时指两方面，动，不动，都是行动，孙子兵法说，"故其疾如风，其徐如林，侵掠如火，不动如山，难知如阴，动如雷震"，该动的时候侵掠如火，不动的时候稳如泰山，如此才能完整地理解投资中"行动"二字的真正含义。换句话说，该行动的时候，不论是开仓入市，还是获利或止损出市，都要果敢地动；该等待的时候，不论是持仓等待，还是空仓等待入市时机，都要坚韧地不动，这才是真正的胆识。

"该"，还是"不该"，是技术分析的主要用处之一。用钓鱼来做比方，当我们装好鱼饵，把鱼钩抛入水中后，就要盯着鱼漂。鱼漂一边随波漂荡、随风摇摆，一边传递水下的鱼情，也就是说，我们要从噪声中识别有效的咬钩信号，一旦鱼咬钩了，拿捏时机提杆，把鱼钓上来。没有信号，就得耐心等待；反过来，有了信号，就得立即行动。技术分析是投资者分辨信号、拿捏时机、获利或止损的动作要领；因为投资是关系到财富得失的大事，技术分析也就成了严格的纪律。

投资者的见识既包括常规意义上的书本知识、口耳相传的知识，也包括从实践中得来的亲身经历和体会。特别重要的是，投资者的见识既是投资者对市场的认识，也是投资者对自己的认识，其中特别是要对自己有较为正确客观的认识，才能做到孙子兵法所说的"知己知彼"，才能扬长避短。

几千年前，古希腊奥林匹斯山上的特尔斐神殿里有一块石碑，上面写着："认识你自己"。显然，不论就人的个体，你、我、他而言，还是就人的群体而言，正确客观地认识自己都是一个挑战。人对自我的探索可能是一道永恒的课题。小的时候，父母在我们身边，如果我们犯错，父母马上就会指出来；小学、中学时，如果我们犯错，老师一般也会马上指出来；上了大学，特别是走上社会，一方面我们成人独立了，另一方面，大家戴上面具客客气气，不再有人马上指出我们的错误，改正的机会反而少了。从这一点来看，投资者是幸运的，不论何时何地，只要投资者的交易行为做错了，市场立即用盈亏反映出来，毫不隐讳；更可贵的是，市场变化具有无可争议的权威性，市场就像毫不失真的镜子一样完美地反照了投资者的行为。多亏市场的帮助，投资者有希望较为正确、客观地认识自己、理解自己。

粗略说来，我们的知识可以分为两大类，一类是知晓，既有记忆的，也有理解的，可以滚瓜烂熟、头头是道，但是事到临头，却不一定能落实于行为之中；一类是觉悟，不一定统统能够用言语表达出来，却是在行动时我们自觉或不自觉间真正实行的。知晓与行动之间存在明显的距离；觉悟和行动则是自然合一的。前人之所以强调"知行合一"，正因为"知"不等于"行"。投资是实践，投资方法是手艺，而不是科学，顺

理成章，学习投资方法一定会遭遇“知晓”和“觉悟”之间的鸿沟，如何跨过这道鸿沟，从知识准备顺利转变为行为方式，实际上是投资者面临的重大挑战。

人做事大抵有两种选择，一种是从一时一地的条件出发，采取相应的对策，力求取得对己“满意的”、至少是“过得去的”结果。短期利益是出发点，随机应变是基本要领，“头痛医头，脚痛医脚”。这是策略性的追求。

另一种则是力求探索事物演变的客观规律，尽力按照客观规律谋求可持续的长远果实。在这种情况下，当事人必须坚定不移地朝着远大目标努力，有条件则善加利用，没有条件也要设法创造条件。即使不得不有所牺牲，也在所不惜。古语说，虽千人万人吾往矣，说的就是这种浩然气魄。这是对远大目标的追求。

如果把这两种情况看成两个极端，那么在通常情况下，人的行为方式就居于两个极端之间，事情越重大，则偏向后者更多，事情越琐细，则偏向前者更多。两种方式我们都需要。没有随机应变，就不能积小胜而成大胜，最终可能一事无成；没有远大目标，则随机应变就成了随波逐流，最终往往不知所终，“小胜”变成了鸡毛蒜皮，也就没有意义了。

管理思想家德博诺博士说，溪流上漂着一块木板，还有一只鸭子也在旁边随波逐流，表面上两者似乎没有什么区别，实际上木板是被动的，而鸭子任水推送、顺潮流而行是主动选择的。表面看来并无两样，但本质上却有那么大的区别。看到了鸭子和木板的本质区别，在投资这样的大事上，我们怎么能不小心谨慎地选择呢？

2008年可能是一个很值得纪念的年头。打开行情图表，无论股票、债券，还是期货，到处充斥着难得一见的激烈、巨幅、持久的下跌走势，媒体中一片声地惊呼“金融危机”。

历史地看，美国金融危机的根本原因可能有三方面，第一，金融机构的激励机制过度短期化，股东对企业不能发挥有效的监督、制约作用；第二，从20世纪末到2006年，美国基准低利率长期处在历史最低水平，刺激了房地产市场的长期繁荣，诱导了有关金融产品的泡沫状态；第三，和前两个方面有关，金融市场在根本上具有不确定性，当我们回头总结的时候，“事后诸葛亮”总是好当，但金融机构的经营在根本上必须面向未来，而未来显然极难预料。收益越大、风险越高，是金融市场亘古不变的真理。人类一再犯类似的错误，说明我们江山易改、秉性难移。

当然，国内A股市场上证综合指数于2007年10月16日创历史新高6124点，到2008年10月28日的最低1664点，跌幅高达73%。国内市场的表现虽然与海外金融危机相似，但跌得早、跌幅更大，并不能主要归结为西方金融危机的影响。

这样惊人的市场变化，多少总该唤醒我们的一点觉悟吧？否则，还得多大的刺激，才能让我们开窍呢？

第一，趋势是一种明明白白的存在。趋势的力量如此惊人，市场上没有任何力量可以与之抗衡，不论是钱最多的还是权最大的，概莫能外。投资人必须从心底里敬畏市场，如此才能端正态度，以顺应市场为唯一行动指南。

第二，趋势演变不是一个均匀的过程，而是充满涨和跌的交替、快和慢的交替，具有一定的规律性。以铜期货市场为例，从2006年5月至2008年7月，两年又两个月，大致局限于5000～8000点的高位区间横向盘整，而且越走波幅越窄。2008年8、

9、10 三个月，从 8080 点一口气下跌到 3600 点，跌幅 55%。真可谓“静如处子、动如脱兔”，“不动如山，侵掠如火”。趋势变化的基本规律主要在于趋势结构、趋势阶段、趋势交替三方面。

第三，在市场上，生存乃第一要义，只有确保生存，才能谈得到任何其他追求。确保幸存的唯一救命索是，严守行为准则和纪律——技术分析首先是行为准则和纪律，行动第一，其唯一目的就是顺应大势。

《投资正途——大势·选股·买卖》成书于 2001 年，承蒙读者朋友错爱，要求修订再版。这次修订主要在第一章和第二章。第一章是全书的基础，试图用现代语言和图形方法演绎我所理解的《周易》中先天太极图关于趋势性变化的一点含义，这次的修订力图表达更详细、更清晰。第二章从趋势的定义出发，加深了对趋势和转折点的理解，把第一章的趋势结构、趋势阶段、趋势交替等理论进一步具体化，转化为常规的趋势分析实践，发展为简便的趋势分析工具，应用于日线、周线、月线图，分别对应短期、中期、长期趋势。当然免不了也要介绍其他常见的趋势分析工具。其他章节当然也值得修改，只是限于时间，请允许我以后逐一进行。

衷心感谢北京大学金融衍生品及期货高级研修班的吴富建老师、毛雷老师和各位同学，他们让我有机会多次在各期班级讲授本书部分内容，帮助我反复推敲和修改，我感到十分幸运。

感谢友邦华泰基金管理有限公司副总裁王溯舸先生、著名自由投资人和作者青泽先生、企业管理出版社编辑丁峰先生、我的责任编辑李玲女士、长阳书店的梁永刚先生，长期以来，他们对本书提出了各方面中肯的批评建议，帮助和鼓舞我不断探索前进，我万分感谢！

丁圣元

2008 年 11 月 18 日

前　言

自从我1993年翻译的《期货市场技术分析》、1997年翻译的《日本蜡烛图技术》面世以来，收到了数千封读者来信，我和很多朋友都有书信往还。从中我发现了一个很有代表性的问题，各种技术分析方法和工具并不总是相互验证的，到底应当以什么方法为主、什么方法为次？

这些年来，我一直在思考和解答这个问题。最初，我将技术分析工具按照重要程度排列出来，最重要的是趋势的基本概念和基本分析工具，包括价格水平、百分比回撤水平、趋势线、价格形态等；其次，是趋势分析的辅助工具，主要有移动平均线和移动平均线组合；最后，是各种摆动指数和计算机化的技术指标、时间周期等，用来细化市场转折时机的研究。但是后来我逐渐认识到，虽然以上对技术分析方法的排列对朋友们很有帮助，但还是停留在方法层次上，没有从根本上解决问题。

从技术分析方法本身来看，每种分析方法都有一定的分析要领，投资者常常按照这些要领亦步亦趋地实行。然而，市场变化如此鲜活、生动，怎么可能仅仅凭借几条高度概括的要领来适应各种复杂的市场状况呢？实际上，技术分析要求投资者凭借自己的经验和智慧来灵活运用，而投资者的经验和智慧就是一个投资理念的问题。很多技术分析爱好者都已经认识到投资理念是超越具体方法的指导思想，没有深刻、健全的投资理念，就不可能认清市场变化的本质，任何市场研究方法都只是依葫芦画瓢，只得皮毛，而未得神髓。

那么，什么是技术分析的神髓呢？

从一开始，我就毫不含糊地将趋势的基本概念和基本分析工具列为最重要的技术分析内容。趋势是技术分析的核心概念，技术分析的买卖信号等问题都是围绕市场趋势展开的，也只能从市场趋势中找到答案。于是，我以市场趋势为中心，将投资理念的问题分解为以下诸方面：

什么是趋势?

趋势的形成机制是什么？

趋势演变的基本特征是什么？

趋势理论的应用有什么意义，特别是市场趋势对投资者境遇有什么影响？

我渐渐发现，从关于技术分析的著作中找不到现成的答案，几乎没有哪一本书深入地研究上述问题。大多数技术分析书籍都告诉我们种种经验总结，种种分析要领，种种具体变化，再加上各种图例，基本上都从什么是趋势信号开始，到投资者怎么做结束。

后来，我又一头扎进了经济学。我突然发现，在正宗的经济学中，关于市场变化的研究似乎沦为雕虫小技，即使是大部头的教科书，也只有很少的篇幅用来研究日常市场变化。也许经济学家们认为具体市场变化过于琐碎，也许他们心里明白这个问题太复杂，说不清楚，总之同样令我失望。

经过反复思考，我终于领悟到，趋势的概念并不为市场所独有。当我们在日常生活中谈起变化的时候，实际上都是以**趋势**作为核心概念的，趋势之外的变化并无意义，也无法深究。这样一来，要么我们在普遍意义上对变化和趋势有所认识，进而认识市场趋势，要么我们对任何变化和趋势都弄不明白。

我又想，在市场经济条件下，生活的方方面面都是通过各种市场来进行的。我们常人不得不付出自己有限的时间来工作，以获得报酬。工作报酬的一部分作为生活成本支出，另一部分则转化为投资。投资报偿与工作报酬并没有任何不同，都是我们换得归自己自由支配的时间的手段，因此，市场变化与投资者的生活境遇息息相关。从这样的角度来看，市场趋势和生活境遇的趋势怎么可能有本质区别呢？

本来我就一直对哲学抱有浓厚的兴趣，既然市场投资的学问和经济学都不能让我信服，既然市场趋势和生活中普遍意义上的趋势没有本质区别，我自然转向哲学来寻找答案。我国最古老、最重要的典籍——《周易》，就是关于普遍的变化的哲学，它一下子就牢牢地吸引了我的注意力。

多年来，我反复学习和琢磨，把自己对《周易》理解的点点滴滴与自己在海内外市场的交易实践、平日的观察和思考相互参照，渐渐地将点点滴滴连接成片，最终形成了一个相对完整的体系，尝试回答了上述四个问题，这就是本书第一章的由来。

从这个意义上说，第一章是全书的核心，其余章节不过是第一章的具体阐述和应用。如果您在看第一章的时候感到不适应，或者觉得其内容与市场趋势没有直接关系，我诚心诚意地建议您暂且忍耐，能看明白多少就看明白多少，有个大致印象就可以了。当您看完全书之后，请再回头看第一章，那时感觉可能会好得多。关于投资理念的问题不是一个容易的话题，我自己也需要不断地实践、学习、思考、领悟。

当然，本书其他内容并非不重要，它们都是作者长期实践和独立思考的结晶，甚至大多数行情图例都来自作者自己编写的图表分析系统。

投资就像走迷宫，在走迷宫前最好先站到高处，看看迷宫的总体布局，弄清通道路径，才能少走弯路、少碰壁；不管三七二十一，一头扎进迷宫左冲右突的做法显然是鲁莽冒失的。国内股市已有十年历史，投资书刊林林总总、目不暇接，但是，大多似乎对从大势、选股、再到具体买卖的完整投资过程注意不够，更多的是零散的秘诀、技巧。

有感与此，本书试图从正反两个方面来探讨系统化的投资方法，正面，介绍一套完整的技术分析操作方法，包括研究大势、选择个股、买卖决策、资金管理、投资组合管理等方面（第二～六章）；反面，介绍投资者常见的一些错误，希望投资者通过一次一类地避免重复性的错误，少走弯路，尽早踏上投资正途（第七～十二章）。

本书的选股策略是从所有股票中挑选出由弱转强、同步转强、强者恒强三类，再由这三类股票组合成适当的投资组合（第四章）。

本书认为新股和次新股具有明显不同于“老股票”的特殊性，并根据其特性提出了针对性的交易策略（附录一）。本书提供了丰富的图例，所有图例基本出自国内市场，所有图例都有适宜的标注和详细的解说。

国内股市有不少中国特色，作者已经充分注意将一般投资理论和国内实践结合起来，使之实用于国内市场。事实上，作者所说就是作者本人在投资实践中所行。

通过以上介绍，您大致可以发现，本书与《期货市场技术分析》和《日本蜡烛图技术》并没有重叠之处，而是对它们的总结和提高。

有的读者朋友望文生义，从《期货市场技术分析》（[美]约翰·墨菲著，地震出版社，1994 年，16 开，550 余页，定价 80 元）的书名判断这本书只适合期货市场，这是误会。实际上技术分析在股票市场和期货市场是没有实质区别的，对于国内股市投资者来说，本书在西方市场技术分析理论和应用方面是最重要的参考书。再者，国内股指期货可能将推出，您就更没有必要介意书名了。

《日本蜡烛图技术》（[美]史蒂夫·尼森著，地震出版社，1998 年，16 开，350 余页，定价 60 元）就是所谓“K 线图”技术，是国内关于 K 线图分析技术和应用的重要参考书，其主要特色在于恰如其分地将东、西方技术分析方法相互参照、相互验证、相互辩驳。它对 K 线图技术的介绍十分清晰、精彩，值得选择。

我在 2000 年初还翻译了第三本市场分析名著，《逆向思考的艺术》（[美]汉弗莱·B·尼尔著，海南出版社，2001 年，32 开，220 多页，定价 15 元），主要是关于市场参与者大众心理学的研究和应用。

言归正传。严格说来，本书不是纯粹的技术分析著作，作者也是不纯粹的技术分析者。正如盲人摸象的故事所揭示的那样，技术分析、基本分析、现代投资理论、投资心理学不过是从不同的部位、不同的角度来看观察同一个对象的不同结果，虽然它们的理论基础貌似不同，做法也不尽相同，但是，它们摸到的都只是**这头大象**的一部分，描画的都只是**这头大象**的一个侧影。从**这头大象**本身来说，实质上我们没有理由将技术分析、基本分析等市场理论和方法对立起来，或者仅仅满足于其中某一种理论和方法，合理的做法是，首先尽可能学习和掌握所有方法；其次，尽可能将所有方法综合为一个整体。本书偏重于技术分析，但并不排斥基本分析和现代投资理论，只要有可能，我们总是很乐意借鉴基本分析和现代投资理论，比如说，本书第一章就是从“资源稀缺”的经济学公理开始的。

最后请允许我自我介绍。丁圣元，1990 年北大理学硕士毕业。

1993 年以来，翻译出版了《期货市场技术分析》（地震出版社，1994）、《日本蜡烛图技术》（地震出版社，1998），语言准确、流畅，被广泛誉为国内技术分析领域最重要的参考书，也受到港台、北美的华文读者的欢迎。2000 年翻译《逆向思考的艺术》（海南出版社，2001 年）。

1994 年初以来，在全国各地主讲了许多市场技术分析讲座，不遗余力地推广市场分析知识以及中国传统哲学在市场研究中的应用。

在《中国证券报》、《北京晨报》、《天天证券》等发表市场研究、新闻评论、理论研究文章多篇，研究范围包括中国古典哲学及其应用、市场研究理论和方法、新经济理论、风险投资实务等。

如果朋友们对本书有任何疑问，或者对作者有任何批评建议，或者发现了盗版，或者购书有困难，欢迎与作者联系，我们将尽力给予满意的答复。我的通信地址是：“北京市朝阳区惠新南里一号院北楼 3 门 403 室丁圣元收”，邮政编码是 100029，电子邮箱是 dingshengyuan@163.com。

丁圣元

2001/4/26

致　谢

请允许我向地震出版社的李玲编辑表达诚挚的谢意。

2000 年 9～10 月间，李编辑约我写一本关于市场分析的书，当时的想法是，最近几年我已经有不少文章发表在报刊上，或许可以搜集整理成一个集子。在这之前我从来没有将写书看作一项迫切的任务，李编辑提出的要求恰恰提醒了我，使我摆脱了原有的因循散漫状态。通过本书的写作，我的思想更清晰、更深刻、更有条理，使我站到了一个新的高度。以第一章的趋势理论来说，李编辑无疑促使我从旧循环中挣脱出来，进入了新趋势；以第十二章的“缸沿”来说，李编辑的提醒促使我摆脱了在旧缸沿上转圈的老套，这正是从系统之外改变系统之内原有竞争循环关系、原有趋势的典型实例。真是“一言点醒梦中人”。

我在搜集整理旧文章的过程中，感觉到强烈的写作冲动，不再满足于原来那些零散的文章，而是希望更系统、更完整地表达自己自从 1990 年以来在外汇市场、香港股市、国内股市积累的交易经验和感受、以及对国内外广泛的金融市场及投资理论学习和思考的心得。结果，这本书的大多数内容都是在半年时间内新写的，其中只用到了几篇曾经发表过的文章。因为多年来一直不断地交易、学习、思考、并养成了随时记录思考结果的习惯，这不是急就章，或许算得上厚积薄发吧。

在本书写作过程中，书稿在我和李编辑之间往来了五遍以上，每一次李编辑都不厌其烦地仔细审读，并提出详细的修改意见。实际上，她参与了本书从大纲到成书的每一个阶段，看着它一步步成形，也就是说她审读的有时是大纲，有时是毛坯，她为本书付出了很多心血。

几乎与李编辑约我写书同时，张益超先生替上海的《天天证券》约稿，要我开辟一个专栏。于是，本书纲要和一部分内容就有幸在专栏中提前和上海读者见面。我倒不是有意一稿多投，而是因为一者张先生期望甚殷难以拒却，二者我也不可能既维持一个高质量的每周专栏，同时继续本书的写作。无论如何，专栏和本书都是作者的心血。感谢张先生举荐、牵线之功。

令作者倍感荣幸和鼓舞的是，《天天证券》的专栏慢慢有了反馈，有些朋友写信告诉我，我的文章他们每期必读，甚至每期都搜集、装订起来，反复阅读。感谢所有的读者朋友，感谢所有热情推荐我翻译的书和我的专栏的朋友。在这些朋友中，我要特别感谢杨玉齐先生和方美怡女士。杨先生常常热情地向他周围朋友推荐我翻译的书，我们经常沟通。方女士则写信给我，详细点评我的专栏，令我受益匪浅。

我还要感谢我的同事于国新先生、李明先生、张秋冬女士、魏丽娟女士。于先生是我单位领导，他很有眼光，重视研究和服务，从人力、物力两方面给予研究工作以莫大帮助。李先生是我单位电脑部经理，多年来，他每周为我准备沪深两市的行情数据，使得我的研究工作顺利延续。张女士和魏女士是我的同事，她们帮助我精心搜集研究资料、搜集数据、录入电脑，没有她们，很多研究是无法顺利进行的。

谨以本书报答所有帮助过、支持过我的朋友们。倘若这本书有一点价值，那无疑也是大家共同的成果，请朋友们分享这共同的成功和共同的喜悦。

目　录

上篇　大势·选股·买卖

上　　篇

大势·选股·买卖

引言　成功投资的关键在于“浓缩”可能性

正常情况下，市场的根本特征就是不确定性，任何个人、任何机构都不能决定市场方向。美国前财长有一句名言，“关于市场，唯一确定的就是其不确定性”。按照我们的理解，市场变化是全体市场参与者交易行为的统计性结果，在很大程度上客观反映了市场供给和需求的相互作用，因此，确实是不以任何人的意志为转移的。中国之所以从计划经济走向市场经济，也是因为长期的历史实践证明，市场是不可预测的，因此不可能用人为的计划来替代市场应有的功能。

然而，投资者一般都将投资活动看作一项严肃的事业，不遗余力地搜集信息、研究信息、制定交易策略，力求获取高于市场平均水准的投资回报。事实也已经证明，不少优秀的投资者确实能够在相当长的时期内系统和一贯地达到这一目的，保持着良好记录。乍看起来，上述事实似乎和市场不确定性的根本特征相矛盾。如果市场变化是不确定的，为什么绝大多数投资者都将投资活动看成与赌博有本质区别的严肃事业，孜孜不倦地追求它的成功呢？为什么那么多成功的投资者都能长期一贯地获取远远超过市场平均水平的投资收益呢？

值得我们深思的是，不确定性并不是市场所独有，日常生活中的许多方面都具有不确定性，人类绝大多数事业都具有不确定性。虽然如此，当人们追求生活和事业的成功时，并不像碰运气那样简单，一般总要经过系统、一贯的努力才能取得幸福和成功。格言说，幸运女神青睐有准备的头脑，就是明证。依此类推，如果我们希望在投资市场上取得成功，同样需要系统、一贯的努力。

更重要的是，如果认为事业完全是不确定的，则它与人们系统和一贯的努力显然是相互矛盾的，这就说明我们不能把不确定性当作市场的全部特性，表面的不确定性背后一定隐藏着其他东西——趋势。

投资成功的关键恰恰是要在市场的不确定性中找出相对的确定性。简单说来，市场变化实际上可以划分为有序性和无序性两个部分。有序性部分具有内在必然性，决定了市场趋势。如果我们能够充分认识市场变化中的有序性成分，就有可能捕捉到对我们有利的趋势时机。

这就需要从市场本质、趋势原理开始研究，再将趋势原理落实到系统、一致的投资方法中。本书研究的投资方法包括如何分析大势、在何种大势条件下买进和卖出、如何选择股票、如何抉择买卖时机、如何管理投资组合、如何管理资金等一系列步骤。本书上篇的各章基本上就是按照上述顺序来展开的。本书理论与实践相结合，通过上述步骤，从市场的不确定性中逐步“浓缩”市场变化的可能性，尽可能提取其中有序的成分。

第一章　趋势原理

什么是趋势？这是一个根本的问题。

长期以来，技术分析理论对趋势的理解始终停留在经验总结的层次上，将趋势定义为市场的方向性波动；基本分析理论认为市场围绕价值波动，价值是相当稳定的，于是绕过了趋势的概念；学院派人士信奉随机行走理论，干脆否认市场趋势的存在。

要弄清楚什么是趋势，就要回答趋势的形成原因、趋势演变的基本特征、趋势原理的应用等三方面问题。本书第一章试图在中国传统哲学，尤其是《周易》的指引下，来回答这些问题。

首先，观察鱼箱里的小龟，我们发现，资源的有限性决定了系统内的竞争循环关系，而竞争循环关系决定了竞争者之间的相对强弱趋势；

其次，各种竞争循环关系错综复杂，但可以简化为时间上的概念，收到纲举目张的功效，因此我们可以从市场演变的历史轨迹来探究趋势，使趋势研究变得较简明。这是从横向观察的角度（基本分析）转为纵向观察的角度（技术分析），幸运的是，两者本质一致；

再次，根据趋势的理想模式，大、中、小趋势可以划分为不同的层次或规模级别，它们具有整体性的结构关系；趋势演变过程可以划分为三个阶段，每个阶段都具有其独有的特性，我们可以针对阶段特性应用趋势分析工具，扬长避短；趋势具有明确的交替性或者说节奏性，即上升趋势之后必定是下降趋势或横向趋势（视更高层次趋势方向而定，下同)，下降趋势之后必定是上升趋势或横向趋势，横向趋势之后必定是上升趋势或下降趋势，前后两个趋势存在密切联系，总体市场轨迹具备一张一弛的基本特点；

最后，从应用上说，趋势原理具有普遍的适用性，特别值得注意的是，趋势具有内在必然性，具有命运属性，我们必须对趋势持有恰当的敬畏之心，必须对自身所处的趋势状态保持警惕，并力求从根本上寻找扭转趋势的出路。

表面看来，本书主要从技术分析角度来研究市场，但是实际上我们并不有意区分基本分析和技术分析，而是尽可能融会贯通。为了解开市场之谜，不管什么研究方法，只要它证据确凿、自圆其说、经得起市场检验，就绝对不是多余的。如果一定要说哪种研究方法更高明的话，那么越能兼包并蓄的越高明。兼包并蓄不是简单堆砌，而是在所有方法中都能贯穿系统、一致的基本原则——这是本章的主旨。

趋势的形成原因

小龟的故事

办公室里有一个玻璃鱼箱，养了三只小龟。隔三差五，就放进一些活的小鱼喂它们。眼看着小龟都长大了，但是本来三只小龟差不多大，几十天下来，个头竟然明显拉开了差距，大小依次排开，最大的比最小的几乎大了一倍。同处一个鱼箱，喂养同样的小鱼，开始时几乎同样的个头，数十天后竟然有如此大的差别。

放进鱼缸里喂养小龟的小鱼，终归数量有限，但是，一只乌龟多吃一条，另一只乌龟必然少吃一条，两只乌龟的差距就是两条。因此，相互竞争是不可避免的。

小鱼游动快但没有耐力，小龟行动迟缓但耐力强，小龟不停地游动、追逐，等到小鱼疲惫了或者不注意了，才有捕获小鱼的机会。因此，小龟捕捉小鱼主要依靠自己的身体素质和体能，小龟耐力越强、游动越久，则捕获小鱼的机会越多。

最初的时候，或许因为几只乌龟的体力稍有差距，或者仅仅由于偶然的原因，某只乌龟幸运地多吃了几条小鱼，命运之轮就此悄然启动：从此往后，它的身体就比其他乌龟稍稍强壮一些，显然，这有利于下一轮捕食；另外的乌龟必然少吃了几条小鱼，相对来说，它们的体能就稍稍不如最强的了，这就不利于下一轮捕食；因果相循，强壮的乌龟总能多吃多占，相对地愈长愈壮，不强壮的乌龟总是抢不过别人，相对地愈长愈弱；于是，强的乌龟总处在良性循环过程中：多捉多吃→相对强壮→更能多捉多吃→相对更强壮，弱的乌龟总处在恶性循环过程中：少捉少吃→相对弱小→捉得吃得更少→相对更弱小。如此循环下来，短短数十日，就足以形成大小乌龟体形的巨大差异。

经济活动的第一要素乃是资源有限，从这三只乌龟身上，我们能够看到普遍存在于经济活动中的良性循环和恶性循环两种因果循环机制。

从大、小龟之间的关系来看，在有限资源的限定下相互竞争，大龟、小龟之间是因果循环的，大龟良性循环是小龟恶性循环的原因，小龟恶性循环是大龟良性循环的必然结果；反过来，小龟恶性循环也是大龟良性循环的原因，大龟良性循环是小龟恶性循环的必然结果，两者相互依存、相互促进、互为因果。

从每只乌龟自身的循环过程来看，上一轮获得更多（少）资源决定了下一轮更强（弱）的竞争力，下一轮更强（弱）的竞争力决定了获得更多（少）的资源。周而复始，相对多（寡）的资源状态和相对强（弱）的竞争力状态互为因果，在一轮接一轮的连续竞争过程中交替演进，也就是说，大龟、小龟各自的生长过程同样具有前后相继的因果循环关系。

显然，不论从大龟小龟相互之间的竞争循环关系来看，还是从每只乌龟生长过程各阶段前后相继的竞争循环关系来看，两者本质是一致的，说的完全是同一件事情。但是我们必须注意，大龟小龟之间的竞争循环关系是从竞争者之间的横向关系着眼的，在这里比较直观（这正是通常所谓基本分析的观察角度）；而每只乌龟生长过程各阶段前后相继的竞争循环关系则是从某个乌龟自身的演变历史着眼，观察其时间方向的纵向演变过程，在这里比较抽象（这正是通常所谓技术分析的观察角度）。好就好在，虽然两种观察的角度不同，但本质完全一致。在后面的研究中将看到，这种一致性给趋势研究带来极大的便利。在现实生活中，横向竞争关系常常错综复杂、几乎是一团乱麻，但根据上述一致性，我们可以置之不理，着重考察研究对象在时间上的纵向演变轨迹，而时间轨迹反倒常常更简明、清晰。比如说，影响市场的横向因素不胜枚举，而且关系极度复杂，但是行情的时间轨迹却十分简明。

值得强调的是，如果没有系统外的干预，上述竞争循环关系几乎是不可能摆脱的。拿三只乌龟来说，除非人为地把它们分开喂养，或者给最弱的小乌龟开小灶，并限制最强的乌龟捕食，否则它们的竞争循环机制不可能自动打破。

三只小龟的现象并不是偶然的，在日常生活中，很多人都有同时从小到大地饲养几只小动物的经历，比如小鱼，常常发现在经过不太长的时间后，小动物的体形就有了巨大差距，因此，上述例子不是偶然现象，而是一个科学观察。

总结三只小龟给予我们的启示，得到如下结论。

首先，在同一个系统内，必然资源有限，因此系统成员之间的竞争不可避免。系统开放的程度越低，则竞争越直接；鉴于任何系统都不可能绝对地开放，资源有限的前提总是成立的，竞争总是不可避免的。

其次，竞争迫使成员的相对竞争力以自我加强的良性反馈循环和自我减弱的恶性反馈循环两种截然相反的方式分化。不论一开始成员个体差异有多么小，势均力敌的情况总是不稳定的状态，只能在系统内短暂地存在；而成员分别处于良性、恶性反馈循环才是稳定的平衡状态，是系统的常态。

再次，在没有系统外界因素干扰的条件下，或者外界干扰因素与竞争循环链无关，或者外界干扰不足以打断竞争循环链，上述良性与恶性循环过程不会自动终结，而是具有强烈的越演越烈、持续发展的倾向，直至累积到极端程度之后，系统本身被改变。分化过程是持续的、自我加强的和自我反馈的，具有内在必然性，市场趋势，即市场一定程度的有序性就是由此产生的。

最后，良性恶性反馈机制发挥作用的先决条件是，资源转化为竞争力的链条不能中断，且竞争力增长的程度总是和竞争所得的资源成正比（竞争循环机制）。请注意，我们并不将系统完全封闭作为先决条件。虽然市场是开放的，但是在一般情况下，在主要时间范围内，能够参与市场的资金已经参与市场，游资不可能成为主角，因此其封闭性总是多于开放性；退一步说，即使某个市场对全球经济开放，如美国股市、债券市场，以全球整体来说仍然是一个封闭的系统（关于开放系统后文将详细研究），资源有限的条件总是成立的。

综合上述，趋势的本质是一股不可抗拒的命运性力量，趋势有能力在短时间内造成巨大反差，趋势将一直持续下去，直至极端状态。

太极图原理

对三只小龟的故事的最好总结来自中国古典哲学。实际上，这个鱼箱就是一幅活生生的太极图（图 1.1）。

太极图所表达的哲学思想包罗万象，但就这里的问题而言，基本道理却相当简明——大龟处在良性循环状态，越强壮则越有利于竞争，因此相对越来越强壮，用阳鱼来表示；小龟处在恶性循环状态，越弱小则越不利于竞争，相对越来越弱小，用阴鱼来表示；小鱼和鱼箱（食物和生存空间）相当于两者组成的大圆，代表两者所处的系统和资源。

太极图原理具有普遍的适用性，小的例子如鱼箱里的小龟、围棋赛，大的例子如个人、企业、民族，乃至国家的命运（图 1.2）。

图 1.1 鱼箱和鱼箱里的乌龟就是一幅活生生的太极图

太极图的关键概念大约有三方面，第一，人世间事物绝大多数处在相对封闭、相对稳定的系统内，因为不稳定状态乃是过渡状态，时间很短暂，不是常态；过于开放的“系统”其实难以构成“系统”，而且在更大背景上，也必然属于相对封闭的系统。归根结蒂，人类生活在一个有限的世界中。在相对封闭、相对稳定的系统内，资源必然有限。第二，系统成员的竞争是不可避免的，因而产生了截然相反的阴鱼和阳鱼两种竞争循环机制。第三，竞争循环机制必然导致阴鱼的下降趋势和阳鱼的上升趋势。趋势具有内在必然性，将一直持续，直至极端状态。上升、下降趋势并存乃是系统常态。在同一个系统内的成员之间，上升趋势和下降趋势指的是两者处境的相互比较，不是绝对值。

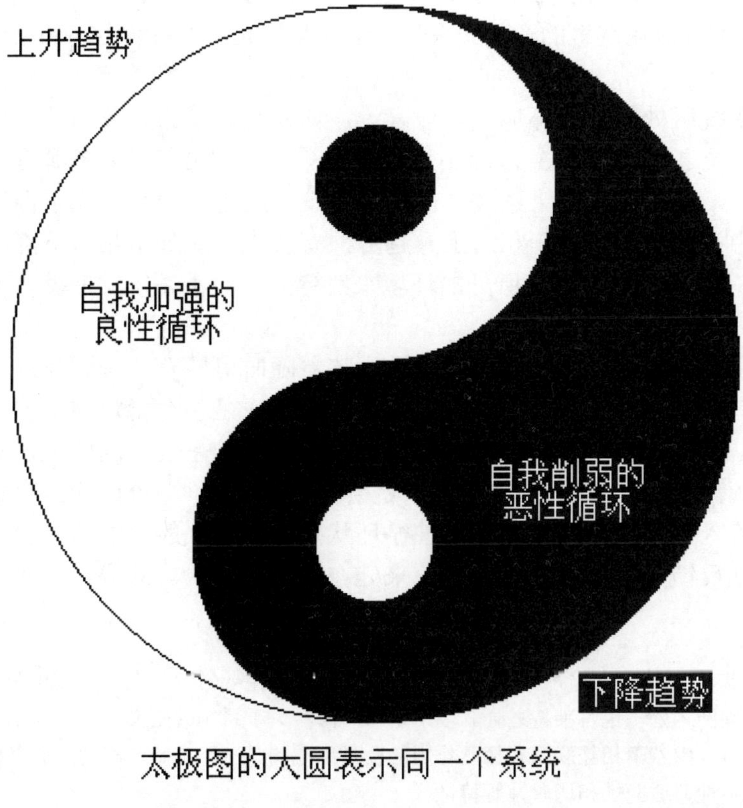

图 1.2 借助太极图理解趋势原理

值得深思的是，阴鱼和阳鱼是在同一个系统下由同一种性质的竞争关系同时造成的，阴鱼是阳鱼的原因，阳鱼也是阴鱼的原因；阴鱼是阳鱼的结果，阳鱼也是阴鱼的结果，所以阴鱼和阳鱼在本质上是一致的。阴鱼阳鱼争夺同样的空间和食物，处在同样的生长过程中(即竞争循环链的性质是一致的)，并且最初往往处在同样的起跑线上。在这种意义上，阴阳鱼密切联系起来，两者的命运几乎总是相互呼应、此起彼落的。围棋最基本的信条，“敌之要点即我之要点”，再精辟不过了。

阴鱼阳鱼的区别也很明显，两者各自处在不同的循环状态，两种循环状态具有强烈的自我加强倾向，形成了两种持久的、甚至在短时间内也足以带来巨大差异的趋势或命运。在没有系统外界干预的情况下，上述差异就不可能改变，将一直持续扩大，后果可能远远超过大多数人的想象。

当然，阴鱼和阳鱼经过长久的发展进程，事情将发展到极端状态，终究会有了断，而了断则可能意味着新系统的产生。系统之外的干预和系统内部最终的了断都是改变阴阳鱼现状的契机。

从平面到立体——开放系统的层次关系

养小龟的鱼箱基本属于一个封闭系统，而现实生活中的大多数系统常常在一定程度上是开放的，如何理解开放系统里的竞争关系呢？这涉及到大、小系统之间的结构关系或者说层次关系[①]。

首先，我们看小系统所处的外界环境。一般来说，如果小系统为开放系统，则意味着它处在更大的系统之内（图 1.3），即小系统是大系统的成员。只要资源有限的前提在大系统内成立，则共同处在大系统之内的小系统之间也必然存在竞争循环关系，由此决定了其中有的小系统处于相对上升趋势，有的小系统处于相对下降趋势（图 1.4）。这种相对趋势是由小系统所处的环境来决定的，对小系统发挥整体作用。

其次，我们看小系统内部。小系统开放的实质意味着随时可能有新资源流入系统内，或者随时可能有资源从系统内流失，但系统成员的组成是相对稳定的。如果系统成员不稳定，则是不稳定的过渡状态，这不是严格意义上的系统，因此我们不讨论。当系统处在资源净流入状态时，系统内的成员除了相互竞争系统内的原有资源之外，还要争夺净流入的资源，原来处在良性循环状态的成员一般总能夺得较大的份额，从而原有良性反馈过程将继续进行；原来处在恶性循环状态的成员一般只

---

①在开始讨论之前，请允许我们借 1999 年版《辞海》澄清“系统”概念。本书主要讨论与人类生活相关的各种系统，这既与《辞海》的定义有共同之处，也有独特之处。以下是《辞海》关于系统的定义：

在自然辩证法中，同“要素”相对。由若干相互联系和相互作用的要素组成的具有一定结构和功能的有机整体。系统具有整体性、层次性、稳定性、适应性和历时性等特性。

整体性是系统最基本的特性。在一个系统中，系统整体的特性和功能在原则上不能归结为组成它的要素的特性和功能的总和；处于系统整体中的组成要素的特性和功能，也异于它们在孤立状态时的特性和功能。

层次性指系统中的每一部分同样可以作为一个系统来研究，而整个系统同时又是更大系统的一个组成部分。

稳定性指系统的结构和功能在涨落作用下的恒定性。

适应性指系统随环境的变化而改变其结构和功能的能力。

历时性指系统的要素及它们之间的相互作用关系随时间的推移而变化，当这种变化达到一定程度时就发生旧系统的瓦解和新系统的建立。

按照不同的分类法，可将系统分为物质系统（如包括社会系统在内的“有生命”系统和包括物理、化学、地质系统在内的“无生命”系统）与抽象系统（如形式化逻辑系统）；人工系统（如通信、运输、教育系统）与天然系统（太阳系、自然生态系统、人体系统）；动态系统与静态系统；封闭系统与开放系统等等。

能获得较小的份额，因此原有的恶性反馈过程也将继续进行。当系统处在资源净流出的状态时，原来处在良性循环状态的成员一般总能避免较多的损失，将资源流失的负担转嫁到处在恶性反馈状态的成员身上，因此原有的竞争循环过程也将继续。换句话说，开放系统不论资源净流入还是净流出，都不会改变系统内部成员之间的相对竞争循环关系，不影响系统内成员之间的相对竞争循环状态，我们原先的讨论依然适用。

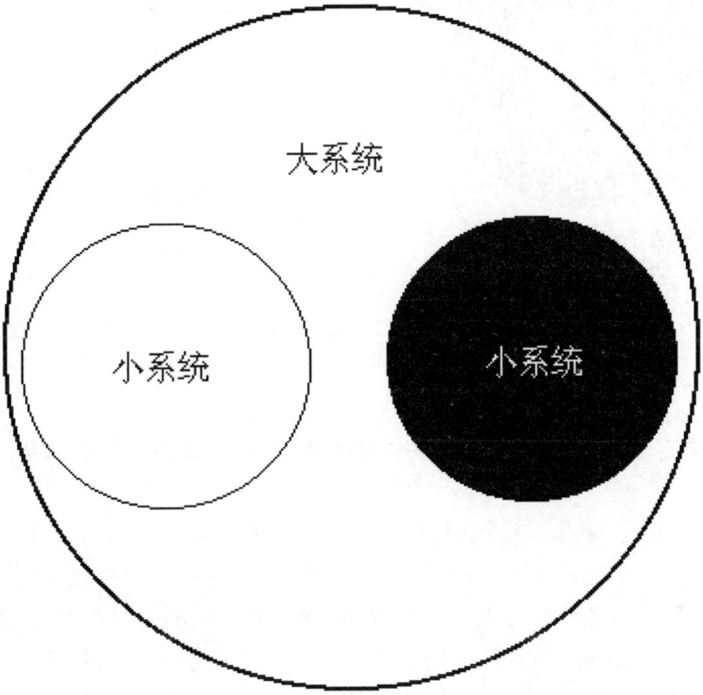

图 1.3 开放系统实际上是指本系统是更大系统的一个组成部分

人类生活具有明确无疑的有限性，这种有限性不仅表现在有形的物质资源方面，也表现在无形的信息、知识、智慧、时间等方面。如果说其他资源尚且可能通过交换而增加，时间却是一定的，而且在人类生活的任何事务中，时间总是最基本的要素。因此，我们认为时间是我们的终极资源和终极成本，人类生活的一切有限性都可以用时间的有限性来概括。从个人来看，即使不谈外部竞争，只谈内部竞争，因为时间有限，每个人永远都必须选择到底做这个、还是做那个，做这个多些、还是做那个多些，归根结底，我们不可能同时两个都做、两个都做好。换句话说，由于时间资源有限，我们自己和自己也必须竞争，因此自己身上必然同时发生良性循环和恶性循环，形成了各方面能力相对强弱优劣的趋势。从时间资源的终极有限性我们就能明确看出，在人类生活中，系统的开放并不意味着资源无限流入，不论系统是开放的还是封闭的，资源有限的前提总是成立的，竞争总是无可避免的。

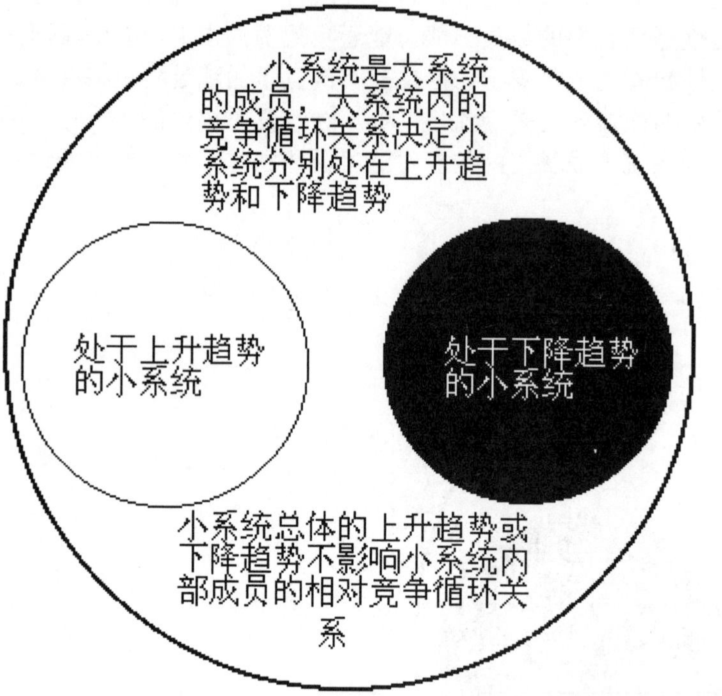

图 1.4　大系统内的竞争循环关系决定了开放系统（小系统）整体处于上升趋势或下降趋势

综上所述，小系统开放实际上使其成员同时受到两种竞争循环关系的作用。从小系统的内部成员看，它必须同时参与两个层次的竞争循环过程，一是在大系统的层次上，小系统作为整体参与大系统内的竞争，小系统和其他小系统之间形成竞争循环关系，小系统的内部成员共同承受影响，形成共同的整体趋势；一是在小系统的层次上，小系统内部原有的相对竞争循环关系不变，小系统内部成员仍然各自处在相对的上升趋势或下降趋势中。对于小系统成员来说，前一种作用是“同甘共苦”，后一种作用则是“损人利己”。前一种作用代表了上一层次的大趋势，后一种作用代表了下一层次的小趋势。于是，形成了趋势的层次关系。

这种层次关系还可以进一步推广。如图 1.5 所示，系统具有层次性，每一层次的系统既是由更小的系统所组成的，同时它自身又是更大系统的一个组成部分。图 1.5 列举了三个层次的系统，大、中、小系统，大系统由中系统组成，中系统由小系统组成，小系统由其内部成员组成。大系统内的竞争循环关系决定了其成员——中系统分别处在上升趋势和下降趋势，称之为大趋势；中系统内的竞争循环关系决定了其成员——小系统分别处在上升趋势和下降趋势，称之为中趋势；小系统内的竞争循环关系决定了其成员分别处在上升趋势和下降趋势，称之为小趋势。大、中、小趋势之间的整体关系（层次关系）就是趋势结构。

实际上，系统的层次不仅仅限于三个层次，图 1.5 只是简明的示范而已。虽然如此，通过图 1.3～1.5 的推广，图 1.1、1.2 的太极图已经从“平面图”变成“立体图”了（您将发现，我们还要继续从最简单的小龟故事——太极图，进一步推进到更复杂的情况，从研究对象的横向竞争关系推进到纵向时间关系）。

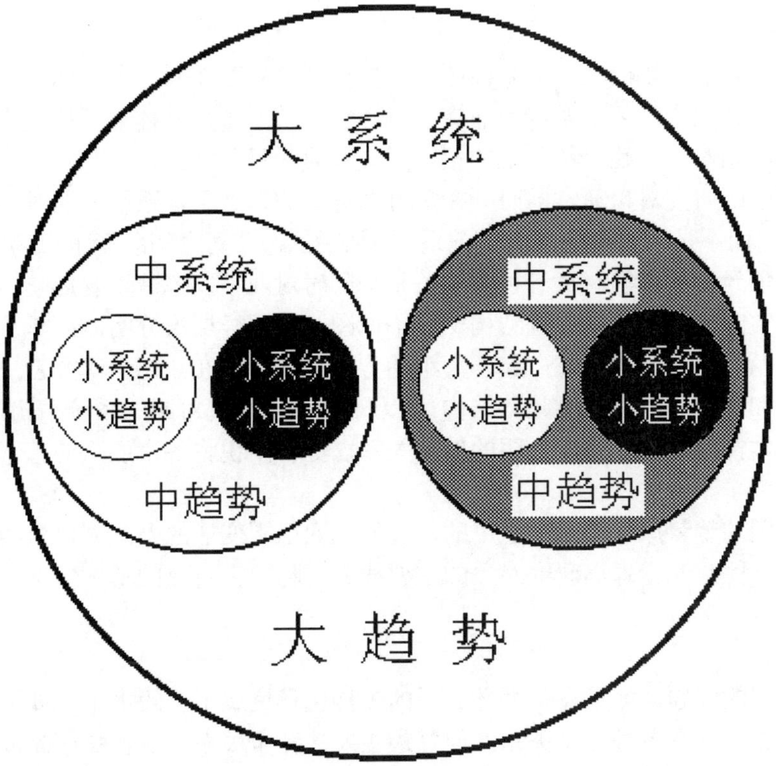

图 1.5 大、中、小系统具备层次关系，相应地，大、中、小趋势具备趋势结构

更重要的是，决定大、中、小趋势的竞争循环关系同样处在大系统的整体之内，一般来说，这些竞争循环关系代表着系统成员、系统结构、系统功能等多方面的基本情况。由于系统基本信息错综复杂，不像趋势那样相对直观、简明，在现实条件下，很难真正层次分明地梳理出其中的结构关系，因此我们把大、中、小层次的主要基本信息泛称为远景、中景、近景，或者简明地称为某一层次的基本因素。

各层次的基本因素性质不一定相同，由之决定的各层次竞争循环关系性质也不一定一致。

在很大程度上，远、中、近景就是基本分析的内容，如果我们能够顺利地通过基本分析认识特定层次的竞争循环关系，就能深刻地认识到该层次趋势的成因，从而将技术分析中的趋势分析与基本分析结合起来，相互验证。如此一来，基本分析和技术分析将殊途同归。

牵牛鼻子——多种竞争关系并存，捕捉主导因素

说鱼箱里的小龟代表了一幅活生生的太极图，主要指竞争对手在同一个空间中、同一时间中展开竞争，其竞争循环关系就是捕捉小鱼（食物）－生长—体力—捕捉小鱼的单一过程，大龟的相对上升趋势和小龟的相对下降趋势一目了然。

然而，实际生活中的研究对象通常同时处在多方面竞争关系之下，系统内同时存在多种竞争循环关系，而不是只有单一的竞争关系。比如说上市公司之间既竞争市场，又竞争人才，还要竞争经营成本等，每一种竞争关系都同时对业绩发挥着重要影响。正如上一节所指出，实际研究对象的系统结构一般不像图 1.5 那样层次分明，而是平面化的，所有的竞争循环关系都缠绕在一起，大小趋势也往往缠绕在一起，研究者只能从市场行情的时间和价格两方面推测趋势结构。因为难以认识研究对象的系统结构，所以很难对系统的基本情况建立起层次分明的结构关系，更不用说将各个层次的基本面同趋势结构对应起来了。

尽管如此，太极图的趋势原理仍然是适用的，我们采取以下变通的办法来化繁为简，力求从平面化的一团乱麻中理出研究对象的主要线索，将研究对象的基本情况与其趋势状况对应起来。

- **牵牛鼻子法**

相对于我们所研究的问题，如果竞争循环关系的多样化程度属于一般水平，如上市公司之间任何时刻总是存在各种竞争关系，但是最主要的竞争关系一般就是产品或服务的市场占有率以及资金的使用效率，对外争夺有限的消费者市场，对内力求提高效率、降低运行成本。不论是人员素质、内部管理，还是营销策略、技术创新等各种复杂的因素，无不最终归结到上述基本方面。资金是企业最宝贵的资源，也是企业的最终目的，资金利用效率标志着企业的综合实力。因此在研究关于企业素质的很多问题时，可以以企业的资金使用效率作为企业的主导竞争因素，以其他竞争关系作为辅助性的背景资料。这就是化繁为简法。如此一来，虽然研究对象表面上头绪烦乱，但是就我们所关心的问题和时间框架来说，某种单一的主导因素才是主要矛盾，抓住它就能提纲挈领，牵住牛鼻子。我们将这种研究方法称为提纲挈领法，或者牵牛鼻子法。

- **轮流执政法**

有时，研究对象的竞争关系更复杂，比如在研究个股行情时，除了上市公司之间的竞争状况之外，我们还要考虑到行业优劣、股票市场大势的影响等。在这种情况下，我们注意到，虽然同时存在各方面的基本因素，但是在一段时期之内或在某个发展阶段内，其中总是只有一种竞争关系处于相对稳定的主导地位，对当前市场行情起到支配作用，而其他因素则暂时退入背景，通过主导因素来发挥影响力，就像不同党派轮流执政一样。比如在大势发生重大转折的时期，上市公司之间的相对强弱退居后排，行业优劣关系也退居后排，股市总体方向具有决定作用；在大势相对平稳的时期，上市公司之间的相对强弱关系或者行业之间的相对强弱关系主宰着行情演变。对于各方基本因素轮流执政的情况，研究者需要从错综复杂的关系中因时、因地识别当前主要

竞争关系，把握当前阶段的主导因素，并且在主导因素更替时及时调整基本的判断。我们将这种方法称为主导因素法，或者轮流执政法。据作者的经验，尤其是利用基本面分析市场行情时，必须采用主导因素法，找到当今的主导因素，否则容易不得要领。

● **时间综合法**

有时，研究对象的竞争关系复杂程度极高，比如上市公司的长期投资价值问题就具有极高的复杂性。更典型的例子是关于个人前途和命运的问题，这个问题通常涉及当事人的体力、智力、财富、社会关系、教育水平、心理素质、处事技巧、进取心、适应力、运气等全部的竞争关系，任何细微的因素都可能在未来某个时候发挥重大作用，每时每刻都可能同时存在几方面的基本因素共同发挥决定性作用。在这种高度复杂的情况下，如果我们贸然采取牵牛鼻子法或者轮流执政法，抓住一点、不及其余，则很可能将问题过度简化而误入歧途，显然是不明智的。

我们的做法是，既然研究对象的历史、现在和未来总是全部因素综合作用的结果，那么干脆就以研究对象在时间方向的变化轨迹作为主要线索。这话听起来很熟悉。技术分析理论的三项前提条件是：市场行为包容消化一切；价格以趋势方式演变；历史会重演。其中第一条“市场行为包容消化一切”说的就是这个意思。

无独有偶，下一节要讨论的就是时间综合所有竞争关系，我们将要为研究高度复杂问题而提出变通的办法。我们不妨将这种方法称为时间综合法。

迂回进攻——时间综合法

常规问题的解决步骤是，首先弄清楚研究对象的系统结构；再将其基本情况分清层次，与系统结构相对应；然后得出各个层次的基本因素；最后根据每一层次的基本因素确定本层次系统成员的竞争循环关系，进而确定哪些成员处在上升趋势，哪些处在下降趋势。这是正面推导的过程，一步一步地理清问题的头绪。然而，高度复杂的研究对象就像一团彻底缠乱的麻绳，试图通过正面推导来强行解开，很可能既费时费力，又半途而废，研究结论往往不彻底，结论不正确的风险也很大。基本分析的做法主要是正面推导。时间综合法另辟蹊径，采取了迂回进攻的变通办法。时间综合法大致可以从以下几方面来理解。

● **借势效应和总体趋势方向**

首先，各层次竞争循环关系处于同一个整体之下，它们在系统里发挥的作用具有高度关联性。在高度复杂的问题中，虽然各层次竞争循环关系混在一起，但并不是它们不存在，相反，它们仍然各自发挥着作用。从研究对象的整体性角度出发，各种基本因素之间显然存在着相互借势的共同特点，即当研究对象的综合趋势（和最高层次的主导因素对应）主要处在上升过程时，各层次的基本因素中有利于上升趋势的那一部分总是表现得更明显、更占上风，而有利于下降趋势的那一部分则潜伏起来，表现得更含蓄、更低调，就像显性基因和隐性基因一样。

俗话说，“人走运的时候，连鬼都帮忙”“人倒霉的时候喝凉水也塞牙”，就是这种借势效应的典型表现。当研究对象处在总体上升趋势时，偶然性因素似乎都对之有利，即使存在某些明显不利的因素，也往往并无大碍，甚至可能转化为有利的结果，所谓坏事变好事；当研究对象处在总体下降趋势时，偶然性因素似乎都对之不利，即使存在某些明显有利的因素，也往往没有多少帮助，甚至可能转化为不利的结果，所谓好事变坏事。在市场上，当上升趋势如日中天之时，即使出现了明显不利好的市场信息，也被市场忽略，甚至从利好的角度加以理解。

借助各层次基本因素的借势效应，我们可以首先将研究重点放在识别其总体趋势到底是上升还是下降上，这是第一步。

● **趋势演变的基本特征——趋势结构、趋势阶段、趋势交替**

下一步，从解剖研究对象的外在趋势入手。虽然研究对象内在的基本因素关系极其复杂，但是研究对象的历史轨迹必然综合了所有竞争关系，而历史轨迹总是外在的、直观的，这就为我们提供了便利。

趋势是系统全部内在关系的结果和外在表现，趋势演变具有基本特征（这是本章下一部分的内容），简言之，趋势演变过程都具有一定的基本样式，即趋势结构、趋势阶段、趋势交替等基本特征。将上述基本样式和研究对象的外在表现加以对照，就能解剖行情，理清头绪，相对可靠地了解到研究对象的外在趋势状况。如此一来，我们就绕开了系统麻团，在无需弄清楚系统结构的情况下，直接得到了图 1.5 所示的趋势结构。

本章开头曾指出，虽然横向观察和纵向观察两类方法角度不同，但是两者本质竟然是一致的。在鱼箱里，横向观察法十分直观，纵向观察法相对抽象；而在实际生活中，横向观察十分复杂、困难，而纵向观察反倒相对直观、简明。由此看来，基本分析和技术分析在具体做法上“势不两立”，在基本原理上是殊途同归、本质一致的。

● **倒推系统结构和验证基本因素**

到此为止，研究对象的系统结构仍然是一团乱麻。但是同正面推导的做法不同，我们已经研究了它的外在表现——行情，得到了趋势结构、趋势阶段、趋势交替等资料，现在这些资料就成了有效的辅助线索，反过来帮助我们解开原系统的麻团了——这就是前面我们说迂回变通的意思。现在我们的处境好得多了，我们可以将基本情况的线索和相应层次的趋势相互参照，理清各层次基本因素的把握大多了。即使我们不可能弄清楚全部系统结构和全部层次的基本因素，我们也可以有效地将注意力集中到我们最感兴趣的层次，弄清楚该层次以及与之邻近的上下层次的基本情况，这样我们就可以将研究对象的外在表现——有关层次（当前层次）的趋势（当前趋势）和与之相应的基本面因素、决定趋势的竞争循环关系挂钩，将技术分析（即趋势分析）和基本分析融为一体。如此一来，我们对研究对象的当前层次就有了更深刻的理解，反过来，对趋势结构、趋势阶段、趋势交替等的认识和时机捕捉也就更可靠、更有效。

由此可见，图 1.5 的立体图像并不是研究者可望不可及的梦想，而是具有现实的参考意义，即使我们不能完整地弄清整个系统的层次状况和趋势状况，也总能就我们所关心的层次弄清楚局部情况，直截了当地切中要害，这当然是非常可贵的研究方法。

医生看病，首先要望闻问切，搜集全部外在症状的资料，然后理清外在症状的联系和轻重缓急，即症状的“趋势状况”；然后尽可能将外在症状和内在的生理原因相对应，最后得出诊断结论，提出治疗方案。如果医生首先不问症状，以为那只是外在的表象，而从检查身体内部开始，大做断层扫描（CT），企图从内部生理原因出发来正面推导病人的状况，这种做法即使行得通，也是费时费力的，得到的结论也是大为可疑的——必须将正面推导和外在症状相互验证，诊断结论才是比较可靠的。

时间综合了全部竞争关系

如果我们能够看清系统的层次结构，则能够得到如图 1.5 所示的立体图，可以分门别类地将系统的基本结构、基本因素和其外在的趋势表现对应起来，大系统（大层次）对应大趋势，中系统（中层次）对应中趋势，小系统（小层次）对应小趋势。但是在高度复杂系统下，我们不可能看清系统的层次结构，只能直接观察研究对象本身。

假定研究对象是小系统内的某个成员，由于竞争关系极度复杂，我们看不到如图 1.5 那样清晰的系统结构，看到的只是研究对象本身的总体趋势进程。将图 1.5 的立体系统结构投影到时间平面上，则小系统内的小趋势对应为短期趋势，中系统内的中趋势对应为中期趋势，大系统内的大趋势对应为长期趋势。从小系统内的研究对象来看，首先，它经历着小趋势上升和下降交替的历史进程（小系统内）；其次，小系统处于中系统内，中趋势是小系统整体的趋势状况，因此研究对象通过小系统也经历着中趋势的上升和下降交替的历史进程；最后，中系统处于大系统内，大趋势是中系统整体的趋势状况，研究对象通过小系统、再通过中系统也经历着大趋势的上升和下降交替的历史进程，小、中、大三种趋势综合为研究对象的总体趋势（图 1.6）。

从图 1.5 到图 1.6，原来层次复杂的横向竞争关系完全落实到研究对象的纵向历史上来了。

举例来说，普通人除了直接感受到左邻右舍和单位同事之间的相互关系之外，很少清晰地感受到地方风俗和文化、国家政治经济形态、全人类的文明成果对自己的潜在影响。实际上，整个系统是高度复杂的，我们很难将这样的系统分清层次，再从各个层次找出基本因素，然后与此人的境遇一一对应。虽然如此，人生境遇的变化过程必然综合了以上各层次的全部影响，呈现出顺逆交替的总体趋势。

此外，本例也说明，在复杂系统中，不能将行政层次的划分简单等同于系统层次的划分，不能用个人、单位、地方、国家、全球的简单套路来观察复杂的个人境遇。对个人发展来说，如果能够跳出一时一地局部风气的影响，从全部人类文明、从整个人类历史长河中汲取营养，不懈地追求真知和真理，那么其个人的努力就能够超越上述机械的层次划分。个人超越的程度越高，则越能发挥其长期影响力，驱动人生的大趋势，主宰人生命运。

从以上分析可以看出，不论研究对象多么复杂，它仍然处在各层次的竞争关系之下，其历史轨迹就是全部竞争关系综合作用的结果，依然表现出总体上升趋势和下降趋势有规律的交替。

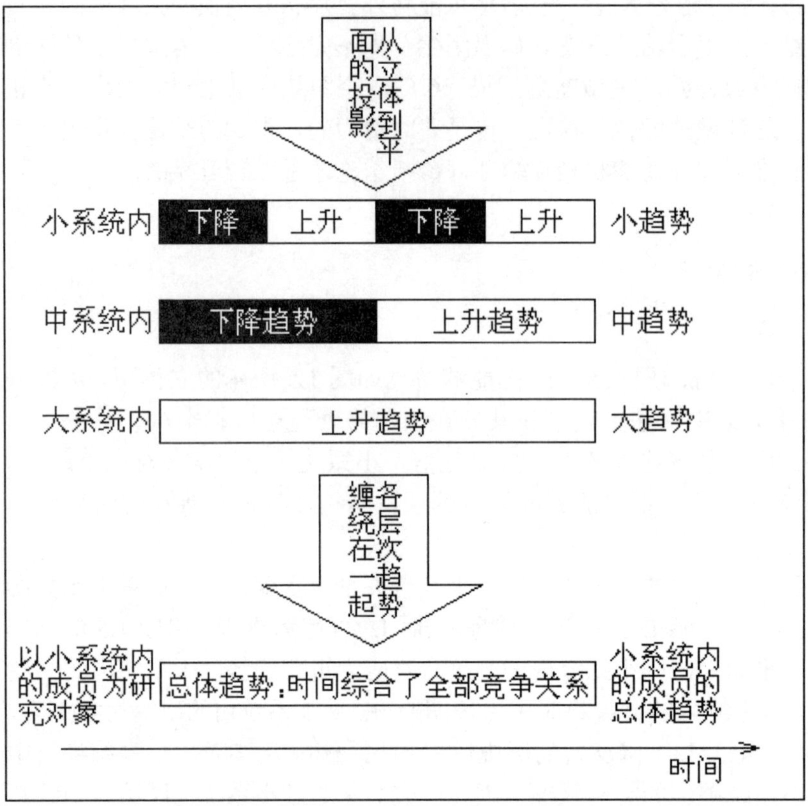

图 1.6 从整个系统层次复杂的立体图像投影到局部成员的纵向演变过程

因此，我们完全可以将研究对象的全部横向竞争关系对应到研究对象本身在时间方向的纵向演变过程，其纵向演变过程必然符合太极图的基本原理——换言之，我们将太极图原理从同一时间阶段、同一系统内不同对象之间横向比较的竞争循环关系，推广到某个研究对象在不同历史阶段、与全部竞争对手、综合全部竞争关系所形成的历史轨迹，即从不同对象之间相互依存的上升趋势和下降趋势推广为同一个对象纵向历史的上升趋势和下降趋势的交替发展过程，从而说明事物演变的一般规律。

实质上，这种推广只是为了便于说明，这种推广并不是通过上一节的三个步骤简单推导而来的，而是另有深刻的原因——即我们反复强调的，横向竞争循环关系和纵向竞争循环关系的本质是完全一致的。我们还可以把这种一致性简要地理解为，时间[①]综合了所有的竞争关系，时间是系统的终极资源和终极成本，时间代表着系统的终极竞争循环关系，因此研究对象的历史轨迹（时间轨迹）必然服从太极图原理——趋势原理。

① 《辞海》：时间，指物质运动过程的持续性和顺序性。参见“空间”。

时间综合全部竞争关系的实例

如前所述，个人前途命运是典型的高度复杂系统。现在我们就以之为例，来说明时间如何综合了个人面对的全部竞争循环关系、如何代表着个人的终极资源和终极成本、如何构成个人前途的终极竞争循环关系的。

在我们的生活中，竞争无处不在，有的竞争明显、直接，几乎是面对面的，譬如升学、就业，几乎就是鱼箱中小龟模式的再版；有的竞争则是潜在的、间接的，不容易看到面对面的竞争对手，往往感受不到激烈竞争的紧张气氛。譬如我们的世界观和思维能力都属于基本知识和基本技能，我们应当不懈地进取，力求在思想境界上更上一层楼。虽然我们不会在思想能力上和他人直接竞争，但是每个人都在不停地思考和领悟世界的真谛，你不进步，他人进步，要想保持相对优势就必须和时间赛跑。一般来说，升学就业竞争激烈，在短时间内就可能给当事人造成很大改变，但是就人生的马拉松比赛来说，一时的领先或落后并没有决定性的影响；而基本知识和基本技能的作用则是潜移默化、无所不在的，几乎在每件事情上都能体现出来。在上述间接竞争下，由于竞争对手是潜在的，很多人不太在意或者容易松懈，结果在当事人浑然不觉之中，造成了很多遗憾和失败。实际上在这类竞争中几乎人人都是对手，竞争的激烈程度绝不比前者轻松，因此古人教导我们“学如逆水行舟，不进则退”。

不论竞争是直接的还是间接的，都对人生具有不可忽视的影响。对于人生来说，所有的竞争关系从来都是交错在一起发挥作用的，任何时候都难以以唯一因素作为主导因素；某些不为人注意的小细节往往演变出重大差别，因此要“防微杜渐”。

这一切竞争关系都可以综合为自己与时间的竞争，不需要知道竞争对手是谁、在哪儿、和自己竞争什么，只要看自己有没有虚度光阴。如果我们珍惜一点一滴时间，我们就在总体竞争关系下处于上升趋势；如果我们浪费时间，我们就在总体竞争关系下处于下降趋势。因为时间是我们的终极资源和终极成本，时间综合了一切明显和不明显的竞争关系，所以，**和时间赛跑**是人生竞争最根本的对策。

这样的竞争是怎样展开的呢？从时间的角度来看，人的一生总是曲折的，有顺利的时候，也有不顺的时候。最重要的一点是，顺境和逆境往往互为因果、相互继承，这就是阴阳鱼在时间方面的情况。之所以如此，原因依然在于资源有限和竞争。我们知道，竞争的主要依据在于竞争者自身的素质，对人而言，既包括各种物质条件，也包括智慧、心理、人生态度等精神条件，有时候精神条件甚至更加重要。竞争的资源则包括财富、知识、生活环境、工作待遇、社会地位、政治地位、婚姻、感情、信息、社会关系等所有方面。由于人类固有的本性，对于绝大多数人而言，顺境通常诱使当事人变得松懈、患得患失和保守；而逆境反倒能够激发他求变、拚搏和持之以恒的韧性，何况来自生活的诱惑和压力本身总是周期性的、波折的、交替的。

表面上，上述各方面资源林林总总、竞争关系错综复杂，但是实质上，时间是所有资源的最本质的内容，时间使用效率则是竞争者个人素质最本质的标志。因此，上述全部资源和竞争都可以通过时间的概念总括地、本质地、简明地表达出来。如此一来，我们就可以为所有方面的资源找到唯一的终极代表者，这就是时间或寿命，其有限性一目了然；为明显的或不明显的全部竞争对手找到唯一的终极代表者，这就是时间或寿命，人与时间的竞争一目了然。

人的寿命总是有限的，这是人类的终极资源，因此每个人都必须和时间竞赛。一个人越是能够远、中、近眼光相结合、越是勤奋努力，则他对自己的潜力发掘利用的程度就越高，时间效率越高，荒废的程度就越低；反过来，越是鼠目寸光或好高骛远、越是懈怠懒惰，则时间从他手中夺走的资源就越多，荒废的程度就越高。于是贯穿每个人的一生，他与时间的竞赛一刻也不会停止。当他抓紧时，就是阳鱼状态，懈怠时就是阴鱼状态，这就是体现在他身上的时间方向的太极图。

时间是人生的终极资源，时间综合了一切竞争关系，时间的背后藏着所有竞争者，与时间的竞争构成了人生周期性波动的、交替发展的顺境和逆境。这就是将太极图原理从横向竞争关系推广到研究对象的纵向时间历程的根本依据。

在上述讨论中，我们完全以个人命运为例，其实个人命运和企业、市场、民族、国家的发展历程本质是一致的。在一切以人类活动为中心的系统中，时间是终极资源、时间是终极成本、时间使用效率是竞争力的根本标志、时间综合一切竞争关系的前提条件都成立，因此上述道理都完全适用。

另一方面，个人命运演变过程的复杂程度也可以与企业、市场、民族、国家历程的曲折程度等量齐观，并且个人命运正是集体、组织命运的基本组成部分，因此关于个人命运的研究完全可以推广到后者。综合来看，组织成员的个人命运代表着组织本身的命运，而不是相反。国人通常的说法是“大河满，小河满”，小河代表个体，大河代表组织，事实正相反，是“小河满，大河满”，是涓涓细流汇成大江、大河。由于历史原因，国内长期以来，单位总是掩盖了个人，介绍某人必须从单位开始，大家也习惯于以单位的大小、级别来判断个人能力，这实在是有害的误解。事情都是人做的，无论什么单位或者组织，其成员，尤其是主要成员的创造性、积极性、敬业精神、业务水平，总构成集体最主要的特征和功能，标志着本组织的水准。

最后，我们甚至可以大胆地断言，时间是一切事物的终极资源和终极成本，时间使用效率是一切事物的竞争力的根本标志，时间综合所有复杂的竞争关系的结论普遍适用于一切事物。

镜头由远及近——研究结论既包括轮廓又包括细节

前面介绍了三种研究系统基本情况的方法，“牵牛鼻子法”、“轮流执政法”、“时间综合法”，三种方法根据研究对象的复杂程度来选择，三者的复杂程度依次上升。

在讲述三种研究方法时我们没有强调基本因素的层次特性，实际上，不论是牵牛鼻子法、轮流执政法，还是时间综合法，总是相对于一定的系统层次和趋势层次而言的，相对于研究者所关心的中心问题而言的，这就是研究对象的层次相对性。

所谓研究对象的复杂程度也是相对而言的，一般同研究者相对于研究对象的观察距离有关。一般地，观察距离越近，则研究对象的细节越丰富，研究结论越具有可操作性，越是适用后面的研究方法。三种方法分别观察了研究对象的大轮廓、主要脉络、具体情节，这就是研究对象的远景、中景、近景。从这个意义上说，后面的研究方法是前面的研究方法的高级版本，前面的研究方法则是后面的研究方法的简化版本。

当我们研究某一对象时，不应当满足于三种方法中的某一种，而是要围绕我们所关心的问题，同时采取远、中、近三种角度观察研究对象，随着观察距离的变化，分别采取时间综合法、轮流执政法、牵牛鼻子法，这样才能得到关于研究对象的全面而实用的结论。这就是镜头对准研究对象由远而近的意思。

需要注意的是，所谓远、中、近景并不意味着我们刻板的依次使用上述方法，相反，为了获取尽可能多的线索，为了认识高度复杂系统的基本情况，通常我们总是首先采用时间综合法，找到全面的趋势结构资料，再采用轮流执政法和牵牛鼻子法剪除枝叶、逐步简化，最后还要将三种方法的结论综合起来，相互验证、相互参照，从而弄清研究对象远、中、近景的基本情况，并将各层次的基本因素、主要竞争循环关系和趋势对照起来。严格说来，这不是传统意义上的技术分析方法，而是技术分析和基本分析相结合的办法。

应用太极图原理进行趋势分析，大致要同时看到以下远、中、近景。

首先，观察远景。要弄清与问题有关的最主要竞争循环关系，认识对象的根本特征，得到最综合、最基本的趋势方向。由于各层次基本因素的借势特性，认识系统的总体特征和总体趋势方向是研究工作的首要问题。不论研究对象多么复杂，研究者都必须有能力站到高处和远处，毫不含糊地抓住其最根本的趋势特性，这是化繁为简的基本功。当然，观察距离越远，结论中的细节性成分越少，越是难以直接应用，所以，远景仅是一个大概轮廓。

其次，对研究对象的相关层次，要尽量抓住主导因素，以及由其决定的主要竞争关系，或者针对当前层次、当前阶段，抓住正在发挥主导作用的主导因素，及时觉察主导因素的更替。应尽可能将上述主导因素和当前层次的趋势相互验证、相互对照，使我们的研究建立在稳固的基础上。

最后，我们应当在通晓研究对象的总体趋势结构和趋势状况的基础上，全面考虑各种循环竞争关系，尽可能将各层次基本因素和各层次趋势结合起来，从而达到两个实用性目的：首先，通过对各层次趋势和相应基本因素的认识，加深对市场深层次背景的了解，反过来更清楚地认识趋势结构、趋势阶段、趋势交替；其次，更准确地跟踪当前趋势的发生、发展、转折的契机，更准确地认识和利用趋势演变的时机。

回到小龟的故事——时间和空间本质一致

当我们把太极图原理应用于小龟的鱼箱时，重点是不同研究对象在同一个空间①中的相互竞争关系；当我们把太极图原理应用于某个复杂系统的历史进程时，重点是

①《辞海》：空间，在哲学上，与“时间”一起构成运动着的物质存在的两种基本形式。空间指物质存在的广延性；时间指物质运动过程的持续性和顺序性。

一个研究对象在时间进程上的综合竞争关系，即研究对象和时间的竞争。

正如我们在“时间综合了全部竞争关系”一节所说，时间是终极资源和终极成本，综合了所有资源的本质；时间使用效率是最根本的竞争力；时间综合了全部竞争关系。如此看来，时间恰恰是空间的综合，空间藏在时间背后。

在小龟的鱼箱里，竞争循环关系总是在时间上展开的，没有时间就没有循环反馈过程，也就没有趋势，如此看来空间的横向关系是通过时间来实现的，时间藏在空间背后。

因而，不论我们在哪种意义上来应用太极图，实质上并没有区别，因此太极图原理并不区分时间和空间。由于小龟的鱼箱具有直观性和典型性，当我们需要理解系统结构、各层次基本因素、各层次竞争关系、总体趋势结构时，当我们需要理解趋势的内在必然性时，小龟的鱼箱总是理想的基本模型，是很好的参照系。

我们已经从小龟的鱼箱出发，向前走得很远了。

首先，我们从竞争循环关系出发，认识到了趋势的内在必然性，资源有限导致竞争，竞争导致良性和恶性反馈，分别决定了上升趋势和下降趋势。我们发现横向观察法和纵向观察法本质一致。

然后，我们建立了复杂系统的层次立体图像，将趋势结构，即趋势的层次关系和基本情况的层次关系对应起来，各层次的基本因素决定各层次的竞争循环关系，从而决定了各层次的趋势。

下一步，我们清楚地了解到，上述对应只是理想模型，现实生活中的高度复杂系统从来都不是条理清晰的立体模型，而是平面化的一团乱麻，为此提出了三种研究方法，“牵牛鼻子法”、“轮流执政法”、“时间综合法”。

后来，我们对时间有了深刻的认识，提出时间是所有资源的本质，时间使用效率是竞争者素质的根本标志，时间是终极资源和终极成本，时间综合了全部竞争关系。由此，我们将太极图原理推广到同一个研究对象的时间进程，即其上升趋势和下降趋势交替发展的演变历程。本章下一部分将主要从这个角度来研究趋势演变的一般特征。

最后，我们要强调，趋势演变是一个关系到未来的问题，而未来从来都是模糊不清的。在这种情况下，保持简单反而是上策。如果你没有能力应用“时间综合法”，就应退而求其次，用“轮流执政法”或者“牵牛鼻子法”。虽然您的结论也许没有直接应用意义，不能直接指导操作，但是至少您不会迷失方向，至少有了一个良好的开端。因此，我们也提醒自己，在任何时候都不应当忘记三只小龟的故事，那是我们的起点，如果我们在研究中感觉迷惘，就应当再回到小龟的故事里寻找灵感。

趋势演变的理想模式

现在，我们从理想趋势结构出发，研究理想的趋势演变模式。

图 1.1 的太极图直观地说明了趋势形成的基本原理，图 1.7 的先天太极图用《周易》的八卦分别表示了阳鱼和阴鱼演变的四个阶段。按照顺时针方向，阳鱼由震☳、离☲、兑☱、乾☰四个阶段组成，阴鱼由巽☴、坎☵、艮☶、坤☷四个阶段组成。

有关符号的意义如下：

阳爻⚊表示上升趋势，阴爻⚋表示下降趋势；

每卦均由上、中、下三爻组成，其中上爻代表小趋势，中爻代表中趋势，下爻（《周易》的说法是初爻）代表大趋势。换言之，爻位代表趋势的层次或规模级别，越是下方的爻位，所代表的层次越大。

某卦的某一爻表示对应层次的趋势是上升的还是下降的。以震☳为例，上爻为阴爻，表示小趋势（上爻位置代表小趋势）为下降趋势（阴爻代表下降趋势），中爻为阴爻，表示中趋势（中爻位置代表中趋势）为下降趋势，初爻为阳爻，表示大趋势（初爻位置代表大趋势）为上升趋势（阳爻代表上升趋势）。一个卦，就是由大、中、小趋势共同组成的的一种趋势组合状态。

按照图 1.7 的顺序排列，每一卦均代表阳鱼或阴鱼总体趋势演变的一个阶段，各由四个卦按顺序形成阳鱼和阴鱼的演变过程。

图 1.7 太极图及八卦，八卦标志着阳鱼和阴鱼不同阶段及其趋势组合

请注意，图 1.7 中的阳鱼就是图 1.6 所示的三层次趋势组合，它表示大趋势为上升趋势，中趋势、小趋势按照一定的交替规则与大趋势组合起来。在大趋势为上升趋势的情况下，中趋势和小趋势的交替规则都是先跌后涨。为了便于说明，我们说阳鱼是上升趋势，意思是其中大趋势为上升趋势，并发挥主导作用（图 1.8）。

阴鱼表示大趋势为下降趋势，中趋势、小趋势按照一定的交替规则与大趋势组合起来。在大趋势为下降趋势的情况下，中趋势和小趋势的交替规则都是先涨后跌。为了便于说明，我们说阴鱼是下降趋势，意思是其中大趋势为下降趋势，并发挥主导作用（图 1.9）。

根据图 1.8、图 1.9 分别对阳鱼、阴鱼的四个阶段进行大、中、小趋势组合分析，我们就可以用图形来模拟阳鱼和阴鱼的趋势组合、以及趋势组合的综合结果了。

阳鱼的大、中、小趋势组合				
顺序	1	2	3	4
卦象	☳	☲	☱	☰
上爻	⚋	⚊	⚋	⚊
小趋势	跌	涨	跌	涨
中爻	⚋	⚋	⚊	⚊
中趋势	跌	跌	涨	涨
初爻	⚊	⚊	⚊	⚊
大趋势	涨	涨	涨	涨

图 1.8 阳鱼各阶段及其趋势组合，请注意小、中、大趋势的阴阳组合来自先天太极图

阴鱼的大、中、小趋势组合				
顺序	1	2	3	4
卦象	☴	☵	☶	☷
上爻	⚊	⚋	⚊	⚋
小趋势	涨	跌	涨	跌
中爻	⚊	⚊	⚋	⚋
中趋势	涨	涨	跌	跌
初爻	⚋	⚋	⚋	⚋
大趋势	跌	跌	跌	跌

图 1.9 阴鱼各阶段及其大中小趋势组合，请注意小、中、大趋势的阴阳组合来自先天太极图

在阳鱼中，大趋势为上升趋势，相当于从上升到下降的完整波动周期中只出现了前一半的上升过程，是半个周期。以大趋势上升过程的半周期为基本时间单位，我们理解的中趋势是，在这个基本时间单位内，中趋势先经历了一个下降过程，后经历了一个上升过程，从而完成了一个完整的波动周期；我们理解的小趋势是，在上述基本时间单位内，小趋势经历了从下降到上升、再下降再上升的两个完整波动周期。可见，小趋势波动最频繁，中趋势次之，两者都是先跌后涨。从周期长度看，小趋势的周期是中趋势的一半，中趋势的周期又是大趋势的一半。中趋势的周期等于基本时间单位。为了简明，我们假定大、中、小趋势三个层次的波动幅度都一样，从-1 到 1。

图 1.10 把一个基本时间单位内（大趋势的一半周期）阳鱼三个层次的趋势分别画出来，最上方为小趋势，中间为中趋势，下方为大趋势，同时在图表下方分阶段标注

了卦和爻的含义。大趋势总向上，中、小趋势都是先跌后涨；在图示的基本时间单位内，大趋势半个波动周期，中趋势一个波动周期，小趋势两个波动周期。为了对比，我们既采用了三角函数波形，也采用了简单的线性波形来表示趋势变化。左侧的图形为三角函数波形，右侧的图形为简单线性波形。从以下分析过程中两种方法的对比来看，两者差别不是很大。

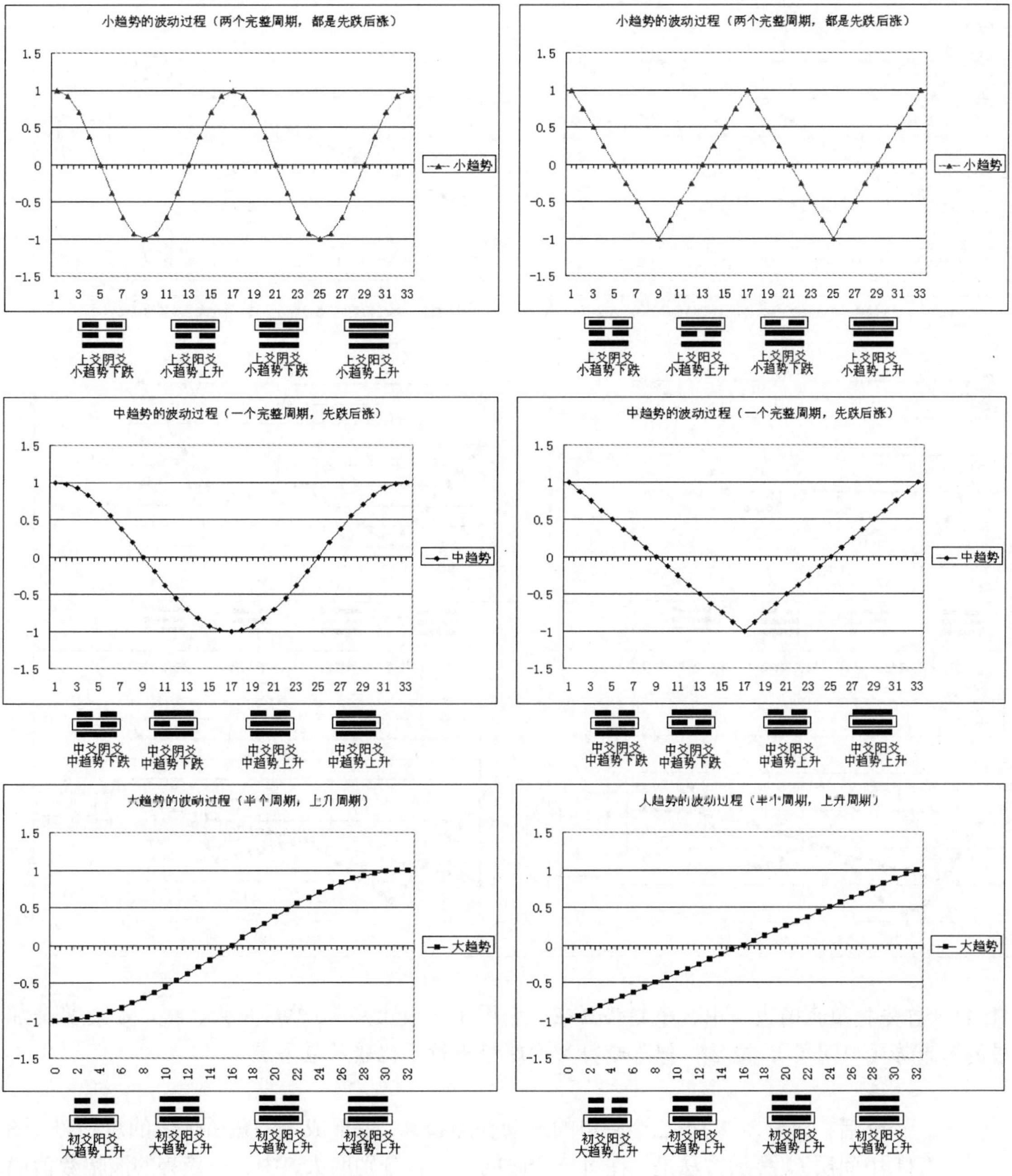

图 1.10 阳鱼的大、中、小趋势组合，小趋势在最上层；中趋势在中间层；大趋势在最下层

图 1.11 从上到下也有三组图表，最上层把阳鱼大中小趋势的图线画在一张图上，比较三种趋势的周期状况。请注意，根据《周易》，八卦的卦序是很重要的，图 1.7 又称先天图，这是小趋势跌、涨、跌、涨，中趋势跌、跌、涨、涨，大趋势涨、涨、涨、涨的组合关系的由来（图 1.8）。

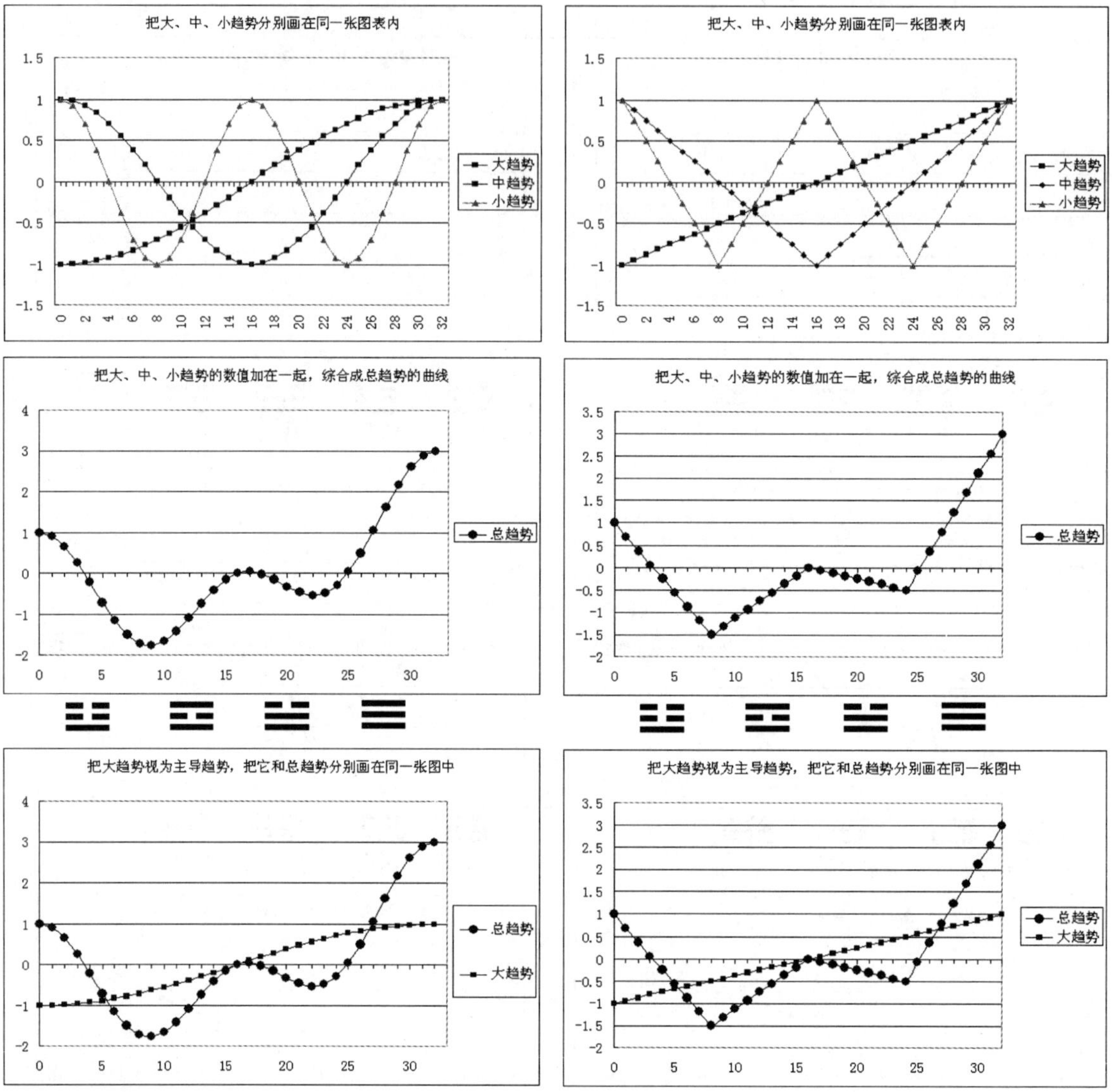

图 1.11 首先把阳鱼的大、中、小趋势画在一张图上（最上层）；然后是大、中、小趋势叠加而成的总趋势（中间层）；最后，把总趋势和大趋势进行了比较（最下层）

然后，把大、中、小三个趋势的波动叠加起来，就形成了阳鱼所代表的总趋势（图 1.11 中间层）。叠加方法是，在每一个时间点上，分别取大、中、小趋势的波幅数值简单地相加，和即为这个时间点上总趋势的波幅。如前所说，直观上看，我们观察到的阳鱼应当是这个总趋势，而不是大、中、小趋势的具体情况。之所以称阳鱼为上升趋势，一是指其中的主导趋势（大趋势）是上升趋势，二是指阳鱼的总趋势从外观上看也是上升趋势。

我们发现阳鱼总趋势上升进程具有显著的阶段特性：先下跌，延续之前的下降趋势；然后筑底，在最低位置窄幅徘徊；从底部向上突破后进入稍高一点的区间横向波动；最后阶段在短时间内快速、大幅上升。

鉴于大趋势发挥主导作用，在图 1.11 最下层，我们把阳鱼总趋势和大趋势进行了对比。当阳鱼中的大趋势开始上升的时候，由于受中趋势、小趋势的影响，总趋势反而呈现继续下跌的态势，也就是说，从主导因素的起点看，阳鱼的总趋势实际上是从下降开始的。《老子》说："将欲歙之，必固张之。将欲弱之，必固强之。将欲废之，必固兴之。将欲取之，必固与之。是谓**微明**。"（第三十六章）这一点完全符合"微明"的特点。

我们把阳鱼的四卦按序画在图中，作为阳鱼趋势阶段的标注。

图 1.12、图 1.13 是阴鱼总趋势相应的计算过程。根据图 1.9 的分解，我们用图形来模拟阴鱼的大、中、小趋势组合的情况。大趋势为下降趋势，就是在一个从上升到下降的完整波动周期中只出现了后一半的下降过程，是半个周期。以大趋势下降过程的半周期为基本时间单位。在这个基本时间单位内，中趋势先经历了一个上升过程，后经历了一个下降过程，从而完成了一个完整的波动周期；在上述基本时间单位内，小趋势经历了从上升到下降、再上升再下降的两个完整波动周期。可见，小趋势波动最频繁，中趋势次之，两者都是先涨后跌，大趋势则总是下降的。从周期长度来看，小趋势周期最短，为中趋势周期的一半；中趋势的周期又是大趋势周期的一半。中趋势的周期等于基本时间单位。

图 1.12 把一个基本时间单位内（大趋势的一半周期）阴鱼三个层次的趋势分别画出来，最上层为小趋势，中间层为中趋势，最下层为大趋势，同时在图表下方分阶段标注了卦和爻的含义。大趋势总向下，中、小趋势都是先涨后跌；在图示的基本时间单位内，大趋势半个波动周期，中趋势一个波动周期，小趋势两个波动周期。

图 1.12 采用了三角函数波动和简单线性波动两种方法来表示趋势变化，左侧图形为三角函数波形，右侧图形为简单线性波形。

图 1.13 从上到下也有三组图表，其中第一组图把阴鱼大、中、小趋势的图线画在一张图上，比较三种趋势的周期状况。

然后，把大、中、小趋势的波动叠加起来，就形成了阴鱼的总趋势（图 1.13 中间层）。同样地，直观上看，我们观察到的阴鱼应当是这个总趋势，而不是大、中、小趋势的具体情况。之所以称阴鱼为下降趋势，一是指其中的主导趋势（大趋势）是下降趋势，二是指阴鱼的总趋势从外观上看也是下降趋势。

我们发现阴鱼总趋势的下降进程具有显著的阶段特性：先上升，延续之前的上升趋势；然后做顶，在最高位置徘徊；从顶部向下突破后进入低一些的区间横向波动；最后阶段在短时间内快速、大幅下跌。

鉴于大趋势发挥主导作用，在图 1.13 最下层，我们把阴鱼的总趋势和大趋势进行了对比。当阴鱼中的大趋势开始下降的时候，由于受中趋势、小趋势的影响，总趋势反而呈现继续上升的态势，这一点同样完全符合《老子》所说的“微明”的特点。

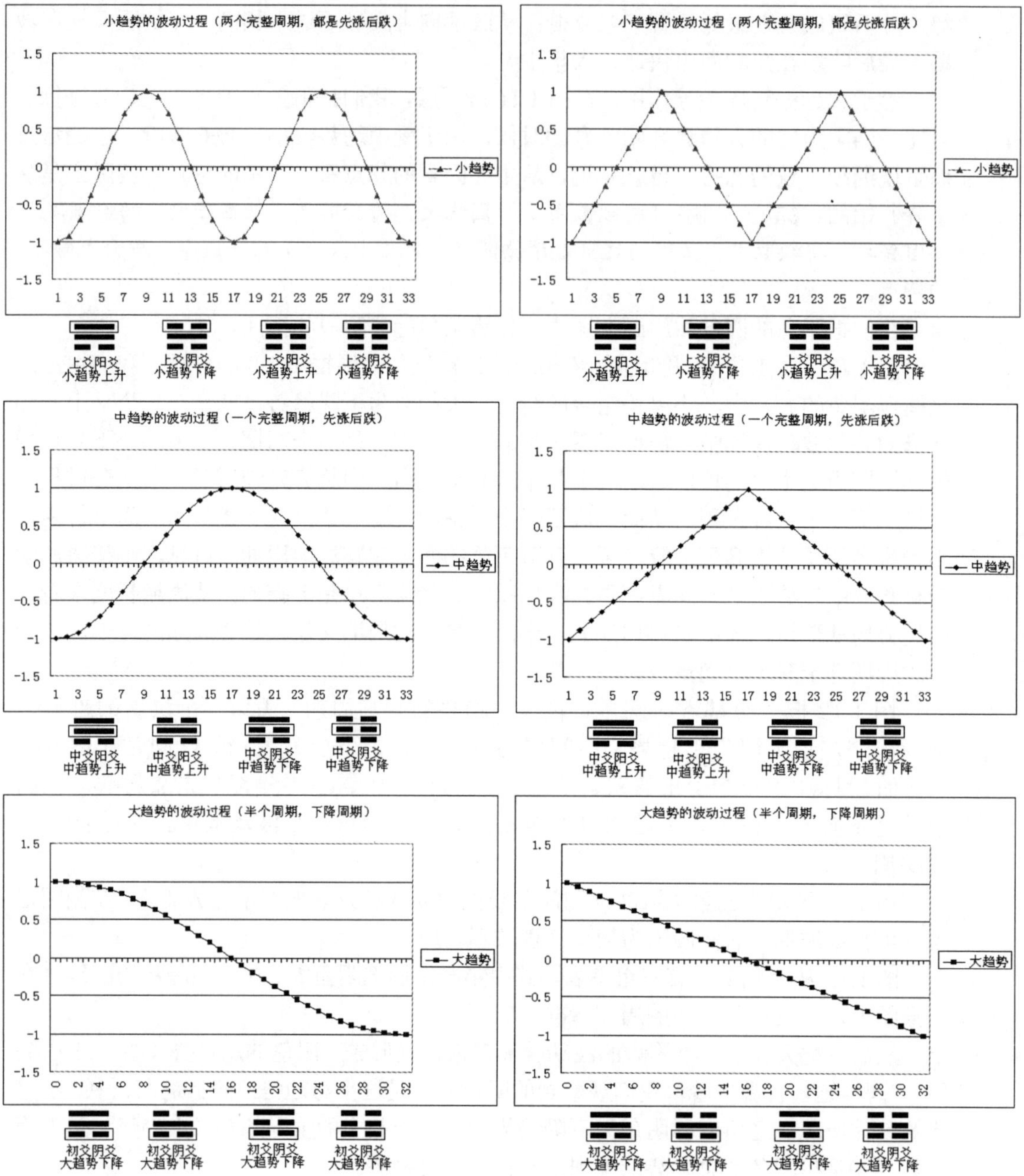

图 1.12 阴鱼的大、中、小趋势组合，最上层为小趋势；中间层为中趋势；最下层为大趋势

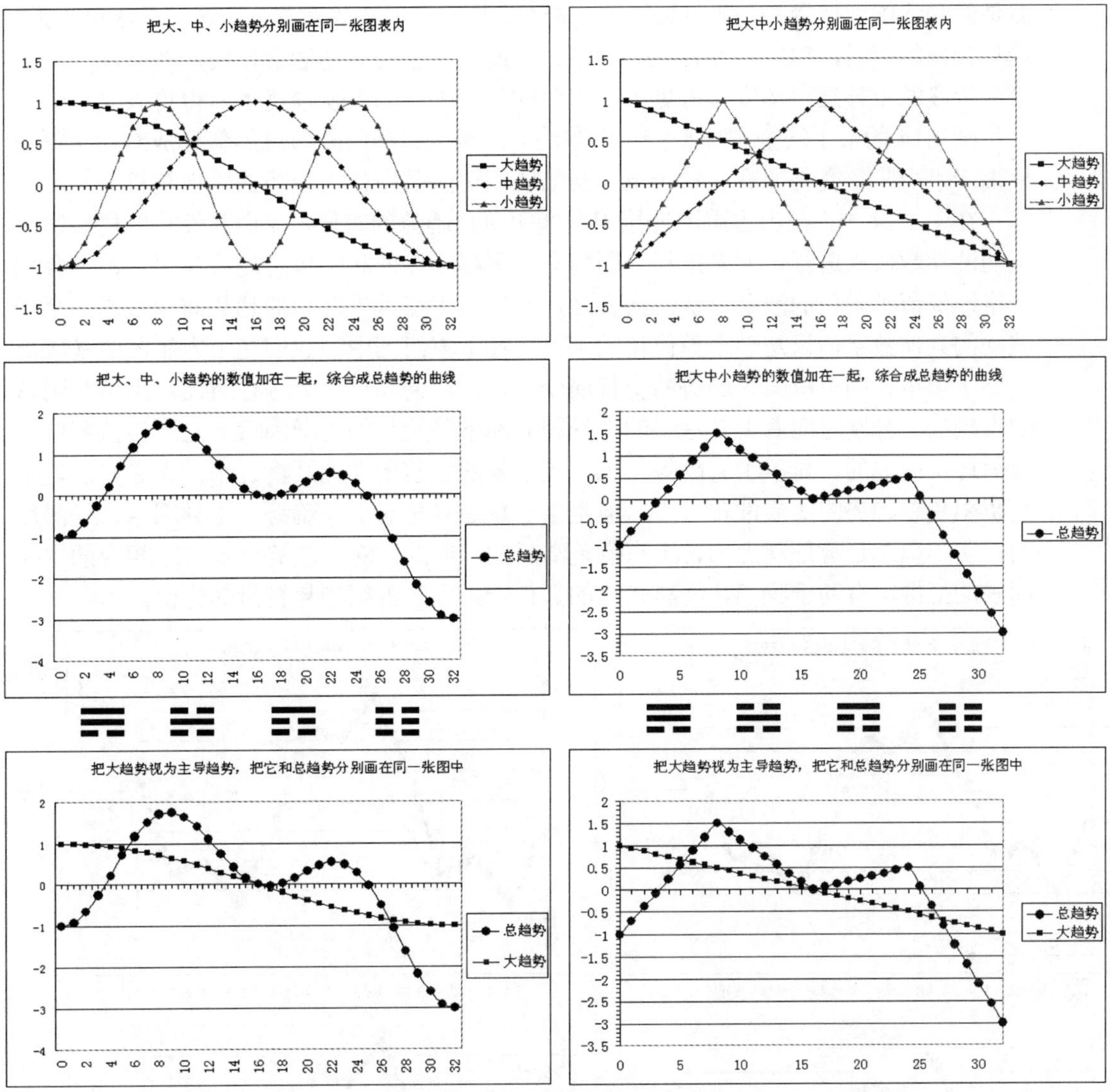

图 1.13 首先把阴鱼的大、中、小趋势画在一张图上（最上层）；然后是大、中、小趋势叠加而成的总趋势（中间层）；最后，把总趋势和大趋势进行了比较（最下层）

图 1.14 把阳鱼和阴鱼的总趋势连接起来，以观察阴阳鱼交替转换的完整过程。既然阳鱼的总趋势延续了之前的下降趋势、从下降开始，阴鱼的总趋势也延续了之前的上升趋势、从上升开始，那么从外观上看，上升趋势和下降趋势其实融合在一起。这就是趋势交替。按照常规的做法，行情演变从最低点到最高点算作上升趋势，从最高点到最低点算作下降趋势，如此看来，阳鱼最开始的下降过程已经融入了之前阴鱼的下降过程中，成为从最高点到最低点的下降过程的必要组成部分；阴鱼最开始的上升过程也融入了之前阳鱼的上升过程中，成为从最低点到最高点的上升过程的必要组成部分，因此，趋势交替的本质意义就在于，没有阴鱼则阳鱼就不完整，没有阳鱼，阴鱼同样不完整。以后我们还要讨论，阴阳鱼融合的过程，不是对之前趋势的简单延伸，

而是新趋势催熟旧趋势，把旧趋势推向极端、推倒旧趋势的对立面，这正是物极必反、趋势转换的枢机，《老子》所说的“微明”。此外，因为上述融合作用，在外观上阳鱼第三阶段的上升过程幅度显得更大；阴鱼的第三阶段的下跌幅度也显得更大。

图 1.14 的最下层把主导趋势（大趋势）画出来，和阴阳鱼总趋势形成对比，更好地揭示了阴阳鱼交替的真正转折点，帮助我们更清楚地认识趋势的转换契机。

在图 1.14 中，在上方组图连接阳鱼和阴鱼总趋势的时候，我们并没有严格按照阴鱼的波动数值来进行，而是把整个阴鱼向上平移，以便和阳鱼总趋势对接，不过我们严格地保留了阴鱼的波动形状。换言之，我们这里着重于理想的趋势演变形态，至于波动的具体数字，只是一个数值化的工具。在下方组图中，我们在上方组图的基础上增添了阳鱼、阴鱼里的大趋势的交替演变过程，以便和总趋势进行对比。阳鱼和阴鱼的大趋势（分别对应着上升趋势的主导因素和下降趋势的主导因素）是严格按照原有数值连接而成的，显示了大趋势从上升到下降的完整周期。严格说来，大趋势的转换是阴阳鱼总趋势的实质性转折点，但是由于总趋势相对于大趋势（主导因素）是滞后的，阴阳鱼总趋势外观上的转折点也是滞后的。因此，对大趋势以及与之相应的主导因素的把握，有助于我们认清总趋势的真正转折点，占据趋势转折的先机。

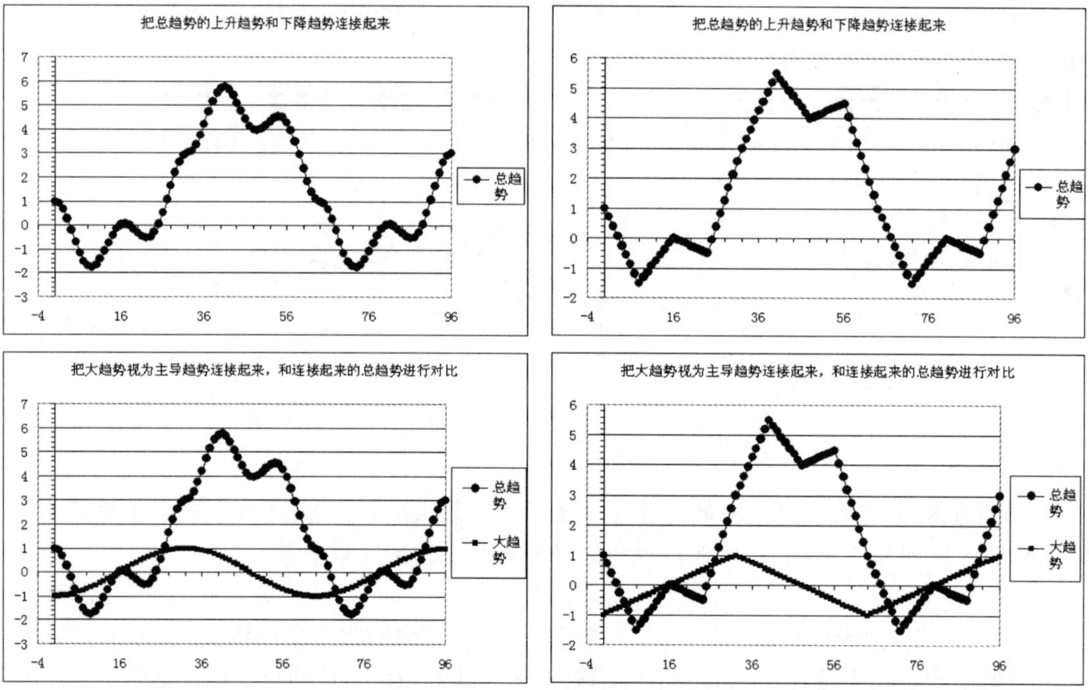

图 1.14 把阳鱼和阴鱼的总趋势连接起来，形成完整的阴阳鱼转换过程

实际上，阴鱼、阳鱼的趋势变化是由其中的大趋势所驱动的，所以又称大趋势为主导趋势，和大趋势所对应的基本面因素为主导因素。自然，主导趋势和总趋势的关系具有重要意义，主导趋势是总趋势的掌舵人。《周易・系辞传》以“日月运行、一寒一暑”的形象化描述，揭示了阴阳交替的大道。地球上某地一年四季的气温变化，显然是由太阳照射角度来主导的，可以把太阳照射角度理解为寒暑变化的主导因素。

另一方面，该地气温又受当地地形、距离海洋远近等具体条件的影响，这些因素围绕主导因素形成了扰动，形成了大、中、小趋势的组合关系。由此看来，趋势演变的理想模式可以从气温变化及其与太阳照射角度的关系上得到一定程度的验证。

为了表示太阳照射角度的变化，图 1.15 绘制了二十四节气所对应的日影长度（代表太阳照射角度），我们看到，从冬至到夏至，日影长度是一个严格线性的变化，夏至日影最短，冬至日影最长。这是主导因素的情况。

图 1.16 以北京地区 1982 年每日的日均气温绘制成曲线，用日均气温曲线来代表全年的气温“总趋势”；再把日影长度的倒数绘制在同一张图上，代表主导因素所对应的大趋势。通过上述对比，可以作为理想趋势演变模式的一个注解。大趋势是总趋势的掌舵人，大趋势的转折点才是总趋势的实质转折点。在外观上，总趋势的转折点滞后于大趋势的转折点。日月运行，一寒一暑。本图代表着阴阳交替的大道。

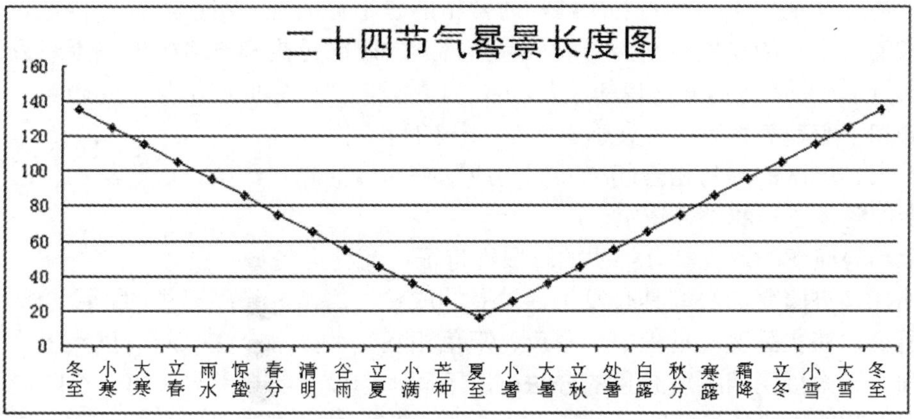

图 1.15 根据二十四节气当日的日影长度绘制而成，夏至日日影最短，冬至日日影最长

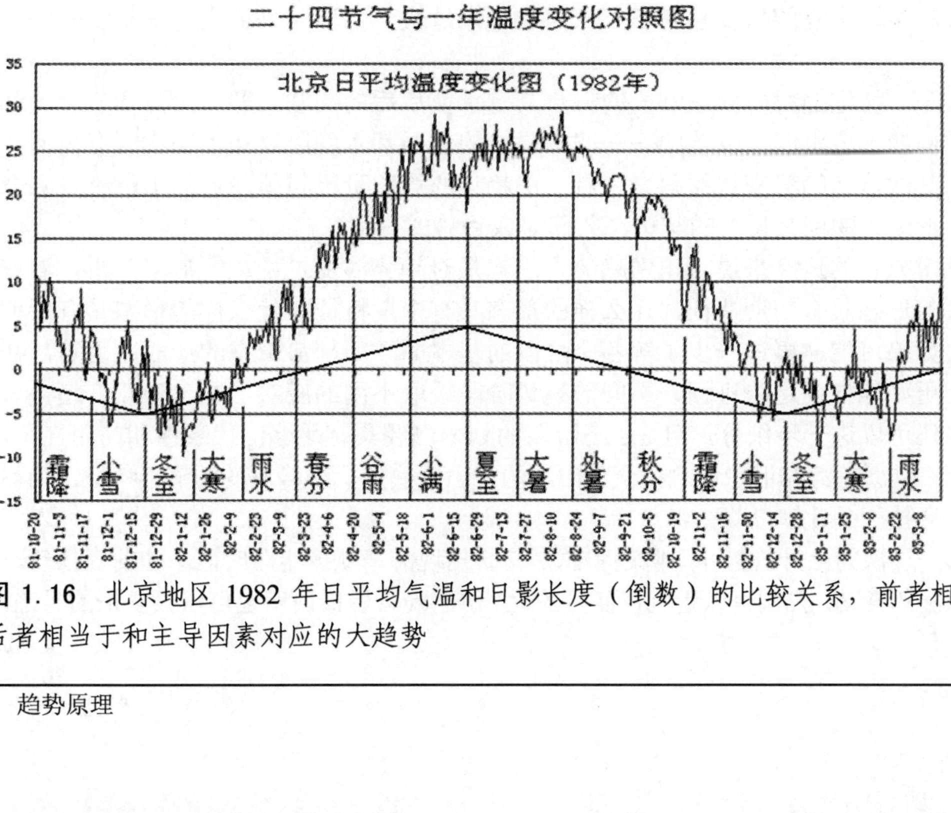

图 1.16 北京地区 1982 年日平均气温和日影长度（倒数）的比较关系，前者相当于总趋势，后者相当于和主导因素对应的大趋势

趋势演变的基本特征

趋势演变过程具有三方面基本特征。虽然实际市场趋势的演变过程可能各有特殊性，但是一般都会体现出这些基本特征。正是这些基本特征构成了趋势研究和应用（主要目的是掌握趋势演变的时机）的基础。

第一，趋势演变具有显著的层次结构特征，简称为趋势结构。

每一个特定的趋势均是相对于一定层次而言的。从基本面来看，层次指的是研究对象在系统结构中地位，从技术面来看（市场外在的表现，实际上就是行情），层次指的是趋势的规模级别。前者从横向角度观察，后者从纵向角度观察，两个角度本质一致。因此，当我们采用趋势结构的概念时，并不着意区分这两个角度。不过，由于市场行情是直观的，趋势的层次结构通常指的是趋势的规模级别组合，特定趋势的层次指的就是它的规模级别，一般从行情持续的时间范围和价格幅度范围两方面来综合衡量、判断，我们常常说的"大、中、小趋势"、"一定时间框架下的趋势"、"上级趋势和下级趋势"等，含义基本上是一样的。

因此，大小层次的趋势组合起来共同构成了整体性的趋势结构，趋势结构代表了系统演变的整体过程和整体逻辑。

第二，趋势演变的过程具有鲜明的阶段性特征，简称为趋势阶段。

一般地，趋势演变的进程具有发生、发展、成熟（终结）循序渐进的三阶段特性。如前所说，在实际变化过程中，阴鱼、阳鱼相互交替处融合在一起，虽然三阶段的分法和先天太极图四阶段卦象的分法有所不同，但没有实质差异。每一个阶段都具备不同于其他阶段的显著特点，第一阶段是"变"，重点是趋势方向的变更；第二阶段是"通"，重点是反复震荡、巩固新趋势并积蓄力量；第三阶段是"穷"，反复越来越少，反复的幅度越来越小，速度越来越快、幅度明显扩大，这是收获的阶段。

首先，特定趋势内部三阶段的特点具有承前启后的关联，各个阶段均实际上都是由共同的形成机制来驱动的——即本层次的主要基本面因素和本层次的竞争循环关系。其次，从趋势交替的角度来看，旧趋势的第三阶段与新趋势的第一阶段融合起来，形成"物极必反"的契机，共同完成趋势的变更。

从研究者的角度来说，识别趋势阶段就是对趋势演变过程进行形态分析，看看什么样的形态具有初期特征，什么样的形态具有中期特征，什么样的形态具有后期特征，如果可能，再进一步了解各个阶段的基本面，如趋势形态的形成原因等，在整体上更好地把握趋势进程，不同的趋势阶段采取不同的应对措施。当然，趋势演变阶段还可以进一步细分，但是，三阶段的划分已经具有足够的代表性和简明性了。

第三，新趋势和旧趋势总是交替出现的，由此决定了趋势演变的节奏特征，简称为趋势交替，或者趋势节奏。

同一层次的上升趋势和下降趋势总是交替出现的，就像走路时两条腿前后摆动，通过双腿的摆动，我们可以走到任何目的地，留下既可以极简明也可以极复杂的足迹。

"一阴一阳之谓道"。旧趋势和新趋势是融合的，没有新趋势的推动，旧趋势是不完整的，因此趋势交替是趋势演变整体逻辑的必然要求。

在前文中，我们重点讲上升趋势和下降趋势。在实际市场行情里，除了显著的上升趋势和下降趋势之外，时常还可以看到横向趋势，即既不是明显上涨也不是明显下跌的横向整理过程。从趋势的层次关系上来看，这一点很好理解。

当上一层次的趋势为上升趋势时，下一层次上升趋势的上涨幅度可能被扩大，下一层次下降趋势的下降幅度可能被收缩，变形为横向整理过程，于是，上升趋势和下降趋势的交替，变成了上升趋势和横向趋势的交替。在少数极端情况下，横向整理过程甚至可能具有轻微上升的倾向，于是，上升趋势和下降趋势的交替，变成了上升趋势和具有轻微上升倾向的横向趋势的交替。2005 年 6 月至 2007 年 10 月国内 A 股市场大牛市里上涨过程和横向过程的交替可能是一个好例子。

当上一层次的趋势为下降趋势时，下一层次下降趋势的下降幅度可能被扩大，下一层次上升趋势的上升幅度可能被压缩，变形为横向整理过程，于是，下降趋势和上升趋势的交替，变成了下降趋势和横向趋势的交替。在少数极端情况下，横向整理过程甚至还可能表现出轻微的下降倾向，于是，下降趋势和上升趋势的交替，变成了下降趋势和具有轻微下降倾向的横向趋势的交替。

综合上述，根据更高层次趋势的情况，上升趋势可以和下降趋势交替，也可以和横向趋势交替；下降趋势可以和上升趋势交替，也可以和横向趋势交替；横向趋势之后，要么是上升趋势，要么是下降趋势。

文武之道，一张一弛。从以上讨论的趋势交替特征可以进一步推论，快速变化和缓慢变化是交替的；大幅变化和小幅变化是交替的；趋势明显的变化和趋势不明显的横向整理是交替的。如此一来，在行情演变的外观上，就形成了显著的节奏感。

要把握行情演变的节奏，就要同时理解趋势的层次结构、当前趋势的演变阶段、新旧趋势的交替三方面。由此看来，三方面彼此联系、相辅相成，趋势的理想模式是对趋势演变的整体性的最佳解说，之所以要把趋势演变分解为三方面基本特征，只是为了细化和方便，不得已而为之。

日常所见之趋势，相当于理想趋势模式的总趋势。不可能直接看到其中的大趋势、中趋势、小趋势，此处和以后所称的大、中、小趋势，不过是在总趋势的基础上力图理解其中包含的大、中、小趋势的成分而已。

趋势结构特征和趋势交替特征在"趋势的形成原因"中已经有介绍，因此，这里的重点是研究趋势演变的阶段性特征。

种子萌芽、青苗、结实——趋势阶段的简单比喻

一般说来，从任一时刻来看，任何事物均处在与其他事物的竞争之中，受竞争循环机制的制约，相对于竞争对手处在上升趋势或下降趋势之中；从该事物的演变轨迹来看，时间综合了所有竞争循环因素，因此必然表现为历史轨迹上升趋势和下降趋势的交替。这就是太极图时间和空间意义的一致性。为了便于说明，当我们研究趋势演

变的基本特征时，主要从研究对象的历史进程着眼。

从图 1.17 看来，趋势的演变进程直观地呈现出阶段特性。上升趋势的第一个阶段为其萌芽阶段，图中用“阶段一”表示。在本阶段大部分时间内，上升趋势的种子始终潜藏在地面以下，从土壤里汲取水分和养分，悄悄地萌发着幼芽。经过土壤漫长的孕育过程，终于有一天幼芽破土而出，当幼芽展开叶面，沐浴阳光雨露时，幼芽成长的势头才确定无疑，而在种子破土之前，种子究竟能否出苗总是未知数。从市场行情来说，漫长的孕育期就是市场长期在低位窄幅横向整理的过程，通常行情压抑、成交低迷，仅当市场最终向上突破重要价格水平，且有验证信号的情况下，才表明上升趋势确实已经形成。换句话说，在这个阶段的大部分时间里，“底部过程”和下降趋势中正常的整理过程常常难以有效地区分，我们仍然不得不以原有趋势为基本着眼点，绝不能贸然断言趋势逆转，这就是“种子究竟能否出苗总是未知数”的含义。

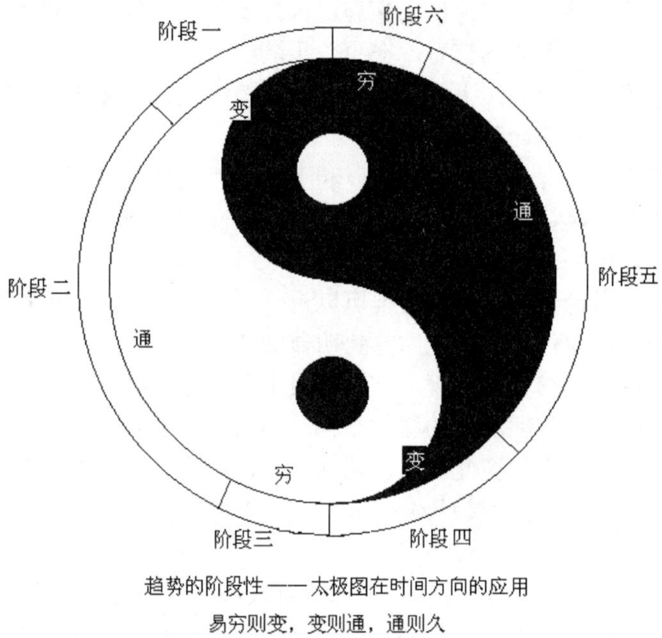

图 1.17 趋势交替与趋势三阶段

上升趋势第二阶段以“阶段二”表示。幼芽长成幼苗，既有风吹雨打、害虫杂草、被啃、被踏的危害，也有阳光雨露的滋养，幼苗在漫长的挫折与生长的反复过程中顽强地长大，直至第三阶段开花、结果。从时间上看，这一阶段所占比例最大。另一方面，青苗很有韧性，即使将它踩弯踩断，它也能顽强地挺起头来继续生长，总能从打击中振作起来，但是一旦青苗结实后，趋势就进入第三阶段，则外来损害可能造成较大的收成损失。这是上升趋势的第二阶段，市场方向向上，有能力创新高，但过程多反复，波折的次数较多、波折的幅度也较大，在各类价格水平处也时有“拉锯现象”。虽然本阶段持续市场较长，但上升幅度并不很大。就像这一阶段的庄稼，虽然长大了，但终究只是一团青草而已。

上升趋势第三阶段以“阶段三”表示。庄稼的果实具有雏形后，迅速灌浆、饱满，在相对较短的时间内发生了惊人的变化——从麦苗长成麦青，要花好几个月，而从麦青到麦黄几乎在一两周内就完成了。新种子已经成熟，如果不及时收割入仓，秋风将把它们洒回大地。上升趋势第三阶段是成功在望的阶段，果实快速成熟，但是危机立即随之而来，如果不及时收获，果实很可能落地腐烂。在市场上，趋势第三阶段以稳定、较快的步调上升，反复的次数越来越少、反复的幅度越来越小，速度越来越快、幅度越来越大，是上升趋势的最佳状态。大多数市场参与者本已认定上升方向，又受到市场持续上涨的刺激，进一步加强了看多的心态。然而，好景不长，旧趋势趋于成熟，为新趋势奠定了基础，新趋势顺势向上一推，看多的心理螺旋将驱使市场失去平衡，上升趋势进入极端状态，在狂欢节般的高潮之中，上升趋势逆转为下降趋势。

请注意，上升趋势第三阶段与下降趋势的开头部分连接在一起，在外形上不容易清晰地区分，常常被看成上升趋势的延续。要害在于，原有的上升趋势尚处于平衡状态，下降趋势的开头部分也是上升的，正是这部分上升把上升趋势推倒了极端地步。

下降趋势的第一、第二、第三阶段分别用“阶段四、阶段五、阶段六”表示，这只是为了表达的方便，也表示了趋势演变过程的连续性。下降趋势三阶段的基本特征与上升趋势三阶段大致对应而方向相反。不同点在于，下降趋势的萌芽阶段（阶段四，即下降趋势阶段一）通常较短暂，且市场顶部过程常常大幅振荡，而不像市场底部常常小幅波动。上升趋势第三阶段的波折本来较小，如果突然增大，则透露了上升趋势内在的脆弱性，这是趋势可能正在逆转的警告信号。此外，阶段三（上升趋势阶段三）以狂欢作为上升趋势的高潮，阶段六（下降趋势三）则往往以极度恐慌为下降趋势的高潮。

请注意，我们说下降趋势的阶段一（图 1.17 阶段四），是下降趋势的萌芽阶段；上升趋势的阶段一（图 1.17 阶段一）是上升趋势的萌芽阶段，那么种子从何而来呢？下降趋势的种子来自之前上升趋势结下的果实；反过来，上升趋势的种子自之前下降趋势结下的果实。

趋势阶段的理论——“易穷则变，变则通，通则久”

《周易》说，“易穷则变，变则通，通则久”，久则穷，这是对趋势演变阶段特征的经典概括和总结（图 1.17）。

“变”，对应趋势第一阶段，是对第一阶段特征的高度概括。“变，更也。”（《说文》）；“变，易也。”（《小尔雅》）。旧趋势终于孕育出新趋势，市场从旧趋势转化为新趋势，简言之，旧趋势之“穷”在先，新趋势之“变”在后”。

“通”，对应趋势第二阶段，“通、久”是对趋势第三阶段特征的高度概括。《周易 •系辞传》说，“往来不穷谓之通。”通的意思在两方面，一是“往来”，即行情涨涨跌跌，反反复复；二是“不穷”，即市场涨跌的方式尚不极端、幅度尚不会达到极端。新趋势“变”成后，基础尚不牢靠，必须经过反复往来的过程打牢基础，进一步确立新趋势。经过一次一次的上下反复“清洗”，新趋势积蓄力量，为进入第三阶段做好了准备。

“穷”，对应趋势第三阶段，“穷”是对趋势第三阶段的高度概括。据《说文》的解释，“穷，极也。”据《小尔雅·广诂》的解释，“穷，竟也。”阶段三趋势气势如虹，变化越来越快、波折越来越少、波折的幅度越来越小、累积幅度越来越大。“穷”是行情向极、竟的地步发展的过程，并且演变方式也是“穷”的，和往来不穷的“通”大异其趣。

趋势是一个持续演变的动态过程，因此，阶段划分只是相对而言的，更重要的是从阶段到阶段的不断演变，阶段与阶段之间承前启后的密切联系。“易穷则变，变则通，通则久”，久则穷，准确地叙述了各阶段承先启后的内在逻辑。变，新趋势在尝试中种子发芽；通，阶段二承前启后，在往来反复中打牢基础、蓄势待发、积蓄力量，为下一步大发展做好充分准备；穷，阶段三把前两个阶段潜在的准备转化为明显成果，顺利演化成熟、收获果实。

趋势之穷正是趋势“通”和“久”的必然结果，经过长期上升（下降）趋势后，上升（下降）趋势就能够克服所有阻碍，说服了几乎所有市场参与者，趋势进程毫无阻碍，便进入“穷”的极端状态——当它消灭了所有敌人后，它就成了自己唯一的敌人，也只有它自己才强大到足够消灭它自己的程度。

为了阐发上述高度概括的阶段特征，下面我们首先分别通过理想上升趋势模型（图 1.18）和理想下降趋势模型（图 1.19）来研究内在的趋势阶段关系，然后再看理想的上升趋势和下降趋势模型连续演变的外观过程（图 1.20）。我们将发现，单独的理想模型更能揭示主导因素和竞争循环关系对各个趋势阶段的内在决定作用，而连续演变过程更能代表实际环境下的趋势演变过程，因为实际趋势演变总是连续进行的。

- **穷则变和“穷、变”**

如图 1.18 所示，上升趋势最初从下将开始，实际上延续了之前下降趋势的第三阶段。先前的下降趋势经过充分演变后已经进入成熟状态，上升趋势之初的进一步下挫，使得下降趋势演变过程中的平衡被打破，下降趋势被推向极端状态。这就是《老子》所谓“反者，道之动”的道理。上升趋势为了顺利发动，不是简单地径直上升，而是顺着原有下降趋势再推一把，使之达到极端状态，达到“物极必反”的境地。这一把包含着趋势转换的内在契机。《老子》说“将欲歙之，必固张之；将欲弱之，必固强之；将欲废之，必固举之；将欲夺之，必固与之”，就是这样的道理。

下降趋势达到极端状态后，实际上已是穷途末路。然而，大多数市场参与者的感觉仍然停留在下降趋势状态下，市场也确实向下试探，并且在大多数时候宁愿停留在较低的位置，但是市场已经没有能力有效地创新低了。于是上升趋势的种子已经播下，上升趋势第一阶段正在悄悄进行，就像种子埋在土壤里悄然生长一样——这就是市场求变、求新的转折过程。直到有一天，幼芽出土，标志着第一阶段结束，第二阶段开始。所谓幼芽出土，指的是市场向上突破底部形态的颈线，这一突破信号常常和道氏信号吻合。

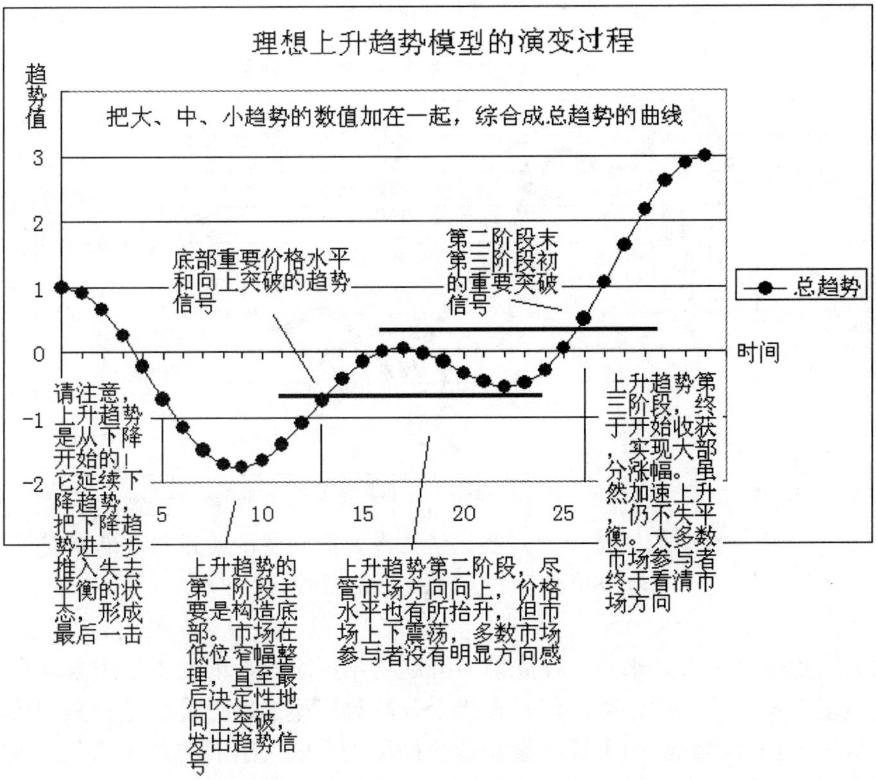

图 1.18 理想上升趋势模型的演变过程。请注意，行情最低点其实发生在上升趋势的第一阶段

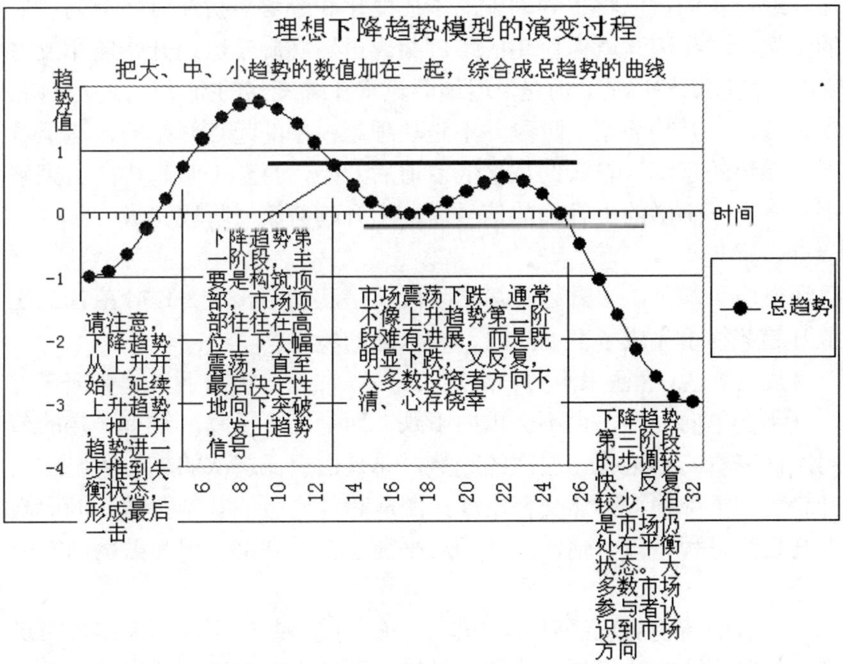

图 1.19 理想下降趋势模型的演变过程。请注意，行情最高点其实发生在下降趋势的第一阶段

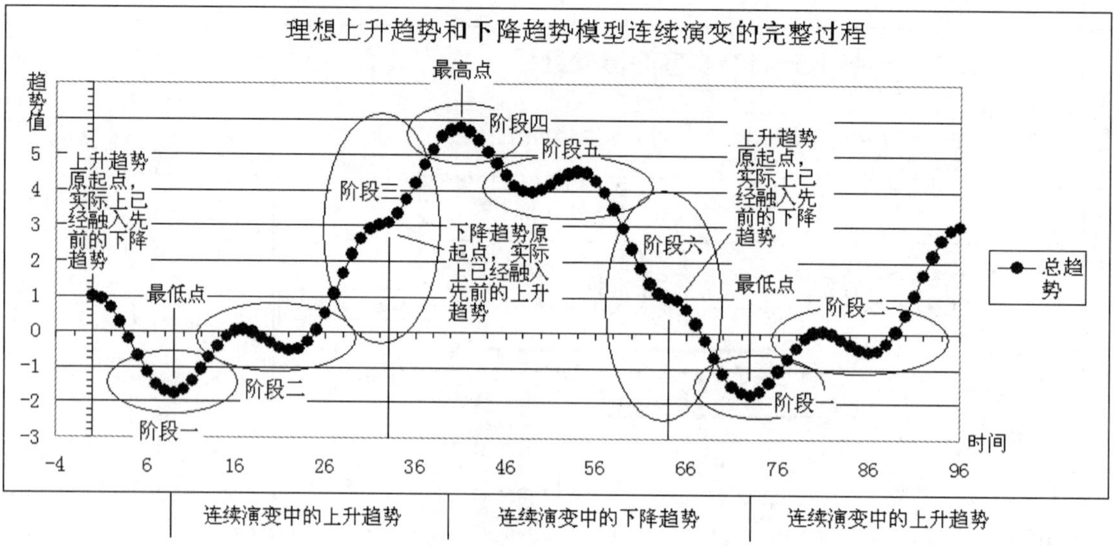

图 1.20 理想上升趋势和下降趋势模型的完整演变过程。请注意，旧趋势的阶段三和新趋势阶段一其实融合在一起，在外形上扩大了旧趋势阶段三的上涨或下跌幅度

从主导因素和竞争循环关系来看，在先前下降趋势第三阶段，旧的主导因素和竞争循环关系仍然正常发挥着驱动作用，但是理想上升趋势模型的趋势起点是量变到质变的转折点，从这一点开始，新的主导因素和竞争循环关系取代了旧的，开始发挥主导作用。由此可见，主导因素性质的改变明显早于行情外观的转折。从此以后，虽然从外观上看，新趋势仍然延续着下降趋势，仍然有进一步的下跌，但是系统的根本性质已经发生了变化。或许我们可以将主导因素的本质变化和趋势转折在时间上的滞后效应，看作系统的惯性，主导因素就像巨轮的螺旋桨，虽然螺旋桨已经开始向相反方向旋转，但是巨轮由于惯性仍然向前，但是，迟早巨轮将在螺旋桨的推动下改变方向。

从趋势的外观来看，上升趋势第一阶段并不是从理想模型的起点开始的，这里看起来更像是原有下降趋势的延续，它大约从最低点前后开始，直至上升趋势向上突破前期重要历史水平，发出了确凿的上升趋势信号后，上升趋势第一阶段完成。

- **变则通和“变、通”**

现在，种子已经变成了幼苗，上升趋势第二阶段就是从幼苗长大为枝叶茁壮的庄稼的漫长过程。上升趋势终于完成了变的阶段，进入通的境界。

什么是通呢？《周易》说，“往来不穷谓之通”。在正常趋势状态下，趋势演变过程具有平衡特性，既不会单向上升，也不会单向下跌，而是上下反复，维持一定的节奏性。从趋势的层次性来看，不论哪一层次的趋势，总是由更低层次的趋势所组成，而更低层次的上升趋势和下降趋势必然交替出现，服从趋势交替的基本特性。低层次的趋势交替使得上升趋势进程一张一弛，维持相对平衡，在外观上表现为振荡向上的基本格局。

在趋势阶段二，一方面新趋势已经确立，另一方面新趋势基础不牢，大多数市场参与者对新趋势将信将疑，这就使得趋势阶段二的进程能够充分展示上述平衡特性。

所谓“平衡”，是由当前层次主导因素的内在平衡所决定的。主导因素对系统的作用总会引起系统的反作用。这种反作用也许可以理解为系统的惰性。于是系统就在主导因素的作用和系统的反作用相互推拉、往来的过程中，形成了“平衡”的趋势演变过程。当然，主导因素是主动的一方，基本趋势方向是明确的。

还可以换一个角度来理解“往来不穷”。既然新趋势方向已经确立，那么市场每往来反复一次，其实就为新趋势多储备了一些能量，就像把弹簧压得更紧一样，从三个阶段前后相继的内在逻辑来说，这里的往来和反复，恰恰起到了承上启下的作用，为第三阶段积蓄了力量、做好了准备。

- **通则久和“久、穷”**

主导因素最终克服了系统的全部反作用，导致了主导因素和系统相互作用关系的上述“平衡”被打破，推动趋势进入极端状态。新趋势一再被压缩的弹簧终于释放了。其外在表现大致如下。

在上升趋势第三阶段，上升趋势的长期持续和累积的上涨幅度已经达到了如此明显的程度，终于说服绝大多数市场参与者认定上升方向，市场反复的次数和幅度越来越小，市场上升速度越来越快。随着上升趋势第三阶段的发展，低层次趋势交替被压抑的程度越来越甚，市场越来越表现为单向上升。最后，新的下降趋势再顺势向上推一把，将原上升趋势的演变推到极端状态，这就是上升趋势之穷。通常，此时市场已经达到最高价格附近，而久受压抑的波动性被突然释放，表现为市场在高位突如其来的大幅振荡，这很可能构成上升趋势逆转的预警信号。从理想的下降趋势演变过程来看，其开头部分就是对上升趋势第三阶段的延续。此时，实质上下降趋势的种子已经播下，趋势逆转已经不可避免，唯一不确定的因素是下降趋势何时发出向下突破的信号。

现在我们再来观察理想上升趋势和下降趋势连续演变的完整过程（图 1.20）。由于上升趋势和下降趋势总是连续演变的，实际上理想的上升趋势模型和理想的下降趋势模型被融入了连续演变的整体过程，从趋势演变的外观来看，原上升趋势的起点已经融入下降趋势的第三阶段，原下降趋势的起点也已经融入上升趋势的第三阶段。在连续演变的情况下，从外观看起来上升趋势主要是从最低点到最高点的演变过程，而下降趋势主要是从最高点到最低点的演变过程。由此可见，单独的上升趋势和下降趋势的理想模型更准确地揭示了主导因素和竞争循环关系对各个趋势阶段的决定性作用，而两者连续演变过程更能代表实际环境下的趋势演变外观，因为实际趋势演变总是连续进行的。

前面我们曾经交代趋势演变的三阶段分别为“变”、“通”、“穷”，从以上讨论可见，“变”是趋势准备阶段，“通”是趋势主要的、正常的演变过程，“穷”则是趋势的最后总结，三阶段具有内在的紧密联系，均具有承前启后的重要意义。

趋势阶段的实例分析

下面对照图 1.18、图 1.19、图 1.20 所示的理想趋势演变模式来考察两个实例。

第一个实例研究下降趋势的演变过程（图 1.21（a））。从 2007 年 9 月中旬开始，到 11 月 8 日止，大致属于下降趋势演变的阶段一，“变”。市场在之前的上升趋势中终于孕育出下降趋势，从上升趋势转化为下降趋势。阶段一的前半部分，大约从9月中旬到10月16日，是一个明显的上升过程——下降趋势正是从上升过程开始的，因此10月16日形成的行情最高点其实处在下降趋势中，是“变”的一部分。在这个上升过程之前，原来的上升趋势本来就比较强，这个上升过程再把市场往上推一把，原来的强势再强一些，结果“物极必反”，必然转向自己的对立面——弱势，种下了下降趋势的种子。最高点之后，市场大幅起落，当市场第二次向上冲的时候，不能达到16日的高度，这是重大的警告信号。在上升趋势阶段二，鉴于市场具有多反复的基本特征，市场在重要价格水平附近的“异常”表现尚可接受，但是到了阶段三，上升趋势的基本特征是反复越来越少、上升越来越快，一般总是预期市场持续向上突破。经过这个回合，当市场再次向下时，实际上双重顶的价格形态已经具备雏形。11月8日，当市场终于向下跌破双重顶形态的颈线时，双重顶正式形成，下降趋势阶段一宣告完成，市场转入下降趋势阶段二。

在下降趋势阶段一的整个过程中，绝大多数市场参与者依然停留在上升趋势的狂热预期中，向往8000点、甚至10000点，没有一点下降趋势的念头，向下突破信号突如其来，宛如晴天霹雳。

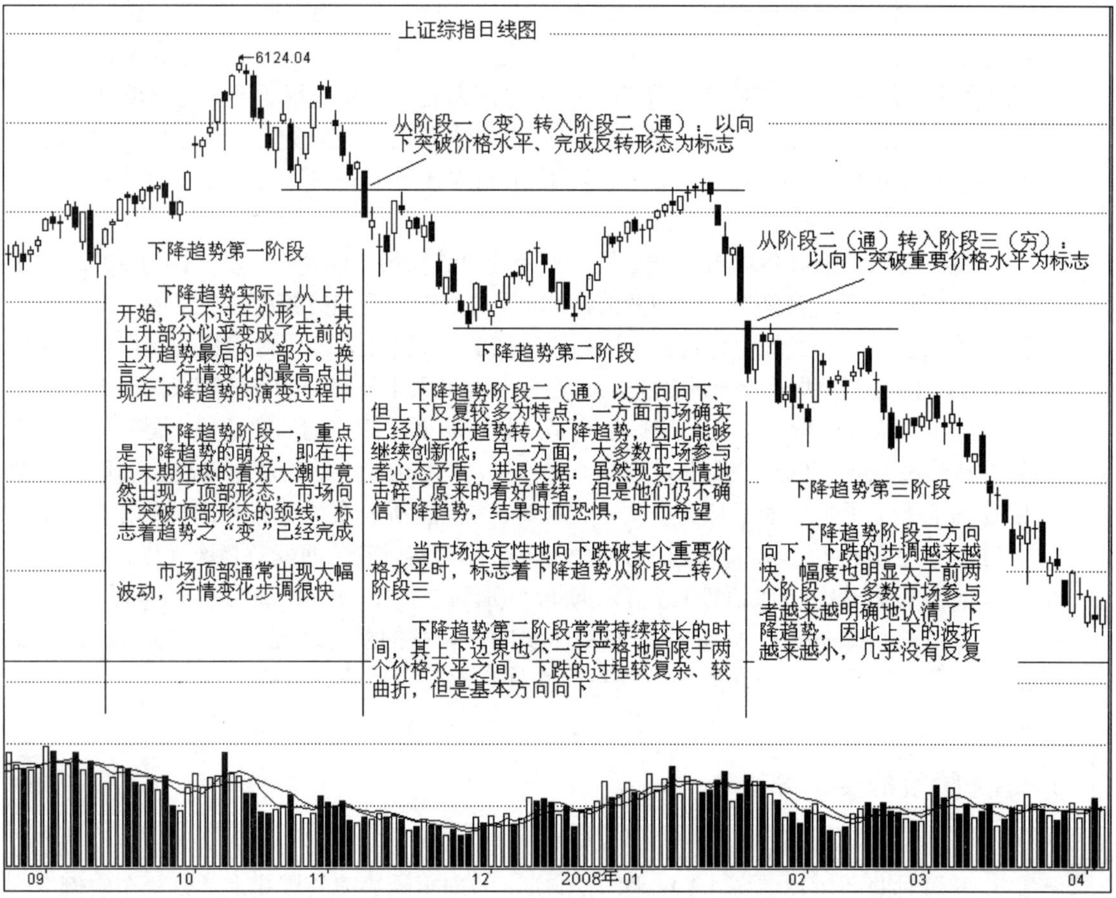

图1.21（a） 下降趋势演变三阶段的实例，变、通、穷。上证综指日线图，从2007年8月27日到2008年4月3日

11 月 8 日的突破信号划分了下降趋势阶段一和阶段二。16 日，市场向上反抽，重新测试双重顶颈线，市场向下的方向确立，阶段二开始，这是“通”。通的意思在两方面，一是“往来”，即行情涨涨跌跌，反反复复；二是“不穷”，即市场下跌的方式和幅度尚不会达到极端的地步。从本例来看，一方面市场有能力创新低，另一方面下降的进程多反复，在重要的价格水平上也有较多“拉锯”现象。下降趋势阶段二通常持续时间较长，但总的下跌幅度不是最大的。2008 年 1 月 22 日，当市场再度加速下跌，突破重要价格水平 4800 后，阶段二结束，转入阶段三。

在下降趋势阶二，大多数市场参与者心态矛盾，一方面市场下跌的严酷时时提醒他们回到现实，另一方面，他们并不确信下降趋势已经到来，因此时而因为下跌而恐惧，时而因为上升而满怀希望。

2008 年 1 月 22 日下降趋势进入阶段三（“穷”），市场方向明确，下跌的步调越来越快，反复的次数越来越少、反复的幅度越来越小，总的下跌幅度明显大于前两个阶段。阶段三“穷”是行情向极、竟的地步发展的过程，并且演变方式也是“穷”的，和往来不穷的“通”大不相同。当然，就阶段三本身来说，虽然市场跌得面目全非，仍未失去平衡。无论如何，这个阶段为后来的上升趋势做好了铺垫，当上升趋势阶段一从下降过程开始的时候，必然把市场从弱势进一步推向更弱，导致下降趋势走向自己的反面——新的上升趋势。

从 1 月 22 日市场跌破 4800 后，大多数市场参与者越来越明确地认清了下降趋势，慢慢变得失望，渐渐从失望转为绝望。

值得说明的是，从趋势交替的角度来看，在上述下降趋势经历三个阶段后，既可能迎来规模相称的上升趋势，也可能迎来规模相当的横向趋势，要视更高规模的趋势方向来进行。这使得趋势结构分析很有实用价值。上文说新趋势为“上升趋势”，只是为了印象更鲜明。此外，新上升趋势阶段一的下降过程何时发生，还得根据后来的市场演变倒推才能辨认。

另一个实例研究上升趋势的演变过程（图 1.21（b））。从 2005 年 4 月中旬开始，到 8 月中旬为止，大致属于图示上升趋势阶段一。市场在先前的下降趋势阶段三已经达到了“极”、“竟”的地步，为行情下一步演化打下了基础。从 4 月中旬到 6 月 6 日，上升趋势阶段一从下降过程开始，这一下降过程，使得先前的下降趋势进一步恶化，从而打破了原有的平衡，下降趋势由此竟然走向了自己的反面，孕育、转化成新的上升趋势！于是，6 月 6 日的最低点出现在上升趋势阶段一，是底部反转形态的一部分。一般说来，底部反转形态通常花费较长时间、成交量十分压抑、价格波动幅度偏低。不过，本图底部形态的构造过程起伏较大，显得异乎寻常的活跃。7 月 12 日和 19 日，当市场再二、再三向下试探时均未能创新低，这是一个重大的警告信号。下降趋势阶段三一般能够持续向下突破，而在阶段二才在价格水平处时有反复。8 月 9 日，当市场向上突破双重底形态颈线时，反转形态完成，下降趋势从阶段一转入阶段二。

在上升趋势阶段一，绝大多数市场参与者沉浸在下降趋势阶段三的绝望情绪中，不断向下修正预期，看不到任何希望。

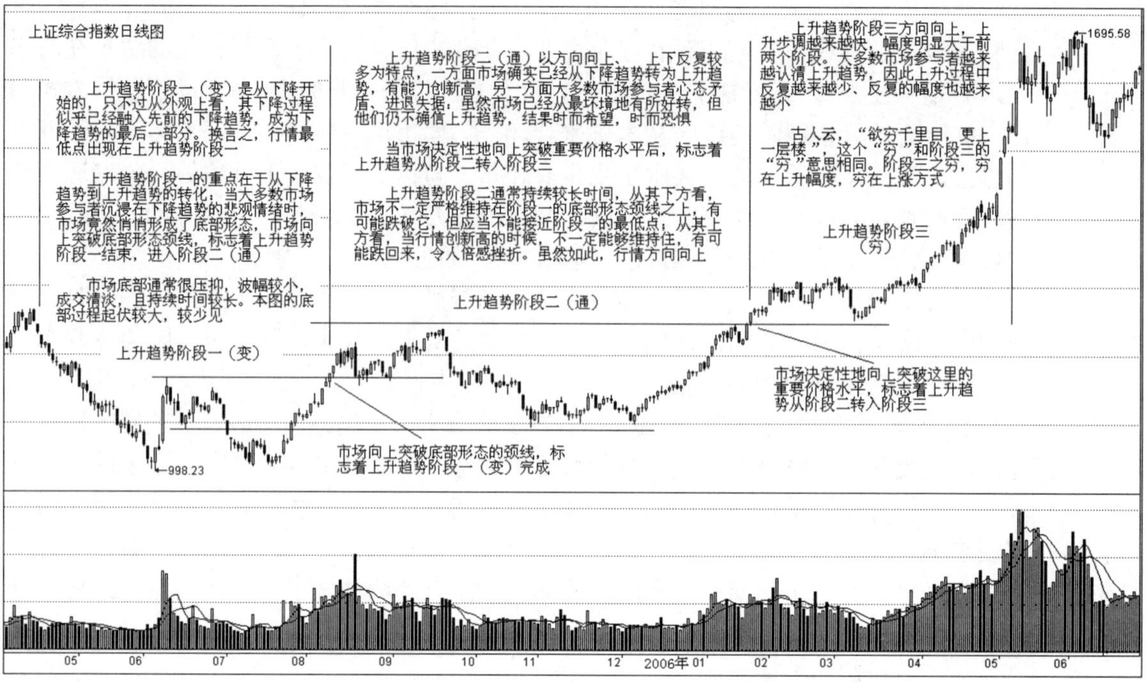

图 1.21（b） 上升趋势演变三阶段的实例：变、通、穷。上证综指日线图，从 2005 年 4 月到 2006 年 6 月

8 月中旬的突破信号之后，市场进入上升趋势阶段二。这个阶段方向向上，但多反复。8 月底，市场下跌，回试双重底颈线，在颈线水平处有反复，但基本维持在之上，表明上升趋势信号有效。9 月市场缓缓上升，还创了新高，看起来一切顺利，不料突然之间，接连三根大阴线迅速跌落，这一次，市场在双重底颈线处来回拉锯，最后竟跌破颈线，继续回落。这种反复在阶段二较多见，令人倍感挫折。还好，市场很快找到了一个新平台，新平台明显高于双重底反转形态中的次低点，市场坚守此处，没有任何松懈，最后，通过连绵的小实体小步快跑，有力地恢复上升进程。2006 年 1 月 19 日，当市场向上突破 1250 的重要价格水平时，上升趋势从阶段二转入阶段三。

在上升趋势阶段二，一方面市场参与者已经从最坏境地中稍有缓解，另一方面又不能确信上升趋势，结果患得患失，时而恐惧市场恢复下跌，时而希望市场持续上升。

上升趋势阶段三方向向上，持续时间较短，反复的次数越来越少，反复的幅度越来越小，行情步调越来越快、不断加速。阶段三的总体涨幅明显超过阶段一和阶段二。在本例中，阶段三的开头部分，市场小幅波折，3 月 7 日甚至一度跌破前期低点，但此后市场加速上升，呈现出较鲜明的阶段三的特点。

在上升趋势阶段三中，大多数市场参与者越来越明确地认清上升趋势，预期越来越高、胆子越来越大。

请注意，按照趋势交替的基本特征，上升趋势完成三阶段后，既可能迎来新的下降趋势，也可能迎来新的横向趋势，要看更大规模的趋势方向。这使得趋势结构分析很有意义、很有必要。上文说新趋势为“下降趋势”，只是为了印象更鲜明。从上例后来的演变看，更大规模的趋势是从998点（2005年6月6日）到6124点（2007年10月16日）的超级大牛市，因此市场在2006年5月中旬后进入为期近5个月横向整理过程。

从以上分析我们看到，趋势阶段分析具有重要意义，趋势演变的每个阶段均具有鲜明的特征：

阶段一重在转势，一方面我们必须及时捕捉趋势逆转信号、及时应对，另一方面先前趋势具有持久性，从正常的调整信号中区分转势信号，绝对是一个挑战，宁可保守地坚持原有趋势，绝不能盲目冒进。此外，新趋势开始时顺着原有趋势的进一步发展只能事后认定，行情外观上的最低点、最高点也只能事后认定；

阶段二重在打牢基础、“厚积”而准备阶段三“薄发”，市场方向确定，但多反复，在应用价格水平时必须留有余地，止损也必须留有余地；

阶段三重在攻城掠地、迅速实现成果，反复越来越少、速度越来越快，越来越能够接连突破价格水平，价格水平的可靠度大大上升，后来市场在价格水平处的反复构成了警告信号。

由此可见，我们必须在认识基本趋势方向的基础上进一步认清趋势阶段，才能有的放矢地使用趋势分析工具，扬长避短，否则必然降低跟踪趋势的一致性。

市场趋势演变的三阶段特征

以上升趋势为例，在上升趋势中，市场心理的演变过程是先看跌、再犹豫不决、最后死心塌地看涨，分别对应“变”、“通”、“穷”三个阶段（图 1.17 和图 1.18）。

(1) 上升趋势的萌芽阶段——市场处在“变”之中，“通”之前。在一般情况下，“变”往往对应于新趋势萌发的初期阶段，虽然市场已经渡过了下降趋势之“穷”的转折点，但是对绝大多数市场参与者来说，此时的心理状态仍然维持在旧趋势下，市场表现也相当低潮，在低位窄幅振荡，持续时间较长。

从行情方面来看，一方面市场参与者心理状态基本上仍然维持在过去的跌势或横向趋势中，另一方面市场虽然反复探底，但总是不能有效向下突破，后来反而不引人注意地向上试探，当市场最终向上突破某个重要阻挡水平时，上升趋势就初步形成了，市场从“变”的潜伏阶段转入“通”的平衡上升阶段。

(2) 上升趋势“通”的阶段——这是上升趋势夯实基础、积蓄力量的重要阶段。市场继续上升，已经达到一定的高度，明显高于最低点。但是大部分市场参与者一方面确实注意到市场上升，另一方面出于谨慎甚至怀疑的态度，宁愿见好就收，对上升趋势的长期前景，既没有坚定的信心，也不过于执着。

少数市场参与者的心理处于极端状态，要么已经敏感地意识到上升趋势方兴未艾，坚决逢低买进；要么僵硬地停留在原有看空的心理状态，只要出现高位，就看作卖出的好点，结果多空双方有较多争执，市场一方面有能力创新高（这是上升趋势的本质特征），另一方面又往往形成大幅振荡、多空争夺的局面。

总之，虽然上升趋势实际上已经是潜在的事实，但是这一点并不是一目了然的，市场参与者不会一致看涨，交易量也不会过大。由此可见，上升趋势第二阶段犹豫不决的高波动率正是市场的自然要求。上升趋势第二阶段的特点就是振荡上升，即人们常说的“洗盘拉升”过程，此时趋势方向并无变化，投资者不但不能害怕行情反复，反而应当坚决持有，并利用市场回调的机会建仓和加码。这种反复不是真正的行情“脆弱”，反而表明行情的韧性，大多数市场参与者没有能力明确判断上升趋势的存在，市场参与者看多和看空两格阵营势均力敌，这就是所谓市场平衡状态的来由。

在“通”的第二阶段，市场涨跌交替明显，不失均衡性。特别值得强调的是，有时候趋势第二阶段具有出人意料的顽固持续能力。由此可见，趋势的三个阶段并不是简单地以持续时间的长短来划分的，有时候第二阶段可以不成比例地拉长。不过，由于其反复特性，累积的价格幅度不是最大的。

(3) 上升趋势之“穷”。市场在第二阶段后期终于向上突破了最重要的历史价格水平，市场参与者对上升趋势的怀疑气氛一扫而空，普遍认定上升方向，于是市场进入稳步快速的上涨过程，不再有怀疑、徘徊心理带来的明显振荡和调整。

在这一阶段，上升趋势逐渐成为人人坚信不移的“常识”，波折越来越少、波折的幅度越来越小，一旦市场稳定上升，没有太多振荡和调整，上升趋势的最佳状态就出现了。随着行情上升，市场参与者的看多心态逐渐得到强化，由此驱动市场进一步上升，于是在投资者看多心态和市场上升之间，形成了螺旋式上升的自激循环，结果几乎总是进入极端状态，行情急剧拉升，价格和交易量双双达到历史高位、乃至创历史新高，埋下了趋势向下逆转的种子。

有时，在上升趋势的最后阶段，一方面大多数人认同上升趋势，不断加入多头行列；另一方面已经持股的群体则取得了较大利润，获利回吐压力越来越显著，上升趋势第三阶段本来波折越来越少，但是有一天市场突如其来地大幅波动，这就暴露了行情的脆弱性，可能构成趋势逆转的警告信号。

如图 1.22 为上证综合指数 2000 年 1～9 月的上升趋势，这里将这一部分上升趋势加以划分，做较详细的讨论。

1999 年 12 月 16 日到 2000 年 2 月 14 日，是上升趋势的“变”的阶段，即第一阶段。因为自从 1999 年“5・19”行情以来的更大规模的趋势向上，使当前上升趋势的酝酿过程反复较少，振幅也大，显得很有力量。2000 年 2 月 14 日的跳空缺口向上冲破了之前的下降趋势线，也向上冲破了前期历史高点的价格水平，标志着上升趋势进入第二阶段。

春节后（2 月 14 日），直至 5 月 25 日，上升趋势处在“通”的阶段，即第二阶段，这是上升趋势“承前启后”的腰部，重在打基础、蓄势待发。大多数市场参与者注意到市场的上升，但是对上升趋势的判断并无把握。少数市场参与者意见鲜明，或看多，或看空。市场振荡上升，一方面来回调整，一方面不断创新高，因此上升趋势的进程较为平衡、正常，不属于极端状态。在这个过程中，1760 点的历史最高水平被向上打破，并清晰地形成了一条上升趋势线。

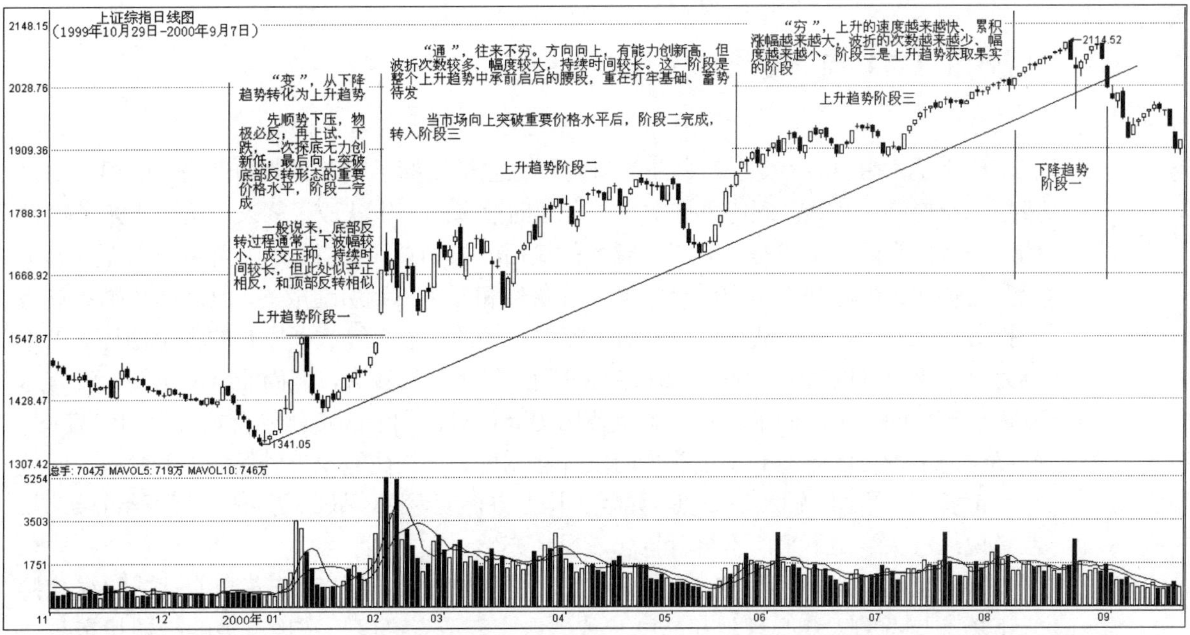

图 1.22 上证综合指数的上升趋势三阶段。受更高层次趋势方向的影响，上升趋势完成三阶段后，新趋势既可能是下降趋势，也可能是横向趋势

5 月 25 日后，到 2000 年 8 月 7 日，是上升趋势的第三阶段，即“穷”的阶段，上升趋势经过阶段一新旧交替、阶段二反复蓄势，终于在阶段三厚积薄发，这是上升趋势收获的阶段。绝大多数市场参与者终于认准了上升的方向，行情开始稳步上升，没有多少反复。上升趋势进入最好的时刻。可惜好景不长，市场步子越来越快，新趋势顺势向上再推一把，终于失去平衡，将自己绊倒，以高位大幅激烈振荡宣告上升趋势的终结。

阶段三之后市场陡然增加的波动性（趋势反转的预警信号），二次尝试历史最高未果（顶部反转形态的初步信号），上升趋势线被向下跌破（反转形态基本得到验证），形成了一系列的趋势反转信号。

上升趋势完成三阶段后，受更高层次趋势方向的影响，新趋势既可能是下降趋势，也可能是横向趋势。图 1.22 暂且把新趋势标为下降趋势，后来的实际行情较复杂，请参看图 1.24。

下降趋势同样表现出“变”、“通”、“穷”三阶段特征，只是与上升趋势的方向相反。相比之下，上升趋势的“变”的阶段往往较为艰难，费时较长，反复较多，最后向上突破时也需要交易量的配合；下降趋势之“变”则有可能很快完成，反复也较少，最后向下突破也不一定需要交易量的配合。上升趋势“穷”的最后阶段往往伴随价格的急剧拉升、交易量的极度放大，狂欢气氛异常浓烈；下降趋势“穷”的最后阶段交易量很可能适度放大，也可能不明显放大，价格则急剧下滑，充满恐慌情绪。

趋势由“穷”而“变”的大众心理分析

什么是“穷”而“变”？之前趋势阶段三已经发挥了整个趋势的潜力，取得了明显成果，新趋势一开始，顺势再推一步，真理向前多跨一步就成了谬误，这一步是关键性的——多出来的一步正是压断骆驼脊梁的最后一根稻草，或者说画蛇添足的最后一笔。上升趋势和下降趋势本是由于一定的环境条件和竞争机制所造成的，但是当新趋势顺势一推后，这最后的一击破坏了它们自己赖以存在的基础，终结了原有的竞争循环。以市场为例，我们可以这样理解，上升趋势阶段三尽管涨幅较大，但尚能维持平衡，没有达到最后疯狂的状态，尚未触及某个重要历史高点时，则该高点就像新娘头上的红盖头，始终作为某种可以憧憬的乐观前景而发挥着诱惑力，往往能使市场保持上升势头；但是一旦市场失去平衡，触及该高点、甚至从其上方再度返回，那么这样的憧憬就给打破了，或者说红盖头给揭下来，不再有悬念。反之亦然。

事实证明，当市场参与者的大众心理比较平衡时，往往意味着当前行情的继续；当市场参与者的大众心理处在高度一致地看空、或者高度一致地看多的极端状态时，才孕育着市场趋势的重大逆转。在图 1.23 所示下降趋势阶段三，市场一边创新低（下降趋势的根本特性），一边调整，显得还算平衡。而随后的上升趋势阶段一开头，则几乎是垂直下跌，属于极端的趋势状态，两者结合起来构成了下降趋势之穷，反而种下了趋势向上逆转的契机。在任何时刻，只要有成交，就一定有人买、有人卖。不过，卖出的人不一定看空市场，买进的人也不一定看好市场，而是可能出于交易节奏、锁定利润、投资组合调整等需要，具有相当强的统计特性。从大众意见的角度来看，如果通过公共传媒反映出相互矛盾的看法，就说明市场参与者的心理状态比较均衡，对市场前景的预期也比较平衡，往往对市场两个方向的变化都有所准备。于是，市场变化处在“正常条件下”，人们对涨跌两种方向的市场变化都能够坦然以对，在操作手法上也基本上能够照既定方针办，该怎样就怎样，不太可能出现惊恐状态。在这样的情况下，市场一般将延续目前的行情继续发展。

另一方面，与平衡的情况相对立，在市场行情和市场参与者的大众心理之间也可能形成自我加强的恶性循环。当市场顺着原有方向继续上涨（或下跌）时，验证了公众看多意见（或看空意见），从而进一步加强了公众看多心理（或看空心理）；在一定时间内，这种心理反过来加剧了市场的涨势（或跌势），于是投资者心理和行情的交互过程陷入了螺旋自激状态。在这样的情况下，公众心理越来越严重地倒向一边，越来越一厢情愿，对相反方向的市场变化越来越没有准备，心理承受力也就越来越脆弱。

这样的自激循环通常在市场长期持续的大规模上升趋势或下降趋势之后出现，此时价格和人群心理都很容易进入极端状态。一旦市场出现反方向变化，则必定令绝大多数市场参与者大大吃惊，很容易导致大多数人的心理从一个极端转到另一个极端，尤其是在上升趋势最后阶段引起恐慌性抛售，甚至股灾。

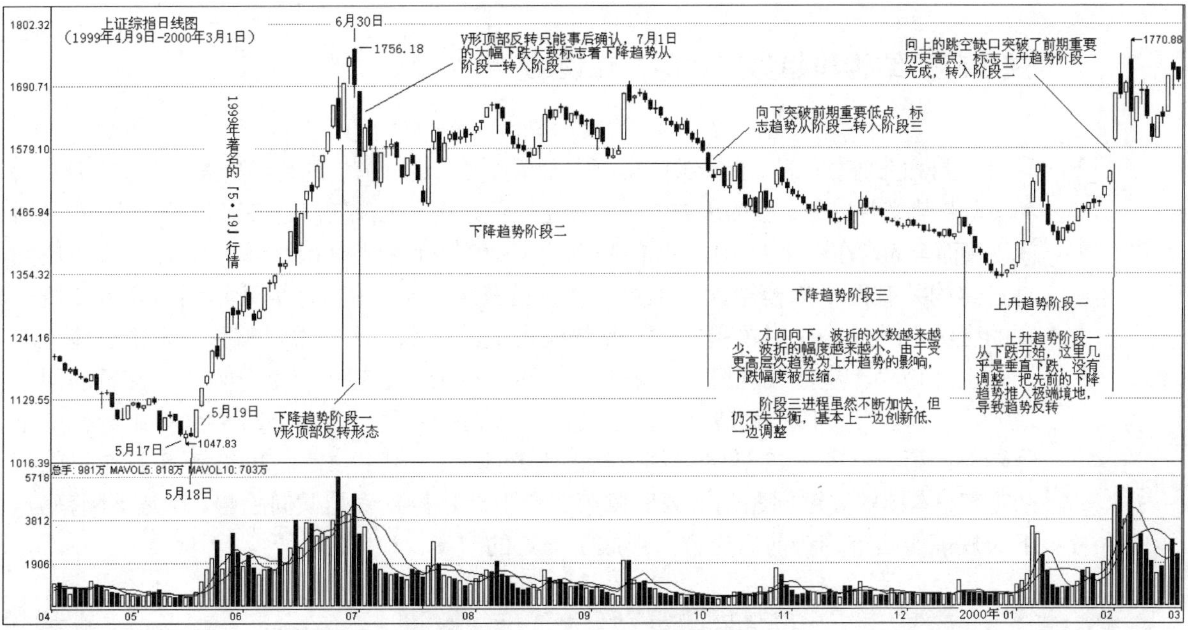

图 1.23 实际上本图发生在图 1.22 之前，两图是连续演变的

物极必反，所谓“极”就“极”在最后阶段的自激式循环状态，在绝大多数情况下，这正是“反”的先决条件和线索。因此，判断行情逆转的一个重要线索是看市场是否已经进入自激式的循环过程。至于市场本身是高是低，其实总是相对而言的，并没有很大的参考价值。

反过来，如果市场总是处于相对平衡的看多和看空的气氛下，实际上属于正常的市场状态，当前的意见分歧很可能持续下去，总体上，市场参与者的看法不会发生剧烈转变，因而难以形成趋势突变。

根据上述分析，在实际操作中，市场参与者解剖自己的心理状态——这是一种自省的功夫——也能提供有益的线索。当我们入市买进时，在正常情况下，心理平衡稍稍偏向看多一边，心里总有几分担心，感觉不到很大的把握。如果说交易盈利是对我们所承担风险的报偿，那么上述感受才是正常的心理感受；反过来，如果我们觉得没什么可担心的，而是把握十足，这是不合理的，很可能正是因为市场参与者的群体心理已经处于一边倒的极端状态，而自己受到了群体心理的感染。换句话说，感觉危险的地方，可能倒有几分安全；感觉安全的地方，可能正是危险之处——真正的危机通常在绝大多数人始料不及的时候出现。

在技术分析中，相反意见理论所依据的大致就是上述道理。相反意见理论提出一种“意见一致指数”，如果 80%以上的分析者看多，说明市场参与者的大众心理状态极端看多，反而构成看跌信号；反之，如果 80%以上的人看空，则说明大众心理状态极端看空，反而构成看多信号。国内有人提出了其他类似方法，比如观察证券报发行的数量、观察证券营业部门前的自行车数量、观察证券营业大厅内的拥挤程度等，一旦报纸卖不出、证券营业部门庭冷落，则构成买入信号。

关于趋势结构和趋势交替的补充说明

以上试图通过上证综合指数的实例来揭示“变、通、穷”的趋势阶段，揭示上升趋势和下降趋势交替出现、互为因果的连续变化过程。实际上，任何趋势都是相对于一定的时间规模而言的，在图 1.24 中，从 1999 年“5・19”行情到 2001 年初，上证综合指数的趋势结构共有两个规模层次，上级层次指的是从“5・19”行情开始到图表最右侧位置的上级上升趋势，用较粗的上升趋势线表示。从本层次来看，整张图表主要就是这一轮上升趋势。从下级规模层次来看，上述上级上升趋势可以划分为相互交替的四个趋势，第一，“5・19”行情，这是急速的上升趋势；第二，图 1.23 曾经详细分析的下降趋势；第三，图 1.22 曾经详细分析的上升趋势；第四，始于 2000 年 8 月 7 日的复杂走势，本图的关键问题是图表右侧第四个下级趋势到底是横向趋势、还是下降趋势。下级规模的四个趋势前后交替，形成了一定的节奏。

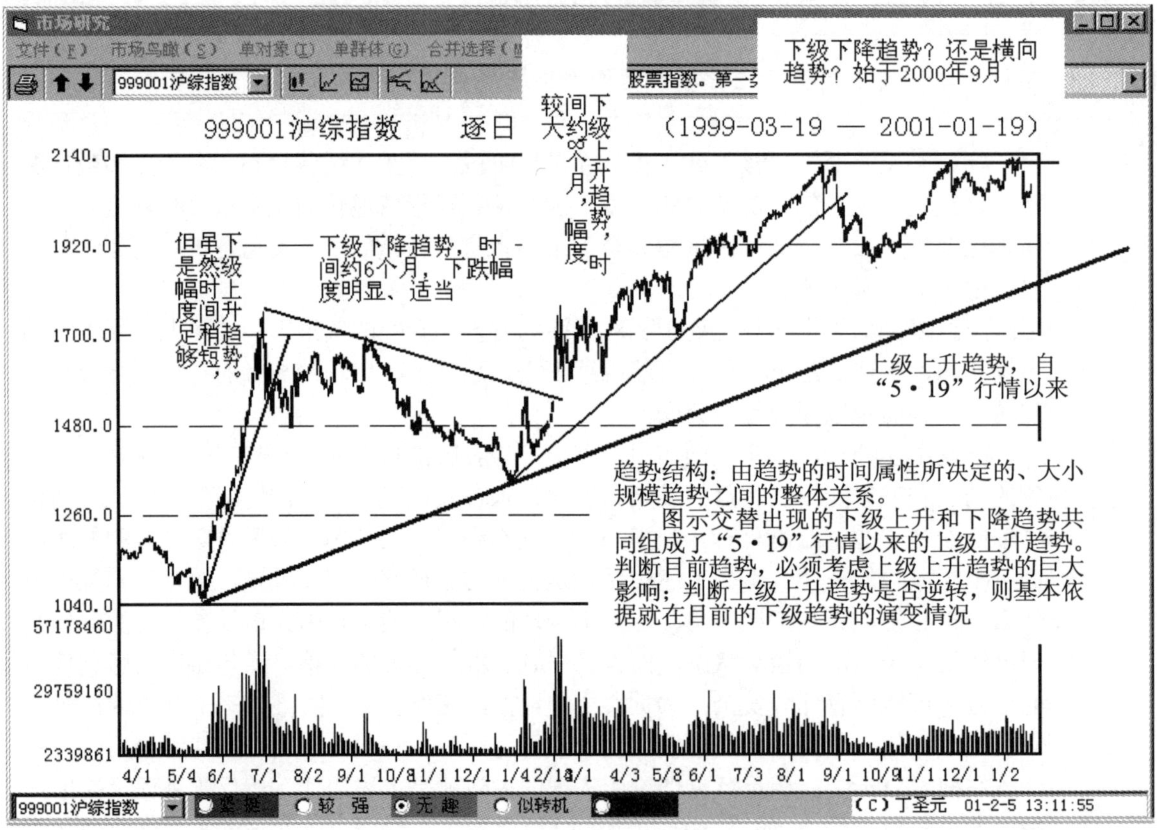

图 1.24 1999 年“5・19”行情到 2001 年初上证综合指数的趋势结构，共有两个规模层次

本图用趋势线来标志下级趋势，这只是一种大致的画法，不如趋势阶段分析那样严格，但还算实用。

为了简明，这里只分析了两个规模层次。所谓趋势规模主要是根据时间范围来划分的，兼顾行情幅度。规模相当的趋势就是同一个层次的趋势。若干个前后交替的同等规模的趋势共同组成一个更高层次的趋势。大趋势和小趋势的组合关系，就是所谓趋势结构。和理想趋势演变模式下各层次趋势分解、组合不同，这里看不到大、中、小层次趋势的分解情况，主要根据实际行情走势的外形来划分层次级别。

从本图可以进一步体会，所谓趋势结构、趋势阶段、趋势交替的概念，实际上都是同一个对象——整体趋势——的不同侧面而已。当我们分析趋势阶段时，特别强调新趋势阶段一的开头部分具有重要意义，离开了它，则旧趋势就不完整；低层次趋势前后交替，其实构成了上级层次趋势演变过程的不同阶段。当然，趋势结构、趋势阶段、趋势交替为我们提供了不同的观察视角。

顺便说一句，在观察和分析行情趋势时，最常用的图标是日蜡烛线图。由于交易日符合人们日常的作息周期，不论是短线或长线投资，日线图都是很好的观察起点，是分析趋势的基本时间框架。其余图表形式如小时线图、五分钟线图，或者更长的周线图、月线图，是对日线图的补充。

趋势结构之所以重要，首先是因为我们在研究下级趋势演变时，必须考虑上级趋势的方向。1999 年下半年，上述上级上升趋势尚不太明朗，因此当时的下级下降趋势（当年下半年的大势，图 1.23）下跌幅度明显；2000 年 8 月以后，上级上升趋势很明显，此时出现的下级下降趋势就不可能再形成大幅下跌了，甚至可能只是横向趋势。

另一方面，任何重大市场变化总是从蛛丝马迹开始的，因此下级趋势正是上级趋势转折的契机。当我们研究上级趋势到底是持续还是逆转时，下级趋势提供了及时的信号。从 2000 年 8 月以来的下级趋势行情来看，尚没有上级上升趋势向下逆转的任何有效信号。这一判断是研究 2001 年市场大势的基本点，事关重大。因此，趋势结构对大小趋势同样具有重要意义，大小趋势共同构成市场演变的完整过程。

趋势结构体现了“小”和“大”的关系。举例来说，我们要从甲地达到乙地旅行，两地之间的大方向和大致距离是大趋势，决定了整趟行程的大致轮廓，无论路途怎样曲折，都应当和出发地、目的地有关。如果要只是设想大致的计划，则上述方向和旅程的粗略估计也就足够了。这相当于远景。

下一步是实际安排行程了，需要落实旅途中的主要中转站，从这里到那里采用什么交通工具，花费多少时间和金钱，在哪儿住宿，要不要预约。这是中趋势，相当于中景。

再下一步，具体旅程。到达某个主要中转站后，有多少时间，要做些什么；中转站当地的气候、风土人情、公共交通、社会治安、商业服务等也是必不可少的基本资料。这是小趋势，相当于近景。

有了以上类比，我们就可以看到，大趋势决定整个行程，决定总体目的；中趋势进一步落实总体目的，将它适当分解、组合；小趋势则代表着演变细节。如果没有大趋势，则小趋势就沦为漫无目的流浪；但是只要小趋势出现任何意料之外的、与原大趋势背道而驰的变化，比如他乡遇故知、交通延误、钱物失窃等，则同样有可能决定性地改变整个旅行计划。

由此可见，趋势结构实际上是各层次趋势之间的关系，显示了系统的层次性和整体性特征。研究趋势结构的过程好像研究者将镜头对着同一个研究对象，由远及近地切换，如此才能得到关于研究对象从背景轮廓到特写细节的完整印象。这与“镜头由远及近——研究既包括轮廓又包括细节”一节的内容十分相似。在那里，我们强调的是趋势演变的内在原因，即各层次的基本因素及由其决定的竞争循环关系的层次性，这里强调的则是研究对象趋势的直观表现。由于各层次的内在原因决定了本层次趋势的外在表现，两者具有相互对应的关系，因此上述相似性不是偶然的，而是体现了研究对象的系统性、整体性、层次性。

从太极图直观地看，在时间方向上，上升趋势和下降趋势总是相互交替出现的，由此形成了市场演变的节奏。在研究国内股市大势的第二章，我们将指出上证综合指数不同层次的趋势状况，在那里我们将看到，具有相同时间规模的同级趋势明显具有一张一弛的属性。

不过，趋势交替和行情节奏的概念与周期的概念并不完全相同。周期更多地考虑行情演变的时间特性，但是太极图原则下的趋势交替则需全面衡量，既要考虑趋势的时间规模，也要考虑趋势的阶段性特点，价格与时间的综合形态比严格的时间长短更重要，重点是求神似而不是形似。举例来说，虽然“5 • 19”行情持续的时间仅有一个半月，但是其幅度惊人，因此从时间与价格变化幅度的综合形态来看，完全和下半年的下降趋势门当户对，构成上升趋势和下降趋势的交替关系（图 1.24）。

1999 年“5 •19”行情以来的上级上升趋势的时间规模还可以进一步扩张到自 1996 年年初以来的超级长期上升趋势，这就是再上一级上升趋势了。第二章将通过上证综合指数的实例详细介绍趋势交替和趋势结构的概念。

小结

趋势演变的基本特征共有三方面，即趋势结构、阶段性和交替性从各个层次趋势的整体性关联来看，重点是趋势演变的结构特征；相对于一定层次的个别趋势而言，重点是所谓趋势演变的阶段特征；相对于一定层次的上升趋势和下降趋势的衔接关系来看，重点是趋势演变的交替特征。

实际上，趋势交替特征已经完全融入趋势演变的阶段特征之中，因此在日常的趋势研究工作中，主要回答以下三个问题：

当前趋势是什么，就是说您要研究什么时间规模的趋势，它的方向是上升还是下跌？

它所处的趋势结构是什么样的，就是说它在更大的趋势中处于什么地位，又是怎样通过更小的趋势所组成的？

当前趋势处在什么阶段？

以上为当前趋势、趋势结构、趋势阶段三方面问题，我们通常按照从大到小的层进关系，表述为趋势结构、趋势阶段、趋势交替。上述趋势演变过程的基本特征是我们研究趋势演变的基本参照物。

趋势原理应用

根据趋势形成的原因和趋势演变的基本特征，我们来研究本章最后一个大问题，趋势原理的应用。《周易》说，“变通者，趋时也”。如果说趋势演变的基本特征就是“变通”，那么，应用趋势原理的目的就在于捕捉趋势时机。时机，实际上就是趋势演变过程中的某些特殊时刻，如同四季变化中的节气一样，它们对应着趋势方向的逆转（趋势交替）或者趋势阶段转换（趋势发生、发展、成熟阶段的变化）的转折。趋时，就是捕捉时机。机不可失，时不再来。

相对于当事人的主动能力来说，趋势性质可以分为两类，一类是客观对象的趋势演变，它们不以人的意志为转移，我们对之无能为力，只能被动地认识它和适应它。例如，正常的市场行情趋势就属于这一类型。认识这类趋势的目的就在于捕捉趋势转折的特殊时刻，在恰当的时刻采取恰当的措施，或者尽可能通过趋势变化获得最大的利益，或者最大限度地避免趋势变化带来的损失。这是顺应趋势。

另一类趋势与当事人相关，是当事人在一定程度上能够影响甚至彻底改变的趋势演变，典型的例子如市场投资者投资业绩的趋势演变，还有人生境遇的趋势演变。请注意，客观对象具有趋势演变属性，人生境遇同样具有趋势演变的属性。这是改变趋势。

实际上，人生境遇的趋势演变就是当事人系统和一贯地适应和捕捉客观世界的趋势演变时机的行为结果。由此可见，两类趋势具有深刻的联系，分别代表客体和主体，客体——他人或者某种事物，研究对象，投资对象，实践的领域；主体——我，研究者，投资者，实践者。古人云，事在人为。人生境遇的趋势主要通过人类行为模式表现出来，有什么样的行为模式就有什么样的人生境遇，因此通过改变我们的行为模式就能在一定程度上改变我们的境遇。

无疑，认识人生境遇的趋势演变具有极端重要的意义。我们比小龟幸运，上苍赐予我们智慧，让我们有机会跳出自我的樊篱，客观地观察和解剖自己的行为模式。行为模式决定命运，主动改变行为模式，就可能改变命运。如果当前趋势对我们不利，则应设法促使趋势反转，使之尽早朝有利的方向转折；如果当前趋势有利于我们，则应注意维持主导因素的内在平衡，避免趋势演变过程进入极端状态，从而促成有利的趋势长久、久远地延续。

在本章余下的部分，我们首先来讨论趋势原理在市场研究中的适用性，主要是关于第一类客观趋势演变的方面。然后，我们的注意力转向第二类趋势，即人生境遇的趋势演变。

后一部分以“命运”做标题，这是出于强调的目的。研究趋势就是为了改变命运。为了澄清概念，我们从事物演变过程中同时包含有序性和无序性两部分说起，将有序性的部分明确限定为趋势演变。对于无序性的部分，不论当事人行为模式如何，结果都没有本质差异，换句话说无序性的部分在任意方向都是对称的、无差别的；有序性的部分才真正带来机遇或造成危害，当事人的行为模式符合趋势的程度越高，则结果越有利；背离的程度越高，则为害越甚，换句话说，有序性的部分是方向性的，在方向上是不对称的，某些方向有利，某些方向有害，如此才有所谓趋利避害之说。人生境遇和投资者境遇既是由当事人对客观事物演变过程中有序性部分的认识和掌握程度所决定的，也是由当事人对有序性部分尚未认识和掌握的程度所决定的，总之，当事人的行为模式决定当事人的命运。这种意义上的趋势演变就是所谓命运。

趋势原理适用于股票市场、债券市场

上市公司所处的主要竞争关系体现在企业内外两方面，外部竞争主要在于产品和服务的市场占有率，以销售收入表示；内部竞争主要在于企业固定成本和运营成本，以总成本表示。

图 1.25 为上市公司单位时间内收入、成本、利润与销售量的简化关系图，我们假定可变成本和销售收入都与销售量成正比，随着销售量的增加，收入增加的速度不变，成本增加的速度也不变。

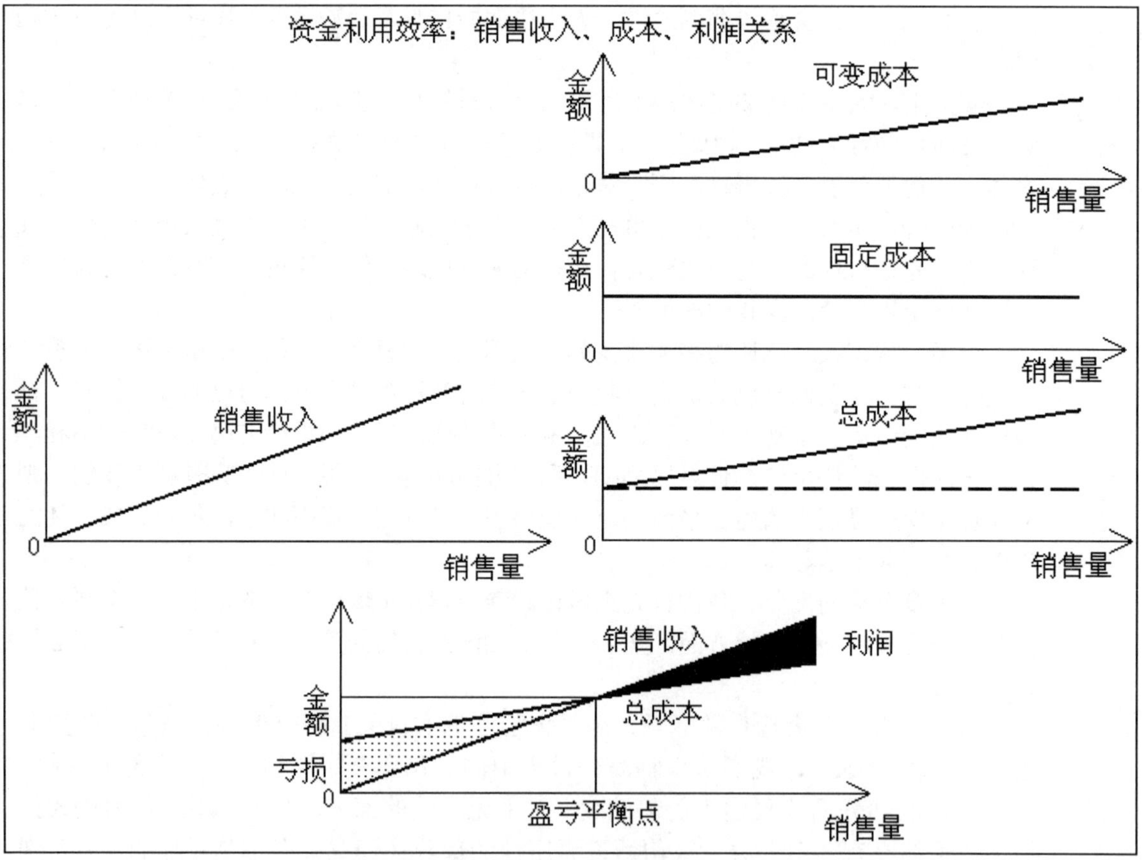

图 1.25 上市公司资金效率：销售收入、成本、利润的线性关系模型

在成本一边，可变成本与销售量成正比，固定成本与销售量无关。由于可变成本随着销售量增加而增加的速度（以其直线的斜率表示）小于销售收入随着销售量的增加而增加的速度（否则企业总是不可能盈利的），销售收入直线和总成本直线相交于盈亏平衡点，在盈亏平衡点左边，收入小于成本，企业亏损；在盈亏平衡点右边，收入大于成本，企业盈利，且利润随着销售额的增长而线性地增加。换句话说，不管销售量多大，每单位新增销售量都带来等比例的新增利润。

线性关系显然不代表上市公司的真实状况。考虑到企业销售的规模效益，则销售量越大，分摊在每单位销售量的成本将降低，边际利润将增加；在利润水平达到一定数量后，企业开发新技术、新产品，开辟新市场的能力将加强，进一步加强了规模效益。这是一种良性的循环竞争状态，有利于竞争有限资源，如人才、资金、市场等（图1.26）。简言之，企业盈利增加，增强了企业的健壮程度，即竞争能力，有利于进一步获利，这就是太极图所示的良性循环，具有趋势属性。

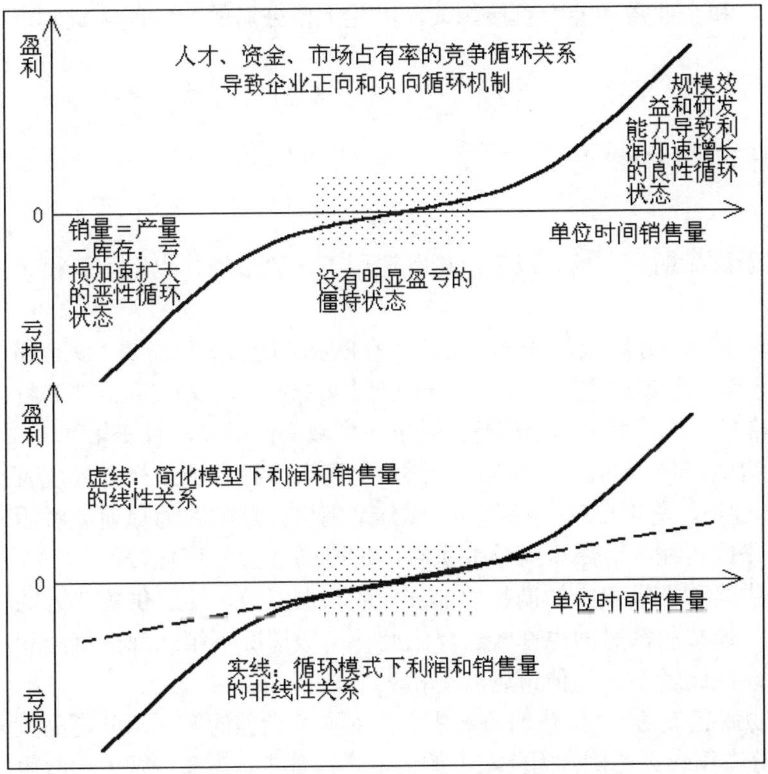

图 1. 26 企业的竞争循环关系导致资金效益的加速增长或加速减少

反过来，一旦企业陷入亏损境地，则往往导致竞争力受损，更没有本钱来竞争人才、资金、市场等要素，使企业越来越深地陷入亏损的泥潭，这是恶性的竞争循环。

在上述加速盈利和加速亏损的正负循环状态之间，存在一个没有明显盈亏变化的僵持区域。

当然，企业盈亏及盈亏增长的速度关系到很多复杂因素，以上仅仅是粗粗的几笔素描，试图抓住企业面临的主要竞争关系。上述循环是有条件的，条件是企业所得盈利或新增资金必须顺利转化为企业竞争力，如果企业的所有机制或管理机制有问题，新增利润或资金没有用于增强竞争力，而是被长期闲置，或投向与企业核心竞争力关系不大的地方，甚至被贪污、挪用，则不会形成良性循环。反过来，尽管企业亏损，但是总能得到解困资金来维持运转，企业也可能不会进入恶性循环，而是使得上述没有明显盈亏的僵持区域扩大，企业经营陷入长期僵持状态。在上述情况下，虽然表面上企业核心竞争力暂时不会进入循环状态，但是实际上只是将上述循环推迟了，企业迟早还是要重新进入核心竞争力的良性循环和恶性循环的。

股市投资者投入资金的市场价值（即股票价格）来自企业盈利和盈利的增长速度，反应在企业分红和企业价值两方面。上市公司分红越多，则股价越高；上市公司盈利前景越好，利润增长越快，则公司价值越高。

投资者盈利取决于企业价值的增长，即未来盈利增长前景的贴现。既然如此，上述良性循环和恶性循环当然对股票价格具有决定性意义。企业债券市场建立在企业偿还本金和利息的基础上，和企业盈利能力直接相关，因此上市公司的竞争循环机制对企业债券市场也适用。

趋势原理适用于一般市场行情

太极图原理也适用于商品期货市场。以下讨论既适用于一般市场，也适用于投资市场的行情趋势演变。

需求者对商品的需求由两部分组成，第一部分是当前必须满足的实际需要（现有需求），其增减弹性相对较小，且变化缓慢；第二部分是当事者根据对未来实际需要和行情的预期而提前做好的准备，这一部分属于调整性需求，增减弹性很大，且变化频繁。

供给者对商品的供给也同样由两部分组成，一部分是现有库存和现有产量（现有供给），这一部分增减弹性小，变化相对平稳；另一部分是销售计划的人为提前或者压后、生产能力的人为扩张或压缩，这属于调整性供给，增减弹性大，变化较快。

在实物商品市场，供给和需求双方的调整性部分一般不占多数，而且供需双方的调整能力可能都比较低，调整所需时间也都较长，因此在一般情况下第二部分供给和需求对价格行情的作用余地比较小，总体市场波动相对平稳。

投资商品市场与实物商品市场不同，供给方和需求方对人为调整的第二部分商品量均高度重视，调整性部分占据较大比例，因此双方的调整弹性都大，调整也快，由此第二部分供给和需求对价格行情的作用余地大大增强，投资商品市场相对于实物商品市场的流动性大为提高、价格波动频繁得多、幅度大得多。在投机性极高的情况下，供需双方几乎完全转化为第二部分供给和需求，市场变化的幅度和频率必然达到极高水平。

有趣的是，在一定条件下，实物商品市场完全可能跨越门槛成为投资性商品，市场变得高度流动、波动性大为扩张。历史上有名的案例是 17 世纪荷兰郁金香球茎狂潮，20 世纪初美国佛罗里达州地产热潮。我国也有东北君子兰、云南普洱茶等例子。可见，实物商品市场和投资商品市场的界限只是相对的，没有本质不同。

调整性供给和需求主要由市场参与者的预期形成，而且调整性供给和需求也可能最终影响实际需求和供给量，结果造成了市场行情的竞争循环关系。当行情上涨到一定程度时，供需双方预期行情进一步上涨，需求方尽量囤积库存，供给方尽量延迟出货，反过来推动行情进一步上升，这就是上升趋势的良性循环。反过来，当行情下降到一定程度时，供需双方预期行情将进一步下跌，需求方尽量推迟买进，供给方尽量提前卖出，由此推动行情进一步下跌，这就是下降趋势的恶性循环。

自然，供给和需求第二部分调整的余地越大，则形成竞争循环的可能性越大，出现大规模上升趋势、下降趋势的可能性越大。一般地，金融市场第二部分的调整余地较大，对于投机客来说，其供给和需求几乎完全是由第二部分组成的，可能与实际需要和供给无关。

在允许做空的股票市场上，供给方的第二部分调整余地已经不限于现有流通股数，而是大大增加；在允许采取保证金交易（所谓融资交易）的情况下，其资金杠杆效果放大了买卖双方的资金实力，也会增加第二部分的能量。不过，供给和需求的第二部分并不必然导致趋势性行情，而是为趋势性变化创造了较好条件。

一般市场行情的上述竞争循环关系决定了太极图趋势原理的适用性。实际上，太极图趋势原理具有普遍性，对于各种变化和过程都是适用的。

命运

时机——变化、趋势、时机三位一体

倘若事物始终一成不变，或者总是均匀、单向地改变，严格说来这不是什么变化，而是不变。不变的事物是没有时机可言的。假如市场价格总不变，则不论什么时候买卖，价格总是一样的；如果价格均匀上升，则任何时候买进都有机会以相同的差价卖出。然而，世界上从来没有一成不变的事物，均匀的单向变化，基本上是实验室里的产物。

倘若事物始终完全随机变化，也不是真正意义上的变化。随机性变化可能带来一时的不同，但是长期来看，它不会造成任何实质区别。而且纯粹随机事件对所有人都是公平的，在所有时刻都是完全一样的，不存在时机选择的余地，选择不同时刻也不会造成任何实质差异。换句话说，在纯粹随机的变化过程中，不论当事人采取什么行为模式，都不会导致系统和一贯的结果差异。

趋势性变化才是真正的变化，才有时机可言。上升趋势和下降趋势交替，像尺蠖爬行时的一曲一张，尺蠖靠着一曲一张在其生存空间里描绘了多彩多姿的轨迹；像我们的两条腿前后迈动，造就了人人不同的人生旅途。趋势性变化要么对你有利，要么对你有害，这才是真正的危险之所在，也是真正的机遇之所在。在趋势性变化中，当事人不同的行为模式必然导致不同的行为结果，行为模式越是符合趋势性质，则行为结果越有利，行为模式越是和趋势性质相背离，则行为结果越有害。只要行为模式不变，结果就具有系统和一贯性。趋利避害就是顺应趋势、捕捉趋势演变的时机。

前面我们曾经交代，时间代表了终极资源和终极成本，时间综合了所有竞争关系，趋势演变过程就是在时间进程上展开的。根据趋势原理，趋势演变的时间不是均匀流

淌的，而是有时候演变相对剧烈，有时相对平淡，相应地，有的时刻意义重大，有的时刻意义不大。趋势转折点所对应的时刻当然是相对重要的，而在转折点之间的趋势演变过程则相对不重要。时机就代表了以上差别。

时机和趋势结构、趋势阶段、趋势交替的所有方面都有关系，归根结蒂是由研究对象的整体性演变过程所决定的。要看当事人是否已经正确地认识趋势，就看他能否及时地捕捉趋势演变的时机。这就像舞者捕捉音乐的节拍，既要踩对这一步的节拍，又要正确地预期下一步节拍。

变化、趋势、时机实质是同意语。变化以趋势形式出现，没有趋势就谈不上真正的变化；把握趋势时机，才能适应变化、促成变化。

检测色盲的图谱——有序性和无序性

我们曾经强调，市场的根本特性就是不确定性，市场参与者成功的关键恰恰正是要在这种不确定性中找出相对的确定性。市场的不确定性和投资者的相对确定性显然是矛盾的，如何理解这种矛盾？如果市场是不确定的，为什么能够通过某种系统、一致的交易方法在市场上系统和一贯地获利？

市场的不确定性和确定性其实并不矛盾，太极图原理下的趋势就是市场有序性的典型表现，只是趋势隐藏在杂乱无章的市场变化之中，浸泡在普遍的无序性的水面下。检查色盲时，医生拿出色盲图谱，那上面填满了杂乱无章的小色块。乍一看，这些色块似乎是随意拼凑的，没有什么意义；再一看，如果不是色弱色盲，就能看出里面藏着一只虎或者一头鹿。换言之，有意义（即有序）的图案由一个一个小色块组成，而这些小色块则隐藏在无序的干扰色块背景下，无序性就是杂乱无章的小色块，有序性就是其中藏着的虎或者鹿。投资者就像猎人，如果能辨认出虎，就能躲开危害，如果能辨认出鹿就能有所收获，这些都是利；如果看不出所以然，把虎当成了鹿，或者把鹿当成了虎，就可能受害，至少也是徒劳无功，这些都是害。

市场趋势是无可否认的客观存在，但是，在正常市场条件下，当前趋势及其所处的趋势结构从来都不是一目了然的；如果市场参与者认为趋势方向非常明白，反而意味着趋势已经进入极端状态，“穷则变”了。人类天生能够感受到各种变化趋势那势不可挡的必然性，并以“命运”来归纳这种必然性，但是对趋势的认识则主要属于事后回顾的性质。及时识别当前趋势是一种罕见的才能，当事者需要通过大量学习、训练和丰富的历练，还需要融会贯通地领悟，才有可能在某一专业领域具有一定识别趋势的能力。未经训练的眼光就像色盲者，除了许多斑斓杂乱的小色块之外，看不到有意义的图案，甚至看到幻象和假象而不自知。

市场变化大致可以分为有序性和无序性两部分，是两者的综合，有序性通过无序性表现出来。有序性以市场趋势的形式表现，决定了投资者的命运。投资者认识了市场变化有序性部分，就有可能获得相对的确定性。投资者所见的不确定性包括未被正确认识的有序性和市场的无序性部分，无序性部分并没有太大意义，不会造成系统和一致的差别，未被正确认识的有序性部分才真正潜藏着危险。

从抽象的理论来说，世间所有事物都是无序性和有序性的混合体（图 1.27），无序性是事物的普遍共性，有序性则是事物之所以存在、之所以与他者区分的特殊性。根据 1999 年版的《辞海》，“有序”与“无序”概念是“标志着系统组织化程度的范畴。有序指物质系统的结构和运动状态的确定和有规则；无序指物质系统的结构和运动状态的不确定和无规则……，任何一个物质系统都存在着产生、发展、衰亡的过程。产生、发展主要是从无序到有序的过程。衰老、死亡主要是从有序到无序的过程。”实际上，不单对物质系统而言是这样，人类社会的各种属性，包括信息、贫富关系、权利、思想等在内，均是无序、有序兼备的，无序和有序从来都是混合在一起出现的，“产生”、“死亡”反而仅仅是极端状态，归根结蒂，有序隐藏在无序之中。如果世界完全无序，就是热力学所说的热寂状态，宇宙里处处没有温度差、没有区别，没有变化；如果世界完全有序，就是牛顿的机械决定论，一切事物从历史、到现在、再到未来都在最初完全决定下来，像理想的钟表一样绝无误差地进行下去，这与其说是变化，不如说是“固定不变”。

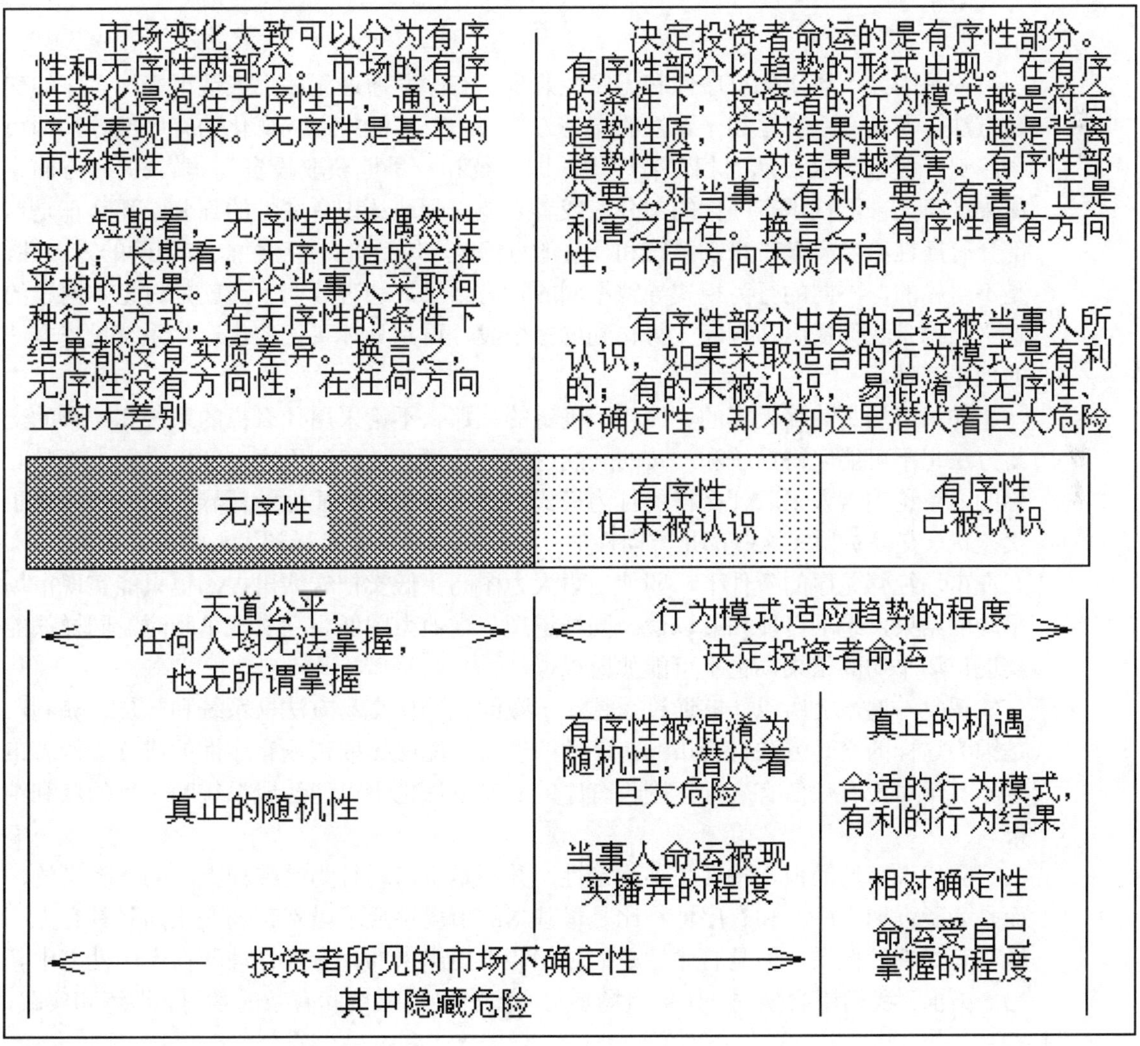

图 1.27 市场的无序性和有序性

从图 1.27 中可以看出，市场变化大致可以分为有序性和无序性两部分，是两者的综合，有序性通过无序性表现出来。有序性以市场趋势的形式表现，决定了投资者的命运。

在人类社会里，纯粹的无序意味着人类生活一盘散沙，每个人都是流浪汉，人与人之间的关系都是随机的、暂时的，社会地位差距、贫富差距都是随机的、暂时的；而在纯粹的有序之下，则贵者越贵、贱者越贱，富者越富、穷者越穷，常人永无机会，或者一切都是命中注定，人为进取毫无意义。幸亏世界不是这样的，而是既有有序，又有无序，充满机会，充满变化，如此常人才有“皇帝轮流做，明年到我家”的希望，也有不懈努力的奋斗方法，那些为社会贡献出智慧、勤劳、勇气的人才有可能得到应有的回报。

确定性和不确定性

正是因为市场变化有序性和无序性兼备，有序性通过无序性表现出来，有序的交易方法，即具有系统性和一致性的交易方法，才有可能将市场变化的有序部分，即市场趋势，提取出来，从而相对有序地，即系统和一贯地获取投资利润[①]。另一方面，如果当事人未能认识有序性的部分，或者未能正确地认识有序性的部分，那么正是这部分有序性给当事人带来了系统和一贯的危险。换句话说，有序性具有明确的方向性，是不对称的，不同的行为模式导致不同的行为结果，利害分明。这就是讨论本问题的意义，也是我们提出从判断大势、到选择个股、再到具体买卖的优选化系统投资方法的理论基础。

如果市场是纯粹无序的、纯粹不确定的，那么不论采用什么样的系统和一致的交易方法也不可能取得系统和一贯的利润。换句话说，纯粹的无序在任何方向上都是对称的，不论当事人采取什么样的行为模式，都不会造成实质性的差异。如果不考虑买卖差价、交易费用（这些都是方向性的，交易越频繁、交易量越大，则代价越大），那么在市场纯粹无序的条件下，即使当事人力图高买低卖把送钱出去，也只能实现市场平均的结果，绝不可能如愿以偿。同样道理，当他力图低买高卖来牟利时，同样只能实现市场平均的结果，也不可能如愿以偿。

重复一遍，之所以能够通过系统、一致的优选化交易方法来系统和一贯地获利，是因为这样的交易方法符合市场有序性的性质，能够提取市场有序性的成分；倘若市场本身绝对没有任何有序性，则再有序的交易方法也不可能达成系统和一贯的获利结果。

我们说市场的根本特性是不确定性，并不是说市场行为是纯粹无序的、随机的，而是为了强调无序性和有序性相比是最基本的市场性质，虽然市场变化同时具有无序性和有序性的性质，但是有序性是通过趋势表现出来的，有序性埋藏在无序性之中。另一方面，我们还要强调，如果市场参与者没有经过系统和有效的学习、训练和实践，

---

① 参见第六章“系统和一贯获利力”的概念。

没有领悟市场演变的本质，很可能是市场趋势的色盲，在他们眼中市场就是不确定的。

以趋势的三阶段来看，仅当一般投资者不能识别趋势的时候才存在有效交易机会，如果绝大多数市场参与者能够一目了然地断定当前趋势，反而很可能正是趋势反转之时。这一点和《逆向思考的艺术》①的观点有相似之处。

正常情况下，在趋势阶段一，即“变”的阶段，绝大多数市场参与者停留在原有趋势的心理状态下，认同原有趋势方向，而实际上，新的主导因素已经取代旧的主导因素，新趋势正在酝酿过程中，潜伏着寻求突破的机会。从市场的外在表现来看，趋势之“变”绝对只能事后确认，对趋势逆转的“先知先觉”常常被证明是代价昂贵的幻觉，稳妥的对策是始终坚持依照既定的趋势，直到确认新趋势已经取代旧趋势。

趋势阶段一转入阶段二，是以新趋势明确的向上或向下突破信号为依据的，此类突破信号相当于道氏理论的趋势信号（指标志新趋势形成的突破信号，参见《期货市场技术分析》②关于道氏理论的介绍）。从此，市场进入趋势阶段二。这是上升趋势或下降趋势承先启后的中间过程，通过反复涨跌一再确认新趋势，打牢基础、积蓄力量，为阶段三做好充分准备。对精明的投资者来说，入市交易的良机就集中分布在趋势的第二阶段。此时，绝大多数市场参与者心态矛盾，市场较多振荡，在上升趋势的情况下，应坚决逢低买进并持有；而在下降趋势的情况下，同样应坚决逢高卖出持续做空。

第三阶段，大多数市场参与者终于认定趋势方向，市场上下波折的次数越来越少、幅度越来越小，上升越来越快（以上升趋势为例）。这大约是最佳趋势状态了，精明的投资者乐得搭便车，继续持有。但是行情上升和市场参与者看多之间很快形成了互相加强的反馈循环，如同麦克风和扬声器之间循环放大突然形成的刺耳的自激，趋势进入极端状态，价格和交易量一飞冲天，此时不但不能入市买进，反而应当部分卖出，至少做好随时全部脱手的准备——我们不能轻易猜测原趋势已经终结，因此不宜卖出；但是在这样的情况下，趋势逆转的条件已经具备，一旦出现趋势反转信号和验证信号，就必须毫不犹豫地全部抛出③。

“命运”有四层意思

太极图原理适用于观察变化中的任何事物，它就是关于变化的哲学，适用于指导人生，研究人生各方面境遇的起落、顺逆，适用于研究市场领域的行业景气和企业经营状况的变迁，也适用于考察国家命运的兴盛和衰弱。本书主要研究投资者、投资方法，因此这里要从趋势角度讨论投资者的命运；又因为国内正在改革，市场经济的大

① [美]汉弗莱·尼尔著，《逆向思考的艺术》，丁圣元译，海南出版社，2001。

② [美]约翰·墨菲著，《期货市场技术分析》，丁圣元译，地震出版社，1994。

③ 无论从趋势演变的阶段特征来说，还是就投资者根据不同趋势阶段来捕捉交易时机来说，《周易》乾卦的爻辞都是经典的理论总结。在乾卦中，初爻和二爻对应趋势第一阶段的前后两部分，它们的爻辞分别是：“初九，潜龙勿用”和“九二，见龙在田，利见大人”；三爻和四爻对应趋势第二阶段的前后两部分，它们的爻辞分别是：“九三，君子终日乾乾，夕惕，若厉无咎”和“九四，或跃在渊，无咎”。五爻和六爻分别对应趋势第三阶段的前后两部分，它们的爻辞分别是：“九五，飞龙在天，利见大人”和“上九，亢龙有悔”。如果读者有兴趣，请查阅任何一本《周易》注译本的有关内容。

环境处在转折过程中，对于投资者来说，关注国家命运也有重要意义。

任何事物的演变总是有序性和无序性合而为一的（图 1.27），有序性即趋势，趋势通过无序性表现出来。我们所说的命运指的是事物演变中的趋势性部分，不包含无序性部分，因为无序的部分属于纯粹偶然性，短期造成偶然性变化，长期则带来平均的结果，而不会造成差别。当然，所谓短期和长期也是相对而言的，人的一生是短暂的，做任何事的次数也是有限的，不符合统计学的大数原则，因此短期偶然性变化也可能带来大变化，但是这种变化终究是天道公平的，任何人都不可能掌握，也无所谓掌握不掌握，不可言说，无从研究。

唯有趋势的部分具有内在的必然性，人们才可以认识它，因而有可能捕捉住趋势时机。人通过主动努力也有可能调整、甚至根本性地改变自身趋势状况——命运。这是就有序性中已经被我们认识的部分而言的，而有序性中没有被我们认识的部分、或者没有被我们正确认识的部分，同样可能造成系统、一致的不利后果，这种后果貌似随机，实则必然，是“命运”的另一重意义。前者有利，后者有害，总之，有序性的部分利害攸关。因此，我们所说的“命运”有四层意思：

(1) 在事物演变进程中无序性和有序性并存，命运不是指全部演变过程，而是指其中有序性部分（趋势性）。趋势性部分有可能为我们所认识，至少部分地被认识。我们正确地认识有序性的部分越多，则越有能力改进行为模式，适应趋势变化，从而在更大程度上掌握自己的命运；我们正确地认识有序性的部分越少，则行为模式越可能和趋势背道而驰，必然在更大程度上被命运摆布。

(2) 唯有有序性部分具有内在必然性，有序性部分决定利害，无序性部分无可言说。

(3) 人可以认识命运，因而有可能捕捉时机，进而改进命运。但命运是由系统内竞争循环关系所决定的，改变命运不是一件容易的事，必须从系统之外、从根本的竞争关系上设法，除此之外，不可能改变命运，反倒是命运的圈套。

(4) 一般说来，我们不能完全认识趋势性部分（即有序性部分）。因此，保持适当的谦卑和谨慎、不懈地努力，才是正确的人生态度。

投资者命运

如图 1.27，从投资者的观察来说，市场的不确定性来自两个部分，一是市场变化的无序性部分，一是以及未被投资者认识的有序性部分。前者是真正的无序性，后者则是当事人力所不能及的有序性部分；前者没有实质意义，后者才是真正的危险。当事人常常没有办法区分两者，把后者和前者混为一谈，放松了对后者的警惕。

投资者的相对确定性来自对市场变化有序性的认识，认识的程度越深，则有序性部分被挖掘的程度越大，越是有可能系统和一贯地获利；认识的程度越浅，则有序性部分被挖掘的程度就越小，越有可能系统和一贯地亏损；如果投资者对市场毫无认识，完全采用随机的交易方法，或者简单地买入持有，就把自己完全交给了市场，碰巧合符市场趋势则得利，碰巧不合符市场趋势则受损，总之，有序性是投资结果的真正原因。不论就有利的一边来看，还是就有害的一边来看，在很大程度上，市场参与者对趋势性质（即市场变化的有序性）的认识程度决定了其投资行为模式，而投资行为模式决定了投资者的命运。

投资者如果打算改变由自己的投资行为模式所决定的投资命运，需要洗心革面式的新思想、新创见，“恍然大悟”才能打破旧行为模式。投资者应常常反思以往的盈利和亏损经历，从中总结经验和教训。从表面看来，每一笔交易都不尽相同，有时候这样，有时候那样。大多数投资者习惯于分别总结每一笔交易，不放过任何细节。业余围棋爱好者也是这样总结以往的对弈经验的，比如这一盘赢在右上角，那一盘输在左边。

然而，一两局棋并不重要，棋力才是根本问题，对投资者来说，系统和一贯的获利能力才是最重要的。对于专业棋手来说，棋盘上每一招棋都要充分研究，要挖掘全部的可能性，并将各种可能性进行全局配合上的比较。特别是对自己下过的每一盘棋、每一步棋，都应当采取超然立场，仔细研究双方所有的选择，这才是系统、一致地提高棋力的方法。而执着于“己方”还是对方这样的细节是毫无意义的，一时的得意之作也不重要。投资者应当透过每一笔交易的偶然性表面，看到其中包含的必然性部分，看到自己操作方法中系统、一致的优点，也看到其中重复发生的错误，特别是伪装成不同外表的重复性错误。

棋力是从围棋观（市场见识），到对弈技术（投资理论和技巧），再到临场发挥（投资策略）的整体综合。棋逢对手的每一局棋结局当然既有偶然的成分也有必然的成分，但是我们不可以让局部的、偶然的因素淹没棋力对比的核心问题——对局者系统、一致的行棋模式。同样，每一笔交易的结果都是偶然和必然的结合，但就投资者的系统和一贯获利能力来说，都是由投资者行为模式所决定的。

我们一再强调，有序性利害攸关，无序性无可言说。有序性造就了命运，利是这块硬币的一面，害是这块硬币的另一面（图 1.27）。当事人正确认识有序性部分，改进自己的行为模式，适应市场趋势，就能取得系统、一贯的有利结果，改进自己的命运。危险来自未被认识的有序性部分，这一部分可能给当事人带来系统、一贯的损害。尤其可怕的是，当事人常常把这一部分误以为无序性部分，和无序性混为一谈，而掉以轻心，不知不觉丧失了改进的机会，堕入了命运的圈套。

命运的可怕之处就在于当事人往往发现不了系统、一致的问题症结，错将枝节或者偶然因素当作真相或者本来面目，把甲板上小修小补当作堵塞船底漏洞，把外表打磨抛光当作重塑人生，最终还是在命运的圈套里打转，受命运摆布。

人生境遇——贫富命运；“正常的”想法或许正是命运的圈套

贫与富的命运是人们最感兴趣的话题之一。在正常社会条件下，不论国家、地区、企业、个人，财富一般总是由其成员的职业、专业技能所决定的，从而贫富之分往往区分在下面这样的循环过程上：财富越多（少），交流培训的开支就能越多（少），能力增长的机会越大（小），进一步获取财富的能力就越强（弱），由此形成良性（恶性）

竞争循环。

一般说来，人们的经济境遇与职业技能有直接关系，职业技能越高，则劳动收入越高。在车站、码头，凭力气扛行李的活儿，不需要很高的职业技能，无需学习、准备，从十七八岁开始就可以挣钱，但是，其收入水平也许只有每小时 1 元人民币；脑外科手术专家必须将 30 岁以前的岁月全部花在学习、实习上，学费高昂，准备时间极长，但是其收入水平可能达到每小时 1000 元人民币。

另一方面，在目前这样一个快速变化的信息时代，知识更新的速度越来越快，收入水准较高、就业机会较多的行业无不需要从业者不断更新知识和技能，才能跟上社会前进的步伐。

假定甲乙两人同时高中毕业，同时进入办公室当职员，同时经受经济不景气的打击，都不得不压缩开支。甲认为，食品、衣物是生活必需品，这部分开支无论如何也难以节约，书籍、电脑、互联网、讲座、学习进修课程等只是锦上添花，可以减少。乙认为，文化性开支对生活质量非常重要，宁可节衣缩食，也要保障书籍、电脑、互联网、讲座的支出，不能因压缩开支而减掉学习进修课程等和职业技能直接相关的活动。如此一来，甲、乙两人在职业技能上就分别进入了良性和恶性循环中。

对甲来说，越是收入下降，越是减少文化支出，而这一部分活动恰恰与提高职业技能关系最大，在衣食水平不至于威胁生存的前提下，衣食支出与职业技能关系较小；另一方面，职业技能如逆水行舟，不进则退，职业技能的相对下降使甲在下一轮就业竞赛中落后于乙，甲的收入少于乙。此后，上述循环继续进行，甲以较低的收入水平，主要选择衣食开支，职业水平进一步相对下降；乙以较高的收入水平继续加强文化支出，职业技能进一步相对提高。如此循环，很快将导致甲乙相对贫富状况的显著差别。

不幸的是，甲的想法大约正是大多数人都会选择的“正常想法”，正是这种正常想法使得甲的境遇越来越走下坡路，最终沦落到社会边缘。而乙的想法与之相反，符合“反者道之动”的原则，反而打破了命运设下的圈套。

对于投资者来说，系统和一贯的获利能力至少和利润一样重要，后者是眼前利益，前者才是长远利益。但是，大多数投资者的正常想法是，如果我亏损，就应该压缩开支，减少买书、上课、上网的支出；如果我盈利，倒是有余钱来买书、上课、上网了。一般情况下，当行情上涨到一定程度后，很多投资者有盈利，或者至少有浮动盈利，于是关于市场研究的书籍、报刊、讲座等供不应求；而当行情下降到一定程度后，很多投资者蒙受了亏损，或者至少是浮动亏损，于是关于市场研究的书籍、报刊、讲座就无人问津。

撇开书籍、报刊、讲座的水平不论，从与上述“正常逻辑”相反的思路出发，越是行情不景气，越是出现了亏损，则投资者越是应当想方设法提高交易水平，改善投资业绩。实际上，提高系统和一贯获利能力这件事本来是与行情无关的，只要市场参与者打算入市，就应当不断学习、实践、琢磨、领悟。

遗憾的是，上述现象正是市场上常见的，以至于有人将证券营业部门前报摊生意作为判断行情逆转的指标。这就说明大多数人认同的“正常逻辑”，其实正是决定这些投资者命运的恶性循环圈套。当他们盈利时，他们从书籍、报刊、讲座那里选择诸如继续看涨之类爱听的话题，本没有学习和提高交易技能的诚意；当他们亏损时，之所以不理会书籍、报刊，也只是因为心情不好，和交易技能无关。

以上例子放到企业上也成立。当企业收入下降，不得不削减开支时，“正常的想法是”压缩研究发展方面的支出，因为公司这部分通常不能带来直接经济效益，至于业务部门，它们带来直接收入，此时正是用兵之时，当然绝对不可削减。然而，研究发展能力与企业竞争力的循环直接相关。相反的思路是，越是不景气，越是必须从研发方面着手，才有希望**翻身**——翻身，而不是好转。要改变命运，就必须翻身；一时的好转无济于事，实足以误事。

有些地区人们的传统思维是，因为我穷，所以要多生孩子，让他们早早地帮家里经商、劳作挣钱。这是典型的直接逻辑，也就是“头疼医头，脚疼医脚”逻辑。有些地区的传统是，家里再穷，也决不耽误孩子就学、上进的事情，宁可忍耐一二十年困难的“儿荒年”，也要从牙缝里挤出钱来供他们读书。这种地区传统差异，才是导致不同地区贫富状况长期分化的原因。因此，对贫困地区的帮助，既要普及义务教育，又要促成社会成员普遍珍视受教育的机会。当然，如果国家没有提供起码的义务教育，则责任显然不在终日为果腹奔命的老百姓。

由此可见，在日常生活中，很多“头疼医头，脚疼医脚”的老套逻辑往往就是命运的圈套，我们在“投资者常见的错误”里提出的“行为模式即命运”的命题，说的也是这个意思。为了摆脱不利的命运，防微杜渐的思想就成为我国古人留下的重要遗产。

温水煮青蛙的故事——防微杜渐

成语防微杜渐，“微”指趋势的第一阶段，播种和种子发芽，此时新趋势的征兆很不明显。“一叶落而知天下秋”就是指根据趋势第一阶段的蛛丝马迹来判定趋势的形成。不用说，这是很困难的，但也不是不可能。在市场上，除了极少数既有资金实力、又极为精明的市场参与者之外，一般人不能有效地仅凭蛛丝马迹来捕捉新生的趋势。实际上，本人认为值得向普通投资者推荐的投资方法也不是从趋势第一阶段着眼，而是主要着眼于第二阶段。

不妨将“萌芽状态”作为上升趋势的第一阶段，“一叶落”作为下降趋势的第一阶段。拿学习来说，“万事开头难”，难就难在不知道从哪儿学起，比如用什么教材、请什么老师、怎样安排时间等，但“千里之行，始于足下”，既然打算学会游泳，勇敢地跳下水，总比在岸上犹豫不决强。总之，必须先把种子种下。

“渐”指趋势的第二阶段，趋势渐渐发展，当事者往往逐渐适应了趋势的发展，反而对趋势进程丧失了敏感。西方有一个温水煮青蛙的故事，如果将一只青蛙放进滚烫的热水锅里，青蛙一下子就蹦出来了，因为锅里的极端状态足以让它明白面临的危险，采取断然措施；如果将青蛙放进温水里，慢慢加热，青蛙就躲在水底不出来，结果就被慢慢煮烂。水温慢慢上升的过程其实相当于趋势第二阶段“平衡式”的演变过程，当事者很容易适应趋势进程，对趋势改变现实的强大推动力以及注定要出现的趋势第三阶段丧失警惕——到了第三阶段青蛙就被炖死、炖烂了。大多数市场参与者在第二阶段持因循态度——市场"就是这样，已经这样，还能怎样"，不知不觉地适应了趋势发展。

在学习上，第二阶段需要注意循序渐进、持之以恒。学习的过程就是解决问题的过程，总是充满挫折感的，要有耐心和毅力，既不能拔苗助长、急于求成，也不能三天打鱼、两天晒网。

防微杜渐的最终目的就是一定要避免不利的趋势进入第三阶段，此时趋势一方面进入"穷途末路"，另一方面也已经造成了"穷凶极恶"的极端后果。从好的方面来说，萌芽是第一阶段，瓜熟蒂落是第三阶段。

从学习的例子来说，第三阶段终于水到渠成，以前付出的辛苦开始有明显回报，大多数问题迎刃而解，学习者能够顺利地扩展知识和技能。但是现有知识还不足以在实际应用中发挥自如，以前的学习过程中也总会留下大大小小的漏洞，现在的问题是如何在实践中锤炼，使知识和技能真正为我所用——另一个全新的开端。

那么投资者如何"防微杜渐"呢？下面我们试着从多头的角度来说明。

当上升趋势处于第一阶段时，一方面，投资者的心理状态往往停留在下降趋势中，从趋势外形上看，趋势逆转的确只能事后确认，因此除非确有证据，总是应当以下降趋势为基本依据，坚定地看空、做空。另一方面，投资者绝不能卷入下降趋势跌得越多越看空的螺旋式循环中，而是始终必须保持心态平衡、力求客观，鉴于这是趋势信号"微"的阶段，有必要兢兢业业、备加警惕，尽力捕捉、识别趋势信号。

上升趋势进入第二阶段后，就是"渐"的阶段，投资者的心理状态往往犹豫摇摆，难以果断买进、坚定持有，这将延误买进时机。随着趋势第二阶段的发展，投资者在犹豫怀疑的心态下，对上升趋势反而变得迟钝或者浅尝辄止，往往眼睁睁地看着趋势一点点拓展而丧失了行动能力。这个阶段必须逢低买入、坚决持有，为第三阶段作好准备。一位成功投资者总结道，"早年在期货交易中认识到，涨了的还能再涨，跌了的还能再跌，这是我后来成功的种子"，她说的就是趋势。这种现象主要指趋势第二阶段，投资者反观自己，越是犹豫摇摆，反而越是要咬定趋势不放松。

上升趋势进入第三阶段后，相对于"微"和"渐"的前两个阶段，市场变化幅度大、速度快，投资者往往对一日千里的形势瞠目结舌，想买进又怕追高，果真买进则往往正是上升趋势的最后一棒。投资者原来以为"吃不准"的地方（如第二阶段），反而相对是安全的，现在一旦以为没有多少问题（第三阶段）了，反而危机四伏。

现在，下降趋势进入"微"的第一阶段了，这些投资者还沉浸在上升趋势的气氛下，表面看来，行情虽然下跌，但似乎还可以忍受。于是每当市场下跌，投资者总是寄希望于"反弹"，并不在意这就是下降趋势的苗头。下降趋势进入第二阶段后，"渐"的过程开始了。此时投资者看到行情已经持续下跌了相当的幅度，终于不再一味看涨，不再寄希望于"反弹"，但是趋势第二阶段的心理麻痹作用使得投资者相信"跌就跌吧，扔那儿等着"，或者时常在市场小创新低时"抄底"、"补仓"、"摊低成本"。然而，下降趋势最糟的时候还在后头。最后，下降趋势终于进入第三阶段了，市场急剧下跌，下降趋势的威力暴露无疑，最大限度地打击了投资者麻木的感觉，于是希望彻底破灭，既不抄底也不补仓，而是被吓坏了，开始卖出止损。

由此可见，在上升趋势和下降趋势的微和渐的阶段，都属于准备和铺垫、蓄势待发，趋势的力量尚未全力施展，“亡羊补牢，尤未为晚”；到了第三阶段，事情才真正无可挽回，或错失重大机会，或酿成重大损失，“牛已经下河，拽尾巴有什么用”。这就是投资者防微杜渐的意义。

国家命运

正负反馈机制同样存在于各个国家之间。广而言之，整个地球不过是一个大鱼箱，各国必须借助各自的政治经济制度相互竞争，力争更有效地开发包括人类心智、体力在内的一切资源。政治、经济、文化制度就是各国的体质，而充分发挥和调动社会成员的思想力、创造力和勤奋精神，乃是首要之任务，也是国家政治经济发展水平最重要的衡量标准。毫无疑问，社会成员的才智、进取心、创造力乃是一国发展最重要的乃至决定性的有限资源，而公民自由、平等和民主的权利、政治制度的相互制衡与政策制定过程的公开化、经济的市场化则是让上述宝贵资源发挥作用的必要条件和内部机制。

国家命运的兴衰存亡往往以世纪为时间单位，而人类生活的时间尺度明显短于一个世纪，所以国家和民族走向衰落的命运的危险性、严酷性总是被人看得过轻。《华尔街日报》1999 年底的一篇文章比较了 1000 年前的中国（北宋）在世界上的相对地位和现在中国在世界上的相对地位，如果说当时我国的四大发明代表了中华文明居于世界相对地位的顶峰，那么我们恐怕不得不承认宋代之后的中国处在相对地位的下降趋势之中，而美国等则处在相对地位的上升趋势之中。

国与国的对比在于综合国力的相对强弱，探讨国家命运的目的就在于如何使得自己的国家摆脱下降趋势，走上相对强大之路。请注意，这里讨论的是国与国相对强弱的历史趋势，至于本国数十年前后对比的好坏、美国对我们是不是友好、美国是善还是恶、美国是否别有用心等均与本问题风马牛不相及。关键问题在于，为什么美国处在上升趋势？决定上述相对趋势的主导因素和竞争循环关系是什么？

其主导因素和竞争循环关系可以用从高到低的三个层次来概括。最高层次是根本的立国思想；中间层次是贯彻立国思想的系统和方法，包括政府、法律、选举、舆论；最低层次的是民间传统和习惯、文化背景、国情特色、社会风气等国民日常行为①。简单说来，美国的立国思想是人人生而平等、人人生而自由，人人有追求幸福、不受强权迫害的权利。这是鼓励和保障充分发挥每一位社会成员的创造力、进取心、勤奋敬业精神的根本思想，是其上升趋势的根本动力。美国的国家制度系统和一致地体现了上述建国思想，一方面公民拥有选举行政长官和立法者的权力，拥有充分的言论自由，对权力进行监督；另一方面，行政、立法、司法三权分立，以权力制约权力。如此一来，就保证了权力只能来自于民、服务于民，不能堕落为压迫和剥夺民众的工具。

① 参见第三章关于投资者市场见识（市场观）、系统和一致的交易方法、具体的交易习惯和经验三层次的讨论。

最后，美国国民的日常行为和其立国思想是同源的。美国是一个移民社会，求新、求变、求平等、求公平是其基本的国民性格，具体表现在社会和文化的充分多元化，民间历来鄙视不劳而获的世袭权力和财富，崇尚各行各业独出心裁、进取创新的平民英雄。

实质上，国家如何在地球鱼箱中走上上升趋势，并不是一个和美国直接相关的问题。由于竞争循环关系始终存在，总会有的国家走上升趋势，有的国家走下降趋势。美国建国的历史相对短暂，而中国已经有五千年文明史，因此站在历史的高点上看，美国或许不过是这几百年的偶然现象而已，中国的相对国力强弱的历史趋势其实不是围绕和美国的竞争展开的，准确地说，不同阶段要和不同的对手竞争，不同阶段具有不同的主导因素和不同的竞争循环关系。

如此看来，为什么一定要将上述主导因素对应到美国身上、打上美国商标呢？为什么要说美国搞什么，我们就一定不搞呢？为什么要说美国搞的我们就不能照搬呢？正确的答案是，既然美国是我们现时代的一个竞争对手，则其一切都是我们应当研究的，不仅美国，甚至北韩，都应当成为我们研究的对象，都可以作为我们的一种选择。取舍的标准，不是因为这是美国的或者是北韩的，而是因为这种思想、这种做法对国有利，那种思想、那种做法对国不利。进一步地，我们应当将现时代已有的全部人类文明成果都包括在我们的选择范围内，什么样的根本思想、什么样的政治制度、什么样的民间传统最能鼓励和保障发挥绝大多数社会成员的创造力、进取心、勤劳敬业精神，什么样的根本思想、什么样的政治制度、什么样的民间传统就最值得采纳、照搬。从这个意义来说，因为以全部人类成果和当前历史趋势来看美国的主导因素是最成功的，所以我们就选择之；我们所选择的实质上并不是美国的东西，而是全人类最先进的文明成果。

关键在于其根本的立国思想，政治制度、民间具体行为可以变通，但是万万不可改变根本的思想。这种根本思想实质上决定了当事人行为的内在必然性，即其深刻的自觉性、主动性，决定了当事人能够在系统和方法中、在日常行动中将根本思想化为自己的天然行为。实际上，既然美国的制度、方法和民间日常行为已经相对完美地保障了上述根本思想的贯彻落实，这就是现成的样板，照搬的做法当然是合理的，而另起炉灶的做法反倒风险很大，很可能落入下降趋势的圈套。

从系统之外冷静客观地看到系统内的正负竞争循环关系、承认根本上的差距才是扭转下降趋势的第一步。关于这方面的问题，朱维铮和龙应台编著的《维新旧梦录——戊戌前百年中国的“自改革”运动》[①]是一本非常值得推荐的参考书。

然而，扭转趋势不是一件容易的事，因为趋势是系统内在必然性的表现。小龟的故事启发我们，一旦处在恶性反馈的循环过程中，则循序渐进的改变通常解脱不了宿命。对于人类而言，要打破这样的反馈机制，首先要认清当前所处的循环状态，从根本上认识到当前循环状态的内在机制；其次，要从全新、系统外的角度谋求突破的办法，而不是局限在现有系统内小修小补。只有根本性的改进才能打破现有循环机制，

① 朱维铮和龙应台编著，《维新旧梦录——戊戌前百年中国的“自改革”运动》，生活·读书·新知三联书店，2000年。

扭转下降趋势，改变命运。

幸亏人类的思想能力、领悟能力有可能帮助人类突破现有系统的框架，即使身处系统之内，但也有可能从系统之外观察问题、思考问题、最终悟出打破现有循环的办法，使人类有机会摆脱命运的摆布，而不是像小龟一样束手无策。换言之，人类最宝贵的能力就是不受任何现有框架限制的自由思想。思想的自由才能带来创造力和悟性，借助自由的思想不懈地领悟和创造，才可能摆脱命运的捉弄。这自由既指当事人外在的自由，如信息自由、思想自由、言论自由，也指当事人内在的自由，即不受自己的思想老套的束缚。正如“投资者常见的错误”所说，行为模式即命运，人们往往为自己既定的思想套路所奴役而不知。

人既不受外在奴役，也不受内在奴役，才可能打破命运。

对于改革者来说，这就意味着必须学习新的知识、技巧，掌握新的信息，建立新的行为方式。所谓“新”，和过去相比必须有实质性提升，如果仅仅将过去的一套打打补丁，换汤不换药，那是徒劳无益的。换句话说，如果缺乏超越历史的宏大构思，不能认清历史现状，不能使每一步都迈向一个共同的重要目标，而是走一步看一步地改良，很可能沦为不断发生的偶然事件的奴隶，沦为趋势的奴隶，那么最终改变历史命运的机会将是微乎其微的。对于人类来说，最新者乃是洗心革面式的新思想、新创见，而不是“头痛医头、脚痛医脚”地随波逐流。如果说现实生活中的改革总是必须循序渐进的话，那么循序渐进的小步骤也必须服从长远历史方向，所有步骤都应当是超越历史的新的宏大构思的一部分，这就是“小”和“大”的关系。

总结

第一章研究趋势原理，包含三部分内容，第一部分是趋势的形成原因。通过这部分内容，我们了解到趋势形成的内在必然性，也了解到应当尽可能将趋势研究和主导因素、竞争循环关系研究结合起来。

第二部分是趋势演变的基本特征，即趋势结构、趋势交替、趋势阶段的三方面基本特征。通过趋势演变的基本特征就有可能识别趋势，进而将趋势与其内在的基本因素、竞争循环关系对应起来，更深刻地认识趋势。在认识趋势的基础上，就有可能捕捉趋势时机。

第三部分研究趋势原理的应用范围和应用意义。趋势原理既适用于市场行情研究，也适用于一般变化过程的研究，由此我们将重点转向投资者境遇的趋势、人生境遇的趋势、国家命运等话题。这些问题都是趋势原理的重要应用，和投资者密切相关，正是我们研究趋势原理的根本目的。

《周易·系辞传》说：“易有太极，是生两仪，两仪生四象，四象生八卦，八卦定吉凶，吉凶成大业。”就投资而言，“吉凶”就是“利害”。

第二章　趋势及趋势分析

市场如同茫茫大海，不确定性就是那深不可测、广阔无边的洋面。当我们驾驶投资的航船时，最重要的任务就是确定当前的经纬度，进而确定我们的坐标和航向。如果随波逐流，将永无希望到达彼岸。所谓纬线就是从市场之外广泛验证、多方面搜集线索（横向观察）；所谓经线就是着力研究市场的演变历史（纵向观察），而且两方面都需要将镜头由远而近地切换，得出远、中、近景的完整信息。

远、中、近景对应的就是大、中、小趋势，大、中、小趋势组合起来才能相对完整地指明趋势方向，基本的趋势方向是趋势分析根本点。趋势结构、趋势阶段和趋势交替，构成基本的趋势分析。市场技术分析工具以趋势分析为目的，对趋势分析发挥辅助作用。本章主要研究基本的趋势分析，最后对市场技术分析工具做一点概要的介绍。

基本的趋势分析

市场价格变化的指向性意义

市场成交价格到底有什么意义？或者，市场价格变化到底发挥什么作用？

静态地看，任何一笔成交总是同时既有买方、又有卖方，买卖价格相同、数量相等。假定买方是老王，卖方是小张。老王认为这个成交价是做多的合适价格，小张认为这个成交价是做空的合适价格，两个人扯平，没有哪一边占上风，可见，单独的成交价格既不代表看涨，也不代表看跌，既不代表强势，也不代表弱势。

实际上，市场价格是通过连续、公开的竞价过程形成的，要害在于，在任何时刻，看多而想买入的，不是老王单独一个，而是当时看多阵营内的所有人，所有这些人都通过现代化的电讯设施连接起来，所有买卖信息都在一刹那间同时（或者几乎同时）到达所有人，所有人的买卖指令也可以在一刹那间到达交易所，这些人都想买到货，又都想以尽可能低的价格买到货，大家相互竞争。就在这一刹那，老王最积极、出价最高，于是老王竞争获胜，抢到了筹码，由此可见，当时这一刻老王实际上代表了市场上所有看多的人，代表了所有做多的人买货的迫切程度。当然，老王这个具体的人并不重要，张三李四都没有分别。

同样道理，小张也不是单独一个人，而是和当时看空阵营内的所有人在一起，所有这些人都想卖出货，又都想以尽可能高的价格卖出，大家相互竞争。在这一刹那，小张最积极、卖价最低，在所有看空的人中竞争获胜，成功地抛出了筹码，这一刻他实际上代表了所有看空的人，代表了所有做空的人卖货的迫切程度。当然，小张这个具体的人也不重要，张三李四都没有分别。

如果这个成交价高于前一个成交价，就意味着买方成本上升，而卖方售价更有利。倘若不是多方阵营买货的竞争加剧了，老王怎么会不得不以更高的价格来竞买呢？与此同时，倘若不是空方阵营中卖货的竞争减轻了，小张怎么能够以更高的价格来竞卖成功呢？因此，通过前后两个成交价格的比较，当前价格就具有了指向性意义，如果这个成交价高于前一个成交价，说明看多阵营内的竞争更加激烈，多方整体上更愿意积极买入，而空方阵营内的竞争更加平淡，空方整体上更不愿意竞争卖出，买入方力量增大，卖出方力量减小，此长彼消，于是下一个成交价很可能继续上升；进一步地，如果下一个价格果真上升了，就形成了良性循环，于是上涨趋势就形成了。

对买方来说，买价高当然是坏事，但买价高也说明买方更积极，卖方更消极，因此，很可能市场继续上涨。对卖方来说，情况正相反。可见天道公平，在动态变化中，价格“高”、“低”并不简单等于“坏”、 “好”。

如果这个成交价低于前一个成交价，就意味着买方成本降低，而卖方售价更不利。倘若不是多方阵营买货的竞争减轻了，老王怎么能够以更低的价格来竞买成功呢？与此同时，倘若不是空方阵营中卖货的竞争加剧了，小张怎么会不得不以更低的价格来竞卖成功呢？由此可见，多方阵营内的竞争更加平淡，多方整体上更不愿意积极买入，空方阵营内的竞争更激烈，整体上更愿意积极卖出，买入方力量减弱，卖出方力量增强，此消彼长，于是下一个成交价很可能继续下跌；进一步地，如果下一个成交价格果真更低，就形成了恶性循环，于是下降趋势就形成了。

对卖方来说，卖价低当然是坏事，但卖价低说明卖方更积极，买方更消极，因此，很可能市场继续下跌。对买方来说，情况正相反。总之，价格“高”、“低”也不简单等于“好”、“坏”。

如果这个成交价和前一个成交价相同，就意味着买方成本不变，卖方售价不变，多方阵营内的竞争程度不变，空方阵营内的竞争程度也不变，双方力量对比不变，下一个成交价很可能维持现状；进一步地，如果下一个成交价格果真没有变化，则形成了因果循环，稳定带来更多的稳定，市场进入了横向趋势。

从上述分析还可以看出，成交量显然也具有参考价值。一般说来，价格变化的同时，如果伴随着成交量的逐步放大，则进一步表明良性循环或恶性循环已经形成，趋势已经形成了。

总之，通过多方阵营和空方阵营的连续公开竞争机制，成交价的前后比较具有了指向意义，往往导致良性循环或恶性循环，进而形成趋势。当然，所谓多方阵营指的是那一刻意愿买入的人，包括正在买的人和准备买的人；所谓空方阵营指的是那一刻意愿卖出的人，包括正在卖的人和准备卖的人；这两个阵营都是动态的，随时有新人加盟，随时有旧人脱队。

趋势定义，基本的趋势方向

趋势的定义非常直观。市场演变的过程弯弯曲曲，当价格轨迹的高点比之前的高点高，且低点也比之前的低点高的时候，就是上升趋势；当价格轨迹的低点比之前的低点低，且高点也比之前的高点低的时候，就是下降趋势；当价格轨迹的高点不比之前的高点高，且低点不比之前的低点低时，就是横向趋势（图 2.1）。趋势定义常常又称为峰谷分析。

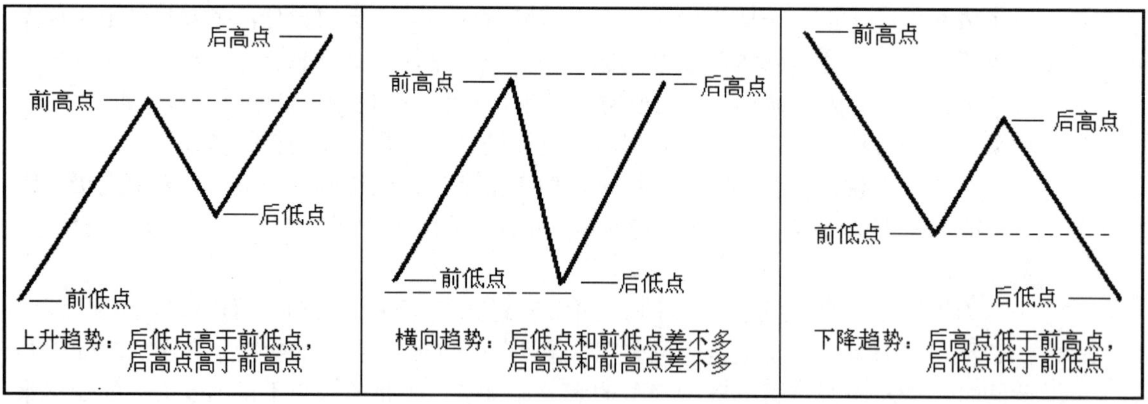

图 2. 1 趋势定义

由图 2.1 可知，趋势的定义非常直观，实际上就是波峰波谷的比较分析。

趋势是动态的，重在变化的趋向。上升趋势的本质是市场不断向上拓展的能力，上升的价格导致市场进一步上升；下降趋势的本质是市场不断向下拓展的能力，下降的价格导致市场进一步下跌，这是市场自我加强的循环过程。

从趋势定义来看，前高点和前低点组成一个价格区间，成为判别趋势的基准，后高点和后低点则是相对于上述基准的新变化，如果新变化向上突破，则形成上升趋势，同时新高点和新低点又构成了下一阶段的趋势判别基准，如果上升趋势有效，则应当持续向上拓展；如果新变化向下突破，则形成下降趋势，同时新低点和新高点又构成了下一阶段的趋势判别基准，如果下降趋势有效，则应当持续向下拓展；如果未发生明显变化，就是横向趋势，趋势判别基准维持不变。

上升趋势就像上台阶，不断出现新高点，代表市场有能力向上拓展新疆域，同时新的低点也比之前的低点高，证明市场能够找到更高的落脚点，保留向上拓展的一部分成果。下降趋势就像下台阶，不断出现新低点，代表市场有能力向下拓展新疆域，同时新的高点也比之前的高点低，证明市场能够找到更低的落脚点，保留向下拓展的部分成果。在横向趋势中，市场既没有能力向上拓展新疆域，也没有能力向下拓展新疆域，处在僵持状态。

换一个角度看，所谓趋势，完全是动态的价格比较过程，趋势的实质就是价格的比较。

从图表形式上说，趋势定义是针对市场价格随时间变化的连续记录而言的，其中水平轴是时间，竖直轴是价格，典型的是分时图，属于单线图。分时图细节多，但是如果用来展示长时间行情，则过于细密、繁复。除了这类图表之外，常见的图表形式还有所谓线图、蜡烛图，它们按照一定时间单位，如每个交易日，把连续的价格变化切分为一个个单元，把每个单元内的价格变化简化为四个参数： 开盘价（最初价）、最高价、最低价、收盘价（最后价），简化的过程如图 2.2 所示，线图、蜡烛图按照一定时间单位把市场连续演变的过程切分为单元，趋势定义从连续演变过程的比较，转为接连两根垂直线段的比较。在线图或蜡烛线图上，如果两根相邻线段的后一根高点高于前一根、同时低点高于前一根，则构成上升趋势；如果两根相邻线段的后一根低点低于前一根、同时高点低于前一根，则构成下降趋势；如果两根相邻线段高点和低点差不多，则为横向趋势。

每日收市后有一段休市时间，投资者离开市场，有机会冷静下来，充分筹划和准备，使得下一日的开市价具有重要意义；开市后，市场以开市价为基础，常常既向上尝试，也向下尝试，形成了当日的最高价和最低价；随着收市时间的逐渐到来，每个市场参与者都有机会对当日交易做一个总结，收市价既受当日交易过程的惯性影响，又带有市场参与者对次日的预期，因而收市价的意义仅次于开市价。综上所述，交易日是一个相对完整的基本时间单位，日线图或日蜡烛线图是我们观察行情演变的基本图表形式。

我们以交易日作为基本时间单位，以日线图为基本的观察工具，构成判断趋势、行情转折点、价格水平、价格形态等的基本依据。每个交易日都是行情演变的基本时间单位，因此，我们以日蜡烛图作为基本图表形式来观察趋势变化。以日线图为中心，可以进一步向下扩展到小时线图、十五分钟线图、五分钟线图等，以便展示更多的细节；也可以进一步向上扩展到周线图、月线图、季线图、年线图，以便观察和确认中期、长期走势、转折点、价格形态等。

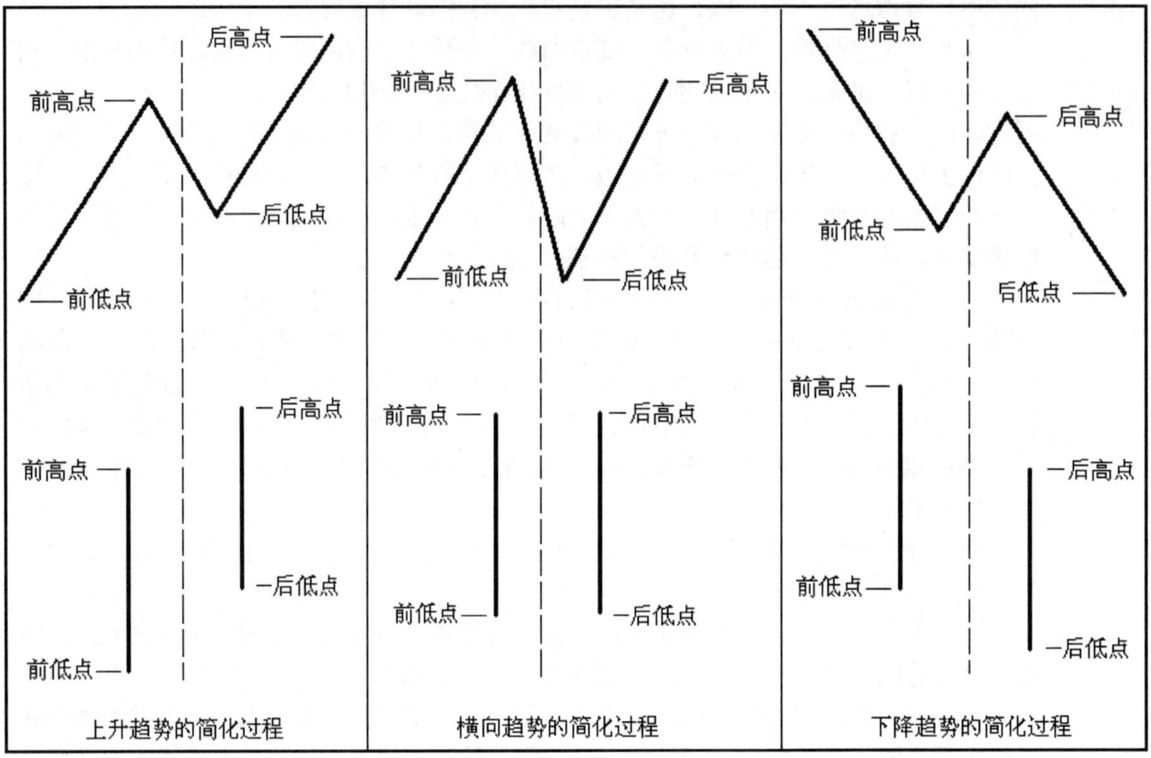

图 2.2 线图、蜡烛线图的简化作用

图 2.3 由六根日蜡烛线组成，取自上海证券综合指数日蜡烛线图，在相邻的两根垂直的蜡烛线中，后一根的高点高于前一根的高点、低点又高于前一根的低点，符合上升趋势的定义。不仅如此，从总体上看，六根日蜡烛线逐一升高，形成了某种明显的韵律，六根蜡烛线前后相继，具有良好的连贯性，不间断地向上拓展新高，上升的价格指向进一步的价格上升，形成了良性循环，这正是上升趋势的基本特点。请注意图 2.3 中六根蜡烛线内在的连贯性，揭示了上升趋势中上升的价格指向进一步上升的良性循环过程。

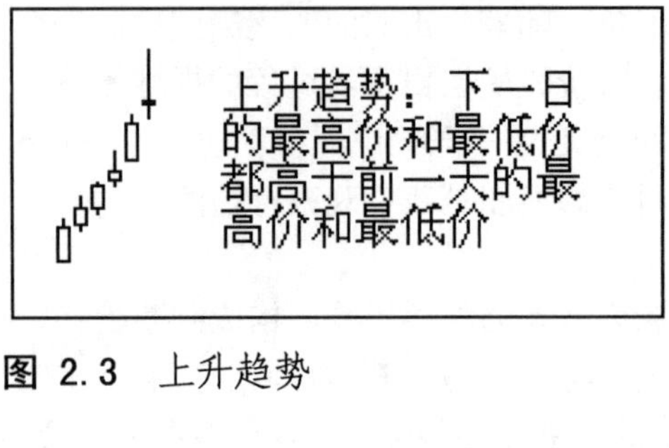

图 2.3 上升趋势

图 2.4 由五根日蜡烛线组成，在相邻的两根垂直的蜡烛线中，后一日的低点低于前一日的低点、后一日的高点也低于前一日的高点，符合下降趋势的定义。不仅如此，从总体上看，五个交易日逐日下降，形成了某种明显的韵律，五根蜡烛线前后相继，具有良好的连贯性，不间断地向下拓展新低，下降的价格指向进一步的价格下降，形成了恶性循环，这正是下降趋势的基本特点。请注意这五根蜡烛线内在的连贯性，揭示了下降的价格指向进一步下降的恶性循环过程。

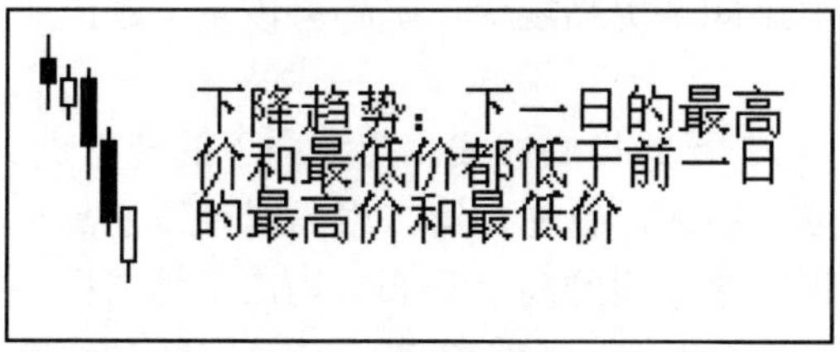

图 2.4 下降趋势

综上所述，最基本的趋势信号以上一个交易日最高、最低形成的区间为基准，如果当日市场向上突破了昨日的高点，且当日低点高于昨日低点，则构成上升趋势信号；如果当日市场向下突破了昨日的低点，且当日高点低于昨日高点，则构成下降趋势。

趋势是直观的，判断趋势要朴素，要直接。看，价格越来越高，涨就是涨；看，价格越来越低，跌就是跌；看，价格胶着在那儿，停就是停。趋势明明白白，就在那儿。最简单的观察工具就是价格水平（下一部分将介绍），价格水平如同水位尺一样，构成价格比较的基准。保持朴素和直接的感受，坚决拒绝掺杂了主观意愿的“感觉”，特别是“觉得”。直观感受，不过脑子；过了脑子，反而坏事。品酒师品酒，先要洗净口鼻腔内的杂味，用清茶，用净水，然后放松意念，完全发挥嗅觉和味蕾天生的感觉功能。学品酒，重点是学习清洁，增强原本的感受器官，使之更灵敏、强大；学习投资，重点是清洁头脑，加强对市场的感受力和灵敏度，而不是用一套人为的理论、方法、技巧甚至迷信来干扰基本感受能力。或者说，学习投资理论、方法、技巧，目的正在于加强投资者对市场的基本感受能力、排除市场之外的干扰因素。

投资是减法，不是加法。“少则得，多则惑。”（《老子》第二十二章）“为学日益。为道日损。损之又损，以至于无为。”（《老子》第四十八章）学习和实践，当然是多多益善，这是加法，但是，通过日益增多的历练，越来越有能力透过纷繁复杂的现象，抓住市场变化的本质，像水适应地那样完全顺应市场的变化，这就是为道日损、以至于无为。无为，就是完全的顺应。大道至简，不仅简单，而且天然。

转折点——基本的趋势变化信号

行情转折点是研究趋势变化的出发点，行情转折点的形成和趋势变化息息相关。

在图 2.3 六根逐日上升的日蜡烛线之后，突然出现了一根新的日蜡烛线（图 2.5），它的高点低于前一日的高点、低点低于前一日的低点。这根蜡烛线的出现，打破了前六根蜡烛线一直保持的逐日上升的基本模式，破坏了上升趋势的连贯性，对之前的上升趋势来说，这形成了一个中断，宣告六根日蜡烛线组成的上升趋势转折为横向趋势，或者转为下降趋势。

请注意，这里只讲这六根日蜡烛线的上升趋势，而不是更高规模的趋势。如果更高规模的趋势也是上升趋势，则转折点之后不论是横向趋势还是下降趋势，常常只是更高规模上升趋势的中途调整，之后，更高规模的上升趋势很可能恢复；如果更高规模的趋势是下降趋势，则这个转折点之后，很可能是更高规模下降趋势恢复下跌的进程，因而构成了重要的卖出信号。

根据这根新日蜡烛线，可以回头确认倒数第二日的日蜡烛线高点为向下的转折点。

从形状上看，向下的转折点由三根日蜡烛线组成，首先，第二根日蜡烛线的高点和低点均高于第一根日蜡烛线；其次，第三根日蜡烛线的高点和低点均低于第二根日蜡烛线，第二根日蜡烛线的高点就是一个向下的转折点。根据图 2.2，这三根蜡烛线的前两根符合上升趋势的定义，后两根蜡烛线符合下降趋势的定义，因此，三根蜡烛线是一个从上升趋势转变为下降趋势的过程，向下的转折点完全是根据趋势定义派生而来的，和趋势定义本质是一致的。

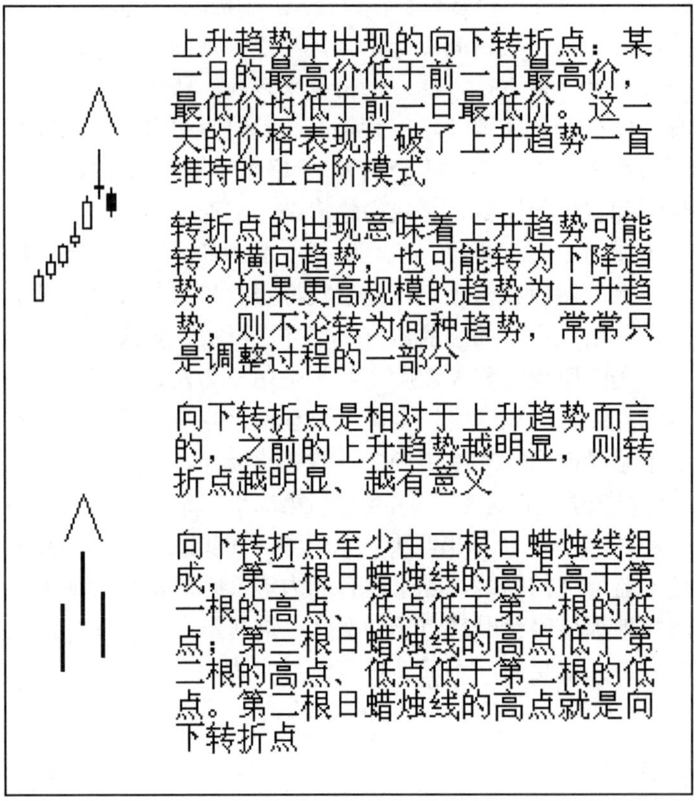

图 2.5　向下的转折点

就转折点本身来说，三根日线就可以了。虽然如此，向下转折点是相对于之前的上升过程而言的，之前的上升过程幅度越大、时间越长，则转折点的意义越突出。而如果之前没有明显的上升趋势，则向下转折点也没有明显意义。这样的转折点往往在调整过程中较频繁出现，市场一会儿涨，一会儿跌，缺乏连贯性，其中即使三根蜡烛图线一起形成了转折点，也并没有太大的趋势转折的意味。

在图 2.4 中的五根逐日下降的日蜡烛线之后，突然出现了一个新的上升的蜡烛线（图 2.6），新交易日的高点和低点均分别高于前一日的高点和低点，从而打破了之前五个交易日一直保持的连贯性，对之前的下降趋势来说，这形成了一个中断，宣告下降趋势转为横向趋势，或转为上升趋势。

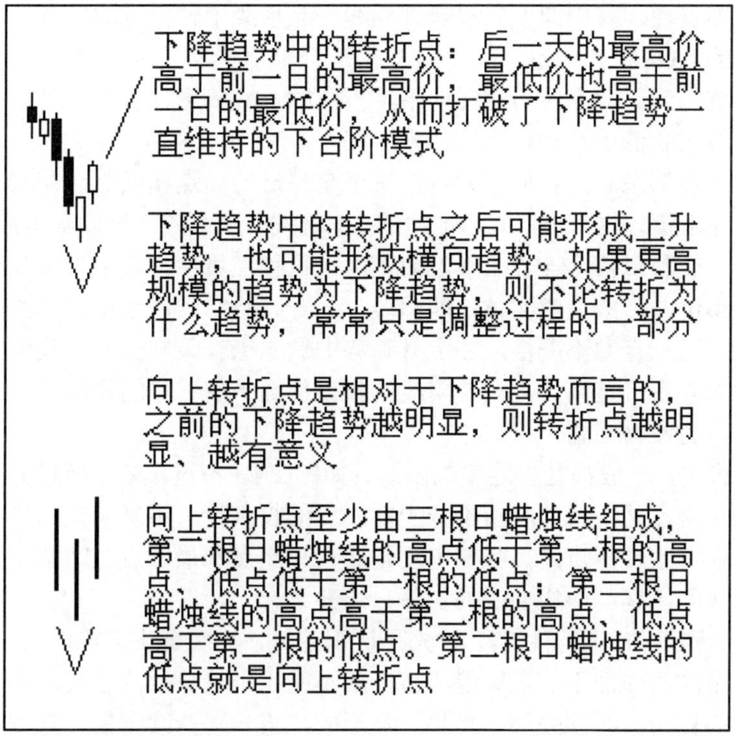

图 2.6 向上的转折点

请注意，这里只讲这五根日蜡烛线的下降趋势，而不是更高规模的趋势。如果更高规模的趋势也是下降趋势，则转折点之后不论是横向趋势还是上升趋势，常常只是更高规模下降趋势的中途调整，之后，更高规模的下降趋势很可能恢复；如果更高规模的趋势是上升趋势，则这个转折点之后，很可能是更高规模上升趋势恢复上涨进程，因而构成了重要的买入信号。

根据新交易日，可以回头确认倒数第二日的最低点为向上的转折点。

为什么这个中断竟然可能构成趋势转折呢？因为前五天的下降趋势具有连贯性，一气呵成，下降的价格指向更低的价格，形成了恶性循环。新交易日打破了连贯性，实际上也就打破了恶性循环，因此很可能导致趋势转折。

实际上，只要三个交易日就可以形成一个向上转折点：第二根蜡烛线的高点低于第一根蜡烛线的高点、低点也低于第一根蜡烛线的低点，这两根蜡烛线代表下降趋势，第三根蜡烛线的高点高于第二根蜡烛线的高点、低点也高于第二根蜡烛线的低点，那么第二根蜡烛线的最低点就是向上转折点。根据图 2.2，这三根蜡烛线的前两根符合下降趋势的定义，后两根蜡烛线符合上升趋势的定义，因此，三根蜡烛线是一个从下降趋势转变为上升趋势的过程，向上的转折点完全是根据趋势定义派生而来的，和趋势定义本质是一致的。

如前所述，向上的转折点是相对于之前的下降趋势而言的，之前的下降过程幅度越大、时间越长，则转折点的意义越突出。如果之前没有明显的下降趋势，则向上的转折点也没有明显意义。这样的转折点往往在调整或反弹过程中较频繁出现，市场一会儿涨，一会儿跌，缺乏连贯性，其中即使三根蜡烛图线一起形成了转折点的轮廓，也并没有太大的趋势转折的意味。

通过以上分析，我们就得到了向上转折点和向下转折点的一般情形，三个交易日形成了特定的比较关系，成为我们识别转折点的基本依据。

在前面分析转折点的一般形态时，我们主要依据每个交易日的高点和低点，即蜡烛线的整个范围，忽略了开市价、收市价，即蜡烛线的实体部分。从图 2.3 可以看出，在上升趋势中，整体上各个交易日依次连贯上升，而正由于这种连贯性，其中大多数交易日的收市价都高于开市价，形成白色实体，即阳线，上升趋势常常以逐日上升的一系列阳线为特征。不过，这一点并不严格，在上升趋势中偶尔也有某些交易日收市价低于开市价的情况，比如开市价过高时，只要阴线的收市价高于前一日的收市价，不影响总体趋势的连贯性，就没有问题。

同样道理，在下降趋势中，一般都是一连串的阴线，如图 2.4。不过，在下降趋势中偶尔出现阳线也无大碍，重点是阳线的收市价低于前一日的收市价，不影响整体趋势的连贯性。为了简明，在考察转折点是，我们主要是比较最高点和最低点之间的价格区间，不考虑阳线或阴线的区别，即蜡烛线的实体只作参考。

转折点分析很重要，识别趋势、跟随趋势，首先是认识趋势，其次是认识转折点，趋势和转折点是同一块硬币的两面，不能识别趋势转折就不能识别趋势；反过来，不能识别趋势就不能识别趋势转折。必须强调，趋势一旦形成，将一直持续下去，直到新的转折点明确形成后，才可能形成新趋势；同样道理，新趋势形成后，将一直持续下去，直至明确形成下一个相反方向的转折点。如果更大规模的趋势和当前趋势方向相同，那么，即使出现了转折点，也不必然意味着趋势逆转，更常见的是当前趋势进入调整阶段。不同规模的转折点之间包含不同规模的趋势，不同规模的转折点对应不同分量的价格水平。

线图、蜡烛线图的折叠现象，收缩日和扩展日

市场变化具有明显的节律，就是一定的涨跌速度、涨跌周期等，如市场在上涨或下跌过程中进二退一、进三退一的节奏等。但是，按照日历时间来看，市场演变并不是一个均匀连续的过程，也就是说，市场的节律不等于日历的节律。从日历角度来看，好像市场时快时慢。投资者常说“时间换空间”或“空间换时间”，意思是市场时常陷入窄幅波动，长时间处在胶着状态，接连好多交易日都没有多大变化，但是这种表面

的平静往往酝酿着随后的巨大变化，平静的时间越长，随后的巨大变化幅度越大。反过来，连续变化的幅度越大，则随后而来的平静地时间也越长。就这样，大幅变化和窄幅调整交替出现。

根据图 2.2，线图和蜡烛线图实际上是按照一定时间单位把连续的市场变化分割、简化的，根据上述分析，有时候，时间单位对行情的切分就不很准确，也就是说在线图和蜡烛线图上，有的线段或蜡烛线里包含了太多的价格变化，线图和蜡烛线图就显得过于简化了，有的线段和蜡烛线里其实没有多少价格变化。前者对应着所谓的扩张日，后者对应着所谓的收缩日，这两类交易日不能简单地用趋势和转折点的基本模式来分类。

所谓收缩日，一方面指其波动范围明显小于常规交易日，另一方面指其波动区间基本上处在之前常规交易日的波动范围之内（图 2.7），即其高点低于之前常规交易日的高点、低点高于之前常规交易日的低点。从价格比较来看，收缩日在识别趋势方向上没有提供新信息，因此可以视为之前交易日的一部分，放在一起考虑。

收缩日既可以单独地出现，也可以成串地出现。在成串的情况下，均以当初的常规交易日的波动区间为判断基准，只要一连串的收缩日都没有超出这个常规交易日，就可以把它们都算作这个交易日的一部分。图 2.7 中的第三、四、五个日蜡烛线是一串收缩日，都以第二个交易日为判断基准。

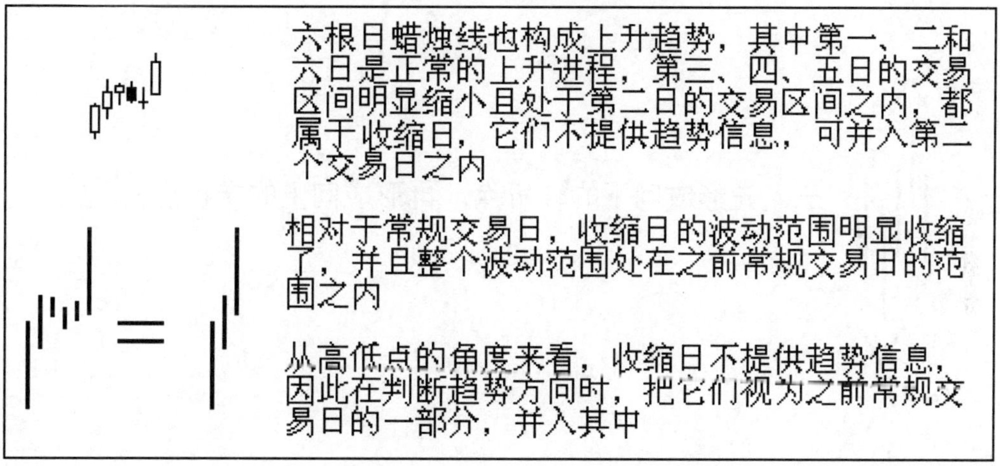

图 2.7　收缩日

我们也可以简单地把波动范围处在前一个交易日波动范围内的交易日都算作收缩日，关键在于收缩日没有提供趋势信号，即使在日历上看又多了一个交易日，从市场看，这一天既没有新高也没有新低，没有发生重要的价格比较，实际上也就没有打破之前趋势进程的连贯性。

当然，如果前一个交易日波动范围巨大，后一个交易日波动范围至少也达到了常规交易日的幅度，那么即使后一个交易日的波动范围居于前者内部，也可能提供趋势信息。

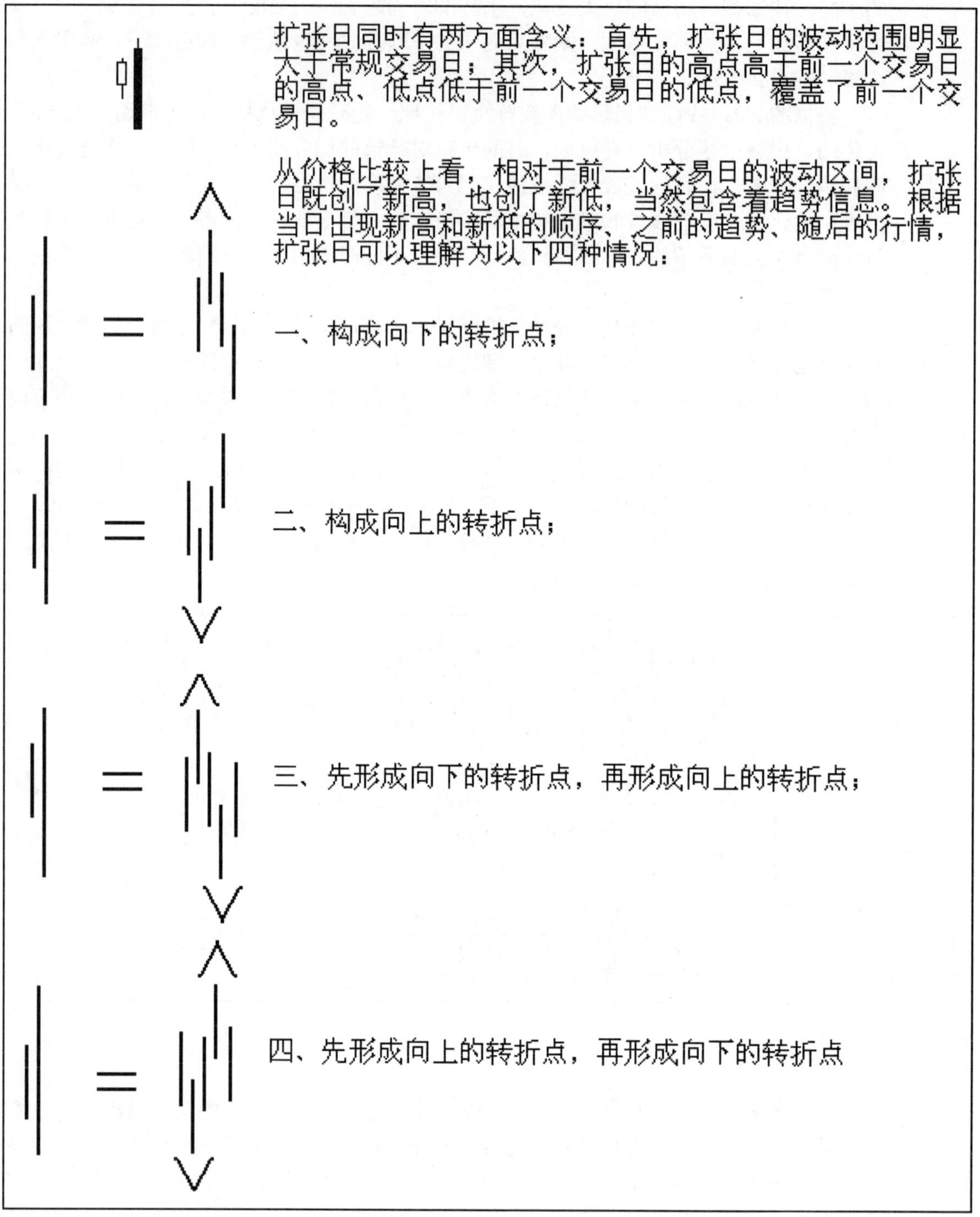

图 2.8 扩张日

所谓扩张日，一方面其波动范围明显超过常规交易日，另一方面其高点高于之前的交易日、低点低于之前的交易日，把前一个交易日的范围覆盖起来。这样的交易日往往波动剧烈，要么强有力地推进了当前趋势的进程，要么强有力地阻击了现行趋势。和前一个交易日相比，扩张日既包含新高，又包含新低，因此其价格比较的意义既明显又比较复杂，其中可能折叠了比较丰富的价格变化，单独一根线图或蜡烛线图其实过于简化了，即使分拆为几根蜡烛线也不为过（图 2.8）。

根据扩张日当日相对于前一个交易日出现新高和新低的顺序、之前的趋势、随后的行情等，扩张日可以理解为四种情形：一、构成向下的转折点；二构成向上的转折点；三、先形成向下的转折点，再形成向上的转折点；四、先形成向上的转折点，再形成向下的转折点。大多数扩张日都属于第一或第二种情况，从线图或蜡烛线图的开盘价、收盘价的相对位置（即蜡烛线的实体）大致可以判断扩张日内部的情况，方便地辨别向上的还是向下的转折点。如果还不清楚，可以观察当日的分时图。

当然，如果某个交易日的高低点均超过前一个交易日的高低点，完全覆盖了前一个交易日，我们也可以把它简单地称为扩张日。不过，扩张日的波动范围越大，则价格比较的意义越显著，趋势信息越强。有时候，虽然某个交易日完全覆盖了前一个交易日，但是由于其波动范围不够，实际上只是之前趋势的延续，在辨别转折点时，可以忽略这类“扩张日”，把它视为原有趋势的组成部分和延续。换句话说，如果扩张日的波动范围不特别大，有时可以把它视为原有趋势的延续，无需特别考虑，这是扩张日的第五种情形。

由此可见，扩张日一日的行情演变相当于数个常规交易日的行情演变，甚至有可能既包括向上的转折点，又包括向下的转折点。而对收缩日而言，可能若干个交易日的波动仅相当于一个常规交易日。当然，如果收缩日集中出现，接连若干交易日都比较平淡，则很可能发生“时间换空间”的现象，酝酿较大的变化。

通过上面两部分的分析，我们了解到，任何一个交易日都属于四类日子之一：上升趋势中的一天；下降趋势中的一天；向下转折点；向上转折点。收缩日不提供趋势信息，完全从属于当前趋势。扩张日提供趋势信息，可能构成转折点，也可能转折、再转折，重新恢复原有趋势，还可能简单地视为原有趋势的延续。

逐日趋势分析

日蜡烛线图是最常见的图表形式之一，把趋势定义及其派生的转折点定义应用于日蜡烛线图，得出逐日趋势的情况。逐日趋势分析是趋势分析的起点。逐日趋势的持续时间从数日到十余日。逐日趋势组成短期趋势，短期趋势持续数周到数月。

图 2.9 是上证综指的日蜡烛线图，从 2007 年 9 月 17 日到 2008 年 1 月 22 日。图中用阿拉伯数字 0～9 来表示每一天的蜡烛线，因为天数较多，分为一、二、三、四、五、六、七、八组，组与组之间交替采用正体和斜体的阿拉伯数字来区分。

从第一组日一 0（9 月 26 日）开始，这是一根阴线，低点比之前一天的低点低，高点也比之前一天的高点低，符合下降趋势的定义；日一 1（27 日）低点低于日一 0、高点低于日一 0，下降趋势继续。

日一 2（28 日），高点高于日一 1、低点高于日一 1，符合上升趋势定义，根据日一 2，日一 1 的最低点为向上的转折点。之前的下降趋势并没有几天，幅度也不大，表面看来，这个转折点似乎意义不太大。但是，考虑到更大规模的趋势为上升趋势，且日一 2 向上跳空，明确突破了 3 天前密集区的上边缘，因此该转折点表示调整已经结束、原上升趋势恢复，是一个重要的买入信号。

日一 3（10 月 8 日）是“十一”长假后第一天，市场继续向上跳空，高点高于日一 2、低点高于日一 2，上升趋势持续；日一 4（9 日）波动幅度收窄，且局限于日一 3 的范围内，基本上属于收缩日，没有太多的趋势性信息；日一 5（10 日）、日一 6（11 日）上升趋势持续；日一 7（12 日）波动范围巨大，属于扩张日，当日已经完成对上升趋势的调整，其收市价较高，从趋势进程来看，这一天侧重于创新高的方面，因此归结为上升趋势持续；日一 8（15 日）、日一 9（16 日）上升趋势持续。

回顾第一组十个交易日，从日一 1 到日一 9，整体上呈现出良好的趋势性，甚至包含几个向上的跳空，上升的价格导致价格进一步上升，明显表现出上升趋势的良性循环状态；从价格水平来看，这段上升趋势接连向上突破了 5500、6000 的重要阻挡水平，说明其趋势性极强。回头来看，这是之前牛市的最后一波，上涨过程波折很少、波幅也很小，几乎是直线式的。

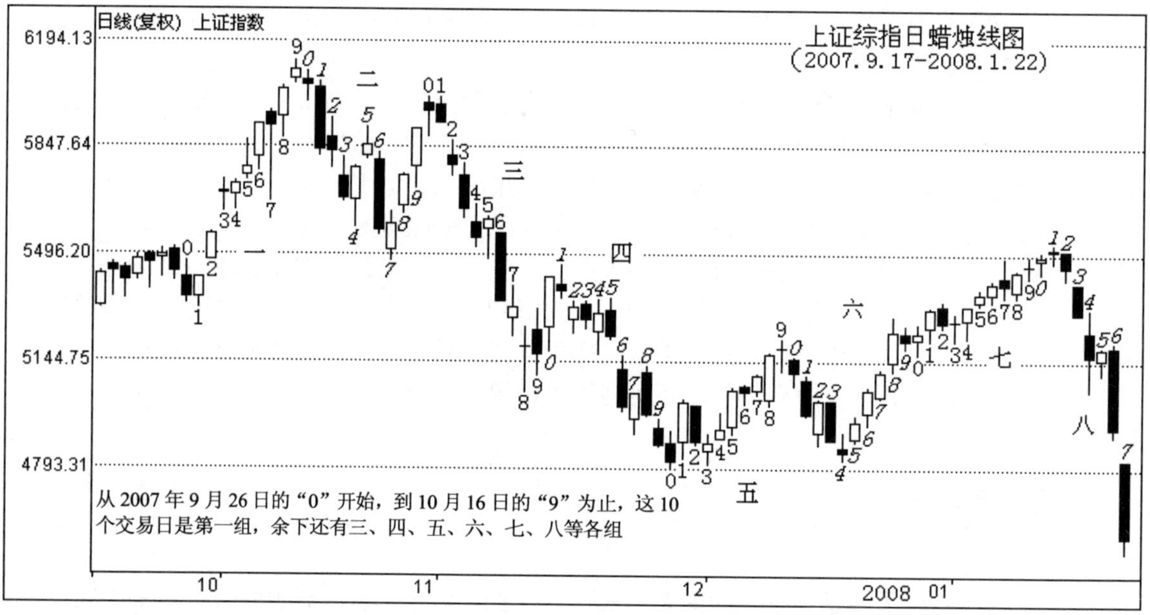

图 2.9 2007 年 9 月 17 日至 2008 年 1 月 22 日上证综指日蜡烛线图

下面是第二组日二 0（17 日），低点低于日一 9（16 日）、高点低于日一 9，符合下降趋势的定义，于是，日一 9 的高点成为向下的转折点。

如果说日二 0 幅度较小尚不明显的话，日二 1（18 日）的幅度大，且明显地低点更低、高点也更低，这是下降趋势！当然，现在并不能判断到底这是更高规模上升趋势中的调整行情，还是真正的向下转势，从趋势惯性和谨慎的角度出发，还是把它看成调整行情更稳妥。日二 2（19 日）、二 3（22 日）、二 4（23 日）低点更低、高点也更低，下降趋势持续。

日二5（24日）高点更高、低点也更高，这表明日二4的最低点是向上的转折点，上升趋势已经形成。和第一组日一1的向上转折点类似，因为更大规模的趋势是上升趋势，这个向上转折点应当具有明显意义，构成买入信号。

日二6（25日）令人大吃一惊！这一天幅度较大，且低点更低、高点也更低，开市价位于高位、收市价位于低位，表明日二5的最高点是向下的转折点，日二4后“正常”的买入信号落空了，这种反常现象敲响了第一声警钟。不仅如此，这个向下转折点的高点明显低于第一组日一9（16日）的高点，同样令人不安。

日二7（26日）低点更低、高点也更低，下降趋势持续。请注意，这一天曾经向下跌破第二组日二4（23日）的最低点，在更高规模上，曾经形成了更低的低点、更低的高点，按照趋势定义，更高层次趋势似乎可能转为下降趋势！不过，当日的收盘价已经重新回到日二4的低点以上，红灯闪了闪，最终没有亮起，虚惊一场。

日二8（29日）高点更高、低点也更高，这是上升趋势，日二7（26日）的最低点成为向上的转折点。因为更高规模的趋势为上升趋势，这个转折点应具有明显意义，构成有效的买入信号。日二9（30日）、第三组日三0（31日）高点更高、低点也更高，上升趋势持续。日三1（11月1日）波动范围小，且萎缩在日三0的范围内，这是收缩日，没有趋势性意义。

日三2（2日）再次令人吃惊，它的低点更低、高点也更低，使得日三0的高点成为向下的转折点。请注意，这一转折不仅令日二7的向上转折点再次落空，而且再次表明市场没有向上突破前期日一9的高点，在更高层次上形成了更低的高点！警钟敲响！

日三3（5日）、三4（6日）、三5（7日）下降趋势持续。万幸的是，日三5的收市价再一次维持在日二4的低点之上，也维持在日二7的低点之上，从更高层次上看，似乎还没有形成更低的低点。

日三6（2007年11月8日）极端重要，这一天波动幅度大，开市价最高、收市价最低（光头光脚大阴线），彻底向下跌破了上述两个前期低点，在更大规模上，现在有了更低的低点！这是更大规模的下降趋势！回头看，日一9和日三0形成了双重顶形态，且后一个高点低于前一个高点；日二7的低点是双重顶形态的颈线位置，日三6以收市价且幅度明显地向下跌破了双重顶的颈线，决定性地形成了更低的低点，更高层次的趋势从上升转为下降。这一天是多空分水岭（在下面讨论中长期趋势的时候，还要详细讨论这个多空分水岭），应坚决做空。

日三7（9日）、三8（12日）下降趋势持续。

日三9（13日）高点更高、低点也更高，表明日三8的最低点为向上的转折点趋势转为上升。虽然之前的下跌过程较迅猛、幅度较大，但是，由于日三6确立的更大规模趋势为下降趋势，这个向上的转折点意义并不大。

第四组日四0（14日）、四1（15日）上升趋势持续。

日四2（16日）低点更低、高点也更低，表明日四1的最高点为向下转折点。实际上，日四0、日四1是市场向下跌破双重顶颈线后的向上反抽，市场重新测试颈线，失败后，再度掉头向下，更高层次的下降趋势再度得到确认。鉴于更高层次趋势为下降趋势，这个转折点应该是一个有效的卖出信号。日四3（19日）为收缩日，没有趋势性意义；日四4（20日）稍稍向下拓展；日四5（21日）类似于收缩日，没有多少趋势性意义；日四6（22日）向下跌破日三8的低点，更大规模的下降趋势恢复；日四7（23日）下降趋势持续；日四8（26日）高点更高、低点也更高，似乎是向上转折，但是当日收市价几乎在最低点，从更高层次为下降趋势来看把它归结为下降趋势持续更稳妥；日四9（27日）、第五组日五0（28日），下降趋势持续。

日五1（29日）高点更高、低点也更高，表明日五0的最低点为向上的转折点。一方面，之前的下降趋势实际上一直可以追溯到日三0（1月31日），幅度大、速度快，中间在日三8（12日）到日四1（15日）曾有短暂反弹，但时间短、幅度小，市场超卖比较严重，这使得本转折点可能有意义；另一方面，双重顶形态形成并被反抽确认，更大规模趋势为下降趋势，又可能抑制本转折点的潜力。

日五2（30日）上下均未超过日五1的范围，趋势性信息较少；日五3（12月3日）低点更低、高点也更低，但是当日波动范围偏小，收市价接近前一日收市价，更重要的是之前的上升过程时间短、幅度小，因此忽略日五1的向下转折点，把日五3归结为上升趋势的一部分。

日五4（12月4日）、五5（5日）、五6（6日）、五7（7日）、五8（10日）、五9（11日）高点更高、低点也更高，上升趋势。日五3成为向上的转折点，且其低点高于日五0的低点，形成了更高的低点；特别是日五5，向上突破了日五1的最高点，又形成了更高的高点，因此接下来的上升趋势得到了确认。

日六0（12日）低点更低、高点也更低，日五9的最高点成为向下的转折点。这个转折点很有意义，一是之前的上升过程时间较长、幅度较大，二是更高层次的趋势方向向下。

日六1（13日）、六2（14日）下降趋势持续。日六3（17日）的波动范围局限于前一日之内，没有趋势性意义。日六4（18日）下降趋势持续。

日六5（19日）高点更高、低点也更高，日六4的最低点成为向上的转折点。这个转折点较有意义，虽然这里同样面临日五0的转折点的难题，但是这个转折点既高于日五0的低点，也高于日五3的低点，在更大规模上形成了更高的低点的局面。

日六6、六7、六8、六9一气呵成，上升趋势持续。特别是日六9，向上突破了日五9的前期高点，于是在更高规模上形成了更高的高点、更高的低点，可能意味着更高规模趋势从下降转为上升。日六9、七0都萎缩在日六9的范围内，未提供趋势信息。日七1、七2上升趋势持续。日七3低点更低、高点也更低，似乎表明日七2的最高点是一个向下的转折点，考虑到当日收市价回到了日七2的收市价之上，这个转折点尚不明确。日七4高点更高、低点也更高，由此忽略日七2的情况，简单地归结为上升趋势持续。

日七5、七6、七7上升趋势持续。日七8的波动范围处于日七6的区间内部，且其收市价接近最高点，归结为趋势持续。日七9、日八0、八1上升趋势持续。

日八2低点更低、高点也更低，说明日八1的高点是向下的转折点。请注意，日八1的高点实际上第二次向上试探了日二7的低点，即双重顶颈线，再次证明双重顶的有效性，从而给这个转折点赋予了极大的意义，说明在更高层次上的下降趋势始终是有效的。事实上，从日六9向上突破以来，虽然随后的日蜡烛线符合上升趋势的定义，但是向上的走势相当乏力，显得很勉强，远不及从日五 3 到日五 9、从日六 4 到日六 9 的两段上升行情；从时间角度来说，这段行情也已经持续了十三个交易日，为向下的转折点定了基础。

日八 3 向下跳空，下降趋势持续。日八 4 波幅较大，下跌加速。日八 5 为收缩日，没有趋势意义。日八 6 再度加速下跌，是一根巨大的阴线。日八 7 向下跳空，再度加速下跌，又是一根巨大的阴线。从日八 1 开始，下跌的步调越来越快、下跌的幅度越来越大，对从日六 4 到日八 1 的上升趋势进行了严酷的报复。日八 7 向下跌破了日五 0 的最低点，宣告更高层次下跌趋势方兴未艾。

图 2.10 归纳了上文对逐日趋势和转折点的分析，图中用“∧”表示向下的转折点，标在其正上方，用“∨”表示向上的转折点，标在启正下方，用“×”表示疑似转折点但最终被忽略的情况，也标在其正上方或正下方。从向上的转折点到下一个向下的转折点，构成逐日上升趋势；从向下的转折点到下一个向上的转折点，构成逐日下降趋势，上升趋势和下降趋势总是交替出现的，向上的转折点和向下的转折点也总是交替出现的。逐日趋势是趋势分析的基础，逐日趋势组合起来构成短期趋势。典型的例子是从日三 0 到日五 0 的短期下降趋势，由前后两段逐日的下降趋势、中间夹一个逐日的上升趋势组成。

请注意，被忽略的“转折点”也是成对出现的，但是忽略的重点是其中第一个“转折点”，这样的“转折点”往往非常邻近，而且两者之间的价格差距也较小，以至于很难把这一对转折点之间的行情看成一轮有意义的波折，更稳妥的办法是把它们归结为原趋势的持续。

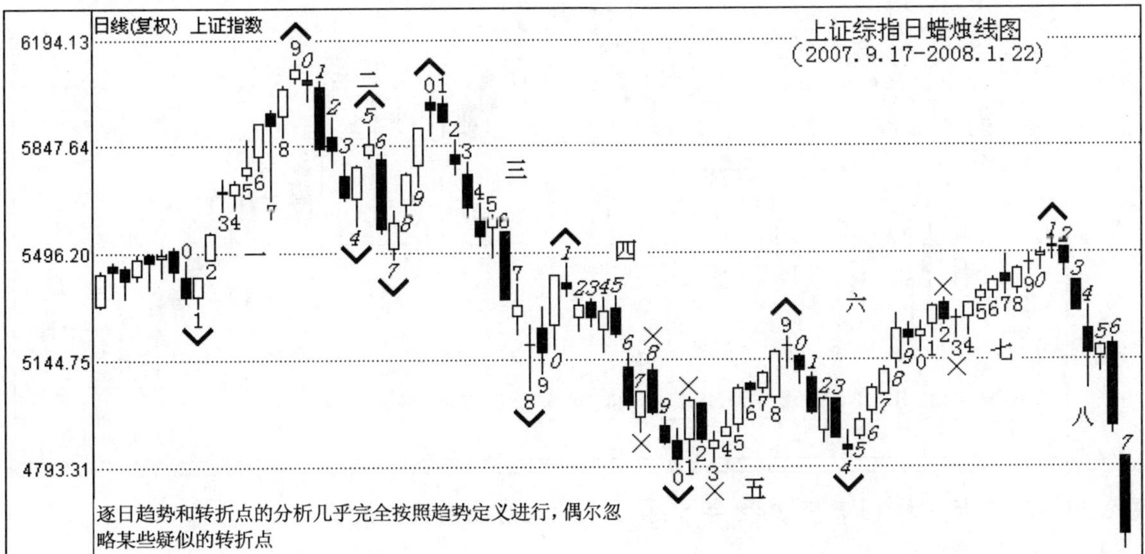

图 2.10　2007 年 9 月 17 日至 2008 年 1 月 22 日上证综指日蜡烛线图

短期、中期、长期趋势——趋势结构

外形符合转折点定义的情况到底是否属于转折点？转折点到底有没有意义、重要不重要？如何根据转折点及随后的逐日行情来决定买卖对策？趋势的层次结构有助于解决这些问题。

趋势定义及其衍生的转折点定义为趋势分析提供了一个基本的框架和要领，它不仅适用于日蜡烛线图，也同样适用于周蜡烛线图、月蜡烛线图，适用于小时蜡烛线图、五分钟蜡烛线图等。为了理解逐日趋势和转折点的意义，上文多次提到更高层次、更大规模的趋势，一般来说，当逐日趋势和更高层次趋势方向一致时，趋势走势应更强；反过来，如果趋势走势该强不强，则说明更高层次的趋势可能进入调整状态，甚至方向逆转。对日蜡烛线图进行逐日趋势分析，逐日趋势组成短期趋势，短期趋势持续数周到数月；对周蜡烛线图进行趋势分析，得到中期趋势的走势，中期趋势持续时间从数月到半年；对月蜡烛线图进行趋势分析，得到长期趋势的走势，长期趋势持续时间从半年到数年。相对于短期趋势，中期趋势是更高层次或更高规模的趋势；相对于中期趋势，长期趋势又是更高层次或更高规模的趋势。图 2.11 是上证综指的周蜡烛线图，其中包含图 2.9 的日线行情。

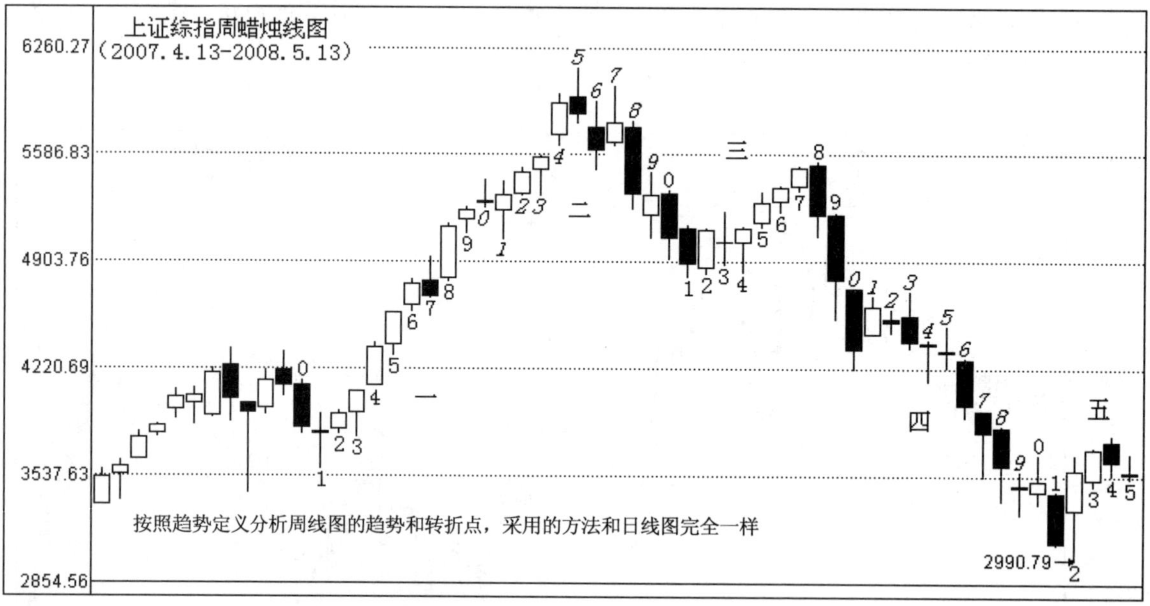

图 2.11 2007 年 4 月 13 日至 2008 年 5 月 13 日上证综指周蜡烛线图

周一 0、一 1 低点更低、高点也更低，符合下降趋势的定义。

周一 2 为“收缩日”，基本上局限在周一 1 的范围内，没有提供趋势信息。周一 3 高点更高、低点也更高，表明周一 1 的最低点为向上的转折点。因为更高层次趋势为上升趋势，同时也因为之前的下降过程幅度较大，因此这个转折点很有意义。

周一3、一4、一5、一6、一7、一8、一9、周二0一气呵成，上升趋势涨势如虹。

周二1低点更低、高点也更低，周二0的最高点形似向下转折点，但是由于更高层次的趋势方向向上，且周二1收市价高于周二0，这个转折点可以忽略，简单地把周二0和二1归结为上升趋势持续。周二2、二3、二4、二5，上升趋势持续。

周二6低点更低、高点也更低，且其收市价较低，这就表明周二5的最高点为向下转折点。

从周一1到周二5，这是持续约15周的上升趋势，属于中期趋势的范畴。表2.1对照了日蜡烛线图、周蜡烛线图各个日期，很容易看出，在日蜡烛线图上从日一1到日一9的上升趋势基本对应周蜡烛线图的周二3、周二4和周二5的前二天。在我们讨论日蜡烛线图时，经常强调更高层次（或更大规模）的趋势，从本表的对比可以看出，日一1到一9的逐日上升趋势其实正是周线图从周一1到周二5的中期上升趋势的末尾部分。通过对周线图进行趋势分析，我们可以明确地定义中期趋势，也较易分析中期趋势的方向，这对逐日趋势分析可以发挥有效的辅助作用。

周二7高点更高、低点也更高，周二6的最低点形似向上转折点，但是周二7的收市价大幅回落，且周二7的高点明显低于周二5的高点，简单地把周二6和二7归结为下降趋势持续，忽略这个转折点。从外形来看，周二5、二6、二7三周的行情比较暧昧，对应在日线图上，大致为从日一9到日三0的走势，逐日趋势时跌、时涨，反映出刚刚开始转势时多空双方的激烈争夺。这种中期趋势和逐日趋势的对应关系，对分析短期趋势也有帮助，至少可以相互提供一些线索。

周二8大幅下跌，跌破了周二6的最低点，下降趋势持续；周二9、周三0、三1下降趋势持续。从周二5到周三1，大约七周，在周线图上呈现出明确的下降趋势，这是中期下降趋势。于是，在周线图上，中期趋势从上升转为下降。实际上，正是以中期趋势的转换为基础，更高规模的趋势也完成了从上升到下降的转化。

在周蜡烛线图上，从周二5的高点开始到周三1的低点为止，七周的下降趋势一气呵成，特别是后五周，中途毫无犹疑。对比日蜡烛线图，这大致为从日一9到日五0的行情，其中后五周对应的是从日二0到日五0的过程，显然，如果我们在日线图上有任何不确定之处，那么从周线图上可以找到很好的线索，选择向下的方向，排除不确定性。

周三2的波动范围并不太小，但基本上处在周三1的范围内，没有提供趋势信息。周三3高点高于周三1、低点也高于周三1，表明周三1的最低点是向上转折点。由于长期趋势方向已经转为向下，周蜡烛线图这个向上转折点的意义受到了限制。

周三4低点略低于周三3、高点也低于周三3，似乎表明周三3的最高点是向下的转折点，但是考虑到周三4的最后价高于周三3的最后价，且之前的上升趋势微乎其微，忽略这个向下的转折点。当然，这里存在一定程度的主观选择成分，因为更高规模的趋势方向向下，向下的转折点常常不能忽视。这种两难的情况一再出现，说明趋势分析的过程常常不是照本宣科的机械过程，为了获得恰当的交易信号，在趋势定义的基础上，往往需要当事人综合各方面线索适当取舍。

实际上，从周三1到周三4，呈现出较明显的横向趋势特征，每一周的高低点相差都不太大。对应到日蜡烛线图上，这段行情大致从日四 8 到日六 7（表 2.1），的确既不是明显的上升趋势、也不是明显的下降趋势。周二 6、二 7 也属于横向趋势的范畴，对应日二 3 到日三 2，相应地，日线图当时的行情也莫衷一是，既不明显上升，也不明显下降。

周三 5、三 6、三 7 高点更高、低点也更高，符合上升趋势定义。特别是周三 5，向上突破了之前横向趋势的高点，打破僵局，似乎可能形成像样的上升趋势了。令人不安的是，接连三根周线图的波动范围都明显偏小，按照趋势交替的规则，短的波动范围和大的波动范围总是交替出现的，特别是连续短的波动范围之后往往预示着大的波动范围，这之后到底是大波动范围的上涨、还是大波动范围的下跌呢？另外，周三 7 的高点已经接近周二 6 的低点了，但是还没有向上突破，可见，这里疑云密布，算得上是非之地了。

周三 8 符合“扩张日”的定义，波动范围大，上下范围都明显超过周三 7，从其大阴线的实体明显可以看出，其中折叠了向下的转折点。周三 9、周四 0 持续下跌，三根周蜡烛线都是大阴线。日蜡烛线图与这三周对应的大致是日八 1 到八 7，其中的逐日下降趋势令人触目惊心。

周四 1、周四 2 为“收缩日”，周四 3 虽然波动幅度较大，但高低点均未超过周四 0，没有提供趋势信息。从周四 4 开始，下降趋势恢复，一直持续到周五 2。周线图这轮下降趋势共持续了 15 周，符合中期趋势的时间范围。在以上分析过程中，我们忽略了周四 4、四 5 的疑似转折点，周四 9、周五 0 的疑似转折点。

表 2.1　日蜡烛线图、周蜡烛线图、月蜡烛线图日期对照

逐月趋势（长期趋势）			逐周趋势（中期趋势）			逐日趋势（短期趋势）			
月线图编号	日期	月转折点	周线图编号	本周最后交易日日期	周转折点	日线图编号	日期	日转折点	逐日趋势性强弱
月一 9	2007 年 9 月	↑	周二 3	2007-9-28	↑	日一 0	2007-9-26	↓	弱
		↑			↑	日一 1	2007-9-27	向上	
		↑			↑	日一 2	2007-9-28	↑	
月二 0	2007 年 10 月	向下	周二 4	2007-10-12	↑	日一 3	2007-10-8	↑	
		↓			↑	日一 4	2007-10-9	↑	极强
		↓			↑	日一 5	2007-10-10	↑	
		↓			↑	日一 6	2007-10-11	↑	
		↓			↑	日一 7	2007-10-12	↑	
		↓	周二 5	2007-10-19	向下	日一 8	2007-10-15	↑	
		↓			↓	日一 9	2007-10-16	向下	
		↓			↓	日二 0	2007-10-17	↓	
		↓			↓	日二 1	2007-10-18	↓	强
		↓			↓	日二 2	2007-10-19	↓	
		↓	周二 6	2007-10-26	忽略	日二 3	2007-10-22	↓	

续表

逐月趋势（长期趋势）			逐周趋势（中期趋势）			逐日趋势（短期趋势）			
月线图编号	日期	月转折点	周线图编号	本周最后交易日日期	周转折点	日线图编号	日期	日转折点	逐日趋势性强弱
月二0	2007年10月	↓			↓	日二4	2007-10-23	向上	弱
		↓			↓	日二5	2007-10-24	向下	弱
		↓			↓	日二6	2007-10-25	↓	
		↓			↓	日二7	2007-10-26	向上	强
		↓	周二7	2007-11-2	忽略	日二8	2007-10-29	↑	
		↓			↓	日二9	2007-10-30	↑	
		↓			↓	日三0	2007-10-31	向下	极强
月二1	2007年11月	↓			↓	日三1	2007-11-1	↓	
		↓			↓	日三2	2007-11-2	↓	
		↓	周二8	2007-11-9	↓	日三3	2007-11-5	↓	
		↓			↓	日三4	2007-11-6	↓	
		↓			↓	日三5	2007-11-7	↓	
		↓			↓	日三6	2007-11-8	↓	
		↓			↓	日三7	2007-11-9	↓	
		↓	周二9	2007-11-16	↓	日三8	2007-11-12	向上	弱
		↓			↓	日三9	2007-11-13	↑	
		↓			↓	日四0	2007-11-14	↑	
		↓			↓	日四1	2007-11-15	向下	强
		↓			↓	日四2	2007-11-16	↓	
		↓	周三0	2007-11-23	↓	日四3	2007-11-19	↓	
		↓			↓	日四4	2007-11-20	↓	
		↓			↓	日四5	2007-11-21	↓	
		↓			↓	日四6	2007-11-22	↓	
		↓			↓	日四7	2007-11-23	忽略	
		↓	周三1	2007-11-30	向上	日四8	2007-11-26	忽略	
		↓			↑	日四9	2007-11-27	↓	
		↓			↑	日五0	2007-11-28	向上	弱
		↓			↑	日五1	2007-11-29	忽略	
		↓			↑	日五2	2007-11-30	↑	
月二2	2007年12月	↓	周三2	2007-12-7	↑	日五3	2007-12-3	忽略	
		↓			↑	日五4	2007-12-4	↑	
		↓			↑	日五5	2007-12-5	↑	
		↓			↑	日五6	2007-12-6	↑	
		↓			↑	日五7	2007-12-7	↑	
		↓	周三3	2007-12-14	忽略	日五8	2007-12-10	↑	

续表

逐月趋势（长期趋势）			逐周趋势（中期趋势）			逐日趋势（短期趋势）			
月线图编号	日期	月转折点	周线图编号	本周最后交易日日期	周转折点	日线图编号	日期	日转折点	逐日趋势性强弱
		↓			↑	日五 9	2007-12-11	向下	弱
		↓			↑	日六 0	2007-12-12	↓	
		↓			↑	日六 1	2007-12-13	↓	
		↓			↑	日六 2	2007-12-14	↓	
		↓	周三 4	2007-12-21	忽略	日六 3	2007-12-17	↓	
		↓			↑	日六 4	2007-12-18	向上	强
		↓			↑	日六 5	2007-12-19	↑	
		↓			↑	日六 6	2007-12-20	↑	
		↓			↑	日六 7	2007-12-21	↑	
		↓	周三 5	2007-12-28	↑	日六 8	2007-12-24	↑	
		↓			↑	日六 9	2007-12-25	↑	
		↓			↑	日七 0	2007-12-26	↑	
		↓			↑	日七 1	2007-12-27	↑	
		↓			↑	日七 2	2007-12-28	忽略	
月二 3	2008 年 1 月	↓	周三 6	2008-1-4	↑	日七 3	2008-1-2	忽略	
		↓			↑	日七 4	2008-1-3	↑	
		↓			↑	日七 5	2008-1-4	↑	
		↓	周三 7	2008-1-11	↑	日七 6	2008-1-7	↑	
		↓			↑	日七 7	2008-1-8	↑	
		↓			↑	日七 8	2008-1-9	↑	
		↓			↑	日七 9	2008-1-10	↑	
		↓			↑	日八 0	2008-1-11	↑	
		↓	周三 8	2008-1-18	向下	日八 1	2008-1-14	向下	极强
		↓			↓	日八 2	2008-1-15	↓	
		↓			↓	日八 3	2008-1-16	↓	
		↓			↓	日八 4	2008-1-17	↓	
		↓			↓	日八 5	2008-1-18	↓	
		↓	周三 9	2008-1-25	↓	日八 6	2008-1-21	↓	
		↓			↓	日八 7	2008-1-22	↓	

表 2.1 以月蜡烛线图的趋势分析作为长期趋势，以周蜡烛线趋势分析作为中期趋势，日蜡烛线图为短期趋势，直观地表示了长、中、短趋势之间的结构关系。

图 2.12 用转折点标志把周蜡烛线图的趋势表示出来，用“∧”表示向下的转折点，

“∨”表示向上的转折点，“×”表示疑似转折点但最终被忽略的情况，标在相应周蜡烛线的正上方或正下方。图 2.12 总结了上文对周蜡烛线图的趋势分析，显然，周蜡烛线图的趋势分析比日蜡烛线图来得更简洁。周蜡烛线图对应中期趋势，对逐日趋势分析时确认转折点、判断转折点的意义等发挥辅助和补充作用。

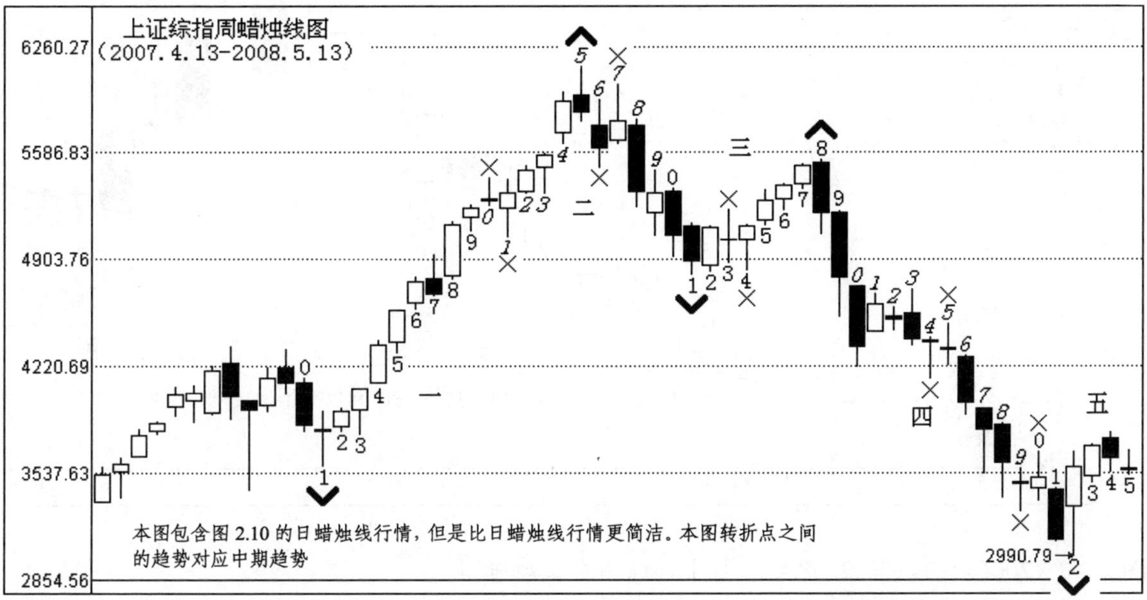

图 2.12 2007 年 4 月 13 日至 2008 年 5 月 13 日上证综合指数周蜡烛线图

最后，我们再来把趋势定义应用于月蜡烛线图。从表 2.1 可以看出，图 2.9 的日线图行情始于 2007 年 9 月底，终于 2008 年 1 月底；这段时间对应到周线图 2.11 上，从周二 3 开始，到周三 9 为止；对应在图 2.13 的月蜡烛线图上，则是从月一 9 开始，到月二 3 为止，仅相当于其中 5 根月蜡烛线。我们马上将看到，日蜡烛线图 2.9 的行情正对应着月蜡烛线图的长期趋势从上升转为下降的过程。

在月蜡烛线图上，从月一 0（2006 年 12 月）开始，到月一 1（2007 年 1 月），高点更高、低点也更高，为上升趋势。月一 2 高点更高、低点更低，但上下波动范围较小，算不上“扩张日”，可视为上升趋势持续；从月一 3 到月一 5，高点更高、低点也更高，上升趋势持续。月一 6（2007 年 6 月）低点更低、高点也更低，似乎表明月一 5 的最高点为向下的转折点，但考虑到当月收市价明显上弹，忽略这个转折点。月一 7、一 8、一 9、月二 0 均呈现出高点更高、低点更高的特点，上升趋势持续。

月二 1 是一根大阴线，低点更低、高点也更低，表明月一 0 的最高点为向下的转折点。月二 2 波动范围小，且处在月二 1 的较低范围之内，属于“收缩日”，不提供趋势信息。月二 3、二 4、二 5、二 6 低点更低、高点也更低，下降趋势持续。

综上所述，图 2.13 从最左侧（2006 年 3 月）开始，月蜡烛线图始终呈上升趋势，直至月蜡烛线二 0（2007 年 10 月）。月二 1（2007 年 11 月）是一根大阴线，回过头来表明月二 0 的最高点为向下的转折点。此后到本图最右侧，已经形成了超过半年的下降趋势。

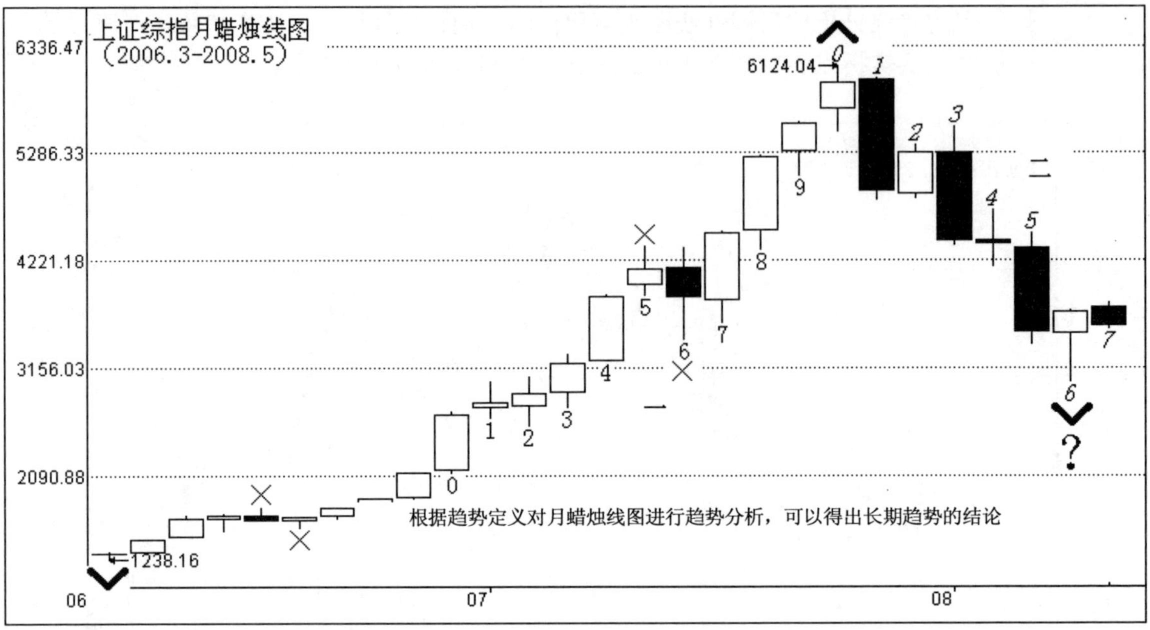

图 2.13　2006 年 3 月至 2008 年 5 月上证综指月蜡烛线图

通过上述讨论，我们可以看出，日蜡烛线图细节较多，不过跟踪逐日行情时，有时左右为难，需要借助中期趋势、长期趋势来帮助选择；周蜡烛线图在细节和大势之间比较平衡，既有较丰富的细节，又不失简明；月蜡烛线图则高度简明，主要突出长期趋势。

以月蜡烛线图的趋势分析作为长期趋势，以周蜡烛线趋势分析作为中期趋势，日蜡烛线图为短期趋势，建立长期、中期、短期趋势分析的层次或结构关系，也就是短、中、长趋势的组合关系。为了突出这种组合关系，在图 2.14（a）中，把图 2.10 中日蜡烛线的各个转折点依次连接，连接线代表两个转折点之间的逐日趋势，各个逐日趋势及其趋势性的强弱，就变得非常直观；在图 2.14（b）中，把图 2.12 中周蜡烛线的各个转折点依次连接，连接线代表两个转折点之间的周趋势（中期趋势）；在图 2.14（c）中，把图 2.13 中月蜡烛线的各个转折点依次连接，连接线代表两个转折点之间的月趋势（长期趋势）。

图 2.15 把逐日趋势、周趋势、月趋势画在同一张图上，以便直观地比较短、中、长期趋势的组合关系。请注意，本图是从日线图转变来的，共有 85 个交易日，它们只相当于周线图从周二 3 到周三 9 共约 19 周的中段局部，更是只相当于月线图最高转折点前后的 5 根月线。最粗的线表示月趋势（长期趋势），中等粗细的线表示周趋势（中期趋势），最细的线表示逐日趋势（短期趋势）。从这三条线可以直观地比较短、中、长期趋势的组合关系。逐日趋势分析是跟踪行情的出发点，研究周趋势、月趋势的主要目的是有助于更好地理解逐日趋势。

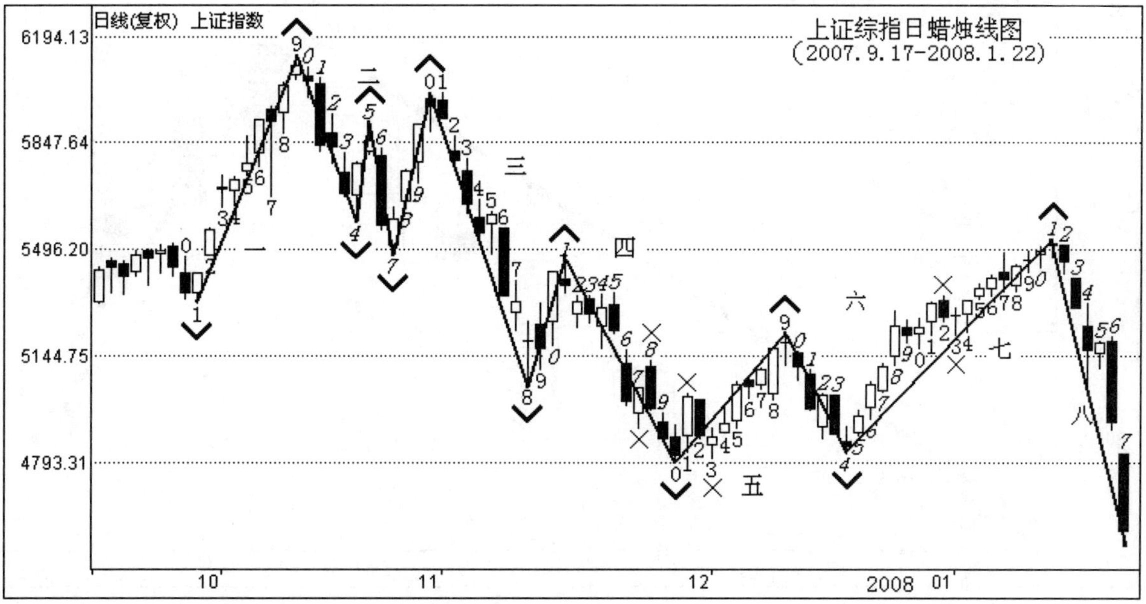

图 2.14（a） 用直线连接图 2.10 中日蜡烛线图的各个转折点，连接线直观地代表了逐日趋势

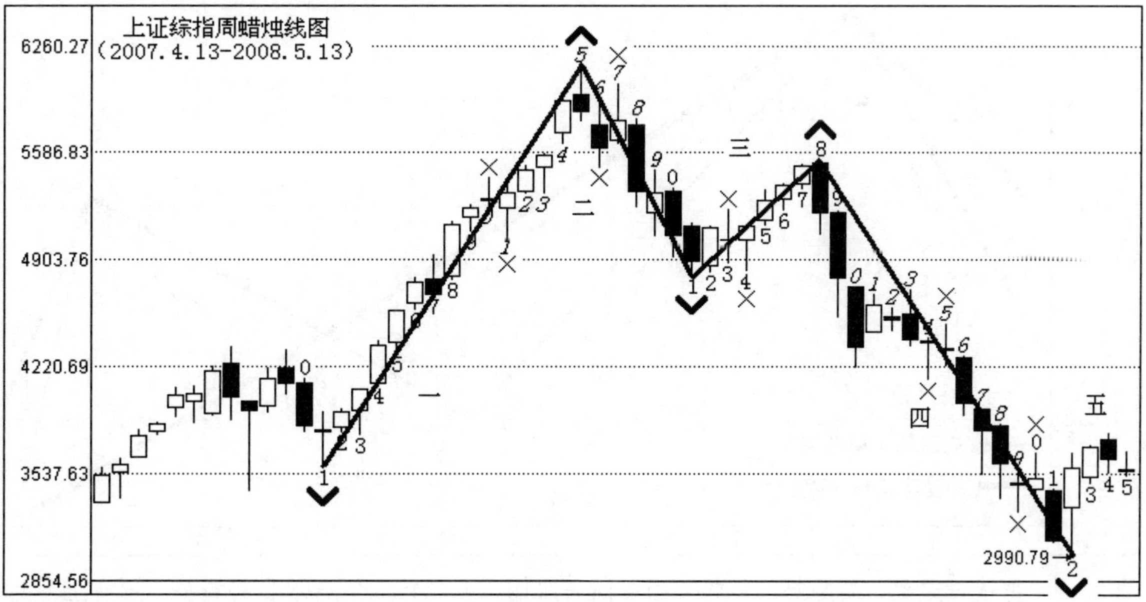

图 2.14（b） 用直线连接图 2.12 中周蜡烛线图的各个转折点，连接线直观地代表了中期趋势。图 2.14（a）的日线图相当于本图从周二 3 到周三 9 的局部

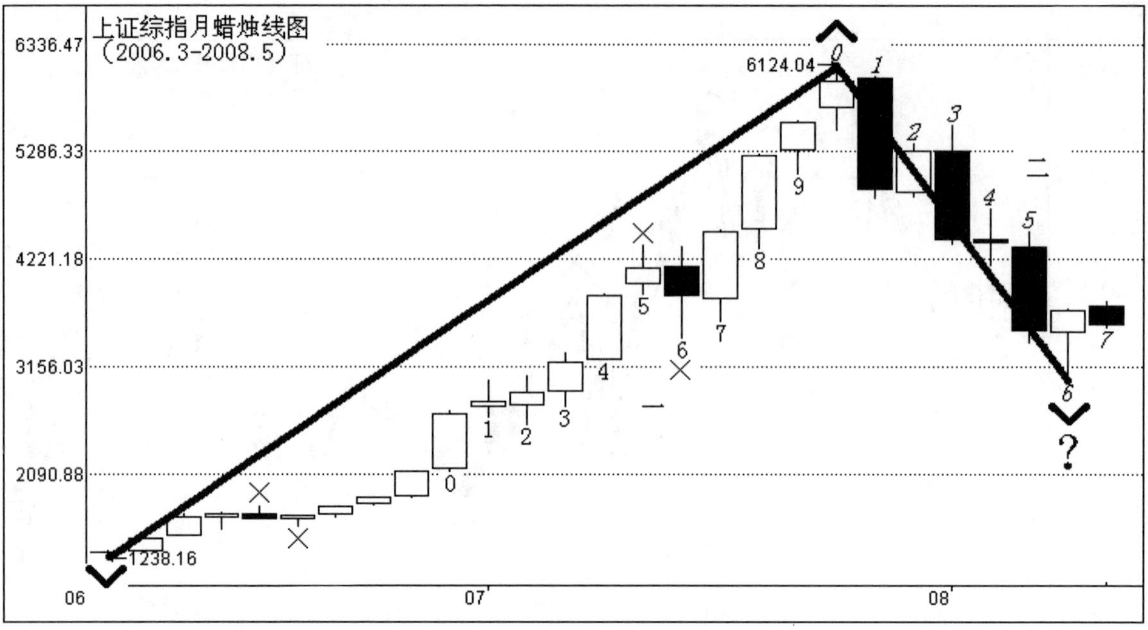

图 2.14（c） 用直线连接图 2.13 中月蜡烛线图的转折点，连接线直观地代表了长期趋势。从月一 9 到月二 3，这 5 根月蜡烛线对应图 2.14（a）的变化过程

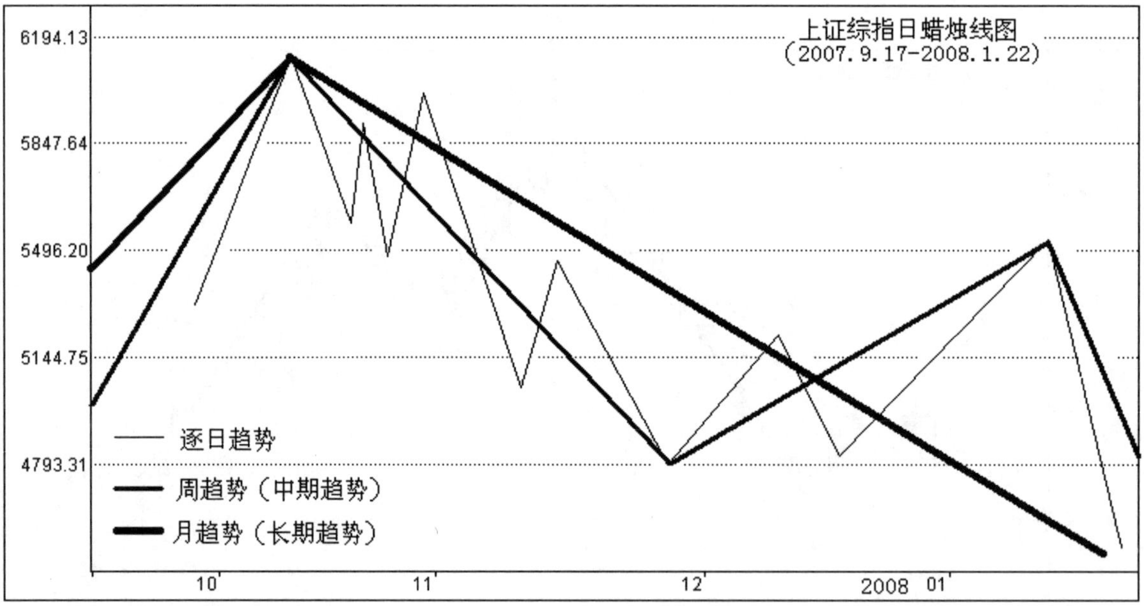

图 2.15 把逐日趋势、周趋势、月趋势画在同一张图上，最粗的线表示长期趋势，只有上下两个方向，最简明；中等粗细的线表示中期趋势；细线表示逐日趋势，细节较丰富

还可以以短、中、长期移动平均线分别代表短期、中期、长期趋势，如以 5 日移动平均线代表短期趋势，21 日移动平均线代表中期趋势，89 日移动平均线代表长

期趋势，同时观察三根移动平均线的方向，可以用来代表短、中、长趋势方向的组合关系（趋势结构）。移动平均线指标的优点是相对客观，且可以定量化，缺点是越长期的平均线越明显滞后。

趋势交替或趋势节奏

观察图 2.14（a）～（c），无论逐日趋势、周趋势，还是月趋势，上升趋势之后总是下降趋势，下降趋势之后总是上升趋势，也就是说上升趋势和下降趋势总是交替出现的。这是趋势交替的基本含义，正如前文所说，趋势分析和转折点分析实际上是同一块硬币的两面，从这个意义上说，趋势分析就是分析上升趋势和下降趋势的交替。本节讨论的趋势交替重点在于趋势进程的快、慢节奏交替，为了说清楚这一点，我们先从趋势性的强弱入手，进而研究“线”和“块”的交替。

趋势除了方向之外，还有趋势性强弱的特点。所谓趋势性强弱，可以从三个方面理解。从价格变化的比较意义来看，趋势性越强，则越有能力拓展新的空间，越有能力突破重要价格水平，而趋势性越弱，则越是局限于现有范围内波动；从持续时间看，趋势性越强，则其持续越长，累积的价格变化幅度越大；从变化过程来看，趋势性越强，则趋势演变过程中的曲折越少，一致性越强。一般说来，趋势性强，则趋势表现得有力、持久、波折少；趋势性弱，则表现得乏力、不持久、波折多。趋势性极强的逐日趋势形成了市场变化的主要部分，而趋势性弱的逐日趋势往往组合起来，形成了上述主要变化之间的（横向）休整部分；市场变化和休整交替进行，形成了总体趋势进程的节律。

我们可以从趋势组合的角度来理解逐日趋势的趋势性强弱。一般地，当逐日趋势和中、长期趋势方向都相同时，逐日趋势的趋势性往往极强；只与中期趋势或长期趋势中某一个方向一致时，逐日趋势的趋势性强；与中期趋势和长期趋势方向都不一致时，短期趋势的趋势性弱。图 2.15 把长期、中期、短期趋势放在一起，我们可以直观地观察它们的组合状况。表 2.1 对照了交易日的编号、日期，各周的编号、日期，各月的编号、日期，比较了长期、中期、短期趋势的情况，最后一列对逐日趋势的趋势性进行了评估。

第一组，逐日上升趋势，从日一 1 到日一 9，此时周趋势向上、月趋势向上，三者方向一致，因此该逐日趋势的趋势性极强，首先，它持续向上创新高，一路攻城掠地，接连越过 5500、6000 点大关；其次，它持续了 9 天，从日一 1 的最低点到日一 9 的最高点，由 5306 上涨到 6124，上涨 818 点，涨幅 15.4%；最后，该逐日趋势初期接连出现了两个有力的向上跳空，总体上几乎呈直线式上升，中途调整的幅度较小，日一 7 为扩张日，但上升趋势持续，表明趋势调整在当日内完成。

第二组，逐日下降趋势，从日一 9 到日二 4，此时周趋势向下、月趋势向下（这是后来才明白的），三者方向一致，因此其趋势性强，首先，它一口气向下试探，一度跌破日一 7 的前期最低点、填补了日一 3“十一”长假后的向上跳空；其次，它持续了 6 日，从 6124 下跌到 5574， 下跌了 550 点，跌幅 9%；最后，该趋势几乎没有任何调整。不过，此处长期趋势的转势过程刚刚开始，也没有向下突破 5500 点大关，趋势性算不上极强。

第三组，逐日上升趋势，从日二 4 到日二 5，此时周趋势向下、月趋势向下（这是后来才明白的），其方向和中长期趋势相反，因此趋势性弱，只持续了 2 日。当时，我们实际上认为长期趋势方向是向上的，这里的逐日趋势没有如预期那样强劲，反过来构成了警告信号。

第四组，逐日下降趋势，从日二 5 到日二 7，此时周趋势向下、月趋势向下（这是后来才明白的），虽然逐日趋势方向和中长期趋势方向相同，但是该逐日趋势尚处在中长期趋势转势过程中，只持续了 3 日，趋势性弱。日二 7 又是一个特殊的日子，当日曾向下突破前期低点（日二 4），且明确无误地下跌到日一 3 向上跳空之下，本来应当认为趋势性较强的，但当日市场收市价勉力拉回前期低点之上，回到向上跳空之中。实际上，所谓周趋势、月趋势向下都是后来回头证明的，此时我们很难判断逐日趋势到底是原有长期上升趋势的调整还是转势，稳妥起见，还是暂且归结为原有上升趋势调整。

第五组，逐日上升趋势，从日二 7 到日三 0，此时周趋势向下、月趋势向下，从稳妥角度看，当时应假定原有中长期上升趋势持续，因此本轮趋势性强。

第六组，逐日下降趋势，从日三 0 到日三 8，此时周趋势向下、月趋势向下，本轮趋势极强。请注意，正是通过这段逐日下降趋势断然向下突破日二 7 的前期低点，双重顶形态完成，我们才能够判断中长期趋势已经从上升转为下降的。本轮趋势势如破竹，一举跌破 5500 点大关，接连挑战 5000 点。

第七组，逐日上升趋势，从日三 8 到日四 1，此时周趋势、月趋势向下，趋势性弱。该反弹持续了四天，未能返回 5500 点之上。日四 1 很重要，它未能向上突破日二 7 的低点，表明双重顶形态颈线被向下突破后市场反抽，再次证明颈线有效、双重顶反转成立。

第八组，逐日下降趋势，从日四 1 到日五 0，此时周趋势、月趋势向下，趋势性强。本轮趋势跌破 5000 点。实际上，从逐日趋势组合来看，第七组逐日趋势仅仅是短暂的反弹，六、七、八三组实际上组合为一段强有力的短期下降趋势，完成了一段主要市场变化。

第九组，逐日上升趋势，从日五 0 到日五 9，此时周趋势向上（事后才能确认）、月趋势方向向下，该趋势的趋势性弱。

第十组，逐日下降趋势，从日五 9 到日六 4，此时周趋势向上，月趋势向下，该趋势弱。市场在 5000 点处来回拉锯。

第十一组，逐日上升趋势，从日六 4 到日八 1，此时周趋势向上，月趋势向下，该趋势强，它终于向上突破了 5000 点大关。不过，在其向上突破日六 9 的高点后，本来已经形成了更高的高点、更高的低点，下面的上涨应更明显，但是实际上后来的上涨颇多曲折、进程乏力，这是警告信号，特别是日八 1，第二次向上回试双重顶形态的颈线，这一次试探失败，又一次证明双重顶形态的有效性。这一轮行情持续日数较多，但是进展甚少，未能拿下 5500 点。

第十二组，逐日下降趋势，从日八 1 到图表最后，此时周趋势向下、月趋势向下，趋势性极强。在该逐日趋势过程中，月趋势的下降进程恢复，市场对前期周趋势的“不当”上升进行了有力的报复。市场急遽下挫，势如破竹，毫不犹豫地跌破了 5000 点大关。

表 2.2　逐日趋势汇总表

逐日趋势组别	起点编号（转折点）	起点点位（以转折点计）	终点编号（转折点）	终点点位（以转折点计）	持续日数（交易日）	幅度点数（以转折点计）	幅度比例（从起点看终点）	日均涨/跌比例	月趋势分析	周趋势分析	日趋势分析	日趋势性强弱
一	一 1	5306	一 9	6124	9	818	15.4%	1.7%	↑	↑	↑	极强
二	一 9	6124	二 4	5574	6	-550	-9.0%	-1.5%	↓	↓	↓	强
三	二 4	5574	二 5	5906	2	332	6.0%	3.0%	↓	↓	↑	弱
四	二 5	5906	二 7	5462	3	-444	-7.5%	-2.5%	↓	↓	↓	弱
五	二 7	5462	三 0	6002	4	540	9.9%	2.5%	↓	↓	↑	强
六	三 0	6002	三 8	5032	9	-970	-16.2%	-1.8%	↓	↓	↓	极强
七	三 8	5032	四 1	5453	4	421	8.4%	2.1%	↓	↓	↑	弱
八	四 1	5453	五 0	4778	10	-675	-12.4%	-1.2%	↓	↓	↓	强
	四 7	4896	忽略									
	四 8	5124	忽略									
九	五 0	4778	五 9	5209	9	431	9.0%	1.0%	↓	↑	↑	弱
	五 1	5011	忽略									
	五 3	4798	忽略									
十	五 9	5209	六 4	4812	6	-397	-7.6%	-1.3%	↓	↑	↓	弱
十一	六 4	4812	八 1	5522	18	710	14.8%	0.8%	↓	↑	↑	强
	七 2	5336	忽略									
	七 3	5201	忽略									
十二	八 1	5522	八 7	4511	7	-1011	-18.3%	-2.6%	↓	↓	↓	极强

以上分别分析了十二组逐日趋势，主要以每组逐日趋势的表现，和周趋势、月趋势的方向关系来判定逐日趋势本身的趋势性强弱。在这个基础上，我们进一步探索十二组逐日趋势之间的组合关系。

显然，强和弱的逐日趋势之间也存在一定的交替关系，趋势性强的逐日趋势之后往往是趋势性弱的逐日趋势，但是这种交替并不严格，在图 2.15 中，形成了极强、强、弱、弱、强、极强、强、弱、弱、强、极强的序列。不过，如果把注意力集中到趋势性极强的三组逐日趋势，则交替关系就变得十分明朗了：

首先，第一组逐日上升趋势，极强；

然后，第二、三、四、五组逐日趋势，它们由强、弱、弱、强的序列组成，共同形成了短期的横向趋势；

再次，第六、七、八组逐日趋势，它们由极强、弱、强的序列组成，共同形成了短期下降趋势，趋势性极强；

接下来，第九、十、十一组逐日趋势，它们由弱、弱、强的序列组成，共同形成短期的横向趋势；

最后，第十二组逐日下降趋势，极强。

我们立即注意到，趋势性极强的逐日趋势的出现有一定节奏，在趋势性极强的逐日趋势前后，均有横向的短期趋势（逐日趋势组合）。事实上，第一组极强的逐日上升趋势可以和更早的逐日行情组合成短期上升趋势，第十二组极强的逐日下降趋势可以和更晚的逐日行情组合成短期下降趋势，由此可见，在趋势性极强的短期上升或下降趋势，和短期横向趋势之间，存在明确的交替关系。于是，图 2.15 可以转化为图 2.16，形成了如下趋势（趋势性极强的短期上升或下降趋势）和非趋势（短期横向趋势）的交替：

上升趋势—横向趋势—下降趋势—横向趋势—下降趋势

剔除趋势的方向性，转化为一般意义上的交替，即：

趋势—非趋势—趋势—非趋势—趋势

从轮廓上看，趋势变化幅度大、速度快，像“线”；非趋势横向摆动，聚集成“块”，更一般地，可以把趋势性强弱的交替归纳为行情变化快慢的交替：

快—慢—快—慢—快

或：

线—块—线—块—线

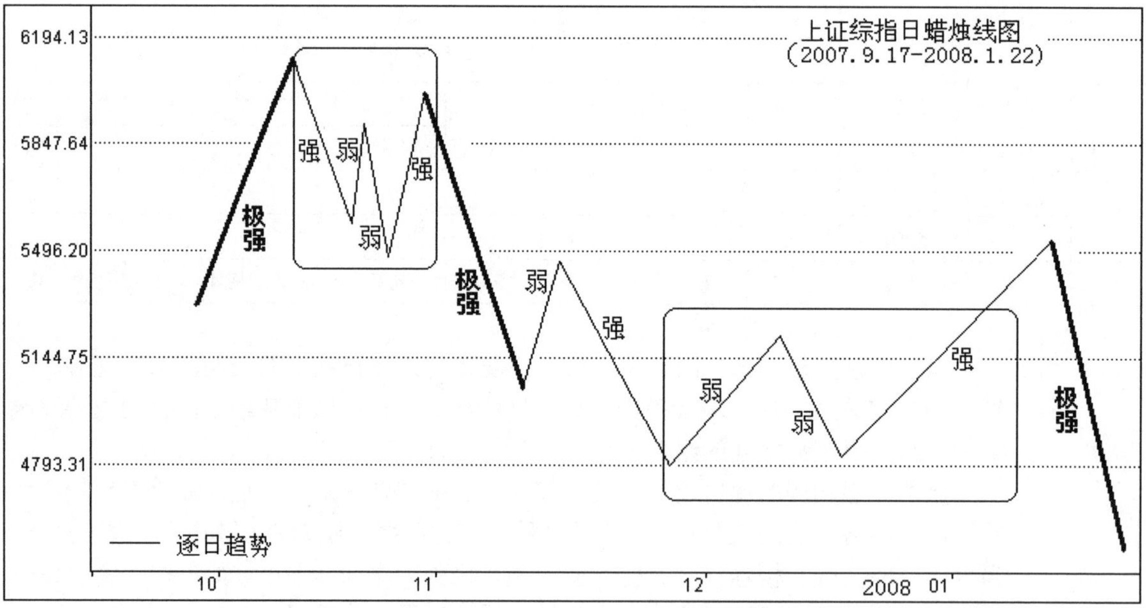

图 2.16 行情演变过程中快“线”和慢“块”交替，形成趋势节奏

趋势性极强的逐日趋势形成了市场变化的主要部分（价格演变的形态伸展如“线”），趋势性弱的逐日趋势则组合起来，形成短期横向趋势（价格演变的形态凝集如“块”）。市场快速变化和短期横向趋势交替，市场变化“快”、“慢”（“线”和“块”）交替，形成了趋势演变的节奏。

此外，借用逐日趋势组合起来的办法，如果把波动较大的交易日组合起来，把波动较小的交易日组合起来，则波动较大的交易日组合和波动较小的交易日组合通常也是交替出现的。

转折点之后

现在我们已经对趋势方向和趋势节奏有了一定认识，以此为基础，回过头再看趋势分析，当转折点发生后，到底将发生什么情况呢？这个问题有助于加深对趋势和转折点的理解。

一般说来，趋势的演变过程存在发生、发展、成熟直至逆转等阶段，每个阶段都具备不同的阶段性特点，表现在转折点以及随之而来的转折也具有不同的特点：在趋势初生的早期阶段，转折点之后不太可能形成大幅的反向行情；在趋势演变的中间阶段，市场倾向于大幅整理，因此转折点之后往往出现大幅反向行情，但最终趋势仍将恢复；在趋势的最后阶段，趋势方向明显，转折点之后，反向波动的幅度一般也不大。因此，分析转折点的意义，即转折点之后的行情演变，一定要结合趋势的阶段特征来综合考虑。

转折点是趋势方向转变的枢纽。转折点分析很重要，识别趋势、跟随趋势，首先要认识趋势，其次要认识转折点：转折点之后，才有可能形成新的趋势；趋势形成后，直至下一个相反方向的转折点出现，趋势将一直持续；如果更大规模的趋势和当前趋势同方向，那么即使出现了转折点，也不意味着趋势逆转，更常见的是更大规模趋势的中途调整；不同规模的转折点之间包含不同规模的趋势，不同规模的转折点对应不同分量的价格水平。

换言之，在整个趋势中转折点有很多个，但真正导致整个趋势终结、逆转为反向趋势的，只有最后一个；正是为了最后这一个，即使其余转折点可能只是趋势的调整，我们也必须认真对待其他每一个转折点。

在趋势演变过程中，不论简单的还是复杂的调整过程，必定是从反方向的转折点开始的；而原趋势进程的恢复，也必定是从同方向的转折点开始的。

一般说来，转折点之后可能发生四种情况。

第一种情况，也是最重要的情况，标志着趋势逆转的**真正转折点**。

天下没有不散的宴席。趋势在经过充分表现后，终究有一天会到达“穷”境，孕育成趋势“变”化，形成趋势的彻底逆转。真正的趋势逆转是从最后一个反向的转折点开始的！颇具讽刺意味的是，在趋势发展的整个过程中，投资者曾经经历了很多次转折点，每次转折点都可能带来若干惊险，但原有趋势经过一定的调整后再度恢复，投资者总是虚惊一场。经历了多次虚惊之后，最后当真正的反转到来时，投资者反倒失去了警惕性，往往麻痹大意。纵观趋势的整个演变过程，真正的反向转折点只有这一次！

首先，这样的转折点常常都是反转形态的一部分，如头肩形顶（底）、双重顶（底）、三重顶（底）、圆顶（底）、岛形顶（底）等等，这类形态通常有迹可循，既有警告信号，又有验证信号，甚至还有反抽信号，因此从技术和工具上说，还是可以分析的。不过，少数情况下，也有可能就是极端的 V 字形反转的端点，无迹可寻、突如其来。

其次，作为趋势逆转的转折点，之前趋势的完整发展过程是基本的线索，为了识别这个独一无二的转折点，我们必须充分了解趋势发生、发展、成熟的阶段性特征，从整体上把握趋势的阶段性进程。

最后，趋势结构也可以为我们提供新的线索。一般来说，当转折的方向符合更高层次（更大规模）趋势方向的情况下，形成趋势逆转的机会较大；反之，则机会较小。

第二种情况，形成深幅调整的**调整转折点**，如牛市中向下大幅调整的行情、熊市中向上大幅反弹的行情。

根据道氏理论，深幅调整的幅度常常达到原趋势进程的 1/3~2/3 之间。相对于长期趋势，深幅调整是中期趋势，长期趋势持续的时间在半年到数年，中期趋势持续的时间则在数月到半年。从走势上说，一般长期的牛市上升过程较为平稳，持续时间较长，而向下的调整则通常较为急剧，角度陡，持续时间也较短。

有时候，在一次深幅调整之后，市场马上恢复原有趋势，继续创新高或创新低；有时候，在起初的深幅调整之后，就像大地震之后的余震一样，还有后续的大幅波动（大致在第一波的波动范围内），最后才逐步恢复原有趋势（图 2.17）。

从趋势的阶段性特征来看，这类转折点多发生在趋势第二阶段，属于“往来不穷”的“通”。市场通过上下大幅波动达到打牢基础、积蓄力量的目的，俗称“震荡洗盘”。

图 2.17 牛市中的深幅调整过程

第三种情况，形成快速的调整行情，调整行情有一定深度，但是一般不超过趋势进程的 1/3。持续时间较短，倏忽而来、倏忽而去。经过干脆、快速的调整后，很快恢复原有趋势，且趋势进程良好。

随着这样的转折点而来的“趋势”其实没有前途，走不了几天，又出现反向的转折点，并且在这个反向的转折点之后，按照第一个转折点之前原有的趋势方向形成良好的趋势进程。这样的“转折点”浅尝辄止，实际上不过是更大规模趋势中的小调整，是原有趋势的暂时休整，把它说成“转折点”其实有一点夸张。在更大规模趋势的整个过程中，大多数反向转折点都属于这种情况。这种情况一般发生在趋势演变的第二阶段后期和第三阶段大部分时间。

第四种情况，转折点之后在较窄的波动幅度内横向延伸，有时候可能形成牛皮市。

在这样的转折点之后，市场并不能形成持续的反向行情，而是在一、二天之后再次反转，不过，再次反转后，原趋势并没有恢复，一二天之后又再度转回反方向……转折复转折，不断中断、形不成循环，总体上表现为幅度不大、过程复杂的调整过程，向上的转折点和向下的转折点接连出现，形成了横向整理的过程。有时甚至可能没有明显的转折，形成了牛皮市场。这种情况多发生在趋势演变的第一阶段和第三阶段。

图 2.18 转折点之后的窄幅调整，有时甚至形成牛皮市

趋势和趋势逆转、敏感和迟钝——趋势分析中的平衡

趋势、趋势、趋势。

趋势一直持续，直至确实发生了趋势的逆转。投资者必须顺着趋势方向交易。从趋势分析的角度看，判断当前趋势持续有效，和判断趋势是否已经确实发生逆转，本质上是一回事：未发生逆转，所以趋势持续；趋势持续，所以未发生逆转。

当我们按照趋势定义追随趋势时，会不断遇到转折点，在最终碰到真正逆转的转折点之前，其余所有转折点都只是带来原趋势的暂歇或调整而已，现在的问题就转为如何从众多转折点中甄别出唯一的真正逆转的转折点。

大致的原则还是返璞归真，紧密围绕趋势原理，即趋势结构、趋势阶段、趋势交替三方面。

首先，从趋势结构上说，如果转折的方向符合更高层次趋势的方向，则发生逆转的可能性越大。

其次，之前必须有明显的趋势过程，没有明显的趋势过程，就谈不上趋势逆转。

趋势发生、发展、成熟终结的阶段性特征是重要的判断依据。“易穷则变”。一般说来，趋势逆转只能发生在趋势进程的第三阶段之后。

最后，从趋势交替上说，趋势逆转通常采取“块”的形式而不是“线”的形式完成，因此从价格形态上可能识别趋势反转形态，并从反转形态的警告信号、验证信号、反抽信号中得到一系列的线索。

虽然有上述原则，判断转折点到底是不是真正的趋势逆转点，最终仍是一个灵敏度的问题，当事人对市场变化越敏感，态度越进取，则趋势逆转的信号越灵敏、越早，潜在的获利空间越大；当事人越迟钝，态度越保守，则信号越迟钝、越晚，潜在的获利空间越小。极端的“迟钝”，就是“买入持有”，买入后什么都不做，结果就像坐电梯，和市场一道上上下下。

在图 2.19 中，当我们买入的时候，市场已经从最低点明显回升了；当我们卖出的时候，市场已经从最高点明显回落了。这个“明显回升”或“明显回落”就是为了判断和确认趋势及趋势逆转所付出的价格和时间成本。以从最低点到最高点的趋势幅度为基准，所谓灵敏度，就是时间和价格成本的相对大小，灵敏度越高，则成本越低，潜在的获利空间越大；灵敏度越低，则成本越高，潜在的获利空间越小。

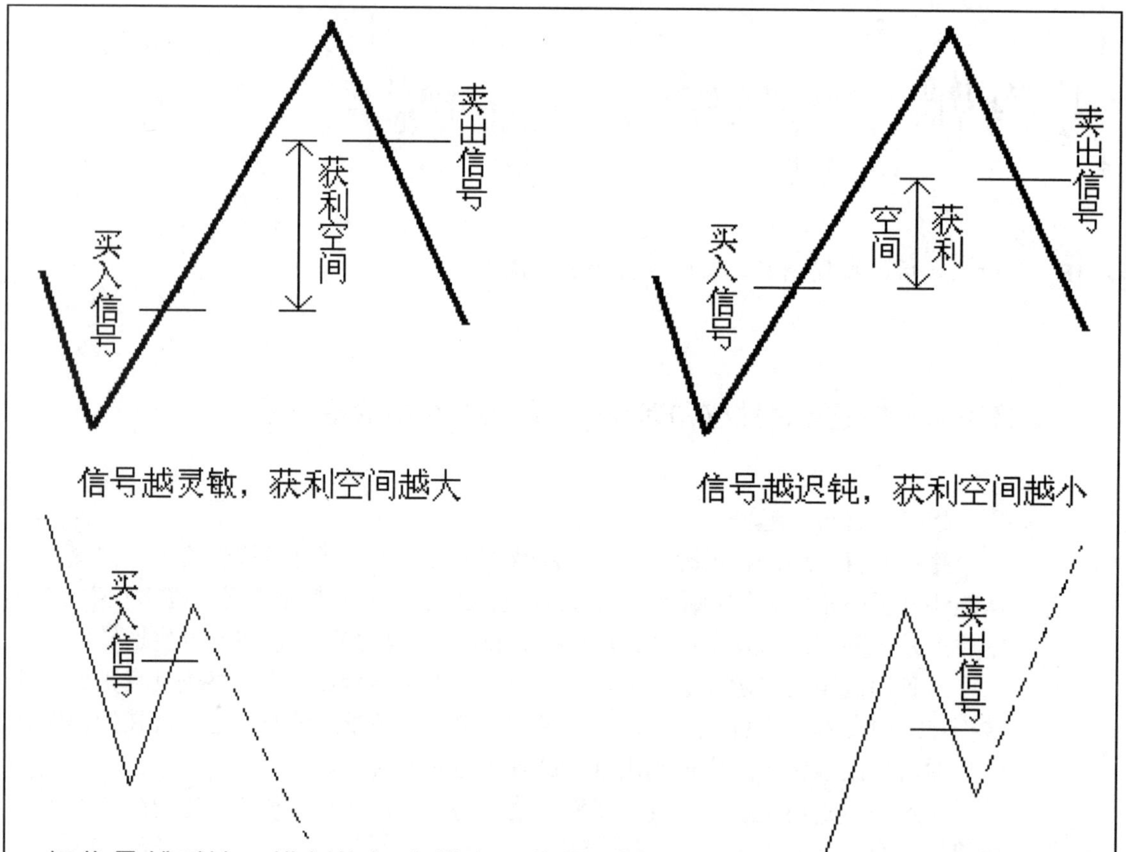

图 2.19 趋势分析是一个利害平衡的问题，信号越灵敏，则获利空间越大，但是错判的机会也越大；信号越迟钝，获利空间越小，把握可能也更大

然而，信号越灵敏、越早，则误判、犯错的可能性越大，机会成本也越高，最终必然损害“潜在的获利空间”。灵敏度越低，可能趋势更明朗，把握更大，犯错的可能性减少。由此可见，判断趋势和趋势逆转实际上存在基本的利害平衡，投机就像走钢丝，首先必须维持平衡，确保自己站在钢丝上不掉下来（不亏损）；其次，力求提高技艺，俗话说“艺高人胆大”，基本功扎实，运用自如。

无论如何，我们能够捕获的空间只占从最低点到最高点的一部分。从绝对收益的角度看，倘若能够在上涨过程中做多，捕获60%-80%的趋势进程，在下跌过程中做空，捕获60%～80%的趋势进程，总的结果将远远优于买入持有策略。这是追求绝对收益和追求相对收益的最大区别。追求相对收益，只要和基准指数相当或略优，就算大功告成了，至于基准指数到底是上涨还是下跌，反而不是问题。

上述分析给予我们一个重要启示：现实世界终归是“阴”、“阳”平衡的，等待确有把握，付出的是获利空间；积极捕捉机会，付出的是出错的机会成本。一方面，绝对没有任何时候，我们可以断定自己对市场趋势有万无一失的把握；另一方面，即使在我们最遭受挫折、最感觉绝望的时候，市场依然弹性十足，充满变化的可能性。事实上，当我们感觉信心十足的时候，往往趋势已经进入第三阶段，变化可能就不远了；当我们感觉迷茫不定的时候，常常是趋势的第二阶段，趋势蓄势待发、大有前途。因此，成熟的投资者必须维持心态的平衡，在牛市中，不失平衡地倾向于“多”；在熊市中，不失平衡地倾向于“空”，既要有明确的顺应趋势的态度，又要保持有能力及时追随趋势改变的适度灵活性——说到底，投资者必须讲究投资的辩证法。

趋势分析工具

上一部分，我们根据趋势定义，对趋势、转折点、短中长期趋势、趋势演变过程中线和块的交替等进行了研究，对上一章趋势原理中的趋势结构、趋势阶段、趋势交替三方面有了具体的印象。以上这些内容都属于基本的趋势分析，是趋势分析的核心内容。

在上一部分讨论过程中，除了基本的趋势定义、转折点、日周月线图等基本概念之外，我们也参照了一些具体的分析工具。这些工具服务于基本趋势分析，可以帮助我们更加具体识别趋势、追随趋势，进一步丰富和补充基本趋势分析的内容。举例来说，最重要、最常见的趋势分析工具是价格水平，上升趋势（下降趋势）的主要特性就是接连向上突破阻挡价格水平（接连向下突破支撑价格水平），趋势的力度和趋势性的强弱，可以从被突破的价格水平的重要程度来判别。因此，本部分将简要地介绍主要的趋势分析工具。

趋势分析工具大致可以分为价格水平、价格形态（包括日本蜡烛图形态）、趋势线、移动平均线、买卖信号、资金管理、成交量和持仓量、周期理论、统计指标、摆动指数、自动交易系统等方面，其中价格水平是最基本的工具，在其他各类工具中或多或少都要借用价格水平工具的概念。

投资者大致必须完成以下五个步骤：

(1) 判断趋势方向；

(2) 研究趋势性强弱，即在顺应趋势方向的前提下，进一步判断市场变化“块”和“线”的交替节奏；

(3) 取得买卖信号，确定出入市时机。

通常，买卖信号通过“时间价格关键点”来产生，其中既包含价格因素，也包含时间因素，是两个方面的有机结合。在具体工具方面，和价格水平、价格形态、趋势线、移动平均线、周期理论等都有密切关系；

(4) 决定投入资金的权重，即重仓投入、半仓投入，还是小部分投入试水、逐步加码、定期定量投入等；

(5) 了结交易，即根据行情演变，果断地执行止损、获利回吐的操作，了结交易。

在上述每一个步骤中，投资者都有可能综合采用各类工具，因此，趋势分析工具对趋势分析发挥一定的辅助作用，为基本的趋势分析建立了具体的判断准则和投资者的动作要领。

各个方面的趋势分析工具的重要性和可靠度也不是等量齐观的，一般说来，工具越是朴素和直观，则其作用越直接、可靠，越是经过过多的再加工，则工具越间接、多变。价格水平工具最符合上述朴素和直观的要求，对价格比较起到直接的参照作用。我们用水平直线标志价格水平，这是判断趋势、选择出入市点的直接依据。利弗莫尔认为，“时间—价格关键点”是判断趋势和应对操作的根本依据，所谓“时间—价格关键点”指的就是相对于一定时间规模的标志性价格水平。下文将详细解说价格水平工具。

其他各类趋势分析工具，只做一个概要性的解说。对上述各类工具，在一般的技术分析资料中，都有比较详细的介绍。

价格水平——水平直线工具

价格通过相互比较产生趋势性意义，每一个历史成交价格都是比较的根据。虽然如此，就像水位尺上的刻度一样，有的刻度是大刻度，比较意义较重要；有的刻度是小刻度，比较意义较轻；还有很多地方处在刻度线之间，常常被忽略。因此，我们所说的价格水平通常都是较重要的历史价格。水位尺上的刻度线是人为划分的，而市场的演变历史则是市场自然形成的，价格水平主要就是市场演变历史中的一系列特定的价格。价格比较以价格水平为基准和依据，因此价格水平工具直接检验市场变化，是最重要、最基本的趋势分析工具。

价格水平又称为支撑水平或阻挡水平，即如果价格水平处在当前行情下方，则该价格水平将在市场下降时起到支撑作用；如果价格水平处在当前行情上方，则该价格水平将在市场上升时起到阻挡作用；一旦支撑水平被向下突破，则转变为阻挡水平，当市场后来再次上涨时，发挥阻挡作用；一旦阻挡水平被向上突破，则转变为支撑水平，当市场后来再次下跌时，发挥支撑作用。

价格水平大致由以下情况构成

1．历史高低点（即转折点），这是最常见的形式

它们通常是一段价格波动区间的边界，一旦某个高点被向上突破，则意味着市场相对于上述价格波动区间创下了新高，根据趋势的定义，这就形成了更高的高点和更高的低点，这就是相对于上述价格区间的上升趋势了。反过来，一旦某个低点被向下突破，则意味着市场相对于上述价格波动区间创下了新低，根据趋势定义，这就形成了更低的低点和更低的高点，这就是相对于上述价格波动区间的下降趋势了。历史高低点所代表的价格波动区间规模越大，则上升趋势或下降趋势的规模越大，反过来也就证明上述价格水平越具有标志性意义。

2．相对高点和低点的集中区

有时候，历史高低点不是显著的一个，而是一系列，若干个历史高低点的价格相差不多，形成了一个狭窄的集中区，这个集中区也构成一个大致的价格水平。由于历史高低点比较密集，通常此类集中区的规模较大，因此价格水平的意义也就较强。

3．有效的价格跳空（在蜡烛图技术中称“窗口”）

以日蜡烛线图为例，有时由于行情演变较激烈，有时由于在闭市期间发生了刺激性事件，两个交易日的日蜡烛线没有重叠的部分，而是出现了缺口，在上涨的情况下，形成了向上跳跃的缺口；在下跌的情况下，形成了向下跳跃的缺口，此类缺口称为价格跳空。如果在随后的若干个交易日内，市场没有及时回补上述缺口，则缺口有效。缺口越大，则意义越重，缺口的上下边界都是价格水平。

4．习惯数

某些整数位置如上证综指的整千位、整百位往往构成价格水平，市场习惯于在这些位置附近停留。

5．百分比回撤水平/黄金分割水平

找出最近的行情高点和低点，两个点越显著、两点之间的行情越明显越好，把两点之间的价格涨跌幅度二等分、三等分、四等分，用水平线标出等分位置，就有 75%位置（四等分）、67%位置（三等分）、50%位置（二等分和四等分）、33%位置（三等分）、25%位置（四等分）五个水平，称为百分比回撤水平，它们常常也具有较重要的参考价值（图 2.20）。

也有用黄金分割比例来画线的，黄金分割点有两个，比例分别为 38.2%和 61.8%。

还可以把百分比回撤的方法进一步推广，往历史倒推，找出规模更大的行情高低点，计算其中的百分比回撤水平，把规模大的百分比回撤水平和规模小的百分比回撤水平相互对照，适当调整，从而发挥更好的参照作用。

百分比回撤水平和实际已经发生的历史行情转折点往往接近，甚至重合，因此，我们常常按照实际发生的历史价格水平适当调整回撤水平，把两者结合起来，从而得到一把更可靠实用的水位尺（图 2.20）。本图 50%的回撤水平明显和历史转折点重合，后来，当市场终于向上突破这个水平后，形成了规模较大的上升行情。另外，在 17 日开市后一小时内，在 33%和 25%回撤水平之间，快速地形成了一个向下假突破信号。这个信号一方面令人吃惊，另一方面则是市场看涨的较强信号，投资者应迅速适应市场，跟随市场调转方向。问题是，如何才能获得这种灵活性，同时又不

是盲动？

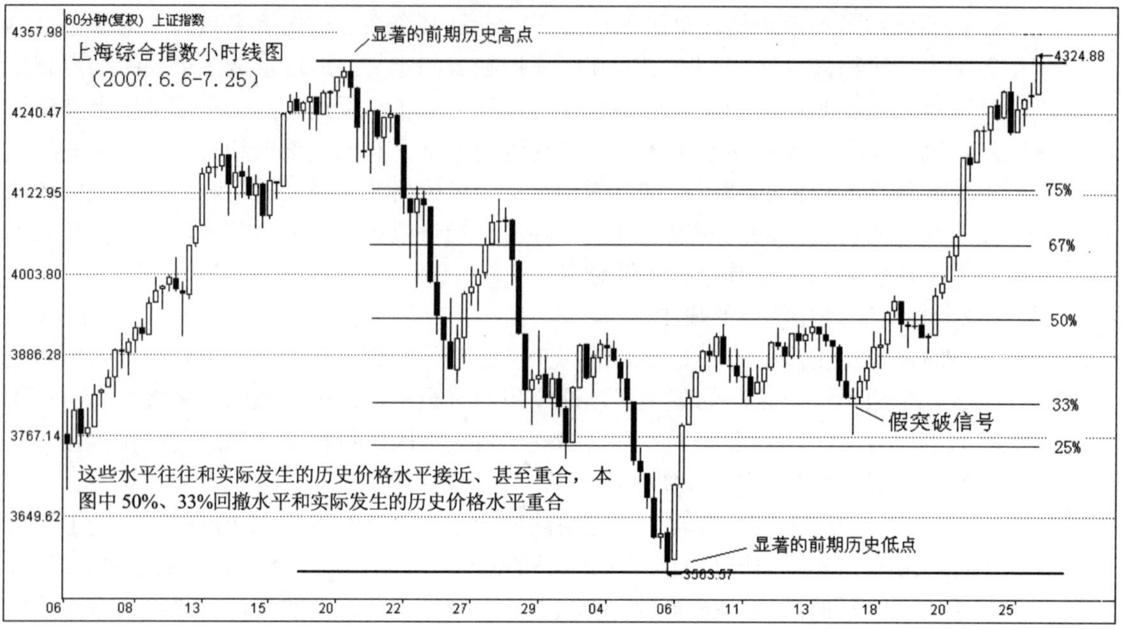

图 2.20　百分比回撤水平

6. 趋势线位置

有时，趋势线所在的位置也构成价格水平。

7. 移动平均线位置

有时，移动平均线所在的位置也构成价格水平。

价格水平是行情变化的关键点，突破信号、不突破信号甚至假突破信号都是基本的趋势信号。不过，市场在价格水平附近的表现往往比较复杂，常常很难一下子看清是不是真正突破了，不能突破、或者是假突破：

当趋势正在发力的时候，价格水平就像是玻璃做的，一碰就碎，趋势演变势如破竹。事实上，趋势接连突破价格水平的个数和价格水平的重要程度，正标志着趋势力道的强弱；

当趋势成为强弩之末时，或者趋势进程延展过快、过大急需调整巩固的时候，前方的价格水平像花岗岩一样岿然不可动摇，市场往往一触即返，有时甚至是望风而逃，达不到价格水平的位置；

当趋势处在“变”的第一阶段或“往来不穷”的第二阶段时，市场犹疑不定，价格水平像竹篱笆，往往推来搡去，大费周章后才真正撞破或者掉头返回；

市场在价格水平附近的综合表现有助于判断价格水平是否真正被突破。一般说来，如果市场认为某个价格水平很重要，则在临近价格水平时往往态度慎重，不是直截了当地挑战价格水平，而是采取试一试的办法，初步接触价格水平后，往往反弹开去（这就是为什么价格水平大多由单个的转折点构成的原因）。反弹的力量越大、幅度越大，则突破的可能性越小；反弹的力量越小、幅度越小，过不了多久市场再次返回价格水平附近，则该价格水平被突破的可能性较大；价格水平是市场抉择方向的地方，是敏感点，因此市场通常不会在价格水平附近逗留太久，如果市场接触价格水平后形不成像样的反弹，而是逗留不去，则突破水平的可能性更大。

有时，可能出现假突破，即一开始市场突破了一个价格水平，但是很快就掉头回去了。市场突破一个价格水平后，后续行情的幅度越大、持续时间越长，假突破的可能性便越小。因此人们采取两种办法来防范假突破信号，一是从价格幅度上，如果市场突破某个价格水平后继续突进的幅度达到 3%～5%，则认为突破信号成立；一是观察市场在价格水平另一边维持的时间，以日线图为例，通常要求维持两个交易日以上，才认定突破信号成立。

有时候，价格水平被突破后，市场继续发展，无论从时间还是从幅度上看，都可以确认突破有效。但是，一段时间之后，市场重新返回这个价格水平原来一边。在趋势发展的第一阶段、第二阶段，甚至还有第三阶段初期，这种情况都是比较正常的，不是假突破信号。根据趋势的定义，一方面，趋势必须有能力持续拓展新疆域，另一方面，在回调过程中必须至少有能力保住一部分新开拓的疆域。以上升趋势为例，当市场向下返回价格水平下方后，深度越浅，则越说明上升趋势有能力保住一部分成果，极端而言，只要市场不向下跌破前一个低点，则符合更高的高点和更高的低点的定义，上升趋势是有效的。当然，在趋势演变进程的第三阶段，形势越来越明朗，发生这种情况的可能性大大减少，市场突破价格水平后通常不会返回该水平原来一边，如果返回去，就构成趋势发生变化的警告信号。

假突破信号常常是反方向的较强信号，如果投资者能够果断地识别并顺势反向操作，往往颇有收获。在图 2.20 和 2.21 中，各有一个向下的假突破信号，反过来证明市场上涨潜力较大，变成了较强的上涨信号。为什么假突破信号反过来成为较强的趋势信号呢？因为市场本来已经突破，有充分机会顺势发展，假突破信号表明反方向的趋势占据了主动，比常规的突破信号还要来得更强。市场假突破出人意料，投资者一方面当然觉得吃惊，另一方面如果采取顺应态度，就容易调转枪口，马上改变策略，捕捉到反向的较强信号。

图 2.21 中，价格水平 1 由前期历史高点形成，当市场第二次向上接近这个水平时，未能触及，表示市场内部是疲软的。价格水平 2 由前期历史低点形成，后来市场下跌时，并不能真正向下突破，反而在这个位置形成了一个向下的假突破，成为更强的上涨信号。价格水平 3 是前期下降过程中间的一个转折点，后来市场多次向上试探这个水平，这里就变得不同寻常，一旦向上突破后，市场便迅速上升了。顺便说一句，价格水平 3 就像篱笆墙，市场在这里走得很不痛快。在趋势演变的第二阶段，容易出现篱笆墙现象

这里实际上谈的是相互关联的两个方面，第一个方面是认识价格水平，比较价格水平的相对重要程度，建立观潮的水位尺，这是投资者的基本功课。价格水平是动态地形成的，其相对重要程度也往往是动态变迁的，必须在动态中认识。第二个方面是投资者感受市场的功夫，主要密切关注市场在价格水平附近的表现，及早发现市场在价格水平处的选择，突破？不突破？还是继续推搡？每一种选择意义都不同。不用说，这两个方面都不是严格机械的，有一定难度，要靠投资者对市场的深

入了解和深厚积累。

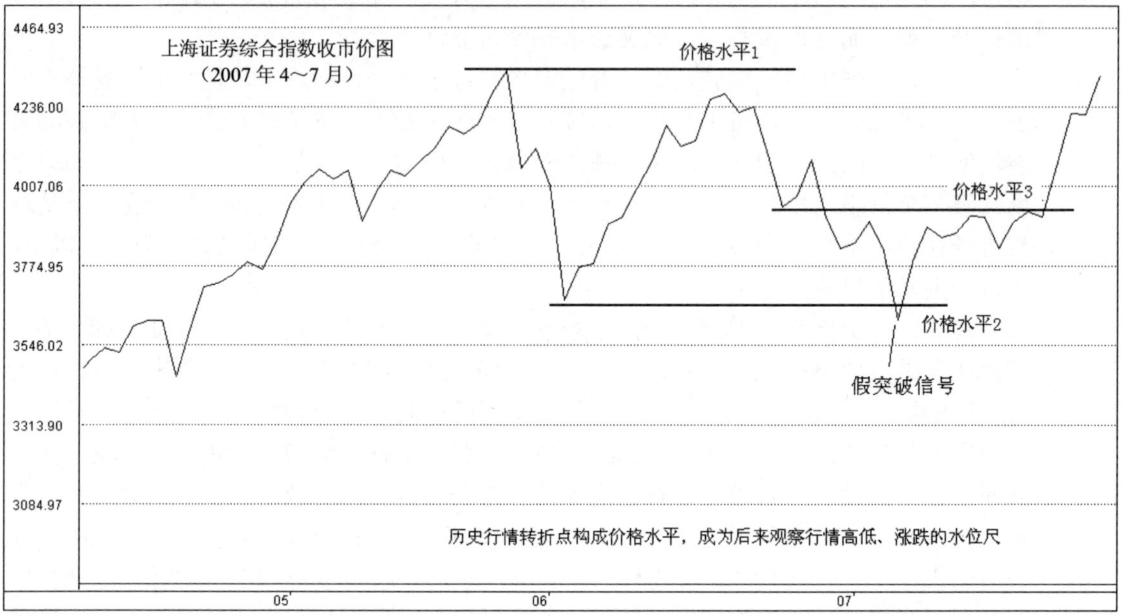

图 2.21 价格水平的作用。借助水位尺观察水位的高低、涨潮还是退潮；历史行情转折点形成价格水平，是观察行情高低、涨跌的水位尺

其他趋势分析工具

1．价格形态

价格形态为具有代表意义的价格演变模式，在趋势演变过程中，特别是当趋势发生转折时，往往遵循大致的时间节奏和涨跌波动的序列。有些价格形态由单一一个交易日形成，多见于蜡烛图线形态。大多数价格形态由若干交易日共同组成。必须注意，价格形态是趋势演变过程的一部分，它的意义是相对于趋势而产生的，必须从趋势演变的持续过程来观察价格形态，局部地照葫芦画瓢是不行的。

单个交易日的演变模式，即开盘价、最高价、最低价、收盘价的相互比较的形态，通常可以由蜡烛图线的形状鲜明地揭示出来，如大阳线、大阴线、中阳线、中阴线、小蜡烛线、长上影线、长下影线、光头光脚大阳线、光头光脚大阴线、十字星线、锤子线、上吊线、墓碑线、流星线等。这些形态通常都是更大形态的一部分，或者是趋势演变过程中的一部分。偶尔，在出现V形反转形态时，单个图线也足以代表市场的反转过程，和第一类转折点的情况类似。

有的价格形态需要两个交易日，如价格跳空、日本蜡烛图中的吞没形态、乌云盖顶、刺透形态、孕线等；也有三个交易日组成的形态，如启明星、黄昏星、三只乌鸦等。这类形态既可能是更大形态的一部分，也可能单独出现。

更多见的是由多个交易日组成的价格形态。最常见的是预示趋势持续的价格形态，如旗形、尖旗形、三角形等，它们的价格波动范围较小，持续时间一般仅有1～3周。

最重要的价格形态为反转形态。从主要上升趋势（牛市）转变为主要下降趋势（熊市），或者从主要下降趋势（熊市）转为主要上升趋势（牛市），在大多数情况下都不是V形反转，而是一个较长的演变、转化的过程，这种过程很可能形成特定的价格演变模式，我们称之为反转形态，典型的反转形态如岛形顶和底、双重顶和底、三重顶和底、头肩形顶和底、平底锅形底、圆形顶和底、三角形、楔形等，日本蜡烛图中还有所谓三山形态等。

有的价格形态没有明确的方向性意义，既不能简单地归结为持续形态，也不能简单地归结为反转形态，其意义完全取决于形态完成后市场突破的方向。典型的是横向波动区间、三角形、喇叭口（扩大形态）等。特别是横向波动区间，一般波动幅度较小（如果波动幅度很小，则属于牛皮市），也有波动范围较大的情况，持续时间既有一到数月的，也有数年之久的。在横向波动区间内，或者当趋势在总体上进入了“块”的阶段后，趋势性变弱，价格水平的突破信号意义降低，市场变化曲折多、反复多。

在价格形态形成过程中通常发生预警信号，比如在双重顶形态中，市场第二次上冲的过程不能创新高，这是典型的预警信号。凡是不符合之前趋势发展进程一般预期的情况都可能构成预警信号。价格形态以突破信号为形态完成的标志，突破信号才是正式的趋势信号，不突破，则市场保留了多种变化可能性，充其量算做价格形态雏形，严格说不是价格形态，如双重顶形态必需向下突破颈线的价格水平才是突破信号，而且突破信号通常以收市价来检验，有可能需要接连两个收市价，或者以价格向下突破的幅度来检验，必须达到3%～5%。发生突破信号、价格形态完成后，通常还会发生反抽确认信号，还以双重顶形态为例，当市场终于向下突破颈线、价格形态完成后，由于这类反转信号实在非同小可，一段时间之后，市场很可能卷土重来，再次向上试探颈线，如果不能有效地向上突破，则反抽确认信号就形成了。

在较大型的价格形态完成后，有的技术分析者借助形态的时间长度来预测价格突破后行情的价格幅度，这是所谓时间换空间的一种说法；有的技术分析者借形态的垂直高度来预测突破后的行情幅度；还有的技术分析者测算价格形态之前市场连续上涨或下跌幅度，用来预测突破后市场连续上涨或下跌的幅度，称之为对等运动等。按照趋势定义，跟踪趋势几乎是完全被动地跟随市场变化，因此预测价格目标或时间目标的做法一定要慎重。

在价格形态之后，如果市场没有按照预期演变，则形成了价格形态的假信号，它们也可能构成反方向较强的趋势信号。通常，以形态中点作为预警信号，以形态的另一边作为最终的止损标志。

2．趋势线

用水平直线表示价格水平，用倾斜直线（趋势线）来衡量价格变化速度（即一定时间内价格变化的幅度），观察趋势变化的轨迹是否具有一致性和延续性。水平直线直观地标志着市场方向的变化；倾斜的直线标志着市场变化速度的变化。倾斜直线和水平直线之间存在一定的渊源，显然，斜率越小的趋势线越接近水平直线，越能够标志市场方向的改变，因此其作用越可靠、作用越明显，典型的如头肩形顶的颈线；斜率越大的趋势线（即越陡峭的趋势线），即使市场突破了趋势线，市场也很可能是调整变化速度，而不是改变变化方向，因此方向性意义较低、反复较多。

在上升趋势中，连接相邻的最低点得到上升趋势线。上升趋势线位于上升趋势的下轨。有时候，市场偶尔向下突破上升趋势线，但当日或者次日马上拉回上升趋势线之上。按照严格的上升趋势线定义，我们应该调整上升趋势线，把超出原上升趋势线的新低点容纳到新上升趋势线上。实用的做法是，既修正得到新的上升趋势线，同时保留原上升趋势线，看后来的市场变化到底服从哪一条趋势线。

得到上升趋势线后，再选择上升趋势中的高点，通过这个高点划一条上升趋势线的平行线，称为管道线，意思是价格变化就像水流，在管道线和上升趋势线之间的管道中流淌。因此，管道线有标志短期价格目标的意味，如果市场从管道线上向下折回，表明当前趋势速度不变，下一步很可能向下试探上升趋势线；如果市场向上突破管道线，表示市场正在加速，下一步行情可能不会回到原有的上升趋势线了。

当趋势加速后，随着新的节奏画出不断加速的上升趋势线，以上升趋势线的系列来观察趋势速度变化。同时，我们继续保留原来的趋势线，并向右上方继续延伸。这样一来，新上升趋势线速度较快，但为时较短；旧上升趋势线速度较慢，但是持续的时间则越来越长。随着趋势加速，价格图线距离原来的上升趋势线越来越远。

一般说来，从趋势阶段二后期开始，趋势上升速度应不断加快，如果速度放缓，则有可能构成警告信号。

除了平行的管道线之外，我们也连接上升趋势中相邻的高点，作为特别的“管道线”。上升趋势的重要标志是不断向上拓展的能力，当上升趋势加速时，这样的“管道线”必然更敏感地向上加速；而当上升趋势减速时，这样的“管道线”必然更敏感地向下减速，构成预警信号。

上升趋势放缓的过程可能得到越来越缓的上升趋势线，不过这些趋势线的持续时间较短，不能完全采信。但是我们很可能注意到，随着趋势上升速度逐步放缓，价格图线重新接近保留的老上升趋势线，在趋势不断放缓的过程中，先是最陡的老上升趋势线被向下突破（实际上不一定是因为行情下跌，行情横向波动就足以打破陡峭的上升趋势线了），这不代表趋势转变；接着又是第二条老上升趋势线被向下突破，这还不代表趋势转变，但是我们对上升趋势的疑问越来越大了；如果市场继续放缓，则很可能向下突破第三条老的上升趋势线（此时通常已经出现了明显下跌过程了），这样的趋势线往往是上升趋势中资格最老、最权威的，趋势线本身的斜率也相对较小了，因此对它的突破可能具有明显的趋势意义。事不过三，第三次下跌，很可能构成趋势向下反转的信号。这种情况就是所谓“扇形原理”。

上述正规的趋势线、管道线总是连接上升趋势一边的点，要么都是低点，要么都是高点，价格图线要么在趋势线的上边，要么在趋势线的下边。有时，技术分析者还采用所谓交叉线，顾名思义，交叉线连接的点既有高点，也有低点，这样的交叉线必然穿越价格图线。交叉线类似于价格水平从支撑水平转为阻挡水平、或者从阻挡水平转为支撑水平的情况，斜率越平坦越好，上面汇集的高点和低点越多越好。对它的突破，通常标志的是趋势方向的转变。

以上以上升趋势为例，下降趋势的情况与之方向相反，做法类似。

3．移动平均线

移动平均线是一种平滑工具，以 5 日简单移动平均线为例，它把波动周期小于 5 日的小波动统统平滑掉了，换句话说，移动平均线更简明地揭示出周期超过 5 日的市场波动状况，代价是价格波动的细节减少了。

既然如此，在简明和省略细节之间就必须取得一个平衡，这就是移动平均线参数优化的问题。一般地，我们选择菲波纳奇数列作为移动平均线的参数，菲波纳奇数列形如 1、1、2、3、5、8、13、21、34、55、89、144、233 等。

移动平均线的用法主要是移动平均线本身的方向。移动平均线有利于揭示市场波动的主要方向，可以简明地以移动平均线方向来代表趋势方向，不同参数的移动线代表不同规模的趋势，比如以 5 日移动平均线代表短期趋势、21 日移动平均线代表中期趋势、89 日移动平均线代表长期趋势，简明地代表短期、中期、长期趋势组合的基本信息，这对日、周、月线图分析起到了重要的补充和验证作用。

人们常常把短期移动平均线在上、中期移动平均线在中、长期移动平均线在下的情况称为移动平均线多头排列，因为这种状况多对应于上升趋势；把短期移动平均线在下、中期移动平均线在中、长期移动平均线在上的情况称为空头排列，因为这种状况多对应于下降趋势。

移动平均线的买卖信号就产生于短期移动平均线向上或向下穿越中期、长期移动平均线。也有人以价格图线穿越移动平均线为买卖信号。

4．资金量、成交量和持仓量

很难直接观察资金量到底是流进还是流出某个市场。短、中、长期利率水平为其他市场提供了判断基准，一般说来，利率水平的普遍上升，意味着银根收紧，资金流出，大多数市场都将受到不利影响；利率水平普遍下降，意味着银根放松，资金流入，大多数市场都受到潜在的支持。此外，短期利率标志着短期资金供求，在市场行情大幅变化时，市场的资金流动性需求上升，如果短期利率宽松，则支持行情大幅变化，否则不支持行情持续大幅变化。

成交量和持仓量为观察资金进出提供了间接的观察指标。交易量和持仓量是观察价格变化的辅助工具。趋势演变过程通常伴随着特定的交易量和持仓量模式。同样幅度和速度的价格波动，如果对应的交易量、持仓量不同，则其背后的力度可能是不同的，其指向性意义可能也是不同的。

在价格形态的演变过程中，交易量也往往具备相应的分布模式。市场突破价格水平或趋势线、回试价格水平或趋势线，也有特定的交易量和持仓量模式。

交易所可能提供大户持仓情况的报告，也有参考价值。

5．统计指标

在股票市场上，由于股票种类多、行情走势相差大，经常使用统计方法来描述市场、跟踪市场。典型的指标如上涨（下跌）的股票在全部股票数中的占比、创新高（新低）的股票在全部股票数中的占比、股票走势相对于大盘的敏感度系数（贝塔系数）、投资组合预期收益率和波动率标准差的统计指标等。由于股票众多，有的投资者根据一系列统计指标组成某种模型来选股。

和期权等衍生产品有关的统计性指标如波动率等。

技术分析者针对行情变化也设计了很多统计指标，有的属于行情盘口统计指标，有的指标衡量价格涨跌速度，如动量指标；有的衡量当前价格在一定的历史波动范围内的相对位置，如威廉指数；有的衡量当前价格距离移动平均线的距离远近，如MACD等。这些指标大多属于摆动指数，即在两个极端值之间来回摆动。也有衡量交易量、持仓量的统计指标。

第三章　大势与市场信息

本章包括以下几方面内容。

首先，通过纪昌学射的成语故事，从投资者的角度看看如何获得相对确定性。除了市场具有不确定性外，投资者自身也具有一定的不确定性。为了最大限度地避免投资者自身的不确定性，需要从三个层次着手。最高层次，确立正确的市场观；中间层次，建立一套系统和一致的投资方法，贯彻市场观；最低层次，在日常投资行为中养成良好习惯，避免重复性错误，使根本的市场观化为当事人日常行为的天然要求。

其次，我们介绍了关于风险的基本知识，通过风险来折算各种投资市场的名义收益率，得出其风险－收益率。在各种投资市场之间，直观的联系在于资金的自由流动，根源则在于它们的风险－收益率具有动态平衡关系。从风险－收益率的动态平衡关系来看，价值投资法和技术分析投资法实质上是一致的。由于上述平衡关系，我们可以借助股票市场的收益率作为整个社会投资收益率的代表。

然后，介绍了研究大势和市场信息时需要注意的若干方面。我们特别提出投资者应当注意到市场信息通常可以从多重角度来理解，有时甚至可能同时得出看似矛盾，而不是好、坏泾渭分明的结论。更重要的是，市场信息的源头，如上市公司，其实处在连续的演变过程中，它们所发出的市场信息实质上不是随机的，而是服从整体的演变过程。投资者习惯于将单条的市场信息与一时的市场变化因果对照，这是一种有害的习惯。

最后，作为本章的总结，我们从收益和风险两方面给出了一个理解市场信息的大纲。

纪昌学射

市场的不确定性就是可能性或概率，投资者的根本出路就在于对市场的可能性进行“浓缩”。所谓“浓缩可能性”，就是要系统性地、前后一贯地从市场广泛的可能性中缩小范围，集中注意力，提高命中率（参见图1.27）。我们将在以后各章探讨在投资操作中如何掌握一套包括研究、决策、资金管理等全部步骤的方法，不过在探讨具体步骤之前有必要重温《列子》“纪昌学射”的故事。

纪昌听说飞卫射箭的本领很高，就向他学射箭。飞卫说：“要想学好射箭，先要下功夫练好眼力。要牢牢盯住一个目标，不能眨眼！”纪昌就在妻子织布的时候，躺在织布机底下，盯着来来去去的织布梭子，过了两年，就是有人用针扎他的眼皮，他还是圆睁着眼，一眨也不眨。于是，飞卫又对他说：“要多练习眼力，练到把极小的东西看成一件非常大的东西。”纪昌用一根长头发，捆了一只虱子吊在窗口，每天站在那里，一心一意地注视着那只虱子。后来，在他的眼里，那只小虱子一天天大起来，大得像车轮一样。这时，飞卫才教纪昌怎样拉弓，怎样放箭。后来，纪昌就成为了百发百中的射箭能手。

射箭和投资很可以类比，射箭关系到目标的移动、空气和弓箭状态对箭的扰动、射手本身的技艺、射手现场的发挥，总之，射箭完全属于可能性游戏，其可能性不仅在于目标和环境条件的不确定性，也在于射手本身技艺和发挥的不确定性。换言之，市场是不确定的，而投资者本人的技艺和现场发挥多多少少也是不确定的。神射手和平常人的区别就在于首先他对射箭本身已经具有足够领悟，可能做到人箭合一，最大限度地排除自身的不确定性；其次，他的技艺本身具有足够的系统性和一致性，不论射击目标是什么，不论在什么情况下射击，都能够应付裕如，取得较好成绩。而平常人的问题就在于既不能完全排除自己的不确定性，更没有足够的适应能力来对付不同目标或者不同环境条件。飞卫教导纪昌的过程，就是帮助纪昌浓缩射箭的可能性的过程，即提高纪昌射箭的相对确定性的过程。反观投资之道，也存在同样的道理，首先，我们必须有健全的市场观，充分领悟市场的本质特性，最大限度的排除我们自身的不确定性；其次，我们必须找到系统的、具有横向和纵向最广泛一致性的操作方法；最后，在日常交易过程中，必须将根本的市场观化为自觉行动，避免重复性错误，才能成为成功的投资者。

市场的不确定性和投资者自身的不确定性

投资者参与市场涉及两类不确定性，首先是市场变化本身的不确定性，其次还有投资者本人的不确定性。恰当地处理这两个方面都很重要，都是成功的投资所不可或缺的。

从图1.27来看，市场基本的不确定性来自市场的无序性，以及市场的有序性成分中未被投资者认识的部分；投资者的相对确定性来自市场的有序性中已经被投资者认识的部分，取决于他能否将自己对市场有序性的形而上的认识，系统性、一致性地落实到具体的交易方法中；投资者自身的不确定性，就是在将市场观转化为具体方法时，系统性和一致性程度不足，以及在日常交易过程中应用上述方法时的疏漏、错误、或者不良心理作用所造成的影响。

这里主要从如何浓缩市场可能性着眼，以股票市场为例，探讨成功投资可能需要经历的步骤。换句话说，本书的目的主要在于从正确的市场观入手，建立一套具有系统性和一致性的完整交易方法，还要纠正投资行为中常见的错误，以寻求投资者的相对确定性。市场观的问题大致是第一章的内容。本章和后面几章介绍交易方法，大致上包含如下步骤或方面：大势分析、个股选择、入市时机选择、股票篮子的组合以及现金比例管理、投资组合中个股的止损和保留等。

关于投资者自身不确定性的问题，虽然与上述诸方面均有重叠之处，但是从个人市场观、投资行为模式、心理修养上看，完全可以划分为另一方面的问题，我们将在“投资者常见的错误”中专门研究。

投资者的相对确定性

所谓投资者的相对确定性，大致可以从形而上的根本思想、系统一致的方法、日常投资行为三个层次来归纳。

在形而上的高度上，投资者必须拥有一套健全的“市场观”，也就是我们对市场变化特性的基本认识，类似于生活中的“世界观”，这样才能拥有某种相对固定、可靠的处“市”准则（类似于生活中的处世准则，即某种判断是非正误的参照系）。如此一来，不论市场出现何种出乎意料的变化，尽管投资者依然可能感到吃惊，却绝不会乱了方寸。没有健全的市场观，我们的投资行为就像生活中情绪忽上忽下、大起大落的毛头小伙；而有了健全的市场观，则像成熟豁达、稳健踏实的中年人。

在实用的方法层次上，就是要建立一套行之有效的决策交易方法。不论您采用技术分析方法、基本分析方法，还是高深的现代投资理论，都必须符合以下条件。首先，您的方法必须具有**系统性**，而不是零散或散乱的点滴秘诀和技巧。这种方法必须贯穿到您对大势的研究、个别市场的选择、入市时机的抉择、浮动盈亏管理和资金头寸安排，直至平仓了结的全部交易步骤和所有方面。您既不能这里很有办法、那里马马虎虎，也不能这里的办法和那里的办法各说各话、驴头不对马嘴甚至相互矛盾。

其次，您的方法必须具有**一致性**，一方面必须前后一贯地在某种市场上获利，获利率和大势不相上下，而不是这一回大获其利，下一回大赔一场。换言之，这种方法必须在某一市场上在时间方向上具有一致性；另一方面，您的投资方法必须同时在各类市场上均能取得前后一致的收益，而不是在这个市场上尚可，在另外的市场则根本行不通。

后面这一点是一项很强的要求，大多数参考书对计算机交易系统的要求是在同一市场的一致性，即只要在同一个市场能够盈利就足够了。我们对投资方法则不仅要求在同一市场的一致性，还要求不同市场之间的一致性。不过，我们的要求是针对投资者本人所奉行的投资方法而言的，而不是针对机械的计算机交易系统，后者的各项参数在同一市场的不同历史时期、或者不同市场之间显然需要分别调整。归根结蒂，调整参数的是程序使用者——即投资者本人，投资者本人必须知道何时调整、怎样调整。

之所以特别强调这种一致性，是因为我们必须注意，投资者本人的交易方法应当体现其“市场观”，而这种市场观显然必须具有足够的一致性才能称得上健全，因此他本人的投资方法当然必须具有上述较强的一致性。

最后，在具体交易行为层次上，应当将根本的市场观化为当事人自觉和主动的日常行为习惯和行为方式，变成自己的天然要求。做到这一点的重要方法是避免重复性的错误。本书下篇将讨论投资者常见的是一种错误。

风险与收益的平衡关系

本金风险和收益风险

一般来说，投资总是需要以一定数额的本金来争取一定比例的投资收益。从数额上看，本金通常比收益要大得多，因此收益就像蛋糕上的奶油，本金就像蛋糕的本体。从这里可以看出，投资风险可以分解为两个大类：第一个大类是关系到本金的，这是最根本的风险，姑且称之为本金风险；第二个大类关系到收益的多寡，姑且称之为收益风险。

- **本金风险**

从国内情况来看，典型的本金风险包括政治风险、企业风险、诈骗和腐败风险。自从1978年国内实行改革开放以来，国内的政治、经济、社会结构都处在深刻的变化过程中，具有长期过渡的特殊性，政治风险主要是就这种调整的宏观方向而言的。政治风险也包括地方政府在地区投资开发上过度扩张、对内对外的借贷数额过高等导致地方财政危机的情形。典型的例子如广东国际信托投资公司[①]，该公司是广东省政府的窗口公司，地方政府部门为之担保，负有对外、对内的高额债务，最终宣布破产。

---

① 网址 http://www.gznet.gov.cn/zjkx/l1htm/lab33004.htm 据中经网(www.cei.gov.cn)2000年3月30日报道。请注意政府部门担保的债务比例。本文没有报道其债务情况。

“据广东省高级人民法院消息，备受海内外关注的广东国投破产案债权确认工作基本完成，审理工作目前已进入第三阶段。

根据清算组提供的情况，原广东国际信托投资公司及其全资子公司广东国际租赁公司、广信企业发展公司、广东国投深圳公司等四家破产企业的对外债权主要在广东省内，共有188亿元人民币，占全部债权的九成半；为债务人作担保的政府机关134个，担保金额人民币105亿元，占总担保金额的七成三。

据悉，自1999年1月15日广东省高级人民法院，广州、深圳市中级人民法院，分别受理原广东国投及其下属三家企业破产案至今，已成功召开了第一二次债权人会议，目前破产债权确认工作基本完成。已审查了四家企业与债务人的存贷款合同，核实了应收对外债权金额，向所有债务人、担保人发出《偿还财物通知书》或《承担担保责任通知书》；已追回对外债权金额4.94亿元人民币，对部分债务人的资产采取了查封冻结措施；破产企业职工已妥善处理。“请注意政府部门担保的的债务比例。本文没有报道其债务情况。

如果我们投资股票和企业债券，则本金风险首先是企业能否续存、会不会破产（对股票、债券而言），在续存的情况下能否按期还本付息（对债券而言）等。从根本上说，由于上述过渡时期的长期性，国内很多企业产权不明、法人治理制度不健全，这就导致了诸如三角债、无人负责等类型的企业风险。

顾名思义，诈骗和腐败风险就是债务人、投资资金的经手人、被投资的企业内部发生了严重的诈骗和腐败行为，使投资者血本无归。典型的例子如新国大期货公司案、无锡邓斌非法集资案等。

- **收益风险**

收益风险包括价格波动风险、流动性风险、汇率风险、通货膨胀风险等。人们常说国债收益率代表无风险利率，所谓“无风险”只是就它的本金风险而言的，因为主权国家有权印制货币，在理论上国债没有本金风险。但是，国债市场行情也随时波动，其收益率并不是固定不变的。如果投资者将国债一直持有到到期日，则锁定了国债当初的收益率；如果投资者中途出售国债，则国债的投资收益率取决于售出时的行情，这就是价格波动风险的典型代表（这种情况也称利率风险）。

一般说来，国债市场发行量较大，市场参与者人数多，行情活跃，随时可以买进卖出，即使是较大金额的买单和卖单也不会造成明显价格变化。这就是说其流动性较好，没有流动性风险。但是有些企业债券或者股票流通数量小、市场参与者少，交易不活跃。虽然也随时存在参考行情，但如果有人真的打算买卖，很可能一时找不到对家，难以成交；或者较大金额的买单或卖单就可能导致行情明显变化，实际成交价格和当初的参考行情相比有较大折扣。一般说来，流动性不好的投资品种的买卖差价过大，已经反映出较高的交易成本。流动性风险一般可以用价格折扣来表示，因此属于收益风险的类型，不过，在极端市场状况下，投资对象的流动性差也可能意味着根本没有机会成交，投资者不得不等待行情重新稳定后再交易，可能不得不承受巨大的价格差异。

汇率风险和通货膨胀风险也都属于价格风险。流动性风险属于局部风险，是针对特定交易对象的，汇率风险和通货膨胀风险则是全局性的，对所有交易品种的影响都一样，对所有市场参与者来说都一样。严格说来，这是国家和国家之间的收益率比较关系的风险，如果投资者有机会在全球范围内选择投资对象，则这两类风险是很重要的考虑因素；如果投资完全集中在一个币种内，它们对投资者就没有直接的影响。随着国内经济国际化、规范化的历史大潮的推进，国内投资者将越来越有机会跨出国门，在这样的背景下，我们有必要注意这两类风险。

本金风险和收益风险的分类是相对的，有时候，收益风险也有可能损害到本金的部分，也就是说，不仅没有任何收益，还可能导致本金损失。不过在一般情况下，收益风险带来的损失较小，而本金风险带来的风险较大。

另外，在交易金融衍生产品时，投资者只需支付名义交易金额 5%～10%的保证金，这就是所谓资金杠杆率，它一方面发挥了资金使用效率，另一方面也放大了风险。此时价格波动直接带来本金风险，区分本金风险和收益风险已经没有意义。

系统风险和非系统风险

系统风险和非系统风险是另一种风险分类方法。所谓系统风险就是债券市场的总体波动、股票市场的大势波动的风险，理论上说，这些风险对所有投资对象的影响都一样，因此无法通过组合不同特性的投资对象来避免。

非系统风险则是由于个别企业的特殊性所引起的，通过适当的投资组合，有可能避免。比如有的企业从某些原材料价格上涨中获益，有些企业从这些原材料价格上涨中受损，通过组合两类企业，就可以避免这些原材料价格波动对投资组合的影响。

一般说来，在本金风险和收益风险中，越是具有全局性影响的风险类别，越有可能构成系统风险的主要来源，如政治风险、汇率风险、通货膨胀风险等；越是具有个别特性的风险类别就越可能是非系统风险的来源，如企业风险和个别投资品种的价格波动风险等。但是，我们有必要强调，上述说法只是近似正确，像三角债这样的企业风险表面上是个别企业的风险，实质上具有一定的普遍性，反映了整体社会信用水准的低下。从这个意义上说，这就是系统风险，而不是非系统风险。

此外，所谓系统风险和非系统风险也有相对性。如果我们的投资局限在一个币种之内，则其系统风险无法避免；如果我们的投资范围扩展到全球范围，包括各种币种，则某一个币种内的系统风险就有可能转化为整个投资组合的非系统风险。

风险－收益率以及风险－收益率平衡关系

为了简明，我们不考虑投资期间现金收入（如红利或利息）的复利，则某个投资对象的名义收益率的计算公式为

名义收益率＝[（期末价格－期初价格）＋期间现金收入]/期初价格

从长期看，市场风险迟早会导致累积收益率的下降。风险水平越高，则累积收益率下降的可能性和程度就越大。由于各类市场具有不同的本金风险和收益风险水平，因此直接比较它们的名义收益率是不公平的，我们需要考虑其收益率对风险的补偿程度。因此我们引进“可比收益率”的概念：

可比收益率＝名义收益率/综合风险系数

我们以无风险的国债市场收益率作为比较基准，相当于将国债市场的综合风险系数设为 1。投资对象的综合风险越大，则综合风险系数越大。

企业债券市场的价格波动风险与国债类似，流动性风险则一般高于国债，本金风险有时明显高于国债，因此其综合风险系数大于 1。成熟的金融市场通过公认的信用评级机构来评定发债人的信用级别，并且按照信用级别在国债收益率的基础上增加一定的差值。企业的信用级别高，即为高等级债券，则差值较小；反之，则为垃圾债券，

收益率差值较大。

一般说来，股票市场的价格波动性风险稍高于国债市场，流动性风险明显高于国债市场，本金风险明显高于国债市场，因此其综合风险系数应明显大与1。

可比收益率概念的重要性就在于，如果某市场的综合风险系数大于 1，则其名义收益率必须也大于国债市场的收益率，才能够补偿其综合风险，与国债市场达到与风险和收益的平衡关系。因此我们这里引入另一个概念“平衡风险－收益率”：

某市场的平衡风险－收益率＝国债市场收益率×该市场综合风险系数

可见，某市场综合风险系数越大，则其平衡风险－收益率也应越高。

从投资对象的相互关系来看，维持风险－收益率的平衡关系正是市场的天然功能，也是价值发现的基础。理论上，除非人为设置资金流动障碍，否则这种平衡关系在同一个社会内，在任何时刻，在任何投资对象之间、在任何市场之间都应当成立。因此，在上述公式中我们将上述公式的国债市场收益率推广为社会平衡收益率，则所有投资市场都应当维持与社会平衡收益率的上述关系。更准确地说，市场变化方向总是趋向于维持与社会平衡收益率的平衡关系。

投资对象的绝对价值和相对价值

我们对任何在未来能够带来现金收益的市场对象都可以确定其现在的价值，这就是所谓绝对价值。因为资金具有时间价值，现在的资金总是比未来的资金更值钱，所以未来的资金收入需要折算成现在的价值（现值），才有可比性。

银行存款的到期本息的计算方法是

$$未来本息收入＝现在本金×（1＋存款利率）^{期限}$$

把公式变形，则

$$现在本金＝未来本息收入/（1＋存款利率）^{期限}$$

把银行存款本息的计算公式推广，将“未来本息收入”推广为未来某个时间的现金收入，那么“现在本金”就是这个未来现金流的现在价值。从前面的讨论可知，由于投资市场的综合风险大于无风险市场，所以在计算时必须用能够补偿其综合风险的平衡风险－收益率来折算。此外，预期未来现金收入的时间越往后，则平衡风险－收益率也越高。于是，我们得到通用折现公式：

$$现值＝未来现金收益/[（1＋（平衡风险-收益率））]^{期限}$$

一般说来，股票或者债券之类的投资对象总能够带来一系列未来现金收入，因此我们先将每一笔未来现金收入均折算为现值，然后计算全部现值之和，就得到了投资对象的绝对价值。

然而，说起来容易，做起来难。从未来现金流来看，我们需要确定未来现金流的时间和数量。高等级债券什么时候付息、什么时候还本都是预先定好的，未来现金流的时间和金额都是已知项。股票则不然，到底什么时候分红、分多少红，都很难说。

即使不谈分红，只谈上市企业的每股盈利，由于企业外在环境和内在经营机制都具有不确定性，未来数值也难以确定。

从平衡风险－收益率来说，也不好确定。因为平衡风险－收益率一般以无风险收益率为基准，加上风险补偿差价，但是国债的收益率也是由市场决定的，而国债市场和股市一样变化多端，如此一来，平衡风险－收益率也很难确定，总是处在变化之中。

由于未来现金流和平衡风险－收益率都不确定，对投资对象绝对价值的评估也就只能是定性的，不可能定量计算，于是研究者只好退而求其次，采用相对价值估价法。

股票相对价值的判断依据是，股票市场一般总有其他类似的上市公司，它们的股票价格就是合理的市场定价，只要比较研究对象和它们的基本情况，酌情增减，就能够得到的研究对象恰当的股票价格。

举一个最简化的例子，假定股票价格完全取决于每股盈利，则

股票价格＝平均市盈率×每股盈利

公式中的平均市盈率是股市所有股票的市价和每股盈利比率的平均值，乘以我们所研究公司的每股盈利值，就得到该公司股票的相对价值。当然，实际计算时考虑的因素远远超过每股盈利，还要兼顾发行股数、行业受欢迎程度、企业的特殊优势或劣势、大势条件等多方面因素。

债券相对价值的判断依据与上述类似，重点在于和同信用级别、同等债务规模、同等盈利能力的企业之间的比较。

然而，比较类似企业也不是一件容易的事。首先，这里也涉及未来现金流的问题，我们只能了解上市公司过去的记录，而对未来现金流则不得不推算、猜测。其次，表面上类似的企业实际上采取的可能是完全不同的经营方针。更重要的是，两家企业越类似，相互间的市场竞争就越直接，出于竞争策略的考虑，这些企业必定着力谋求超越竞争对手，采取与对手不同的经营方式。如此来看，上述比较的基础总是暂时的、不稳定的。

比较而言，在绝对价值估价法中，研究者既要了解未来现金流，又要了解利率市场的变化（平衡风险－收益率）；在相对价值估价法中，研究者既要了解未来现金流，又要把它与类似市场品种、具体市场背景进行比较。

打一个比喻。相对价值法的研究者坐在船舱内观察同一条船上的另一个来回走动的乘客（研究对象），判断对方当前位置，研究者坐着的船代表了股票市场或者其他市场背景。后来这位研究者走出船舱，跳上另外一条船（利率市场），从那条船上观察原来这条船上这位乘客来回走动的位置，这就是绝对价值法。虽然绝对价值法的视野已经拓宽了，但是两条船都在水面上航行或漂流，无边的水面就是市场不确定性的象征，不存在绝对固定不动的参照系，因此所谓“绝对价值”，不过是更大范围的“相对价值”而已。

实质上，以平衡风险－收益率的观点来看，相对价值法比较研究对象在相对小范围内的价值关系，其理论基础是小范围内的各种市场品种之间具有风险－收益率的平

衡关系；而绝对价值则在相对大范围内比较其价格关系，其理论基础是在大范围内各种市场之间具有风险－收益率的平衡关系。由于风险－收益率在全社会范围内都是平衡的，不仅在研究对象的局部市场之内，在各种市场之间也是平衡的，因此两种方法的理论基础实质上是一致的。

为了评估一家企业的价值，还有所谓固定资产重置法等方法，这些方法实质上都可以分别归类到上述两类方法，有的则可能是两者的混合。

拿固定资产重置法来说，它相当于绝对价值法，其做法是解剖现有企业，假定以目前的市场价格重新购置同样的资产需要多少金额，再加上对企业组织资本如特殊经验、品牌、营销渠道等无形资产的估价就得出了企业的价值。“目前的重置价格”实质上是将本企业和商品市场、金融市场进行综合的比较，也就是说将比较范围进一步扩大到利率市场之外。可见，这种“绝对价值”仍然是更大范围的相对价值，比较的基础也仍是全社会的风险－收益率的平衡关系。

国家之间、市场之间、某市场之内不同交易品种之间的行情联系，直观地表现为资金流动，而根源在于维持风险－收益率的平衡关系。没有风险－收益率的平衡关系，就不可能比较不同投资品种的价值，不论是相对价值还是绝对价值。所谓价值，正是由风险－收益率平衡关系所决定的。

我们还将看到，由于风险－收益率平衡关系是通过动态的市场变化来实现的，因此价值总是相对的、不断变化的。

现实和预期，静态和动态

以上从静态角度出发，研究了风险－收益率平衡关系和市场的相对价值、绝对价值的本质意义。实际上，市场变化之所以复杂，主要原因就在于它们的动态特征，市场总是处在不停的演变过程中，甚至长时间的相对稳定也只是整体演变过程的一部分，具有承前启后的意义。

由于市场变化必然导致市场参与者对未来市场演变的预期，因此，仅仅从静态研究是不够的，还必须考虑其动态特性。现在我们将名义收益率的计算公式推广为预期投资收益率，则

预期收益率＝[（预期未来价格－目前价格）＋预期未来现金收入]/目前价格

即预期收益率总是与未来市场价格成正比，与预期未来分红成正比，与目前市场价格成反比。

举例来说，如果预期上市公司未来现金收入上升，假定其他条件不变，则目前股价必定上升，才能保持原有风险－收益率的平衡关系。

再举一个例子。国债市场价格上升，表明无风险收益率下降，假定其他因素不变，则股票市场应当同步上升，从而同步减少股票市场的风险－收益率，以维持两者的平衡关系。但是，如果市场参与者预期国债市场将下跌（无风险利率上升），或者股票市场的波动风险将上升（综合风险系数上升），则股票市场的不一定必须同步上升就能维

持风险一收益率关系的平衡。

由此可见，由于预期的影响，各市场之间的风险一收益率的平衡关系也是动态的，而不是静态的，因而表现得复杂多样。从静态角度来说，如果有关市场尚未进入螺旋上升或者螺旋下降状态，则可以偏重于静态平衡关系的比较；如果某市场已经进入螺旋状态，则可以先得到其他市场的静态平衡风险一收益率，以之为基础，综合考虑其螺旋状态。

更符合实际、也更为可行的研究方法是，将全社会平衡风险一收益率也看作一个不断演变的动态过程，任何市场或投资品种与它的平衡关系无不通过趋势演变的形式来实现，因此，我们对风险一收益率平衡关系的研究就转化为对有关市场动态趋势的研究。

实质上，静态的平衡风险一收益率概念仅仅是为了方便研究的一种理想化。任何市场总是处在不断的演变过程中，风险一收益率平衡关系总是通过动态的市场变化来实现的。以之为基础的“价值”总是处在持续演变过程中——以趋势方式演变。

股票市场行情变化有时可能不需要任何外界理由

从股票市场的平衡风险一收益率来分析，有时候股票行情的变化可能引发自我循环机制，于是股市行情仅仅由于自身的原因而变化，不需要任何外界的理由。

假定市场参与者预期未来股市价格上升，其他条件不变，即预期未来现金收入不变，股市综合风险系数不变，平衡的风险一收益率不变，那么目前市场价格必定上升，以保证预期风险一收益率维持不变，即维持股市与其他市场的风险一收益率的相对平衡关系。如此看来，仅仅因为预期股市上升，就足以引起当前股市价格上升，以保持股市和其他市场风险一收益率的平衡关系。在风险一收益率的平衡机制下，预期的力量有可能驱动股市行情螺旋上升。

反过来，如果市场参与者预期未来股市行情下跌，在其他条件不变的情况下，目前股票价格必定下跌，以保证预期风险一收益率维持不变。因此，在风险一收益率的平衡机制下，预期的力量也可能导致股市行情螺旋下降，市场参与者对市场下降的预期成为驱使市场进一步下降的动力。

预期与平衡风险一收益率关系可以解释在基本面因素没有明显改变的情况下股票市场行情出现重大变化的情况。典型的例子如 1987 年 10 月下旬的全球股灾。最近的例子还有纳斯达克指数在 2000 年前后数年之内从 1500 点上涨到 5300 点，然后在 1 年之内下跌到 2000 点以下的惊人上升趋势和下跌趋势。

广义的平衡风险一收益率

在第一章，我们曾经从供给和需求两方面简要分析了市场行情的自我循环机制，上一节其实只是从平衡风险一收益率的角度重新讨论了同一个问题。在那里，我们也曾指出实物商品与投资商品的行情变化没有实质性区别，现在我们也从广义的平衡风险－收益率关系来重新探讨这个问题。

实际上，任何商品的价格都是通过商品之间的比较关系来确定的。换言之，任何商品都处在与其他商品的相互比较关系之中，实物商品的比较关系建立在商品满足人们实际需要的替代性比较关系上，人们常常用“性能价格比”的概念来描述这种比较关系；投资商品的比较关系建立在风险与收益的比较关系上，这里用“平衡风险－收益率”的概念来描述其比较关系。

我们说人类生活的终极成本和终极资源是时间，人类竞争力的终极标志是时间使用效率，在这一点上，风险－收益率和性能价格比走到了一起。人们工作，以自己有限的时间来换取收入，从而购买实物商品来满足自身需要，或提高工作效率（节省时间成本），或者作为本金投资；人们投资，是为了取得收入，实质也就是换回可供自由支配的时间。因此我们可以用广义的“性能价格比”或者广义的“平衡风险－收益率”的概念来描述实物商品和投资商品共同的时间成本和时间收益的比较关系。

人们常常比较实物商品和投资商品的行情变化。在一般情况下，实物商品，如茄子，其价格在相当长的时间里都不会有太大改变，因此人们认为茄子的价值明显存在。实际上，茄子的“价值”是相对于其他类似蔬菜的价格来确定的，正是上述“性能价格比”关系的反映，进而也正是时间成本和时间收益比较关系的反映。

投资市场的变化常常很频繁，似乎价值不明显。但是，从投资商品之间的相互比较关系上说，其价值也是显然的，只不过由于预期的作用导致其价值的经常变化。投资商品的价值也是通过其他类似投资商品的价格来确定的，正是“平衡风险－收益率”关系的反映，进而也正是时间成本和时间收益比较关系的反映。

因此，商品价值的本质就是商品之间最广泛的时间成本和收益的比较关系，投资商品和实物商品显然处于同样的比较关系之下，本质上是一致的。所不同的，只是价值的表现形式。在实物商品市场上，预期的力量在大多数时间里潜藏在幕后，因此我们有机会看到价值的稳定形式；在投资商品市场上，预期的力量在大多数时间里很活跃，因此通常价值都是以不稳定的形式表现出来。归根结蒂，预期的力量总是存在的，价值的本质属性是动态的，而不是固定不动的。

由此可见，我们不能指着茄子的稳定价格说，投资商品价格的不稳定是投资市场对投资商品价值的偏离。

通过股票市场观察国内一般投资收益率以及股市上升趋势的动力

因为全社会的风险－收益率都具有平衡关系，如果一国股市的流通市值占据国内生产总值的比例较大，我们就可以用股票市场的动态风险－收益率为标志，来估计该国一般风险－收益率的动态趋势，从总体上估价该国各方面对境外投资者的吸引力。

根据预期收益率的计算公式，股市动态收益率总是与预期未来价格成正比，与预期未来现金收入成正比，与目前市场价格成反比。

不过股票现价格的高低是相对的，难以比较，因此我们对预期收益率的计算公式作一个变形（分子分母同除以一个数）[①]：

预期收益离=[（预期价格－现价）+预期分红]/现价

=（预期市盈率×预期每股盈利倍率/市盈率）－1+预期分红率×预期每股盈利倍率/市盈率

在变形后的公式中，预期市盈率、现在市盈率、每股盈利倍率、预期分红率都具有充分的可比性，不仅便于本国市场的历史比较，也便于不同国家之间进行横向比较。简单说来，预期收益率与预期市盈率成正比，与预期每股盈利成正比，与预期分红率成正比，与现在市盈率成反比。

在资金自由流动的条件下，一国总体风险－收益率与他国的比较关系决定了两国货币的汇率趋势，风险－收益率较高的国家货币升值，风险－收益率较低的国家货币贬值。请注意，这是从包括预期因素在内的动态风险－收益率平衡关系出发的，而不是静态的。

股票市场为我们估价社会平衡风险－收益率的水平提供了近似的客观指标，值得各方面关注。通过这一指标，就将国与国之间资金流动、汇率变化等两国投资市场的相互比较、竞争关系落实到相对可靠的标准上。

由于国内上市公司的分红率水平很低，预期每股盈利的平均水平也没有明显上升，其风险－收益率水平主要取决于预期市盈率。当股市处在上升趋势时，市盈率上升，导致风险－收益率下降。为了维持其平衡水平，股市上升趋势主要依靠预期市盈率的上升来支撑。倘若将市盈率看作股票商品的“价格指数”，市盈率上升就是典型的投资商品通货膨胀现象。

如此看来，当股市上升时，为了抵消市盈率上升导致的风险－收益率下降的压力，要么只能依靠这种投资商品的通货膨胀，要么依靠预期每股盈利倍率的增长，要么只能依靠预期分红率的提高。每股分红归根结蒂来自每股盈利，三者比较，预期每股盈利倍率的增长，即每股盈利的增长才是维持股票市场上升趋势的平衡风险－收益率的可靠动力。倘若预期市盈率不变，预期分红率不变，则预期风险－收益率与每股盈利倍率严格成正比。

---

① 公式变形的详细过程如下：

预期收益率＝[（预期价格－现价）＋预期分红]/现价

＝预期价格/现价－1＋预期分红/现价

＝[（预期价格/现在每股盈利）/（现价/现在每股盈利）]－1＋（预期分红/现在每股盈利）/（现价/现在每股盈利）

＝[（预期价格/预期每股盈利）×（预期每股盈利/现在每股盈利）/市盈率]－1＋（预期分红/预期每股盈利）×（预期每股盈利/现在每股盈利）/市盈率

＝[预期市盈率×预期每股盈利倍率/市盈率]－1＋预期分红率×预期每股盈利倍率/市盈率

其中预期市盈率＝预期价格/预期每股盈利，市盈率＝现价/现在每股盈利，预期分红率＝预期分红/预期每股盈利，预期每股盈利倍率＝预期每股盈利/现在每股盈利。

价值投资法和趋势投资法（技术分析投资法）

既然价值的本质就是商品之间的时间成本和时间收益的比较关系，稳定价值和不稳定价值都是价值的表现形式，所谓价值投资法和趋势投资法也就没有本质的区别。

● **价值投资法**

价值投资法认为未来市场价格是难以预测的，对市场的价格趋势不重视，宁愿对未来价格采取中性立场，既不预期价格上涨，也不预期价格下跌，因此从预期收益率公式上说，价值投资法略去了公式的前半部分，侧重于公式的后半部分，即

预期收益率＝预期分红/现价

因此，价值投资法研究的重点就在于评估上市公司未来分红的增长潜力，上市公司未来分红前景越乐观则预期收益率越高，股票价值越高；股票现价格越低，则预期收益率越高，股票价值越高。

或者以上一节变形后的公式表示为

预期收益率＝预期分红率×预期每股盈利倍率/市盈率

假定预期分红率稳定，则上市公司未来每股盈利前景越乐观，则预期收益率越高，股票价值越高；股票现在的市盈率越低，则预期收益率越高，股票价值越高。

● **趋势投资法（技术分析投资法）**

趋势投资法认为企业未来的盈利前景难以预测，市场行情对企业盈利前景的预测才是最佳的，因此从预期收益率公式上说，趋势投资法略去了公式的后半部分，侧重于前半部分，即

预期收益率＝（预期价格－现价）/现价

因此，趋势投资法研究的重点就在于评估市场行情自身的走势，上市公司股价的未来行情越是处于上升趋势，则其预期收益率越高，股票价值越高；股票现价格越低，则预期收益率越高，股票价值越高。由此可见，技术分析同样希望当前价格越低越好，不过技术分析更倾向于接受现有的市场价格，认为现价是客观事实。

通过以上比较，您可以看到，无论价值投资法还是趋势投资法，都包含预期成分。价值投资法预期上市公司的盈利，趋势投资法预期股票行情。从预期的角度来说，两者都必须面对未来的不确定性——价值投资法面对着企业产品和服务的市场大环境的不确定性；趋势投资法面对着股市行情的未来不确定性。从这个意义上说，价值投资法和趋势投资法不可能分出绝对的优劣。

另一方面，从预期收益率的完整计算公式来看，两者方法都不完全。虽然上市公司的未来分红或者未来盈利与未来股票价格之间密切相关，但是不可能完全对应，以至于一方可以完全代替另一方。由于未来的不确定性，将两者相互验证总是能够获得更多的线索，对我们的研究也更有利。事实上，价值投资者很乐意将行情上涨的资本

利得包括在自己的盈利中，决不会仅限于已有的分红；趋势投资者也不客气地把历年分红作为投资收益的重要来源，决不会仅限于行情上涨的资本利得。

从比较关系上来说，价值投资法追求的是这个市场相对于那个市场的“绝对价值”、或者这个交易品种相对那个交易品种的“相对价值”，而技术分析则主要追求本市场未来相对于现在的历史比较的“相对价值”——趋势，即市场将上升寻找价值，还是将下降寻找价值。一种主要是横向比较，一种主要是纵向比较。因为动态风险－收益率平衡关系总是客观存在的，不论哪一种比较都是合理的。

不仅如此，由于平衡的风险－收益率关系总是通过动态的市场变化来维持的，而不是静态的，我们发现静态风险－收益率的平衡关系仅具有理论价值。如此看来，趋势分析法更能体现风险－收益率平衡关系的真实面目，而静态的价值实质上并不存在。

由此我们得到的启发是，技术分析和基本分析没有本质区别，两者都不完整，都有风险。如果我们从事基本分析，则侧重点在于价值研究，需要充分照顾市场之间、不同交易品种之间动态的风险－收益率平衡关系，而不是满足于静态平衡关系；如果我们从事技术分析，同样必须充分考虑其他市场的趋势状况，也要进行充分的横向比较，如此才能充分挖掘市场之间动态的风险－收益率平衡关系。

更进一步地，技术分析还必须和基本分析相结合，尽可能将每一层次的趋势和一定层次的基本面主导因素结合起来，即除了发现各层次趋势之外，还要发现什么是决定本层次趋势的竞争循环关系。

大势的重要性

关于市场大势存在一些误解。大势就是股票市场的平均数。有时候，因为某一群体的股票明显受市场之外的因素刺激而发生行情变化，反过来导致股票指数也有了相应的变化，特别是在市场处在较为平静的阶段时；有时候，哪怕大势再跌得厉害，总是有股票上涨得很快、很多，反过来，哪怕大势上涨得再剧烈，也总是有股票下跌得很快、很多，于是有人得出结论，大势除了被动地显示市场平均价位之外，并无实质性意义，选对个股才是决定投资成败的要害。这种对大势的看法显然是以偏概全。

尽管股市指数确实就是被动地显示市场平均价位，但是其意义显然远远超过简单平均值的数学运算。事实上，投资是，也仅仅是，以一定的风险为代价追求一定的资金收益率。资金如同水，而不同投资对象的风险—收益率如同水库的水面，偶尔大风吹来形成大浪，使得某些个股的表现在一段时间内远远偏离平均水平，但那都不是常态，水面在大多数时间、在总体上一定是相当完美的平面状态——不同投资对象的风险—收益率总是趋向平衡，趋向社会平均水平。投资对象之间也同样存在收益和风险的平衡关系，因而当水库水面抬高的时候，可靠的原因并不是大风和大浪，而是流入水库的水量大于流出的水量，导致水平面普遍抬高；当水库的水面降低的时候，可靠的原因并不是漩涡和湍流，而是流出水库的水量大于流入水库的水量，导致水面普遍降低。由此可见，股市大势放映了平衡风险－收益率关系的动态变迁。

股票市场大势提前反应了宏观经济状态的演变，既反应了总体市场的资金供给状况，也反映了上司公司的平均盈利情况。上市公司生存在宏观经济的大环境下，一般总是受到大环境的制约，与大环境息息相关，与大势不相干、乃至与大势完全相反的企业反而属于极少数例外。在竞争激烈的市场条件下、特别是在现代信息时代，越来越多行业的经营活动变得透明，个别企业业绩比行业平均利润水平高 1、2 个百分点已经是很大的成功了，远远超过平均水平的奇迹则越来越罕见。国内市场竞争可能还不够充分，透明程度也不高，似乎“奇迹”比比皆是，不过，真相还需经事实考验。

综上所述，大势是总体市场涨跌可能性的最佳体现，浓缩可能性的过程从这里开始，唯有在大势上升或者横向整理的条件下，才能买进个股；唯有在大势下降和横向盘整的条件下，才能卖出个股。市场即“可能性”，投资即“浓缩可能性”，这是理解大势之重要性的核心。

在目前国内 A 股市场上，在总共 1000 出头的股票总数中，约有 500 多只股票和大盘不相上下。我们的统计方法是，以最近 100 个交易日为统计时间范围，以个股围绕大盘上下波动（偏离大势）的幅度在上述时间段内一般不超过±10%、偶尔达到±20%作为“与大势不相上下”的判断标准。以 2000 年的下半年大部分时间来计，这个数字大约在 450～550 只之间，换言之，总是有半数和更多的个股和大势不相上下。在其他类型的个股中，尚有一定数目的股票实际上也属于上述范围，只是由于最近的波动似乎有转强或转弱的迹象，才被排除在外。

由此看来，在国内投资者所选择的个股中，与大势一致的，可能性大于或等于 50%。这就是说，即使我们不能直接买卖大势，但是从实用的角度来说，大势本身也具有不容忽视的代表性，是投资者必不可少的参照系。

另一方面，国内股市中，个股常有被“庄家”操纵的情形，无论价格还是交易量都有人为“加工”的可能性，前面所说的众多“奇迹”，不少就是庄家炮制出来的。相比之下，大势被操纵的可能性相对小多了，因此，大势也为我们提供了相对可靠的行情资料，值得投资者信赖。

判断大势时涉及的若干方面

自从查尔斯·道发明股票价格平均指数以来 100 多年间，股市平均指数提前反映宏观经济状况的观点已经成为常识。从这样的角度来看，买进股票的大势条件大致可以分解为以下诸方面：

第一，货币利率处在下降趋势中，或者正处在低水平上。这一点主要和持股成本有关。

投资者买进股票后，资金被占用，不再获得存款利息收益，因此一般将无风险利率看作投资机会成本，或者说投资的货币成本。人们常说股票市场受自重作用，跌起来容易涨起来难，指的就是资金成本对股票市场的压力。这种压力虽然绝对数值通常不大，但每时每刻都发挥作用。由此可见，基础利率水平越低，则越对股票市场的上升趋势有利；反之，则越对下降趋势有利。

此外，利率也是宏观经济周期的指标。当经济过热、通货膨胀炽烈时，中央银行借助紧缩的货币政策控制通货膨胀，提高利率，因此高利率意味着经济即将向下调整，顺利的话是“软着陆”，经济平稳调整；不顺利的话就是“硬着陆”，经济急速降温。因此，高利率也意味着宏观经济对股市的支撑减弱。当经济景气下降时，中央银行的工作重点转为刺激经济，采取宽松的货币政策，降低利率，从而低利率意味着经济景气即将回升，当然有利于股市行情。

人民币存款利率自从1996年以来屡屡下调（表3.1，不包括1999年后的减息数据），2001年初稳定在1年期存款年息2.25％的较低水平。由于经济回升的过程尚不明显（图3.1（a）），加之国内经济必须面对加入世界贸易组织（WTO）后的冲击、国企职工下岗人数较多等多方面因素，上述低利率水平可能维持相当长时间。这对国内股市当然具有支撑作用。当然，如果通货膨胀意外地快速回升，则存款利率可能上升，不过目前并无任何明显征兆（图3.1（b））。

表3.1　人民币存款利率调整表（1993～1998）[①]（单位：年利率%）

时　间		1993.05.15	1993.07.11	1996.05.01	1996.08.23	1997.10.23	1998.03.25	1998.07.01	1998.12.07
活期存款		2.16	3.15	2.97	1.98	1.71	1.71	1.44	1.44
整存整取	三个月	4.86	6.66	4.86	3.33	2.88	2.88	2.79	2.79
	半年	7.20	9.00	7.20	5.40	4.14	4.14	3.96	3.33
	一年	9.18	10.98	9.18	7.47	5.67	5.22	4.77	3.78
	二年	9.90	11.70	9.90	7.92	5.94	5.58	4.86	3.96
	三年	10.80	12.24	10.80	8.28	6.21	6.21	4.95	4.14
	五年	12.6	13.86	12.06	9.00	6.66	6.66	5.22	4.50
	八年及八年以上	14.58	17.10	—	—	—	—	—	—

第二，经济周期处在上升过程中，或者处在由降至升的过渡阶段。这一点代表现实的或预期的持股收益的增长前景。绝大多数上市公司的经营业绩与宏观经济环境密切相关，在很大程度上，国内生产总值（GDP）增长率就代表了上市公司总体营业收入的平均增长率。

考察宏观经济周期的主要指数有国内生产总值与上年同期相比的年增长率、物价指数、失业率、工业产值、固定资产投资、国际贸易数字等，这些都是滞后的总量指标，其他还有一些领先指标，如消费者信心指数、先行指数等。宏观经济学对这些指标有完整的研究，经济学家也定期提出预测数字。虽然投资者不一定都得像经济学家那样精通这些数字，但了解这些数据的基本知识是不可少的。这些数据未必和投资市场行情直接对应，但是显然能够为我们勾勒出宏观经济状况的大致轮廓，为投资决策

① 引自网页 http://www.cfn.com.cn/central_bank/0171/685000223.htm。

提供背景资料。

图 3.1（a）为 1997 年以来各季度国内生产总值的年增长率的变化情况，近年来基本上处在 7%～8%之间，变化相对稳定[①]。图 3.1（b）为国内 1999 年初以来各月的消费物价指数，显示了通货膨胀状况。从图中可以看出，当前通货膨胀压力很小，有时甚至有紧缩之虞，波动也很稳定，为长期维持低利率的货币政策创造了条件。图 3.1（c）为 1999 年初以来各月工业产值增长的情况，过去一直稳定在 9%～12%的较高水平之间，但是最近萎缩至 3%，表明经济回升过程可能不稳定。图 3.1（d）是 1999 年初以来各月固定资产投资额累计增长速度。固定资产投资是观察经济周期的辅助指标，如果经济景气复苏，则该数字应当维持在较高水平。从本图来看，该指标较为稳定，但缺乏明显增长。

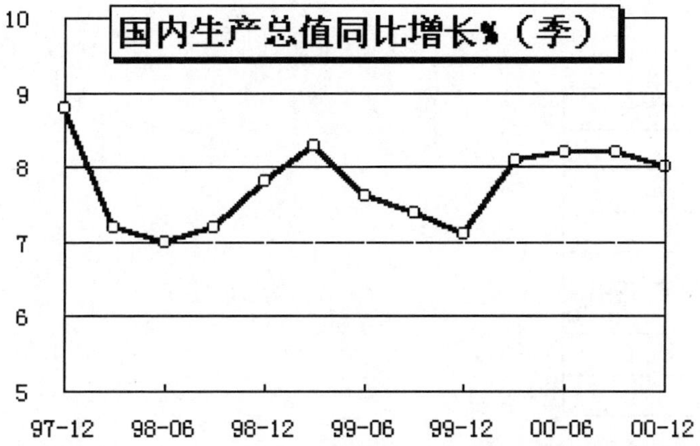

图 3.1（a） 1997 年以来各季度国内生产总值的年增长率

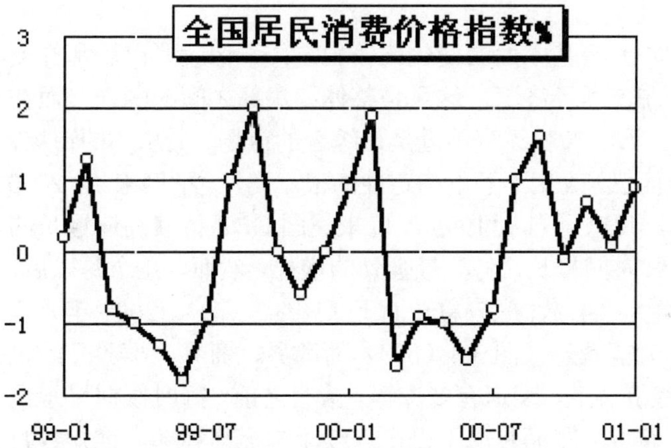

图 3.1（b） 1999 年初以来各月的国内消费者物价指数，显示通货膨胀率很低且变化稳定

① 图 3.1 均采自网站 http://cedb.cei.gov.cn/。

图 3.1（c） 1999 年初以来各月工业产值同比增长率

图 3.1（d） 1999 年初以来各月固定资产投资额累计增长速度

有人认为国内生产总值（GDP）等基本面的变化比较稳定，不像股票市场那样变化多端。这是错误的。实际上，在市场经济下，这只是整体和局部之间的区别，而在未来不确定的本质上，两者完全一致。宏观经济不过是最综合的市场、最总体的市场，其表面的稳定性不过是平均效应而已，改变不了不确定性的根本属性。举例来说，2000 年美国 GDP 第三季度增长 5.8%，反映了自从 1995 年以来美国 GDP 持续高速增长的正常局面，这是美国有史以来持续时间最长、势头最强劲的增长。然而，几个月以后，第三季度的 GDP 增长率急剧下降为 2.4%，形势急转而下（图 3.2（a））。2001 年元旦刚过，美联储在 1 月份接连两次大幅减息（图 3.2（b）），而政界、商界、学界开始忙于争论 2001 年到底会不会进入经济衰退、衰退有多深等。数月之前，好时候似乎永无尽头，美联储还在为经济过热、通货膨胀而焦虑不已，连续小幅提高利率，谁知数月之后竟然愁云密布，不得不为经济紧急注射强心剂。如此看来，宏观经济指标不过是规模较大的“景气行情”，其波动风险一点也不比股票市场小。事实上，上述某些宏观经济指标已经在芝加哥商品交易所等市场内充当交易品种，成为普通的、标准的日常交易对象。

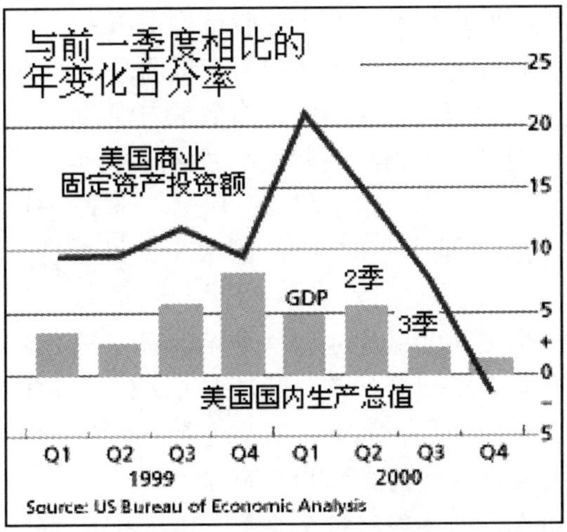

图 3.2（a） 美国国内生产总值的突然变化揭示宏观经济的不确定性与股票市场的不确定性没有本质区别，只有总体和局部的量的区别

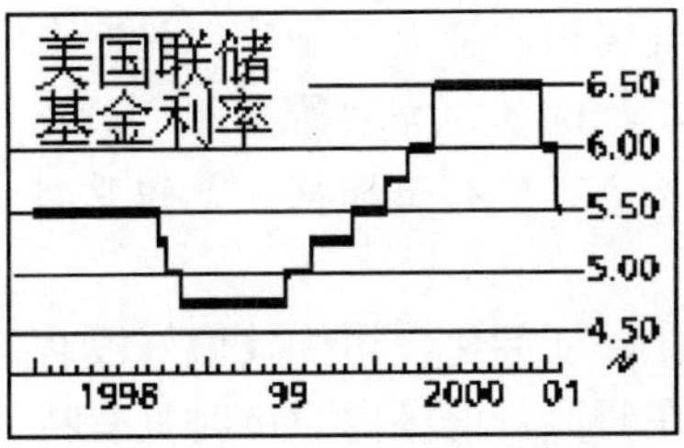

图 3.2（b） 美国联邦储备银行与 2001 年元月接连两次大幅调降利率

2000 年上半年，国内经济似乎正在形成谷底的拐点，但是回升过程不够稳定，也不够强劲，到底能否就此开始回升，经济学界还有争议。来自学术界的一种预测认为，2001 年国内生产总值增长率为 7.3%，比 2000 年略低。

第三，在贸易和投资项下，海外资金净流入国内，或者进出资金量的对比相对稳定（代表系统之外的资金供给）。由于中国加入 WTO 的谈判取得了显著进展，2000 年初以来，海外资金流入量已经显著回升。一般预期，在中国正式加入世贸组织之后，可能很快形成海外资金在中国投资的高潮。这对国内股市也具有间接的支撑作用。

目前，国内资本市场尚未开放，资本账户项下的外汇资金受管制，因此国内股市行情不受国际资金流动的直接影响。不过，随着中国加入 WTO 以及全球经济一体化进程的发展，国内股市行情将越来越受海外市场行情和资金流动的影响。而且国际市场规范、交易品种齐全，投资者建立全球视野显然是必要的和有益的。

举例来说，2000 年初，国内股市对互联网类上市公司的狂热追捧；下半年互联网类上司公司遭到无情的抛弃，与美国纳斯达克市场对互联网企业从长期热烈追捧到躲之唯恐不及的大转折遥相呼应，这恐怕不是偶然现象，而是国内股市从美国股市寻找线索的表现。目前，之所以全球股市都程度不同地显示出对美国股市亦步亦趋的苗头，就是因为股市行情具有两方面意义。首先，全球资本市场的联系日趋密切，美国股市是最大的资本市场，是无可争议的领头羊，美国股市下跌，则全球股市均受压力，美国股市上升，则全球股市均受鼓舞；其次，美国经济在全球经济中占有近四分之一的份额，基数大，又长期强劲增长，是全球经济的火车头。由于股市指数是宏观经济的领先指数，如果美国股市发生大幅下跌，则可能说明美国经济增长率回落，各国经济均有可能受到明显的不利影响。从这个角度来看，各国股市也将受到压力。下文是作者在 2000 年 11 月 23 日就美国股市对国内行情的影响所作的分析，发表于次日《北京晨报》，主要观点就来自上述两方面：

我们还注意到，最近美国纳斯达克指数在跌破 3000 点的心理关口后持续下跌，事实上已经进入大规模熊市。尽管道指尚且没有重大下挫，但是一般说来，总体经济气候如同水桶，水桶里储水的高度取决于桶壁上最短的那块木板，因此这是一个重大的信号，无论作为股市指数本身而言，还是作为美国经济的先行指标而言。

作为股市指标，纳斯达克主要由科技股组成，而美国科技企业是全球技术进步的先锋，是全球高科技类上市公司的定价标准，它们的市场定价缩水，对后者的心理指示作用是不言而喻的。

作为经济先行指标，美国是全球最大的经济体系，近年来生产率不断快速上升，是全球经济增长的火车头。该指数进入熊市，则预示着美国经济可能硬着陆，将迎来较长一段黯淡的调整时期。亚洲地区包括中国大陆、日本、南韩、香港等在内，正处在经济复苏期，如果美国经济回落，则显然太不是时候了，可能打击摇摇晃晃的亚洲经济复苏。

第四，居民和企业普遍的金融资产结构偏向于多样化、证券化，至少其偏好没有明显背离证券市场（代表系统之内的资金供给）。这一点在研究目前国内股市时具有特殊重要的意义。国内股市尚算新鲜，就像波浪的扩散效应一样，越来越多的不同方面的社会成员认识到股市投资是一个可供采纳的投资渠道。国内经济正处在改革开放、市场化的转折时期，又受全球资产证券化潮流的影响，造成了居民和企业金融资产从单一的储蓄存款转向多样化组合的宏观结构变迁，新资金源源不断地流入股市。

塞翁失马，焉知非福——市场信息的多重含义性

在分析股市大势时，上述诸方面——利率、宏观经济指数、对外贸易和海外直接投资、海外股市行情、国内居民投资偏好等，都是很好的参考依据，它们分别属于观察股票市场时远近镜头下的各种主导因素，分别代表着不同层次的循环竞争关系，均是典型的基本分析研究对象。但是，这些都是对股票市场所处的横向关系进行的研究，代替不了对股票市场本身的总体趋势结构和趋势状态的研究。更麻烦的是，这些方面并不总是相互验证的，总是各有各的重点和步调，有时甚至可能相互矛盾。

市场信息的重要特点是很少具有直截了当的单方面意义，而是常常具有多层次、多方面的复杂含义，可以同时得出利空和利多的看似矛盾的双面理解。举例来说，2001 年 1 月初，美国联邦储备银行突然减息 0.5%，月底再减息 0.5%。从一个方面来看，美联储积极行动，接连大幅减息，当然对股市是利好。美国股市一开始果然很受刺激，

道·琼斯指数和纳斯达克指数双双强劲反弹。但是，从另一方面来看，美联储之所以采取如此大的动作，正因为美国经济前景相当黯淡，不得不采取紧急措施。结果，美国股市的反弹如昙花一现，基本回到减息前起点的低水平，未来行情仍然是未知数。

同一条市场信息，乐观者看到光明面，悲观者看到阴暗面，见仁见智。如此才是市场的真谛，市场信息本非一目了然，只有经过市场参与者充分的研究和碰撞，才能发现当前市场的真正价值。

从研究方法上说，任何一则市场信息都是经济实体（小者如上市公司，大者如宏观经济）连续演变过程的反映，当然不可孤立地看待，也不能解释为纯粹利好或者全然利空，而是应当归结到一个整体的某一层次、一个完整演变过程的某一阶段，应将表面零碎、散乱的市场信息分别纳入各自本应归属的远景、中景、近景中去，然后才能分别从远、中、近景中发现各自的主导因素，再进一步发掘受主导因素决定的竞争循环关系，检验上述竞争是否顺利地进行，最终与各层次的行情趋势相对照和验证。这就是所谓镜头对准研究对象从远而近地切换的研究方法。

换句话说，任何市场信息总有一个信息来源，除了极少数突发事件之外，市场信息无非代表着上市公司、行业、宏观经济的某方面指标或发展动向，总是其连续演变链条的一环，有前因，有后果。因此市场信息是相互联系的，是服从信息源的整体演变的。有时我们一时难以理解市场信息之间的联系，有时某些市场信息确实出乎意料，这些问题与投资者的信息完备与否有关，也与其理解力高低有关，但都不是认为市场信息是随机而来、互不相干的理由。

因此，一方面我们希望通过研究股票市场所处的横向关系，将各种市场信息归结到一个整体的完整演变过程中，各方面信息既相互验证，也验证股市大势，而且相互验证的方面越多则我们的把握越大；另一方面，我们同样需要认清当前趋势所处的总体趋势结构、当前趋势的阶段状态、趋势交替的节奏，根据综合结论制定做多、做空或离场观望的交易策略。

不要将行情变化与孤立事件挂钩，行情演变既不是孤立事件驱使的结果，也不是市场信息导致的条件反射

如上所述，虽然事件或者市场信息是零散地出现、零星地进入市场的，但是事件和市场信息的背后一定存在一个非零散的上市公司（信息来源），或者存在某种完整的事态演化进程，在所有事件和市场信息中，撇开纯粹无序的部分，则它们只是企业的连续经营过程的离散化采样，或者是连续演变的宏观形势的局部或片断的曝光。就市场有序性的部分而言，市场行情不是孤立事件推动的，不是偶然事件撞击下的布朗分子运动，而是连续的、整体性的演变（图 1.27）。

新闻媒体或评论人士总是将每日行情波动和当日的个别新闻联系起来，这很可能出于每日必须弄出“新”东西或者“没话找话”的职业需要，也有可能是评论者习惯于跟随每日的“随机事件”随波逐流。例如，即使美国股市发生大规模行情时，报纸仍然习惯于从当日、或最近几日的新闻中寻找原因。事实上，大规模行情早已在酝酿

过程中，至少也不可能同某一个孤立的新闻事件直接挂钩。对投资者来说，将行情变化同具体事件直接对应，是相当危险的习惯。遗憾的是，媒体和评论者的做法强化了投资者的这类习惯。请留神，那是他们的职业病，不值得模仿。

下面这篇文章发表在《中国证券报》1999 年 11 月 17 日第一版，题为“走出温室迎来阳光”，主要反应了作者当时对中美签署中国入世协议对国内股市的影响的分析。请注意，我们不是孤立地就事论事，而是从改革开放的历史主线来看待这一事件承前启后的整体意义的。这种分析属于远景性质，是当前国内市场最高层次的主导因素。这里以这篇文章为例，来说明理解市场信息的正确方法。

1999 年 11 月 15 日下午 3 时左右，中美两国宣布签署中国加入世界贸易组织的双边协议，中国入世问题终于云开雾散。世界贸易组织是市场经济的俱乐部，体现了全球市场经济发展的客观要求，代表着世界经济的未来方向。过去十多年来，我国一直努力加入世界贸易组织，求仁得仁，喜何如之!

然而，16 日上海综合指数下跌了 1.39%，收市在 1431，这是 1999 年 6 月 16 日以来的新低。这值得我们深思。

首先让我们做一个简要回顾。

1978 年，十一届三中全会召开，中国开始实行改革开放;

1990 年 12 月，沪深两家交易所正式成立;

1992 年，邓小平同志南巡谈话；10 月“十四”大召开，确定我国经济体制改革的目标是建立社会主义市场经济体制;

1998 年 9 月，“十五”大召开，指出股份制是现代企业的一种资本组织形式，资本主义可以用，社会主义也可以用，非公有制经济是社会主义市场经济的重要组成部分;

1999 年 9 月，十五届四中全会召开，会议指出积极探索公有制的多种有效实现形式，大力发展股份制和混合所有制经济，推动国家持股结构的改革;

紧接着的就是目前的入世。

这个简单的回顾当然不能完整概括二十多年来国内经济结构发生的重大变化，但是其中我们可以清晰地看到一条主线：中国的市场经济改革越来越朝不可逆转的方向发展，中国的市场经济体系越来越朝向国际规范的市场经济体系逼近；中国的股票市场越来越成为国内经济的核心组成部分。走向健全的市场经济、融入全球的经济大潮、分享人类最新的物质财富和精神财富，这是我们已经走过的道路，也是我们现在所走的道路，入世这件事告诉我们，这也将是我们未来的道路——这条一脉相承的道路越来越清晰、我们的步子越来越快捷、市场经济的发育也越来越成熟。

股市下跌有几种可能的原因。一种可能性是尽管过去我们也搞市场经济改革，但是我们的企业在国家关税的保护之下，属于温室企业和温室股市，现在要入世了，温室不存在了，所以我们受不了了。其实，入世并不是一下子把大家从温室里搬出来，而是先打开窗户、再打开门地逐步进行，有数年的时间让温室企业变成天然企业。但是这里关键的问题还不在此。

从非改革不可的角度来说，温室里的企业从来都是靠不住的，难道我们准备一辈子呆在温室里？从大有前途的角度来说，难道渐渐从温室里搬出来不正是成长为参天大树的第一步吗？搬出温室固然有风险，肯定有些企业会枯萎，但是外面的阳光雨露不是温室能够相比的，大多数企业会置之死地而后生的。旧企业脱胎换骨，新企业顺利壮大，这才是我国市场经济的希望，才是股市的希望。

还有一种可能性是，市场顺沿现有的下降趋势继续下挫。回顾从 1997 年中到 1999 年中的两年多时间，上海综合指数始终围绕 1260 的水平上下波动，如果剔除股市早期的畸形变化，国内股市基本上是伴随着市场经济的发育过程而逐步上升的。这正确地反映了改革开放以来社会财富的稳步增长，反映了前面所说的那条清晰的道路。现在我国的市场经济更壮大，股市有了更大的发展，从这道路来看，没有理由不认为股市也应当具有相称的水准。

更进一步地，从市场预期的角度来看，今天我们对市场经济的走向看得更清、信心更足，那么我们对未来的预期还应当升值，把可以预见的更大收益折现，这无疑是对现有市场价格的一大升水。

总之，我们坚定不移地认为，入世是既定改革开放道路的顺利延续，是国内经济建设的加油站，是我国证券市场的重大利好。

各国市场历史的横向比较

研究大势是必要的，这是浓缩市场可能性的开端。我们既需要充分综合各方面资料，在横向上具有高瞻远瞩的广阔视野；同时需要在纵向，即时间方向上具有沧海桑田的历史视野。

为了看清楚国内市场的历史发展阶段，参照美国、欧洲、日本等地市场发展历史是极其重要的，而这一点国内业者显然尚未注意。

美国 1929 年股灾之前的十年内，除了短暂的经济衰退之外，股票市场基本上维持在上升趋势之中，道·琼斯工业平均指数从 40～50 点，持续上涨到 1929 年的最高点 380 点。当时美国证券交易委员会（SEC）尚未成立，甚至其中央银行（FED，美联储）也是刚刚成立而羽毛未丰，上市公司随意发布消息或者干脆不发布消息，也无需定期公布财务报告，大机构、大炒家、股评家、报纸沆瀣一气，操纵市场。如此看来，1929 年开始的大股灾实在是其来有自，无可避免（图 3.3，图中采取的是价格指数，即将两个指数的起点均折算为 100，再分别折算其余指数数值。从两个指数本来的数值来说，当时的道·琼斯工业指数与本图数值粗略相当，日经 225 种股价平均指数则粗略相当于图中数值乘以 100）。从反面看，这也不完全是坏事，非股灾不足以改变上述不正常的“非市场”的市场基本面貌，不足以令所有人清醒地认识到维护市场公开、公平、公正原则是一件关系到市场经济命脉的大事，不足以使从上到下的管理者清醒地认识到，如果不尊重市场自身的规律，而是一味迁就姑息，或者只图一时、一方的利益，将引起极为严重的恶果。

上述情况和国内股市的现状何其相似。类比虽然粗略，却足以令作者警醒[①]。

自从 1978 年国内实行改革开放以来，国内的政治、经济、社会结构都处在深刻的变化过程中，从计划经济走向市场经济。这是历史性的大转折、大变化，具有长期过

① 详细论述参见作者“反者，道之动——凡事深思一层的习惯 《逆向思考的艺术》译后记”一文。

渡性质。换言之，国内市场经济将长期处于过渡阶段、初级阶段，金融市场的基本结构、市场演变的基本特征都没有达到成熟和稳定的地步，随时可能发生较大变化。很多现象可能只是一时的，不具有长期意义，市场参与者必须留意。

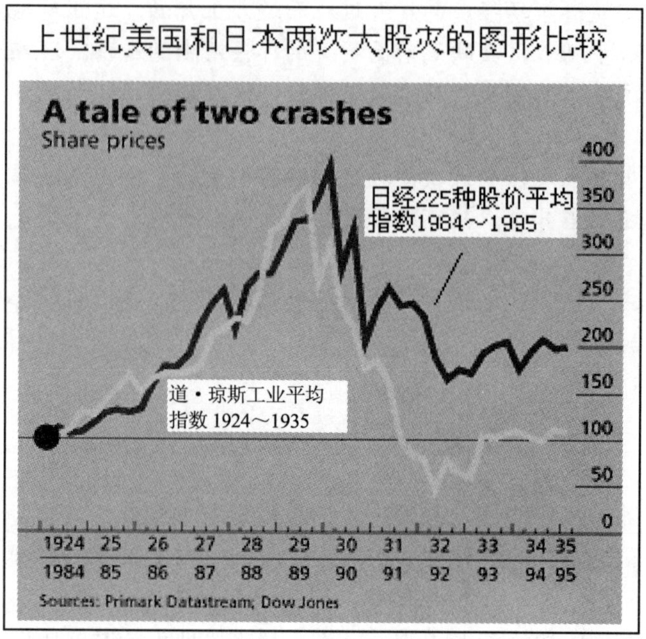

图 3.3　20 世纪美国和日本两次大股灾的图形比较，日本股市迄今尚未走出阴影

那么，如何应对这种历史过渡阶段市场基本结构和基本特征的变化呢？我们的基本判断准则是，越是符合国际化、规范化要求的基本结构和基本特征的变化，越是符合历史潮流的推动方向，越具有生命力；越是不符合国际化、规范化要求的“特色”性的东西，越有可能只是短暂的现象。

实际上，市场经济发生、发展、成熟的演变过程本身也完全符合趋势原理，具有共同的阶段性基本特征。由此看来，将国内初期、过渡期的市场和西方成熟的市场进行比较具有重要意义。西方相对成熟的市场发展史为我们提供了一个“市场经济成长状况图谱”，与之对照，我们大致可以看到：第一，在市场发育的什么阶段可能具有什么基本特征，其承先启后的阶段性关系是什么样的；第二，我们的市场发育大致达到了什么阶段，这个阶段的主要经验和教训是什么，下一阶段有无重大危机和重大变化。

如果系统的基本结构、系统演变的基本特征维持不变，则可以从其历史看未来；如果系统基本结构、趋势演变的基本特征发生了变化，则本系统的历史资料是不够的，必定需要补充系统外的新资料。请注意，当系统本身的结构发生改变时，原系统历史记录的参考价值必然下降；当基本的游戏规则改变后，游戏的参与者就必须用新眼光来看待后来的游戏局势。如果我们满足于本系统短暂的、不稳定的、过渡性的历史资料，仅仅从本系统出发来探索其未来动向，很可能陷在旧系统内打转，陷入循环论证的逻辑怪圈，不可能有效地判断本系统的历史走向。国内股市正在发生结构性改变，单纯以国内股市资料来研究国内股市大势以及市场基本结构的演变，显然选错了参照系。这就是西方比较完整的市场历史对研究国内市场演变的大方向所具备的重要参照意义。

我们并不是说西方市场已经不再发生变化了，而是说它们的变化是相对后期的、微调性质的，而国内的变化则是相对早期的、大幅修正性质的。

市场信息的分析提纲

以上分析重点在于从市场信息和大势演变的关系出发，介绍了一些实用的经验。实际上，市场信息的影响并不限于大势。任何有效的市场信息，都可能打破现有的风险—收益率关系的平衡，视其宏观性质或者微观性质，分别导致总体市场、个别市场或个别交易品种的行情变化，以重新恢复平衡关系。现在，我们根据风险—收益率的平衡关系，将市场信息对市场的影响做一个大致的归纳。

- **宏观层次**

宏观层次的风险和收益关系主要以国家之间的相互比较、竞争和联系为基础。可以分为直接影响因素和间接影响因素两方面。

在直接影响因素中，本国政府的稳定性、政策的延续性、和平与战争的形势变化、国内民众对政府和政策的信任与认同程度、社会稳定程度、文化教育的发达程度、科学与技术活力、环境与资源、宏观经济趋向、通货膨胀率、失业率、进出口贸易等，均属于影响一国总体风险—收益率的因素。

从间接影响因素来看，如果本国与他国主要为竞争型关系，则将从竞争对手的相对衰弱中受益，从竞争对手的相对强盛中受损；如果本国与他国主要为互补型关系，则将从他国繁荣中受益，从他国衰落中受损。由于全球经济一体化进程的深化，一般来说，如果邻国出现动乱或经济危机，则本国可能受鱼池之殃；如果世界经济普遍衰退，则本国经济也可能受牵连；反之，如果全球经济普遍繁荣，则本国经济也可能受益。

- **中观层次**

中观层次主要指行业的风险—收益率关系，或者地区性风险—收益率关系、或者对某个市场的风险—收益率的影响。也可以分为直接影响因素和间接影响因素两部分。

以行业为例，直接影响因素主要包括全球范围内的行业技术变迁、生产经营方式变迁、大众消费习惯的变迁等方面；间接因素包括竞争性行业兴衰、行业技术变迁、行业生产经营方式的变迁，互补性行业的兴衰、行业技术变迁、行业生产经营方式的变迁等。

- **微观层次**

所谓微观层次主要指个别企业之间的风险—收益率比较。影响企业风险—收益率的直接因素主要有，市场占有率、定价能力、内部运营成本、广告营销策略和成本、产品开发和技术创新能力、法律纠纷、企业发展策略（包括兼并和收购策略、是否过度扩张、过度负债、现金流不足、存货过高、应收账款数额过高等）、人才策略、劳资纠纷等。

当然，个别企业也需要考虑其间接影响因素，如竞争对手、战略伙伴等。

对所有的市场信息，首先我们要看它的影响主要属于宏观、中观、微观哪一个层次；然后，我们从风险和收益两个方面来考察它对该层次的市场对象的具体影响。也就是说，我们从风险和收益所涉及的影响面来对其分类。如果市场信息的影响是局部的，则局部市场行情将发生变化，以恢复局部市场和其他市场的风险－收益率平衡关系；如果它的影响对一个局部有利，对另一个局部不利，则两个局部的行情同时向相反方向调整以恢复平衡关系；如果它的影响是全局性的，则总体的平衡风险－收益率将发生变化，所有市场都将发生相应的变化。

例子一，2001 年 2 月 19 日，证监会宣布 B 股市场对境内自然人投资者开放。从直接意义来说，这一市场信息属于中观层次，极大地降低了 B 股市场流动性风险（导致综合风险系数下降），必然导致 B 股市场价格的上升（导致预期收益率下降），以维持原有的风险－收益率平衡关系（平衡风险－收益率与预期收益率成正比，与综合风险系数成反比）。

不仅如此，从间接意义来说，在宏观层次上，不论 A、B 股是否并轨，允许国民拥有和境外投资者平等的投资权利，总是朝国际化、规范化迈出的一个步骤，这对总体金融市场是利好。从这个意义上来说，由于 A 股市场相对不规范，这一消息对 A 股市场具有间接利空的性质。

例子二，本章引文“走出温室 迎来阳光”是对中国加入世界贸易组织的市场信息进行的分析。它的直接意义属于宏观层次，表明国内既定的市场经济改革、开放的宏观政策得到了延续和深化，符合历史潮流，对国内所有金融市场都是利好。它的间接意义是对与进出口贸易关系密切的行业产生影响，国内竞争强项可能受益，弱项可能受损。但是，直接意义明显比间接意义重要，对市场的潜在影响也更大。这一点已经为后来的市场演变所证实。

例子三，本章另一篇引文评论 2000 年底纳斯达克指数对国内股票行情的影响，出发点是宏观层次的间接影响因素。

总之，风险－收益率是理解市场变化的核心概念，正是通过风险－收益率的平衡关系使得不同交易品种之间、不同市场之间、不同国家之间的市场变化密切联系起来；也只有通过风险－收益率的平衡关系才能正确理解市场信息对市场行情的影响。

第四章　股票的选择

所有的交易方法都是相对于一定的时间框架来制定的，首先我们来看看投资者常用的各种时间框架。本章的讨论以中长线作为交易时间框架，如果读者喜欢的时间框架与作者不一致，可以将本章介绍的各种要领的时间长度进行适当增减。然后，我们介绍了常见的选股方法，一种是从上而下法，一种是从下而上法。从上而下法偏重从大环境到小环境层层优化的选股办法，而从下而上法则属于所谓价值投资法。通过本章的讨论，您将看到，我们认为两种方法并没有本质区别。

这里主要从技术分析角度来研究选择股票的方法，基本上属于从上而下法。为此我们提出了三种图表工具——合并价格指数图、差价图、分群图。借助这些图表工具，我们来认识股票相对于大势的走势状况、划分强弱股票群体、揭示股票相对于大势强弱转折的契机。

我们的选股原则有三类——从弱转强型、同步转强型、强者恒强型。本章详细研究了三类股票的判别要领，通过详尽的实例排除了种种似是而非的假信号，突出了各类股票的本质特征；我们还不厌其烦地比较了各个类型的利弊。

在详细研究上述三类股票后，我们对股票分群及其成员变化，股票分群在趋势转折点上的变化进行了研究，介绍了股票分群的情况与大势演变的内在结构关系。

接下来，我们提出了结合从上而下法与从下而上法的建议，以技术分析的从上而下法作为地面雷达站，以基本分析的从下而上法作为前线侦察机，更有效地选择上市公司。

我们的结论是，不论选择强势股票还是弱势股票，总是既有长处，也有短处的。没有哪一类股票明显优于其他股票。因此，投资者应当通过投资组合达到系统和一致地降低风险、提高收益的目的。

时间框架

根据太极图原理，任何趋势都是相对一定的时间框架而言的，因此，任何以趋势理论为基础的交易方法均具有时间框架属性。虽然在研究市场时，我们总是尽可能多地同时考虑多个时间框架下的趋势状况——比如说，我们要同时考虑大、中、小趋势的情况以及它们相互配合的关系（趋势结构），但是我们的交易决策一般总是围绕其中某一特定的时间框架来制定的，比如说这里的中趋势。实际上，这个时间框架就是投资者操作的中心层次（中趋势），其他层次（大、小趋势）围绕着中心层次，是研究中心层次趋势的辅助信息。

举例来说，有的投资者偏好当日了结的交易方式，即在判断市场小幅变化时立即买进或者卖出，几分钟、十几分钟后即快速卖出或买进平仓，持有头寸的最长时间也不超过当日，这是大多数场内抢帽子的极短线交易商的主要交易方式。证券经纪商的报买价和报卖价之间通常只有微小差价，通过快速的、几乎同时的买进和卖出，经纪商获得买卖差价带来的利润，这也类似于日内交易。日内交易商通常以半小时、一小时作为中心时间框架，即主要关心一小时左右的市场趋势，至于几分钟的行情波动、持续一二交易日的极短趋势，则属于围绕中心趋势的辅助趋势，也需要密切关注。不过，持续数年、数十年的超长期趋势，则已经远离他们的视野了。

有的投资者偏好短线交易方式，一般持有头寸数日或一二周，但通常不超过一个月。在这种情况下，一二周的市场趋势是他们关心的中心趋势，更小的是持续数日的市场趋势，更大的是持续一二月的市场趋势，这些是辅助性的趋势。

有的投资者选择中线交易方式，持有头寸的时间大约二三个月，通常不超过半年，于是二三个月的中线趋势就成为他们关心的中心趋势，而一个月内的短期趋势和半年到一年的长期趋势就成为辅助性的趋势。国内大多数投资者偏好这种时间框架的交易方式。

长线投资的时间范围一般在半年以上，有时达数年之久。其中心趋势是持续时间在半年以上、两年以内的长期趋势，半年以内的短期趋势和数年以上的超长期趋势是辅助性的趋势。

通过以上区分，交易者常用的时间框架就较为清晰了，这正像庄子所说，“朝菌不知晦朔，蟪蛄不知春秋”。不过，中、长、短线交易方式的分类主要是为了说明趋势的时间相对性。实际上，投资者的做法是多种多样的，上述分类只是对大多数投资者习惯的一个粗略的说明。

投资者应该弄清楚最适合自己的或自己最感兴趣的中心时间框架，朝三暮四的做法对投资者不利，因为投资者无法集中注意力，真正吃透中心时间框架的趋势；也不利于总结经验教训。

在短线交易方式中，由于行情变化频繁，要求投资者具有极高的反应速度，留给投资者研究决策的时间也较短，且在日常投资活动中，投资者需要频繁地改变做多、做空的基本立场，相对于中长线交易方式，这无疑属于高级交易技术，一般投资者不宜采纳。此外，由于国内股市交易手续费高昂，频繁交易的手续费负担极其沉重，这对做短线交易的投资者就提出了更严酷的技术要求。

值得强调的是，在我们研究趋势结构时，同时照顾到不同层次的趋势越多越好，而不应当仅仅局限于自己习惯的时间范围。这是视野宽窄的问题。大趋势具有长期、持久的影响力，即使我们只做日内交易，大趋势也能告诉我们最近行情之所以红火或平淡的根本原因；另一方面，虽然小趋势当初很不起眼，但是市场变化的契机就埋藏在小小苗头中，随着时间的推移，小苗头可能酿成大变化。因此，越早注意到大变化的小苗头，就越能够捕获有利时机，越有把握获取利润或避免损失。这就是研究趋势结构的意义。

在以下讨论中，除非特别说明，所有研究和交易决策都是以长线为中心时间框架的。如果您偏爱更短线的交易方式，不妨将相应的时间范围缩短。比如，下文认为个股相对于大势从弱转强的过程需要经过 1～2 年的过渡时间，如果您宁愿做中线，则可以看作半年左右。

选股方法

事前？还是事后？

在弄清大势的基础上，才谈得上选择具体的投资对象，在股票市场上就是选择个股的问题。如何选股当然是一个大问题，有的投资者甚至走向极端，声称投资成败完全取决于是否选对了股票。不过，这种极端的看法没有认识到市场不确定性的本质特征。

在概率问题上，根据事前和事后的立场所得到的结论完全是两回事。事后来看，为我们带来利润的可能确实就是极少数几只股票，就像渔网的网眼中捕获一条鱼，但是站在事前的立场来看，我们根本不能肯定此类“黑马”的存在，不可能将本属可能性游戏的投资简化为捕捉黑马。后者的荒唐，如同将曾经捕获鱼儿的网眼从整个网上剪下来，然后认定能够获鱼的就是这个网眼。的确，河里就是那些鱼，捕获鱼的就是这个网眼，但是这是事后的结论，事前我们**只能把整个网（即投资方法的系统性）撒下，而且网上必须没有明显漏洞（即投资方法的一致性），才能使得这个网眼成功——准确说，获鱼是整张渔网的成功。更准确说，是渔夫、渔网、鱼塘三方面共同的成功。**具体说来，事前渔夫必须判断池塘和河里有没有鱼，哪里有鱼，这当然是个可能性问题；其次，渔夫要选择适当大小的渔网、适当大小的网眼、适当的撒网位置、适当的撒网时机；最后，谋事在人成事在天，有没有鱼获、有多少鱼获、具体有什么种类的鱼获还是一个可能性的问题。

必须强调，投资者只能从事前的眼光看问题，绝对不可以将事前的观点和事后的观点混为一谈。如果对这一点没有清楚的认识，就说明还不了解“可能性”这个**投资即未来**的根本问题，这就是先见之明和后见之明的本质不同。

由上至下法与由下至上法

按照传统的说法，选股有由上至下法和由下至上法之分。所谓由上至下法，就是一种从大背景逐步缩小范围、直到具体投资对象的研究方法，大者可以从全球视野开始，根据经济发展的波动性和成长性，选择最适合自己投资理念的国家和地区，小者至少也必须从本国和本地区的宏观经济背景出发，弄清经济周期状况和行业消长变迁的大背景；然后选择波动性和趋势性最适合自己的市场；下一步选择最适合投资者的、满足一定条件的几个行业；最后集中到这些行业中具有不同代表性的若干企业。换言之，首先必须弄清楚宏观经济周期的状况，然后考虑受特定经济周期状态影响的特定行业或领域，最后从行业中挑选具体上市公司。

从上至下法希望首先选出最优的大环境，再从最优的大环境中选出最优的小环境，最后从最优的小环境中选出最优的企业，是从上而下的优选法。显然，在本方法中，市场大势代表了环境状况，具有决定性的意义。

在管理投资组合的过程中，采用本方法的投资者一般会根据经济背景和市场大势的变化而适当调整投资组合，希望投资组合总是保持最优状态。

由下至上法对总体环境不像由上至下法那样看重，而是侧重于广泛研究分析个别公司的情况，研究者对公司业绩前景的兴趣比宏观经济背景或市场大势浓厚得多，因此由下至上法一下子深入到具体企业，以企业现有盈利和盈利前景相对于现有股票价格的比率为统一标准，直接比较股票风险—收益率和风险—收益率前景的优劣，将目标直接对准收益率较高、风险较低的、亦即价值被市场低估的公司。

在管理投资组合的过程中，采用由下至上法的投资者一般相信自己所选公司的升值潜力，倾向于长期持有，较少因为大背景的变化而调整投资组合。

两种方法着眼点不同，分析工具也有所区别。基本分析、技术分析、现代投资理论均适用于前者；而严格说来，唯有行业分析、企业财务分析（基本分析的一部分）适用于后者。实际上，后者需要时刻关注具体企业，只能同时注意几家企业，因而视野是有限的；前者能够随时从一个市场转向其他市场，颇为灵活，但是对具体企业的研究不够深刻和注重。比较而言，由上至下法较好地体现了对市场不确定性的基本认识，而由下至上法则更多地带有决定论的意味，本文的中心思路无疑偏向于由上至下法，但也不排斥由下至上法。

市场是不确定的，企业经营成果也是不确定的，企业的未来前景至少和股票市场一样不确定。实际上，由于股票市场的信息透明度较高，演变的历史轨迹较清晰，研究市场比研究企业来得更直接、资料更齐全。而由下至上法从研究企业前景出发，看似躲开了股票市场的不确定性，实质上同样面临着企业经营环境、技术进步、消费者习惯变迁和企业管理自身的不确定性。因此，由上至下法属于基本的投资思想。另一方面，两者之间的分别并不像乍看起来那样大。由上至下法最终必须落实到具体企业上，而由下至上法同样必须将所选中的企业和其他企业进行横向比较，因为大背景就是其他企业的平均状况，这实质上就是和大背景进行比较。选择投资对象必然同时牵涉到两个方面：一是它所处的背景（横向比较），一是其自身的发展前景（纵向历史比较）。如此看来，上述两种方法其实是并行不悖的，只是侧重点不同。根据这样的理解，则基本分析、现代投资理论、技术分析同时适用于两个方面。

作者的看法是，**到底采用哪一种方法并不重要，关键在于投资者必须找到适合自己的某种系统的、一致的选股方法。方法本身的系统性、一致性比方法之间的区别更重要。最好的办法是，尽量同时采用各种不同的方法，使之相互对照、互为补充，并在根本上统一起来。**

技术分析选股方法的三种工具

这里介绍一种以技术分析方法为主的选股方法。

市场大势是选股的基本依据，按照股票和大势的相互关系，大致可以将股票划分为三种类型，第一类强于大势（强势股），第二类与大势不相上下（同步股），第三类弱于大势（弱势股），而选择个股买进或卖出则相当于捕捉个股相对于大势的强弱转换的契机，我们希望当个股由弱转强时、从同步转强时、或者强者恒强时买进；在投资组合中保留走势强于大势、或者至少与大势保持同步的个股；当个股由强转弱时、或从同步转弱时卖出。

观察个股和大势相互关系的工具有三种，分别是合并价格指数图、价格指数差价图、个股分群图。

第一种工具，合并价格指数图，将个股和大势的行情图合并在统一的比例尺下，直接进行比较。简称合并图，作图步骤如下。

第一步，选择一个基准日期，将当日大势的收市价和个股的收市价均设为价格指数 100，分别得到各自的折算比例。例如，选择 2000 年 1 月 14 日为基准日，当日上海综合指数的收市价为 1408.85，折算比例为 100/1408.85＝0.0709799；当日四川长虹的收市价为 13.15，折算比例为 100/13.15=7.60456。

第二步，将基准日后每一天的股票价格和大势指数分别按照各自基准日的折算比例换算为百分数，即价格指数。每日价格指数＝当日收市价×折算比例。比如 2000 年 6 月 1 日，上海综合指数的收市价为 1903.49，当日其价格×折算比例＝1903.49×0.0709799＝135.11（当日大势的价格指数）；四川长虹收市于 13.45，当日其价格×折算比例＝13.45×7.60456＝102.28（当日四川长虹的价格指数）。

如果个股行情发生了除权的情况，则在计算除权后的价格指数时，要将除权前后价格的突变换算成一个比例系数，再乘以原有的折算比例，得到除权后收市价应采用的新折算比例，这就是“复权”的计算。

第三步，采用同样的比例尺，将二组价格指数的数据绘制在同一张图表中，就得到了股票和大势的合并价格指数图。

图 4.1 为 0510 金路集团和上海综合指数合并价格指数图。通过本图，我们能够同时清楚地观察从 1996 年底以来上海综合指数和金路集团的价格走势，尤为可贵的是，可以观察两者演变过程的比较关系。比如说，大势在 1999 年 5 月急剧上升前，曾几度尝试 1050 左右的关键水平，均未向下突破；与此同时，金路集团则向下突破，创下了新低。上述对比关系反应在两条曲线之间的竖直距离上，开头该距离很小，然后逐渐放大，直到最近金路集团急剧上升，该距离迅速缩小。

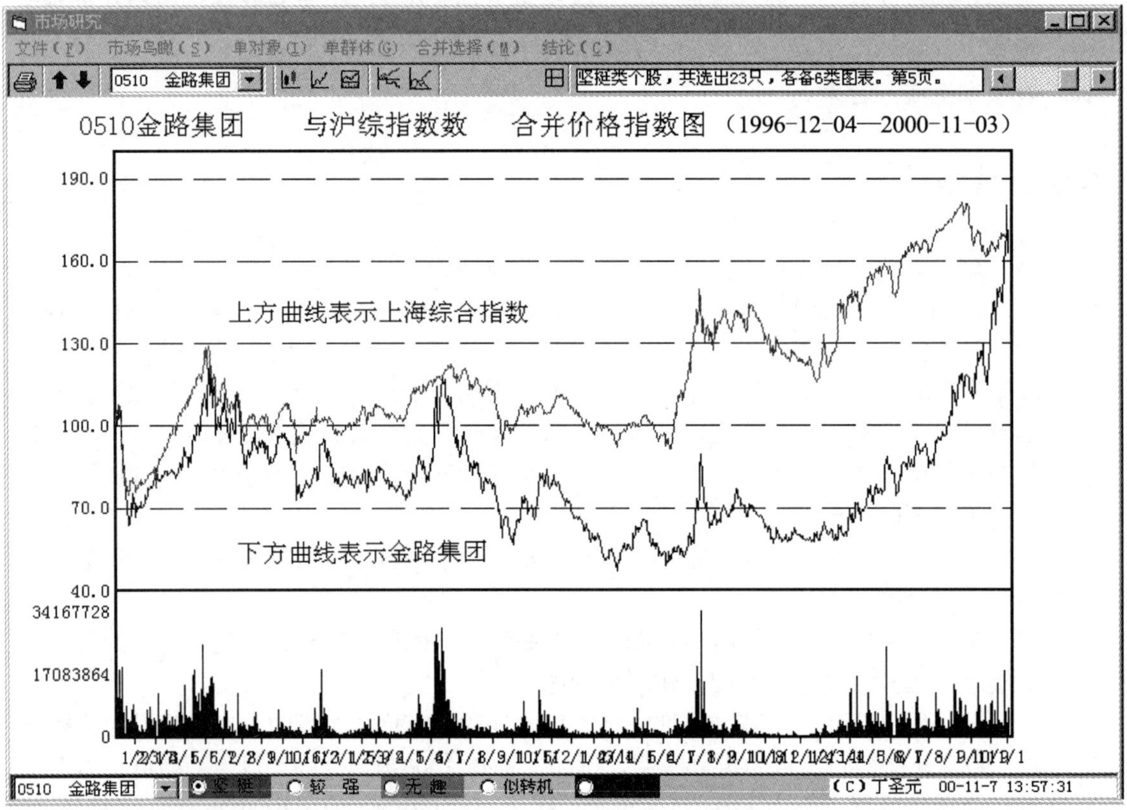

图 4.1 技术分析选股方法的图表工具之一：合并价格指数图

由此可见，所谓个股相对于大势的强弱关系，就通过两曲线的竖直距离的改变清晰地显示出来。上述距离越小，则从基准日开始计算的个股相对于大势的差距越小，越是和大势同步；上述距离越大，且个股居于大势上方，则在相应时期内，个股越是强于大势；上述距离越大，且个股居于大势下方，则在相应时期内，个股越是弱于大势。

为了更准确地观察该距离的变化，我们引入第二种工具，个股和大势的价格指数差价图，简称差价图。

制作本图的前两个步骤与合并图相同。第三步，从基准日开始，将个股每个交易日的价格指数减去当日上海综合指数的价格指数，得到每一天的差价。基准日的差价当然为 0，在上面的算例中，2000 年 6 月 1 日，四川长虹与上海综合指数的价格指数差价为四川长虹的价格指数－上海综合指数的价格指数＝102.28－135.11＝－32.83（当日价格指数差价），表示自基准日以来，前者走势已经弱于大势 32.83％。第四步，将上述差价作图。

图 4.2 为金路集团和上海综合指数的价格指数差价图，是将金路集团的价格指数减去上海综合指数的价格指数得来的，虽然图表内容实质上与合并图无异，但是在视觉上完全突出了两者距离的变化，省掉了两者的价格变化过程。上海综合指数相当于图中竖直刻度为零的水平直线，称之为零线。从本图可以清楚地看出，自基期以来的大部分时间里，金路集团一直弱于大势，并且越来越弱，直至最近一段时间才突然奋起直追，目前已经回到与大势同步的程度。本例显示，选择股票的一种机会就在于捕捉此类从弱变强的契机。

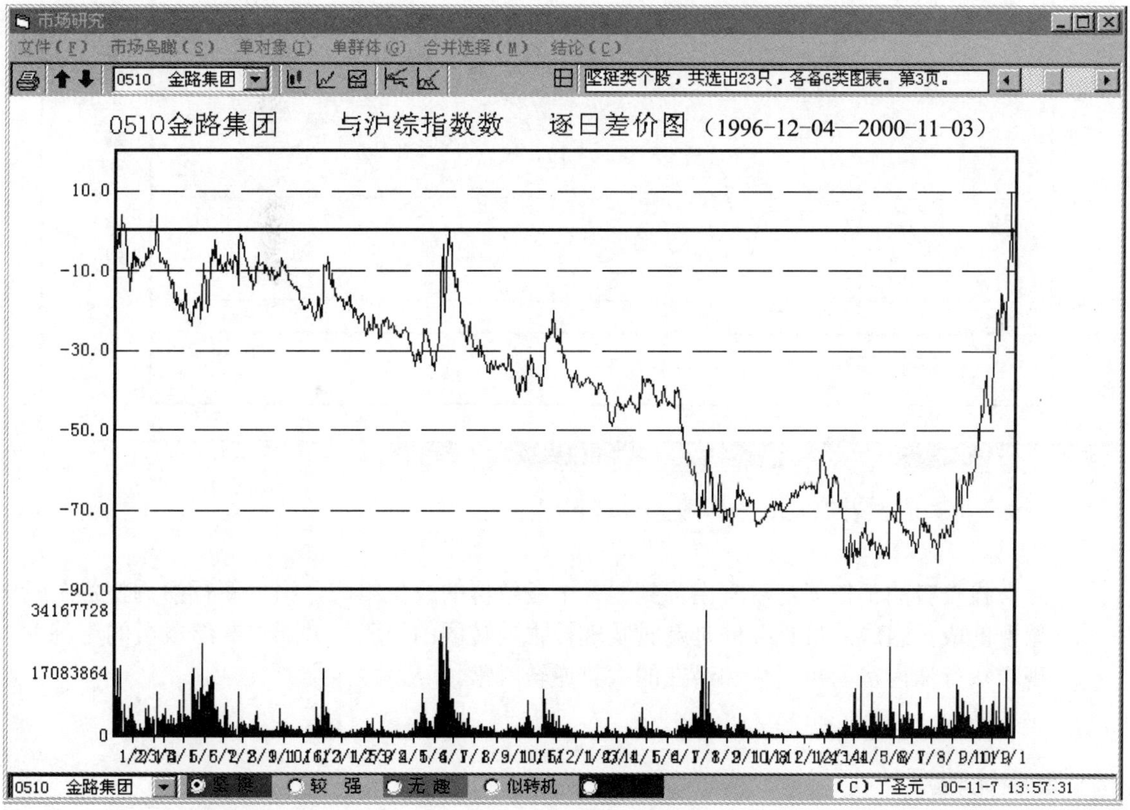

图 4.2 技术分析选股的图表工具之二：价格指数差价图

那么，怎样才能从 1000 多种个股中简便、有效地选出符合条件的股票呢？怎样及时捕捉个股强弱变化的信号呢？这就需要第三种工具——个股分群图。

个股分群图的作法是，在制作差价图的第三步之后，将自从基准日以来走势相近的股票的差价曲线合并描绘在同一张图表上。

分群图从个股相对于大势的强弱表现出发，近似于按照所有个股在一定时间段内涨跌排行从高到底的顺序，观察股票分群的情况。为了察觉市场蛛丝马迹的变化，排行榜的时间段不宜太大，3 天、8 天或许是不错的选择。图 4.3 就是金路集团所处群体的一个示意图，将涨跌形态较为类似的同一群体中的 5 只股票的差价图画在同一张图表上，便于成组观察其中个别股票的变化。

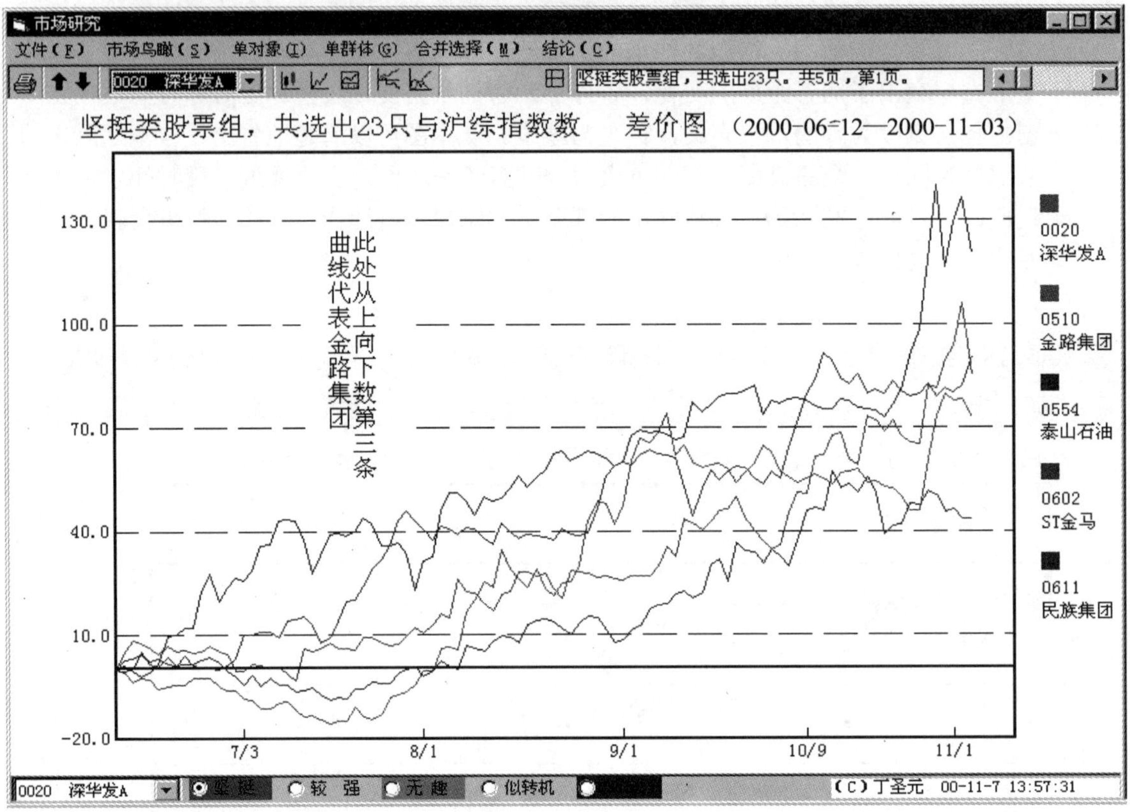

图 4.3 技术分析选股图表工具之一：股票分群图

投资者的工作就是观察由强到弱各个股票群的成员组成，根据新行情调整各个股票群的成员组成，最重要的是及时发现转强或转弱的个股，并通过各组成员的更替发现市场行情内在的稳定性和潜在的大势逆转线索。

直观比较法

很多投资者暂时没有条件得到上述工具，建议借助上述工具的设计精神，通过直接比较个股行情图与大势行情图，得到大抵准确的结论。假定我们打算比较四川长虹和上海综合指数自 2000 年 1 月 14 日以来的相对强弱关系，变通的办法如下。

第一步，将沪综指和四川长虹同一时期的、同一类型的行情图（为了简明，建议采用收市价单线图）分别打印出来，打印的图表应当大小相同，且最好打印在半透明的纸张上（图 4.4（a）和图 4.4（b））。

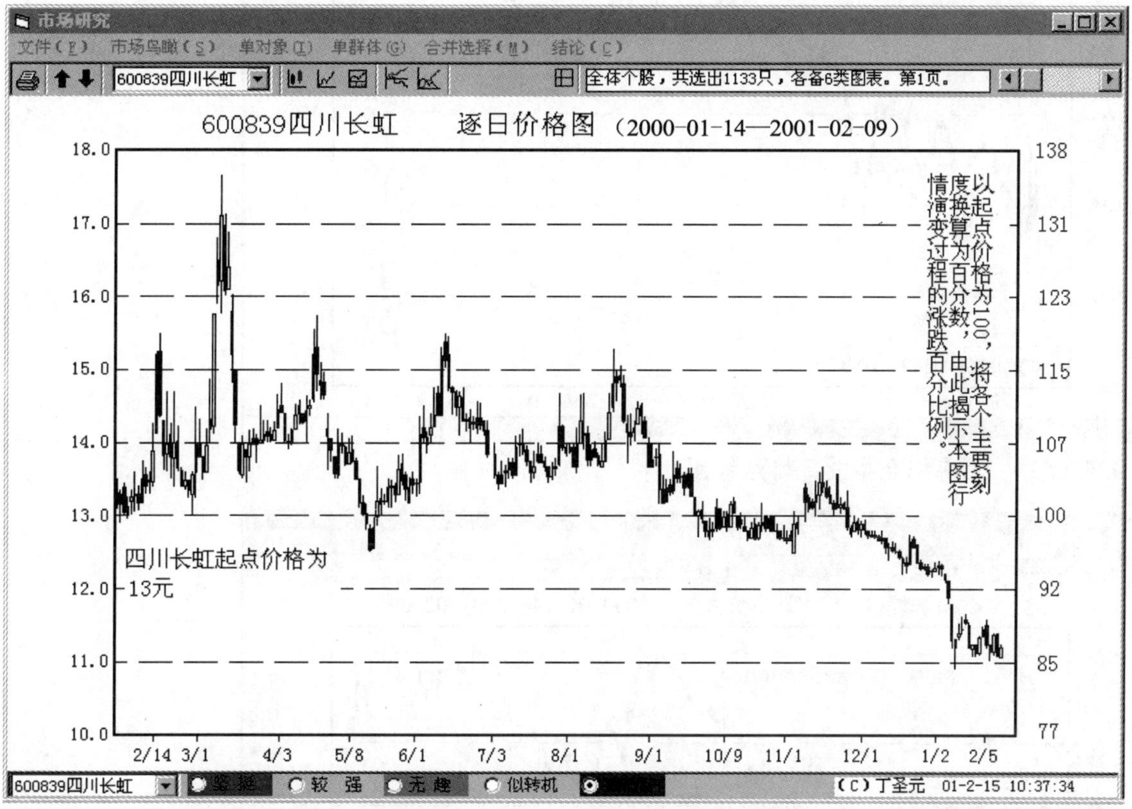

图 4.4（a）　四川长虹的日蜡烛线图

第二步，按图表起点处的行情数值为基数 100 的折算方法，分别计算两图主要刻度线所代表的百分数值，由此分别观察两图行情变化的百分比率。

请注意，不同市场对象的比较只有通过百分比率进行才有意义。实际上，借助比较变化百分比率的办法，不仅可以比较个股和大势的相对强弱，还可以推广到个股和个股的比较、任意两个市场对象的比较，比如比较股指和债券行情，比较股指和外汇行情等。

第三步，将两图重叠，使行情起点重叠在一起，可以直接比较两者走势的异同。在比较时，注意在视觉上修正两图不同的百分比例。从图 4.4（c）来看，从基准日开始，四川长虹就弱于大势，且差距（即两条图线的竖直距离）持续拉大，目前四川长虹相对于上海综合指数弱 50% 以上。因此，四川长虹不仅自身股价走软，相对于大势也是走软的。

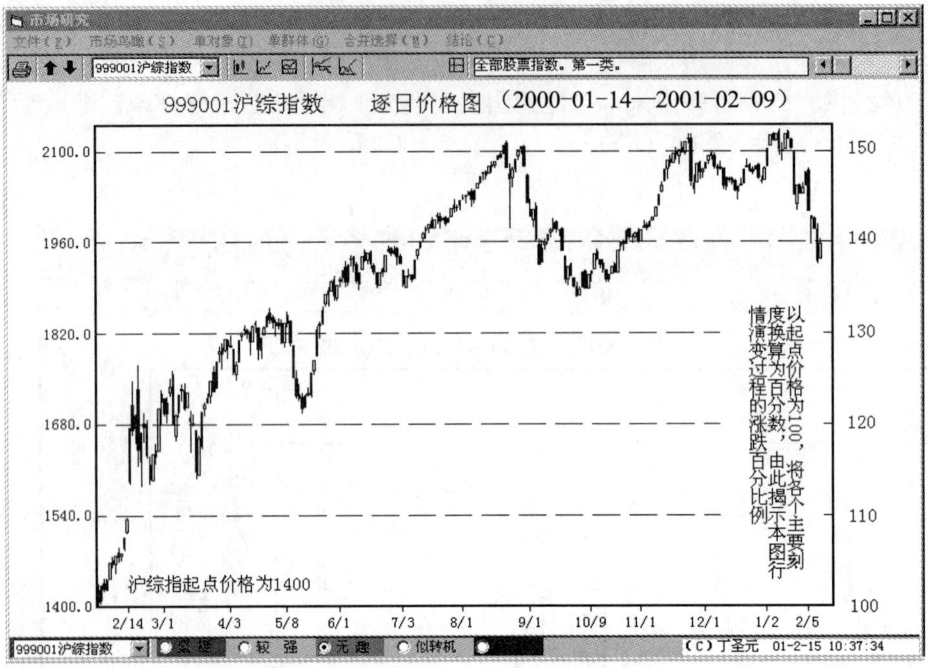

图 4.4（b） 上海综合指数日蜡烛线图

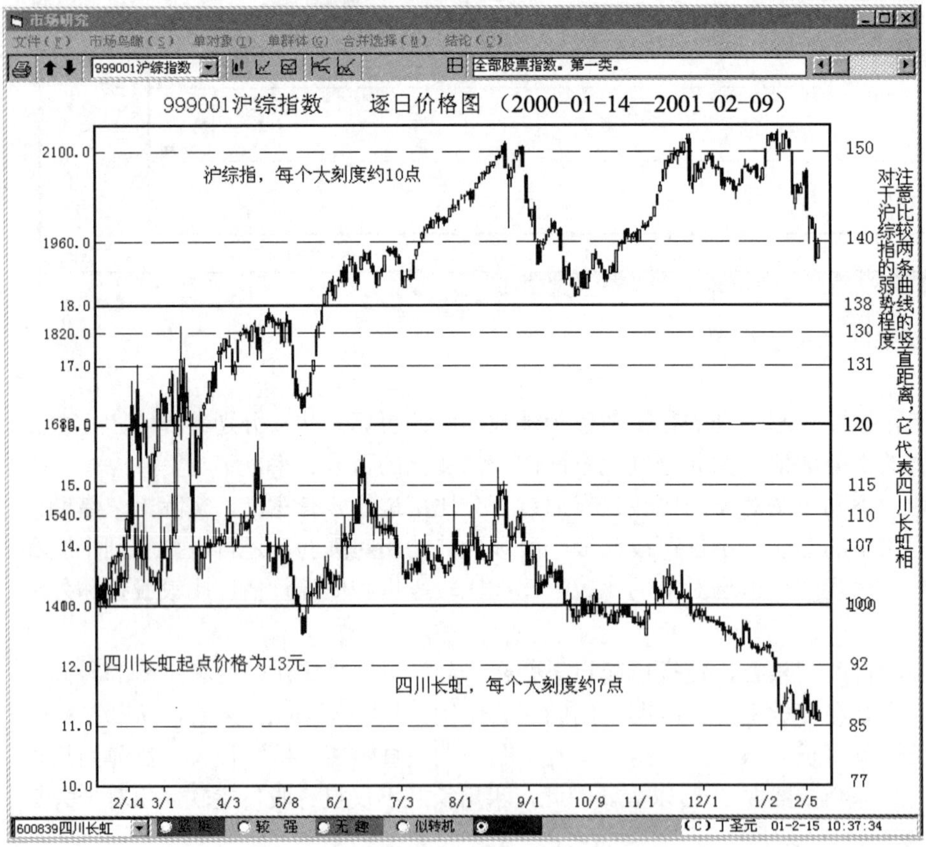

图 4.4（c） 将四川长虹和上海综合指数行情图直接对照，注意百分比例的不同

投资者熟悉了以上步骤后，也可以不再打印图表，而是直接以视觉比较两张行情图。为了保证结果的相对可靠性，关键是要熟悉不同图表的刻度所代表的行情变化比例。

技术分析三类选股原则

国内股市目前只允许先买进、再卖出，也就是做多头，所以这里的讨论都是从买进做多的角度来叙述的。好在做空与做多也没有实质区别，只不过方向相反。目前，海外较成熟的证券市场不仅可以做空，而且围绕股票开辟了丰富的衍生金融产品市场，如股票期货、股票期权等，投资者有充分的选择余地。

按照个股走势相对于大势的强弱比较关系，我们总结出选择个股的原则，即买进从弱转强、同步转强、强者恒强的三类股票，这就是技术分析选择个股的三原则，以下分别介绍。

由弱转强型（简称A类）

由弱转强型，简称A类。判别此类个股的条件在于以下方面。

首先，就个股走势和大势的差价图来说，个股的走势曾经长期（两年以上）弱于大势，即差价曲线处在长期下降趋势中，且差价最好达到－50%以下；最近差价曲线明确发出了向上反转信号。

典型的向上反转信号是，差价向上突破了长期下降趋势线，并且差价在底部构筑了一个为期两个月以上的平台，而且已经向上突破了平台的顶部。差价曲线的趋势反转信号与一般的行情反转信号并无实质不同。

其次，无论差价曲线处在长期下降趋势时，还是在出现上述反转信号时，从公开资料来看，该公司的经营业绩及其前景并没有明显变化，即当初既没有明显变差，现在也没有明显好转，换言之，我们宁愿公司的基本面相对稳定，而行情变化主要归因于市场方面的原因。

正如前面所说，在充分竞争的市场条件下，很少有企业经营业绩的“奇迹”发生，因此，如果企业报告其经营状况相对稳定，反而可信度较高；如果企业业绩从平平乃至亏损突然变得很好，那就要留神，必须存在明显合理的理由才可以接受。经过仔细分析，许多“奇迹”也许只是一时的偶然事件，难以持续下去；或者干脆就是所谓资产重组、资产置换、大股东优质资产注入、劣质资产剥离的“戏法”，是企业为了符合配股、增发新股的条件凭空变出来的。

总之，真正发生实质性改进的企业少而又少。作为普通市场参与者，预先得知企业经营情况实质性好转的可能性极低，而公开资料的可信度似乎成问题，因此我们宁愿选择经营相对稳定的上市公司。当然，对机构投资者来说，有可能通过独立调研来搜索、检验经营确有改善的上市公司，另当别论。

最后，我们还需要从该股票行情曲线上获得验证信号，即价格走势本身的形态也有效地向上突破了某个重要价格水平，发出了买入信号，才可以考虑买进。

有时候，当大势迅速向下调整时，往往造成某些维持不动的股票的差价明显上升。在这种情况下，即使差价曲线确实发出了向上反转的信号，但是股票行情本身并无明显变化，有时甚至已经破位下行，只是下跌的幅度远小于大势，这类股票需要进一步观察，暂时不宜买进。

从图 4.5（a）中看，韶钢松山与上海综合指数的差价曾经在 3 年多的时间内处于下降趋势中，下降趋势从零线一直达到－80％的位置，图示的下降趋势线一直限制着差价曲线的上方边界。最近，差价曲线明显地向上突破了上述下降趋势线，似乎表明上述下降趋势可能已经终结。但是从韶钢松山与上海综合指数的价格指数合并图（图 4.5（b））来看，最近差价曲线的上升主要由于大势的快速下调，个股行情并无明显变化。从个股价格行情来说，差价逆转信号没有得到相应的验证，因此，这个信号仍需进一步观察，暂时不予采纳。

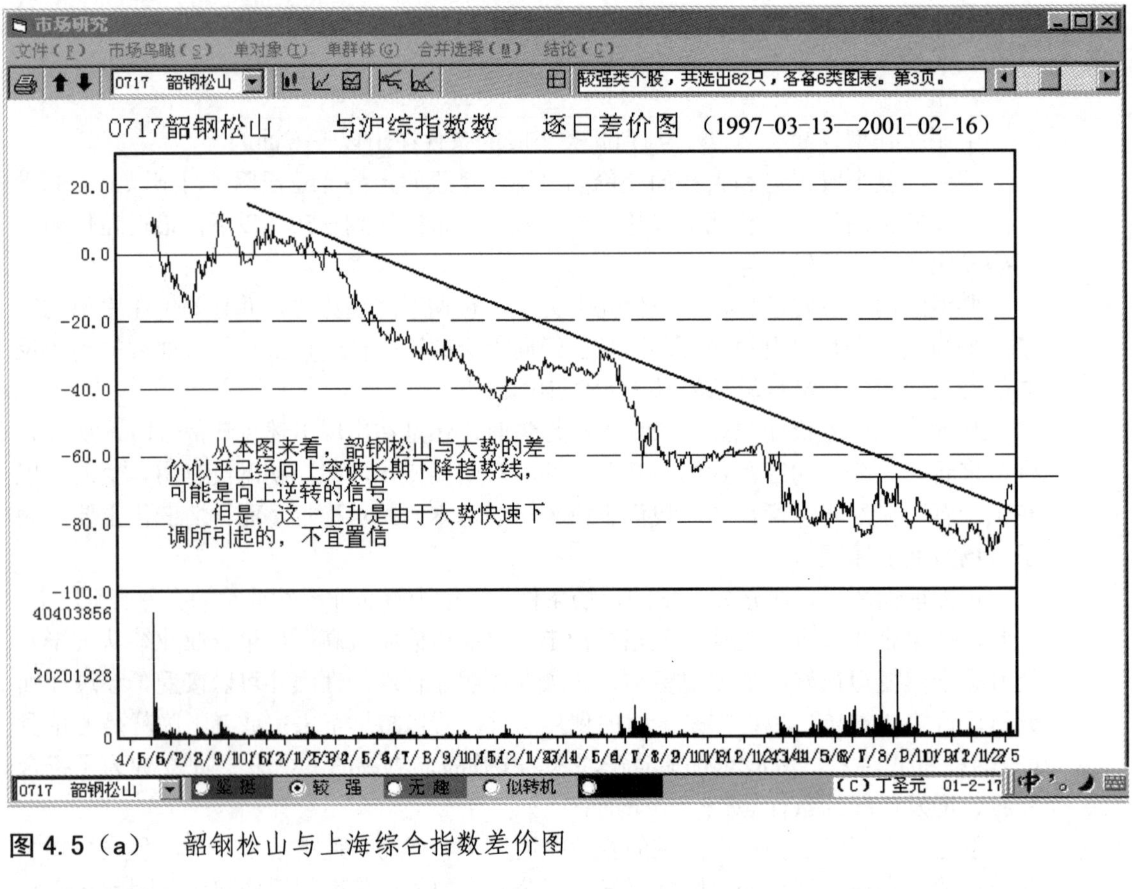

图 4.5（a） 韶钢松山与上海综合指数差价图

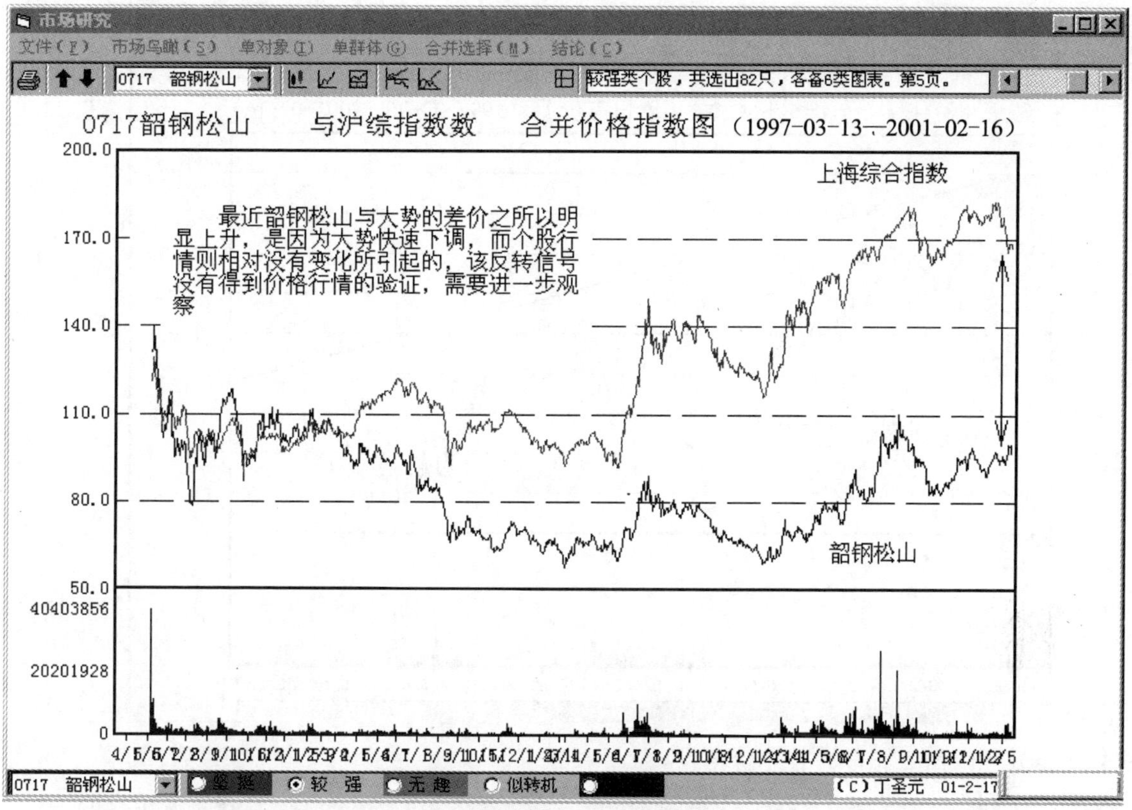

图 4.5（b） 韶钢松山与上海综合指数合并价格指数图

我们一再强调，只有当大势当前层次的趋势向上、或在更大规模的上升趋势下处于横向整理阶段时，才可以买进股票。这是投资的第一前提。在这样的大势条件下，就个股本身的行情走势来说，相对于大势长期走弱的股票可能有二类。

一类是个股行情几乎从未上升，长期处于中小幅度的横向趋势中，致使差价曲线不断下降。换言之，个股行情原地踏步，而大势持续上升，相对地被大势甩在后面。在这样的情况下，我们要求个股的价格行情必须向上突破过去的历史最高点，以历史新高的形式验证差价趋势的向上反转信号。

如图 4.6（a），锦州石化与大势的差价在 3 年以上的时间内始终处于下降趋势中，从零线下降到－70%～－80%。最近，该差价似乎有向上突破底部平台的迹象。从它与大势的合并图来看，在上述期间个股行情基本上维持在横向趋势中，因此差价的下降趋势主要由于大势长期持续上升所引起。在这种情况下，作为验证信号，我们要求价格行情创历史新高（图 4.6（b））。不过，锦州石化似乎还没有明确创历史新高，因此差价的向上反转信号暂时存疑，需要进一步观察。

另一类股票的差价长期下降趋势主要由于个股价格行情曾处在长期下降趋势所造成，相对来说，这类个股行情比主要是横向整理的个股更为疲软，因此，我们对这类股票的反转信号要求更高。一般情况是，个股行情曾经历长期（1 年以上）、大幅下降趋势，再经历长期（1 年以上）、窄幅低位横向整理，与此同时大势始终维持上升态势，

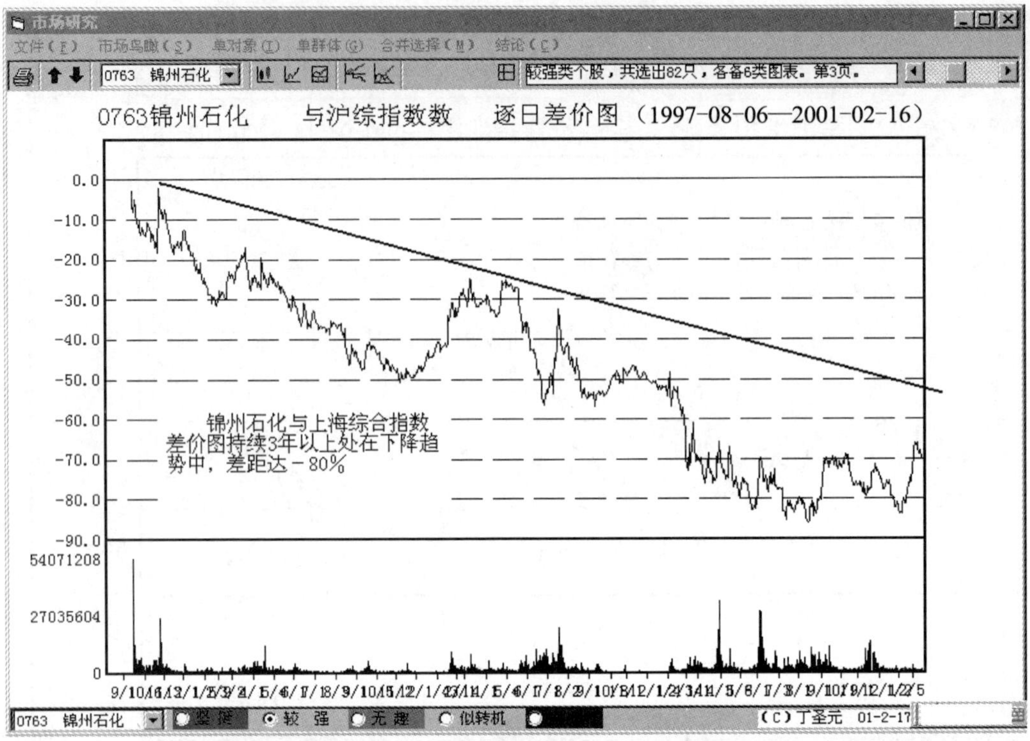

图 4.6（a） 锦州石化与大势差价图

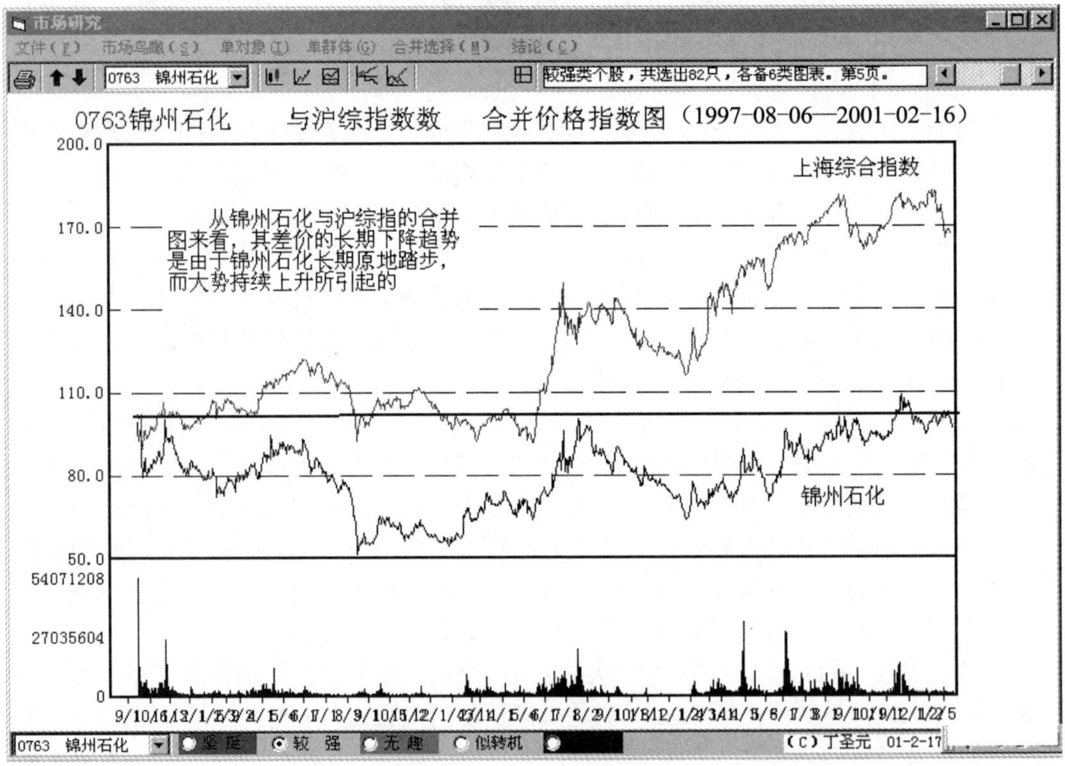

图 4.6（b） 锦州石化与大势合并图

或者处在更大规模上升过程的横向整理阶段，由此导致个股和大势的差价长期处在下降趋势中。我们要求此类股票在经历上述长期下降趋势后，必须经过一个长期、低位、窄幅的横向整理过程的过渡，以彻底扭转原先的颓势，而不轻易为反转信号所动。另外，对个股行情的底部反转信号及其交易量的配合信号也有较为严格的要求。

图 4.7（a）中有两条曲线，明显处在上升趋势中的是上海综合指数，长期萎靡不振的是 0589 黔轮胎。本图揭示了 1996 年底以来大势和黔轮胎的对照关系，由于大势长期持续上升，为黔轮胎行情上涨创造了良好的条件。而黔轮胎则尚处在大盘位于 1500 出头时的水准，与大势现在的 2100 点形成了巨大落差。黔轮胎与大势的差价长期处在下降趋势中（图 4.7（b）），从＋70%一直下跌到－80%，图 4.7（b）所示的下降趋势线维持了近 4 年。该股票的差价之所以如此疲软，是因为其股票行情曾经长期（近两年）大幅下降，与此同时，大势则一直强劲上升。从黔轮胎本身的行情来看（图 4.7（c）），在上述长期下降趋势后，后来出现了长期（近两年）的低位、相对窄幅的横向整理过程。最近，该股差价向上突破了长期下降趋势线，也向上突破了底部平台的上边界；从其行情本身来看，长期底部平台已经被明显向上突破，且与之配合的交易量放大适当。

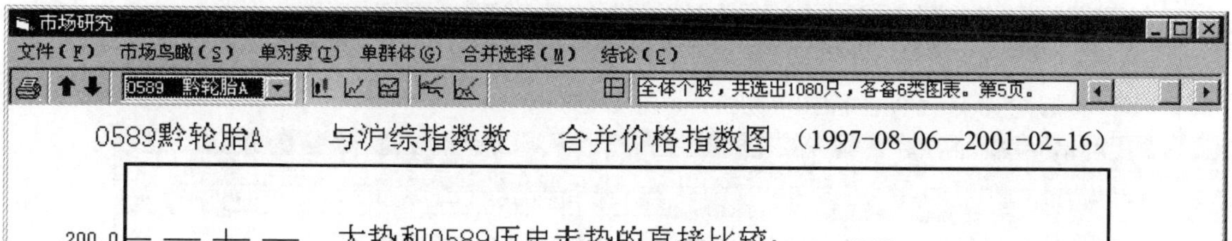

图 4.7（a）　黔轮胎与上海综合指数合并图

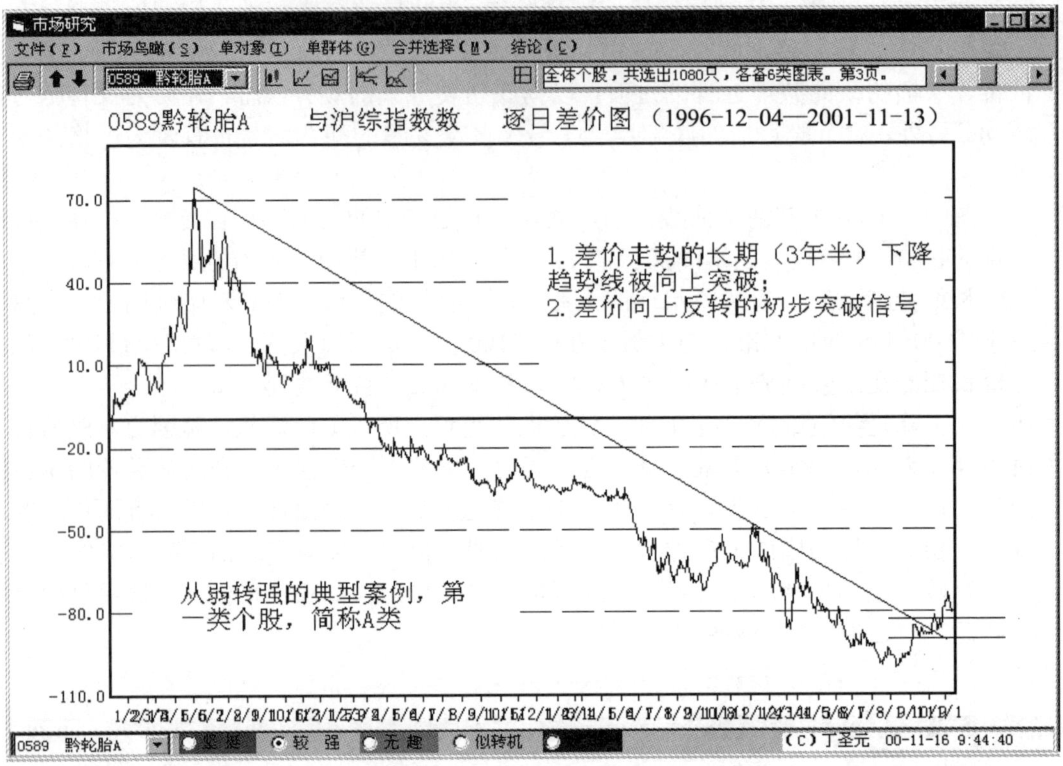

图 4.7（b） 黔轮胎与大势差价图

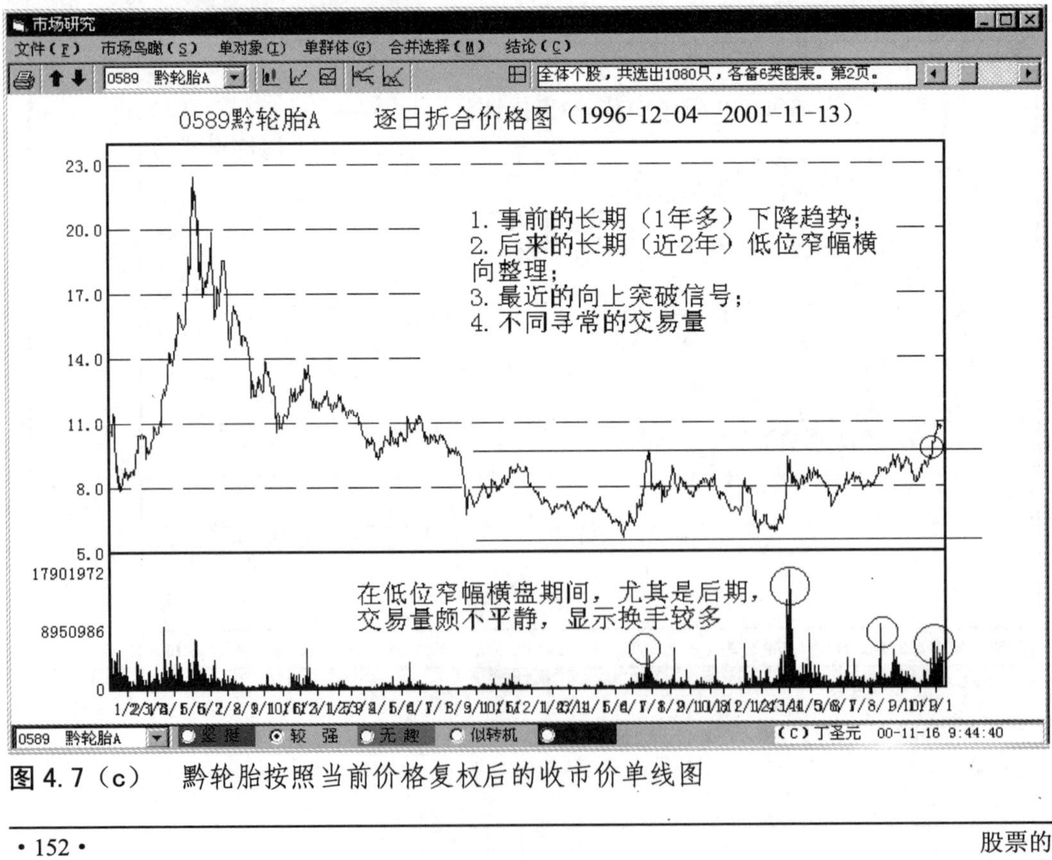

图 4.7（c） 黔轮胎按照当前价格复权后的收市价单线图

请注意，在图 4.7（c）的底部横向整理过程中，曾经有过数次颇不平静的上冲行情，当时大势很好，上冲行情的速度和幅度都很不俗，与之配合的交易量也显著放大，第二次上冲过程的成交量甚至创造了历史新高记录，但是这些不平静终于归于平静。这里的教训是，市场并不是因为下跌得过久、下跌得过多而上涨的；一般来说，由于趋势惯性，越是下跌得多、下跌得久的股票反而越是不容易向上逆转。归根结蒂，趋势持续和逆转是市场研究的根本问题，如果没有确凿的证据，则宁可猜测当前趋势继续下去，而不是逆转。

图 4.7（c）是黔轮胎的折合价格图，即已经将除权的情况加以折算了。本图左半部分显示该股票曾经有 1 年多的时间长期、大幅下降，从最高点 22 元多下跌至 6～7 元；后来，近两年，该股票一直维持在 6～7 元至 10 元左右的底部狭窄区间中横向波动，没有任何作为；从交易量上看，上述横盘区间的后半部分形成了几次不同寻常的成交高峰，平均交易量水准也明显提升到相对活跃的程度，如此看来，此处的换手相当充分——这是投资者一种典型的错误，套牢者一直忍耐到最低点，但终于不能坚持下去，在最不利的条件下认赔出局；最后，所有的前戏已经做足，真正的故事才开锣。股价终于以温和放量的形式向上突破了维持数年的牢笼，发出了上升趋势的初步信号。

在极少数情况下，如果下降趋势持续时间过长，如 3 年左右，个股价格下跌幅度过深，且上市公司基本面确实没有重大不利的情况，则可以放宽条件，不要求上述低位窄幅横向整理的过渡行情，在差价曲线和个股行情双双向上逆转的确实信号下，也可以考虑买进。不过，这只是极少数情况。由于持股的资金成本先天不利，通常股票行情从下降趋势反转为上升趋势的过程总是颇费周折的，而从上升趋势反转为下降趋势则便利多了，所以在向上反转过程中，底部长期、窄幅横向整理过程很多见，而痛快的 V 形反转则颇少见。

如图 4.8（a）所示，湖北兴化与大势的差价曾经处在长期下降趋势中，约 3 年多，差价从＋170％下降到－70％，给人留下深刻印象。不过，最近上述长期下降趋势线已经明显被向上突破，底部持续近 1 年的窄幅横向整理平台的上边界也被明确向上突破，差价向上反转信号是较为确凿的。

从股票行情来看（图 4.8（b）），上述差价之所以具有如此惊人的上下变动幅度，主要原因在于湖北兴化的长期（3 年）、大幅下降趋势。目前，该股票在大势快速下调的时候依然明显上升，并以适当放大的成交量向上突破了横向趋势的上边界，基本验证了差价向上逆转的信号。这里我们没有强调所谓长期底部窄幅横向整理的过渡阶段，因此属于少数特例。对本股票的反转行情应持谨慎置信的态度。

还需说明的是，从湖北兴化的基本面来看，1996 年的每股收益为 1 元，1997 年每股收益为 1.186 元，1998 年为 0.254 元，1999 年为－0.183 元，2000 年中期业绩为－0.122 元，不符合基本面没有明显变化的基本条件，这是因为笔者无力实地调查，只能纯粹就技术分析信号来判断其行情，因此湖北兴化只能作为技术分析图例。

话说回来，上市公司报告亏损的可信度可能比报告大幅盈利的可信度似乎更实在一点，而且亏损企业不允许高价配股，这对投资者来说也算是降低了风险。

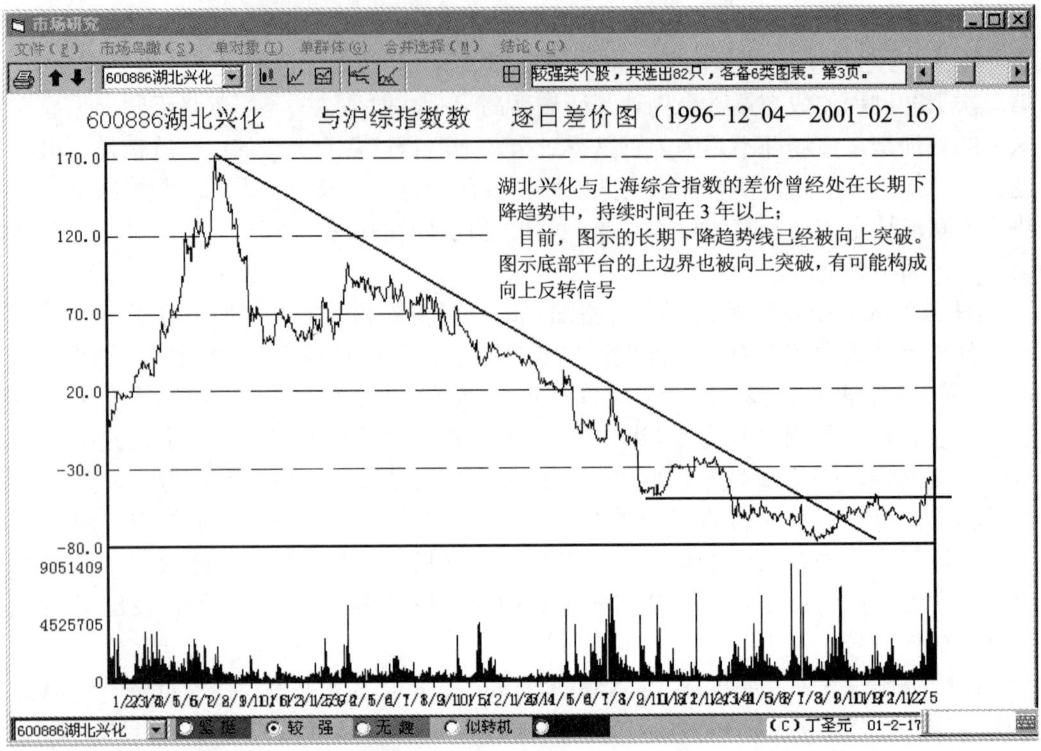

图 4.8（a） 湖北兴化与大势差价图

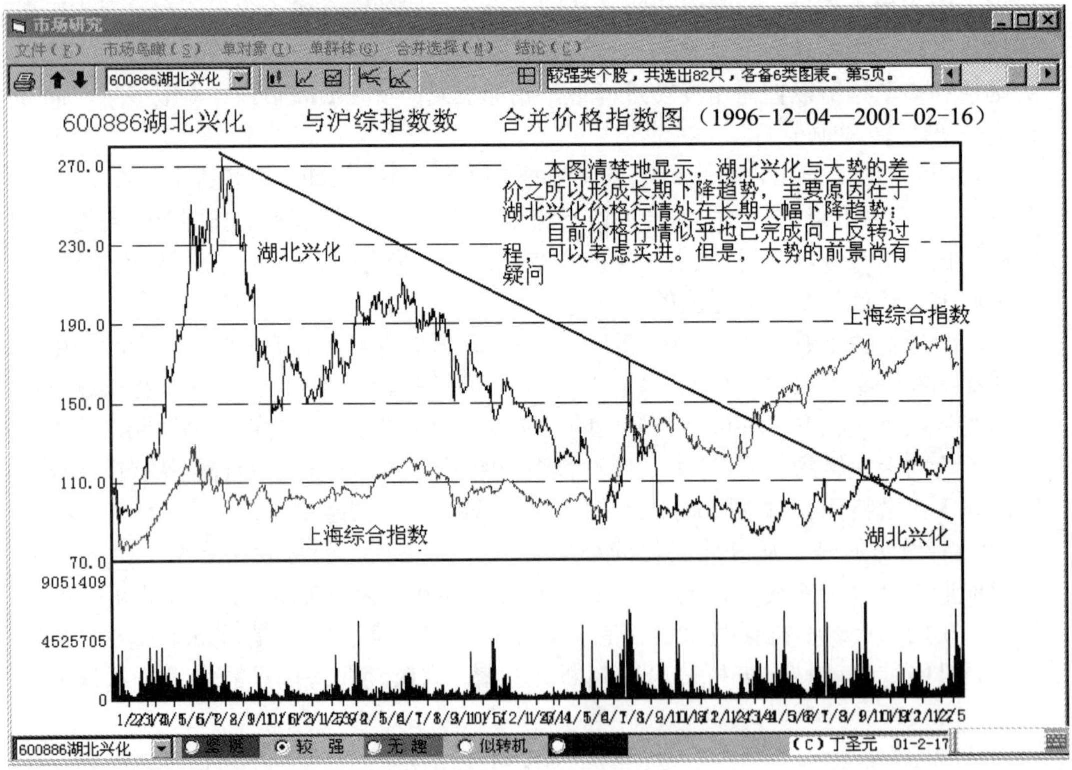

图 4.8（b） 湖北兴化与大势合并图

就股票价格的验证信号来说，创历史新高可能是最强的验证信号了，但是就目前大势的超长期上升趋势背景而言，这一条件并不算特别苛刻，因此有必要推广到第二类情况下。也就是说，即使差价长期下降趋势是由个股行情的大幅下降趋势所造成的，在验证差价向上反转信号时，最好也要看价格行情是否已经创历史新高。

图 4.9 由四张图表组成一组，其中比较了锦化氯碱（图 4.9（a））和上海建工（图 4.9（c））相对于大势的向上反转信号。锦化氯碱的差价反转信号不如上海建工清晰，因为其长期下降趋势线尚未被向上突破，但是它的价格已经向上突破了历史新高，从而有力地支持了差价向上反转的结论（图 4.9（b））。虽然目前价格行情明显向下调整，但是尚且维持在历史纪录之上，因此，我们可以选择继续持有或者继续买进。另一方面，上海建工与大势的差价反转信号比锦化氯碱清晰，但是价格行情没有创历史新高，而是尝试新高失败，因此我们对该股票应继续观察，暂时不选择买进（图 4.9（d））。

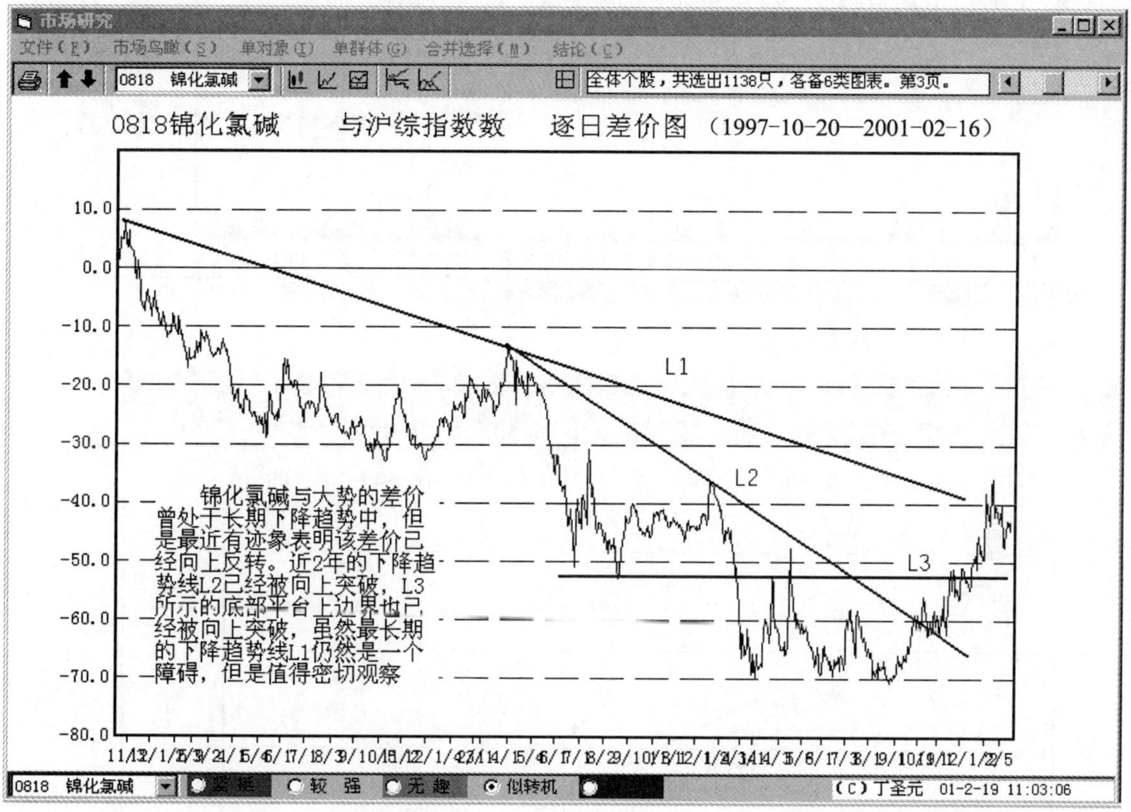

图 4.9（a） 锦化氯碱与大势差价图

有一种错误的看法，认为买进长期下跌的股票最有利。一般来说，长期下跌的股票大致都属于股票长期弱于大势的情况，即其差价长期处在下降趋势中。从价格方面来看，这种局面确实对投资者最有利，但是投资者必须付出的代价是，此类股票的走势可能相当脆弱，继续走低的可能性较高；在向上反转信号中，假信号的比例较大，不少时候仅仅是短期的向上试探而已；即使该个股行情终将走强，在由弱转强的过程中反复的情况也比较多，中途夭折的危险也较大。

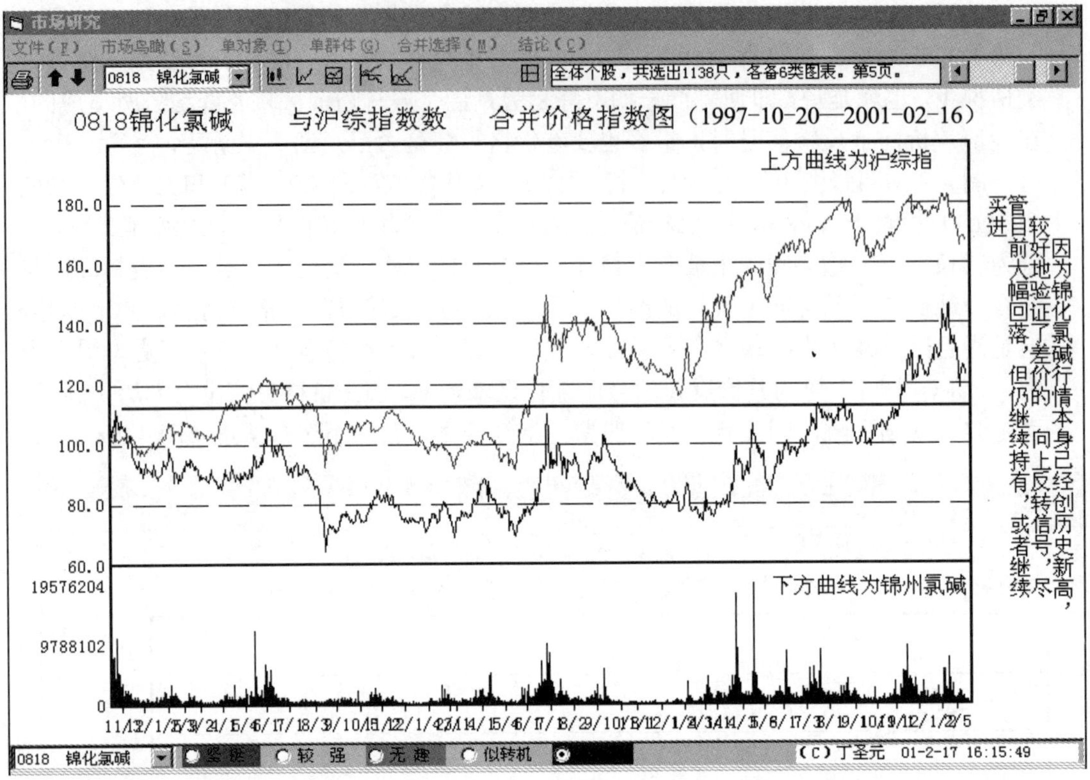

图 4.9（b） 锦化氯碱与大势合并图

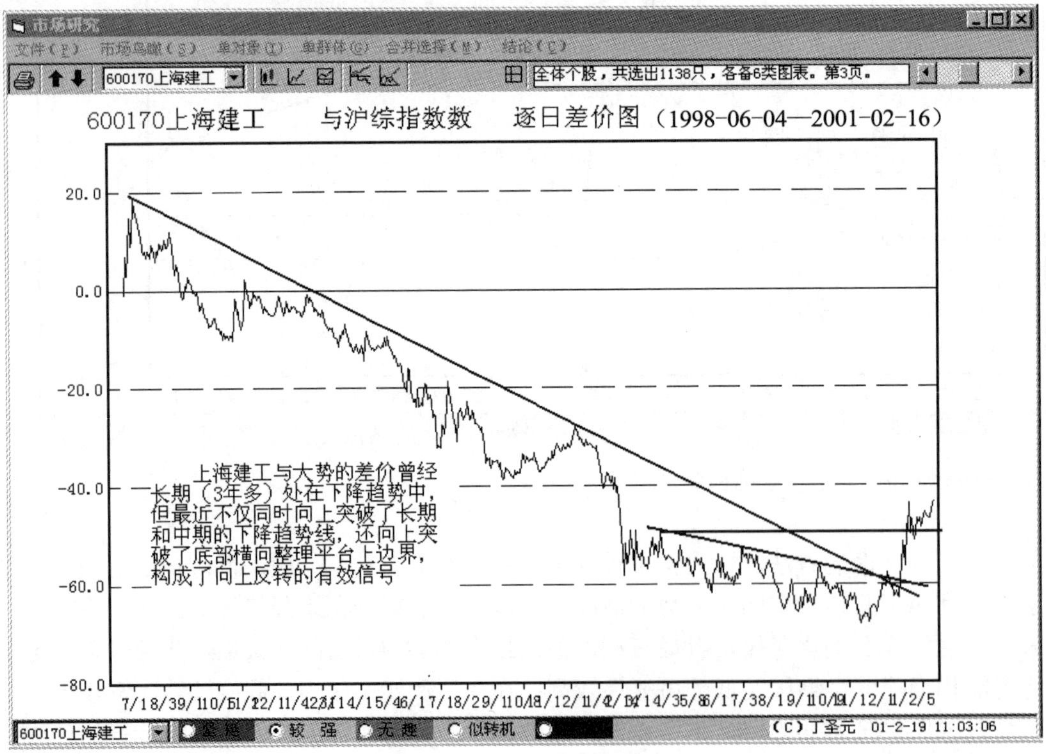

图 4.9（c） 上海建工与大势差价图

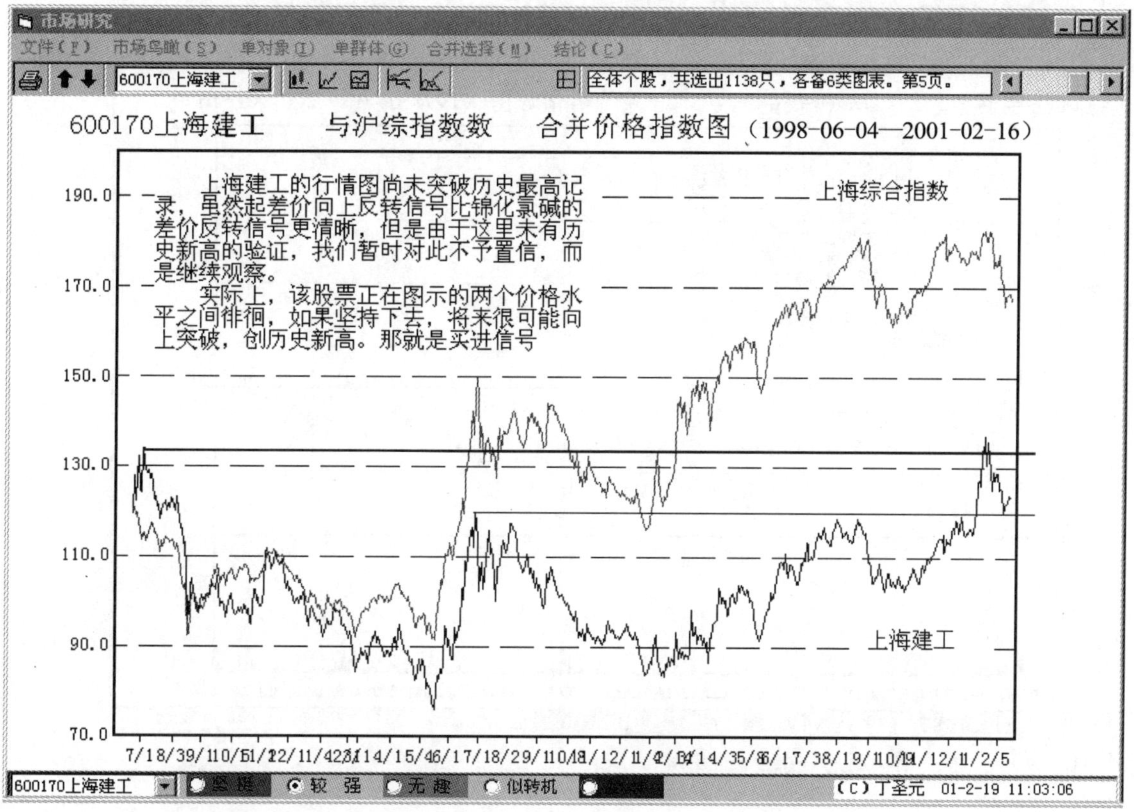

图 4.9（d）　上海建工与大势合并图

现在我们详细讨论这两种情况，即底部反复的情况和转强中途夭折的情况。

底部反复的情况是在个股尚未走出低位、窄幅横盘区间时，在长达 1～2 年的筑底过程中屡屡发生先猛然拉升后无功而返的假反转情况。请看 0589 黔轮胎图例（图 4.7（c））的底部横向整理过程中多次反复的情况，注意价格上冲行情和交易量的关系。这种情况令投资者感到非常受挫折。解决的办法是，当我们判断向上反转信号时，首先要求市场在底部形成长期窄幅横向整理的过渡阶段；其次必须确有差价和价格行情两方面的反转信号；成交量适度放大，但不能创新高；价格行情最好也创历史新高。

如图 4.10（a）所示，宇通客车的价格行情似乎已经由底部向上反转了，判断依据有两条，首先，图示的上升趋势线已经持续 1 年以上；其次，在上升趋势线之上，行情已经向上突破了前期重要历史价格水平。从差价图 4.10（b）来看，也有两个向上反转信号。但是请注意，价格行情在突破图示价格水破后，不是继续上升，而是围绕该水平和上升趋势线上下拉锯。

在本例中，价格行情没有创历史新高，可以借此排除这些拉锯的伪反转信号。由此可见，绝对不应在出现确实的差价反转信号和行情验证信号之前冒失行动，这一点对于买进从弱转强型股票至关重要。

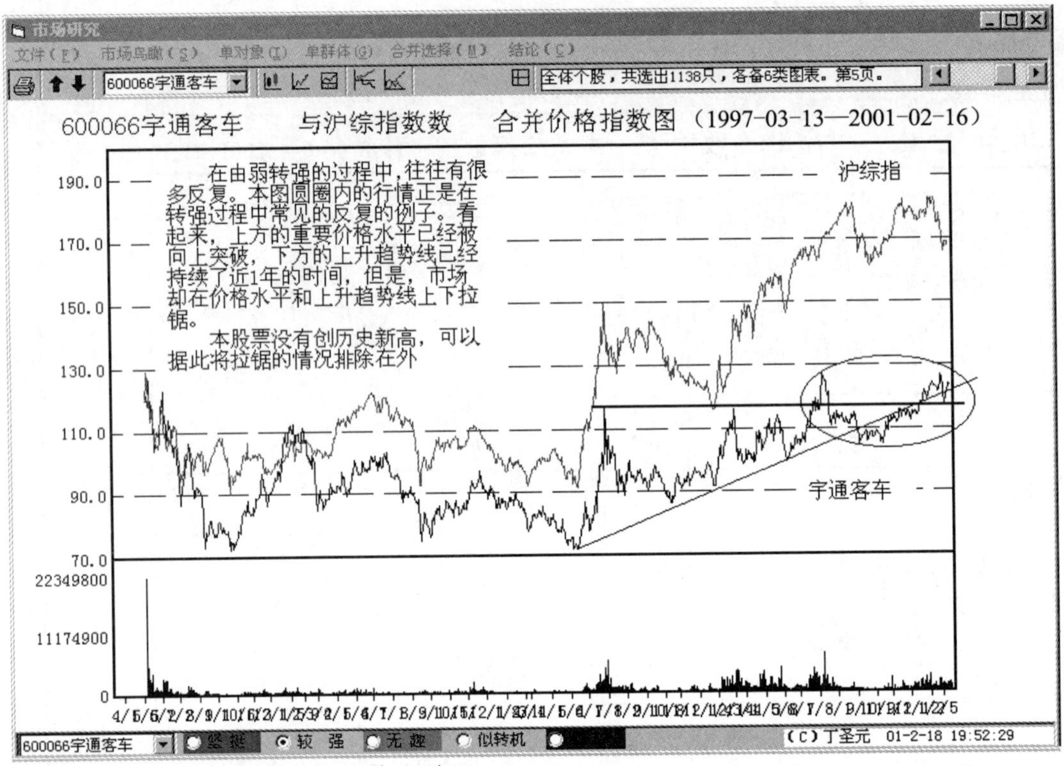

图 4.10（a） 宇通客车与大势合并图

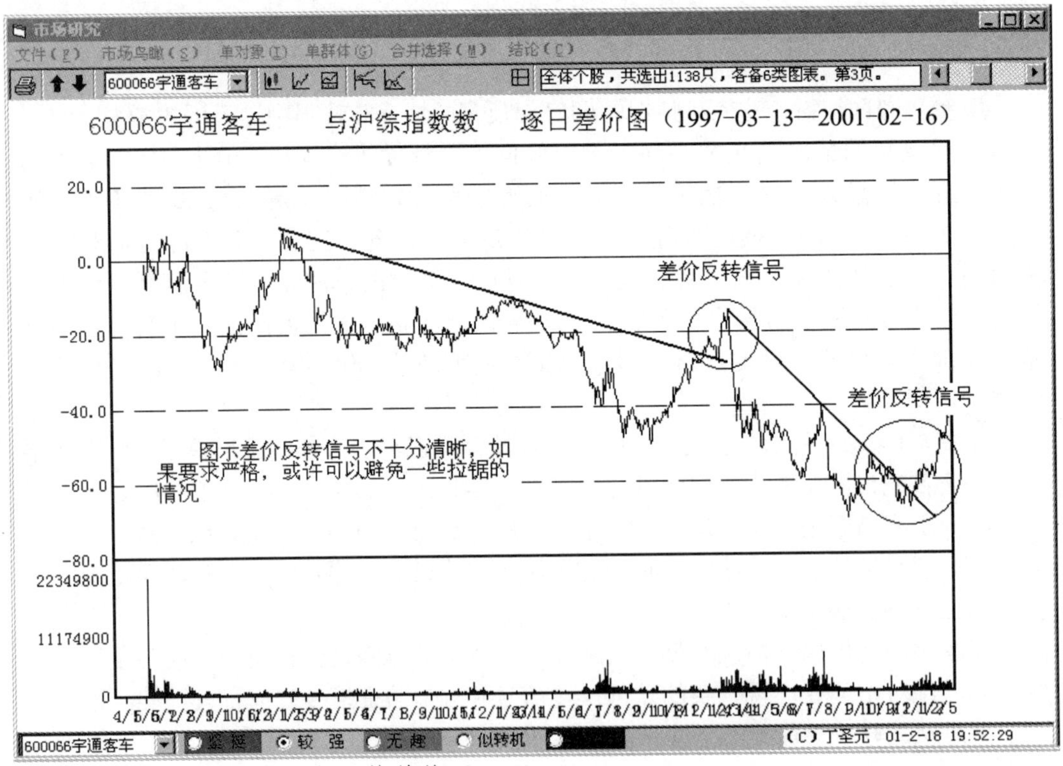

图 4.10（b） 宇通客车与大势差价图

转强中途夭折的情况是，差价和个股行情均已向上突破，甚至价格已经创历史新高，各方面情况都表明它很可能走强，但是，该个股却开始长时间横向整理，甚至跌回重要支撑水平之下。这一种情况很多见，同样令人头痛。解决的办法是，如果价格维持在历史水平之上，且差价没有明显扭转为下降趋势，则继续持有；一旦出现向下返回的明确信号，则需止损。

如图 4.11（a）、（b）所示，厦工股份的差价曲线和行情曲线均明确无误地发出了向上反转信号，且厦工股份已经创历史新高，在这样的条件下，该股转强的可能型很大，可以买进。但是，尽管如此，该股票向上反转的过程仍然出现了较大的反复，行情曾一度向下试探前期历史高位。由于市场维持在该历史高位之上，且差价没有明显向下反转信号，所以应继续持有该股。不过，万一股价跌破了前期历史高位，则需毫不犹豫地卖出止损。

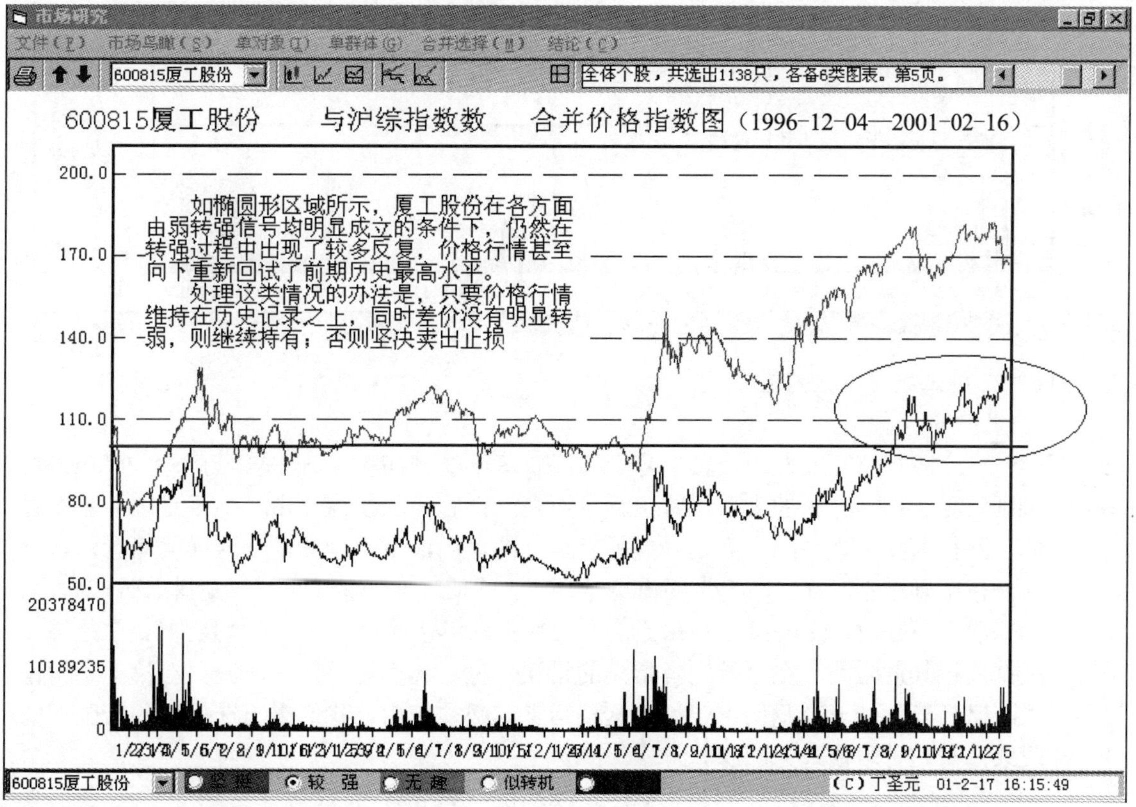

图 4.11（a） 厦工股份与大势合并图

在选择由弱转强型个股时，它在低位长期（1 年以上）、窄幅横向整理的过渡过程是相当重要的。换言之，必须给予市场充分的机会向下尝试新低，充分的机会换手，充分的机会集中筹码。当然，个股从持续走低立即掉头转为持续走强的情况也存在。由此可见，选择由弱转强类股票非但不占额外的优势，反而必须多加小心、多方验证。说到底，强者恒强、弱者恒弱的趋势持续过程显然占据大部分交易时间，而趋势的强弱变换则只占小部分时间，所以碰上股票价格趋势向上反转的机会并不很多。

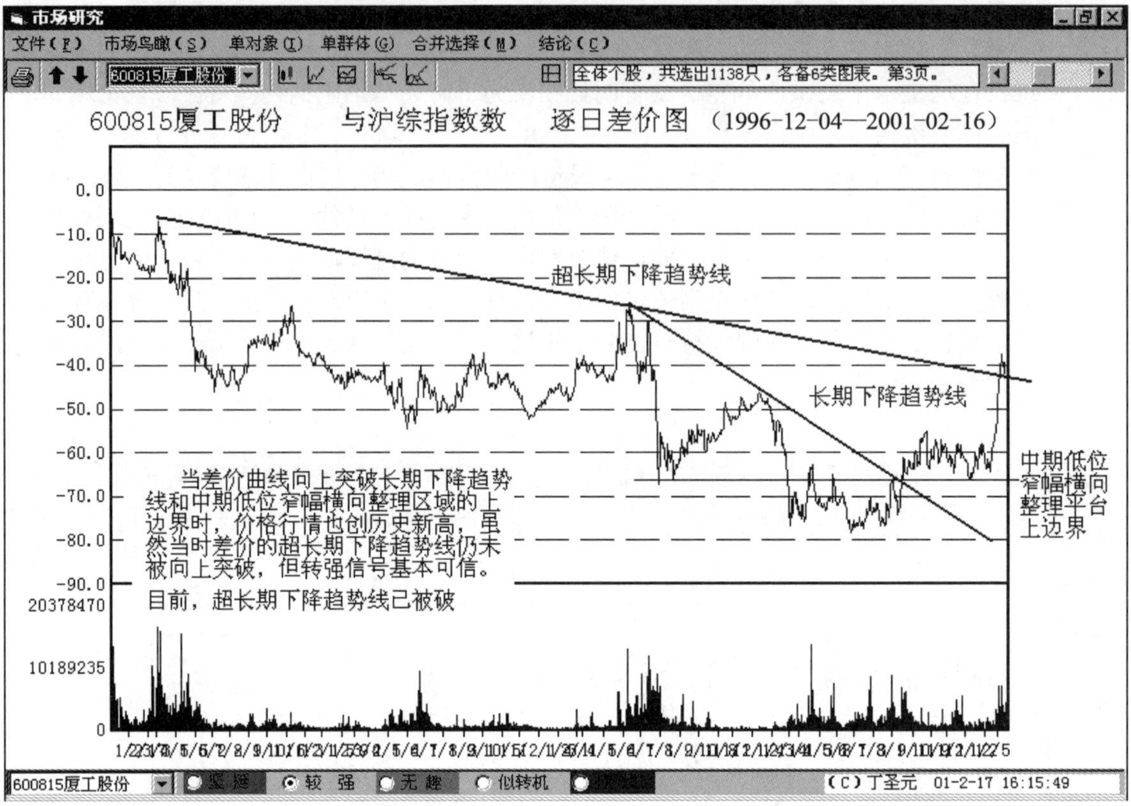

图 4.11（b） 厦工股份与大势差价图

在个股行情确实发出反转信号之前投资者不妨密切关注，但是千万不可过早买进，否则就犯了技术分析的大忌。咸鱼翻身不是一件容易的事情。市场并不是因为走得过低、跌得太猛才走高的，而是一定另有走高的理由，至于“太低”这样的概念，在技术分析中则绝不存在。在正常的市场条件下，个股完全可能“低”到摘牌、破产为止。

股市下跌时，国内投资者和评论人士常常忍不住谈论“抄底”、“反弹”，这是毫无根据而极其危险的，在“投资者常见的错误”里，我们还要仔细研究。在第一章讨论“防微杜渐”的一节我们也曾说过这种错觉。必须声明，我们提出选择由弱转强型的股票，与这种习惯毫无渊源。

最后我们来看看由弱转强型股票成功的实例。本例曾在介绍选股的图表工具时出现，这里要详细研究其买入信号和时机。如图 4.12（a）所示，金路集团与大势的差价曾出现了两个明显的向上反转信号。前者向上突破了长期下降趋势线，构成较弱的差价反转信号。从价格行情的验证信号来看（图 4.12（b）），与最弱的买入信号对应，暂时不宜买进。后者则是较强的差价反转信号，此时价格行情先后发出了超长期下降趋势线被向上突破的中等买入信号和创历史新高的最强买入信号，即使出于特别谨慎的原因未在中等买进信号时买进，无论如何也不能错过最强的买入信号了。

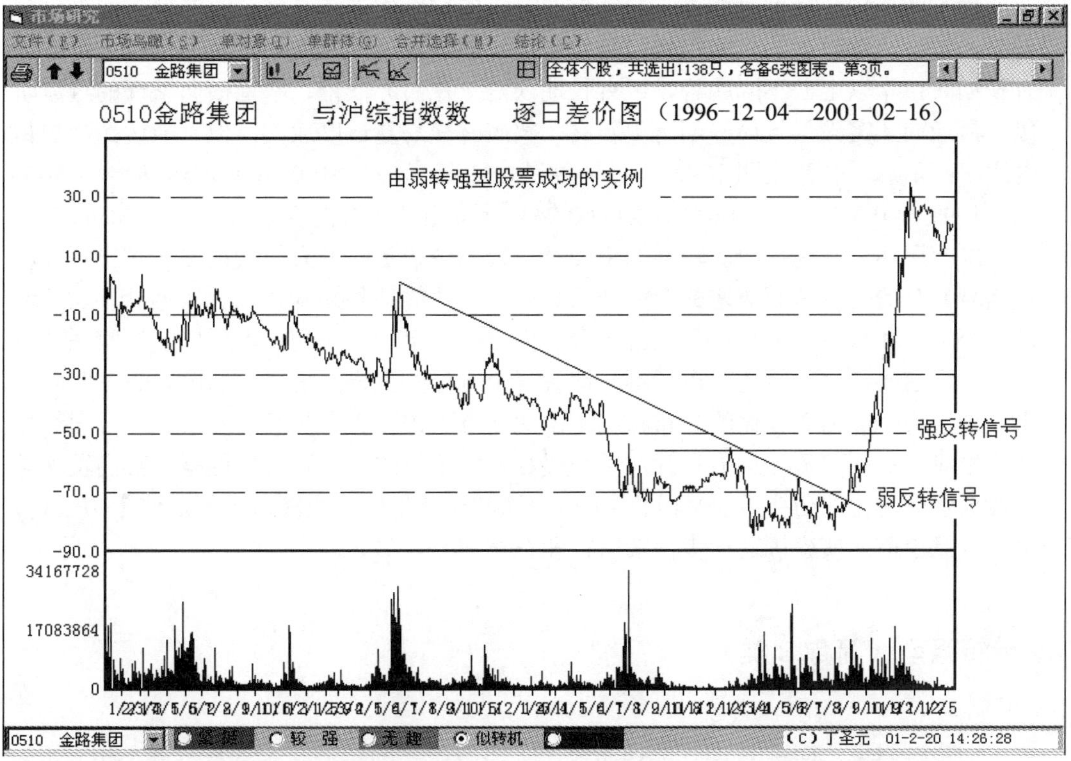

图 4.12（a） 金路集团与大势差价图

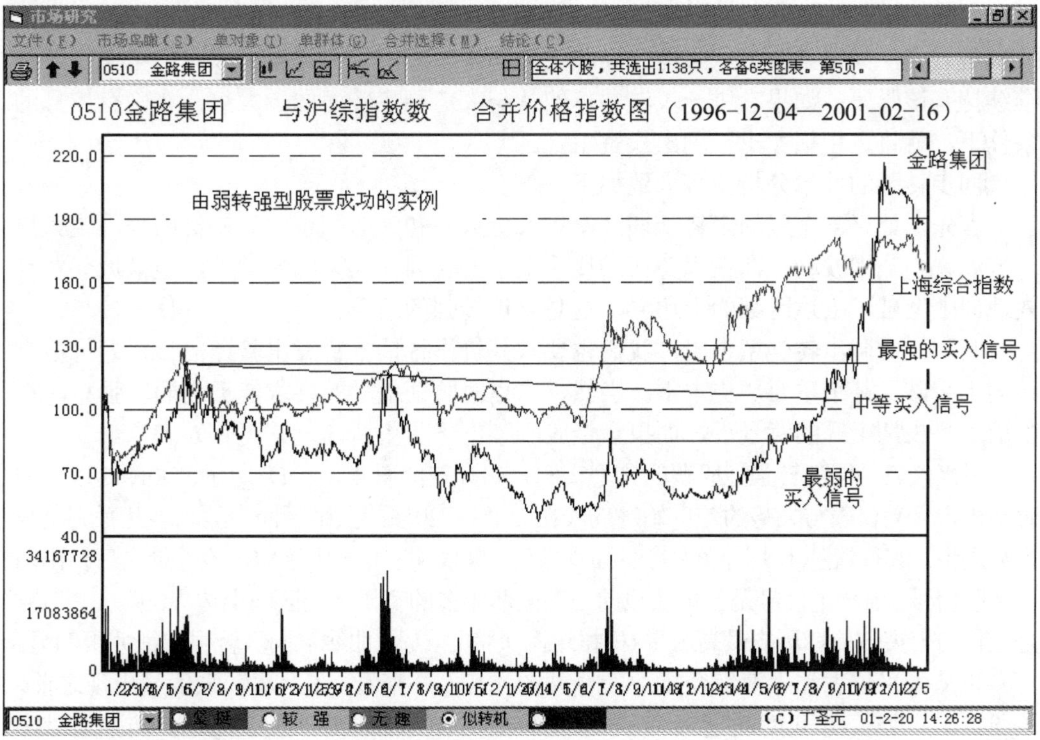

图 4.12（b） 金路集团与大势合并图

通过图 4.12，我们可以逐一对照前面分析的判别由弱转强型个股的各方面准则。首先，差价两年以上的下降趋势，且差价达－50%以下；其次，从价格行情来看，先有长期（1 年以上）下降趋势，再有长期（两年左右）低位、窄幅横向整理的过渡阶段，最后向上突破，且最好创历史新高。突破时交易量适度放大，但不能达到历史最高水平；最后，金路集团 1996 年每股盈利 0.31 元，1997 年 0.26 元，1998 年－0.409 元，1999 年 0.007 元，2000 年中期为 0.0438 元，相对来说较为稳定，也较为可信。

综上所述，在选择由弱转强的个股时，**技术分析上的多方面验证信号**（包括交易量信号）、**个股研究方面缜密的企业调研**是极其重要的补救措施。从这里我们可以看到，从上至下法和从下至上法实际上已经合而为一。从上而下法和技术分析的选股系统就像地面雷达站，地面雷达对市场不断地进行全方位的扫描，这样我们可以随时明确、定量地了解个股强弱分化的分布状况，由此一方面评估大势的发展前景，一方面有效地集中对企业调研的注意力和针对性，提高搜索个股的效率和及时性；当我们发现某些股票强弱转化的苗头后，再通过由下至上法和企业调研手段深入了解这些上市公司，这就像派出前线侦察机进一步核实情报和补充细节。

同步转强型（简称 B 类）

同步转强型，简称 B 类。如前所说，大多数股票的走势与大势基本上不相上下。不过，我们并不会仅仅因为某个个股与大势持平就对它另眼相看，而是要求它从与大势同步的大多数股票中脱颖而出，即在其发出从同步转强的信号时才买进；在现有的投资组合中，如果某股票从强势退而和大势同步，则出于节约交易成本的考虑，还是继续持有该股票；如果它进一步转弱，即从与大势同步转而弱于大势，在确有信号的条件下，就将之止损卖出，剔出投资组合。

同步转强的技术分析信号大致如下。

首先，如果某个股的走势长期（两年或更久）和大势同步，其差价历来围绕大势（零线）小范围波动，即在大势（零线）上下±10%～20%的区域内，但最近突然有效地向上突破了上述区域的上边界，这是差价转强的信号。

其次，对同步转强型个股，我们也要求其价格行情本身发出验证信号，即价格有效向上突破了某个重要历史水平。当然，这里对验证信号的要求低于由弱转强型。在当前大势长期上升的背景下，如果该个股刚刚创下历史新高，则更令人满意。

天兴仪表是同步转强型股票的典型实例。如其差价图 4.13（a）所示，在两年以上的时间内，天兴仪表与大势的差价始终局限在 30%～20%的狭窄区间中波动，几乎完全与大势同步，其行情基本上围绕大势小幅度振荡。2000 年 10 月中下旬，该差价先后发出两个转强信号，前一个信号是差价曲线向上突破两年多的窄幅横向区间上边界，后一个信号是差价向上突破前期历史最高水平。根据这两个信号，差价曲线从同步转强的征兆很明显。

再从天兴仪表和上海综合指数的合并图 4.13（b）来看，在上述转强信号出现之前，该股票的走势长期和大势同步，几乎总是缠绕在大势曲线上。几乎在差价转强信号出现的同时，价格行情曲线也向上突破了前期历史最高水平，验证了差价转强信号。在这种情况下，基本可以判断同步转强信号成立。

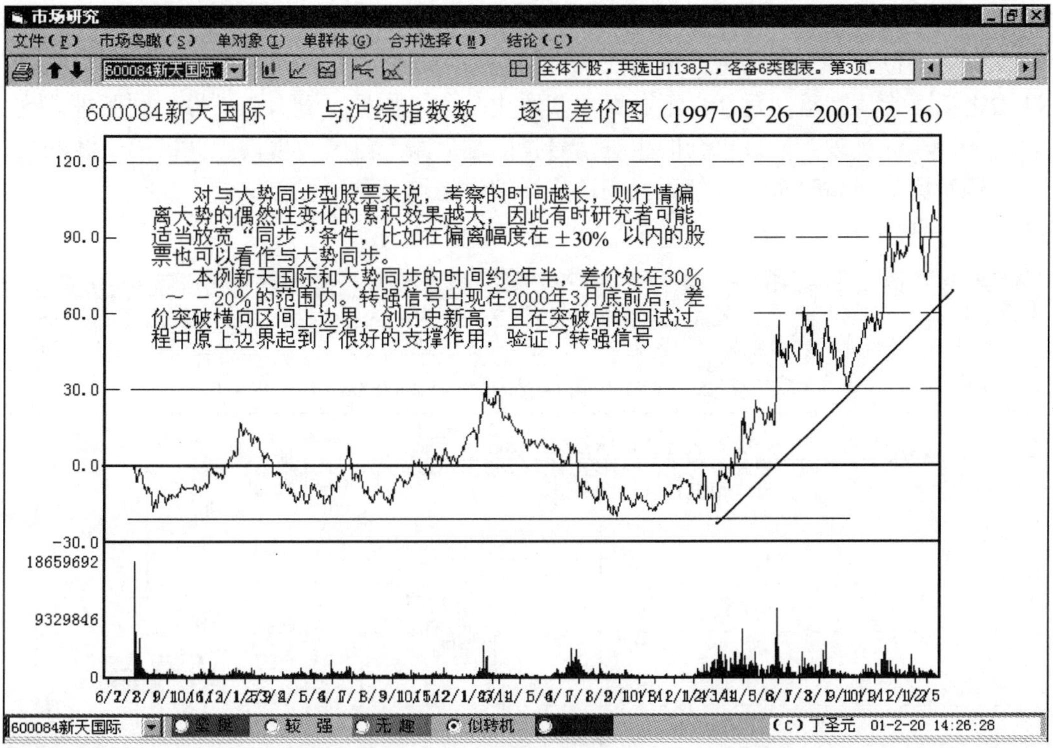

图 4.13（a） 天兴仪表与大势差价图

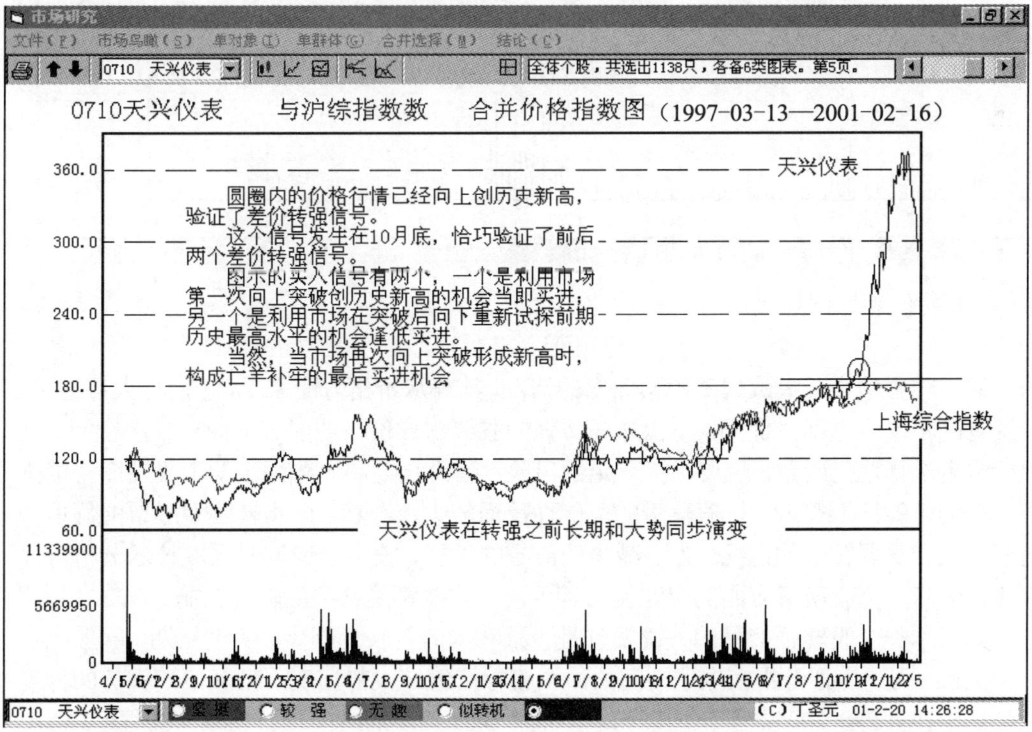

图 4.13（b） 天兴仪表与大势合并图

将上述转强信号的行情放大（图 4.13（c）），我们得到三个买入信号，它们分别属于所谓“追击法”、“伏击法”、“最后机会法”。追击法买入信号指的是当价格向上突破前期历史高位时，立即买进；伏击法买进信号指的是，市场经过突破——第一波向上冲击之后，行情回落，重新向下试探前期历史高位，如果受到有效支撑，则买进，这也是所谓逢低买进；最后机会的买进信号指的是后来当行情再度向上突破第一波的高点，刷新历史新高时买进。稍后我们还将详细讨论这三种买进方法。

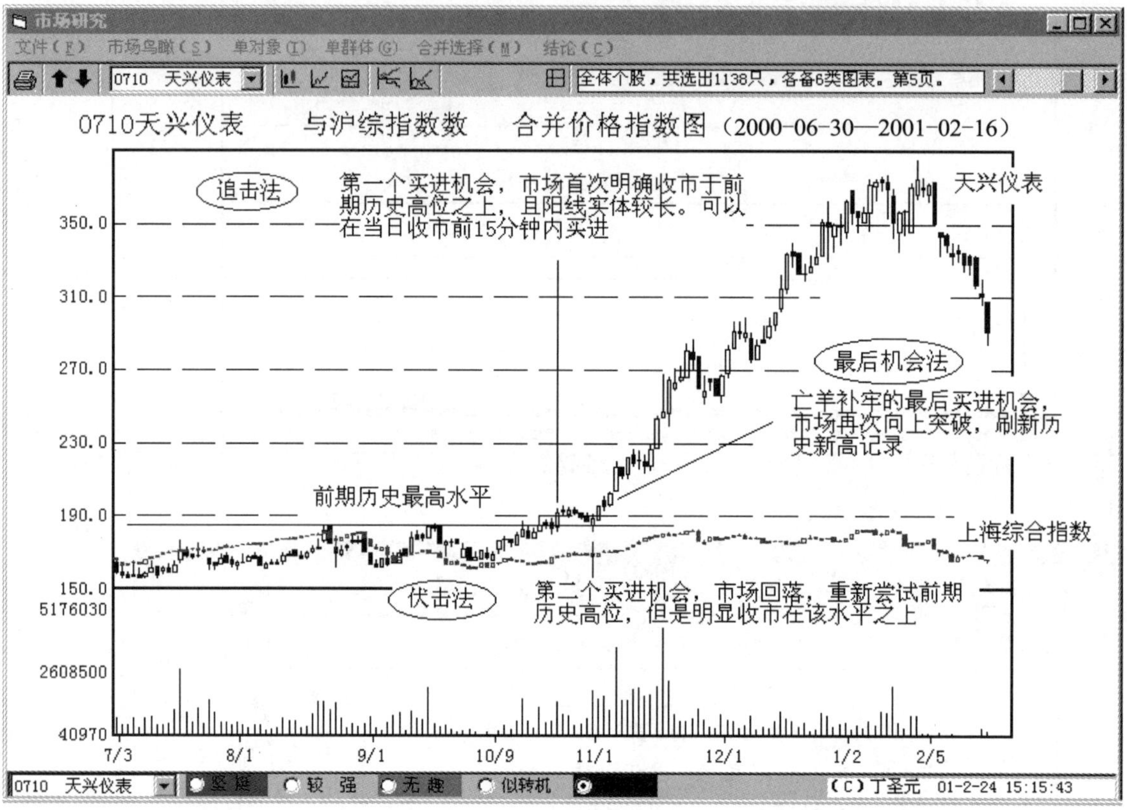

图 4.13（c） 天兴仪表日蜡烛线图

同步转强型个股大致属于脱颖而出的情况，纯粹从价格方面来说，它们与大势持平，投资者既不吃亏也不占优势，不像从弱转强的股票那样价格明显偏低而有补涨空间。如果投资者选择此类股票，也要承担一定的风险，因为长期和大势同步的个股转而持续强于大势的可能性不算太大，假信号的可能性反而较大。当然，同步转强型股票的假信号的概率低于从弱转强的情况。为了减少伪信号的干扰，投资者应同时采取技术分析方面的验证信号、个股研究方面的企业调研等手段，这些都是必要的辅助措施。

判断本类个股转强信号的关键要领是股票和大势曾长期同步。所谓长期，一般应在 2 年以上；同步，则是指在上述期间内，个股行情缠绕大势演变，且其偏离大势的程度总是局限在大势±20%的小范围以内。一般来说，同步的时间越长、偏离的程度越小、缠绕大势越均匀，则突然转强的信号越清晰、越可靠。不过，由于个股行情偶然性变化的积累效应，时间越长，则个股行情围绕大势摆动的区间也越大，因此，如果同步时间较长，则可以适当放宽上述偏离的尺度限制，在一定条件下，±30%也是可以接受的。

如图 4.14（a）所示，新天国际就是适当放宽偏离幅度的例子。表面看来，该股票在两年半的时间范围与大势缠绕的偏离程度超过了±20%的范围，但是因为上边的较大偏离基本上是偶然的变化，再者最后半年该股票与大势几乎完全一致，因此我们认为这种情况基本满足要求。其差价的转强信号是向上突破横向区间上边界时发出的，紧接着当差价曲线再度回落、重新试探前期历史高位时，没有继续下降，从而验证了差价转强信号。

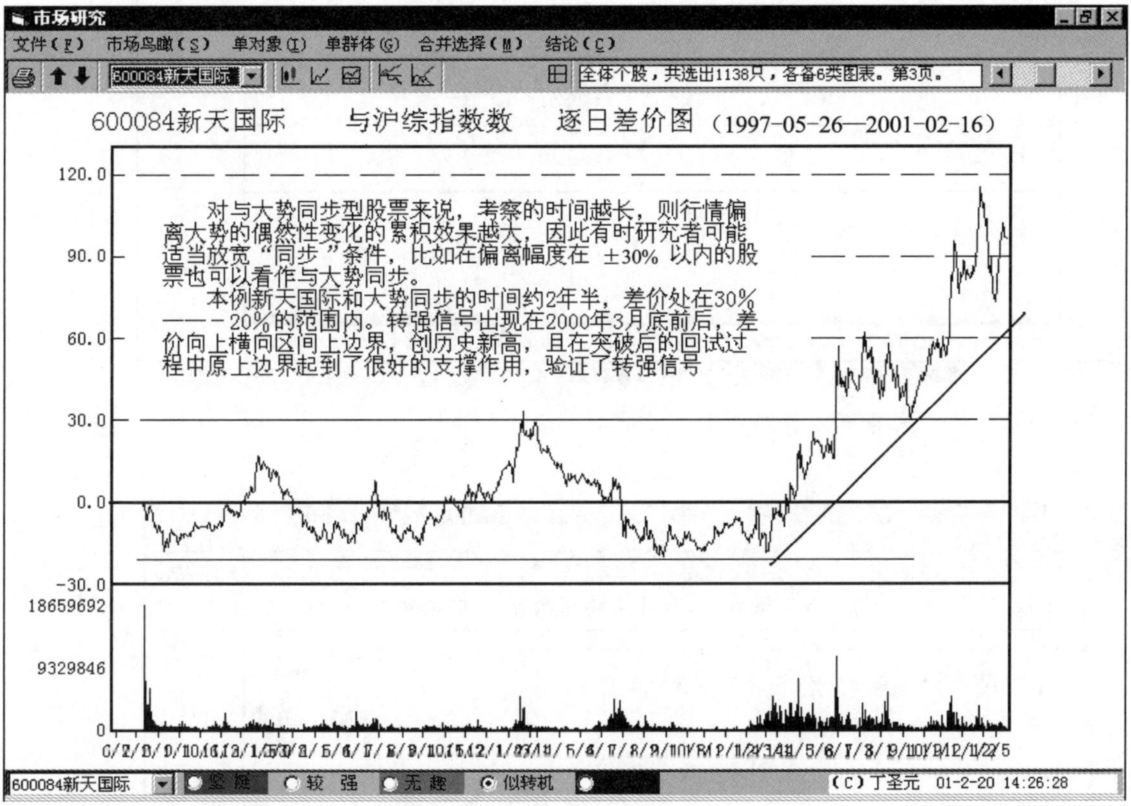

图 4.14（a）　新天国际与大势差价图

从其合并图 4.14（b）来看，早在差价曲线向上穿越零线时，价格行情就已经向上突破了前期历史最高水平，发出了转强信号。在这种情况下，较为急进的投资者可以不必等待差价向上突破信号，因为价格信号是基本信号，差价信号是参考信号，既然价格信号很清晰，就可以立即行动。不过，保守的投资者也可以等待差价突破信号，毕竟这样的策略较为稳妥。

从买卖信号上来看（图 4.14（c）），追击法买进信号最先出现，之后是伏击法买进信号，最后是最后机会法买进信号。请注意，图中还假设了一个卖出止损信号，假定市场在向上突破图示前期历史高位后，再度回落到其下方，则不论采取哪一种买进信号，均需要当机立断地卖出止损。

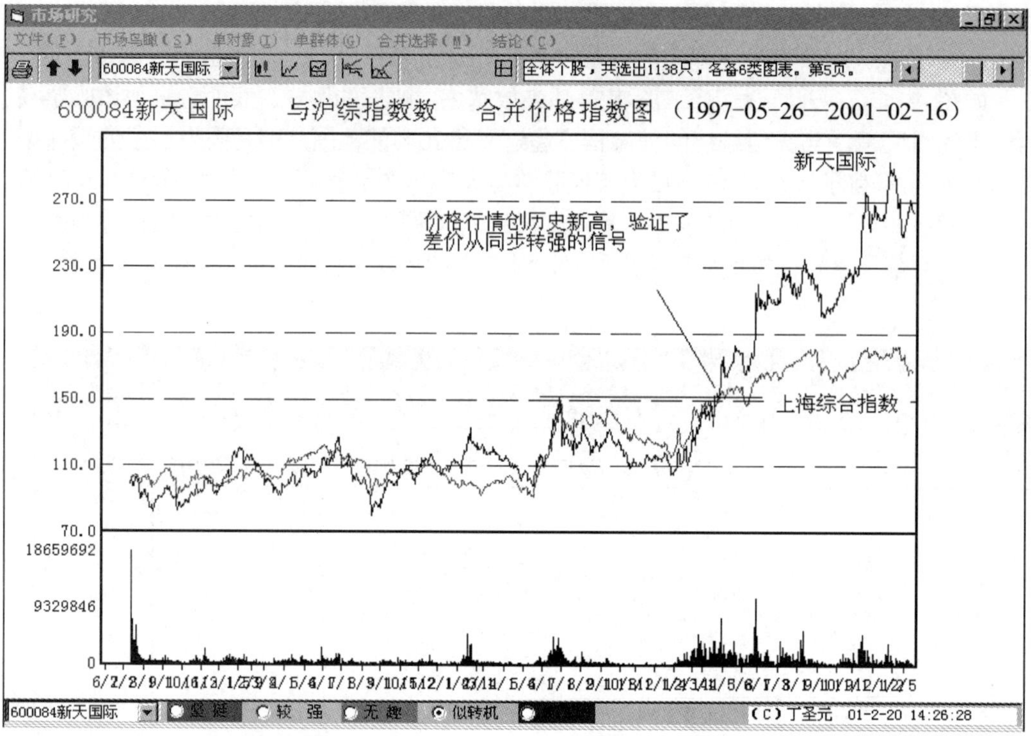

图 4.14（b） 新天国际与大势合并图

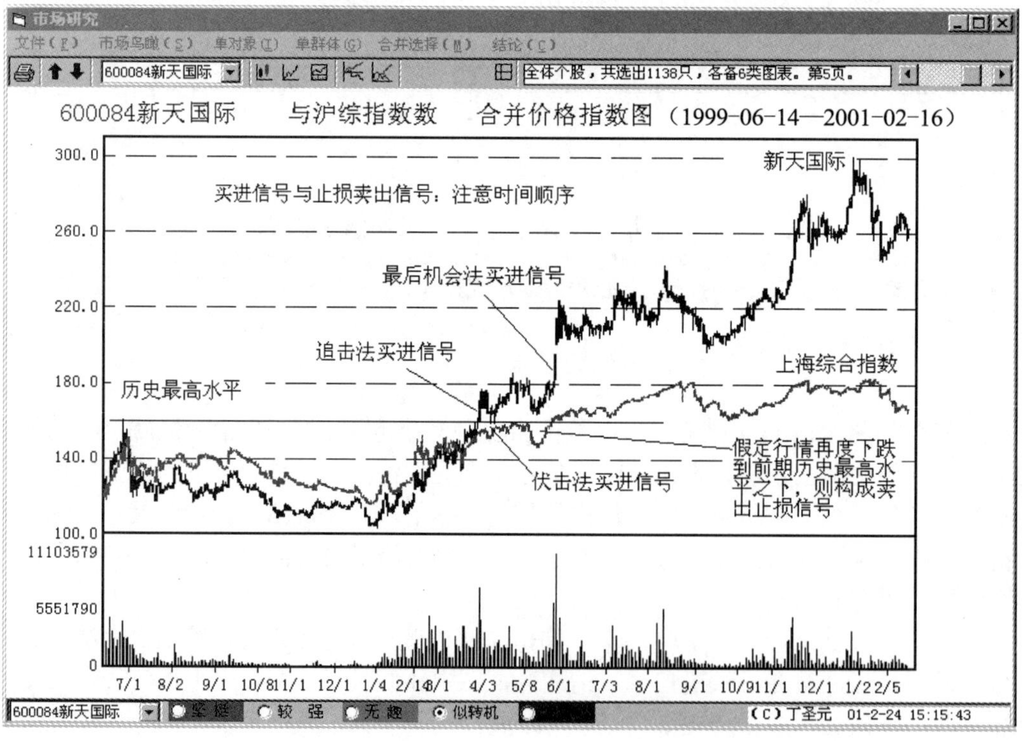

图 4.14（c） 新天国际日蜡烛线图

由此可见，判断股票和大势同步的条件，并不是严格的规则，很多时候需要研究者凭经验取舍。

最后我们要注意，选择不同的基期，很可能带来不同的差价读数，这就是基期的不同所带来的相对性。不过，这种相对性的效果仅仅在于改变零线的位置，实际上也就是改变了差价曲线的数值，但不会改变差价本身上升趋势或下降趋势，也不会改变趋势起点和终点之间的变动值——即两端的差值。

这个问题对判断同步转强的股票影响较大，因为我们直接借助零线和零线上下的10%～20%的区间作为判别标准。而在研究由弱转强型股票的情况下，不论取哪一日为基期，差价曲线总是处于下降趋势中，且趋势变动的数值不变，只是差距趋势终点的数值读数受影响，因此基期的影响比较小；同样道理，在研究强者恒强型股票的情况下，不论取哪一日为基期，差价曲线总是处在上升趋势中，且趋势变动的数值不变，唯有起点、终点的数值读数不同，因而基期的影响也较小。

为了减轻基期的影响，当我们判别同步转强型股票时，可以适当变通，不再总是以零线为中间值，而是主要观察差价曲线的横向趋势的变动区间，如果差价曲线长期处在40%的横向区间范围内，则依然符合与大势同步的标准。只要我们调整基期，使得零线落在该区间的中间值处，就完全符合要求了。

除了基期的影响之外，如果差价图表的数据时间太长，也有可能分散我们的注意力。识别同步转强型股票，只要观察最近2年的差价趋势状态。有时由于图表包含的行情历史过长，在图线开始时，差价曲线似乎曾有大幅上升或大幅下跌的过程，在后来大部分时间里，差价曲线基本上处在窄幅的横向区间中。如果我们在图表中只显示后来的差价曲线，则完全符合同步转强类股票的要领。行情图表的历史长短不同，图表给我们的总体印象也不同，这是图表的时间范围所带来的外观差异，实际上是一种视觉错觉。为了避免这种视觉错觉的影响，只要股票行情最后一段时期与大势同步，且同步的时间足够长（一般要求两年以上），我们就可以忽略前面的部分，只就最近这一部分得出结论。换句话说，最近的市场历史最重要，两年的资料已经足够，前面的既往不咎。

图4.15（a）、（b）是双鹤药业与大势的差价及合并图。图4.15（a）的差价图线长期局限在5%～－30%的区间内横向波动，宽度仅有35%，是很典型的与大势同步的例子。不过，如果刻板地按照零线上下±20%的标准取舍，则很可能失之交臂。因为选择不同的基期很可能造成零线位置的变化，所以必须采取灵活的态度。以本图所示的新零线来看，上边界就成了±17.5%，低于原来的要求。

从双鹤药业与大势差价图来看，双鹤药业差价转强的两个信号很明晰，第一个信号是向上突破横向区间上边界，第二个信号是当差价回落时止于前期横向区间上边界之上。差价转强信号在价格行情（图4.15（b））上早已有所验证。投资者可以参照上例的讨论选择买卖对策。

同步转强型股票当然也有失败的例子，图 4.16（a）、（b）的北京城建就是其中之一。从差价图4.16（a）来看，该股票曾经在近乎两年的时间内，处于30%～20%的横向区间内，30%是偶尔出现的，大多数时候处在 15%以下，因此本股票基本属于与大势同步型。2000年底，该股差价向上突破了长期横向区间的上边界，构成转强信号，甚至在随后的向下回落中基本上维持在前期横向区间之上。但是经过一番挣扎后，差价重新回到横向区间中。

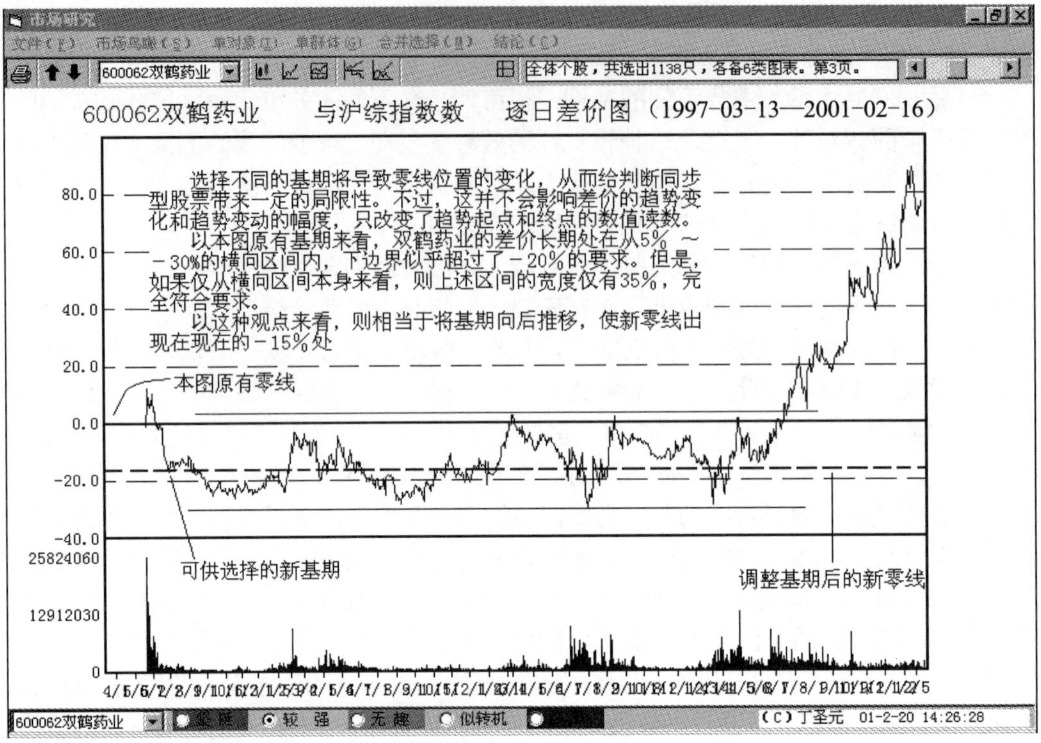

图 4.15（a）　双鹤药业与大势差价图

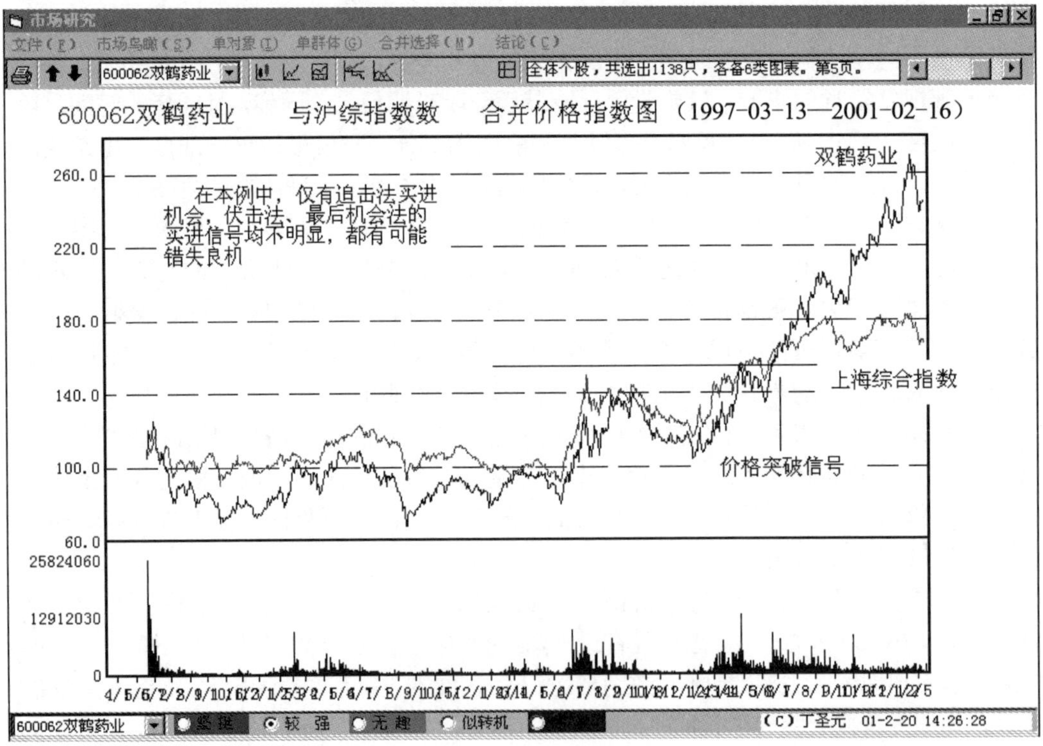

图 4.15（b）　双鹤药业与大势合并图

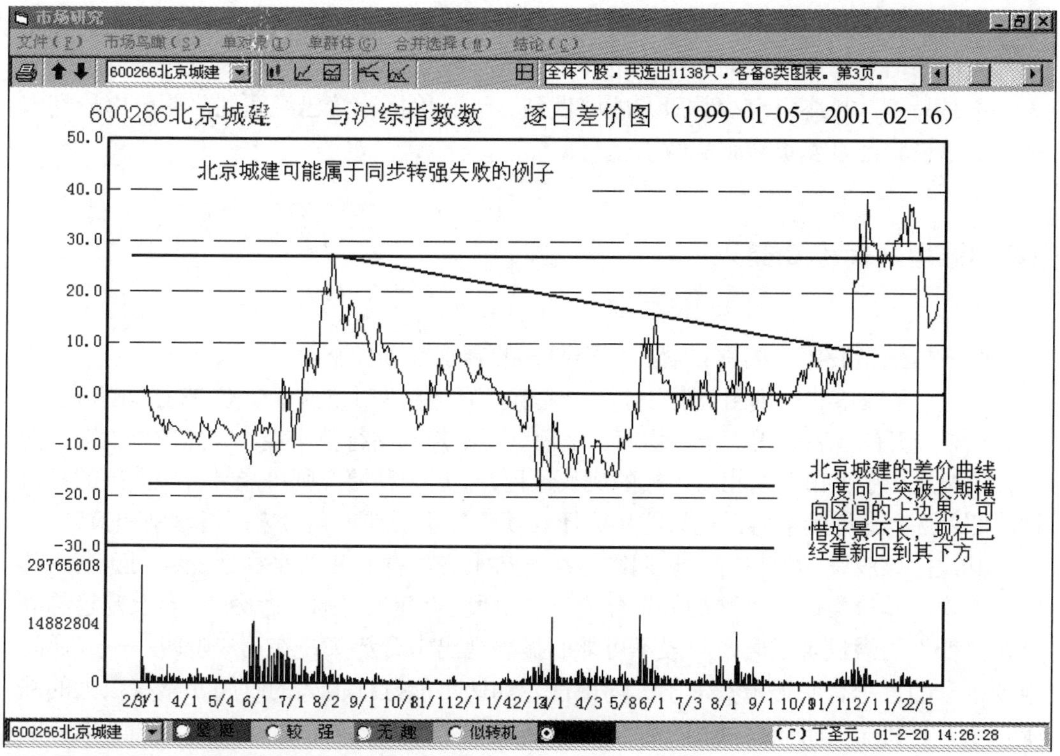

图 4.16（a）　北京城建与大势差价图

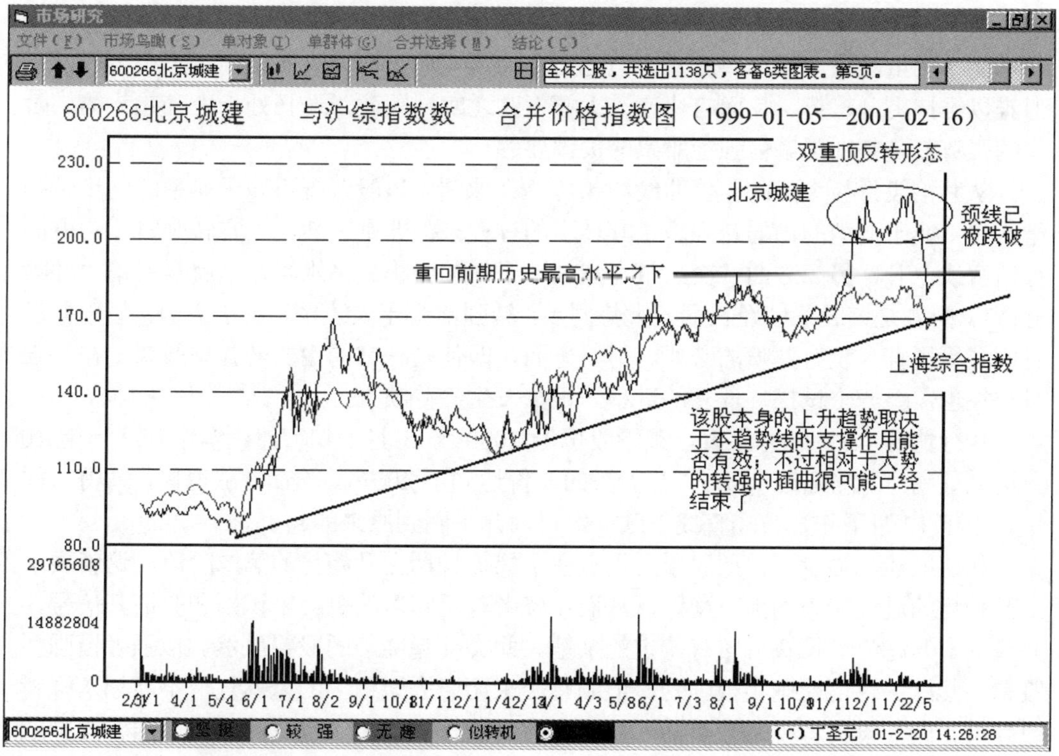

图 4.16（b）　北京城建与大势合并图

请注意，当初差价转强信号曾得到价格信号（图 4.16（b））的验证。这就是说即使各方面的信号均共同指向转强，也并不保证该股票一定能顺利进入强势。持续强于大势不是易事，最终只有少数股票能够做到。该股价格行情已经回到前期历史最高水平之下，也验证了差价转强失败的信号。

强者恒强型（简称 C 类）

强者恒强型股票，简称 C 类。C 类股票的判别准则如下。

首先，某股票的差价图长期处于上升趋势，且连续向上创新高，但是上升趋势的进程是长期展开的，表现得稳健、均衡、坚韧，而不是一向行情平淡，突然急剧上窜。前一种情况反应了上市公司相对可靠的成长过程，而后一种情况则可能具有相当高的投机性，即使选择这样的信号，也只能从选择 A 类、B 类股票的角度来严格鉴别和验证。

其次，该股票的价格行情长期维持在大势上方，并且相对平稳地连续创新高。其中的道理与差价类似。上升趋势划分为三个阶段，“变”、“通”、“穷”。当上升趋势尚处在“变”的潜伏阶段时，一般不可能明显表现出上升势头；在第二阶段——“通”，市场上升的进程有明显节奏，不失均衡性，如此可能延续很久的时间、累积很大的涨幅。上升趋势第二阶段是我们交易的主要选择。之所以选择已经长期明显强于大势的个股，是因为趋势第二阶段具有出人意料的持续能力，只要维持在相对平衡的条件下，则上升趋势可以具有很大的上升余地和很久的持续时间，这就是趋势惯性的本质。另一方面，一旦上升趋势进入第三阶段——“穷”，则往往表现得冲动、极端，没有节奏和均衡性，虽然涨势强劲、激烈，但是上升趋势实质上已经进入尾声，不久之后，不但难以维持上升趋势，反而有快速、大幅下跌之虞。因此，选择处于上升趋势第二阶段的强势股是判别强者恒强型股票的关键要领。

从莱钢股份与大势的差价曲线图 4.17（a）来看，该股票既不属于典型的同步转强型，也不属于典型的由弱转强型，其转强的过程来得非常突然。当它转强时，一方面行情直线上升，另一方面，交易量竟然创造了新的历史最高水平，这就是所谓“井喷行情”。问题是该股票曾经长期与大势同步，转强前半年内才稍稍弱于大势，似乎并没有明显受压抑，没有井喷的必要。另一方面，即使是正常的由弱转强型股票，在转强时往往也需要一个试探、反复的过程，很少发生“井喷”。

从行情图 4.17（b）来看，莱钢股份于 2000 年 5 月下旬突然大幅窜升，当年 10 月达到最高点，涨幅达 180%，与大势的差价达到了 200%。然而，涨得快，跌得一样快。当年 12 月下旬，市场直线下跌，数日内几乎回到原来的起点。

如前所述，强者恒强型股票的重点在于捕捉长期上升趋势的第二阶段，这就要求上升趋势的进程较为均衡、稳定，从而投资者有足够多的机会来识别和验证其信号，并且其上升趋势给投资者留有一定的余地。此类陡起陡落的股票虽然貌似强者恒强型股票、其涨势也可能确实很强劲，但颇有“来无影去无踪”的鬼魅气，不能划入强者恒强型。即使投资者视之为黑马，视之为宝贵的投资机会，也只能归入由弱转强型或同步转强型股票，应当严格鉴别其差价转强信号以及验证信号。

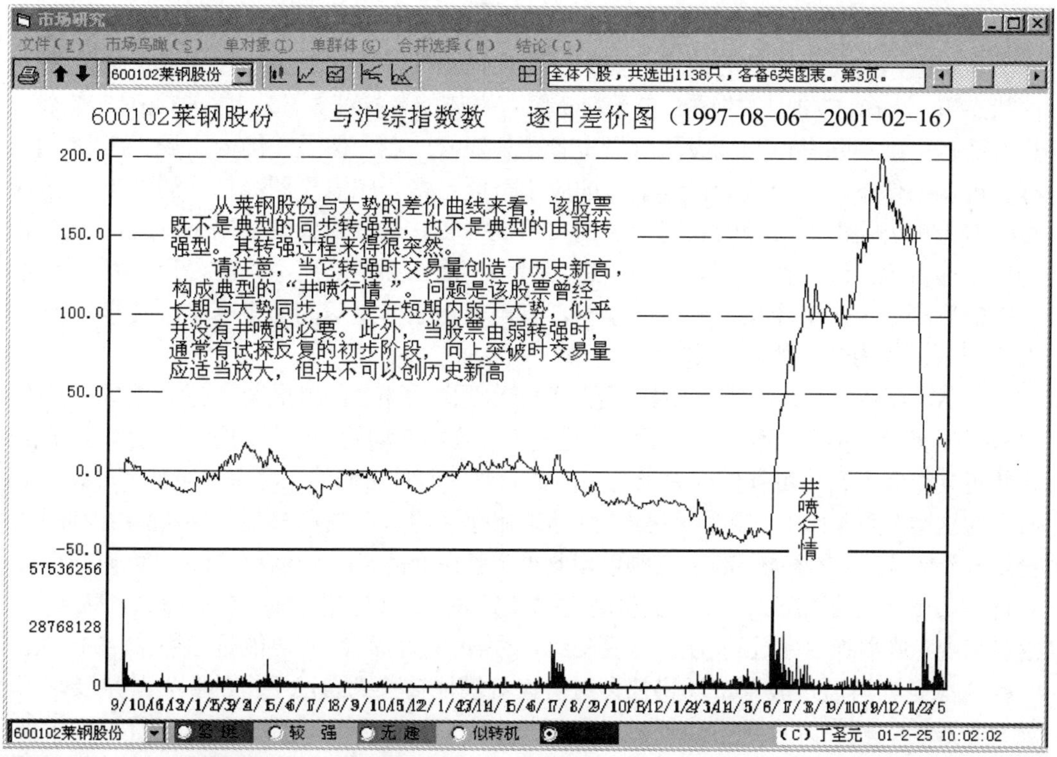

图 4.17（a） 莱钢股份与大势差价图

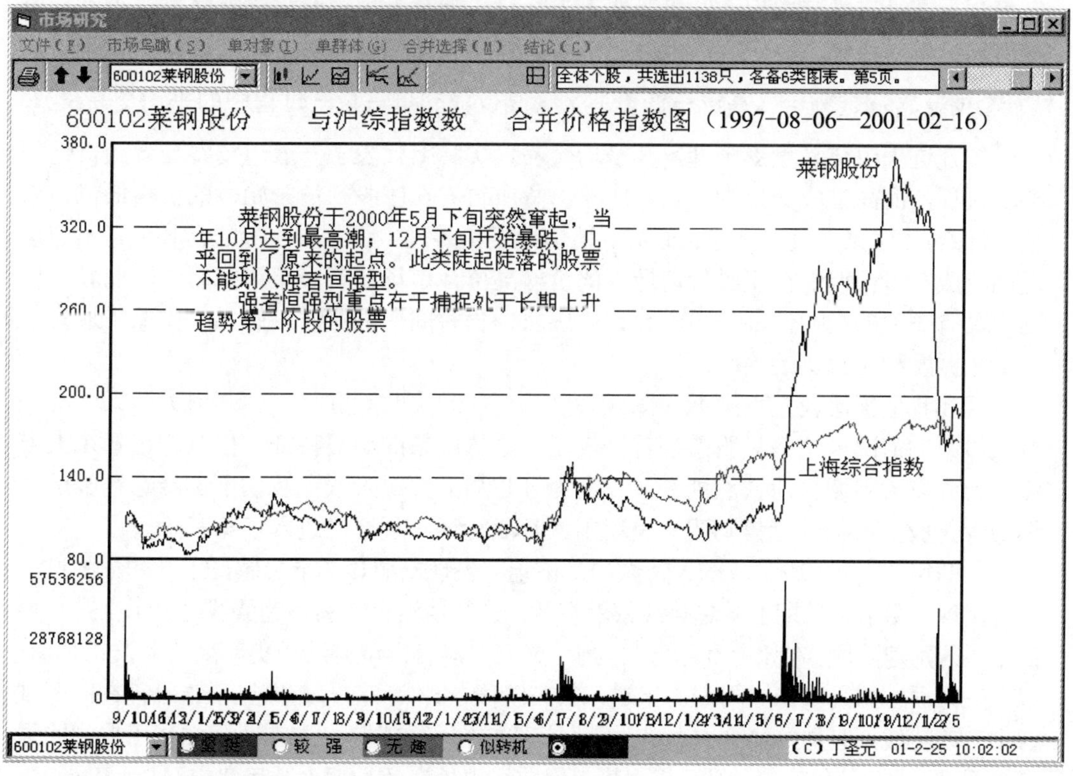

图 4.17（b） 莱钢股份与大势合并图

选择弱者转强型股票和同步转强型股票的重点在于捕捉和确认个股摆脱现有弱势或同步状态，转化为强势的信号和契机；强者恒强型股票本来已经长期处于强于大势的状态下，选择这类股票的重点在于判断原有强势能否持续。因为上升趋势具有惯性，相对而言，判别强者恒强型股票时投资者稍为轻松一点。但是在国内市场“庄股”横行的现实条件下，不少长期持续上涨的股票可能正是“庄家”图穷匕现的结果，而不意味着上市公司的真实经营状况的长期实质性好转。这就给投资者出了难题，一方面趋势站在自己一边，似乎可以大胆买进，另一方面必须慎防庄家陷阱，避免发生天价被套的惨剧。一旦“庄家”出货，投资者有可能在空前绝后的历史高位被套牢，陷入人为刀俎、我为鱼肉的艰险境地。

与 A、B 两类股票相比，C 类股票一般已经累积了相当大的涨幅，从价格成本角度来看对投资者最不利。不过，由于上升趋势第二阶段在均衡条件下的顽强特性，其价格走势近期继续上升的可能性远大于上述两类股票，而且它们的上涨余地可能还非常大。

在这类个股操作中，必须严格奉行止损的投资纪律，“把损失限制在小额，让利润充分增长”是最重要的补救措施；必须警惕此类个股在价格高位、或者在行情冲高时成交量也达到历史高位的情况。所谓成交量高位指成交量接近甚至超过成交量的历史最高水平。这种情况意味着换手率过高，往往出现在趋势的第三阶段后期，很可能是趋势反转的先兆。

庄家是如何通过股票市场将社会财富大规模地转移到自己手中的呢？其重要形式就是在股价大幅上升过程中，使得成交量集中在高、低两端，而在价格上升过程中使得成交量受压抑。国内股市一级市场发行价和二级市场上市价之间存在巨大差价，从发行到上市没有过渡过程，结果股票上市之日，就是大规模财富转移之时，以发行价获得新股者获暴利。我们可以用以下公式估算庄股转移社会财富的数额：

社会财富转移金额＝（高价－低价）×（高位成交量－拉升过程中的平均交易量）

拉升过程中交易量受压抑，其平均交易量实际上代表了一般市场参与者随机性的买卖过程，而高位成交量则主要是庄家出货所致。在庄股行情开始时的价格低位，市场不活跃，“庄家”或许只能长时间、悄悄地搜集筹码，因此成交量通常较低，不会接近高位成交量；但是在庄股行情尾声的价格高位，市场活跃，承接能力强，而且市场高位具有先天的脆弱性，一般不允许“庄家”长时间悄悄派发，所以“庄家”通常会一下子派发相当比例的筹码。

现在我们来比较东大阿派（图 4.18（a）、（b））和综艺股份（图 4.19（a）、（b））两只股票的情况。这两只股票都曾经表现出强势股票的明显特征，但我们选择东大阿派，因为东大阿派目前依然处在超长期上升趋势的第二阶段；我们不选择综艺股份，因为综艺股份的上升趋势则明显呈现出三阶段特征，且已经进入了第三阶段。

如图 4.18（b）所示，东大阿派的价格走势表现出明显的节奏感，上升和下降过程交替出现；图示超长期上升趋势线依然有效，且行情没有远离该趋势线，显示上升趋势尚未进入加速阶段；在该上升趋势过程中，成交量没有出现持续历史新高的爆发式时期。以上三方面证据说明东大阿派尚未进入第三阶段，虽然目前有迹象显示该股正在向下试探上升趋势线，但是只要不被突破，我们就坚持自己的判断，即东大阿派属于典型的强者恒强型股票。此外，东大阿派与大势差价曲线也处在超长期上升趋势中（图 4.18（a））。

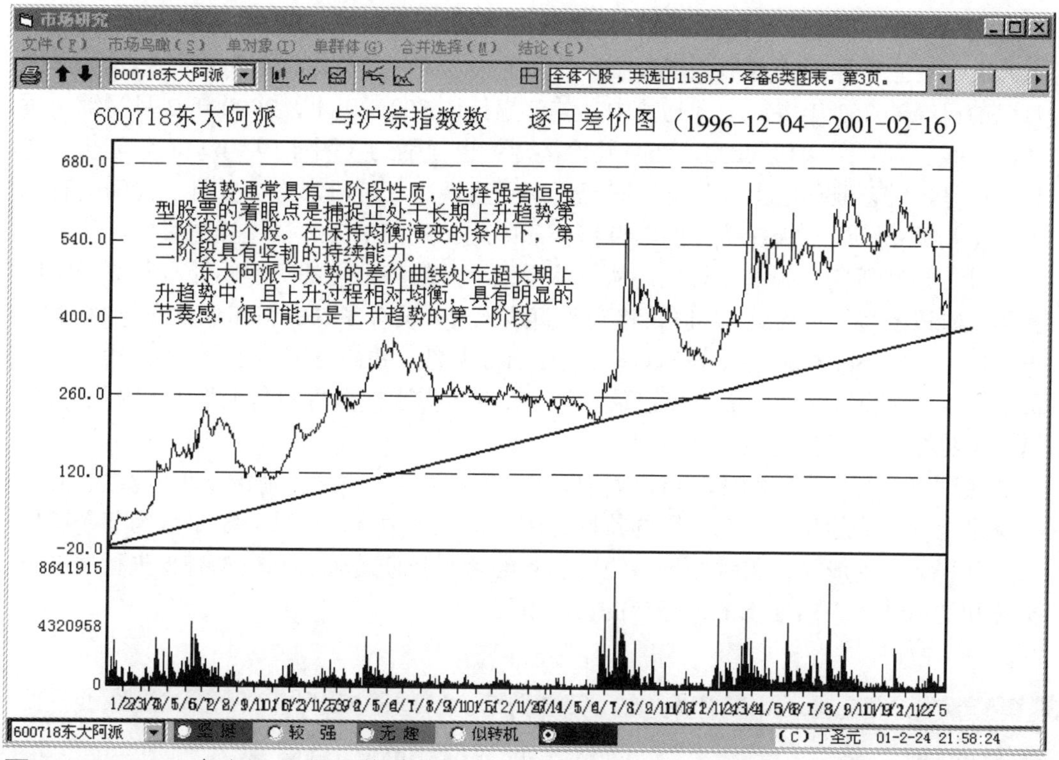

图 4.18（a） 东大阿派与大势差价图

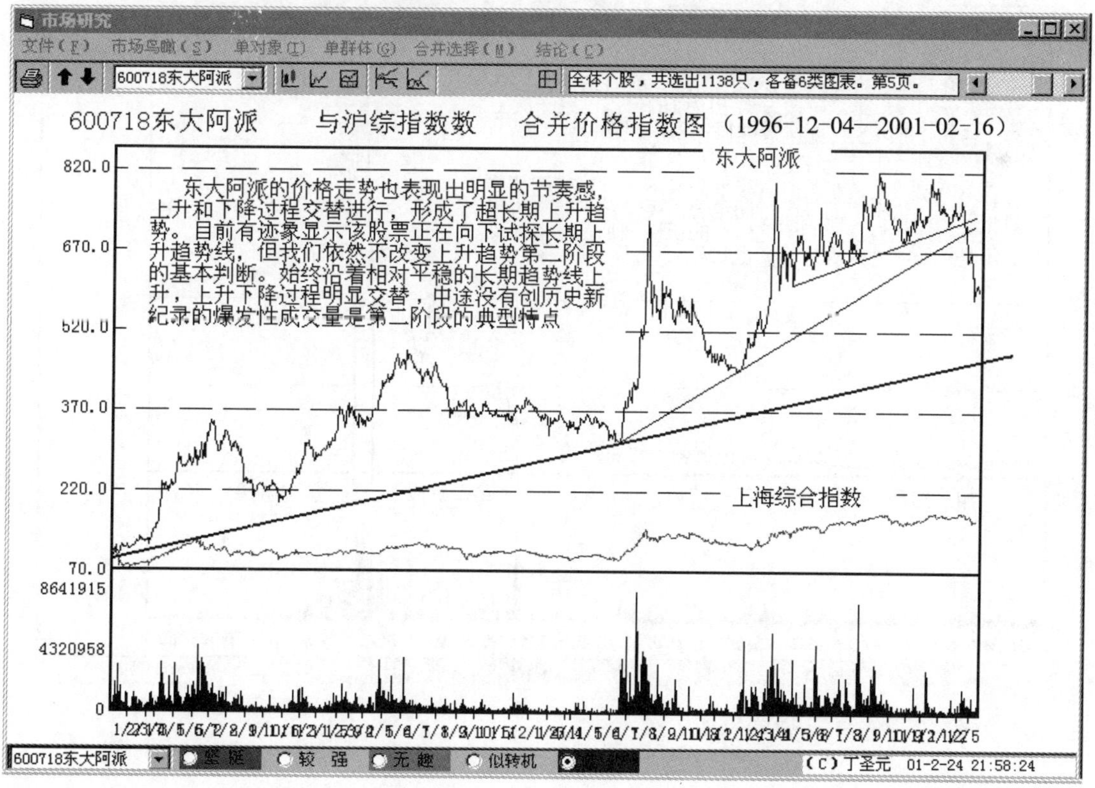

图 4.18（b） 东大阿派与大势合并图

从 2000 年 2 月底综艺股份的行情来看，它表现得很强势，但是仔细看看就会发现，实际上当时它不属于强者恒强型股票。表面看来，综艺股份与大势的差价在 2000 年 2 月以前已经处在 3 年多的上升趋势中，差值累计达 800%以上，2000 年 2 月又锦上添花，直线上升（图 4.19（a）），而且其价格走势也很强劲（图 4.19（b）），连创历史新高。但是，综艺股份的上升趋势当时已经明显呈现出三阶段形态，并且 2 月间的直线上升正是第三阶段末极端状态的典型特征，因此，我们不会选择这样的股票。

具体的判断依据如下。首先，从总体看该上升趋势之前的历程明显具有第一阶段和第二阶段的特征；其次，当时价格几乎直线上升，没有多少调整和涨跌交替的迹象；再次，上升趋势进入加速状态，远离原有上升趋势线，并向上突破了原有上升管道线；最后，当时成交量连创历史最高记录，并一直持续在这种离奇的高水平上。由此可见，这类强势股不属于强者恒强型股票。

通过以上两个实例的比较可以看出，虽然有的股票行情貌似强势，但其实质不同，不满足上升趋势超长期第二阶段的特性。因此，强者恒强型股票并不是因为某个股票长期强势就自动成立，关键在于该股票尽管经历了长期的强势，也没有丧失行情的节奏感和均衡性，仍然处于上升趋势的第二阶段。

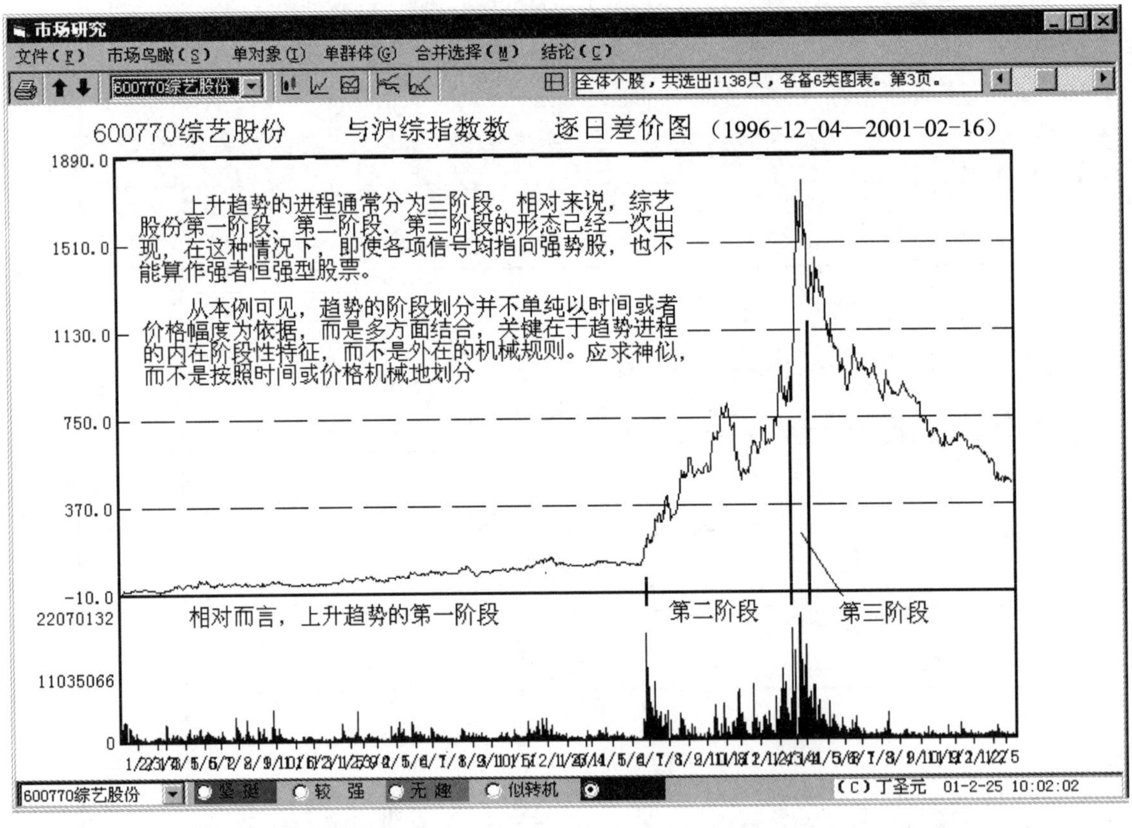

图 4.19（a） 综艺股份与大势差价图

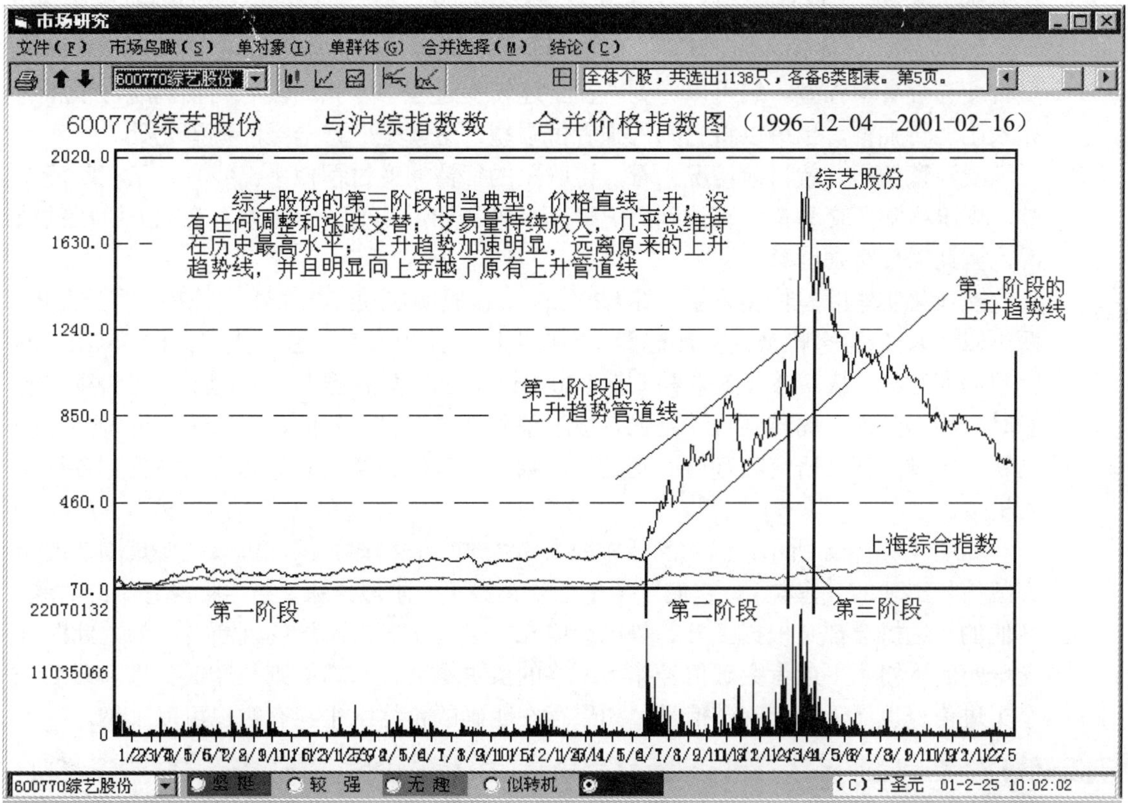

图 4.19（b） 综艺股份与大势合并图

股票分类有时有一点模糊

在讨论同步转强型股票时，我们曾指出选择不同的基期可能造成差价曲线数值的变化，但是不影响差价上升或下降的趋势及涨跌变动的差价幅度。这是由于不同基期所造成的差价数值的相对性。

无独有偶，股票分类有时也有一点模糊。当由弱转强型股票终于形成势头后，经过一段时间的积累，可能转化为强者恒强的类型。有时此类股票既可以归结到由弱转强的类型，也可以归结到强者恒强的类型，两者之间并无黑白分明的时间界限，从而导致了股票分类上的一点模糊。

就买进时机来说，判断由弱转强型股票的重点是在上升趋势第一阶段晚期及时确认、捕捉趋势转强信号，此时一方面趋势初起，价格优势明显，另一方面，由于初期的上升趋势反复较多，投资者必须在确认趋势信号上慎之又慎，因此价格优势并不是白来的；判断强者恒强型股票的重点在于确认已经形成的上升趋势正在持续，且维持在第二阶段中持久地上升，没有进入第三阶段。

最理想的情况是投资者当初买入的由弱转强型股票顺利成长，终于变成长期、持续强于大势的强者恒强型股票，这才是对投资者当初忍受反复、并可能屡屡止损的最好回报。

如图 4.20（a）（b）（c）所示，随着茂化实华强势状态的持续，它已经从由弱转强型转变为强者恒强型。您可以看到，在上述转变过程中，有一段时间我们既可以将它归入由弱转强型，也可以将它归入强者恒强型，这就是股票分类的模糊之处。

要注意的是，就目前情况来看，该股票的行情演变过程似乎已经具备了三阶段特性，现阶段除了交易量没有达到历史最高水平之外，其他特点基本符合第三阶段的情况，因此需要特别留意。

从茂化实华的差价图来看（图 4.20（a）），该股明显地经历了下降趋势（弱于大势，两年以上）、低位窄幅横向整理过程（1 年以上）、上升趋势（强于大势，1 年以上）的完整演变过程。从其合并图来看（图 4.20（b）），当它处在振荡上升的上升趋势第二阶段时，将它归入由弱转强型还是强者恒强型并不是一目了然的，取决于研究者当时的判断。不过，仔细研究其行情演变过程，则不论怎样分类，我们总可以捕捉到各种买入机会。

如图 4.20（c）所示，当初判断本股属于由弱转强型时，买进机会主要是围绕向上突破信号出现的。基本上，它们发生于上升趋势第一阶段结束、第二阶段开始的时候。其他的买进机会都是根据上升趋势已经成立、且处于第二阶段的判断得出的，此时并无一定的价格水平或者突破信号作为严格的买进机会，基本原则是逢低买进。最后一个买进信号也属于向上突破信号，如果存在明确的价格水平，有时也可以采纳。

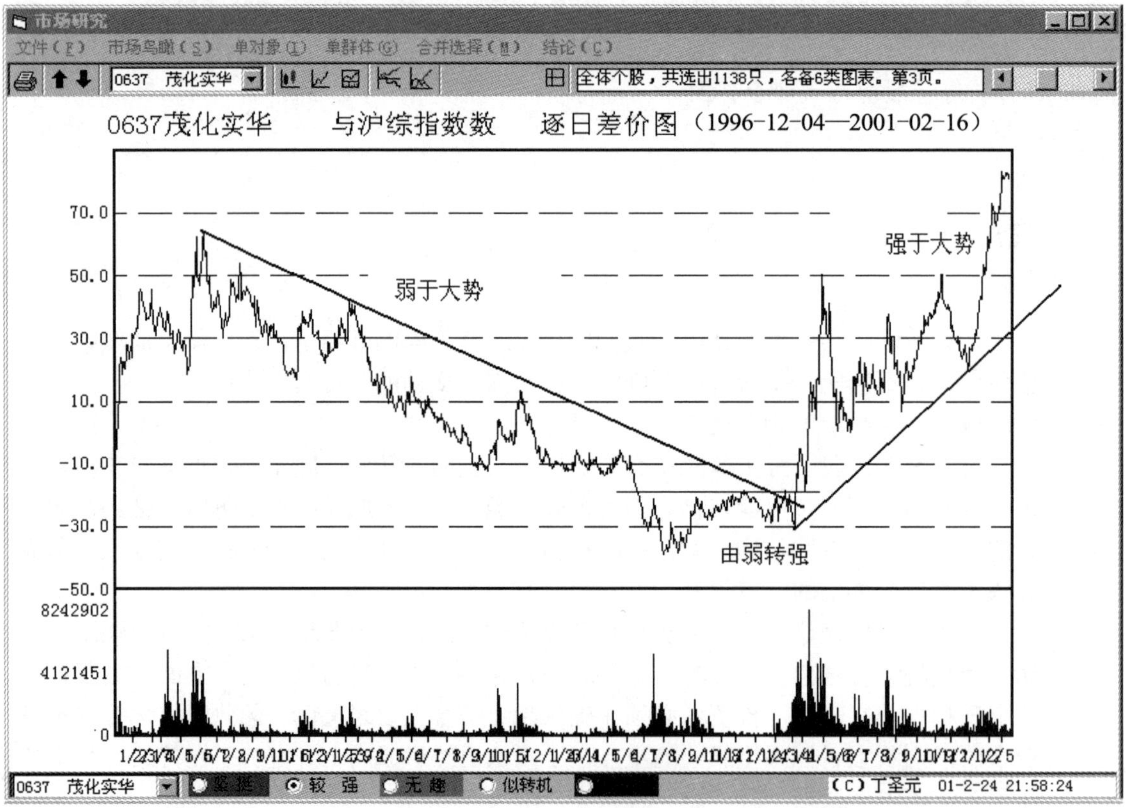

图 4. 20（a） 茂化实华与大势差价图

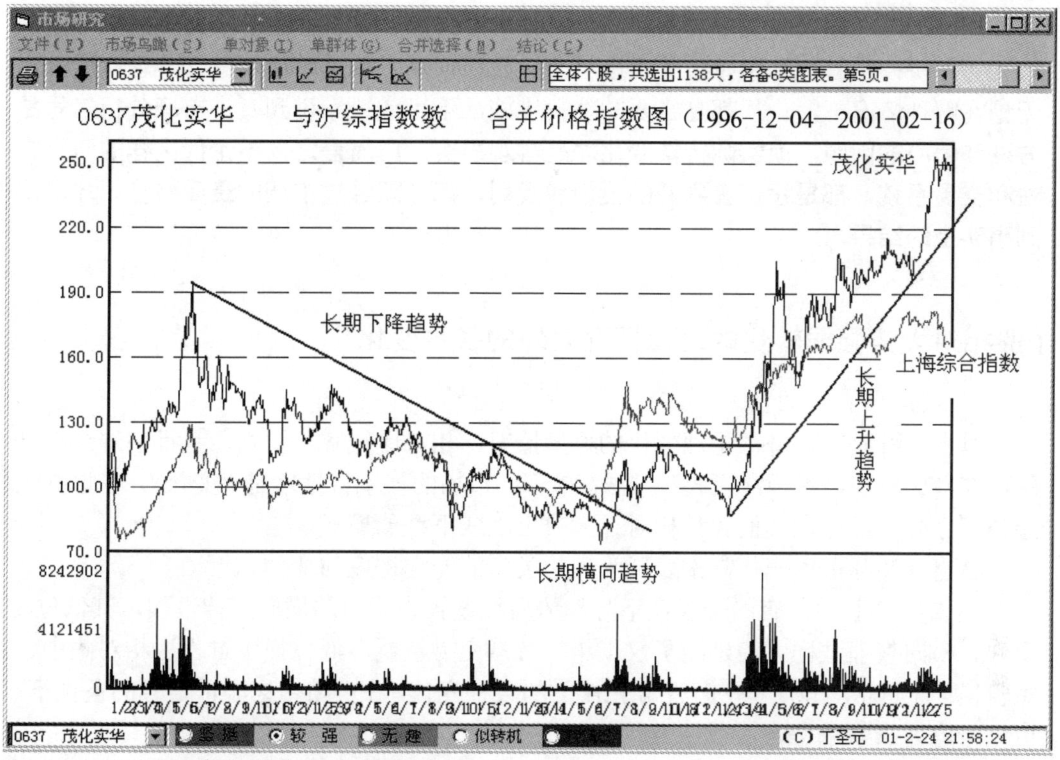

图 4.20（b） 茂化实华与大势合并图

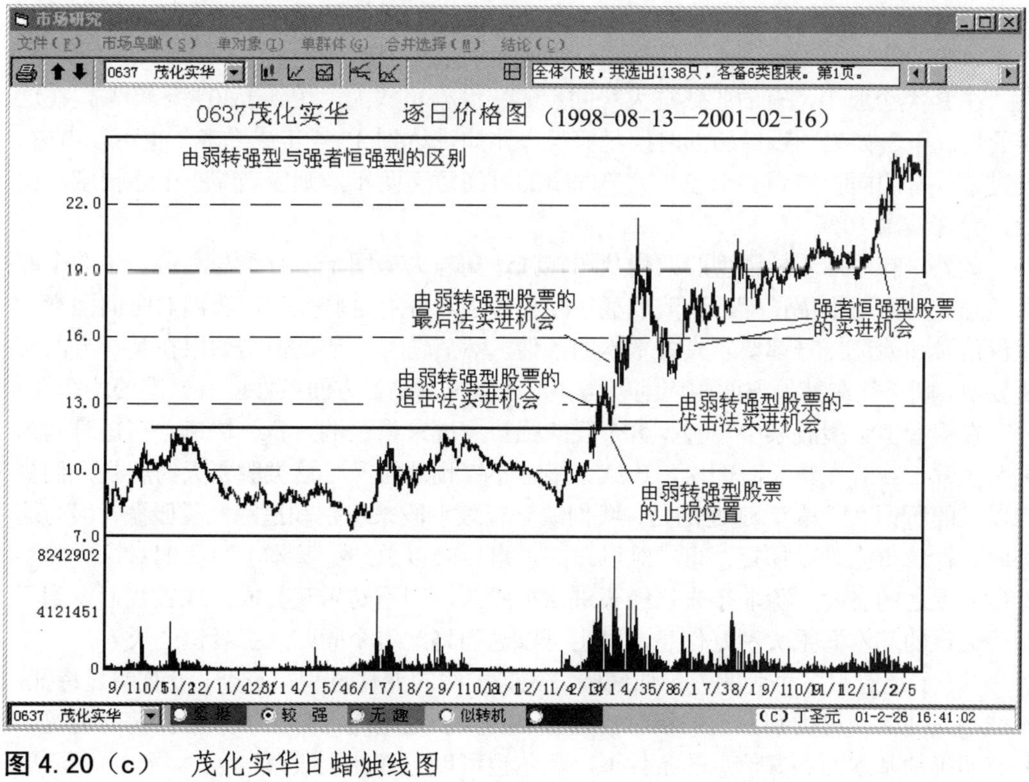

图 4.20（c） 茂化实华日蜡烛线图

相比之下，由弱转强型股票和同步转强型股票的买进机会主要根据突破信号，忌讳犹豫不决；强者恒强型股票的买进机会主要根据逢低买进的原则进行，忌讳追涨。无论在哪种情况下，止损都是必要的补救措施，不可或缺。说到底，**市场分析信号是方法和信心的问题，而实际行情变化才是客观事实。广而言之，不论什么样的研究方法和交易系统，都是投资者事前的设想和规划，都必须经过市场的最后检验，才能得到事实上的结果。**

个股相对大势强弱转化的理想情况之外的各种变化

以上几种股票类型都是理想化的典型情况，相对比较容易识别，且行情继续上升的可能性比较高，属于常规选股方法。然而，市场的根本特性就是“变化”，在这些理想类型之外，还存在其他各种相对于大势上涨或下跌的模式。

首先，实际市场变化常常表现为理想类型的一定程度的变体。

在 A 类个股中，有的个股在下降趋势后经过较为短暂的横向延伸过程，其低位、窄幅、横向整理过程大约延续了仅 1 年，且从交易量看，低位换手过程也相对集中、短暂，尽管如此，此类个股仍然属于 A 类的某种变体，在严格考虑验证信号的条件下，可以考虑为 A 类股票。

在由弱转强类个股中，还有的个股从长期大幅下降趋势中直接转强，类似于 V 形反转形态，这类个股干脆缺乏横向整理过程，换手率等方面的信息当然无从获得，也缺乏清晰可靠的反转信号。一般说来，我们不考虑这样的股票，除非大势非常强劲、关于该股的基本面的转强信息很强烈、行情买入信号很清晰。

在 B 类个股中，有的股票与大势同步的幅度稍稍放大，达到±30%～40%，在这样的情况下，如果同步经历的时间足够长，比如说达到 3～4 年或更多，也可以考虑。反过来，有的同步转强类个股与大势同步的时间短于两年，则应当缩小上述幅度，比如只允许偏离 10%。

此外，有些同步转强型股票先从弱转强达到与大势同步；有些与大势同步的个股在转强前先向下小幅试探，失败后猛然回头转强。针对这些变化，我们对时间因素、差价信号和验证信号都要求具备基本的条件，然后适当变通，但是如果在某一方面有所妥协，则必须在其他方面相应地补强；而且总的来说各方面条件应有一定的均衡性。

在强者恒强型股票中，极少数个股的强势过程来得极端短暂、快速，在短时间内大幅拉升，或者在较长时间内，连续大幅、不停顿地拉升。这类股票大约就是人们梦寐以求的所谓“黑马”。遗憾的是，我们缺乏有效手段来识别和追踪此类股票，因为这类股票行情事先难以捕捉，事中难以跟踪，事后难以总结。基本上，我们对这类股票持敬而远之的态度，除非事先已经买进该类股票，则不妨乐观其成；或者我们得到了明确无误的基本面重大利好信息，则也可以勉强将此类个股归入强者恒强类。

其次，还有很多个股的差价曲线围绕大势零线的变化过程很复杂，没有明显特征，不能归入任何一种类别。其中相对较有特点的代表是围绕大势上下大幅振荡的情况。在有明确的基本面利好信息的条件下，偶尔也可以选择此类股票。

不过，虽然这类股票过去始终围绕大势大幅振荡，但是它们随时可能发生复杂的变化，不一定重复原先的振荡状态。如果纯粹从行情上说，我们一般不考虑买进此类股票。

如图 4.21（a）所示，灯塔油漆与大势的差价长期围绕零线上下大幅振荡，但未来能否重复此一模式则很难说，从最近的演变来看，该股票明显表现出某种变形的倾向。从其行情图 4.21（b）来说，在最近的转强过程中，灯塔油漆价格未能有效创历史新高，而是无功而返，仅就这一点来说，也不可选择之。

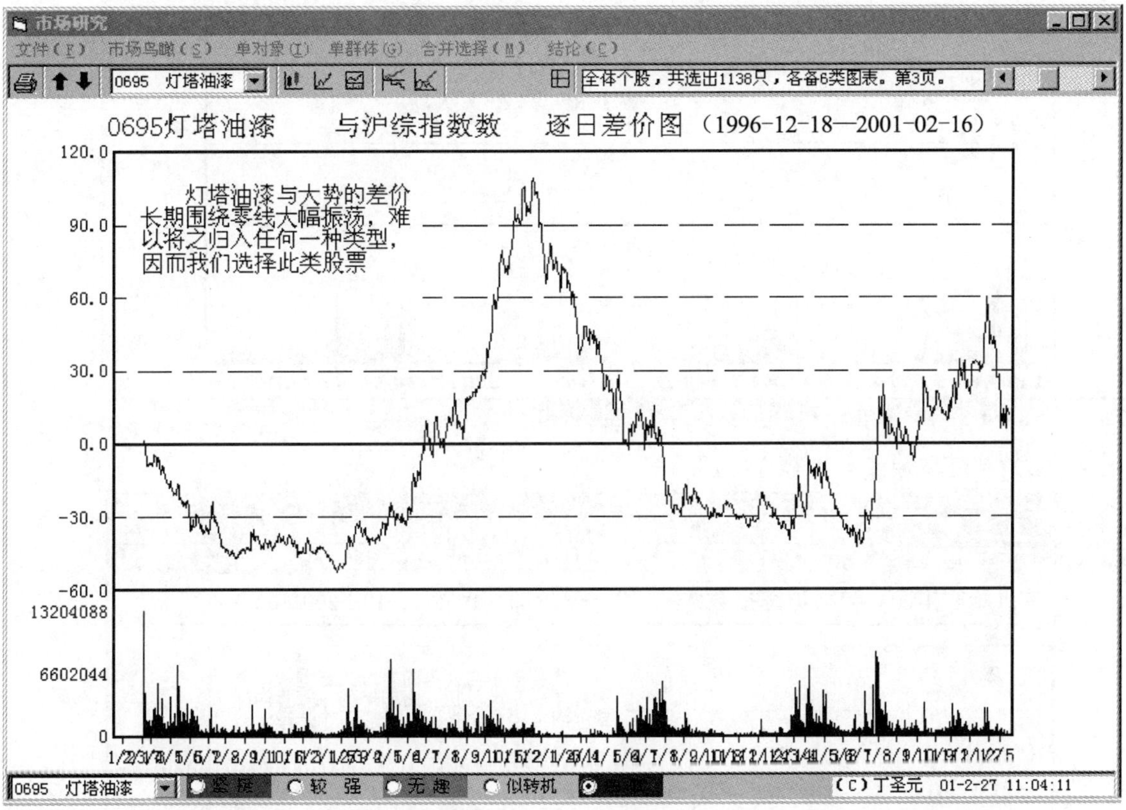

图 4.21（a） 灯塔油漆与大势差价图

雄震集团（图 4.22（a））与灯塔油漆的振荡过程不同，但最近的演变可能形成新的变形则是一致的。由于无法有效地把握此类股票，我们一般不选择它们，除非确有基本面的利好证据。与灯塔油漆一样，雄震集团最近的价格行情（图 4.22（b））也没有成功地维持其历史新高的记录。

事实上，这里介绍的选股方法基本属于技术分析性质，同任何技术分析方法一样，存在一定程度的主观取舍，难以完全摆脱经验的影响，形成严格、机械的判别规则或标准。股票的强弱分类有时有一定的模糊性，我们的看法是，个股行情相对于大势强弱的静态结论并不重要，重要的是捕捉个股相当于大势的强弱转换的动态契机。在这个意义上，**选择股票的问题实质上是选择时机的问题**。

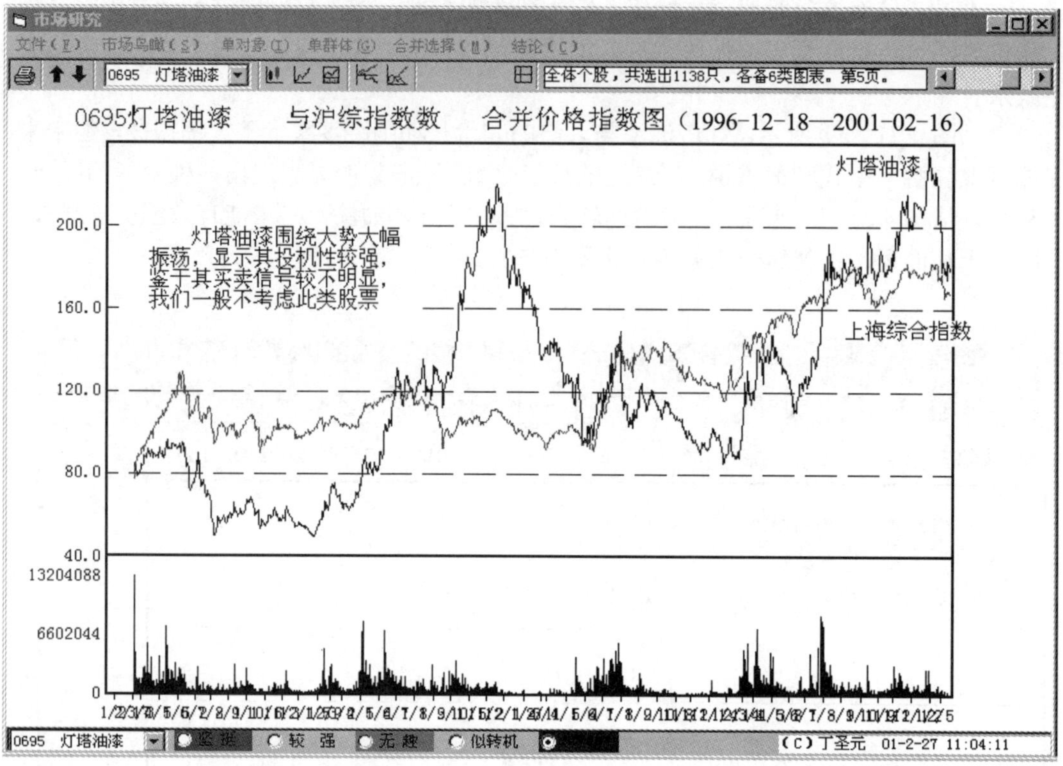

图 4.21（b） 灯塔油漆与大势合并图

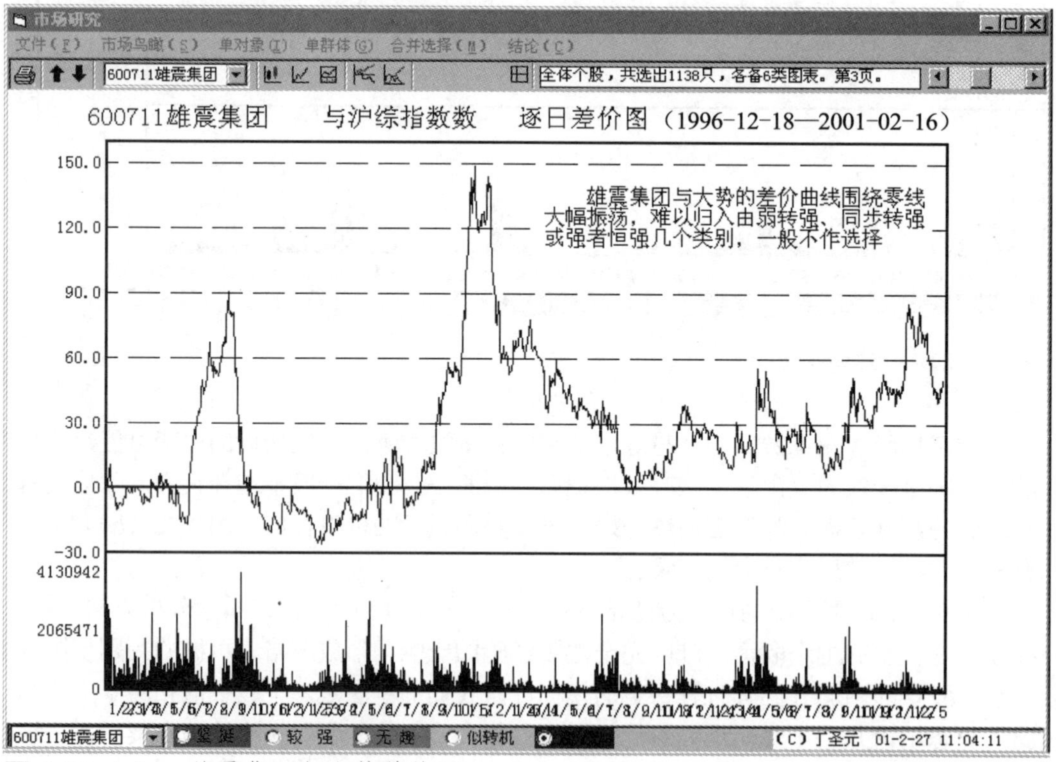

图 4.22（a） 雄震集团与大势差价图

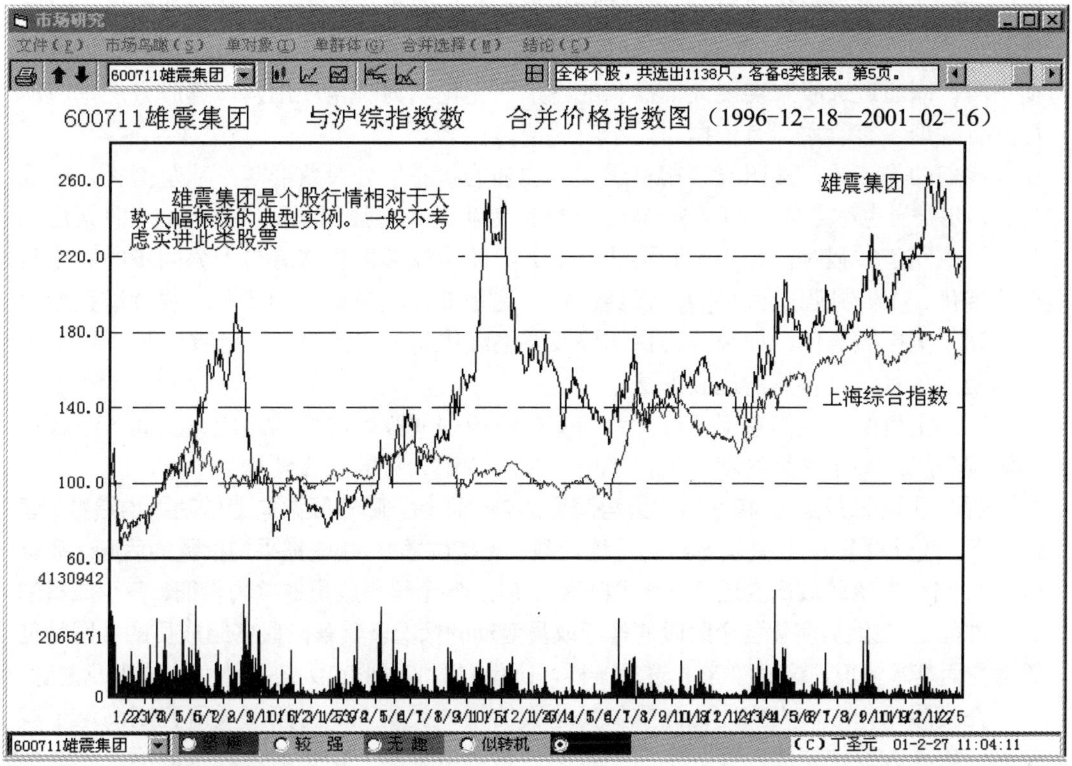

图 4.22（b） 雄震集团与大势合并图

技术分析强调趋势的惯性，这一点不但适用于个股或大盘的价格趋势，也适用于个股和大势之间相对差价的趋势。简单说来，技术分析的基本假定是强者恒强、弱者恒弱、同步者恒同步，这就是个股行情的基本情况，也是我们分析个股行情的起点。研究者的工作其实就是从上述基本情况中挑选出当前正处在强弱转折点的少数个股，选股和调整投资组合（以后还要研究）的关键就在于**捕捉个股相对于大势强弱转变的契机，买进从弱转强、从同步转强、强者恒强的个股；卖出弱者恒弱、从同步转弱、从强转弱的个股，密切关注可能正处在转折过程中的个股。**

由于市场不停地变化，强弱转换的情况也相当频繁，再加上很多试探性的动作或随机性的行情变化，使得每一时刻看起来正在发生强弱转变、或可能发生强弱转变的个股数目大大超过真正发生变化的个股数目，也有的个股在行情发动前一直有很好的伪装，然后突然形成急剧的变化。这使得浓缩可能性的想法变得更为必要和实际，使得股票篮子（投资组合）的买卖方法值得大力推荐，也促使分析者倍加小心。

大势转折与强势股票群的变迁

为了两方面的目的，我们要识别股票强弱分群及其随大势而变迁的情况。

第一个目的，我们企图按照股票分群的情况来选择股票。对于稳健的投资者来说，选股的目的就是使得投资组合具有某种代表性、均衡性、全面性，从而达到以尽可能低的风险获得尽可能高的收益的目的；而对于典型的投机客来说，最关心的是如何捕捉黑马，即通过选股来实现大幅盈利的愿望。无论从何种角度出发，选股方法都应尽可能有条理、有章法、有依据，而不应该捕风捉影。

我们的作法是，按照股票相对于大势的强弱状态划分股票群落，从坚挺类、较强类、同步类（也称之为无趣类）、似转机类到疲软类等由强到弱依次排列。当股票由弱转强、或同步转强时，相当于股票从弱于大势的疲软类群体或者与大势同步的同步类群体转化、上升到强于大势的较强类群体，这是群体成员变动的情况。强者恒强型股票则属于坚挺类群体，如果我们预期该股票继续维持在坚挺群，则选择买进。以上方法就是一种系统、一贯的选股方法。

第二个目的，我们希望通过大势演变各阶段强弱股票群体的组成、及其各组成员的转强升级或转弱降级的细节资料，更清楚地认识大势的涨跌结构。

所谓股市涨跌结构，指在股市大势演变的各个阶段，哪些股票向上推动平均指数（坚挺群落、较强群落）、哪些基本跟随平均指数（无趣群落）、哪些拖平均指数的后腿（疲软群落）、各个群落的成员变迁（似转机群落）、以上各个群落成员的共同特征、各组成员的稳定性程度、在大势演化各个阶段的各组成员变动的情况及其各阶段各组成员的共同特征等各方面基本情况。这就像X光透视一样，让我们看清了股市大势行情变化的来龙去脉。

在实际工作中，人们往往注重如何选股的第一类研究，对第二类研究则满足于模糊的印象和大致的猜测。实际上两个方面是密不可分的。正是通过股票群落，一方面使我们认识了股市的涨跌结构，并对大势演变各个阶段的股市涨跌结构有了较为明确的了解，为研究大势方向提供了丰富的资料；另一方面，通过对股票群落的研究，使得繁多的股票各有归属，从而选择股票的工作有了一个良好的起点。如果不这样做，很可能迷失在市场森林之中，难以集中火力、切中问题要害。

我们所说的股票群落是从技术分析的角度出发的，所有正在交易的股票分别属于坚挺、较强、似转机、无趣、疲软五个群落之一。

坚挺群落是技术状态最强的那些股票，条件是股票相对于大势的上升趋势已经进行了较长时间，差距已经较大，目前没有迹象显示该上升趋势可能终结或反转。

较强群落，相对于大势已经明确地从下降趋势或横向延伸趋势转化为上升趋势，其技术前景较强，但同大势的差距尚不太大，目前没有迹象显示上升趋势即将终止或反转。

无趣群落是从基期以来基本与大势缠绕在一起的股票，其差价曲线围绕零线（即大势）上下振荡，但是其幅度较小，不足以说明趋势性的变化。

疲软群落是相对于大势明确处于下降趋势中的股票，这既可能是从基期以来就如此，也可能是从上升趋势中向下反转的股票。

似转机群落则包括两类，一类是从坚挺群落或较强群落中淘汰出来的股票，因为它们相对于大势的上升趋势有可能转势向下，但是这只是苗头，尚需进一步的资料加以证实，该股票还可能恢复上升势头，重新回到坚挺群落或较强群落里去。另一类是从无趣群落或疲软群落中升级而来的，因为有迹象显示该股票可能从与大势的缠绕中脱颖而出，或摆脱疲软状态，反转为上升趋势。不过，股票从上升趋势转而下跌是比较容易发生的，而从弱转强则需要较多的证据。换句话说，股票价格是依靠净流入资金来支撑的，由于资金本身是有成本的（换个角度看就是利息收益），所以资金先天地有从股票中流出的倾向，于是股票价格先天地具有下跌的“重力”倾向。由此可见，只要没有新资金涌入，则股票就会从强转弱；而只有新资金不断涌入，股票才能够从弱转强。

股票分群与大势涨跌

众所周知，股票平均指数是强、弱股票的平均效果，既然股票先天地倾向于下跌，那么，坚挺群落的股票和较强群落的股票的数目必定相对较少，这样一来，在大势上升趋势中，它们如何能够抵偿大多数股票的重力倾向而使股票平均指数走出上升态势呢？主要原因就在于坚挺群落和较强群落的股票相对于大势的上升幅度大大超过了大多数股票的下跌幅度。换言之，上升趋势股票与下降趋势股票的幅度是不对称的，从任何时刻出发，少数股票价格可能上升数倍、数十倍，但是另外大多数股票通常要么与大势一起随波逐流，要么只可能上升较小的幅度。

在股市大势上升趋势的第一阶段，常见的情况是极少数股票相对于大势大幅地上升，大势的涨跌对它们几乎毫无影响，而大多数股票要么为大势左右，要么缓慢、稳步地被大势甩开；当大势上升趋势进入第二阶段时，极少数股票远远在前方冲锋陷阵，少数股票随后跟进，大多数股票随大势振荡上升和横向整理；唯有当大势进入即将反转的第三阶段时，由于大势直线式地上升，才可能出现大部分股票普遍同时明显上升的局面。总之，在大势的上升趋势中，股票强弱分群明显，形成了从遥遥领先的领头羊到追随大势者的漫长攻击队形，差距依次拉大，股票上涨的差距倾向于分散。

在大势下降趋势的第一阶段，最初也只有少数股票大幅下跌，而大多数股票要么继续迟来的上涨，要么横向整理，要么与大势同步下跌，情况虽然不好，但是显得有希望；进入大势下降趋势的第二阶段后，极少数股票大幅下跌，大多数股票同时和大势一样下跌，换句话说，大势下跌主要是绝大多数股票的集体贡献；到了熊市第三阶段，大多数股票随大势剧烈下跌，极少数先知先觉的股票稳住阵脚。总之，当大势下跌时，兵败如山倒，大多数股票倾向于集体下跌，领头羊和大部队之间的差距缩小，撤退队形倾向于挤成一团，股票强弱分群相对较不明显。

由于在大势涨跌过程中存在上述股票分群特性，当大势小幅上升或者在上升趋势立足未稳的状态下，大多数股票行情没有明显变化，仅有少数股票明显上涨而拉升股指，一旦市场重新回落，大多数股票反而随之小幅下跌。在此种情况下，投资者获利的机会甚低。

在一般情况下，股票群体的成员都是相对稳定的，其中有一部分股票换来换去，有一部分股票按部就班地逐步转强或者逐步转弱，也有一部分股票长期稳定地处于某个群体内。但是，在大势演变过程中，有两种时刻股票群的成员变化很大。

一种情况是，股市大盘的趋势方向不变，但是趋势进程从一个阶段转换到下一个阶段。当大势趋势从上一阶段转入下一阶段时，强、弱群体的成员很可能发生大比例的替换，尤其在较强类和坚挺类股票群，原来的股票只有极少数能够保留下来，大多数股票都是新面孔。这些极少数维持不变的股票是上升趋势的领头羊，它们相对于大势的强势状态在整个上升趋势过程都一直维持着。正因为如此，强势股的群体能够维持基本的延续性，市场“热点”比较集中和持久。

另一种情况是，大势的趋势方向发生了根本的逆转，或者从上升逆转为下降、或者从下降反转为上升，此时，坚挺类和较强类的股票群成员很可能彻底换血。特别是当上升趋势处在第三阶段末期、新的下降趋势处在“变”的早期阶段时，强势股票群体的成员很可能彻底更换，不具有连续性和稳定性。往往正是在原来上升趋势中始终领先的那些极少数股票首先出现大幅下跌，转化为疲软类股票。不仅如此，强势股群体成员可能像走马灯一样不停地变化，难以形成持续性的热点，这或许就是人们常说的所谓“热点散乱”现象。

2001 年初，上海综合指数未能在 2100 点的历史高点附近有效地向上突破，上升趋势陷入危机。于是，有一二星期生物制药类股票成为热门；但好景不长，又换成老牌绩优股；后来，又换成房地产股；再后来，又换成金融股，但是没有什么股票能够维持持久的强势。

实际经验

根据作者个人的经验，在国内 1000 多种 A 股中，接近一半（400 多家）的个股与大势走势基本一致；近三分之一（约 300 多家）走势弱于大势；走势明显强于大势的个股数目约 100 家左右；还有 100～150 多家股票似乎处在由弱变强或由强转弱的转折期内。按照上述三项原则入选的个股大致在 20～30 家。当然，上述结论是动态性的，需要根据市场演变而随时调整。

股票篮子——投资组合

从以上分析可以看出，对投资者来说，无论选择哪种类别的个股都是有利有弊的——和盛传的种种“秘诀”相反，没有哪种股票占据绝对优势。关键在于哪一种适合您的投资口味，以及您的投资方法是否自成体系，是否前后一致。或许最好的选择是每一类都选择几个，组成一个股票篮子。如果您的投资作风比较保守，并且希望长期持有，那么第一类个股的比例不妨高一些；如果您的投资作风比较激进，并且希望快进快出、打短线，那么或许第三类股票的比例应该高一些；如果您的投资作风介于两者之间，那么最好掌握某种平衡的投资比例。

股票篮子就像在射击比赛中总是给选手一组机会一样，千万不要只选一两只个股，做一锤子买卖，那就更像是赌博，而不是射击比赛了，您实际上也剥夺了自己去弱留强的机会。此外，针对每一类型的股票，应当分别采取重点不同的交易策略。

为什么要组成股票篮子？现代投资理论对此有很好的解答：在同样的预期收益率的条件下，通过股票篮子可能降低投资组合的非系统风险；或者在同样的系统风险条件下，可能达成预期收益最大化的目标。股票篮子并不降低收益率。

第五章　买卖时机

时机是太极图趋势原理的关键概念，意义重大。正如第一章所说，时间综合了所有的竞争循环关系，代表着人类生活的终极资源和终极成本。任何变化和过程都是在时间方向上展开的。人类认识趋势和利用趋势的关键是认识趋势发生、发展、终结的契机，包括代表趋势结构的整体关系契机，上升趋势和下降趋势交替的契机，趋势阶段转换的契机。

市场趋势随时间演变，因此投资者的全部主动努力都可以一言以蔽之为“捕捉时机”。研究大势，要点在于从大环境选择适合的交易时机；选择股票，要点在于选择股票由弱转强、同步转强、强者恒强的时机。如果说研究大势和选择股票是投资活动的准备工作，那么买进和卖出就是真刀实枪的实际行动，选择合适的时机就更重要。

股市操作的一般次序是，先看大势是否提供了适合买进或者卖出的大环境，我们称之为大势买卖时机；如果大势时机合宜，再看具体股票是否适合买进或者卖出，我们称之为股票买卖时机。本章从有关理论出发，具体介绍大势买卖时机，特别是大势环境适合卖出的时机，因为人们一般对如何买进非常重视，而忽视卖出时机，实际上，两者同样重要。之后，我们还介绍了几种股票买卖时机和交易方法，包括追击法、伏击法等。

时机

选对了个股并不意味着可以随意在任何时刻买入这些个股。大势是先决条件，时机是成功关键。按照基本分析，只要个股的价格低于其价值，就可以买进，时间方面的因素通常不予深究。但是，从投资者的实际操作来看，入市时机无疑至关重要的，一种较为流行的看法甚至认为“选对时机比选对个股还重要”。

为什么要强调大势、强调趋势结构？打一个比方。有的投资者习惯于碰到股市有几天上涨行情时就入市买进，这就像不懂行的农民只要看到几个艳阳天就下地播种一样。问题是春天和秋天都可能连续出现几个艳阳天，但是只有春天才适宜播种。可见，艳阳天只是局部的小气候，还要看到季节性的大气候，才能真正把握农时。更准确地说，既要把握大的趋势（季节），也要把握更小的趋势（日子、时辰），即从季节、月份，到天气、时辰的完整关系。我国源远流长的农历节气就是对季节、月份、日子、时辰等趋势结构、当前趋势、趋势阶段各方面因素的全面综合，目的就是指示农时，其中的道理值得投资者重视。

时间是对所有循环竞争关系的综合，是综合了整个趋势结构的最终线索；时机体现了趋势的本质意义，是我们捕捉交易机会的出发点；买卖时机的抉择就是对趋势结构、适当时间层次上的当前趋势、当前趋势的阶段状况等各方面因素的全面把握。

《周易》是研究“变化”的经典，对“时”的概念极为重视。市场行情正是以变化为根本特性的，因此在中国古典哲学看来，把握市场时机是至关紧要的。算命先生常常声称某日宜于做某事、不宜做某事，这种武断的预言固然走得太远，但是其背后的道理却是值得思索的。如果我们将选择个股看作主要在不同的上市公司之间进行取舍，为什么不可以将交易时机看作对不同时间段的取舍呢？前者是横向的比较，后者是纵向的比较，两种比较的差距到底有多大呢？

当我们在横向比较的时候，各个对象实质上都是作为其演变历史的一个阶段、一种状态来参与比较的，绝对不能将它们误会成一个个静止不动的事物，以为它们从来都是这样的，其当前状态就代表了全部历史。为了认清比较对象当前所处的演变阶段，认识其承前启后的真实面目，实质上我们应当比较不同对象的纵向历史。这样一来，横向比较和纵向比较就走到了一起。请注意，在本书介绍的选股过程中，所谓由弱转强、同步转强、强者恒强的分类，正是通过比较各个股票（横向）的历史演变过程（纵向）得到的。如此看来，横向比较和纵向比较本质上是共通的、相辅相成的。

同样道理，到底选择做此事还是做彼事，也需要从两方面着眼：既要比较日程安排上的轻重缓急；也要比较事情本身的利弊顺逆。在选股过程中，虽然横向比较是主要的，但是其中必须包含对个股历史的考虑。当然，时间方面的比较有其特别之处，我们永远只能在未来的时间段中进行选择，而过去的时间段已经是既成事实，无法改变。这一差别迫使我们在选择时机时不得不加倍小心。

买进和卖出的时机抉择都很重要。虽然国内股市不允许做空，但是就技巧而言，选择买进的时机和选择卖出的时机并没有本质区别。

卖出有两种目的。一种目的是为了平仓。交易者原来已经有多头头寸，卖出是为了了结原来的多头头寸，把浮动盈亏落实为实际盈亏。另一种目的是为了做空。交易者卖出后，建立了新的空头头寸，随时需要面对市场变化造成的浮动盈亏。不过，不论是为了平仓而卖出，还是为了做空而卖出，从浓缩可能性的角度来说，选择卖出时机的思路都是一致的。

买进也有两种目的，两种做法也没有多少区别。在只允许做多的情况下，买进总是为了建立头寸，卖出总是为了了结头寸。

还需说明的是，虽然我们将股票买卖划分为研究大势、选择股票、捕捉时机三个步骤，但这只是为了形成条理和便于解说，并不是说这三件事是彼此分离的，实际上，这三件事从来都是结合在一起进行的，是投资活动的三个侧面。上面关于横向比较和纵向比较的一番议论已经对这一点有所说明。

综合起来，抉择买进时机的问题可以从大势和个股两个方面来考察，选择大势条件是第一位的，选择个股买卖的时机则更多地涉及具体的交易技巧。

大势买、卖时机

时机问题归根结蒂是对趋势结构、当前趋势阶段、趋势交替的全面把握，本章的内容实际上都是从这个角度展开的。下面我们先来看看适合买进股票的大势条件，然后介绍适合卖出的大势条件。关于买进，已经是老生常谈了，所以我们没有详细举例；而关于卖出，则少有详细的解说，因此我们不厌其烦，详细地介绍了几个实例。还要说明，除非特别指明，否则这里所说的趋势均指投资者最关心的中心层次的趋势。

适合买进股票的大势条件大致如下。

第一种情况，如果大势的当前趋势为上升趋势，且正处在第一阶段晚期、第二阶段、第三阶段开头时，可以买进股票；

第二种情况，当大势正处在更大规模上升趋势中的横向整理过程时，当前趋势通常属于更大规模上升趋势的第二阶段，当大势向下接近横向区间的下边界时，可以买进股票。这就是所谓逢低买进的策略。上海综合指数在2000年2～3月间曾经在1590～1760之间横向整理，是这种情况的典型实例；

第三种情况，如果大势的更大规模趋势为上升趋势，但当前趋势为下降趋势，则当前趋势一般也属于更大规模上升趋势的第二阶段，但行情变化更激烈。当大势向下遇到重要支撑水平、受到明显支撑、且向上回升时，可以买进股票。上海综合指数在1999年底遇到1420的支撑水平时属于这种情况的典型实例。

在简要地介绍了适合买进股票的大势时机后，下面我们将重点转到适合卖出股票的大势时机上。在开列要领之前，先作两点说明。

首先，我们明确反对所谓即使大势下跌也有好股票的说法，因为在那样的条件下选对个股的可能性太低，所以只能以小比例资金尝试，大部分资金应分配为现金和国债。

其次，当大势处于上升趋势第三阶段的晚期、或者处于下降趋势的第一阶段时，一旦出现明确的向下反转信号，则无论如何必须统统卖出；此外，在下降趋势第二阶段、下降趋势第三阶段早期，均可以卖出，以避免第三阶段带来的恶性后果。

从多头角度来说，卖出是为了平仓。投资者事先已经在上升趋势第二阶段或者第三阶段之初建立了多头头寸，只有成功地捕获上升趋势第三阶段晚期和下降趋势第一阶段的卖出时机，才能保住胜利果实。如果等到下降趋势第二阶段才卖出，原来的成果很可能已经化为乌有，实际上已经是割肉卖出了。虽然如此，果断止损卖出还是十分必要的。如果说当初没有及时平仓获利是投资者所犯的第一个错误，此时不卖出止损则犯了第二个错误，是错上加错。投资者不可因小失大。

一般说来，大势从上升趋势的第三阶段进入下降趋势第一阶段，总是具有某些基本演变特征。根据趋势演变的基本特征，我们大致按照时间先后顺序列举以下诸项判断依据。

首先，上升趋势的进程已经明显具备了三阶段形态；

其次，最近大势一直向上，没有明显涨跌交替，且远离原有的上升趋势线，上升趋势明显向上加速，且向上穿越了原有上升管道线。这表明大势已经进入上升趋势第三阶段晚期；

再次，行情波动率突然急剧加大，交易量达到历史最高水平。从波动率受压抑，到波动率突然加大，显示了上升趋势内在的脆弱，是趋势逆转的警告信号；

接下来，市场第二次向上试探历史最高水平，但是当即被击退，要么尚未达到原有高度，要么比原有高度略高，但是不能立足；

与此同时，在历史最高水平，已经接连形成了两个以上蜡烛图反转形态。这是初步的反转信号；

之后，市场突然急剧下跌，并且跌破了双重头（或者头肩形等顶部形态）的颈线。这是主要的趋势反转信号；

最后，市场终于跌破了原有的上升趋势线，这是趋势逆转的验证信号。

以上判断依据都属于典型情况，实际情况可能更复杂，也不一定同时满足所有条件，但是，大势从上升趋势到下降趋势的逆转或多或少都会满足以上条件，而同时满足的条件越多则越有把握。在实际操作时，投资者需要凭经验定夺。下面我们来研究两个例子。

第一个例子。如图 5.1 所示，1997 年 5 月，上海综合指数在经历了自 1996 年初以来的强劲上升趋势之后，上升趋势已经明显呈现出三阶段特征。

1500～1550 点是前期历史最高水平，根据历史记录，1993 年 2 月 16 日，市场的最高点为 1555，1997 年 5 月 12 日，最高点为 1510。从技术分析的观点来看，市场倾向于在重要的价格水平上引发趋势反转或重大调整。当市场在 5 月 12 日再度试探这里的前期历史高位失败后，就发出了严重警告信号。

在两次尝试历史高点期间，市场波动率一反常态，突然加剧。原先一直是平稳的小碎步，这里变成大步跳跃，而且大涨大跌。

这里也有若干蜡烛图反转形态，5 月 7 日是一个高位十字星，它还与 8 日的长阴线构成一个吞没形态；12 日的小实体类似星线，也与后一日的长阴线构成一个吞没形态；两个吞没形态组成一个镊子形态。14 日的大阴线向下突破了镊子形态的颈线，16 日收市价再度确认向下突破信号。至此上升趋势宣告结束，市场进入了为时 2 年的横向趋势三。

在趋势第一阶段，趋势信号一般较不明显，但是由于资金成本压力，上升趋势的第一阶段信号模糊，而下降趋势第一阶段的信号则相对明显。上升趋势的酝酿过程时间长、反复多，下降趋势的到来则很利索，反转时间短、途中反复少。从图 5.1 我们看到，市场在顶部向下反转时，上述特点较为鲜明。

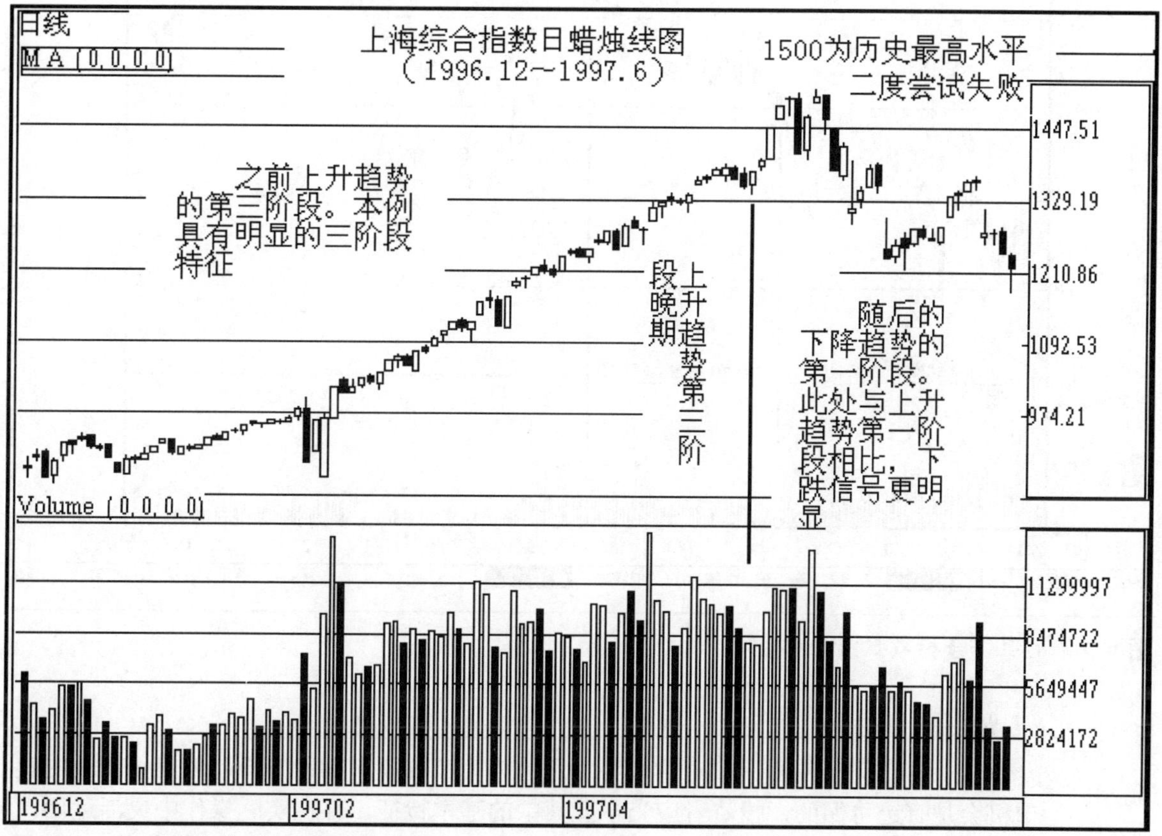

图 5.1　上海综合指数日蜡烛线图

第二个例子。如图 5.2 所示，种种迹象表明，上海综合指数于 2000 年 8 月底、9 月初已经结束了上升趋势，转为横向趋势。

首先，上升趋势已经完成了三阶段形态（图 1.18）。

其次，虽然上升趋势四后期交易量没有明显放大，但是行情一路向上，连创历史新高，其中几乎没有任何涨跌交替的情况，丧失了节奏感。

再次，在市场向上第二次试探历史高点之前，波动性突然增强。在原先走势平稳、波动率偏低的背景下，这里的剧烈波动显得非同寻常，暴露了上升趋势的脆弱性。

接下来，市场重新试探历史最高点，但是尚未触及即告失败。

在两次试探的高点上，分别形成了几个蜡烛图反转形态，其中包括前后两个吞没形态，中间一个高位星线等。

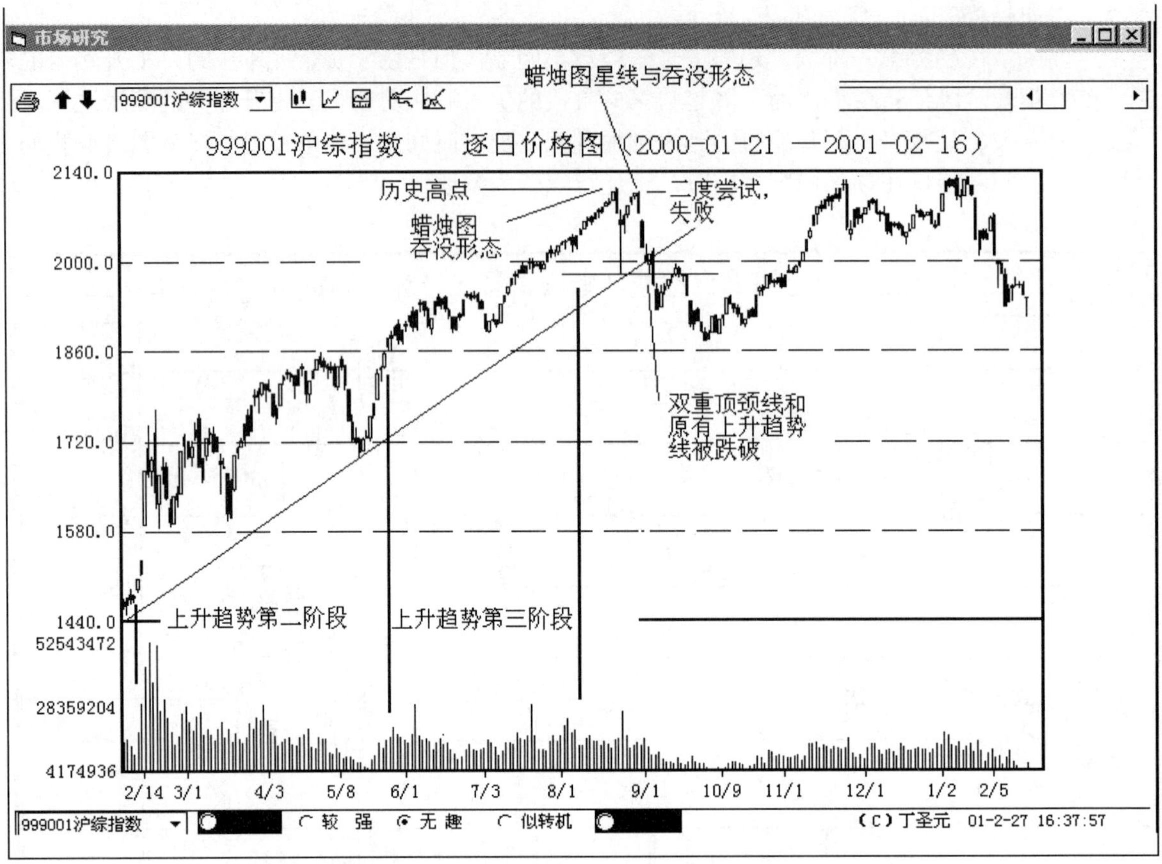

图 5.2　上海综合指数日蜡烛线图

最后，市场以长阴线向下跌破了上升趋势线和双重顶的颈线。

以上两个例子说明，第一，大势上升趋势第三阶段末期和下降趋势第一阶段的卖出机会是有迹可循的，投资者应当掌握其中的基本特征，并在实际操作中灵活运用；第二，上升趋势有惯性，不能轻易猜测市场已经到顶，而是必须确有证据。既有警报信号，也有突破信号，还有验证信号。第三，一旦证实趋势反转，那么为了落实原先多头头寸的浮动利润，我们必须立即抓住上述卖出机会。

当大势上升趋势向下反转后，下降趋势迟早将进入第二阶段。万一投资者没有在下降趋势第一阶段及时卖出平仓，到了下降趋势的第二阶段，当初的多头头寸很可能已经无利可图，然而，为了避免更大的损失，投资者应当壮士断臂，果断采取卖出止损措施。因循拖延、犹豫不决，则成事不足，败事有余。下面我们就来通过实例研究如何在下降趋势第二阶段果断地卖出止损。

请允许我们再列举上海综合指数演变史上一个典型的例子。如图 5.3 所示，大势的下降趋势大致从 1998 年 6 月初开始，一直持续到 8 月下旬，属于中短线的范围。其三阶段特征相当明显。从 6 月初到 6 月底，基本上构成了下降趋势的第一阶段；此后到 8 月 7 日，大势向下突破前期低点，属于第二阶段；从 8 月 7 日向下突破起，到 8 月 20 日前后，是下降趋势的第三阶段，大势急剧下跌。

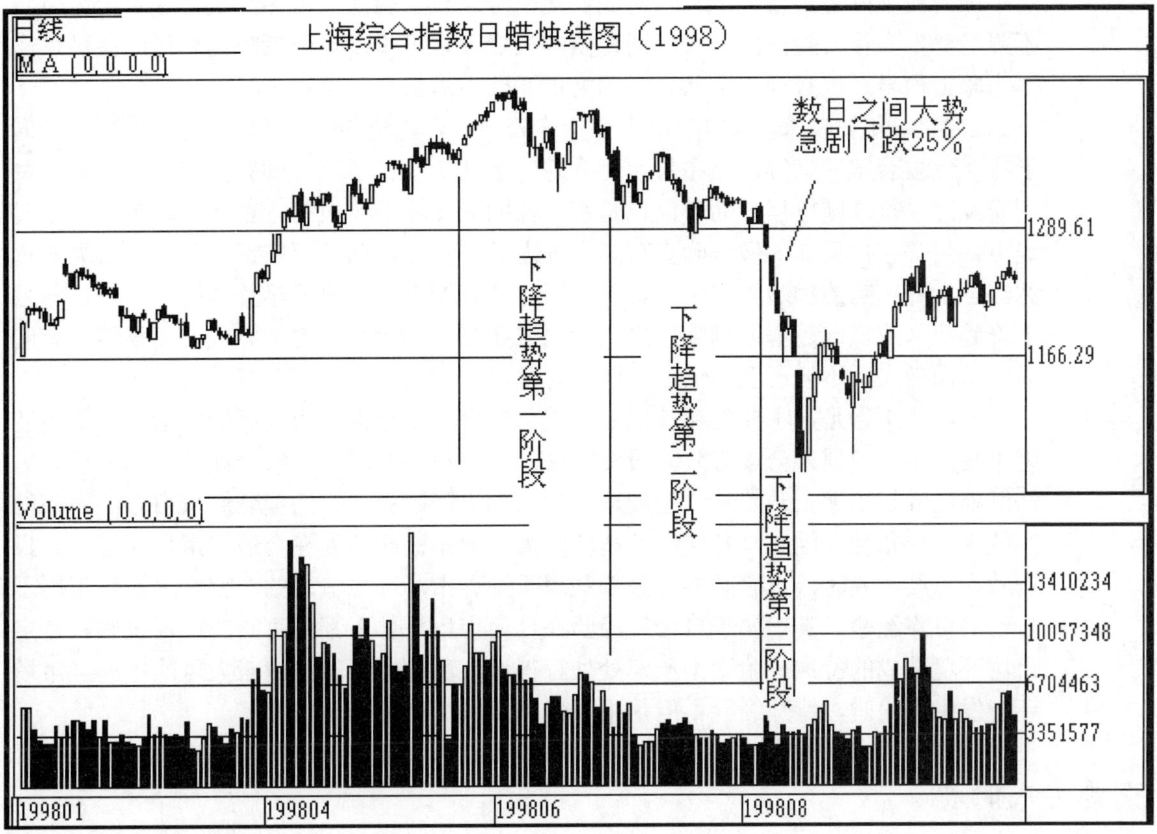

图 5.3 上海综合指数日蜡烛线图

请注意，这个下降趋势处在更大规模的横向趋势中，该横向趋势从 1997 年中持续到 1999 年中，其上边界大约为 1510，下边界大约为 1050。然而，虽然当前趋势处在上述更大规模横向趋势中，但是其第三阶段的跌势还是相当惊人的，在短短数个交易日内，大势下跌幅度竟达 25%。这一例子清楚地说明了下降趋势第三阶段势如破竹的强大气势和出人意料的杀伤力。如前所说，正是为了避免下降趋势第三阶段可能造成的重大损失，我们在下降趋势第一阶段应当坚决卖出，在第二阶段采取止损措施也是十分必要的。

由于图 5.3 所示的下降趋势处在上级横向趋势中，当其完成第三阶段后很快便向上反弹。倘非如此，则市场很可能长期停留在低位，被套的投资者只能被动地等待，将受尽磨难、错失新的良机。由此可见，即使在下降趋势第一阶段没有及时获利平仓，在下降趋势第二阶段，即从 6 月底到 8 月 7 日，也应当果断地逢高减持，直至全部卖出。当 8 月 7 日的向下突破信号宣告第三阶段开始时，这是最后的卖出机会。此后，则牛已经下河，拽尾巴也没用了。

比较而言，下降趋势第二阶段的卖出信号比第一阶段更明显。此时，顶部反转已经完成，原来的上升趋势线一般已经被跌破，下降趋势的下降趋势线也已初步形成。顶部反转形态的颈线和下降趋势线正是逢高卖出的良好标志线。只要市场维持在颈线之下或者在下降趋势线之下，均构成卖出信号。至于验证的信号，我们基本上可以将下降趋势本身作为验证信号，特别谨慎的投资者也可以以当前趋势创新低的突破信号作为验证信号，但必须果断从事，因为市场留下的机会已经不多了。

自1996年初以来，国内股市大势始终处于上升趋势的作用下，投资者本来就倾向于在头寸被套牢后坐等，而超长期上升趋势客观上助长了这种倾向。此外，大势每跌则盼反弹、每跌则抢反弹的习惯也是在这样的大环境下养成的。在上升趋势有效的前提下，坐等、抢反弹的做法确实有其合理之处。然而，请千万牢记，我们不可能永远沐浴在上升趋势的和煦阳光下；若干年后，超长期上升趋势迟早总会向下反转。一旦下降趋势（或横向趋势）到来，投资者原来在超长期上升趋势下养成的习惯将具有明显的负面效果，不但不能帮忙，反倒成为陷阱。

作者的忠告是，不要将超长期上升趋势的潜在影响误会成自己的好运气；更不要将不良的投资习惯误会成有效的投资方法。这是投资方法的一致性问题。好的投资方法既能适应超长期上升趋势，也能适应超长期下降趋势。它的健全性来自方法内在的系统性和一致性，因此具备广泛的适应能力，而不是碰巧处在合适的市场环境下。投资者在总结经验时，也有必要区分哪些属于外界市场环境造成的，哪些才是真正属于自己的可靠经验。真正属于自己的经验在任何市场条件下都是可靠的，反过来，特定市场环境造成的特殊经验则不一定处处行得通，反而有可能潜伏着大风险——当市场环境发生变化时，特殊经验不但帮不了忙，反而可能麻痹投资者。

股票买入时机

与大势的买卖时机类似，个股的买卖时机同样取于决个股行情的趋势结构、趋势阶段、趋势交替，股票买进和卖出的技术要领与“大势买卖时机”的部分基本一致，所以不再赘述。这里研究股票买卖时机的细节问题，主要是有关价格水平的两种信号，一种是价格水平被市场突破的突破信号，另一种是价格水平没有被市场突破的不突破信号。

当市场向上突破某个重要价格水平后，一般可以采取三种买入方式（如果仔细推敲，则只有前面的两种买进方法，第三种方法是第一种的变形），即追击法、伏击法、最后机会法。

第一种买进方法是追击法。如果在判断市场突破信号成立后立即买进，就属于追随技术信号的交易方法，称为追击法。它的优点是，投资者在确定突破信号成立后立即采取行动，一般都能按照原来的打算建立多头头寸。如果投资者注重当前交易机会，迫切希望入市，就应该采取追击法。

不过，换一种角度来看，追击法也有不利的一面。为了判断市场到底有没有向上突破价格水平，投资者不得不略等一段时间，看看市场能否维持在价格水平之上，或者看看市场是否继续上涨一定幅度。价格水平越重要，则确认突破信号所需等待的时间越长、价格幅度越大，因而投资者越有可能付出高于价格水平的买入价。另一方面，当市场向上突破价格水平后，可能立即招致跟风买进的行为，在允许卖空的情况下，还会导致原来的空头者跟风买进止损。同理，价格水平越重要，则上述跟风行为越活跃。这样一来，市场很可能立即沿着突破方向快速上升，如果此时买进，买入价就会明显高于价格水平，导致头寸成本上升。从这个角度看，追击法实际上就有追涨的嫌疑了。

第二种买入方法称为伏击法。突破信号形成后，由于市场参与者的跟风行为推动市场快速上升，导致买入成本提高，有些投资者不愿意在忙乱中跟风买进，宁愿等一等，倘若后来市场重新向下试探原先的价格水平，则再买进。

这种方法有两点好处。首先，投资者有机会通过市场回落来观察行情能不能坚守在价格水平之上，更进一步地检验原先的突破信号，因此就有更多的机会来躲过假突破信号。其次，当市场回落时，市场通常比刚刚突破时平静得多，投资者就有机会在接近价格水平的较低位置买进，大笔订单也能够从容地分批入市。

遗憾的是，伏击法的弊端也显而易见。等待市场回落，实质上相当于延长了检验突破信号的时间。在相当多的情况下，市场在向上突破后根本不回落，而是一直向上，结果投资者要么不得不在更高的价格买进，要么干脆错过了入市机会。

第三种为最后机会法，其实是针对伏击法有可能落空而采取的亡羊补牢的措施。严格说来，这算不上什么新的买进方法，而是追击法的一种变形。如果价格水平很重要，则突破信号意义重大，是不可忽视的交易机会。在这种情况下，倘若投资者当初没有追击，后来又没有伏击，或者根本没有伏击的机会，那么当市场再次向上创新高时，也就是向上突破前不久市场在突破原价格水平后第一波行情形成的高位时，就必须当即买进，不可拖延，这就是所谓最后机会法，简称最后法。这么做的好处是，终于没有放过交易机会，坏处是买入价明显高于原价格水平，成本高昂。

正如前面所说，个股买卖的时机也与股票类型有关，实际上终究取决于股票的上升趋势当前所处的阶段。

由弱转强型个股通常处在上升趋势第一阶段的末期、第二阶段的开头，因此，买进机会主要出现在价格行情向上突破信号之后。这种突破信号通常相当于道氏理论的趋势突破信号。由于价格水平相对较低，且市场反复较多，上述三种方法均有机会。

同步转强型股票的买进信号视大势的情况而定，多数可能属于上升趋势第二阶段的中期、后期。这类股票的买进信号主要也是当市场向上突破重要价格水平时形成的。三种买进方法均适用，由于此时上升趋势已经较为明朗，应果断迈进、大胆持有。

强者恒强型股票的买进信号一般出现在延长的上升趋势第二阶段，甚至是第三阶段早期，考虑到买入成本较高，为了维持头寸的风险——报偿比，在多数情况下不宜采取追击法和最后法买进，而是适宜采取伏击法，逢低买进。

选择何种买进方法与大势条件也很有关系。比较而言，所谓追击就是在个股突破重要水平后的上升惯性中立即买入；伏击就是等待个股行情从突破后的上升惯性中解脱出来，向下重试该水平时再买进，因此，如果大势正在上升，则有利于个股行情的延续，多采用追击法；如果大势正在更大规模上升趋势中横向整理，则个股行情也可能有较多的反复，适合采用伏击法。

所谓逢低买进，既包括在市场向上突破后从第一波涨势回落时买进的伏击法，也包括在上升趋势或横向趋势中利用市场向下试探某个支撑水平但没有向下突破的机会买进，还包括在上升趋势中虽然没有明确的支撑水平作为参照，但是投资者在市场回落到一定程度后便果断买进的情况。后面两种情况都是在没有价格水平被突破的情况下发生的，所以称之为不突破信号。实际上，在伏击法中，市场回落的过程也没有向下突破原有价格水平，因此，逢低买进法也就是广义的伏击买进法。

图 5.4 为石油大明每日收市价的单线图，2000 年 3 月 3 日该股除权，本图已将除权前的价格折算成除权后的价格。以石油大明向上突破前期历史最高水平为标志，该股票的长期上升趋势从第一阶段进入了第二阶段。在第一阶段末期，围绕上述重要历史价格水平，出现了一系列的买进机会。如果我们在价格刚刚向上突破时买进，则属于追击法；后来市场两度回落，向下试探前期历史最高水平，它们分别构成伏击法买进的好机会。当然，如果市场果真跌破该水平，则不论之前采用何种方法建立的多头头寸均应卖出止损。市场在两次回试上述重要水平均未向下突破的情况下，继续上升，当再次向上突破第一波行情的高点时，构成最后机会法的买进机会，之前因为种种原因没有买进者不可再犹豫下去了。

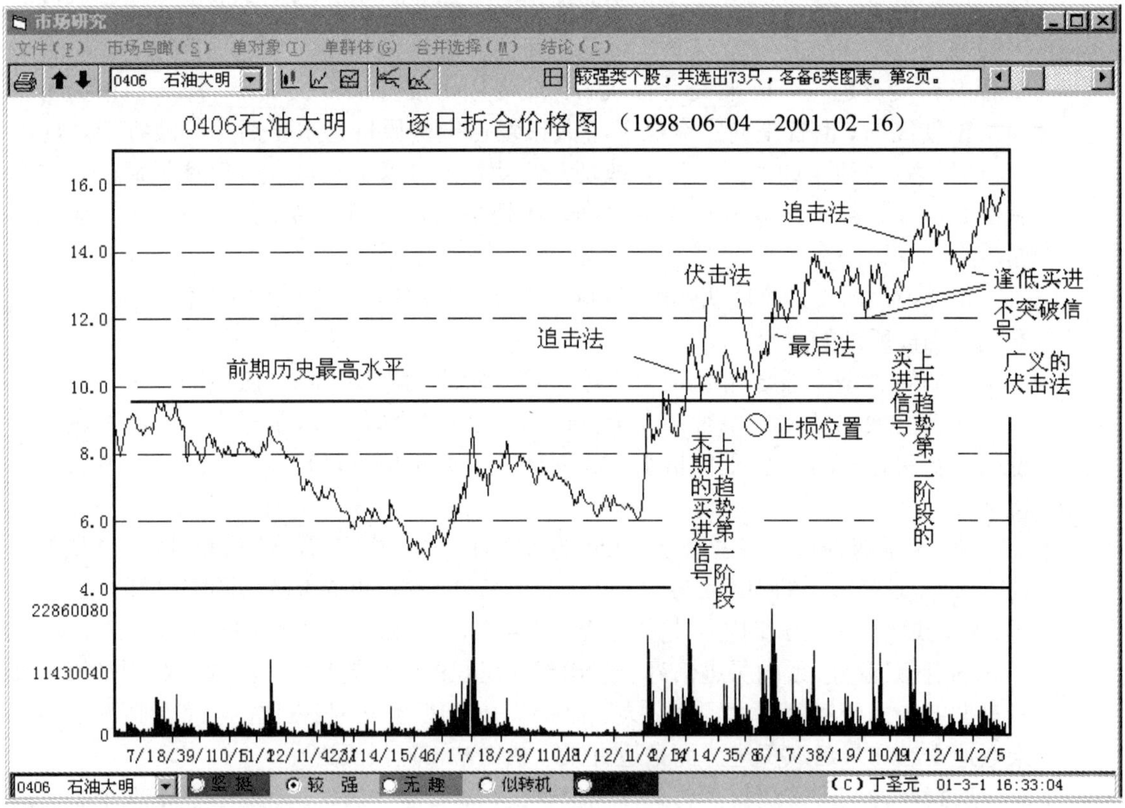

图 5.4　石油大明收市价单线图

从图 5.4 可见，由于趋势第一阶段多反复，虽然追击法、伏击法皆可行，但是伏击法更稳妥。不过，万一市场没有反复，而是继续上升，则可以采取最后法作为补救措施。实质上，此时市场已经进入上升趋势的第二阶段，由此可见，第一阶段的最后买进法也就相当于第二阶段初期的追击法。在上升趋势第二阶段初期采取追击法是可行的。

比较图 5.4 右侧所示的几种买进信号，逢低买进的方法显然优于追击法。这里已经是上升趋势第二阶段的中、后期了，一方面上升势头已经较为明显，买进成本较高，另一方面，第二阶段以振荡向上为特征，市场很可能有机会稍稍下跌，因此适宜采取伏击法买进。但是，值得注意的是，市场每每创新高，向下回落的低点也不断升高，逢低买进的“低”不再有严格的价格水平可资参照，需要灵活掌握。

止损与个股卖出时机

以上介绍了股票买进的种种方法。现在我们来看看如何卖出股票，下面是捕捉股票卖出时机的主要要领。

第一，如果大势从上升趋势向下反转为下降趋势，则卖出股票；

第二，如果股票行情从上升趋势向下逆转为下降趋势，则卖出股票。有时候，大势始终保持强劲的上升趋势，但是股票行情已经从上升趋势反转为下降趋势，尤其是那些涨幅很大的股票。这种情况颇具迷惑性，但是投资者仍应坚决卖出，不能坐等大势反转。例如 2000 年国内股市的互联网类股票曾有大幅上涨行情，后来它们又普遍反转为下降趋势，大幅下跌。与此同时，大势始终维持明显的上升趋势；

第三，如果当初买进股票的决策依据是市场向上突破了某个价格水平（突破信号），或者是市场未曾向下突破某个价格水平（不突破信号），则当市场再度向下打破该价格水平时，证明原来的买入信号很可能是假信号，应卖出股票。这种情况一般属于卖出止损。

投资者买进股票后，时刻承受着市场价格波动的风险。如果市场变化证明投资者预想的投资计划不正确，则必须立即采取卖出止损措施。切记，**市场分析信号是方法和信心的问题，而实际行情变化才是客观事实**。

实际上，采取止损措施并不一定总是因为亏损而认赔出局，其基本意义是投资者为了防备市场出现意外变化而采取的保护措施。除了上述卖出止损的方法之外，止损措施还有其他用武之地。如果现有的头寸已经存在账面利润，投资者可以随着行情的上升，步步为营地提高卖出止损指令的价格水平，保护已有的利润；当投资者认为如果市场向上突破某个价格水平可能代表重要的买进机会、但市场到底会不会突破、什么时候突破则很难说，也可以在价格水平以上预先安排好买进止损指令，一旦市场涨到这里就买进。

从趋势阶段特性分析，上升趋势第一阶段市场上下反复多、假信号多、半途而废多，因此一定要围绕价格水平执行卖出止损的计划；在上市趋势第二阶段，市场振荡上升，但是潜在趋势方向已经较为确定，虽然在行情振荡中出现一时亏损，也可以不急于止损，不必过于计较一时的得失。换句话说，上升趋势第二阶段的重点是市场趋势，而不是价格水平的细节；上升趋势第三阶段，特别是其后期，必须参照判断趋势反转的办法严格采取止损措施，决不可误事。

当日收盘、次日开盘、次日收盘的买卖技巧

很多买卖信号都是围绕价格水平产生的，该不该买进、该不该卖出，取决于当事人对价格水平已经被突破或者已经证明不会被突破的判断。因此，这里要介绍判断价格水平是否被突破的基本技巧。

一个交易日有四个相对重要的价格水平，开市价、最高价、最低价、收市价，其他价格都不如它们有意义。在这四个价格中，又数收市价最重要。判断价格水平已被突破、还是未被突破的基本依据就是各个交易日的收市价，而不是交易日内一时的细节性价格变化。有时，日内价格行情曾大幅超越某个价格水平，但收市时竟然重新返回该水平之下。这是常见的假信号。

为了避开这类假信号，投资者一般非常重视市场的开盘价和收盘价。事实上，在大多数交易日，开盘后半小时、收盘前半小时是交易最活跃的两个时段，由此显示了它们受投资者重视的程度。如此一来，我们可以根据连续两个交易日的开市价、收市价来判断某个价格水平到底有没有被突破，进而采取行动。以下讨论以判断市场向下试探支撑水平的情况为例，市场向上试探阻挡水平的情形与此类似，只是方向相反而已。

在第一个交易日，市场从上方向下接近某个价格水平，此时投资者应密切关注市场动向。如果日内行情已经向下突破，投资者不必急于卖出，而是等到临收市前 5～10 分钟，此时当日收市价已经可以大致估计出来，如果它维持在价格水平之下，则构成第一个卖出机会。综合考虑其他因素，倘若这个向下突破信号还得到其他方面的有力验证，就可以立即卖出。

不过，如果没有其他方面的看跌信号，稳妥的做法是等到下一个交易日开市，因为在休市期间市场参与者有充分的时间权衡市场变化，如果开市价继续低于原价格水平，则上述突破信号成立的可能性就较大了。因此，开市后的 5～10 分钟可能是第二个卖出机会。

如果价格水平很重要，甚至仅凭第二个交易日的开市价还不足以下决心，在这种情况下，投资者应继续监视第二个交易日的行情变化，在第二个交易日收市前 5～10 分钟，其收市价将提供最后一次验证机会——第三个卖出机会：如果收市价继续明显维持在价格水平之下，则突破信号成立的可能性很大，应卖出。

如图 5.5 所示，上海股市综合指数在 1999 年 7 月 19 日和 20 日两个交易日里，围绕 1510 的重要历史水平（参见图上较长的水平粗线）形成了一个典型的假突破信号。该指数在 7 月 19 日跳低于 1500 点开市，并收市于 1473 点，从当日情况来看，显然已经向下突破了 1510 的支撑水平。但是紧接着在 7 月 20 日，市场强有力地拉回到 1510 以上，收市于 1574 点，而且成交量也有明显的放大，第二个交易日的收市价表明原来的突破信号是假信号。

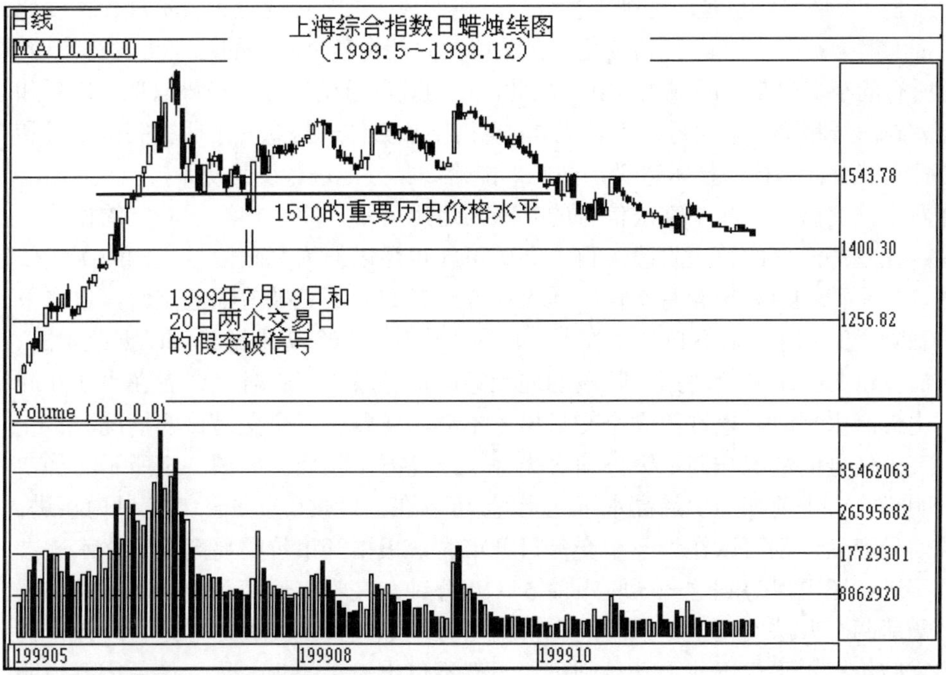

图 5.5 上海综合指数日蜡烛线图

在图 5.5 的假突破信号中，市场是在第二个交易日下午重回 1510 以上的，当时，这是一个不容忽视的买入信号。如果您在前一日当市场向下突破 1510 时卖出止损，则此时更应当果断地再买回来。

以上实例给予我们一项重要启示：当市场向下尝试某个重要价格水平时，比如本例的 1510 点，以及 1999 年“5·19”行情之前的 1050 点，市场必须做出重大抉择。如果向下突破该水平，则市场将从当前的横向趋势或上升趋势反转为下降趋势，或者继续原有的下降趋势，不管哪种情况，市场都将有较大的下跌空间，因此突破信号构成了良好的卖出机会；如果市场维持在该水平之上，则市场将继续当前的上升趋势或者横向趋势，或者从原先的下降趋势反转为上升趋势，不管哪种情况，市场都将有较大的上涨空间，因此不突破信号构成了千载难逢的买进机会。

同样道理，当市场向上尝试某个重要价格水平时，市场也必须做出重大抉择，要么是突破信号，构成了买进机会；要么是不突破信号，构成了卖出机会。

这样的价格水平就是行情演变的分水岭或者说节骨眼。在节骨眼上，投资者一刻都不能松懈，必须密切注视市场发展、果断决策，直到市场确定无疑地做出选择。当然，节骨眼之外的行情也就不值得天天紧盯着显示屏，大可以每天随便扫几眼。

以上介绍了利用市场尝试价格水平的前后两个交易日来判断突破信号或不突破信号的基本技巧，其中采用了前一日的收市价、后一日的开市价和后一日的收市价三个价格。必须说明的是，无论判断市场突破某个价格水平的信号是否成立，还是判断市场不突破某个价格水平的信号是否成立，都不是一件孤立的、局部的事，而是应当从趋势结构、当前趋势阶段、趋势交替出发，全面、整体地判断。其中包含着“小”与“大”的关系，一方面，市场变化总是通过细节性变化累积而成，细节性变化具有扩展为大变化的不可忽视的潜力；另一方面，任何变化的苗头终究只能在整体趋势的意义上发挥作用，毕竟不是所有的小变化都能酿成大变化。因此，我们既需通过各方面趋势信息来判断和验证当前突破信号和不突破信号是不是成立，也需要从整体趋势意义上研究突破信号和不突破信号到底有什么样的技术意义，如此才能恰如其分地进行交易决策。

这样看来，突破信号和不突破信号的判断与运用就不可完全拘泥于固定的模式。举例来说，在趋势演变的第三阶段，日内突破可能也足以作为突破信号，构成买卖依据。如图 5.3 所示，1998 年 8 月 7 日，当上海综合指数向下突破前期低点时，宣告下降趋势第三阶段的到来，则不必等待收市，更不必等待下一个交易日就可以据此卖出。反过来，当我们判断上升趋势第一阶段的向上突破信号成立与否时，或者在市场在向上试探历史最高水平时，也许第二个交易日还不够，要看第三个交易日的情况。

向上突破信号的情况与向下突破信号类似，只是方向相反。如图 5.6 所示，当市场第一次明确收市于前期历史最高水平之上时，可以在当日收市前 5～10 分钟内买进；如果对该信号存疑，则可以在下一个交易日开市时，根据开市价明显高于价格水平之上的信号买进；还可以等到这一天收市前 5～10 分钟，在收市价高于价格水平的前提下买进。最后两个办法实质上是从时间和价格两方面继续验证突破信号是否有效，倘若市场在突破价格水平后迅速上升，则可能不得不付出较高的买入价。最后需要说明的是，假定最近市场的回落过程向下跌破了前期历史最高点的价格水平，则必须卖出止损。从图 5.6 看来，该水平没有被跌破，因此这里反倒构成了买进的良机。

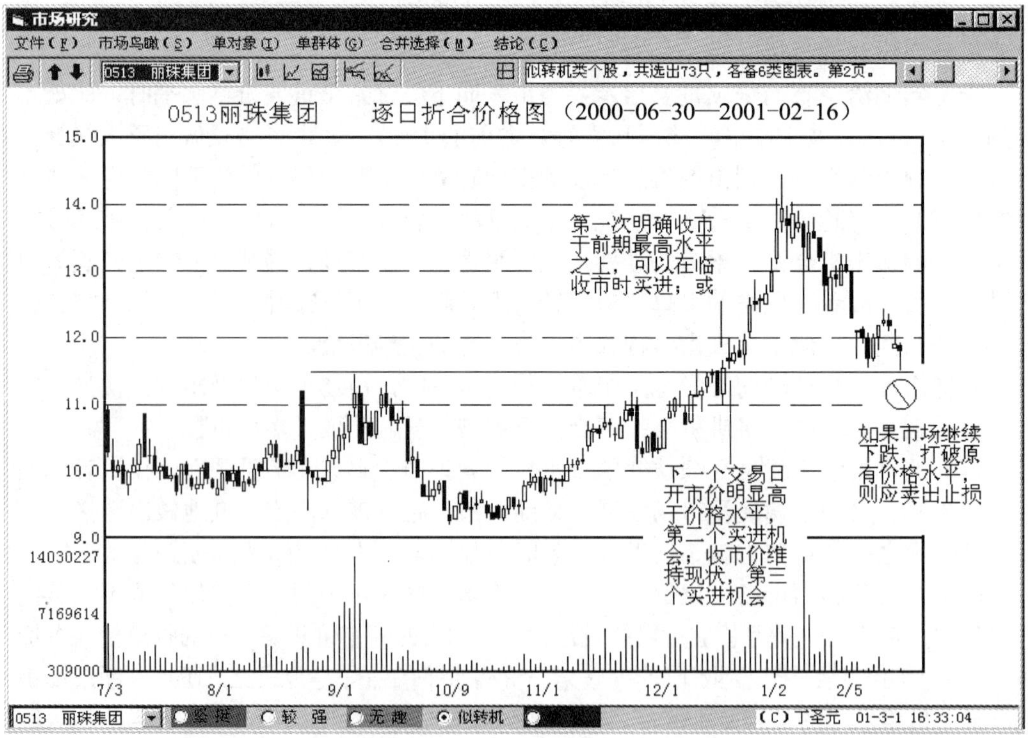

图 5.6　丽珠集团日蜡烛线图

第六章　投资组合调整与资金管理

所谓投资组合可以有广义和狭义的两种理解。在广义的投资组合中，房产、养老保险、医疗保险、子女教育、储蓄、股市投资、债券投资、金融衍生产品投资、乃至收藏品投资等无不包括在内。广义投资组合理论信奉“不要把鸡蛋放在一个篮子里”的投资格言，要求投资者在各种投资工具之间应维持适当平衡，比如在股市和储蓄之间应适当分配资金，既不全部投资股市，也不应当全部投资储蓄。

如果在股市投资的范围内狭义地理解投资组合概念，则其主要内容就是在投资过程中如何根据市场动态的演变过程适当地调整持股比例、更换股票、止损等。我们这里主要从股市投资的意义上理解投资组合概念。

资金管理的技巧是投资组合管理的基础部分。巧媳妇难为无米之炊，不论从广义上理解还是从狭义上理解，投资组合管理总是以资金为后盾的。另一方面，投资组合是手段，通过投资组合使得资金增值才是真正目的。归根结蒂，投资组合的千言万语都可以从两方面概括，资金成本和资金收益。

本章首先讨论了有关股市投资的资金成本和资金收益的几个问题，其中包括：如何理解可能性、投资股市的资金成本、小比例稳定盈利的重要性、衡量股市投资收益的标准、股市投资盈利与亏损的不对称性等。在弄清这些问题之后，才能更好地理解投资组合管理的基本要领。

接下来，本章讨论股市投资过程中投资组合管理的基本内容，谈谈如何根据大势的趋势结构、趋势阶段、趋势交替来确定持股比例、换股、止损等问题。

本章是上篇最后一章，所以最后我们要为上篇做一个简要的总结。

资金成本和资金收益

对于绝大多数投资者来说，投资股市的全部目的就在于资金增值。投资事业从本金开始，到取得资金收益和收回本金为止，完成一个完整周期。因此，关于资金成本和资金收益的各方面问题都值得投资者重视，是投资基本功。

股市变化复杂多端，真真假假的炒股技巧花样百出。如果投资者陷入了股市行情和炒股技巧的迷宫之中，反而忘记了投资的基本目的——资金成本和资金收益，那就实在太荒唐了。

什么是可能性

我们一再指出，系统、一致的交易方法目的就是要浓缩市场变化的可能性。那么什么是可能性呢？现在借助亏损和赢利的概念来理解它。在以下讨论中，我们假定大势维持不变，即股票行情的上涨和下跌没有大势方面的原因。

首先，看看具有上涨的可能性的股票。假定我们同时买进 10 只股票，后来其中 5 个顺利地继续上涨；3 个不涨不跌，保持在买进的水平；两个调头下跌。5 只上涨股票的幅度明显超过了两只下跌股票的幅度，因此，这 10 只股票从总体上说就是上涨的。

其次，看看具有下跌的可能性的股票。假定我们卖出 10 只股票，后来其中 5 个顺利地继续下跌；3 个不涨不跌，保持在卖出的水平；两个继续上涨。5 只下跌股票的幅度明显超过了两只上涨股票的幅度，因此，这 10 只股票从总体上说就是下跌的。

我们所说的可能性，关键在于这 10 只股票并不是随机碰上的，而是通过技术分析、基本分析或者任何其他系统、一致的投资方法选择出来的。从我们的选择标准来看，这些股票具有基本的一致性，即某种与行情有关的共同特征。如果我们随机地选取 10 只股票，则其涨跌的情况很可能与大盘总体的涨跌分布类似，在大势不变的条件下，不可能表现出总体明显上涨或者总体明显下跌的结果；即使偶尔它们在总体上表现出明显的上涨或下跌，其结果也是不稳定的，有时是这样的，有时又是那样的。反过来，正因为上述 10 只股票符合选股方法的系统性和一致性要求，才能表现出总体明显上涨或者下跌的结果，并且我们的选股方法系统性和一致性越强，则这种上涨或者下跌的结果就越稳定、可靠。

由此可见，所谓可能性实际上就是针对选股方法所揭示的股票共同特征而言的，由于前面的 10 只股票每一只都具有后市看涨的共同特征，因此我们说在 10 只上涨的股票中，每 1 只都具有上涨的可能性，如果我们总是买进这样的股票，则平均来看，总的结果应当是获利的。

由于后面的10只股票每一只都具有后市看跌的共同特征，因此我们说在10只下跌的股票中，每1只都具有下跌的可能性，如果我们总是卖出这样的股票，则平均来看，总的结果也应当是获利的，或者应当避免了损失。

作为专业性的语言，当我们说某个股票看涨时，实质上指的是该股票具备选股方法所揭示的上涨的特征，具有上涨的可能性，而不是指这只股票一定将上涨。如果说某个股票一定上涨，一定涨多少、什么时候涨，那是算命，不是研究。

同样道理，当我们说某个股票看跌时，实质上指的是该股票具备选股方法所揭示的看跌的特征，具有下跌的可能性，而不是指这只股票一定下跌。在专业语言里，不允许说某只股票一定下跌、一定跌多少、什么时候跌。

假定我们买进了某个看涨的股票，不幸的是，它的行情不但没涨，反而下跌了。在这种情况下，我们没有什么可后悔的。按照可能性的理解，在每一笔交易过程中，市场变化都是极端复杂的，我们从不企图算准市场的变化，而且赢利和亏损也是家常便饭，但是我们希望通过买进具有上涨可能性的股票，在长期的和总体的效果上能够相对可靠地获利。如果这只股票亏损，则我们就应按照止损措施的规定止损，然后按照选股方法的要求在所有股票中——包括被止损的股票，重新选择交易机会。我们清楚地认识到，成败的关键是选股方法的系统性和一致性，而不是一二只股票。如果我们对交易结果不满意，就应当从方法的角度来寻找原因、力求改进方法，而不应该对这只股票、这一笔交易耿耿于怀。

反过来，假定我们卖出了某个看跌的股票，不幸的是，它的行情不但没跌，反而上涨了。在这种情况下，我们也没有什么可后悔的。按照可能性的理解，我们并不是因为该股票一定下跌才卖出的，而是希望通过多次卖出具有下跌可能性的股票，从长期的和总体的效果上相对可靠地获利。如果这只股票亏损，则应按照止损措施的规定止损，然后按照选股方法在所有股票中——包括被止损的股票，重新选择交易机会。

从可能性上说，在大多数情况下，买进上涨的股票对投资者都是有利的，卖出看跌的股票对投资者也都是有利的；反过来，则是不利的。有利的程度明显超过随机选择的结果。

既然投资成功的关键在于通过投资方法来系统、一致地提高可能性，那么看准大势、选择股票、捕捉买卖时机、做好资金管理的基本功就是我们提高成功机会的不二法门。

小比例稳定盈利具有重要意义

股票市场总是处在不停的变化过程中，即使在平静的交易日，大势也会有±0.5%的涨跌幅度；而在不平静的交易日则可能达到±5%或更大的幅度。股票市场的投资者习惯于市场变化的大风大浪，往往对小比例的赢利看不上眼。

然而，如果小比例的赢利具有稳定和可靠的特征，其累积的收益率将是惊人的；反过来，在股票交易过程中，盈利和亏损总是家常便饭，既不会总是盈利，也不会总是亏损，因此虽然个别交易赢利和亏损的幅度远远超过小比例赢利，整个投资过程看起来也更显得起伏跌宕，但是实际上其累积的总体收益率未必很高。

以下讨论将说明，小比例、稳定赢利能够极大地改善投资者的处境，投资者应从中得到启发，尽可能减少股市投资中的大起大落，力求稳定可靠地获利。在后面几节，我们还要讨论股票市场上涨和下跌的不对称性、投资者平均和一贯获利力等概念，实际上它们也与这里的问题相关。

表 6.1　小比例稳定增长的累积效应

	月利0.5%	月利0.75%	月利1.00%	月利1.25%
年初本金	100.00	100.00	100.00	100.00
1月	100.50	100.75	101.00	101.25
2月	101.00	101.51	102.01	102.52
3月	101.51	102.27	103.03	103.80
4月	102.02	103.03	104.06	105.09
5月	102.53	103.81	105.10	106.41
6月	103.04	104.59	106.15	107.74
7月	103.55	105.37	107.21	109.09
8月	104.07	106.16	108.29	110.45
9月	104.59	106.96	109.37	111.83
10月	105.11	107.76	110.46	113.23
11月	105.64	108.57	111.57	114.64
12月	106.17	109.38	112.68	116.08
年收益率	6.17%	9.38%	12.68%	16.08%

如表 6.1 所示，假定年初本金 100 元，如果每个月都能有 0.5%的收益率，则累积 12 个月后，本金与收益之和达到 106.17 元，相当于年收益率 6.17%；如果月收益率为 0.75%，累积 12 个月后，本金与收益之和达到 109.38 元，相当于年收益率 9.38%；如果月收益率为 1.00%，累积 12 个月后，本金与收益之和达到 112.68 元，相当于年收益率 12.68%；如果月收益率为 1.25%，累积 12 个月后，本金和收益之和达到 116.08 元，相当于年收益率 16.08%。

有人曾经统计了 20 世纪近百年间道 • 琼斯工业平均指数的增长，加上股票分红，其年均复利收益率略高于 10%，稍稍超过表中月收益率 0.75%的年收益率。请注意，这样的收益率是在道 •琼斯指数从 20 世纪之初的 50 点左右上涨到 20 世纪末的 11000 点左右的背景下取得的。实际上，除了美国的股市之外，没有任何其他国家的股市能够在如此长的时间里、如此大幅地持续上升。以一般股票市场的情况来看，美国股市甚至应当算是特例。从以上比较就能看出，股票市场固然行情曲折，但是投资股市的真实效果并没有表面上那样惊人。

当然，小比例盈利之所以能够产生重要的累计效果，正是因为其稳定性，没有了稳定性，小比例盈利就没有太大意义了。

通过以上介绍，我们对小比例稳定盈利的累积效果有了进一步认识。这一事实启示我们，在股市投资过程中，虽然盈亏是家常便饭，但是投资者应力求盈利的稳定性。对于普通投资者来说，应当弄清市场风险，尽量提高捕捉交易机会的准确性，选择相对可靠的交易机会入市。股市譬如无风三尺浪的大海，投资者就像在海上靠打鱼为生的渔民，大海固然免不了风浪，渔民则应当尽量减少不必要的冒险，例如不在恶劣天气出海，不到水流复杂的水域捕鱼。正是那些善于躲避风险，一辈子平平安安打鱼的渔民才是好渔民；正是那些懂得在捕鱼过程中避开狂风恶浪，使得凶险的海上冒险转化为相对安全的平常事业的渔民才是好渔民。股市总有风险，投资者正是应当从这风险中找到相对的确定性，化险为夷，才能使得股市投资成为前途光明的寻常事业。这就是投资之道。

当我们讨论盈利和亏损的不对称性、盈利和亏损对投资者处境的影响时，还要进一步探讨稳定盈利对投资者的重要性。

盈利和亏损的不对称性

同样百分比例的变化，在盈利和亏损两方面是不对称的。换言之，同样比例的盈利和亏损，对投资者资金状况的影响、对投资者处境的影响是不对等的。

假定一位投资者从 100 元开始，第一年获利 20%，年底时本金和收益之和达到 120 元；第二年亏损 20%，则第二年年底本金扣除亏损后资产总额为 96 元，明显低于第一年的本金起点。

假定这位投资者从 100 元开始，第一年亏损 20%，年底本金扣除亏损后，资产总额为 80 元；第二年盈利 20%，则第二年年底时本金与收益之和为 96 元，仍然明显低于第一点起点的资产总额。

不论按照什么顺序来盈利和亏损，只要盈利和亏损的百分比例一样，则总的结果必定是亏损的，而不是回到起点。这就是盈利和亏损在百分比例上的不对称性。

换句话说，如果我们统计过去各年度的业绩，发现有一半年头盈利，有一半年头亏损，并且盈利和亏损的幅度大致相当，则从平均结果来看，总的收益率并不是回到原始本金，而是明显低于原始本金。

不对称的原因是，在盈利的情况下，资产金额从期初小数变成期末大数，在计算盈利比例时，以资产金额增加的幅度除以期初小数，盈利比例被放大；在亏损的情况下，资产总额从期初大数变成期末小数，在计算亏损比例时，以资产金额减少的幅度除以期初大数，亏损比例被缩小。我们可以仿照分析企业财务数据的办法，采取期初金额和期末金额的平均值作为计算盈亏比例的基数，在一定程度上避免上述不对称的结果。但是，实际上人们已经习惯于上述计算方法，因此其不对称性值得我们注意。

通过以上计算，我们可以清楚地看到两点。

第一，如果我们的投资业绩大起大落，缺乏稳定性，则累积的结果甚至可能不如平均值直观显示的水平。倘若我们能尽量避免亏损，将亏损限制在小比例范围之内，而让盈利的比例明显超过亏损的幅度，累积的投资业绩才是比较理想的。对投资者来说，长期累积的投资结果才有意义。投资者常常遇到踏空、或者卖得过早的情况。不必后悔，市场总有机会。不要受市场诱惑，不要让市场牵着鼻子走；要有主见，如果市场状况符合投资方法的要求，则入市，否则不入市。慌忙入市、随大溜买卖只能错上加错。

第二，投资业绩大起大落，除了大势条件之外，往往也意味着投资者交易方法的系统性和一致性较差，这关系到投资者根本的盈利能力，值得重视。关于这一点，我们在介绍“平均和一贯获利力”的概念时，将详细研究。

盈利和亏损对投资者处境的影响

前面主要从累积效果上来考察小比例稳定盈利的重要意义。为了认识盈利和亏损的意义，我们再来看看一笔交易的成败对投资者处境的影响。假定投资者年初时本金为 100 元，预定当年盈利比例的目标为 15%。为了简单起见，假定在投资过程中大势维持不变。

假定投资者年初的一笔交易盈利 5 元，盈利 5%，于是其资产总额增值到 105 元。投资者以新的金额为新的本金起点，距离原定 115 元的盈利目标还差 10 元，距离盈利目标的比例是 10/105＝9.5%。这一笔交易无疑明显改善了投资者的境遇，明显缩短了距离盈利目标的距离。

反过来，如果年初的一笔交易亏损了 5%，即亏损 5 元，资产总额下降为 95 元。投资者的新的金额为新的本金起点，距离原定盈利目标还差 20 元，距离盈利目标的比例是 20/95＝21%。同年初 15%的盈利计划相比，这一笔交易无疑明显恶化了投资者的境遇，明显延长了距离盈利目标的距离。

下一节我们将看到，投资者的平均和一贯获利力总是相对稳定地处于某一水平，因此，随着亏损比例的上升，投资者处境的艰难程度将呈指数形式迅速恶化，使得大比例亏损同小比例亏损有了本质区别。

股市投资的资金成本门槛

投资股市需要付出资金成本，其中既包括银行存款利息，也包括交易费用。资金成本的概念与持有股票所招致的本金风险和收益风险不是一个概念。股市风险基本上是股市行情波动和上市公司能否续存所决定的。如果股市行情平静，上市公司经营正常，则股市风险有可能下降。而资金成本与股市行情无关，与上市公司无关，只要投资者将资金投入股市，则丧失了获得存款收益的机会；只要投资者买卖股票，则必定付出一定比例的交易印花税和佣金。

交易费用主要和投资者买卖股票的频繁程度有关[①]。请看如下实例。

某位投资者年初投入金额100元人民币，他偏爱满仓，并且经常根据所谓“可靠消息”频频换股，全年换股6次，即平均两个月买卖一个来回。年终决算，总交易金额为

$$6次\times100元\times2=1200元$$

支付印花税（交易金额的0.40%，不论买卖都收）和交易手续费（交易金额的0.35%，不论买卖都收）为

$$1200元\times0.75\%=9元$$

占年初投入资金的9%。

假定这位投资者平均和一贯的获利率（下一节将详细讨论投资者“平均和一贯获利率”以及“平均和一贯获利力”的概念）大约和一级市场申购新股的利润相近，约为15%（据统计，2000年申购新股的获利率约为15%。从2000年末一级市场申购资金达到6000亿元之巨的事实来看，这一收益率显然具有极大的吸引力；另一方面，既然这么多资金停留在一级市场，也说明二级市场的平均投资收益率不会明显超过这一水平）。那么他的净利润率将为

$$15\%-9\%=6\%$$

他自己的获利为6%，而付出的交易成本为9%。

要理解这9%和6%的区别，有一点很关键，他自己6%的获利完全取决于他的交易技巧和运气，显然这是一桩非常不确定的冒险事业；而他所付出的9%则只和他的交易金额有关，无论他是盈利还是亏损，这一笔费用都是笃定要付出的，是确定无疑的。

实际上，以上计算尚未包括储蓄存款利息的机会成本。以银行存款年利率2.25%、利息税20%、实得无风险利息率1.8%来计算，实质上上面这位投资者的总资金成本为

$$9\%+1.8\%=10.8\%$$

也就是说，上述6%的利润里还应该划出1.8%，以补偿存款利息的损失。如此看来，他的资金成本是10.8%，而真正的股市交易利润率是

$$15\%-10.8\%=4.2\%$$

还不到资金总成本的一半。

一般认为投资国债的收益真正属于无风险收益，且在国内尚不需要支付利息税。如果我们在计算资金成本时采用二级市场的国债收益率，则保守估计，资金成本提高约1%，达到11.8%。

当然，严格说来，上市公司的分红是股市投资者的重要收益，也应当计算为投资收益。

---

① 国内投资者偏好频繁换股，而国内交易费用非常昂贵。《中国证券报》2001年2月9日第16版何晓晴的文章“赚了谁的钱”说，2000年沪深两市分红充其量不过200亿元。“据国家税务总局提供的数据，2000年，我国证券交易印花税收入完成478亿元，比上年增长95.2%，增收233亿元。券商交易佣金也与之大体相当，在500亿元左右。这样投资者全年支付的印花税及佣金就接近1000亿元，即使全部投资者不亏不赚，全部用于支付这笔不菲的税费，也还相差800亿元……2000年底，两市平均市盈率60倍左右，流通市值15000亿元，而1999年末，两市平均市盈率38倍左右，流通市值8000多亿元，2000年新增流通市值约7000亿元”。按照会计公式的计算办法，总流通市值取期初和期末的平均数，约为11500亿元，则交易税费占平均总流通的1000/11500=8.7%。一买一卖的总交易手续费相当于交易总值的1.5%，由此估算，则2000年全部流通股换手约5.8次，相当于每2～3个月全部流通股换手一次。

不过国内股市分红比例小得惊人，因此在上述计算中不包括分红并没有太大误差。

另一方面，国内股市投资者不短线炒作的恐怕很少有，保守的投资者年均换股的次数可能也达到 2～4 次，其交易成本为年初本金的 3%～6%。如此看来，则投资者的毛获利率必须达到 4.8%～7.8%才能盈亏相抵，超过上述水准的收益才真正属于他从股市投资中获得的收益——即投资者承受股市风险的回报。

4.8%～7.8%的资金成本比例就是投资股市的资金成本门槛。任何一位严肃的投资者都必须自问，自己是否已经跨越了这道门槛？凭什么来跨越这道门槛？从投资者的方面来说，我们将这道门槛理解为踏实刻苦的学习、研究、实践、总结，还需要一点好运气。非如此，则不应该涉足股票交易。

由于资金成本中交易费用占据重要份额，投资者应当尽可能减少交易费用支出。在调整投资组合的过程中，应当持当初慎重买入、买入后不轻易放弃的态度，因为成本和机会明显不利于频繁改变主见的投资者。

假定市场果真如同市场有效理论所说，即市场变化完全是随机的，则投资者的亏损归根结底来源于交易成本，而不是随机出现的市场变化和投资者随机的交易行为。常常见到有人炫耀自己交易多频繁，累计交易金额多大，还是适可而止吧。

投资收益的衡量标准——平均和一贯获利率；投资者获利能力的衡量标准——平均和一贯获利力

为了衡量投资者的交易业绩，通常的计算方法是按照复利方式计算年均收益率，而不是按照单利计算平均收益率。

比如说，投资者 3 年前投资 100 元，现在本金和收益的总和为 130 元。按照单利的计算方法，则年均获利 10 元，平均年收益率为 10%。按照复利的计算方法，则

$$100\times（1+\text{复利年均收益率}）^3=130$$

$$\text{复利年均收益率}=9.14\%$$

我们按照复利计算方法计算投资者一年的投资收益率，然后采用这位投资者多年的年投资收益率来计算其平均和一贯获利率。

顾名思义，所谓平均收益率就是多年投资收益率的平均值。那么，如何理解“一贯收益率”呢？

一般来说，这位投资者各年度的投资收益率往往有好有坏，有时候盈利，有时候亏损，如果按照各年度的收益率制作离散点的分布图，水平轴表示年份，竖直轴表示年收益率，则各年的收益率分布在代表平均收益率的水平线上下。以多年数据来看，一般说来，各年份的投资收益率越是集中分布于平均收益率附近，即其离散度越低，越说明其投资方法具有系统性和一致性，越说明该投资者的投资获利能力具有一贯性；反过来，如果各年度的投资收益率在平均水平上下大起大落，离散度较高，则说明其投资方法不具有系统性和一致性，该投资者的投资获利能力越没有一贯性。理想的投资收益率应当是平均水平高、离散度低。

从以上讨论可见，通过平均和一贯投资收益率能够较为全面、准确地衡量投资者

的投资获利能力——平均和一贯获利力。

投资者的平均和一贯获利力正是投资者相对确定性的体现。正如第三章所说，投资者的相对确定性取决于三个层次，在最高层次上，投资者需要建立健全的市场观；在中间层次上，投资者需要建立能够落实市场观的系统和一致的投资方法；在最低层次上，投资者要养成良好的投资行为习惯，将市场观转化为自觉行动。因此，平均和一贯获利力的概念是很重要的。在很多情况下，我们习惯于将交易成败看成一时的得失。事实上，如果抛开偶然因素的表面影响，则其中总是包含着系统性和一致性的内容，反映了我们的平均和一贯获利力。对于投资者来说，只要不至于彻底失败，则一两次交易盈亏并不重要，重要的正是平均和一贯获利力。

按照“性格即命运”的格言，我们将“性格”理解为，在一定的市场环境和投资者自身条件下，投资者习惯性地、或者一致性地、或者平均性地倾向于采取某种特定投资行为；投资者的一系列特定投资行为模式构成了他的投资“性格”，进而决定了投资者一贯的和平均的获利能力。简单地说，不论投资者本人是否意识到，在一定市场变化的外在条件和内在的资金条件、信息条件、研究决策能力等条件下，他总是倾向于采取某种特定的买卖行为。如同人们的性格一样，一贯和平均的获利能力反映了投资者本人的投资行为模式、习惯和综合能力，这些要素都是由其内外历史条件和自己的主动努力共同积累而成的，反映出投资者的修养或者说修炼的水平。如果性格（也就是日常生活中的既成行为模式）即命运，那么唯有改变性格才能改变命运；投资者的投资行为模式决定投资者的一贯和平均投资获利能力，那么唯有通过学习和修炼才能实质性地改进自己的投资行为模式，进而真正改变自己的投资命运。简言之，投资性格即投资命运，改变投资性格才能改变投资命运（详细讨论请参见第十二章“行为模式即命运”）。

今后我们将在以上意义上，使用“平均和一贯收益率”、“平均和一贯获利力”、“平均和一贯获利能力”、“平均和一贯投资收益率”等说法，它们从不同侧面描述了同样的对象。

最后做一点补充说明。在以上讨论过程中，我们没有考虑大势的影响。如果考虑大势的影响，我们可以在上述计算过程中从投资者的年度投资收益率中减去各年度大势的年均收益率，得出投资者相对于大势的个人收益率。除此以外，其余算法与上述一样。我们或许可以把这种收益率称为相对收益率，而把上述未减去大势收益率的数值称为绝对收益率。

量力而行——止损措施的必要性

我们始终不厌其烦地强调止损措施的必要性。这里从投资者平均和一贯获利力的角度来讨论止损的意义。因为投资者一贯和平均的获利力代表了投资者的市场观、系统和一致的投资方法、日常投资习惯的现状，如果我们撇开纯粹的运气或其他随机性因素不论，那么从一段时期来看，其平均和一贯获利力只能维持在某个相对稳定的水准，不可能一蹴而就，戏剧性地大幅度提高。

为什么必须采取止损措施呢？根本原因就在于，相对于投资者平均和一贯获利力来说，随着亏损比例的扩大，亏损对投资者处境所造成的损害以指数形式加速恶化。为了避免难以挽回的损失，投资者必须以止损作为最后措施，以确保自己的处境不会发生质变，确保自己的本金损失不至于扩大到危及今后投资机会的地步。

未来是不确定的，未来也是充满希望的，但是我们千万不能忘记一个前提：唯有在市场上生存下去的投资者才有未来；如果投资者丧失了本金，就丧失了市场的未来，失去了未来市场的全部机会。

假定某位投资者的一贯和平均获利能力为15%的年收益率，他以100元本金开始投资。

假设一。假定第一年他亏损了10%，即亏损了10元，则本金剩余90元。为了挽回当初的100元本金，第二年他必须以剩下的90元作为新的本金再投资，并获利10元，这相当于11.1%的投资收益率；

假设二。假定第一年他亏损了20%，即亏损了20元，则本金剩余80元。为了挽回当初的100元本金，第二年他必须以剩下的80元作为新的本金再投资，并获利20元，这相当于25%的投资收益率；

假设三。假定第一年他亏损了30%，即亏损了30元，则本金剩余70元。为了挽回当初的100元本金，第二年他必须以剩下的70元作为新的本金再投资，并获利30元，这相当于42.9%的投资收益率；

假设四。假定第一年他亏损了40%，即亏损了40元，则本金剩余60元。为了挽回当初的100元本金，第二年他必须以剩下的60元作为新的本金再投资，并获利40元，这相当于66.7%的投资收益率；

假设五。假定第一年他亏损了50%，即亏损了50元，则本金剩余50元。为了挽回当初的100元本金，第二年他必须以剩下的50元作为新的本金再投资，并获利50元，这相当于100%的投资收益率。

为了给读者留下清晰的印象，我们在表6.2中的第一行和第三行假定第一年的亏损比例从0%到70%，按5%的步长增加，共15种情况，在第三行和第四行分别对应地计算了为了弥补第一年的亏损第二年所必须的投资收益率。你可以清楚地看到，随着第一年亏损比例的线性上升，第二年弥补亏损的投资收益率必须以指数形式加速上升，而不是同步上升。

表6.2　第一年亏损的比例与第二年为了弥补亏损所必须的收益率

第一年亏损的比例	0%	5%	10%	15%	20%	25%	30%	35%
第二年弥补亏损所必须的收益率	0.0%	5.3%	11.1%	17.6%	25.0%	33.3%	42.9%	53.8%
第一年亏损的比例	35%	40%	45%	50%	55%	60%	65%	70%
第二年弥补亏损所必须的收益率	53.8%	66.7%	81.8%	100.0%	122.2%	150.0%	185.7%	233.3%

如果你认为投资股市不可能在一年内亏损60%～70%，就请注意美国纳斯达克指数从2000年3月到2001年3月的演变过程。纳斯达克指数从2000年3月的5000点以上下降到2001年3月的2000点以下，下跌幅度明显超过了60%。

在图6.1中，我们将表6.2的数字绘制为曲线，其中上方曲线代表第二年为了弥补第一年的亏损所必须的投资收益率。为了形成对照，我们将第一年的亏损比例也描绘出来，这是一条直线，它的每一点竖直轴的读数与水平轴读数的都是相等的，也就是说其斜率为1。从本图可以清楚地看出，弥补收益率随着第一年的亏损比例的增加呈指数形式加速增长。

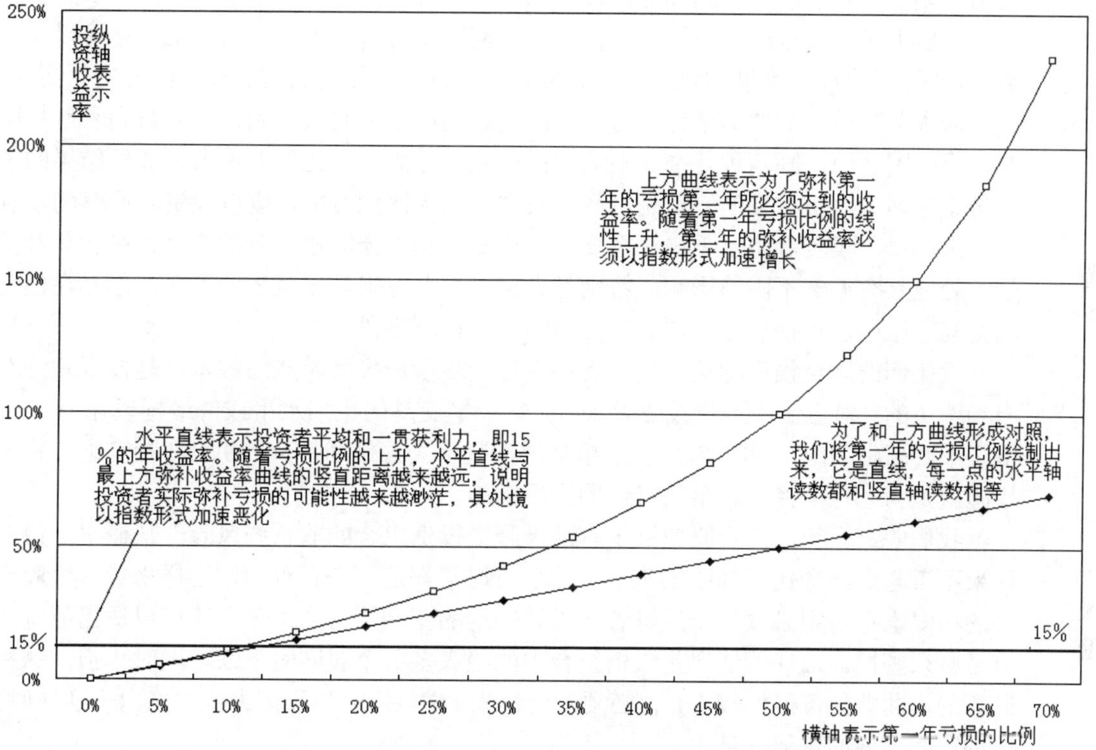

图6.1 第一年亏损比例与第二年为了弥补亏损所必须的收益率对照图

我们把投资者的平均和一贯获利力也绘制在图中，这是一条竖直轴读数为15%的水平直线。投资者的平均和一贯获利力并不会随着亏损比例的上升而增加，水平直线代表了其投资获利能力的相对稳定性。第二年弥补亏损所必须的收益率与其平均和一贯获利力之间的竖直距离代表了这位投资者第二年实际取得弥补收益率的可能性。随着亏损比例的上升，第二年所必须的投资收益率呈指数形式加速上升，它与投资者平均和一贯获利力的竖直距离也以指数形式加速上升。这说明投资者第二年弥补亏损的可能性呈指数形式加速减少，其处境随着亏损比例的上升以指数形式加速恶化。

如果这位投资者第一年亏损5%，则第二年必须的弥补收益率为5.3%；如果第一年亏损10%，则第二年其弥补收益率为11.1%，在这两种情况下他的投资境况并没有实质性变化。在图中，这两个点位于代表15%获利力的水平直线下方。第二年他完全有可能相对轻松地挽回本金并小有收获。

如果他第一年亏损15%，则第二年必须的弥补收益率为17.6%，尚且没有明显超过其平均和一贯获利力，他的投资处境稍稍不利。这个点稍高于15%的平均和一贯获利力水平直线。

如果第一年的亏损比例达到20%，则第二年必须的弥补收益率为25%，明显高于水平直线，第二年这位投资者就感到相当吃力了，因为他的获利目标现在是25%，明显超过他的平均和一贯的获利能力。他除了加倍努力之外，还得有好运气。

如果第一年的亏损比例达到 30%或更多，则第二年必须的弥补收益率为 42.9%或更高，以他的一贯和平均获利能力来说，实际上只能望洋兴叹，没有挽回亏损的希望了。

在以上讨论过程中，为了方便说明，我们以年为时间单位。实际上，您可以灵活地选择时间单位，上例最重要之处是其所揭示的投资者处境随着亏损比例的变化情况。

从本节和前几节的简单计算可见，盈利总是比亏损明显有利；如果盈利和亏损限制在小范围之内，则两种差别尚不太大；但是，随着盈亏比例的增大，导致结果的差异将迅速增大。最重要的一点是，只要发生一次大比例亏损，则以投资者原有的获利能力来衡量，投资者将永无出头之日。由于盈利和亏损对投资者的资金处境和获利前景的处境具有截然不同的影响，特别是大额亏损严重损害投资者的本金，因此在健全的交易方法中，止损总是一项必不可少的最后控制手段。

大比例的本金损失动摇了投资者能否进一步参加投资游戏的根本，是投资者绝对应当避免的。对上例中这位投资者来说，每一笔交易的止损水平或许最好设在10%上下，不要高出10%过多，以免在最糟糕的情况下失去挽回本金的机会。换言之，止损措施就是为了保留挽回本金的机会的最后措施。

我们曾经介绍，组合股票篮子有助于降低投资组合的非系统风险。从概率上说，如果不考虑大势变化，则股票篮子里的个股通常都是有涨有跌的，这样来看，个股止损的极限也不一定必须限于投资者一贯和平均的获利能力的水平，还可以适当放宽。但是必须警惕，最坏的情况是投资组合中的绝大多数个股同时下跌、同时止损，这种最坏的局面即使可能性较小，也必须考虑进来。请注意，当股市大势突然向下逆转时，这种局面出现的可能性甚大。

顺便说一说，从一贯和平均获利力的概念出发，我们可以看出投资者中常见的摊低成本做法的荒谬。摊低成本的交易和被套牢的原有交易实际上是两笔交易，投资者其实希望用后一笔交易的盈利弥补前一笔交易的亏损。由于投资者的一贯和平均获利能力只能维持在一定水准，如果前一笔亏损过大，后一笔如何能够弥补前者的亏损呢？而且前一笔深度套牢的例子说明投资者的获利力很弱，对该个股的判断有偏差，由此看来后一笔交易失败的风险也不小。止损是必须的，而补仓、摊低成本等作法实际上只能算作一笔新交易，成败尚且未知，何谈以其利润弥补套牢头寸的亏损。

投资组合管理——既要随时修正，又要“择善固执”

将股市投资分解为看准大势、选好个股、抉择买卖时机三个方面，还算不上完整的投资策略。投资者还需知道如何维持和调整投资组合，以及在必要时完全清仓的问题。

市场的不确定性使得整个交易过程如同农民辛苦地种庄稼，事前要耕耘、播种；过程中要间苗，除虫；最后要收获入仓，确保果实。投资者必须判断大势，选择个股，买进若干个股组成投资组合，这大抵相当于种庄稼的第一阶段；然后，还需要不断地跟踪市场，同时跟踪大势和个股，在必要的时候调整投资组合：保留至少与大势同步的个股，“让利润充分增长”；卖出某些个股止损，“将亏损限制在小额”，同时买入新股票或者增减持有现金的比例，这相当于种庄稼的间苗、除虫的第二阶段；最后，当市场大势发生方向逆转时，必须果断地抛出所有股票，冷静地全部或以大比例持有现金，离场观望，这相当于收获庄稼和粮食入仓。

严格说来，看准大势、选好个股、抉择买卖时机是投资股市的三项最基本的工作内容，在一个完整的投资周期中，只要投资者持有股票或者预备入市买卖，就需要不停地循环进行。换言之，上述三项工作必须随时根据行情演变而不停地刷新，而不是一劳永逸。这里之所以将“投资组合的动态调整”单独列为一部分，不是因为这项工作独立于上述三项工作，而是要强调必须在三项基本工作中贯穿资金管理原则，通过资金管理随时跟踪市场变化，真正反映出市场的动态特征。

当然，任何成功的市场研究都必须具有一定的延续性。也就是说，虽然研究者需要不断刷新上述三项研究，但是他的研究结论并不需要经常改动，而是在一般情况下，通常只需稍加修订；仅当大势或个股行情发生重大转折时，才需要大幅调整。这种延续性越经常、越持久，则说明研究者对市场的理解越深刻，研究者的方法越具有系统性和一致性，研究者越具有前瞻力。从投资者日常观察市场的角度来说，相对于一定时间框架的趋势，趋势进程“平常”的时候不妨放松一些，而当趋势处在新旧趋势交替或者前后阶段转换的节骨眼位置时，必须全力以赴地跟踪和当机立断。

另一方面，由于市场不确定性的根本特征，也需要研究者持有一定的主见。市场始终处在变化之中，但是在绝大多数情况下，其变化都属于细节性小变化，只有在极少数情况下，这些小变化才有潜力真正演化成重大变化。因此，如果市场变化显得扑朔迷离，一时看不明白，那么上策还是坚持原来的看法，直至市场的新动向水落石出后再行修订。

决定投资成败的关键因素，就在于研究者能否正确地从绝大多数细节性变化中，识别和区分出极少数重大转变的契机：首先是大势反转的契机；其次是个股相对于大势的强弱转换的契机。

投资组合的动态调整——持股比例

我们将投资组合的动态调整分解为以下三方面：第一，如何调整投资组合中资金和股票的比例；第二，如何调整投资组合中各类股票的比例，具体说，哪个股票应当增加持有？哪个继续持有？哪个减少持有，还是统统卖掉？要不要卖掉一个股票换成另一个股票？第三，在什么情况下需要对具体的个股当机立断获利平仓或卖出止损？在什么情况下需要将所有股票统统卖出？三个方面实际上是相通的，不过第一方面是投资决策的基础，第二方面属于日常的具体操作，第三方面则更多地强调应急、止损的技巧。

现金和股票的比例主要根据大势所处的阶段来确定，这是资金管理的根本原则，也是制定其他具体交易策略的基础，反映了投资者对市场大势的判断。

一般说来，牛市行情通常会经历三个发展阶段。第一阶段，与熊市的尾声衔接，市场参与者心理基本上仍然停留在熊市状态，但市场在一片看空气氛中悄悄地夯实了底部，不知不觉地有所回升，交易量偶尔明显放大，显示换手较为彻底，但总的说来交易量不太大；第二阶段，现在市场已经累积了一定的涨幅，也向上冲破了关键性阻挡水平，但是一方面早期买进者已经拥有一定的获利幅度，另一方面市场参与者对市场方向大多抱着将信将疑的态度，既不愿放弃机会，又宁愿见好就收，所以市场往往免不了较多的振荡，并以大幅振荡的形式继续上升，市场上升时交易量显著放大，下跌时明显萎缩；第三阶段，经过第二阶段的上下反复试探之后，市场参与者终于认定了市场上升的方向，此时抱着股票不放的获利效果明显超过频繁炒作，于是市场开始小幅而坚定地小跑步上升，交易量也维持在较高水平，直至牛市反转前夕，价、量失去控制，双双急剧增长。

在牛市第一阶段，虽然价格成本看起来很低，但是市场趋势向上逆转的过程多反复，且持续时间长，因此投资者难以有效地识别和把握入市时机，犯错的概率也相当大，这一阶段的现金比例宜维持在较高水平上，即使入市买入股票，也是属于试探性投资行为。

牛市第二阶段，虽然市场大起大落显得风浪颇大，但是这一阶段恰恰是入市建仓的主要阶段，应当择善固执，坚定执行逢低买进的投资策略，并将绝大部分投入股市的资金买成股票。

牛市的第三阶段主要考验投资者的坚持能力，这一阶段提供了丰厚的盈利机会，但是风险随之大增。如果头寸不大，则不应该轻易猜测市场上涨得太多了，不应该轻易满足于已有的涨幅，而是一定坚持，直至市场行情加速上升、交易量急剧放大到接近历史最高水平时，开始减少股票的比例，直至出现第一个反转信号时果断卖出全部股票；如果头寸庞大，则应在市场加速上升时就开始减少持仓量，增加持有现金的比例，直至全部平仓。

投资组合的动态调整——换股

在大势上升趋势的三个阶段，个股行情相互间也不同步，而是具有分批、分群的特性。在大势演变的每一个阶段，都有不同的股票群体成为所谓“领涨”、“补涨”、“当前热点”类股票。投资者当然希望无论在大势的哪一个阶段都始终持有上涨最强劲的股票，不过要留神，必须将选对个股的可能性以及换股的成本考虑进来，而不能总是追涨杀跌，因为个股行情同样具有阶段性，通常以一张一弛的方式上升，仅当个股上升时，投资者才可能发现它，如果当时就买入该股票，很可能该个股恰恰重新进入调整状态，暂时修整一段，而当初被投资人卖出的那只股票反倒有可能已经走出整理状态、恢复了上涨态势。因此，换股时必须注意成本和个股节奏的问题，慎之又慎，除非股票行情已经明显向下反转才换股，否则很可能两头吃亏。由此看来，在当初选择股票时，就必须将当前热点和长远优势结合起来考虑，要维持某种平衡，而不是一味追逐热点。一般说来，应保留基本与大势同步的股票，卖出显著转弱的股票。

个别股票的涨势贯穿了牛市三阶段始终，且始终维持在强于大势的状态下，最终大大强于大势，在换股时也需要留意此类情形，为它们保留更多的观察机会。

投资组合的动态调整——止损和统统卖出

与换股不同，止损则属于严格的交易纪律，是针对市场不确定性和投资者自身不确定性所采取的最后补救措施。基本上，止损措施是避免重大投资失误的最后防线。所谓止损就是当自己持有的某只股票价格下跌到买入成本之下一定百分比时，如10%或15%，或者下跌到当初预设的止损水平以下时，断然卖出该股票，不论关于这只股票的说法多么纷纭复杂，不论这只股票的技术形态如何变化。

除了关于本金、获利能力的考虑之外，技术分析也提供了从行情方面判断止损时机的重要线索，主要就是个股行情向下突破重要支撑水平的信号。根据这类信号有可能及早地剔除走弱的股票，而不需要一定等到上述百分比极限之后止损。如果个股从长期（2～3个月以上）横向整理区间向下突破，尤其是从位于相对高位的长期横向整理区间向下突破，则应当止损；如果个股横向整理的时间不到两个月而向下突破，与此同时大势也明显处在下降趋势，则也应当止损；至于向下V形反转的股票，则根本没有横向整理的过程，投资者可以参考过去的历史价格水平和上面介绍的止损百分比例综合地决定止损位置。

最后，如果大势经过长期、大幅上升趋势之后发出了向下反转的信号，则应当卖出所有股票。

多样化的投资组合和平衡的全局视野

还要注意，在上述资金管理步骤中不包括对股市意外市场的选择，因为本书主要研究股市投资问题。

然而，对于现代投资者来说，将视野从自己熟悉的股票市场或者期货市场拓展到包括储蓄、保险、债券、股票市场、商品和金融期货期权市场、外汇市场及它们的衍生产品在内的全部市场是十分必要的；更进一步地，只关注某一国家、某一地区还不够，还需要具有全球视野。如此一来，从上到下的选择投资对象的方法就必须向全能化、全球化拓展。特别是以加入世界贸易组织为契机，中国经济和市场将越来越国际化、规范化，这是根本的大势。自改革开放以来，这一大势越来越明晰。我们的总体资金管理策略必须符合上述历史大趋势。

此外，对个人投资者来说，掌握宏观经济周期和宏观经济政策走势，多多运用资金分配、资金管理的基本技巧，甚至比在某个风险投资市场（如股票市场）取得好成绩更重要，更能影响自己的经济境遇。举例来说，在 1996 年国内减息周期开始之前，8 年期人民币储蓄存款利率曾经达到单利 17.10%（表 3.1）的水平。如果能坚持在减息周期开始前将储蓄转成长期，而在加息周期初期和中期尽量存短期的基本策略，就能获得相当满意的收益。由于以上利息收益是长期稳定的，而股市总有风险，总是盈、亏交替，因此从长期累计的收益来看，投资股市的收益率必须远远高于这个水平才能与之相提并论。这就是第三章的平衡风险－收益率和综合风险系数的概念所揭示的内容。

由此可见，资金管理实质上全局性的、长期性的、积累性的，储蓄存款、股票市场、债券市场、外汇交易、房产、收藏、保险等，都是投资者的选择，投资者通过它们以及它们的适当组合，借助它们的历史大趋势日积月累地取得超长期收益，其影响力将远超过投资市场一时的得失[①]。

同日常的股市交易相比，资金管理和投资组合管理似乎平淡得多了，既没有紧张激烈的下单、撤单，也没有瞬息万变的盈亏变化。然而，实质上这是投资技术的基本功，于平淡处见真功夫。对于绝大多数投资者来说，最终决定经济命运的很可能并不是日常股市搏杀的频繁盈亏，而是通过资金管理获得日积月累的总体性收益。这一点值得我们深思。

顺便说一下，系统和一致的投资方法长处是具有广泛的适应性和安全性，短处是不太可能迅速获得暴利，这正是为了追求投资收益的稳定性而付出的代价。由此可见，投资需要耐心。

更广义地说，活到老、学到老，不懈提高思想境界和业务专长，可能是人生收益率最高、风险最小的投资。体会到这一点，才算真正领悟了资金管理的完整意义——时间才是人类的终极资源和终极成本。金钱不是目的，而是人类争取外在自由和内在自由的工具。

---

① 大纪元网站（http://www.epochtimes.com/news/epochnews/main/index.asp）2001 年 3 月 17 日发表题为“百万富翁透露五大‘致富’法宝”的文章，其中尤其“量入为出”、“不筑债台”、“长期等待”等可以作为这里的注脚。全文如下。

有人认为，现在美国大约有 500 万个家庭拥有 100 万美元的财富，其中 80%的人属于第一代致富者。对这些人来说，富裕并不是拥有昂贵的轿车、别墅，而是有长期稳定的收入作保障，为此，理财专家认为，人们只要遵循一些普遍的原则，都可以挖掘出致富的潜能。他们归纳出了以下几点：

钱生钱法。1967 年，北卡罗莱纳州的拉尔夫史弟决定以出售股份的方式筹款开一家杂货店。他们联系了 100 个熟人，这些人以每股 10 美元的价格各自买下了 100 股。30 多年后，当初的杂货店已变成了拥有 1000 多家连锁店的“食品之王”的大公司。它的股票价格为每股 109 美元，当年投资者中的 78 位已当上了百万富翁。

量入为出。1960 年，汉托和乔吉娜从古巴来到美国时，身无分文。1966 年他们大学毕业后做了记者。他们的致富策略就是节省每一分钱，由于银行储蓄是按复利计算的，所以夫妇俩每月按时去银行存钱。他们的生活很节俭，打折商品是他们常买的东西，经常从报纸上剪折价券去买便宜东西，上班带盒饭。几年后，他们便把收入的大部分储蓄起来。直到 1987 年，他们拿出 1250 美元投到共同基金里，8 年后就成了百万富翁。

不筑债台。今天信用卡公司有五花八门的优惠办法吸引新客户。银行又大力推销房屋抵押贷款，一般人面对这类诱惑，很容易把持不住自己，代价是你欠下债务，须为债务支付利息。美国百万富翁中 70%全无债务，他们知道，每支付 1 美元利息，可用来投资的钱就少了 1 美元。因此，他们所买的房子一定是他们负担得起而财力上仍绰绰有余的。

自己创业。自己当老板的人能成百万富翁的几率，比工薪阶层的几率要大 4 倍。工薪阶层的收入决定于雇主愿意给多少，自己创业的人如果精明能干，可以大展宏图。

长期等待。任何投资者在走向致富之路时并不富有。这需要长时间的等待，合理地安排自己手中的资金，选准投资方向，如此则任何人都会成为富翁的。

静态图例和市场的动态未来

市场的不确定性实质上就是市场变化的动态特征。在介绍股票市场操作方法的书籍中，常常列有很多图例。这里有一个重要的问题，即图表本身提供的只是静态状况，而市场则在不断演变之中，静态的图例容易令人将注意力偏向静态的历史格局，很难充分注意到市场的动态性质。只要简单比较书中、甚至报上的图例和电子信息终端上的动态行情图表，就可以非常直观地感觉到其中的差别。差别就在于书中的图例或许可以仅仅研究历史，而实际行情却既要研究历史，又绝对必须同时面对未来，而且未来才是真正的重点。任何人坐在电子报价系统之前，看到的都是行情图线的不断延伸和跳动，都能明确感受到市场的鲜活动感。他的视线自然而然地投向现有图线右侧的空白处，他看到那里根本不是一片空白，而是春天播种后的一片沃土；当他的视线回到左侧现有行情图线时，他看到那不是僵硬的线条，而是活泼的源泉和清渠，从左端流出，向前流淌，向右方流去。

历史是既成事实，未来则是一个可能性的问题。换言之，即使书上的图例非常规范、各方面都符合分析要领，我们依然必须清楚地认识到，未来的走势存在各种可能性，书中所列不过是为了说明一种特例，而这种特例出现的可能性比较大而已。倘若读者按图索骥，希望动态的市场变化正如书中的实例，或者以为书中的要领指向唯一的结果，而不再考虑其他可能性，则书中的例子反而帮了倒忙。

虽然书报上的图例也可能告诉人们注意动态研究技巧，但是比实际行情无疑逊色很多，且容易令读者忘记市场不确定的本来面目，这是值得强调的。补救的办法是尽可能以静止图例为案例，尽可能对照现有行情，从未来行情演变揣摩其中的真意。这使得市场投资成为一门手艺，可能需要面对面地拜师学艺。

还有一个重要问题。当我们说明某个图例的情况是，可能就事论事地提出买进或卖出的看法，实际上这是在不考虑大势的前提下得到的局部研究结论，不是真正的买卖决策。真正的买卖决策是不可以从孤立的一两张图表、一两个典型形态中得到的。

上篇总结

孙子教导我们，“昔之善战者，先为不可胜，以待敌之可胜。不可胜在己，可胜在敌。故善战者，能为不可胜，不能使敌之可胜。故曰：胜可知而不可为。……古之所谓善战者，胜于易胜者也。故善战者之胜也，无智名，无勇功。故其战胜不忒也。不忒者，其所措必胜，胜已败者也。故善战者，立于不败之地，而不失敌之败也。是故胜兵先胜而后求战，败兵先战而后求胜。善用兵者，修道而保法，故能为胜败之政（《孙子兵法》‘军形篇’）。”

请允许作者将古文翻译为现代汉语：早先精通打仗的人，总是首先使自己一方无隙可乘，然后伺机利用敌方的破绽。使自己立于不败之地取决于己方战略战术毫无疏漏，而克敌制胜的机会全靠捕获敌方暴露出来的缺陷。所以精通战争者，能使己方不可被敌方打败，但不能使敌方一定被打败。因此，胜利的结局可以事先有成算，却并不是己方人力所及。……古人所说的精通打仗的人，是利用容易取胜的机会取胜的。精通打仗的人的胜利，既没有大智的名声，也没有大勇的功绩。精通打仗的人顺利取胜不出差错。之所以不出差错，是因为他的战略战术着眼于必然取胜之机，从容易取胜之处取胜。精通战争者，己方立于不败之地，而不错过敌方被打败之机。因此，胜利的军队先谋定胜算而后求战，失败的军队先投入战斗而后再谋取胜利。精通指挥战争的人，修炼健全的战争观（原文“道”的本意在于国内政治修明、上下同心、为正义而战）而追求系统一致的战略战术（原文“法”的本意在于军队规章建制后勤建设），所以能运筹帷幄决胜千里。

传说中某投资者获利若干倍，某位投资者如何亏损多少钱后咸鱼翻身大赚一笔，某人一向看市场如何准确、选股如何一匹一匹都是黑马等，统统属于所谓“大智的名声”、“大勇的功绩”的范围。作为万分惊险、悬念十足的小说情节，这些内容固然曲折精彩，但是在日常生活中却绝对不可以接受。按照孙子兵法，专业投资者追求的应当是平平常常的胜利：使自己立于不败之地，不放过市场给予的任何投资机会。

市场是不确定的、动态的，未来市场具有各种可能性，本文就投资所介绍的任何理论和方法都离不开上述前提。成功的投资者必须从上述不确定性中找到属于自己的相对确定性。当然，投资者自身也是不确定性的来源。因此，修炼健全的市场观，追求系统一致的投资战略战术，是投资者唯一可靠的选择。

最后我们要注意，《孙子兵法》主旨在于研究用兵的方法，但是该书从政治、民心出发，开宗明义地提出了“故经之以五事，校之以计而索其情：一曰道，二曰天，三曰地，四曰将，五曰法（《孙子兵法》‘始计篇’）”的全面战争思想。投资之道与此相似，倘若投资者以为成功之路仅仅在于具体的投资技术，显然不符合《孙子兵法》的全面思想。做诗的基本功固然不能差，但做好诗的功夫还在诗外。

因为我国传统哲学的宝贵价值远远未被当代国人充分认识和自觉运用，所以我们借《周易》作为上篇的开始，以《孙子兵法》作为上篇的总结。

参考书

在上述讨论中，诸如反转信号、突破信号、维持在什么水平之上、止损等说法均属于技术分析术语，如果你有兴趣对技术分析方法作进一步了解，请查阅作者翻译的《期货市场技术分析》和《日本蜡烛图技术》（前者原作者是[美]约翰·墨菲，后者原作者是[美]史蒂夫·尼森，均为地震出版社出版）。

下　　篇

投资者常见的错误

“幸福的家庭都是相似的，而不幸的家庭各有各的不幸”

成功需要任何方面都成功，而不成功则只需要一个地方出问题就足以了，虽然很多不成功的事例往往由于多种原因所造成。这就像自行车链条，如果要顺利地传递动力，那么链子上每一节都必须连接在一起，每一节都必须具有足够的性能；反过来，只要有任何一节断开，则整个链条就失去了全部传动功能。由此可见，第一，各种成功都是相似的，各方面、包括细节在内，都必须成功；第二，成功不是一件容易事，既需要各事项主次分明、时机完美，又需要面面俱到、滴水不漏；第三，失败很容易，也很常见。

因此，从错误中学习，可能是我们最主要的学习方式。道理很简单，如果我们要学习“成功”，就必须一下子将关系到成功的所有方面都学到手，甚至细节都不能错过，一般说来，我们做不到一下子掌握所有方面。何况成功不是容易的事，如果我们打算从他人或自己的成功事例中得到启发，自然也不容易；反过来，错误我们倒是经常犯，他人和自己犯错误的事例都很常见，从中得到启示很容易。

偶然出现的错误和重复出现的错误

偶然出现的错误虽然常见，但是我们往往不知道事情的起因，难以总结经验教训。如果我们所犯的错误具有重复出现的特征，也就是说具有一定的系统性和一贯性，而不是纯粹的随机事件，那么在我们认识事情的起因、总结其中的一贯性之后，就能有意识地避免类似错误（或者说性质相同的错误）重复发生，这就是从错误中学习的过程。如果我们不断努力，一次一类地改正错误，实际上就是在改正我们的投资行为模式，系统性地提高我们“一贯和平均的投资收益率”，一步步向“成功”逼近。俗话说，“失败乃成功之母”。在投资事业上，避免重复同一类错误才是成功的正途。在笔者看来，通过有步骤地解决重复性错误的办法来改进自己的投资行为模式，很可能远远比模仿巴菲特或者索罗斯那样的成功典范更有效、更实际、更能针对投资者的个性。

为了改正错误首先必须认识错误。不论投资者本人是否注意到、或者是否曾经犯过下篇所列举的常见错误，这些错误多多少少都具有内在的一致性，具有不可忽视的代表性和典型性，而不是偶然的，将它们写出来，或许有益于投资者认识它们进而改正它们。

当然，指出这些错误并不意味着作者在任何时候都不会再犯这样的错误了。相反，即使作者已经清楚地认识到这些都属于危险的交易习惯，偶尔仍然会重犯。这一点看似矛盾，实际上反而突出地说明这些错误是不容忽视的，需要投资者一再努力才能加以避免，也突出地说明这些错误的来头很不简单，而是扎根于人性的弱点——比如懒惰，在漫不经心、不假思索的习惯下走“随手棋”；比如从众，不知不觉地总是模仿他人的投资行为，总以为多数人的做法才是最妥当的做法；比如贪婪和恐惧的情绪，常常利令智昏，压制了投资人的理性，使之仅凭冲动行事。

第七章　买什么股票

投资者常见错误之一：只做自己熟悉的股票

赫拉克利特说，“人不能两次走进同一条河流，因为新而又新的水不断地往前流动”。

市场时时在变化，严格说来，投资者对任何行情、任何股票都不能说熟悉。对于绝大多数投资者来说，所谓“熟悉”某某股票的说法常常来自该投资者曾经买卖过这种股票、很可能还在这只股票上有过获利的经历。然而，这不是真正的熟悉，而是有害的偏见。

典型的例子是 0001 深发展和 600839 四川长虹（图 7.1（a）、（b）），这两个股票在 1997 年之前一直是深沪两市的龙头股，它们的行情也一直处在强劲的上升趋势中，很多投资者在这两个股票上有过盈利，因而习惯于炒作这两只股票。从四川长虹合并价格指数图 7.1（a）、逐日差价图 7.1（b）可以看出，1997 年底是该个股相对于上海综合指数强弱转变的分界线，在分界线两边，四川长虹的表现宛如天壤之别。在分界线之后，其股价一蹶不振，表明其行情发生了深刻的内在变化，与大势的相对强度从长期强于大势转为长期弱于大势，其差价处在长期持续的下降趋势中。如果投资者因为曾经操作过四川长虹而自以为了解这个股票，总是在四川长虹上投资，很可能就会被套牢。不仅如此，由于同时期大势很坚挺，大部分股票的表现强于四川长虹，如果投资者总是选择四川长虹，就失去了很多机会。不幸的是，这一现象在投资者中相当常见，笔者有机会和很多投资者接触，大家问得最多的就是“深发展”、“四川长虹”。

要想真正熟悉某个股票，大致可以从基本面和技术面两方面入手。

从基本面来说，按照从上而下的顺序，我们分别需要从宏观、中观、微观等角度来了解企业本身的经营历史和前景。从宏观角度看，研究者需要了解宏观经济周期当前所处的阶段，相应的宏观经济政策走向，包括利率政策和财政政策；由于世界经济全球化程度日益提高，国际经济动态、国际贸易动向、周边市场趋向等对境内经济的直接、间接影响越来越明显，而国内股市的长期牛市只有在温和的国际投资环境下才能形成。从中观角度来说，投资者应当关注企业所在行业的周期状况、技术前景，了解其产品的市场成熟度，了解其产品的国际竞争压力和国际市场机会。从微观角度来说，我们要了解企业在本行业的相对地位，包括其市场份额和技术水平、开发能力，企业经营管理者的水平、敬业精神、人员稳定性等。最后，我们特别强调一点，目前国内经济正处在某种宏观转折的历史关头，产权关系、企业制度、金融市场结构都面临着重大转折，企业并购、重组等证券市场行为将非常活跃，投资者需要注意与之相关的许多不确定性因素。

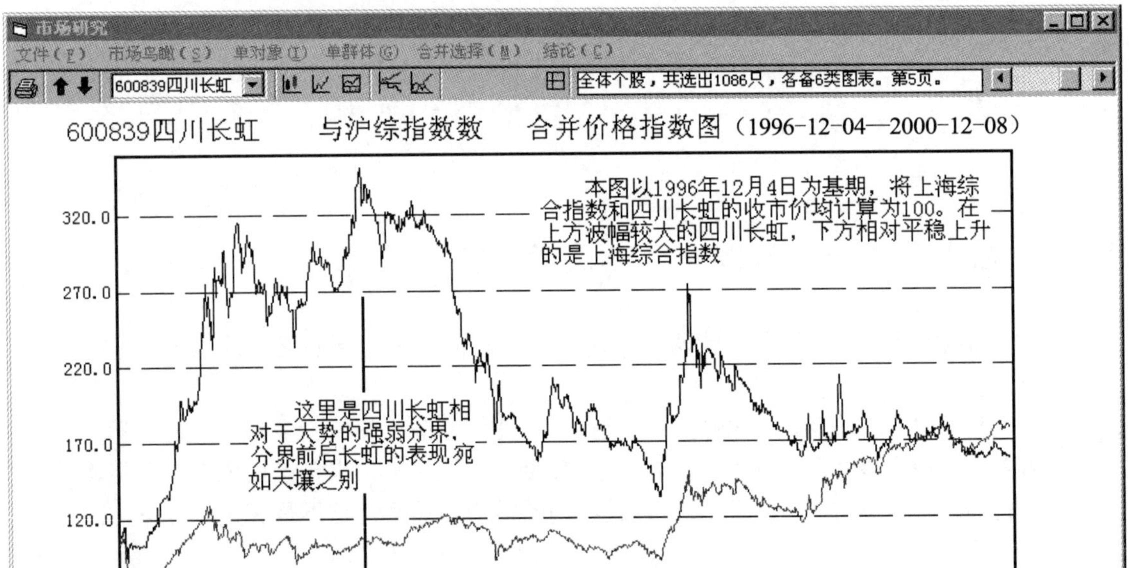

图 7.1（a）　四川长虹与上海综合指数合并图

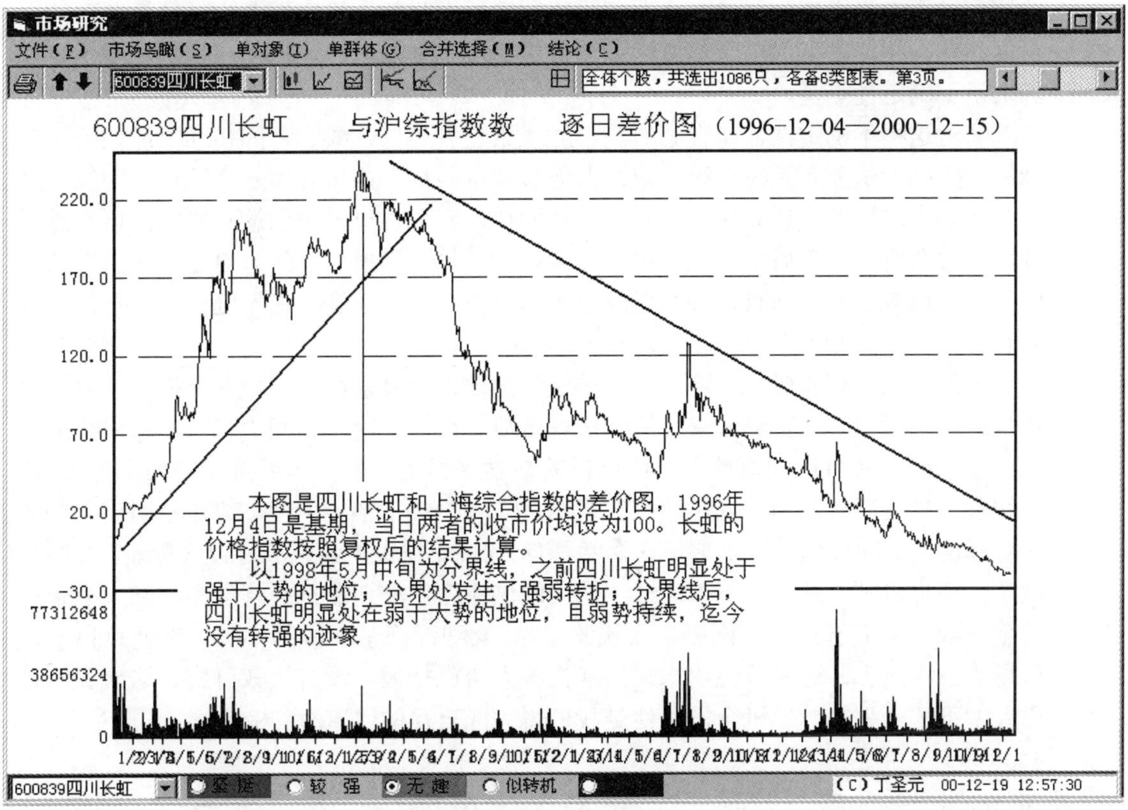

图 7.1（b） 四川长虹与上海综合指数差价图

技术面主要指个股价格演变历史，及其与大势的强弱对比关系。主要包括重要的价格水平、重要的价格形态，由它们组成的各种时间框架下的趋势，大小趋势之间的相互关系、个股相对于大势的强弱转化契机等内容。

方法多多益善

由于市场的不确定性，研究手段当然多多益善。上述两个方面本应当相辅相成，不过由于研究者受决定论的影响，往往存有所谓基本面决定股票行情、技术面确定交易时机的偏见。事实上，基本面和股票行情之间的关系至少是互动的，而不是简单的谁决定谁的关系。按照股票指数是经济发展的先行指标的传统看法，对大多数企业、在大部分时候，股市行情甚至可能是标志企业经营状况的领先指标。以国内股票市场为上市公司单向提供资金的“中国特色”来说，股市行情是否允许它们发行新股、配售股票，能否持续给企业输血，可能已经构成了某些企业存活的先决条件。因此，市场行情本身的重要性是显而易见的。

在谈论企业基本面时，还有一种常常被忽视的潜在危险，即研究者容易忽视企业的基本面也处在复杂多变的市场环境下，因为企业内部的经营管理活动同样处在不断的演变过程中。上市公司的基本面和股市行情所面临的不确定性至少是等量齐观的。不仅如此，相比之下，由于基本面更缺少透明度、更缺少可靠的信息来源，对于投资者来说不确定性更甚。

面对这种不确定性，研究者所获得的线索越多越好，线索之间相互验证之处越多越好；研究方法要有系统性和一致性；而且线索要尽可能拼合为一个整体。因此，真正的熟悉是这样的，首先对所有股票一视同仁，充分占有各方面最新资料，再经过系统、一致的研究，最后尽可能得出相互验证的结论。当投资者认为自己“熟悉”某个股票时，您应当问一问自己是否已经“勤勉尽责”地完成了上述家庭作业，不做作业而心存偏好，只能是自己骗自己。

国外研究宏观和微观经济的学者曾经狂热地推崇复杂高深的数学模型，指望通过数学运算来“科学”预测未来经济和市场走势。事实证明，预测“未来”从来都是一门技艺，研究者自己的悟性远远比刻板的数学来得重要。美国经济在经历了持续 10 年增长、且最后接连 4 年持续高速增长后，2000 年下半年下降态势非常明显，2000 年二季度的 GDP 增长为 5.6%，三季度只有 2.4%。到底美国经济将会软着陆，即温和调整，还是将硬着陆，即陷入衰退，从美联储主席格林斯潘到经济学界、到大小企业的董事会、家庭餐桌上的闲聊，众说纷纭[①]。宏观经济基本面的不确定性一点也不比市场小。实质上，这充分说明未来只能由各人自己把握，没有权威可言。这给我们普通人留下了“平等的”机会，条件是我们得完成自己的“家庭作业”。

投资者常见错误之二：只买一只股票或请人推荐一只“黑马”

投资者谈论得最多的话题可能是哪只股票是一匹黑马；股评人士也往往以曾经推荐某某黑马为荣；投资者在听人评论市场时每每要求对方提供一只“好”股票，并以“好股票”作为检验评论者水平高低的标准。事实上，投资者的经验早已反复证明，决定投资者能否获利、获利多寡的主要因素的确在于投资者能否捕获极少数“好股票”。既然如此，投资者只买一只股票或者请研究者推荐一只黑马，不是很有道理吗？错。

先见之明与后见之“明”

关键就错在上述经验仅仅适用于事后总结，而不适用于事前决策。譬如捕鱼，事后看来总是某个网眼或者某几个网眼捕获了鱼，其他绝大多数网眼空空如也，但是捕鱼人绝对不会认为只有这几个网眼能够捕鱼，就剪下这几个网眼，下次打鱼时只用这几个网眼。正常的逻辑是，捕获鱼是所有网眼的集体贡献，而且渔网上应该没有破洞，至少没有大洞——一个大洞就足以令整个渔网一条鱼也捕不到。捕鱼正是日常生活中

① 参见[美]史蒂文·皮尔斯坦（Steven Pearlstein）发表在《华盛顿邮报》2000 年 12 月 10 日 E1 版的文章“即将软着陆还是硬着陆？”（“The Landing Ahead: Hard or Soft?”）

必须面对未来的典型例子，而面对未来就是面对不确定性，或者说可能性。因此，下面我们将投资方法、投资管理等与渔网进行了类比。

在选股问题上，投资者同样需要结一张网。从方法的角度来说，“网”的意思是要求选股方法具有系统性；“没有漏洞”的意思是要求投资者的选股方法具有一致性，能够适应不同市场状态。

从投资组合的角度来说，“网”的意思是投资者应当采取一篮子股票的交易方法，而不是孤注一掷，一棵树上吊死；“没有漏洞”的意思是，在选择投资组合时应当维持一定的平衡，既要在“热门股票”和“非热门股票”之间维持适当平衡，也要注意在具有不同市场特性的股票之间的平衡，比如说应当维持由弱转强型、同步转强型、强者恒强型股票之间的适当比例。

作为投资管理的最后措施，止损也是非常重要的，是弥补漏洞的最后手段。

实际上，渔网的类比具有普遍意义。在日常生活的其他方面，如果我们想取得成功，则从方法到实际行动，都必须如网一样具有系统性和一致性，都必须如网一样没有大的漏洞。

选股的基本原则就在于对各种股票的风险－收益率关系进行比较，要么在一定的预期收益率的前提下，尽可能降低风险；要么在承受一定的风险的基础上，追求最大的预期收益。风险相当于投资市场的必要成本，投资者的正常逻辑应当是、也只能是以最小的成本追求最高的收益。根据现代投资理论，系统风险指的是大势的波动风险，这类风险反映着宏观经济背景的变化，不能通过组合不同股票的方法来避免，也就是说只要投资者进入股票市场，就必须承受这样的风险；非系统风险则是由于个股的特殊性所造成的个别行情波动的风险，此类风险可以通过组合个性相反的股票来避免。如果只做一只股票，很可能招致不必要的非系统风险，付出额外的成本。

技术分析从两个方面来把握风险和收益，一方面是趋势信号，重点在于研究趋势结构、趋势阶段、趋势交替；另一方面是风险—报偿之比，重点在于估计风险有多大、潜在获利余地有多大，由此决定是否投入资金、如何选择入市时机、怎样安排止损价位等。选择股票就是在比较个股行情以及个股相对于大势的差价是否均已经发出了明确的上升趋势信号、趋势特性是否稳定可靠、风险—报偿的比率是否合适，还需要根据行情演变适当调整投资组合。换言之，技术分析对所有股票一视同仁，采用一整套技术分析方法作为共同标准比较所有股票的趋势状况，及时采取止损措施、及时调整投资组合，维持投资组合的良好趋势特性和风险—报偿比率。其全部目的就是要在市场的不确定性中找到某种相对的确定性，通过“浓缩”可能性的办法将上述“好”股票圈进我们的网中。

在投资组合中应当包括几种股票呢？这个问题并无定论。华尔街著名人士彼得·林奇认为 5 只最好，且最好不超过 5 只；现代投资理论则认为 25 只左右股票组合能较好地规避非系统风险。作者认为，这与投资者的能力有关，看投资者能够同时照应多少股票，与投资者采用的方法和工具也有关系。采用技术分析方法，借助先进的计算机工具，普通投资者可以轻松地同时照应 5～10 只股票，同时还可将外汇市场、期货市场、债券市场纳入视野。

庄家和庄股

当然，以上讨论只适用于普通投资者，对“庄家”是不适用的。“作为赌市的专有名词，庄家这一并不科学的概念已深入了我国证券市场的角落，一般投资者殚精竭虑地在找庄，煞费苦心地跟庄，市场分析人士绞尽脑汁地在寻庄，而个人大户、实力机构也在肆无忌惮地做庄。庄股与庄家成了广大投资者的梦中情人和崇拜的英雄。从有关资料和数据可以看出，中国证券市场目前已经出现了庄股横流，庄家横行的趋势。”①

撇开法律和道德不谈，仅从风险和收益对比的角度来说，“庄家”必定是普通投资者的“恶梦”，是吞噬他们的猛兽。对于庄家来说，股票市场不但没有不确定性，反而比计划经济时代具有更大的确定性、更大的资金潜力、更大的隐蔽性。除了庄家之间黑吃黑的极少数情况之外，庄家总是能够以极少的风险从市场获取天文数字的利润——他们的风险主要来自市场之外，而非市场本身。如此看来，普通投资者炫目于“庄股”行情的白日飞升，错把庄股当成投资成功的捷径，无异于“虎口夺食”。在正常的市场条件下，根据市场不确定性的根本特征，所有市场参与者都站在同一条起跑线上；而在庄股行情中，普通投资者不但需要面对正常的市场风险，还要对付庄家故意设置的陷阱和诱饵，不得不承受巨大的额外风险——“庄家风险”，比如假新闻、假评论、假行情、人为安排的利好或利空消息等。一般而言，“庄家”在动手之前，通常需要与上市公司一起拟定长达数年的计划，规划何时制造利空消息打压行情、吸纳筹码，何时发布澄清公告振荡洗盘，何时散布小道消息猛烈拉升，何时正式公布利好消息出货平仓等重要步骤。上市公司不愿意本公司股价长期疲软，更主要的是可以从庄股行情中分一杯羹，利用超高价格配股、发行新股，因此常常和庄家一拍即合，成为“庄家风险”的重要组成部分。

股市投资者的相互关系

从收益角度来说，投资者的利润归根结蒂来自企业对投资资金的有效利用，或者通过企业增值导致二级市场价格上升回报投资者，或者通过分红直接回报投资者。在这样的情况下，所有投资者在总体上主要是共同投资、共担风险、共享增长的伙伴关系，共同监督、共同选择的合作关系是主要的，相互竞争和争夺的关系是次要的，这是股票市场本当具备之义。

但是，如果上市企业不能有效利用投资资金，既不能合理增值，又没有红利可分，那么二级市场就沦为零和游戏，所有投资者在总体上必定主要是相互竞争、相互争夺

① 吴锋，“谁在演绎‘化腐朽为神奇’——关于近年来庄股的实证分析”，《中国证券报》2000年12月13日22版，文章开列了翔实的数据来支持上述论断。

的对手关系，股票市场异化为赌场。

还有比零和游戏更糟糕的。庄股之所以“成为深沪两市著名的强庄股和大牛股，并不是在于公司的基本面发生了什么天翻地覆的变化，而是超级主力庄家的介入”（出处同上），可见庄股行情的驱动力不是来自正常的投资收益，而是来自所有投资者投入的资金——所有人的赌本总和。但是因为庄家肯定将从全部赌本中拿走最大的一块，这一块自然远远大于庄家当初投入的赌本，也就是说庄家必定卷走了其他人的巨额赌本，所以其余投资者在总体上已经注定巨额亏损。如此一来，其他人之间的关系竟然远远不及零和游戏，他们集体的巨额赤字迫使赌场退化为“古罗马斗兽场”，他们的竞争变成你死我活的厮杀，命运注定绝大多数沦为牺牲品，唯有极少数活下来，在总体巨额亏损的基础上争夺利润——庄家则在贵宾席上醉心地观赏。

为了更直观地说明上述区别，我们打一个比方。假定 10 个人入场赛球，每个人拿一个球入场。比赛结束，如果参赛选手还有 1 个球，就算保本，不赢不输；如果手里的球没了，就是亏本；如果手里有两个球或者更多，就算获利。试比较以下三种情况。

第一种情况是，在比赛过程中，从场外又抛了 5 个球进场，那么平均说来，每个人都能轻松保本，还有一半人有机会赢利，大家尚且能够一团和气。理论上说，最多有 7 人可能得到两个球（总球数/最小赢球数＝15/2＝7.5，至少有 2 个球才算盈利），占球员中的大多数。这相当于正常股市投资收益的情况。最初的 10 个球是投资者的本金，新添的 5 个球则是投资收益——企业利用投资者期初投入的本金发生了经济效益。

第二种情况是，在比赛过程中既没有新球投进场，也不从场内拿走球，在这种情况下，选手要保本就需要付出一番努力了，抢到别人的球不是易事，人人相互算计、力争偷人冷空，总之一团和气是绝对不可能了。理论上，最多有 5 人有希望获利（10/2=5），占半数。这相当于零和游戏。投资者的本金既没有增长，也没有损失，大家都在浪费时间，最初的本金白白付出了时间成本。

第三种情况是，在比赛过程中场内的球被拿走了 5 个，那么在所有选手中至少已经有 5 人注定不能保本，大家不得不大打出手，火并一场，个别强悍者为了获得利润更是不择手段、无所不用其极。理论上，此时最多只能有 2 人获利（5/2＝2.5），占极少数，其他人统统是牺牲品。这就相当于庄股的情况。投资者的投资不但没有收益，反而有大比例的本金损失。

通过上述球赛的类比，我们就能看到三种情况的投资风险和收益比较关系的不同之处。风险相当于场内争抢的激烈程度，收益相当于场内可供分配的总球数，普通投资者应当选择怎样的比赛、避免怎样的比赛，答案一目了然。

新增资金不能提高投资者盈利机会

在上述类比过程中，我们没有考虑参赛选手人数增加的情况，假定每年总有一大批新选手入场，每人带进一个球。其他情况不变，则场内球数（相当于场内资金）必然大为增加；倘若比赛场地的面积（相当于流通股数）维持不变，或者场地面积的扩张速度比不上球员人数增加的速度，则赛场内必然拥挤（股价更高），比赛看起来很热闹，令人眼花缭乱，这就是所谓新增资金推动股市上涨的虚假繁荣。

实质上，总球数的增加并不增加人均球数，反而增加了庄家浑水摸鱼的机会。因此，由于选手人数增多而引起的新增资金效应只能算作表面繁荣，对于每一个选手的盈亏机会来说，不会产生实质性的影响。对选手盈亏机会产生实质性作用的，唯有企业的资金利用效益。

不幸的是，上面引文的作者根据深圳交易所的资讯网提供的资料“进行了归纳统计，发现38.24%的个股已经演化为庄股”。这就是严酷的现实。如果您自信能够获知可靠的庄家内幕，那就跟庄吧，不过，跟庄绝不是投资，而是拿上述“内幕消息”在股票市场兑换现金；您的身份已经不是投资人，您的盈亏和投资之道当然也没有任何瓜葛，如果有机会介入成熟的投资市场，比如外汇市场，您这一套只能碰壁。如果您不能获得可靠的庄家内幕，那么前面介绍的方法就更加重要了，无论如何，庄股总得貌似“好”股票一样地上涨，因此也有趋势信号，但是因为投资者所面临的风险明显增大，更有必要采用一套系统、一致的投资方法，更有必要严格采取止损措施。

作者的忠告是，“临川羡鱼，不如退而结网”。

投资者常见错误之三：不买贵的股票，或股评家说“消灭10元以下的股票”

摄氏温度和华氏温度都是温度指标，前者规定水的冰点为32度，沸点为212度，冰点和沸点之间均匀分为180份，每份为1度；后者规定水的冰点为0度，沸点为100度，冰点和沸点之间均匀分为100份，每份表示1度。两者数值不同，但冷热是完全一样的。比较两者，关键在于相对于冰点和沸点的温差和比例，而不是各种温度的名义数值。这个道理在温度计上很容易明白，在股票市场则不然。

很多投资者选股的先决条件是“不买‘贵’的股票”，殊不知仅就名义价格来说，“贵”、“贱”之分其实只是摄氏温度和华氏温度之分，重要的是名义价格背后的问题——从技术分析看来，那就是趋势。更可悲的是，不仅普通投资者有这种误会，每当行情热火，不少股评人士为了表达看涨的意见，往往一言以蔽之“消灭10元以下的股票”，比“不买贵的股票”更离谱。

价格变化比例与半对数图表

在国内股票市场上，分红的情况极为罕见，上市企业价值实质性增值的情况也很少见，股市投资者除了获取买卖差价之外别无指望，因此，决定投资成败的乃是买入价和卖出价之间的相对差价，更准确说，决定投资成败的唯一标志是二级市场赢利或亏损的比例：

二级市场赢利或亏损比例＝（卖出价格－买入价格）/买入价格

股票的绝对价格仅仅具有表面意义，距离差价还有一层，更不用说赢利或亏损比例了。10 元的股票 1 元价格变化，100 元的股票 10 元价格变化，两者实质上完全一样，都是 10%的盈亏比例。同样金额的投入，前者买的股数多一些，后者买的股数少一些，但是如果股票价格变化的比例相同，则两笔交易毫无区别。

但是，投资者常常产生一种错觉，以为幅度 10 元的行情变化看起来相当惊人，而 1 元的行情变化似乎没有多大了不起。这一点除了归结为错觉外，有一部分原因来自图表比例尺的失当。常见的图表系统都采用线性刻度，不论从 100 元的位置开始，还是从 10 元的位置开始，1 元的价格变化都是用同样的高度来表示的。实际上，真正能够显示投资者交易盈亏程度的是半对数图表。半对数图表在时间方向上，即水平轴，仍然采用线性刻度；在价格方向，即垂直轴，采用对数刻度。不论从什么价格出发，同样比例的变化在图表垂直方向上的差距都是相同的，而名义价格刻度则是不均匀的。

如图 7.2（a）所示，600770 综艺股份在过去 4 年中，上涨了近 20 倍。正如前面交代，在行情累积涨幅或跌幅过大的情况下，线性刻度常常扭曲了市场变化的真实过程。累积涨跌幅过大，既可能由于在相对短时间内市场变化很剧烈所造成，也可能由于正常行情演变历史悠久所造成。本例的情况属于前者。

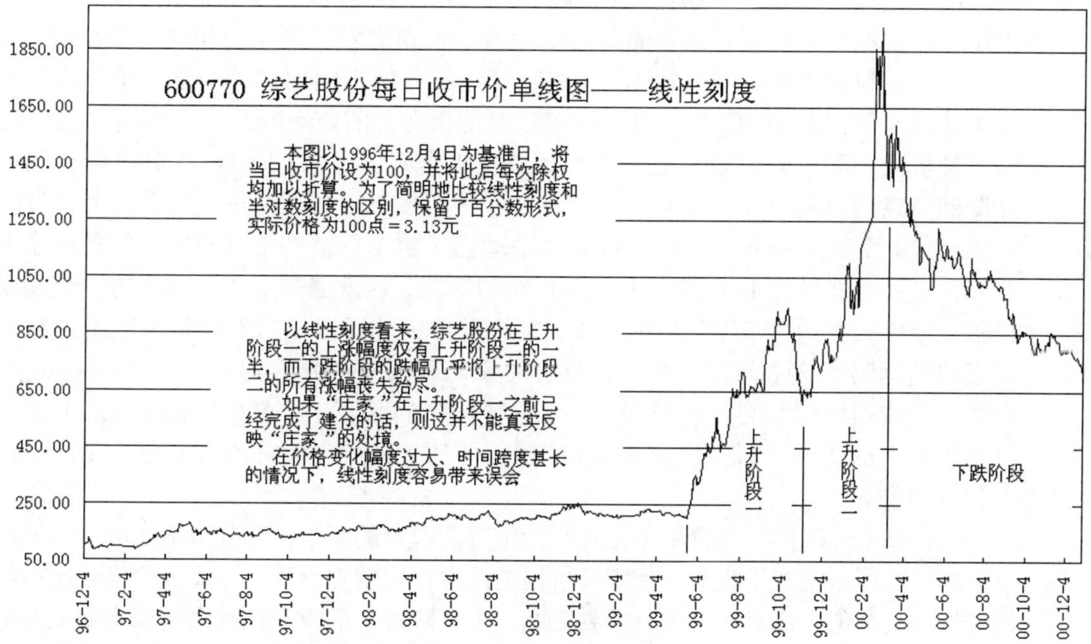

图 7.2（a） 综艺股份每日收市价单线图——线性刻度

图 7.2a 以 1996 年 12 月 4 日为基准日，当日收市价计为 100，以后的收市价按照基准日的折算比例折算，遇到除权的情况则按照复权后的数字计算，因此其行情历史具有准确的可比性。为了比较线性刻度和对数刻度的异同，我们在本图例中保留了价

格指数的形式。不过，只要按照价格指数100点＝3.13元的比例来转换，就是综艺股份目前的实际价格。

综艺股份的行情演变史大致可以划分为四个阶段，第一个阶段是从1996年底到1999年“5·19”行情爆发之前，大约2年半，称为铺垫阶段，行情基本上维持在上升趋势中，最低点大约80点，最高点大约250点，“5·19”前为220，基本上处在当时的最高水平；第二阶段称为上升阶段一，从“5·19”行情起，到当年10月中旬，市场有力地向上拉升，从220点上升到950点附近，时间大约为5个月；第三个阶段称为上升阶段二，从1999年10月中旬的低点开始，到2000年2月28日结束，市场自600点左右上升到最高点1900多；第四个阶段称为下跌阶段，从2000年2月28日开始，到本图显示的2000年年底，综艺股份一直从最高点1900多下跌倒720多点。

在线性刻度上，不论在1000点以上，还是100点以下，所有的刻度都是均匀的，图中每一横线之间都表示200点的幅度，不论在图上的什么位置，相等的高度代表者相等的价格差距。从图7.2（a）看来，铺垫阶段的价格变化几乎被压平了，似乎综艺股份的故事完全发生在上升阶段一、上升阶段二和下跌阶段，而且上升阶段二的涨幅几乎是上升阶段一的一倍，下跌阶段则几乎丧失了三分之二的全部领土，价格退回到整个涨幅的三分之一处。

在对数刻度上，不论在1000点以上，还是100点以下，所有刻度都不是均匀的，图7.2（b）的每一横格线之间都表示从出发点开始价格变动的比例为10倍，不论在图上的什么位置，相等的高度均代表从各自出发点开始的相同变动比例，而不是相等的价格差距。图7.2（b）显现了铺垫阶段的真实面目——这一阶段虽然经历了较长时间，但是行情上升的比例实际上是相当大的，至少不比上升阶段二逊色。而上升阶段一和上升阶段二之间的对比关系更是颠倒过来，原来，上升阶段一的上涨比例竟然明显超过上升阶段二，虽然在线性刻度下，上升阶段二几乎是上升阶段一的一倍。至于下跌阶段，原本看来似乎动摇了整个行情的上涨收益，但是从这里看来，主要上涨过程的上涨比例并没有受到侵蚀。这就暴露了“庄家”的一个重要秘密，为什么有的“庄家”采用暴跌、接连跌停板的手段出货？难道暴跌不也跌掉了它的利润吗？这个问题不简单。只要庄家的入货成本低于在上升阶段一的起点，则其主要收益比例来自上升阶段一，上升阶段二的名义上涨幅度固然惊人，但是这只是蛋糕上的奶油，成了庄家翻云覆雨的“广阔天地”，而它的大部分收益是不会受到威胁的。

为什么上升阶段二的价格差距几乎为上升阶段一的两倍，而其上涨比例竟不如上升阶段一？原因就在于收益比例等于价格差距除以出发点价格，出发点价格是比例值的分母，其数值高低对比例值有重要影响，上升阶段二的收益比例之所以不如上升阶段一，就是因为上升阶段一的价格起点为220点，而上升阶段二的价格起点高达600点左右，如此就将后者的收益比例三分为一了。

图7.2（b）充分揭示了累积涨跌幅达到10倍以上的股票（这类股票可能就是所谓“庄股”）的行情演变历史的真实面目，揭露了“庄家”和普通市场参与者的相对地位的真实面目，投资者应多多体会价格变动比例、价格变动差距、名义价格本身三者之间的不同，看清问题的实质。

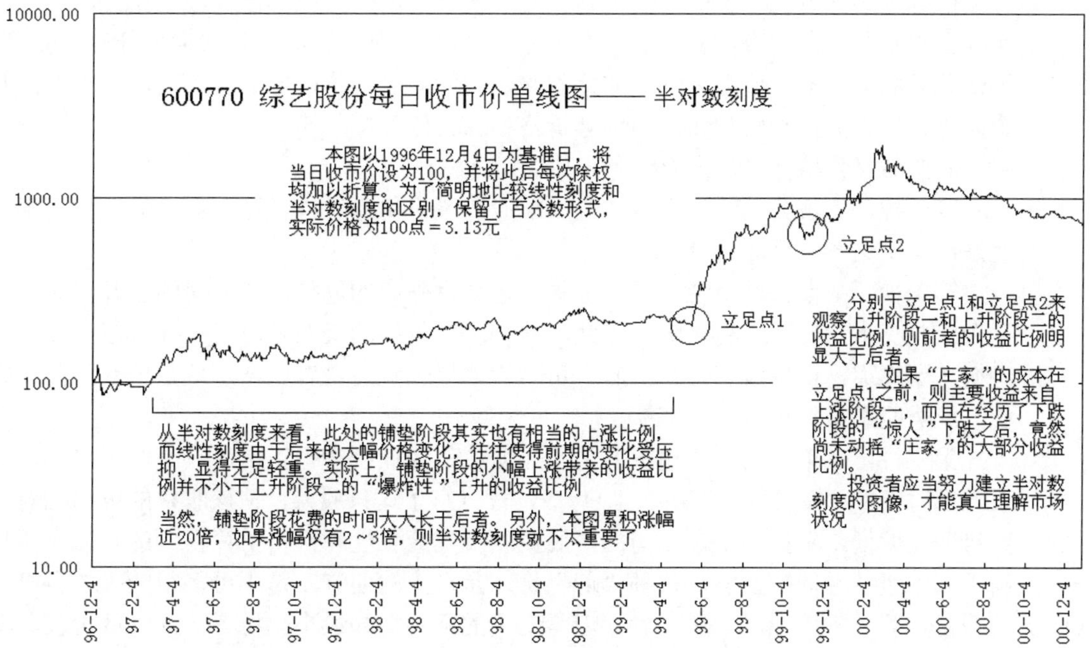

图 7.2（b） 综艺股份每日收市价单线图——半对数刻度

从绘制图表的技术上看，对数刻度比线性刻度稍复杂一点。过去没有电脑，投资者不得不手工绘图，通常采用线性刻度。久而久之，线性刻度就成了约定俗成的图表格式。线性刻度适用于价格变化幅度不大的情况，如果在整张图表上，最大刻度和最小刻度得到的数值差不多，线性图表就很实用，但是如果最大刻度和最小刻度相差 10 倍或更多，那么线性刻度图表带来的视觉误差就太大了，所以大幅变化的股票应以对数刻度绘制。如果超长期图表的累积涨跌幅达 10 倍以上，也应当以对数刻度绘制。退一步说，即使我们不得不忍受电脑图表系统中只有线性刻度图的客观现实，至少我们心中也必须有一幅对数刻度的图像，不能满足于线性刻度的图像，不能将“涨跌比例”误会为“不买贵的股票”，更不用说“消灭 10 元以下的股票”那样的荒唐说法。

股价被低估

有的投资者认为名义价格低的股票上涨 1 元、2 元比名义价格高的股票上涨 1～2 元来得容易，所以，低价股容易上涨、甚至翻番，高价股不容易上涨，更不用说翻番。这是经不住推敲的。在分析价格变动比例时，本文也指出出发点价格的数值对变动比例的数值具有重要影响，但这仅仅就数值计算而言的，只适用于事后的计算。假如低价股票如此容易上涨、翻番，为什么还会有低价股等着您来选择？关于投资市场一个重要原则就是，在正常市场条件下，绝对不存在明显获利机会，因为如果有这样的机会，一定早已被他人捕获。譬如找金矿，采金人通常总得四处挖掘、探索，直至在没有人挖掘过的地方找到金矿，至于露在地表的金矿，一定很早已经被人挖光。这一点实际上也是检验各种市场言论的一个可靠标准，如果某人断言如何如何便能径直获利，那么此人的说法多半值得怀疑。如此看来，我们对名义价格低的股票反倒应当多问几个为什么，弄清楚到底什么原因使其价格处在“低”位。

股票名义价格低，可能有三种原因。

第一种，上市公司经过多次送股、配股的股份稀释过程，这一类“低”价格根本就是假象，这一点后面再议。

第二种，上市公司出现了大额亏损，甚至有破产的危险，该公司的公开信息要么令人一头雾水，要么乏善可陈，因此，这种股票价格的低乃是真低，并且很可能继续走低。要知道，市场没有什么“底”可言，如果一定要说有底，那就是一钱不值，因此，此类股票最好少碰。

第三种，上市公司基本情况并无明显变化，企业经营也正常，只是由于投资者热衷追求时髦的“概念”、“板块”、“热点”，暂时忘了这只股票，使该股票的价格相对于大势明显偏低，根据该上市公司的每股盈利及其成长性和价格折算得到的收益率明显高于同等级证券的收益率，这种“低”价才是真正的便宜，是不可多得的投资良机。问题是，第三种情况虽然最有利，但是出现的可能性却最小；再者，众多低价股鱼龙混杂，要将“好”股票从“坏”股票堆中挑出来，无疑需要一双慧眼。

从技术角度看，即使投资者真有能力选中被市场严重低估的股票，由于此类股票的行情倾向于长期在底部徘徊，也需要投资者有足够耐心；此类股票在向上反转过程中反复很多，常令投资者感到挫折。在上篇第四章，我们将选择股票的标准分为强者恒强型（C 类）、同步转强型（B 类）、从弱转强型（A 类），简单说，强者恒强型股票在长时期内一直比大势更坚挺，因此名义价格通常较高，除非以股权稀释手段降低名义价格；同步转强型股票在发出明显强于大势的买入信号之前，已经在长时期内和大势同步，以大势作为比较标准，此类股票的价格也不算便宜；A 类股票经过长期疲软的走势，再经过长期低位横向波动，最后向上突破，此类股票价格似乎最符合“不买贵股票”的信条，然而，从后续行情上升的可能性、上升余地、下跌风险等各方面全面权衡，三类股票各有优势、劣势，并不能简单断言 A 类股票最优。

因此，投资第三类低价股票，需要过三关：第一关，沙中淘金，从众多低价股票中选出真正被市场低估、而上市企业本身并没有实质性变化的好股票；第二关，此类股票可能长期没有明显起色，要能充分忍耐；第三关，有时此类股票似乎开始走强，但是往往半途而废，即便开始上涨，反复也多，而且到底涨幅潜力有多大尚且是未知数，要能坚决持有，不为其他股票涨涨跌跌所动。经过这三关后，投资者才有可能修成正果。投资这类股票的办法即所谓价值投资法。

股价过高与市场流动性

也有人认为，股票面值过大，不利于小金额投资，构成流动性障碍。眼望国内股市，名义价格百元以上的股票昙花一现，股票价格一般也不低于 10 元，绝大多数股票价格介于 10～30 元之间，以买入 100 股（1 手）计，最少需要 1000 元，最多不过 3000 元。1996 年前后，国内股市开户常常有最小金额限制，最低金额一度高达 10～20 万元。2000 年来此类限制已经消失，但绝大多数投资者的资金在 1～2 万元以上，由此看来，如果投资者可以有效地投资 10 元左右的股票，则 30 元左右的股票也不应当构成金额上的障碍。

对比美国股市，有的股票每股价格高达数万美元，如沃伦・巴菲特（Warren Buffett）的伯克夏・哈撒维（Berkshire Hathaway）控股公司 A 股 2000 年 12 月 29 日收市于 70000 多美元（图 7.3）；有的股票市场价位每股 2～3 美元，前者那样的高价当然足以对资金仅为数万美元的小额投资者构成入市障碍。相形之下，在国内股市的股票名义价格没有出现两极分化之前，流动性方面的顾虑实际上是多余的。

图 7.3 过高的股票价格可能引起流动性问题

图 7.3 采自网站 cbs.marketwatch.com 的有关页面，图中中文系作者添加的，便于不熟悉该网站的读者了解有关情况。关于伯克夏・哈萨维控股公司和巴菲特的传奇故事我们将在“投资者常见错误之七：某某炒股赚了几倍”中详细讨论。

股权稀释与业绩稀释

表面看来，国内股市股票面值差别不大，颇能体现“不患贫患不均”、“出头的椽子先烂”、“比上不足比下有余”的中国特色。然而，国内股市极少数强势股和弱势股之间的差别其实相当惊人，在短短 2～3 年乃至 1 年内，某些个股如同坐火箭一般，5～10 倍地上涨；而在大势年度上涨 50%以上的宏伟背景下，少数股票价格也可能下跌 50%，甚至更多。

以 2000 年为例，当年上海综合指数从 1999 年 12 月 30 日的收盘价 1366 点上升到 2000 年 12 月 29 日的收盘价 2073 点，上涨比例为（2073－1366）/1366＝51.76%。表 7.1 是当年上涨前 10 位的 A 股股票和下跌前 10 位的股票涨跌情况对照表（近似）。需要说明的是，2000 年全年交易日 240 个，本表统计的排行是按照 233 个交易日计算的，相差 7 个交易日。如果 1999 年 12 月 30 日后的 7 个交易日内价格变化很大（事实上就是如此），则对价格变化比例的计算结果有严重影响（既影响分子，也影响分母，但主要是分母不同），给表中的数据带来误差。此外，本表数据虽然已经对除权的情况进行了处理，但并不代表当年个股从最高点到最低点的实际变化，而是机械比较年初、年末两个交易日的收市价，可能明显缩小了的上涨或下跌的真正比例。尽管如此，从表中数据已经很可以窥见国内股市极少数股票强弱分化的一斑了。

表 7.1　2000 年股票年度涨跌排行榜（近似）

代码	名称	1999 年 12 月 30 日		2000 年 12 月 29 日		指数差距	涨跌比例	名次
		收市价	价格指数	收市价	价格指数			
600770	综艺股份	26.2	833.15	22.8	725.03	−108	−13.0%	−1
0048	中科创业	38.47	445.75	19.84	317.40	−128	−28.8%	−2
600870	厦华电子	16.66	423.95	11.91	308.96	−115	−27.1%	−3
600057	厦新电子	12.65	245.91	10.46	203.34	−43	−17.3%	−4
600132	重庆啤酒	20.76	222.39	17.48	189.23	−33	−14.9%	−5
0021	深科技	25.94	316.80	20.19	246.85	−70	−22.1%	−6
0793	燃气股份	16.76	325.86	14.10	297.95	−28	−8.6%	−7
0909	数源科技	18.37	104.28	14.96	84.92	−19	−18.6%	−8
0058	深赛格	20.95	150.58	13.12	113.69	−37	−24.5%	−9
0921	科龙电器	17.50	87.96	14.42	73.28	−15	−16.7%	−10
	沪综指	1366		2073		707	51.8%	
0557	银广厦	13.97	177.74	37.73	959.80	782	440.0%	1
0540	中天企业	13.19	140.42	35.55	741.74	601	428.2%	2
0012	深南玻	5.40	44.56	25.47	210.19	166	371.7%	3
600756	泰山旅游	9.65	130.30	40.80	550.91	421	322.8%	4
0554	泰山石油	4.31	58.79	16.96	231.33	173	293.5%	5
0676	思达高科	13.66	128.42	26.44	497.12	369	287.1%	6
0028	深益力	10.60	74.03	21.71	272.91	199	268.7%	7
0510	金路集团	5.40	58.37	18.75	202.66	144	247.2%	8
0710	天兴仪表	9.87	113.75	31.43	362.22	248	218.4%	9
0004	ST 深安达	8.51	79.94	33.00	310.00	230	287.8%	10

为什么国内股市的名义价格相差不大呢？从表 7.1 看来，股票价格的名义差别已经被上市公司和“庄家”通过“除权”的神奇魔法掩盖起来，使得大幅变化的股票行

情不显山露水，充满了欺骗性，也充分“照顾”到普通投资者“不买贵股票”的习惯。进一步研究之下，我们还很容易发现，原来国内股市数倍、数十倍的上涨行情在很多情况下并不意味着上市企业基本情况发生了任何实质意义上的变化，有时是“某某概念”，有时是“资产重组”，有时是“资本运作”，有时干脆没有任何明显“理由”。

下面我们来看看除权对股价的影响（图 7.4（a）、（b））。

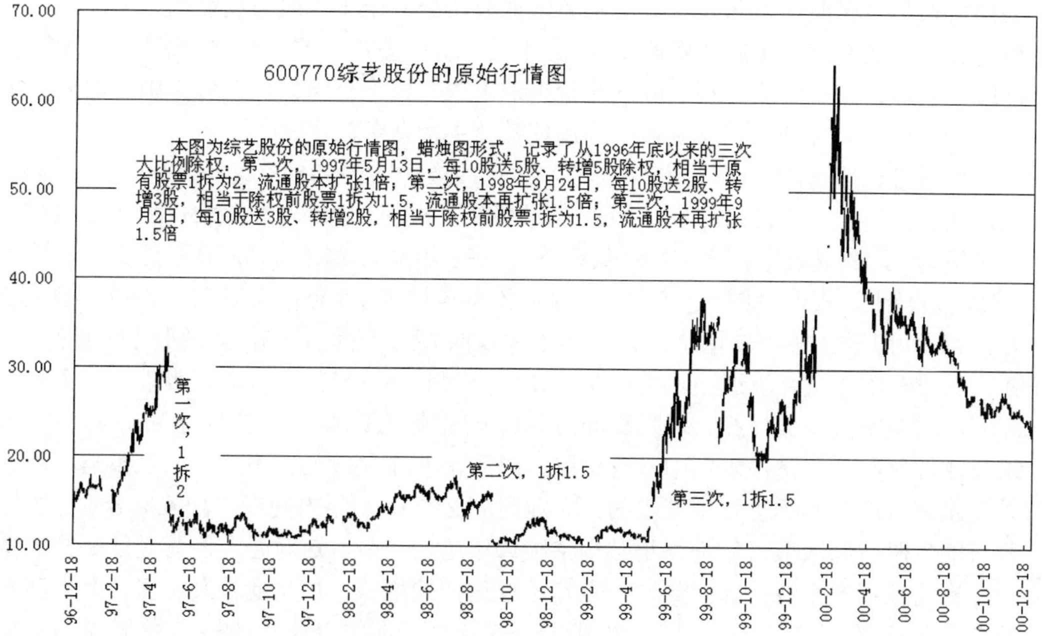

图 7.4（a） 综艺股份原始行情图——线性刻度

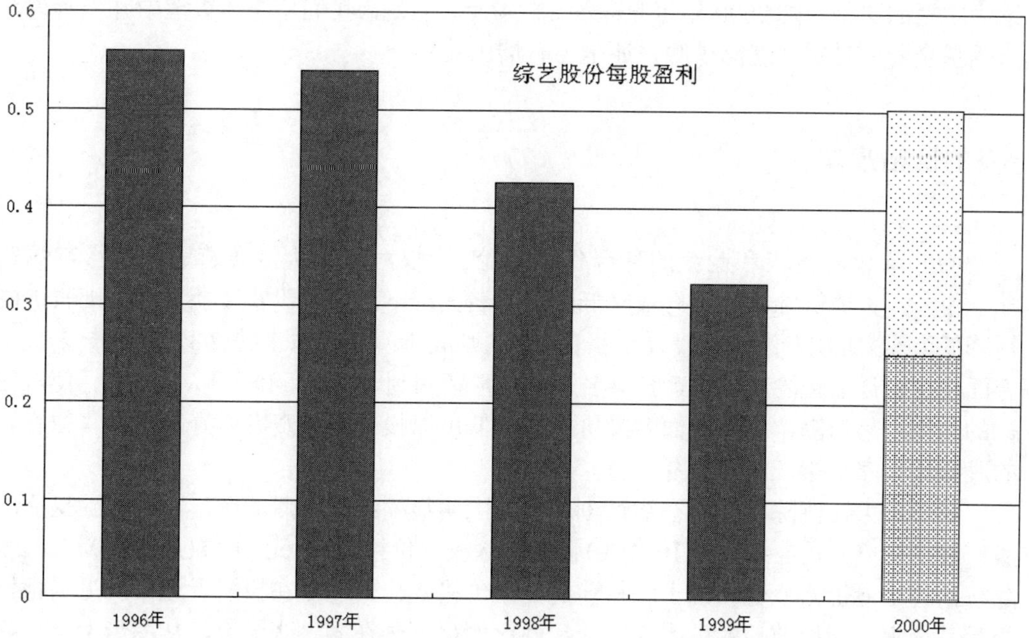

图 7.4（b） 综艺股份每股盈利柱状图

在正常情况下，配股、增发新股、送股等股权扩张行为只适用于业务规模高速增长的企业早期或者新兴行业的企业。对于业务发展相对稳定的绝大多数企业来说，扩股通常意味着股权的稀释，容易造成上市企业控制权的不稳定，同时也难以维持每股盈利的原有水准，因此，一般上市公司轻易不会扩股。但是在国内股票市场，由于绝大多数上市公司的国有股、法人股占据绝对控股地位，没有股权旁落之忧，因此上市公司大多热衷于股权扩张，从股市不断地抽取资金。至于每股盈利被稀释的问题，则能拖就拖，实在拖不了就“资产重组”。于是，资产重组—股价狂涨—高价增发新股、配股，股本扩张—每股盈利下降—股价长期下跌—资产重组，已经成为国内部分“精明”的上市公司及其“庄家伙伴”的周期性“主营业务”了。

还看综艺股份的例子（图 7.4（a）、（b）。该公司从 1996 年底到 2000 年底共有 3 次除权。第一次，1997 年 5 月 13 日，每 10 股送 5 股、转增 5 股除权，相当于原有股票 1 拆为 2，流通股本扩张 1 倍；第二次，1998 年 9 月 24 日，每 10 股送 2 股、转增 3 股，相当于除权前股票 1 拆为 1.5，流通股本再扩张 1.5 倍；第三次，1999 年 9 月 2 日，每 10 股送 3 股、转增 2 股，相当于除权前股票 1 拆为 1.5，流通股本再扩张 1.5 倍。经过三次除权，流通股本共扩张了 2×1.5×1.5＝4.5 倍。非流通股本有时不参与配股、增发新股，故配股、增发新股时总股本和流通股本不一定同步扩张，总股本的增长比较复杂。但是在本例中只有送股、赠股，非流通股当仁不让、一定参与，因此总股本和流通股本的扩张是同步的。企业盈利必须在 4 年内同步增长 4.5 倍才能维持原有的每股盈利水准，年均增长必须持续每年达 45.6%，这对企业经营是什么样的挑战？有几家国内企业能够做到这一点？经过这样的增长，该企业将发生多么翻天覆地的变化？从图 7.2d 看来，似乎综艺股份正是这样的明星企业，1996 年每股盈利 0.56 元，1997 年 0.54，1998 年 0.426，1999 年 0.323，2000 年中期业绩 0.257，假定年底业绩为中期的 2 倍，则 2000 年每股盈利 0.514 元。但是，我们从媒体报道中并未听说这家明星企业，是媒体遗漏了呢，还是另有情由呢？

除权的价格戏法

撇开除权对股权和业绩的稀释作用不论，除权对市场价格会造成什么影响呢？

第一，大比例除权能够有效降低股票的名义价格，如果股票 1 拆为 2，则股价同样降低为原来的 1/2；如果股票 1 拆为 1.5，则股价降低为原来的 2/3。这样一来，一方面使得累计涨幅隐蔽起来，股票名义价格重新回到 10～30 元的“大溜”中，使得庄家的马脚不易暴露；另一方面名义价格的降低可以投普通投资者所好，提供“便宜”的股票让大家承接，庄家容易出货。

第二，大比例除权能够在线性刻度图表上明显缩小除权后的图形、隐蔽除权后的股市波动幅度。假定某企业 10 送 10 除权，除权前价格为 50 元，除权后价格为 25 元，除权后的 1 元价格变化相当于除权前的 2 元价格变化，但是在投资者通常所见的报价交易系统上，除权前后的图表在同一线性比例尺下画在同一张图上，从图形上看，除权后的价格变化似乎只有除权前的一半，如此，庄家可以隐蔽而有效地放大日常市场的活动空间，为“庄家”操纵市场增加了便利。

根据国内股票名义价格绝大多数集中在 10～30 元的“中庸区间”的事实推论，累积涨幅 3 倍以上的股票一般都曾经采用过 1～2 次除权的办法重返“中庸价格区”，至于累积涨幅在 10 倍以上的极少数“明星”股，则必定已经经过了多次除权，才能避免百元以上的价格。有时候，“庄家”将除权的把势耍到了极至，接连除权。在以后的举例中我们将介绍，0730 环保股份在 1997 年 5 月 22 日上市后，于 1997 年 8 月 7 日每 10 股送 1 股、转增 5 股，1998 年 10 月 5 日每 10 股转增 3 股，1999 年 6 月 1 日每 10 股转增 3 股，2000 年 3 月 7 日每 10 股送红股 5 股，接连 4 次除权。据说，在“庄家”出货手法中有一项就是除权出货，使得“顶部”价格看起来如同“底部”价格，至少也使之看起来好像股价长期窄幅横向波动，令普通投资者以为股价偏低或者拉升在即。

为了形象化地说明上述诸点，这里以 600739 辽宁成大的图形为例（至于辽宁成大本身是否属于庄股，作者无法判断）。图 7.5（a）为辽宁成大原始行情的蜡烛线图。辽宁成大 2000 年 6 月 8 日除权，每 10 股送 2 股、转赠 6 股，相当于除权前 1 股拆为 1.8 股，属于大比例除权。除权后，该股价格从 37 元左右下降为 20 元左右，回到了 10～30 元的“中庸区”。从图 7.5（a）来看，除权后的行情似乎长期在相对低位窄幅横向整理，实际上，股价已经创历史新高。

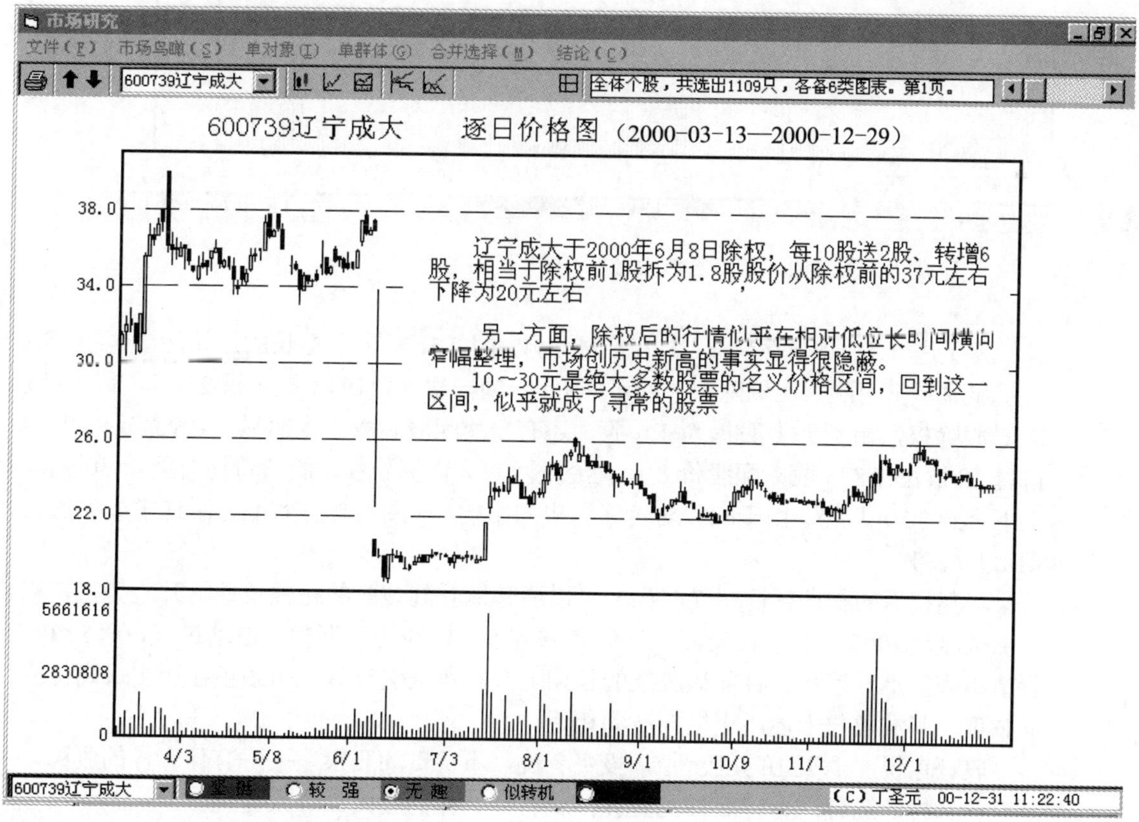

图 7.5（a） 辽宁成大图蜡烛线图

图 7.5（b）将原始行情按照现在的价格复权后重新绘制，还辽宁成大行情历史的本来面目，这里可以清楚地看出，首先市场以向上跳空方式突破、创历史新高；其次，市场在历史最高处横向整理，其波动空间至少不比突破前的横向整理空间小，属于高位强势整理。

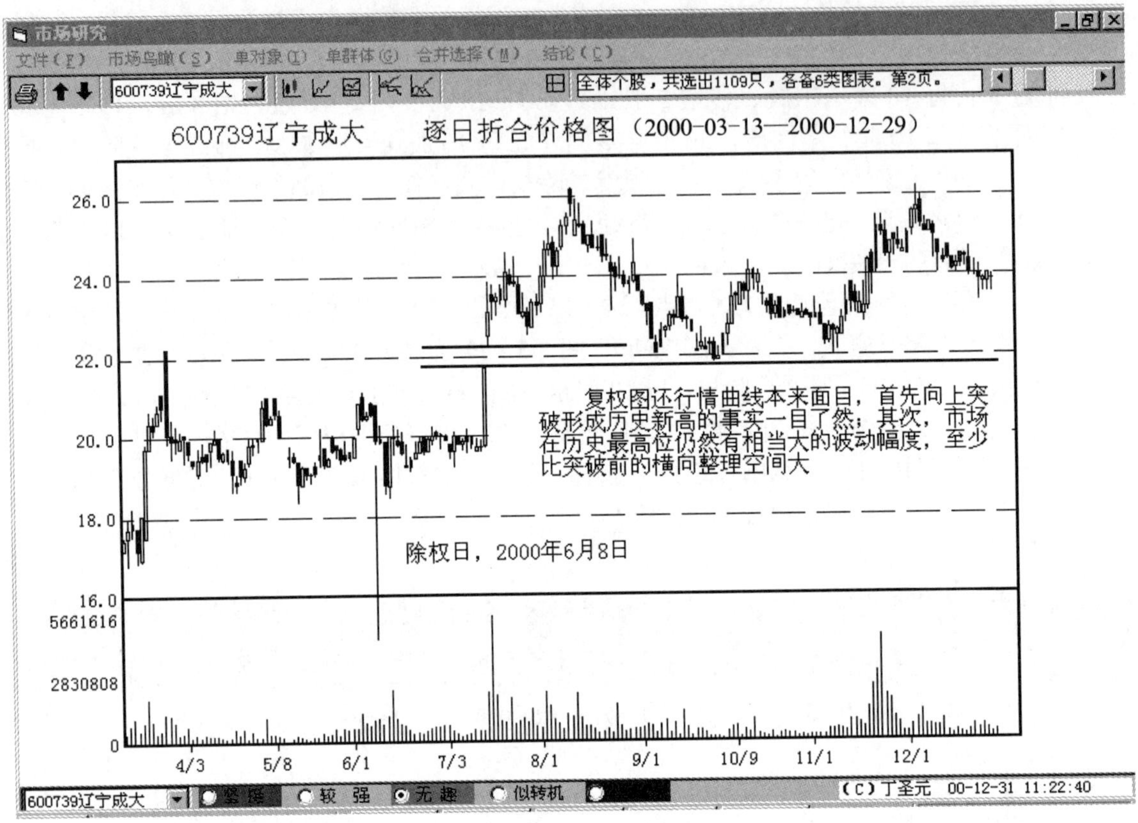

图 7.5（b） 辽宁成大日蜡烛线图（复权后）

为了进一步了解除权对行情历史的影响，图 7.5c 给出了更长的原始历史记录，图上明显显示出两次大比例除权，除了 2000 年的一次外，1998 年 4 月 27 日，每 10 股送 6 股除权，相当于 1 股拆为 1.6 股。还有一次配股除权不太明显，1998 年 9 月 28 日每 10 股配 1.875 股，配股价 8 元。经过两次大比例除权，股票价格总能从 30 元以上下降到 30 元以下。由于除权对价格历史的影响，本图不能有效地显示辽宁成大的长期上升趋势。

从复权后的长期行情图 7.4（c）可以清楚地看到该股的超强长期上升趋势，累积上涨幅度近 700%。它在 1998 年 5 月至 1999 年 5 月曾经历长期横向波动过程，在"5·19"行情中恢复上升趋势。目前该股票的长期上升趋势依然有效，市场正在历史最高位横向整理，其波幅与上述历史横向波动相近。

股评家说"消灭 10 元股票"，投资者说"不买贵的股票"——有什么样的股民，就有什么样的股评；有什么样的股评，就有什么样的股民。令人扼腕。

我们的忠告是，唯有价格涨跌比例才是市场的真实尺码。

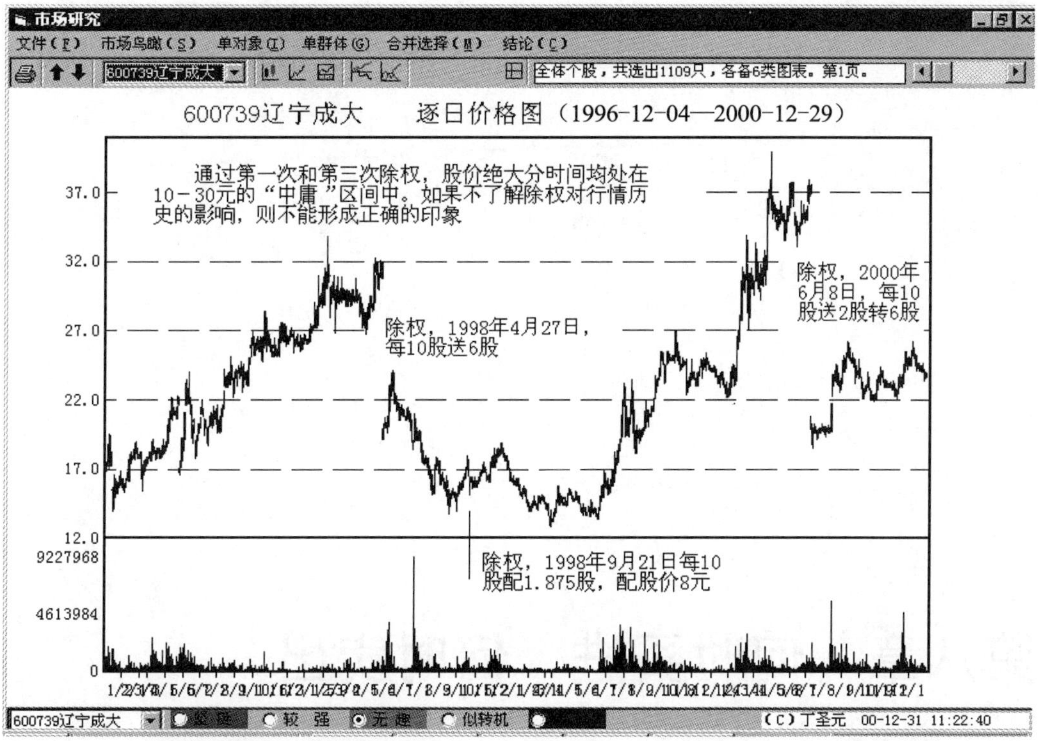

图 7.5（c） 辽宁成大日蜡烛线图

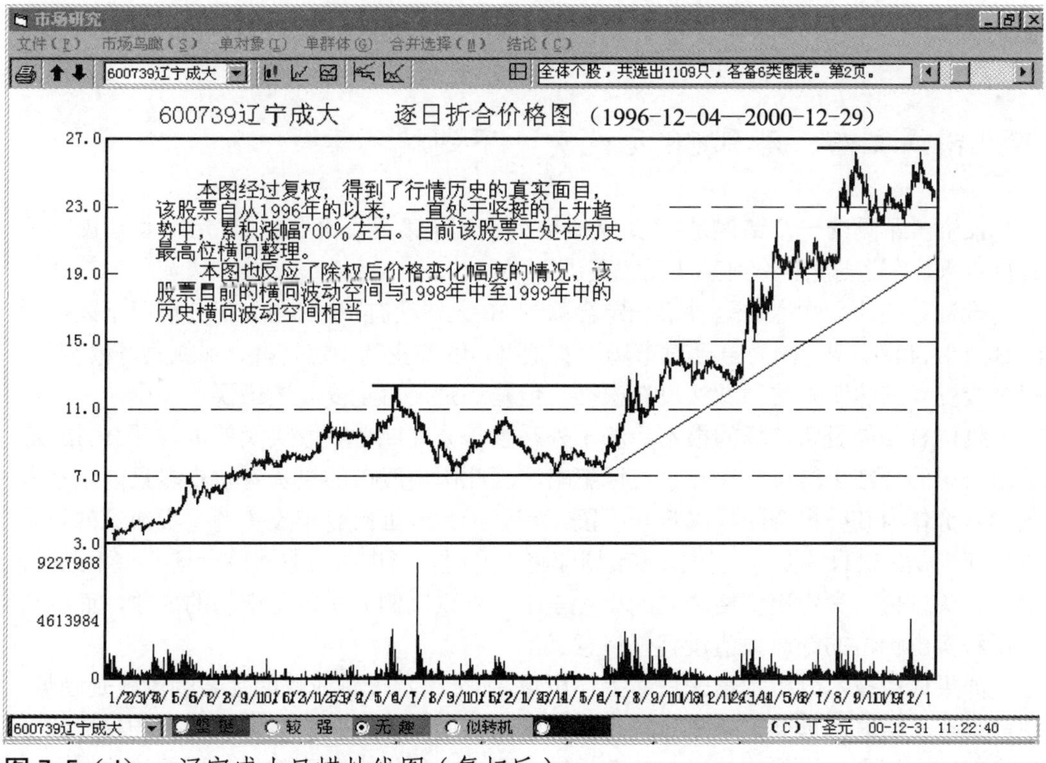

图 7.5（d） 辽宁成大日蜡烛线图（复权后）

第八章　何时买进、何时卖出

投资者常见错误之四：涨到 30 元就卖，不到就不卖

投资者常见的一个错误是："某某股票上涨到某某元（比如说 30 元）才卖出"，或者反过来，"某某股票跌到某某元才买进"。

投资者凭什么知道这只股票一定会涨到 30 元？没有根据。在大部分情况下此类说法都属于自我安慰，因为自己对市场没有把握，硬要找到一点把握，那就只好猜测了。很多投资者虽然明知这种做法没有根据，但是还是一再重复此类错误。

投资者参与股票市场的根本目的不外乎参与分红或者获取买卖差价。在国内市场，上市公司的分红少得可怜，几乎可以忽略，因此国内股市的投资者差不多只能以获取买卖差价作为获得投资回报的唯一手段。有鉴于此，国内股市投资者买卖决策的正常逻辑应当是，也只能是：当他预料市场即将上升时，买进；当他预料市场即将下跌时，卖出。买进价格和卖出价格之间的相对差距（涨跌比例）决定了交易的成败，而买进价格和卖出价格的绝对数值没有任何意义。

如果借用技术分析术语来表达上述逻辑，那么决定投资成败的主要因素就是趋势，也就是在一定时间框架下未来市场行情的演变方向。如果我们能够认清市场趋势的本质，有能力识别市场趋势持续与趋势反转，那么在任何情况下都仅仅根据趋势向上、

向下、持续还是逆转的理性判断来决定买卖策略（不能判定趋势是否反转，当然无从断定趋势是否持续；反过来，不能断定趋势是否持续，当然也无从判断趋势是否反转）。市场最根本的特性就是不停地变化，由此产生了不确定性；市场趋势就是建立在上述不确定性之上的、投资者本人借助其经验和研究所得出的相对确定的判断。

三种结局

有人马上会反驳，“既然趋势向上”，现在行情在29元，为什么不能说涨到30元就卖呢？或许从数字上看，这种说法并没有太大的差别，关键问题在于出发点不同。

持有这种想法的投资者不外乎招致三种后果：

第一种，市场恰巧上升到30元出头后向下反转。对这位投资者来说，这种结局似乎最佳，可惜这种结局的机会极小。更重要的是，即使他从中顺利盈利，仍然没有切实体验到投资利润到底来自何处，这笔利润来得糊里糊涂；

第二种，市场上升到30元，投资者卖出，但是市场继续上升，甚至上升到40元或更多。于是这位投资者后悔不已，不过终归还有一点盈利；

第三种，市场上升到29.5元，马上反转向下，再也没有到达30元，投资者空等一场，结果反而被套牢。

图8.1（a）、（b）分别是0001深发展照目前价格复权得到的历史行情图和原始行情图。在1997年5月8日和12日，该股票两次触及历史最高位49.00元，甚至在1999年气

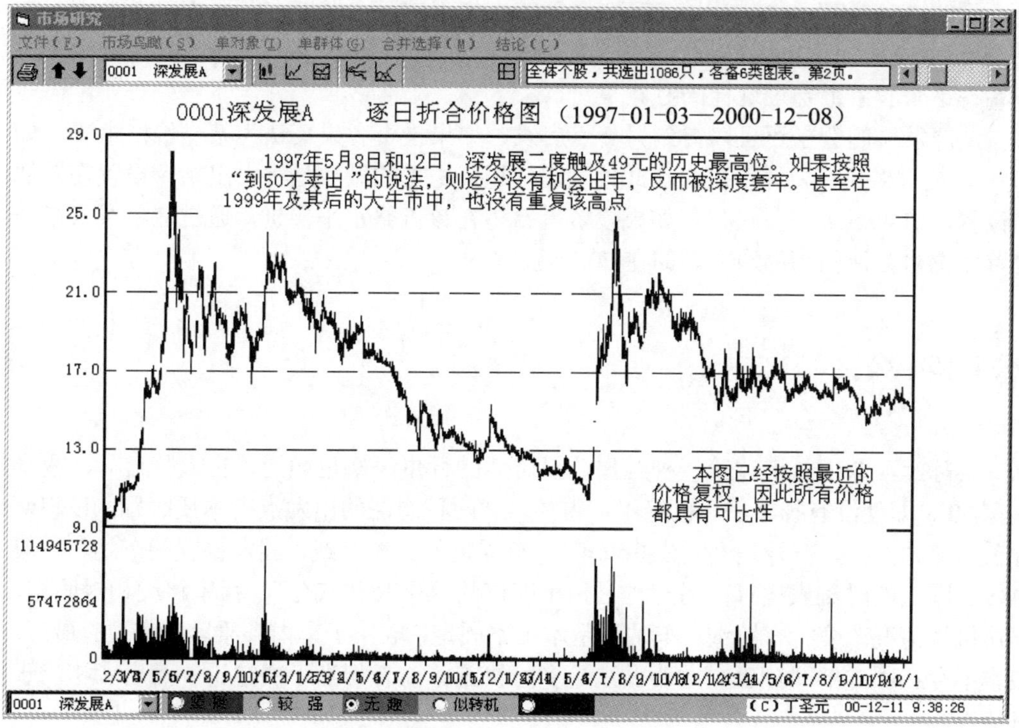

图8.1（a） 深发展复权后日蜡烛线图

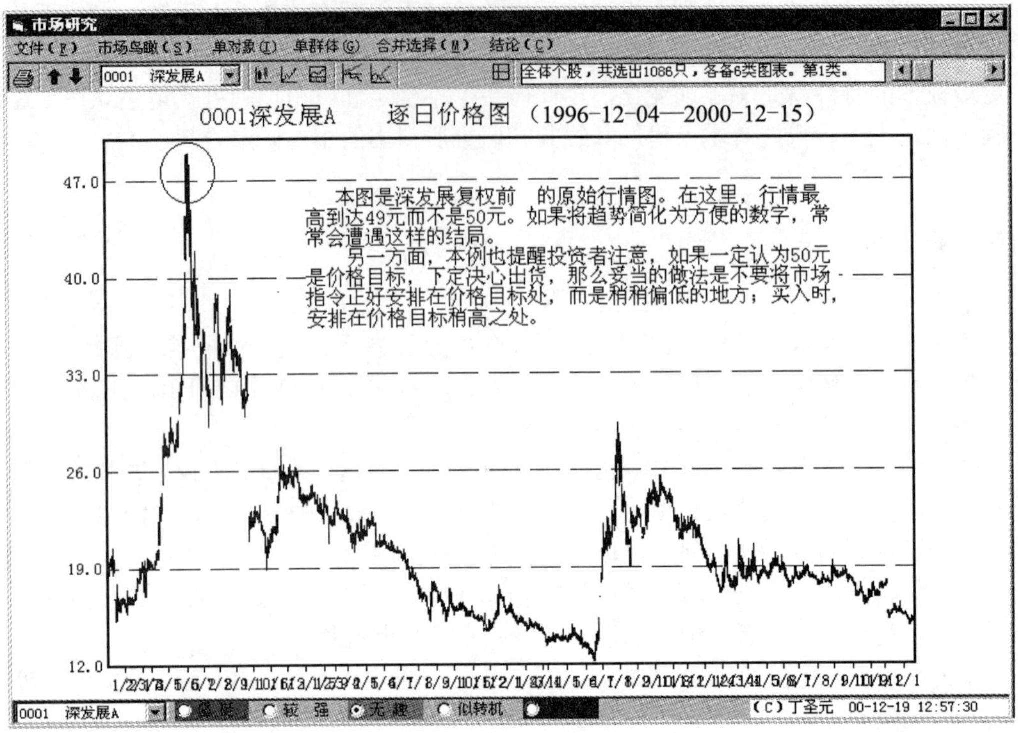

图 8.1（b） 深发展原始日蜡烛线图

势磅礴的“5・19”行情中以及在2000年的大牛市中，深发展也没有重复该高点，如果按照到50元才卖出的办法，只能空等一场。以深发展的“人气”推论，可能很多投资者在这个股票上吃过这样的亏。

从深发展的例子还可以得到另一点启发，如果投资者果真认为某一价格水平，如50元，是价格目标，并下决心在此处卖出，那么稳妥的做法是将卖出指令设置在稍低的位置，如49.5元；反过来，如果投资者希望在该价格水平买进，通常应将买入指令设置比价格目标稍高的地方，如在50.5元。

大公共和小公共

实际上，即使是上述第一种结局，投资者的行事风格也如同“盲人骑瞎马，夜半临深池”，即使没有掉下去，也绝不值得仿效。两种想法的出发点有本质区别，设想两种公共交通工具，一种是“大公共汽车”，有固定的行车路线，固定位置的车站，一般也按照固定的时刻表运行；另一种是招手即停的“小公共汽车”，行车路线相对固定，但司机视情况改变行车路线，车站则基本上不固定，取决于车内外乘客的需要，最后，根本不存在固定的时刻表，主要做法是多拉快跑。前者相当于决定论，而后者相当于可能性。

价格行情常常倾向于在10、15、20、25、30元等整点位置逗留，以及在其他一些所谓的“习惯性数字”，如 1（包括 1、11、21、31 元在内，甚至小数点之后某位上的 1。以下习惯数同样道理）、3、5、9 等处逗留。然而，市场到底会在何处停留或转折呢？从事前来看，唯有大公共汽车的车站可以事前确定，而小公共汽车途中停靠的地方却一定不能事前确定，只能事后追认，但是那属于历史记录。市场充其量是小公共，绝对不是大公共，投资者就像是搭乘小公共的一位特殊乘客，其他人（实际上指的是市场参与者集体）都可以要求司机随时随地停车，但是这位投资者不行，因此投资者事先不可以确定存在 30 元的车站，顶多只能以 30 元作为相对的参考位置，利用小公共或许在附近位置进站的机会赶紧下车。更确切地说，对这位特殊的乘客来说，最理想的办法当然是随行就市，坐在车上让这辆小公共能走多远就走多远，在断定它已经掉头返回的第一时刻——即最远的那一站，或者更现实地说，返回途中的第一站——果断下车，“让利润充分增长，把亏损限制在小额”。

如果一定要追究原因，那么出现此类错误的根本原因在于当事人没有能力认识市场的演变方向，对市场在何种情况下可能反转，何种情况下可能继续，心中无数——在他眼中，所有的市场变化代表同样的意义，或者说都没有什么特别的意义，既然如此，只好随意挑选一个方便易记的数字了。当然，在投资实践中准确识别趋势方向、及时判断趋势逆转并不是一件容易的事，而且准确性也只是相对而言的。不过，这一事实不但不是投资者拒绝学习的理由，反而要求投资者不断学习、揣摩、实际尝试，才能逐步提高一贯和平均的投资收益率，因为除此以外没有任何成功的道路。只有朝这个方向努力才是唯一合理的投资策略，猜测的做法说明投资者尚且没有入投资之门，更不用说找到某种系统和一致的投资方法了。任何投资回报只能来自投资者踏踏实实的努力，譬如登山，必须一步一步往上爬，才能达到高处；总在山脚下兜圈，永远也不可能攀登到高处。

有些投资者对“到 30 才卖出”并不当真，一有风吹草动，他们就会卖出，实际上那同样是一个坏习惯，因为同样没有章法，不得其门而入，关于这方面内容，在“我不贪，有利就走”部分再详细讨论。

成见是投资者的大敌，趋势才是投资者的朋友。

投资者常见错误之五：18 元我都没卖，现在跌到 16 了，还卖什么；或者 6 元我都没买，现在涨到 8 元了，还买什么

门道与热闹

每当投资者手持现金准备入市时，都是一次**从头来起**的选择机会。“从头来起”是指就判断市场未来走势、选择投资对象、把握买卖时机、管理资金等涉及到投资方法的所有方面来说，投资者在每一次交易时，不管以前的交易是盈利还是亏损，不管所选投资对象是否曾经交易过，都应当排除以前交易的影响，使自己站到新的起跑线上，完整地从头进行各个步骤，直至新交易结束。过去的经验除了在理论和方法层次上充实和启

发投资者之外，不应当对当前的交易有直接影响，这是由市场持续变化的特性所决定的。

投资者的赢利和亏损主要来自交易方法，投资者改进和提高业绩的途径主要在于交易方法的系统性、一致性和健全性，这样做可以事前尽可能排除一时冲动式的主观影响，又可以事后客观地总结经验教训、改进投资方法。另一方面，这对投资者保持心理平衡也很有帮助，可以将投资者面对的市场不确定性风险转化为对交易方法的适应性和健全性的评估和琢磨，不再与自己的情绪直接相关。俗话说，“外行看热闹，内行看门道”，如果我们留心日常生活中的其他事业，则很容易看出，成功的从业者总是有自己一套“门道”。将它灵活运用到各种场合，而不是受一时一地的偶然性因素摆布——成功，凭的是侥幸；失败，归咎于环境。

当投资者抱怨“18 元我都没卖，现在跌倒 16 了，还卖什么；或者 6 元我都没买，现在涨到 8 元了，还买什么”的时候，显然“热闹”的成分大于“门道”的成分，这正是本错误发生的原因。

买卖依据

上篇反复说明，买卖必须有依据：有买卖信号，有止损措施，风险报偿比也得合适。这些都是对技术分析中趋势概念的简化说明。投资者原本打算在 18 元卖出，依据是什么？现在跌倒 16 元了，上述依据是否仍然成立？如果卖出的依据成立，则继续卖出；如果不成立，则不卖出。原本打算在 6 元买入，依据是什么？现在涨到 8 元了，上述依据是否仍然成立？如果成立，则继续买进，否则不买进。

准确地说，是否需要继续买进或卖出，需要看趋势状况和风险报偿比的变化。

如果市场正处在明显趋势状态，既然在 18 元时市场已经发出了趋势向下逆转的信号，那么在市场继续下跌倒 16 元之后，通常进一步证实了下降趋势的形成；既然市场在 6 元时已经发出了上升趋势信号，那么在市场继续上升到 8 元后，通常进一步验证了上升趋势的形成。市场的明显趋势状态意味着市场继续上升或者下跌的空间较大，即使我们错过了开始的一部分变化，风险报偿比仍然在 3～5 倍以上，对交易有利，因此，我们应当坚定地执行既定交易策略。

如果市场没有明显趋势状态，处在横向趋势中，那么上述价格变化意味着市场已经从横向区间边界附近深入到横向区间内部。在横向区间中，价格变化本身没有太大的趋势性意义，随机的或无序的成分更多，所以从趋势信号上说，这类交易信号本身并没有很高的价值，是否凭借它们来买卖本来在两可之间。既然市场已经回到了横向区间之内，此时的风险报偿比一般已经不可能满足 3～5 倍的条件，这笔交易还是不做为好。

坐失良机

另一方面，根据不同的市场条件来判断，如果我们认为 6 元到 8 元是相当大幅的变化，为什么我们要从 6 元一直等到 8 元，而始终没有采取行动呢？如果我们认为从

18 元到 16 元是相当大幅的变化，为什么要从 18 元一直等到 16 元而不采取行动呢？

一种可能是，当初在 6 元的时候该不该买，投资者本来心中无数，市场涨到 8 元后才发现市场已经形成上升趋势，该买进了；当初在 18 元的时候该不该卖，投资者心中无数，市场下跌到 16 元后，才看出下降趋势已经形成，该卖出了。这种现象倒是正常情况。一般来说，市场的“顶部”或者“底部”只能事后确认，猜测“顶”或“底”的做法即使偶尔蒙对了，也是不可取的，因为在绝大部分情况下，猜测“顶”和“底”的人注定要失败。

既然只能事后认识到市场顶部或者底部已经形成，那么越是机敏的投资者越是能从较小幅度的市场变化中尽早断定市场已经转势；越是迟钝的投资者越是必须等到较大的市场变化发生后才能断定市场转势。这样看来，趋势反转的价格信号距离“顶”或“底”的差距其实就是投资者的决策成本。一般说来，我们的方法越健全、可靠，则成本越低，可见，投资者磨砺交易方法是有回报的。但是必须注意，上述成本总是必须付出的，而且成本越低，弄错市场信号的危险性就越大，因此在成本和风险之间必须找到某种平衡，而不是成本越低越好。如果误以为成本越低越好，就容易走入猜测“顶”和“底”的歧途。

另一种可能是，当初在 6 元的时候，投资者确实看到了买入信号；当初在 18 元的时候，投资者确实看到了卖出信号，但是由于种种原因他一直犹豫不决，导致了上述局面。这说明这位投资者的交易方法有不足之处。在健全的交易方法中，不允许市场参与者在得到明确的交易信号后错失良机。除非市场在这段时期内习惯于大起大落、大幅振荡，否则在大幅的市场变化中投资者总是应当有所行动的。

止损方法的推广

作为一种弥补的办法，我们将“止损”方法加以推广。通常，“止损”如其字面所示，指的是中止亏损，但是赢利和亏损本来就是同一块硬币的两面，而且入市信号和止损信号都是根据趋势信号而来的，所以我们也可以采用止损方法来保护已有的浮动赢利或者保护入市机会。

当我们入市的时候，应当同时设置止损指令，在万一判断错误的情况下，可以及时平仓出市，避免更大损失。国内股市不允许卖空，我们就以上升趋势为例，假定在 10 元时得到买入信号，那么止损位置就在 9.3 元，这就是说，如果市场再次回到 9.3 元，我们就可以断定当初的买入信号是错误的，必须卖出止损。这是止损措施的本意。

如果未来行情证明我们的判断是正确的，市场顺利上升到 12.5 元，按照我们当初的预想，这就是赢利的目标（12.5 元和 10 元之间的潜在获利与 10 元和 9.3 元之间的潜在亏损大于 3∶1，满足风险报偿比的要求）。但是根据“让利润充分增长，将亏损限制在小额”的技术分析格言，似乎不应当就此卖出，何况当时市场正在上涨，投资者很想等等看。在这种情况下，为了保护已有的浮动利润，我们重新设置止损位置，调整到 11.50 元，一旦市场重新回到 11.5 元，则说明上升趋势不能顺利持续，应当卖出平仓，观察新机会。在这种情况下，止损指令已经不再是字面上的中止亏损，而是中止盈利的减少，成了保护已有浮动赢利的措施。

实际上，在市场从10元上升到12.5元的过程中，我们可以不断地追随着上升趋势的脚步向上浮动止损位置，比如，当市场上升到11.5元时，将止损位置上浮到10.5元；当市场上升到12.5元时，将止损位置上浮到11.5元，这就是所谓**追随止损法**。在市场累计涨幅很大后，市场波动性将加大，此时的止损位置可以距离当前价位稍远一点，但是要提防行情在顶部以跌停板或者跳空形式下跌，令投资者没有机会执行止损指令。

从这里也可以看出，投资者常常将所有的浮动利润作赌本，认为“我的买入价低得很，随它怎样跌去”，那是不正确的。在1999年的“5·19”行情中，不少投资者曾经有过大比例的浮动赢利，但在接踵而至的6个月漫长跌势中，眼睁睁看着大比例浮动赢利一天一天地被侵蚀掉，最后又回到起点。可见，“18元我都没卖，16元还卖什么”实在不是什么高明的交易办法。

这种教训是非常深刻的。在这种情况下，追随止损法大有用武之地。请注意，盈利，哪怕只是浮动盈利，都是投资者承担风险的成果，是以一定成本换来的收益，绝对不应当轻易放弃。

止损方法的另一种应用是保护入市机会。假定投资者看出10元是一个较重要的价格水平，一旦被向上突破，则市场很可能形成一轮较强劲的上升趋势。当市场上涨到10.3元时，投资者不敢确定是否10元的价格水平已经被向上突破，又担心因为拖延不决而最终丧失入市机会，在这样的情况下，投资者在10.7元的位置设置买入“止损”指令，一旦市场果真到达10.7元，则足以说明10元的价格水平已经被向上突破，不可再犹豫不决了。既然投资者没有能力及早判断市场是否已经向上突破，就只好多付出一点成本，即买入价格从10.3元上升到10.7元；但是很多投资者往往由于犹豫而错失良机，眼看着市场上升到11.5元或12.5元而不采取果断措施，对这样的投资者来说，止损指令就是最后通牒，可以帮他们把心中的焦虑转变为某种交易规则。

通过止损指令保护入市机会，突出了止损指令和入市指令本质上的一致性。

可见，借助止损指令，交易方法的灵活度大为增强，可以避免入市决策的错误；可以锁定浮动赢利；还可以锁定入市机会。这是一种具有系统性和一致性的交易方法。因为在国内股市交易指令只能当日有效，而止损指令应当一直维持在市场之内，直至交易平仓，所以我们不一定在形式上刻板地仿照这种交易方法，重要的是了解其中的思路，将之融入我们的交易方法中。

悔不当初

与“18元我都没卖，现在跌倒16元了，还卖什么；或者6元我都没买，现在涨到8元了，还买什么”类似的情况还有的是。有的投资者在10元买到一只“好”股票，从10元涨到12元，把它卖掉了。后来该股票继续上升，上涨到15元甚至16元，在这种情况下，投资者也得忍受“悔不当初”式的煎熬，且随着市场上涨幅度的增大，受煎熬的程度也越来越甚。

“悔不当初”常常导致两类后果。有的投资者胆小，眼看着行情上升而束手无策，除了后悔以外什么也没有做。这样的投资者还算幸运。

还有一类投资者马上扑进去追涨，过不了多久又卖出，在市场上涨过程中重复买进卖出，市场从10元涨到22元，他在10元买进12卖出；14买进16卖出；18买进，20卖出；最后，22元再买进，但是最后一回就没有那么幸运了，市场一路下跌到17元，这位仁兄就被牢牢套住了。

比较起来，后面这位投资者的境遇其实远不如前面那位胆小的投资者，因为后者的交易手续费大大超过前者，主要是替交易所、经纪商打工，一直忙乱不堪；前者在后悔之余至少还可以腾出些时间研究市场，做其他事情；最重要的一点是，后者被套住，前者则持有现金，随时可以捕捉投资机会。比较之下，当然宁可当前者，不当后者。事实上，我们永远不可能卖到市场顶部，所以这种“后悔”总是无可避免的，只不过是程度不同而已。由此来看，这种后悔其实是不必要的“庸人自扰”。

然而，这两种交易方法都有缺陷。

重要的是方法，不是情绪

无论平仓前我们是否已经取得足够赢利，还是平仓后市场是否继续上升，主要问题是投资方法的系统性和一致性，与我们的情绪并无关系。就健全的交易方法而言，买和卖都有依据，投资者随时全面评估市场状况，力求让投资组合保持最佳状态。如果卖出某个股票，一定是因为大势明显逆转，或者该股票已经发出了卖出信号，或者另外某只股票远比它强劲，其赢利前景明显大于换股的交易手续费。

一旦股票被卖出，是否应当再次买回，实际上不是一个需要单独回答的问题，因为在买进股票时，投资者总是应当从头来起，所有股票都在一条起跑线上，投资者客观地比较所有的交易机会，平衡地组合投资，并严格采取止损措施。如果恰巧还是选中原来被卖出的股票，那么原因并不在于“悔不当初”，而是因为再次买进时，该股票依然符合投资者的选股原则。

当然，“从头来起”并不是说我们对市场的看法前后总是不相关、不一致的，恰恰相反，越高明的研究者关于市场的看法越具有延续性，很好地体现了市场变化本身的延续性。“从头来起”指的是投资者的研究工作必须随时刷新，各方面研究决策必须随时刷新，充分体现市场新变化，研究方法和程序必须从头来起、逐项进行。甚至在市场没有发生明显变化的情况下，仅仅因为时间流逝，同样的道理也是成立的，因为单单时间因素已经足以引发市场的巨大变化了。如果研究决策的结果具有延续性，那不是因为研究者照抄过去的结论，而是在将研究方法和程序从头进行之后，所得的新结论自然地和过去地结论延续起来了。这就是对投资者的客观性和“勤勉尽责”的要求。

每逢投资机会，总需从头来起。

第九章　股价有没有底

投资者常见错误之六：抄底或者买跌得多、跌得久的股票

圆周运动理论

国内股市流行一种别致的投资理论：股票行情基本上呈圆周运动，或者说如同钟摆一样周期性摇摆，因此恰当的投资方法就是买进跌得多、跌得久的股票，因为越是跌得多、跌得久，越是接近圆周运动或钟摆运动的底部，越是接近下一轮上涨行情；反过来，如果某只股票看起来涨得过多、涨得过久，那就应当卖出它，绝对不能再买进了。

不能说这样的说法全无道理。就“庄股”的情况来说，股票已经退化为一种符号，上市公司异化为“包装”，常常堕落为“庄家”的同盟者或代理人。庄股价格的确倾向于在“高价”和“低价”之间轮回。从“低价”的一头来说，首先，“庄家”有可能必须囤积到70%～80%的流通股才能有效地控制股票行情，搜集筹码的价格越低，所需要资金越少。因此，庄家宁愿选择“低价股”；其次，“庄家”要求容易搜集筹码且不易被人察觉，宁愿上市公司业绩差，行情长期疲软，大家都对之敬而远之。反过来，

如果某个股票行情很好，已经引起了投资者的注意，很可能其他投资者不愿放手，庄家自然难以垄断筹码。从“高价”的一头来说，庄股行情的火爆往往与上市公司经营状况没有多少关系，表面文章也许能维持1～2年，却并不意味着企业业绩和行情双双登上新台阶。一旦庄家获利了结，庄股行情就如同一位长期虚弱的病人，在人参、鹿茸的恶补下表现得惊人“强壮”，药性过后必将陷入更大的危机。如此一来，就形成了所谓的“圆周运动”或“钟摆运动”。

国内股市一方面存在庄家的钟摆运动，另一方面不少证券经营机构和上市公司习惯于每年通过股市来完成盈利任务，实际上国内股市行情不像钟摆，更像种韭菜和割韭菜。春天到来，种菜人在选中的那块韭菜地上使劲撒化肥、打生长素，用不了多久，原本瘦弱矮小的韭菜苗马上长得又高又肥。到了时候，种菜人挥刀割了韭菜，又留下矮矮的韭菜茬。问题是，第一，这种韭菜味道极差，水味，易烂；第二，韭菜地（上市公司）越来越板结，越来越贫瘠，但是种菜人并不在乎菜地；第三，韭菜越来越依赖化肥和生长素，甚至不知道还有其他长法了。

图9.1（a）为环保股份与上海综合指数的合并价格图，也许这类大涨大跌的行情正是所谓“圆周运动”的典型例子。该股1997年5月22日上市，立即形成了长达3年的大牛市，2000年3月中上涨到最高点，达上市价的14倍多。此后股价一蹶不振，8～9个月内即下滑到上述上升幅度的一半。为了清楚显示个股和大势相对强弱的比较关系，这里还给出了环保股份相对于上海综合指数的差价图（图9.1（b））。在该股不太长的上市历史中，已经4度通过“转赠”、“送红股”、“配股”等手段除权，因此行情图线具有极大的迷惑性（图9.1（c））。据介绍，在庄家拉升过程中为了隐蔽和便于出货，通常希望借助除权来降低名义价格，掩盖庄股已有的上升幅度。仅从技术分析角度看，该股票已经处于下降趋势，很可能继续下跌。需要进一步观察的是，在差价图9.1（b）上，重要价格水平已经被向下突破，但主要上升趋势线尚未被向下突破，市场在这里徘徊，需要选择下一步方向。请注意，下降趋势是基于两方面的，一是个股行情本身处于下降趋势，一是个股相对于大势处于下降趋势。

必须声明，此处只以环保股份的图形为例，作者没有能力断言它是否为庄股。0730环保股份总股本56598.51万股，流通A股19333.31万股，主营业务为环保设备制造、电线制造、中西药制剂、原料药加工、化学药品制造等。2000年9月9日《中国证券报》的“中报点评”说：“环保股份是国内上市公司中真正以环保产业为主业的绩优高成长企业。公司自上市以来，其经营业绩和成长性都名列沪深两市上市公司的前茅。今年上半年由于环保市场竞争加剧和公司内部结构调整，再加上新产品还未形成新的利润增长点，导致公司的净利润和每股收益出现大幅下滑，比去年同期分别下降了34.23%和56.31%[①]”。“环保市场竞争加剧和公司内部结构调整，再加上新产品还未形成新的利润增长点”云云，是不是足以解释如此戏剧性的行情变化和如此戏剧性的经营业绩，投资者宜多加鉴别。

① 周宗华，《中国证券报》，“中报点评”，2000年9月9日。

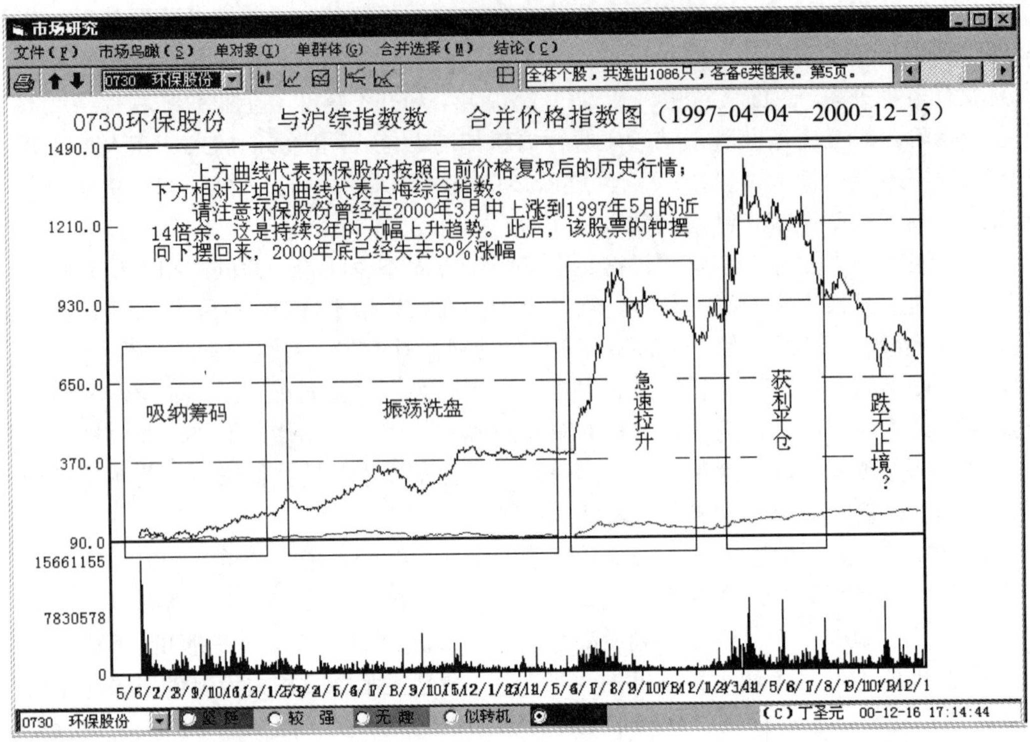

图 9.1（a） 环保股份与大势合并图

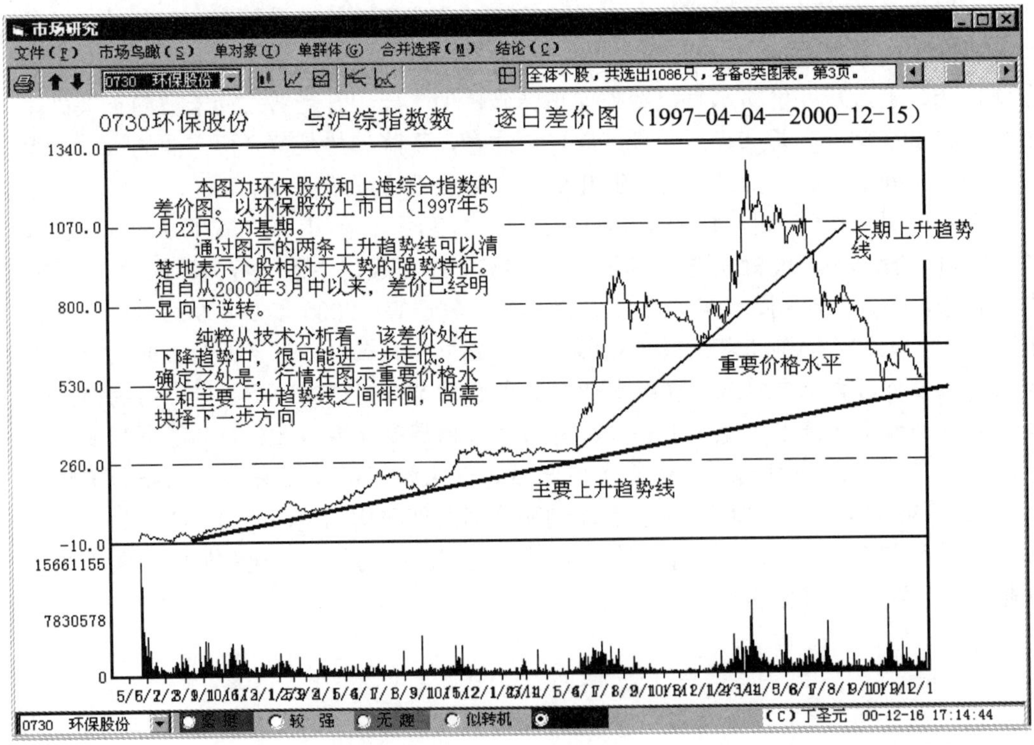

图 9.1（b） 环保股份与大势差价图

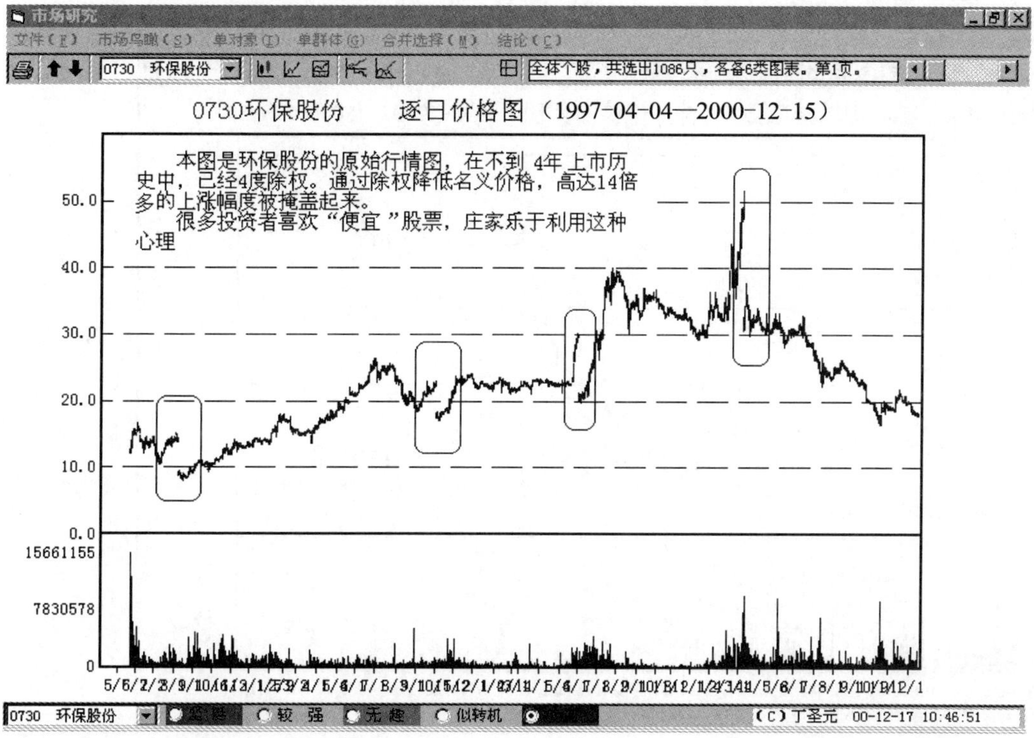

图 9.1（c） 环保股份行情图

股票市场并不单单因为跌得过多、跌得过久而上涨；也不单单因为涨得太多、涨得太久而下降

无论如何，站在普通投资者立场来看，“庄股”只属于偶然和例外的情况，因此，“圆周”、“钟摆”一说只是貌似正确。在绝大多数情况下，股票市场并不单单因为跌得过多、跌得过久而上涨；也不单单因为涨得太多、涨得太久而下降。理由如下。

第一，技术分析认为“强者恒强，弱者恒弱”，就是说涨得过久、涨得过多的股票属于强势股，很可能继续上涨；跌得过多跌得过久的股票属于弱势股，很可能继续下跌。任何时候由强转弱或者由弱转强的股票在强势或者弱势的股票总数中所占比例都很小。

请看 0549 湘火炬与上海综合指数的合并行情图（图 9.2（a）），基期是 1996 年 12 月 4 日。该股票在图示的 4 年内（1996 年 12 月至 2000 年 2 月），始终维持在大幅上涨趋势中。2000 年 6 月初以后，一直在 28～31 元的历史最高位的狭窄（10%）空间中横向波动，此处相当于 1996 年底价格的 8 倍。它是继续上升还是转头向下？在市场自己给出进一步信号之前，稳妥的猜测是继续上升，而不是下跌（图 9.2（b））。

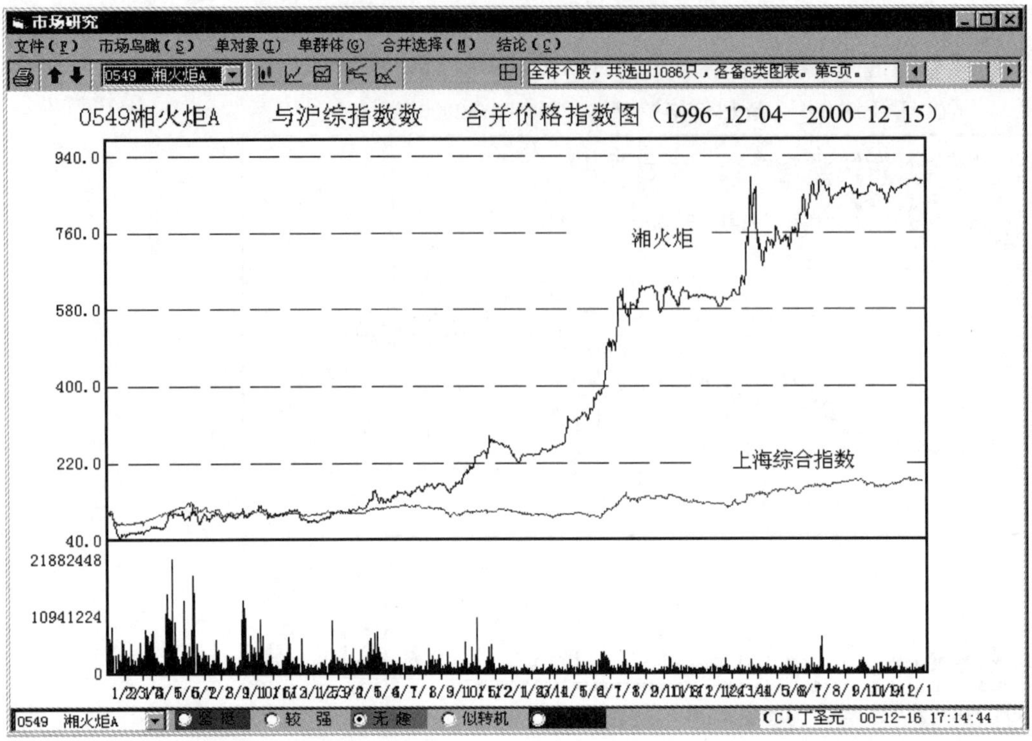

图 9.2（a） 湘火炬与大势合并图

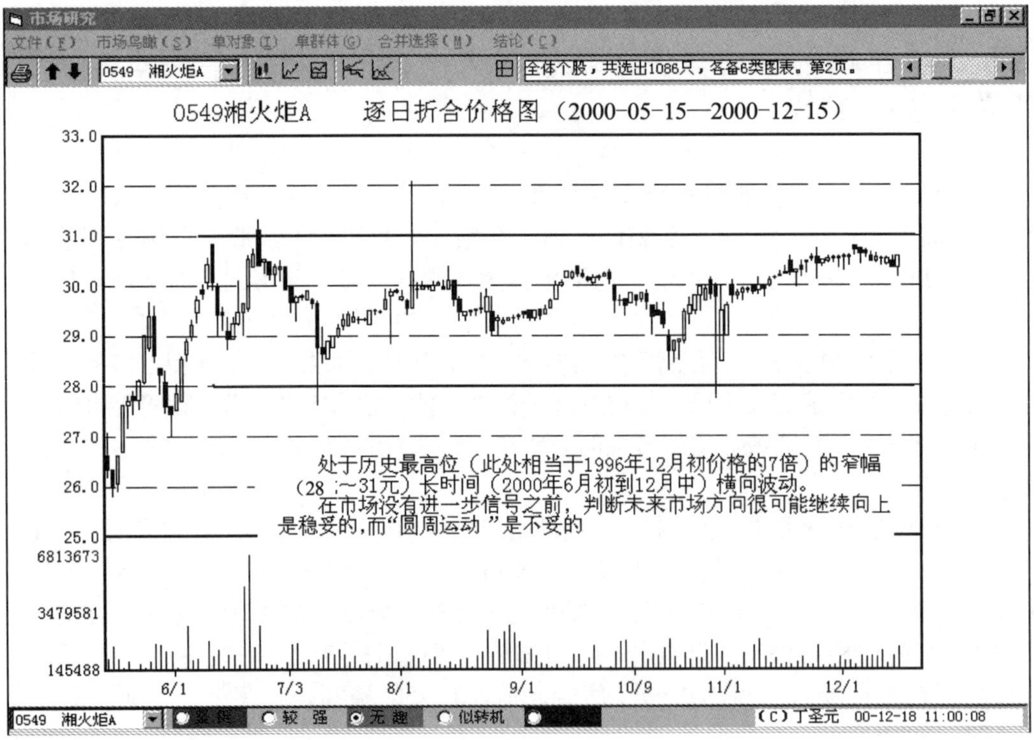

图 9.2（b） 湘火炬日蜡烛线图

请看 0557 银广夏与上海综合指数的合并行情图（图 9.3（a）），基期同样是 1996 年 12 月 4 日。该股票的主要上涨过程大约滞后湘火炬 1 年，但是长期上升趋势的特征基本类似。请注意，银广夏在 2000 年 9 月初到 12 月初也在 31～34 元的历史最高位的狭窄空间（10%）中横向波动，此处相当于基期价格的 8 倍，不同的是最近银广夏已经走出横向波动，继续原有上升趋势（图 9.3（b））。银广夏的走势可以作为湘火炬的注脚。

第二，即使极少数股票有机会由弱转强、摆脱颓势，所谓“跌得太久”的“久”也很难把握。

第三，更重要的是，通常在底部反转时价格变化多反复，假信号很多，时不时放量上升、貌似反转，但昙花一现；更有甚者，有些股票似乎已经给出了各种转强的信号，起初向上逆转的行情也能顺利延续，但后来还是有可能半途而废。

图 9.4（a）为 0521 美菱电器和上海综合指数的合并行情图，基期为 1996 年 12 月 4 日，下方曲线表示美菱电器复权后的价格指数图，上方曲线表示上海综合指数。从 1997 年 5 月中至 1999 年 1～2 月底，该股票经历了近两年的长期下降趋势，价格从最高处的 14 元跌到最低处的 5 元，跌幅近三分之二。从 1998 年 8 月到 1999 年 6 月，美菱电器大致处于最低位的横向整理过程中，价格波动范围在 5～6 元之间。此后在 1999 年 6 月行情首次向上拉起，这是向上反转的第一个台阶，大致位于 6～8 元之间，但是行情遽涨遽跌，颇多反复。

2000 年春节前后，股票行情又登上第二个台阶，大致位于 7.5～9 元之间。两次主要拉升过程基本上都有交易量放大的验证信号，但是后一个台阶与前一个台阶之间有很多重叠，显示向上逆转的过程颇为艰难。再看同期美菱电器与上海综合指数的差价图（图 9.4（b）），美菱电器相对于大势的颓势一下子显得非常分明，且这个下降趋势似乎尚未有尽头。请注意，其中第二次拉升的突破信号曾明显反应在差价曲线的向上反转上，可惜昙花一现，马上转头跌回下降趋势中。该股票转强的可能性微乎其微，至少暂时没有希望。

为了引起读者特别的注意，这里还要列举转强失败的例子。图 9.5（a）、（b）、（c）以 0678 襄阳轴承为例，有迹象表明该股票由弱转强的过程可能已经夭折，不过还需进一步的线索才能得出最后结论。图 7.5（a）是襄阳轴承和上海综合指数的合并价格图，上方曲线为上海综合指数，下方为襄阳轴承。该股票在长达 3 年的时间里始终维持在“底部”横向整理，区间大致是 7～13 元。它的全部行情历史可以划分为两个空间，一是上述横盘空间，一是从上述空间顶部到历史最高位的“疑问的空间”。上篇第四章曾经交代，转强信号是行情向上突破底部横盘空间，验证信号是行情创历史新高。该股票目前恰恰只向上突破了“底部横盘区间”，但是没能改写历史新高。从襄阳轴承与上海综合指数差价图（图 7.5（b））来看，该股相对于大势走弱的态势非常明显。这里有两个征兆显示转强过程可能已经夭折：第一，差价下降趋势线维持有效；第二，短暂的底部反转已经失败。再看襄阳轴承近期走势的蜡烛线图（图 7.5（c）），2000 年 8 月底以来该股票一直在高位横向整理，两次向上试探高位都无功而返。两个高点相距 2 个月，差不多正是双重顶反转心态合适的时间差距。不过，从本图看来，行情向下跌破颈线的信号尚不分明，还需进一步确认。以颈线为分界线，如果该股票能够重新稳定在颈线之上，也许还有机会东山再起，但是维持在颈线之下，则希望破灭。

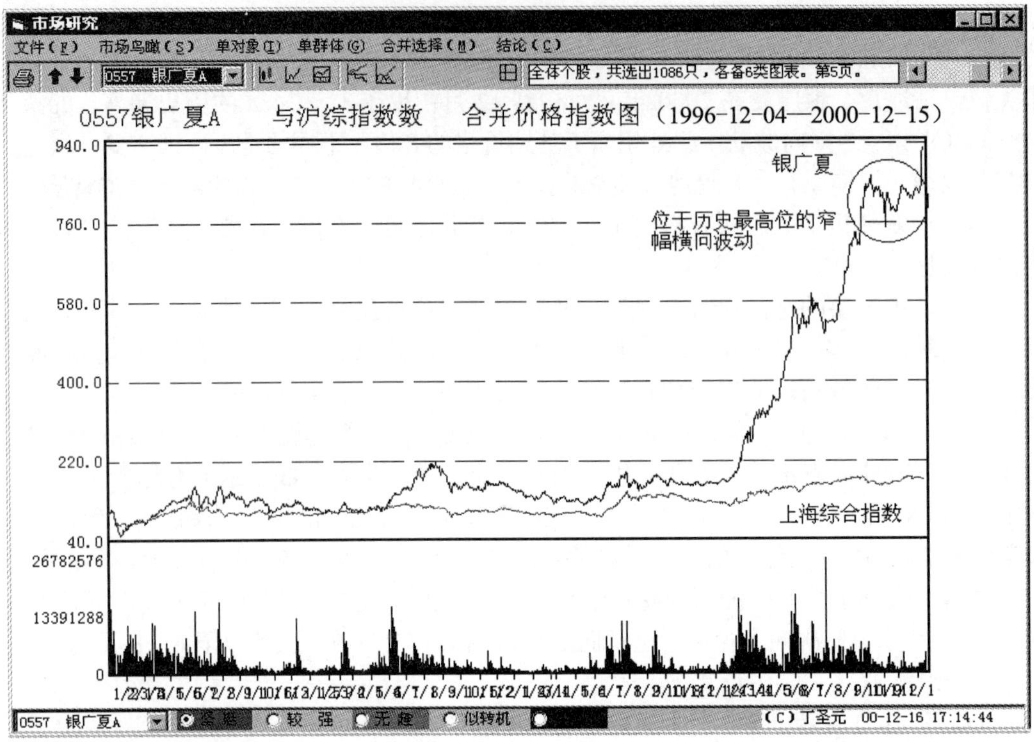

图 9.3（a） 银广夏与大势合并图

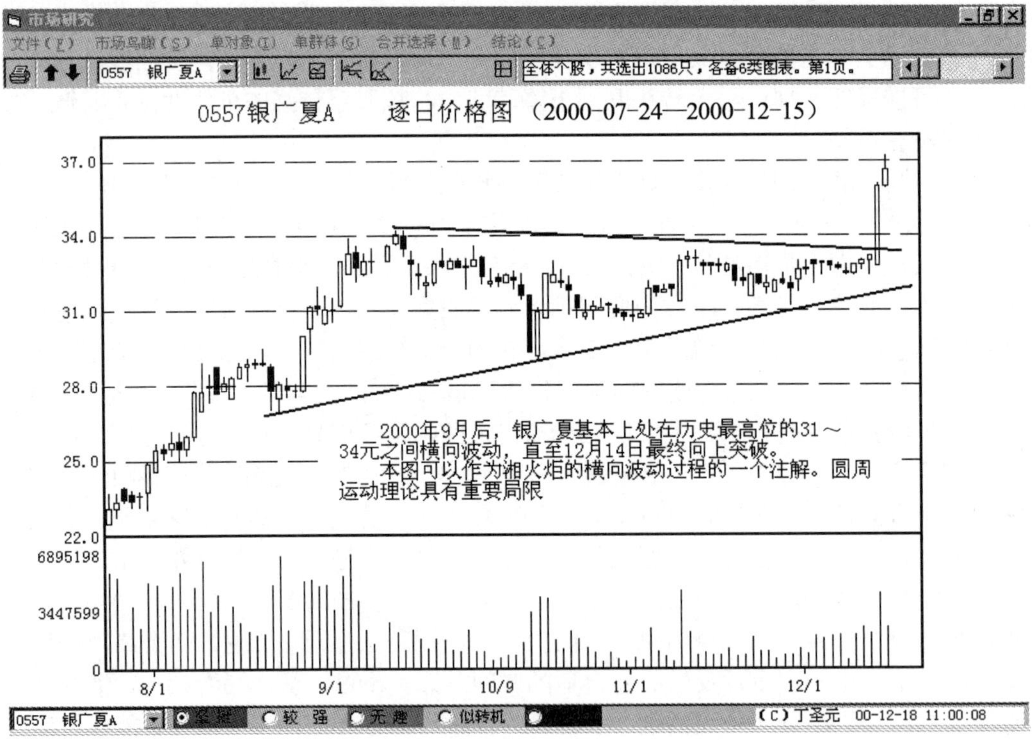

图 9.3（b） 银广夏日蜡烛线图

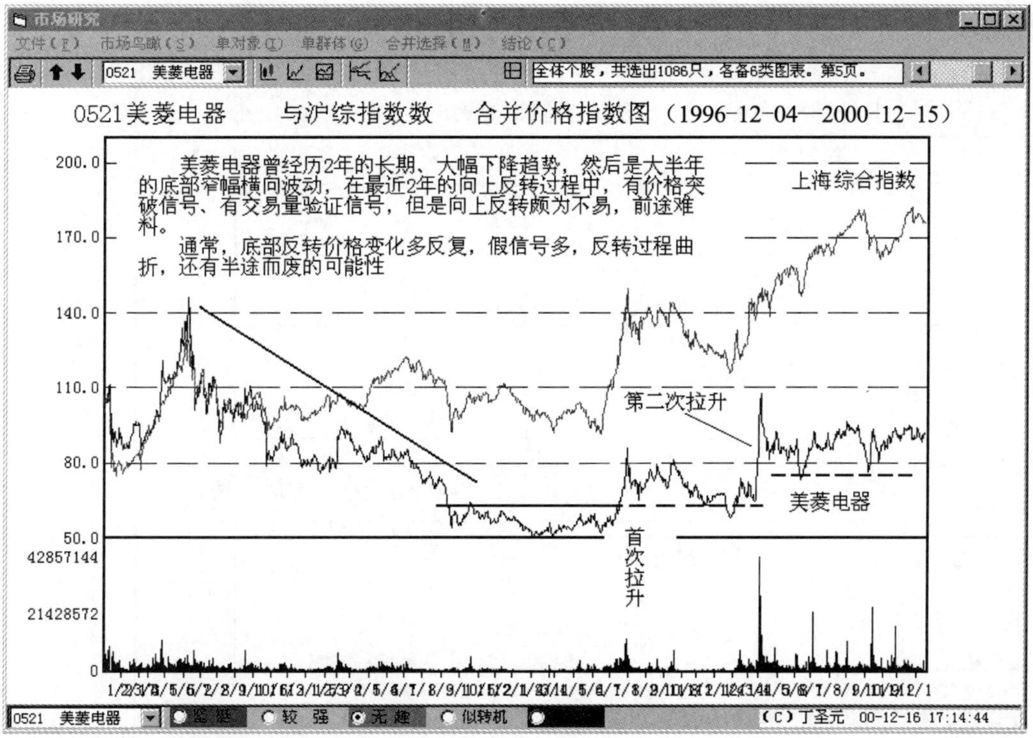

图 9.4（a）　美菱电器与大势合并图

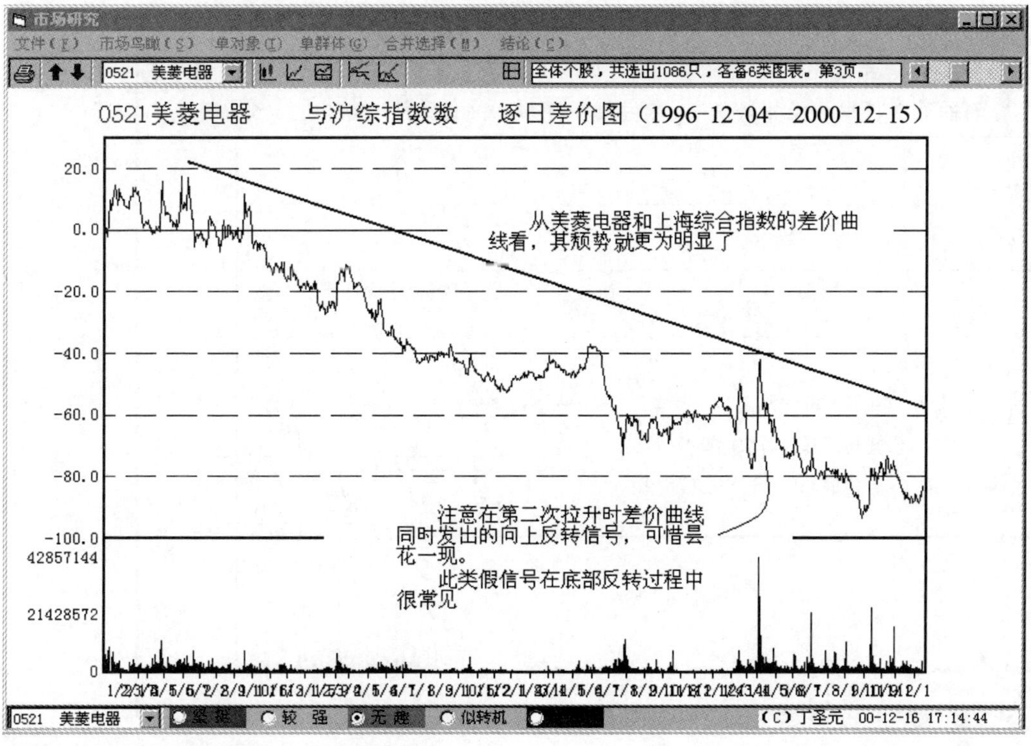

图 9.4（b）　美菱电器与大势差价图

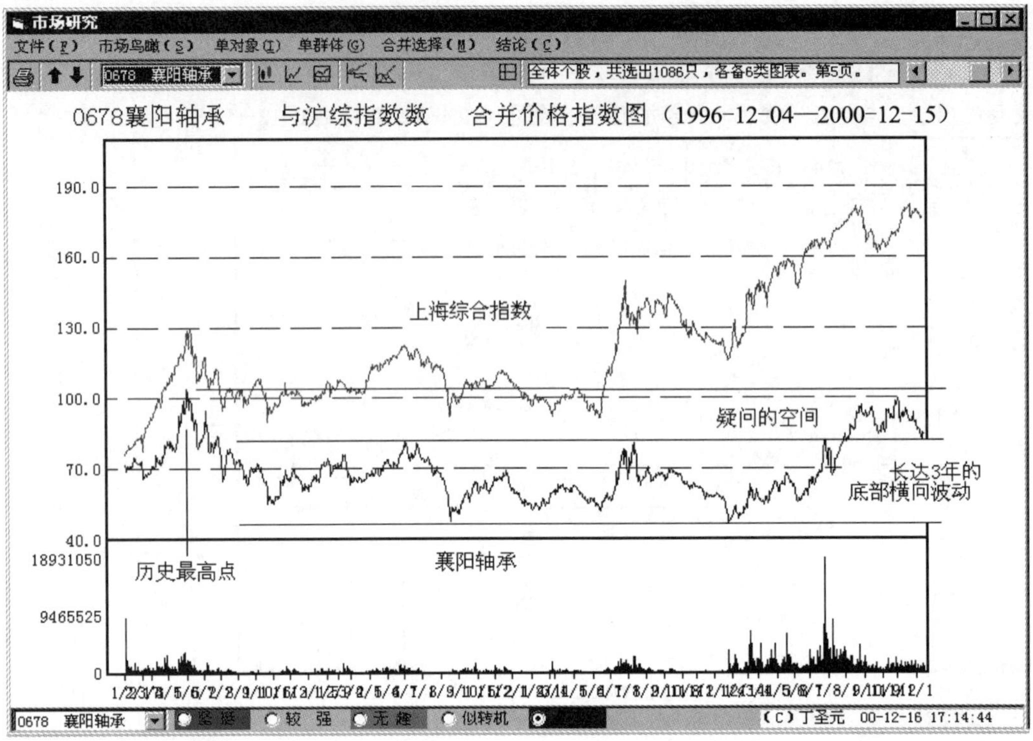

图 9.5（a） 襄阳轴承与大势合并图

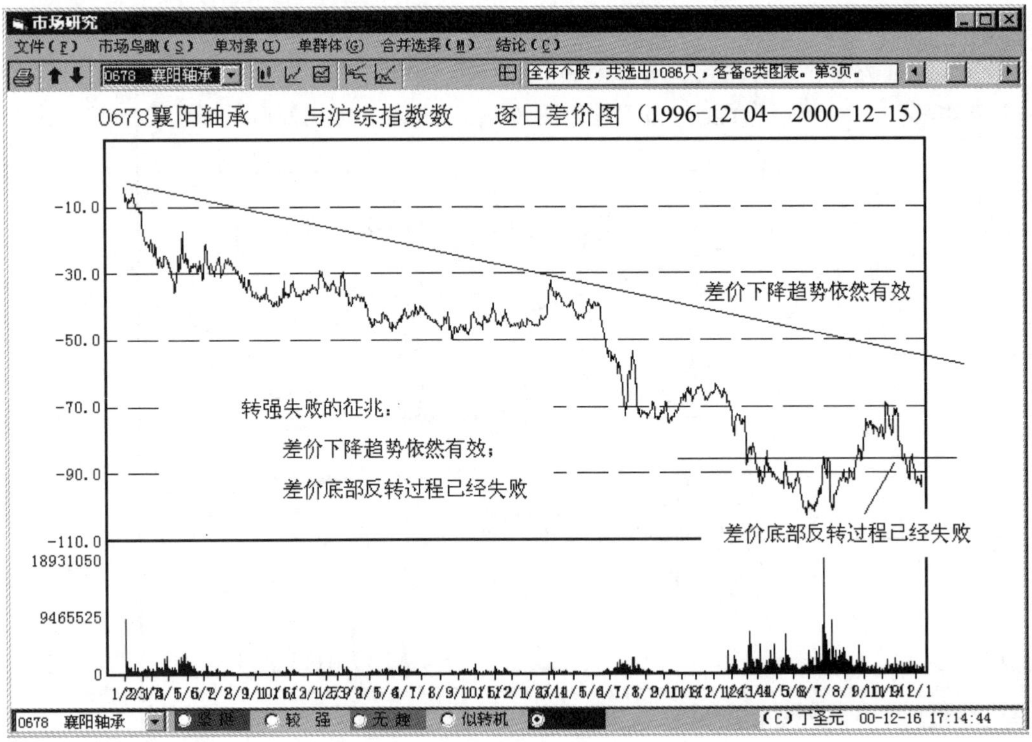

图 9.5（b） 襄阳轴承与大势差价图

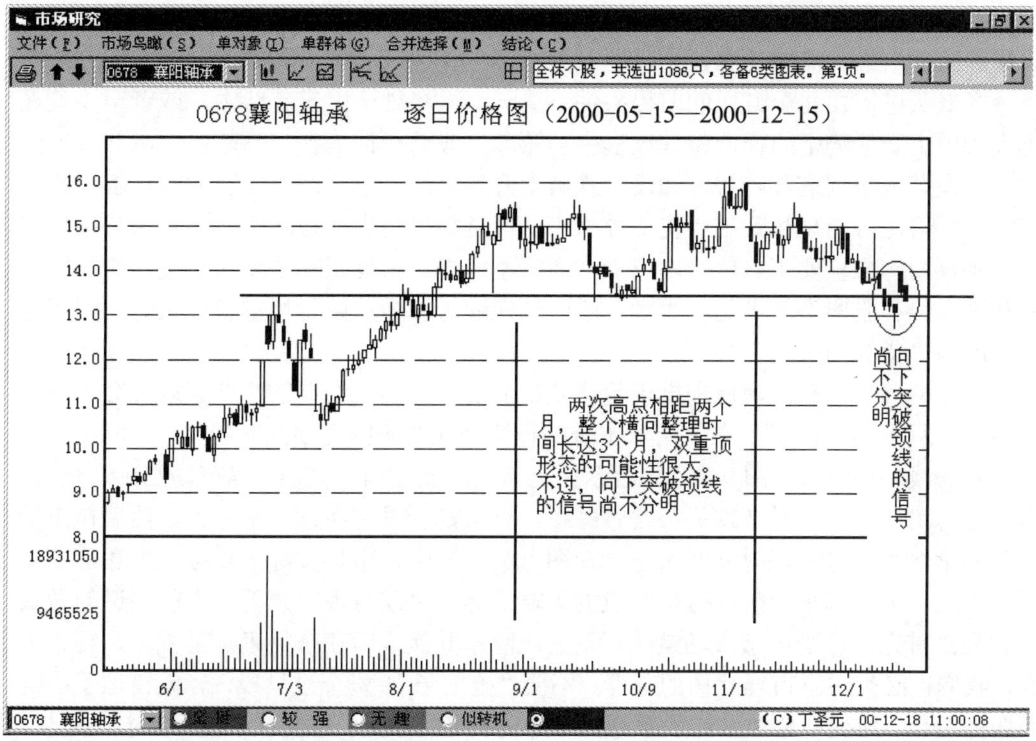

图 9.5（c） 襄阳轴承日蜡烛线图

最后，如果排除“庄股”的影响，那么一般股价从上升到下降的反转过程比起从下降到上升的反转过程相对容易得多。股价的下降过程比上升过程也相对便捷得多，股票行情非但不是圆周运动、钟摆运动，反而因为股价具有“自重（即资金成本）”，自然地偏向于下坠或者长时间停留在相对较低的水平。根据我们的经验，在 2000 年底国内 1000 多只股票中，通常有 20～30 只属于坚挺的范围，80 只左右属于较强的范围，150～180 只属于有迹象由强转弱或者由弱转强的类别，共占四分之一；与大势基本同步的无趣类占 450 左右，近一半，明确走弱的股票占 280 只左右，多于四分之一。由此看来，似乎大部分股票同大势一致，走弱的股票比重偏高，显示了自重的作用。

逢低买进

买入和卖出股票当然需要理由，但是唯一合理的理由是判断行情看涨时买入，判断行情看跌时卖出，其他情况，包括所谓行情跌得太多太久之类，充其量只能是辅助性参考信号，是引起我们注意的理由——市场不是因为曾经下跌而上升，而是因为有新的上升理由；市场不是因为曾经上升才下跌，而是因为有新的下跌理由。从趋势结构，即从大小趋势的整体关系上说，仅当更大规模的趋势处在上升过程中，“抄底”、买入“跌得多”、“跌得久”的股票才是合理的；没有这一前提，市场便没有“底”可言，跌得多的很可能跌得更多，跌得久的很可能跌得更久，一直到企业破产、股价为零才是“底”。

那么，什么是“逢低买进”？或者说到底什么样的下跌才是买进的良机？需要什么样的验证信号，需要注意什么问题？

逢低买进需要几个方面的前提条件。第一，大势处于上升趋势中，或者至少处在更大规模上升趋势中的横向整理过程中；第二，股票行情处在上升趋势中，并且当前的下跌没有威胁到上升趋势，如没有跌破上升趋势线，没有跌破重要的支撑水平等。有时候行情也可能短暂跌破历史支撑水平，但是如果马上就拉起来，而且大势条件很好，则反而构成重要买入信号；第三，通常不应当在市场正在下跌时买进，除非投资者判断大势和股票牛气十足，否则一般应当在跌势放缓后趁行情重新抬头时立即买进——所谓“货买当头起”。

图 9.6（a）为东大阿派根据现价格复权后的行情图，经典的逢低买进机会出现在 1999 年 12 月 10～14 日。东大阿派本身的行情处在明确的主要上升趋势中，图中主要上升趋势线始终有效。图 9.6（a）所示历史高点已经被向上突破，当市场回到这里时，上策是忍耐一下，看看下跌势头是否减缓，价格是否维持在该水平之上，然后在市场回升的第一个信号出现时立即买进。在图 9.6（a）中，市场实际上跌破了上述价格水平，由此可见，稍稍忍耐、等待时机的策略显然比“跌得多、跌得久”就买进的做法更有利。首先，这避免了市场继续下跌的风险；其次，即使市场确实是强势，终将上升，我们也必须注意市场行情的节奏，不要“抢拍子”。资金过早投入，就错过了申购新股的机会。何况现金总是比股票强，现金是手里的渔叉，现金在手就保持着主动权，保留了改变想法的机会。渔叉不可以随意脱手，这就是机会成本。

后来，市场在 10～14 日的一周里马上重新上升到上述重要支撑水平之上，这就构成了重要的买入信号。理由很简单，如果市场要继续下跌，它已经有过很好的机会了，重新回来则说明市场改变了看法，重新确认了涨势。另外，这个信号本身就是“货买当头起”的良好信号——跌势已完结，升势刚刚开始。

从大势来（图 9.6（b））看，这里稍稍有一点复杂性。上海综合指数自 1996 年初以来进入超级上升趋势中，1999 年的“5 • 19”行情就是最好的验证，目前该趋势实际上起着强有力的潜在支撑作用。虽然“5 • 19”以来的上升趋势似乎有疑惑，但是 1410 是一个重要水平，综合各方面情况判断，很可能此处构成见底回升的良机，至少很可能在这里停留一段时间。因此，大势属于强势中的整理过程，可以买进。上海综合指数后来虽然一度跌破 1410，但是很快拉回该水平之上，后来市场再度向下试探 1410，但不能跌破该水平，因而确认了大势回升信号。另一方面，东大阿派的行情基本上一直维持升势，整个过程有惊无险。

这里需要强调，在以上介绍的“逢低买进”法中，各项条件都是相对而言的，一方面需要应用者具有一定的主观判断力，而不是严格照搬，只能通过实际磨练来掌握其中的火候；另一方面，即使所有条件通通满足了，也不表示未来市场一定如我们预料。不要忘记市场的根本特征是不确定性，上述所有条件无非尽可能求得较大的把握，求得相对的确定性。作为必要的补救措施，投资者必须将止损指令安排在上述重要支撑水平下方，一旦市场重新掉头向下，则卖出止损。由于价格水平具有显著的分水岭的标志意义，止损价格水平和入市价格水平可以较为接近，从而有效地提高风险—报偿之比。

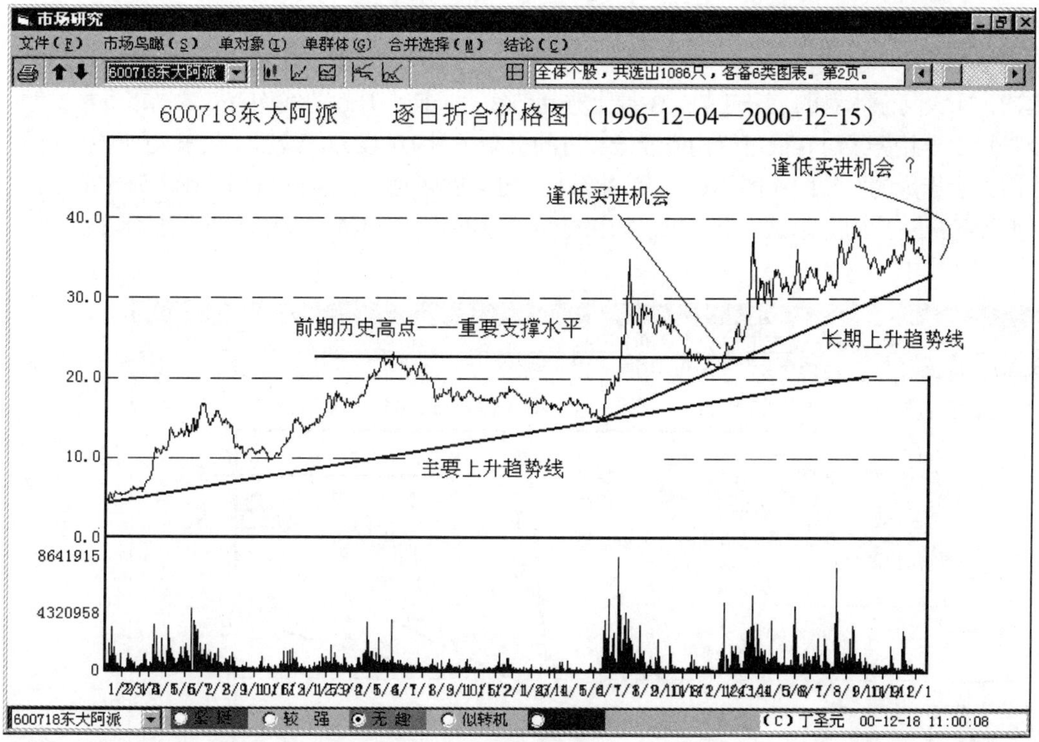

图 9.6（a） 东大阿派除权后折合价格单线图

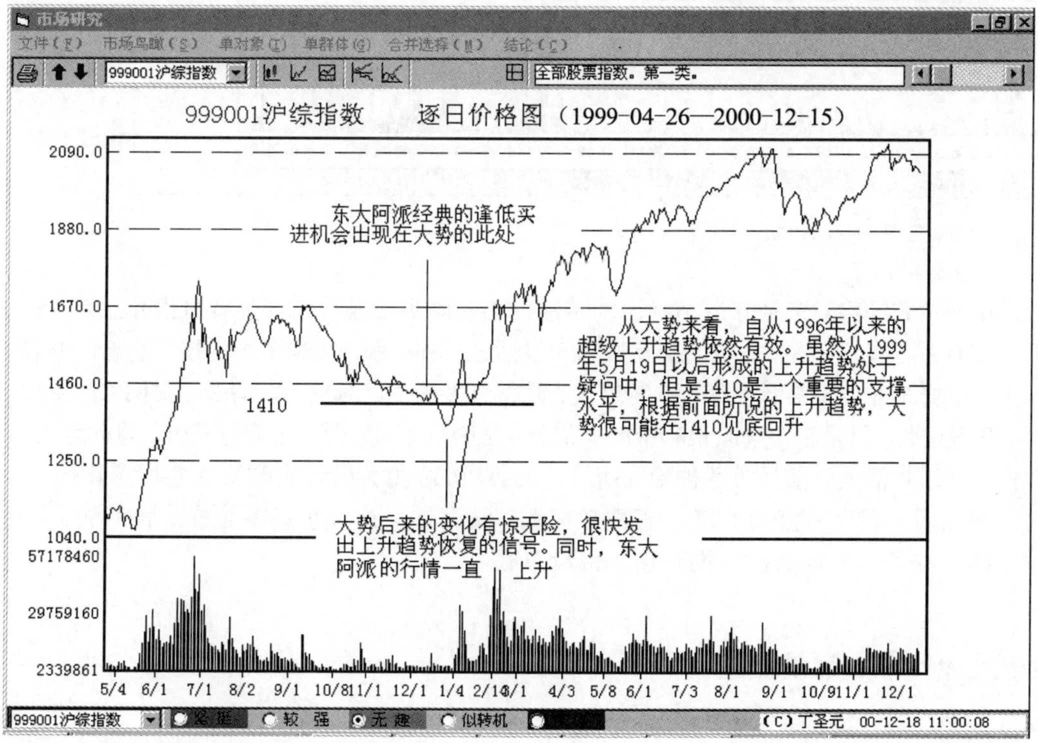

图 9.6（b） 东大阿派的大势条件

目前，东大阿派是否即将出现另一个逢低买进的信号？这需要从多方面判断。首先，大势从1996年以来的超长期趋势依然是上升趋势，而1999年中以来的长期趋势也是上升趋势。其次，东大阿派本身的上升趋势、主要上升趋势线、长期上升趋势线均有效，当市场再次触及长期上升趋势线时，很可能构成逢低买进的机会（图9.6（a））。最后，从东大阿派相对于上海综合指数的差价图（图 9.6（c））来看，它也维持着强于大势的格局。尚不确定的是，该股票已经三次向上尝试高位未果，如果行情再度展开，需要向上突破这一阻挡水平。

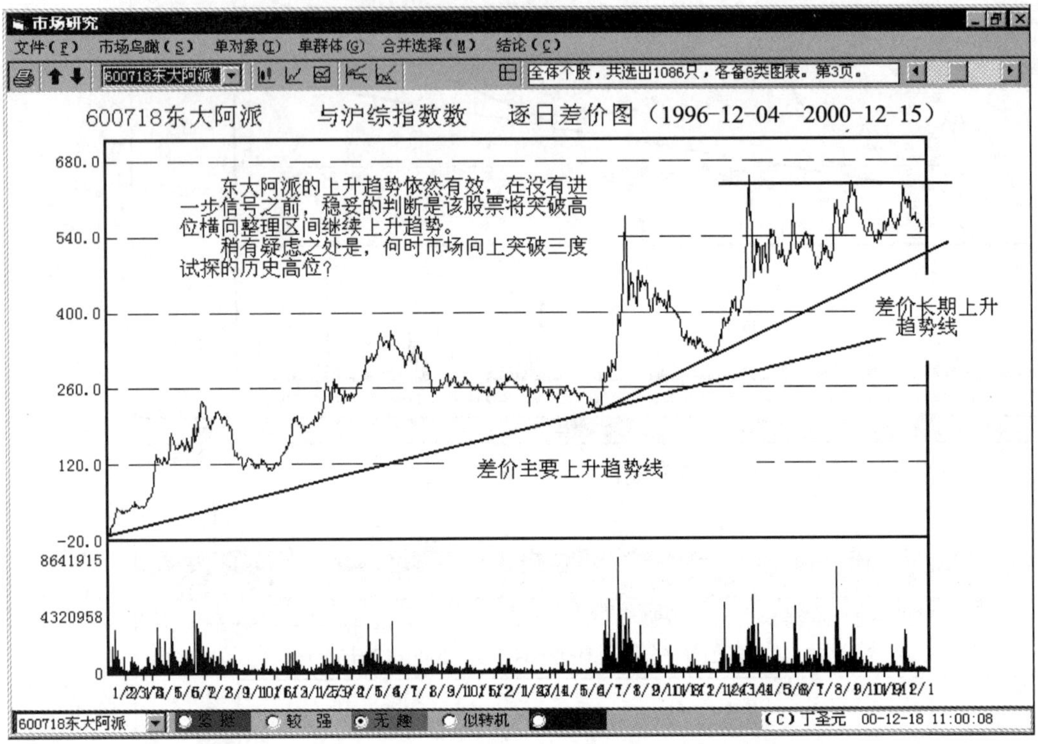

图 9.6（c） 东大阿派与大势差价图

第四章曾经将股票划分为 A（由弱转强）、B（同步转强）、C（强者恒强）三类，强调三类股票各有长、短，完备的交易策略应包括这三种股票，组成平衡的投资组合。乍看起来，由弱转强类股票似乎算是跌得过久、跌得过多的了，但是必须清楚，它们“跌得过多、跌得过久”只是整个选股策略中的一部分，是必要条件，而不是充分条件。除此之外，我们还要求行情突破信号等各种验证信号，还必须准备好为转强失败的 A 类股票止损。

事后看，股市有涨必有跌，有跌必有涨，涨有顶，跌有底；事前看，股市涨了不一定跌，跌了不一定涨，既没有顶，也没有底。

股市反弹和韦小宝的赌经

作者曾就此写过题为“股市反弹和韦小宝的赌经”的文章，刊登于《证券时报》。

话说清朝康熙年间，大内副总管韦小宝带领御前侍卫张康年、赵齐贤等在广西一带公干。一天，张康年慌张地赶来报告，赵齐贤被赌场里的人扣押了。

“我们七个兄弟去赌钱，赌的是大小。……这赌场有鬼，竟一连开了十三记大，我们七个已输了千多两银子。第十四记上，赵二哥和我都说，这一次非开小不可……”韦小宝摇头道：“错了，错了，多半还是开大。”张康年道：“可惜我们没请副总管带领去赌，否则也不会上这个当。我们七人把身边的银票都掏了出来，压了个小。唉!”韦小宝笑道：“开了出来，又是个大。”（金庸，《鹿鼎记》第四卷第三十三回，宝文堂书店，1985，第96~99页）。

在股票市场上，无论在上升趋势中，还是在下降趋势中，只要市场连续向上或向下运动了较大幅度，就会有不少投资者纷纷猜测市场“马上要反弹”，更有甚者有些股评家斩钉截铁地如是断言。就拿1998年8月10日以后一周来说，从星期一开始，一方面深沪股市几乎天天大幅下滑，另一方面几乎天天听到、看到“市场反弹”的议论。由此看来，这些朋友一定没有看过金庸先生这本名著，这实在是太可惜了。

从技术分析上说，一旦趋势形成，那么除非确有证据表明趋势已经逆转，否则，最妥当的预言就是当前趋势将继续下去。到底什么是趋势反转的证据？当然可以见仁见智。但是最基本的并且大家都必须遵守的一条是，一定只有在“事后”才能定论。从这种意义上说，在市场上升或下跌过程中关于反弹的议论是不符合技术分析的根本原则的。如果一定要猜测未来行情，那么顺水推舟地看涨或看跌才是符合趋势惯性理论的，而猜测“反弹”是不明智的。

按照学院派的市场有效性理论，从概率分布出发，市场下一步的动作与过去的价格变化过程是没有关系的。重复地抛掷一枚硬币，每次正面朝上的概率都是50%。假定我们已经抛投了13次，居然次次正面朝上，那么下一次正面朝上的可能性还是50%。在这里我们必须注意区分两种不同的概念。一种情况是当我们一次也没有抛掷硬币时，从概率上说，连续14次正面朝上的概率的确比较小；另一种情况是，在我们已知抛掷了13次硬币的结果的情况下，第十四次抛投正面朝上的概率同前面的结果并无联系。按照这样的理论，不论过去有多少天市场是上涨的，也不论市场已经连续上涨了多大幅度，我们也没有理由断定接下来市场“有必要”向下反弹了。反之亦然。

有的朋友可能马上要反驳，我们不管技术分析还是随机行走理论，反正市场运动的轨迹从来都不是一条直线，总是有涨有跌的。既然市场已经几乎直线式地运动了较大幅度，那么接下来，市场反弹的压力自然越来越大了，反弹的可能性也就越来越大了。的确，市场既不是完全随机的，也不是完全惯性的，因此，技术分析和市场有效性理论各有其局限性。不过，我们还是要注意以下两个方面的问题。

首先，任何市场形态都是相对于一定的时间范围而言的，在一定时间范围内，市场完全可能直线运动（长时间的例子如牛市的高潮部分或者熊市的崩溃部分，短时间的例子如市场的抢购风潮，或市场的抛售恐慌等）。

其次，即使我们撇开时间范围的问题不论，那么笼统地预言反弹也是非常危险的，因为市场完全可能大幅度地继续当前趋势，过一段时间后才反弹，而反弹的顶部可能远低于现在的水平。

以上讨论实际上属于常识的范围。我猜测，韦副总管之所以能够形成正确判断，未必是精通概率学的缘故。其实，对我们投资者来说，日常生活中许多类似的常识有益于正确地进行投资抉择。不论市场直觉、技术分析、基本分析，还是随机理论，共同的目的就是追求投资的理性化，尽可能减少贪婪与恐惧两方面负面心理的影响；共通的方法就是先保全资本，保证资金的利率收益，再追求市场条件允许的投资收益。

韦小宝后来教训张、赵等人。

韦小宝笑骂："……你们这批家伙不要脸，明明输了，却去撒赖。别说连开十四记大，就是连开二十四记，我也见过。"

投资者常见错误之七：补仓或摊低成本

在投资生涯中，太多的悲剧发生在所谓补仓或摊低成本上。这是最普遍的、最顽固的投资错误之一。特别是在期货市场上，常犯此类错误的投资者往往招致毁灭性打击。在股票市场上虽然其后果不会如此迅速和明显，但同样能够造成重大损失。

投资者买进某只股票后，股票价格不但没有上涨，反而节节下跌。在股价下跌了相当幅度之后，有的投资者为了降低持有成本，在较低价格再次买进，两次买进价格平均后当然低于原有买进价，这就是所谓摊低成本；有的投资者继续看好这只股票，不为下跌所动，继续买进，增加持仓量，这就是所谓补仓。不论说成"补仓"还是"摊低成本"，结果都一样，相当于投资者在两次买入价之间的某个位置持有了更多股票。

图 9.7（a）是西宁特钢从 1998 年 9 月 4 日到 2000 年 12 月中按照现价格复权后的图线。故事发生在 1999 年 5 月到 9 月，该股票的上涨行情发动于激烈的"5 • 19"行情之前，后来又借"5 • 19"行情的机会形成了最后一轮狂野飙升。该股票剧烈的顶部 V 形反转发生在 6 月 22 日，同样早于 7 月 1 日的大势反转。9 月初，行情已经从最高点 21 元多垂直下跌到不足 11 元，两个半月时间跌幅达 50%，中间**没有任何整理过程**，何况暴跌之前曾经还有那样迅猛的暴涨势头，按照国内投资者普遍偏好"抄底"、"抢反弹"的习惯，一定已经忍不住跃跃欲试了。

回到本文正题。投资者在图 9.7（a）所示"第一笔交易"的位置买进的可能性较大，也很合理：大势的"5 • 19"行情已经发动，本股票早已形成上升趋势，最近刚刚从整理过程中恢复上升，且已经向上突破之前的历史高点，这是不错的买入信号。这笔交易的成本价是 15.2 元，假定买入股数为 1000。在本轮迅猛的涨势中很难找到卖出的依据，因此当市场开始暴跌时，这位投资者很可能以为仅仅是另一次整理，暂时忍耐，但是行情势如劈竹，投资者措手不及，被套牢。按照"补仓"的逻辑，9 月初机会来了。首先，这里是历史行情密集区，市场也确实在这里找到了明显的支撑，史无前例的巨额交易量说明此处买卖活动十分热烈，那些"跃跃欲试"的投资者终于下手了，9 月中旬的有交易量配合的向上突破信号更是将"触底反弹"行情推向高潮（图 9.7（b）），成为"补仓"的绝佳信号。假定这位投资者再买进 1000 股，成本价为 10.5 元，两次共买进 2000 股，平均成本价格的确下降到 12.85 元。

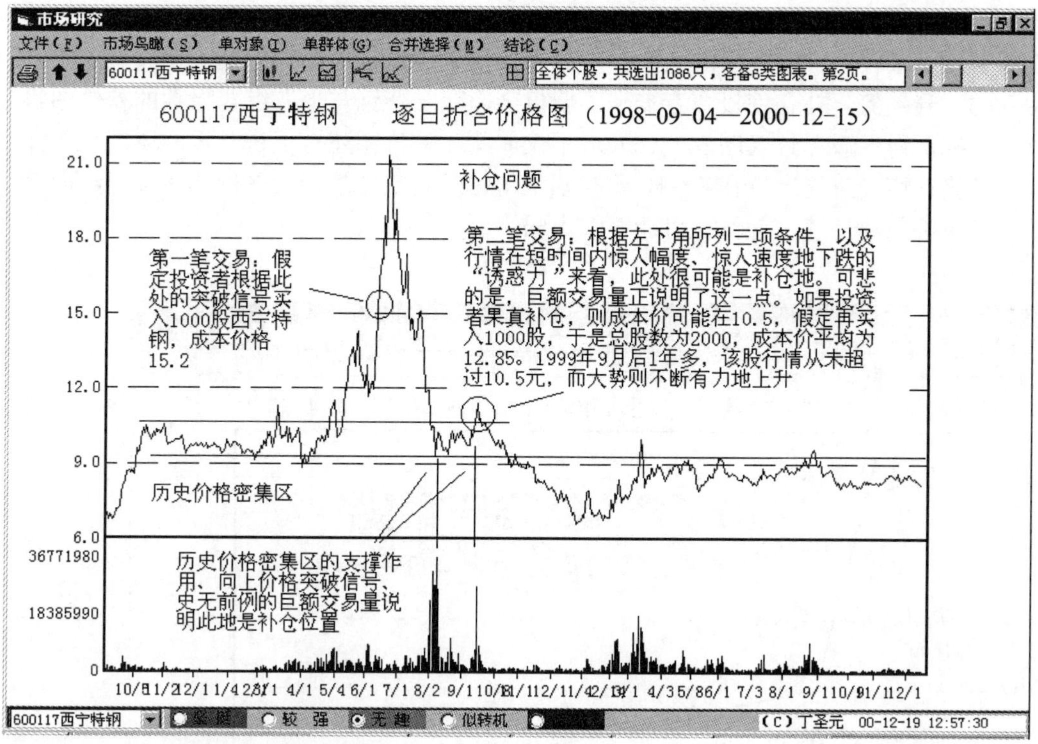

图 9.7（a） 西宁特钢单线图

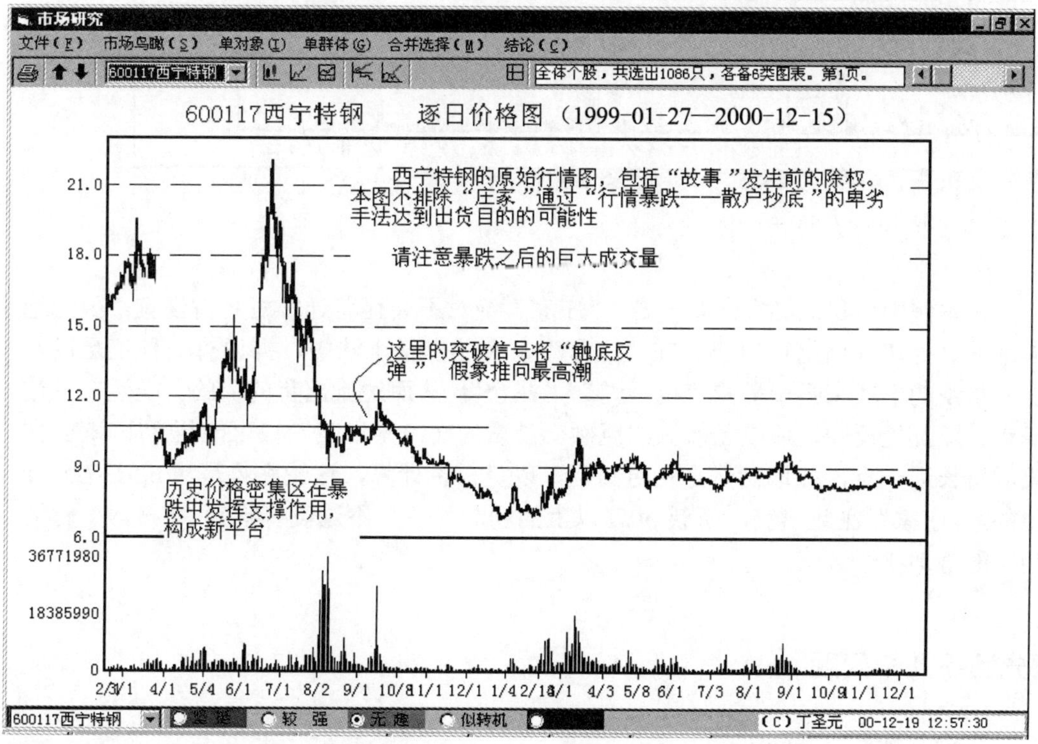

图 9.7（b） 西宁特钢日蜡烛线图

不幸的是，这是一个假信号。此后1年多，本股行情从没有达到10.5元以上。补仓不但没有减轻这位投资者的负担，反而又加重了包袱。更糟糕的是同期大势走出了强劲的上升趋势，补仓使投资者丧失了新机会，西宁特钢与上海综合指数的差价图将这一点揭示得淋漓尽致（图9.7（c））。不仅如此，差价图还有更进一步的坏消息。如果说价格行情尚且能维持在8～10元窄幅空间中横向整理的话，差价曲线则已经向下突破，下降趋势持续，差价很可能继续走弱。

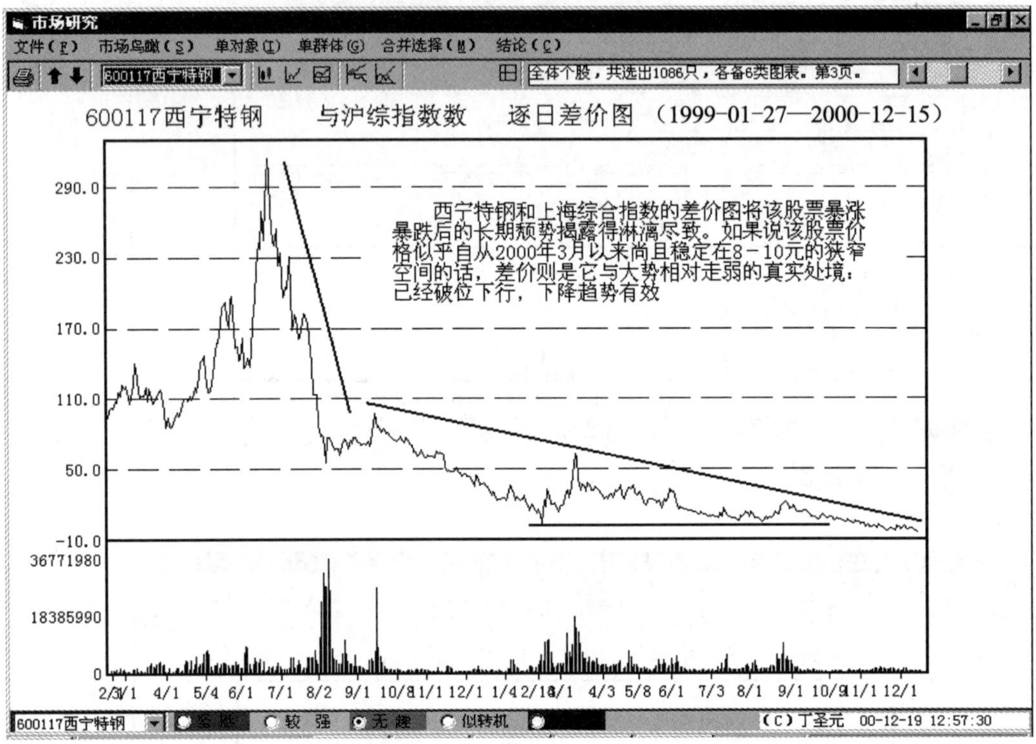

图9.7（c）　西宁特钢与大势差价图

在本例中，我们必须注意一点，“庄家”绝对不会让普通投资者占便宜，因为绝大部分好处庄家留给了自己。在“庄家”众多的出货手法中，据说有一种正是以暴涨—暴跌的形式来吸引散户“抢反弹”、“补仓”，从而达到出货的目的。既然在上述低点大家都抢反弹，那史无前例的巨额交易量的卖方是谁呢？很可能是“庄家”。如果看得长远一点，此地仍然是相对高位，以复权价计算，这轮涨势是从6.5～7元开始的，“庄家”在此出货，斩获50%以上的利润——只不过没有吃到“5·19”行情刮来的落地桃子。

请先回答几个问题

有的投资者可能马上会反驳，这个例子只是不走运而已，很多时候抢反弹补仓是很成功的。我们先来想想下面几个问题，再讨论这个反驳，最后再介绍一些类似于“补仓”的正确交易办法。

第一个问题最重要。如果浮动亏损没有大到一定程度，投资者不会有补仓的念头。有的投资者在市场稍稍下降后便增加持仓量，以为这就是“补仓”，这其实是误会，因为持仓成本不会明显降低，前后两笔交易没有太大区别。如果亏损已经达到了“补仓”、“摊低成本”的地步，投资者就应该想清楚这样大的跌幅到底意味着什么？必须注意，足够大幅度的下跌常常构成上升趋势逆转的信号，如果趋势确实已经向下反转，则市场本质已经改变，过去的上升势头无论多么强劲，都不能构成现在买进的理由；只有在严格的前提下大幅下跌才构成逢低买进的机会（参见本章“投资者常见错误之六：抄底或者买跌得多、跌得久的股票”中关于逢低买进的讨论）。在采取行动之前，不把这个问题弄清楚，就是在关于趋势的根本问题上犯了大错。根本趋势已经向下逆转是本例补仓失败的最大教训。

其次，假定趋势没有根本的改变，逢低买进策略可行，那么到底在什么位置补仓？这不是一个容易回答的问题。必须明确一点，市场不会因为下跌得很多、很快、其间没有任何横向整理就必然向上反弹的。在本例中，有的投资者买进是为了补仓，有的投资者是为了抢反弹，很多人的出发点正是“市场在继续下跌以前，至少要向上反弹一下”，但这是毫无根据的猜测。请参见“常见错误六”中的讨论。

再次，如果行情大幅下降，以至于投资者觉得有必要“补仓”、“摊低成本”，则投资者通常已经陷入了较大浮动亏损的状态。当他考虑同一个大势、同一个股票时，很容易受前一笔交易的不良影响（实际上，在判断其他市场的买卖机会时也很可能受影响），难以做出客观判断，判断趋势方向、识别逢低买进时机的难度已经大大增加了。在这样的情况下，投资者必须具备额外的良好心理素质来避免套牢头寸的干扰。令人感叹的是，世事大多如此，当事情顺利时，仅需及格水平的素质就能维持得不错，反过来也不容易显出当事人有什么过人之处；当身处逆境时，真正的考验就来了，仅凭及格的素质是远远不够的，当事人很容易发觉甚至平日那些例行公事的事情也变得额外困难。因此在“补仓”之前，投资者应当自问在亏损压力下有多大把握做好“补仓”？

前面两个问题不解决，是“不知彼”；后面这个问题不解决，是“不知己”。“知彼知己者，百战不殆；不知彼而知己，一胜一负；不知彼，不知己，每战必殆”（《孙子兵法》“谋攻篇”）。

最后，为什么在市场大幅下跌之前或者在大跌过程中没有果断地采取止损措施？

我们以 0016 深康佳为例（图 9.8（a）、（b））。假定投资者在 2000 年 6 月 5 日深康佳向上突破前期价格水平时买进，股数 1000 股，成本价为 19.3 元（为了可比性，这一价格采用复权后的折合价，当时实际价格为 21 元，下同）。在随后的 1 个多月里，投资者没有卖出，因为他无法判断深康佳是否已经见顶。7 月 17 日，行情下跌，形成图示的长阴线，跌破了前期支撑水平（位于 19.00 元左右）。在这种情况下，投资者有两种选择，一种是止损，假定他根据 18 日和 19 日两天市场回试 19 元价格水平失败的事实认识到该水平确实已经失手，于是在 18.8 元卖出。此时，他亏损 500 元，每股 0.5 元。

另一种情况是，听任行情下跌，准备将来“抄底、补仓”。假定两位投资者都有能力判断图 9.8（a）所示的后一个买入时机：市场下跌到前期历史支撑水平 14.5 元处、在此处构建了 1 个月的窄幅平台、随后向上突破了平台上边界，于是已经止损的那位投资者将此处作为另一次买入机会买进 1000 股，成本价为 15.5 元；另一位未止损的投资者在这里抄底补仓，再买进 1000 股，此次成本价也是 15.5 元。

比较两位投资者的真实处境，我们发现，止损的投资者两次交易的成本价相当于 16.0 元，持仓 1000 股，无需另外筹集本金；补仓的投资者平均成本价为 17.4 元，持仓总量为 2000 股，需要另外投入 15500 元资金，假如他本来已经满仓操作，这次交易就不可能做成了！在后来的行情中，两人的命运也颇为不同，前者有可能在市场第二次向上试探 17 元左右的阻挡水平失败后果断卖出，结果还有所盈利；后者则始终不能达到盈亏平衡点，按照这位仁兄的行事风格，很可能继续等下去。从深康佳的走势来看，很可能将是漫长的等待。更有甚者，行情还可能继续下跌，他还需要再次补仓，果真如此，这一回只买 1000 股就不能有效地“摊低成本”了，而是需要再买进 2000 股。这真是“阴天驮穰草——越驮越重”，小毛病慢慢扩大成大纰漏。

从深康佳和上海综合指数的差价图（图 9.8（b））来看，该股票相对大势处在明显弱势中，很可能进一步走低，对补仓的朋友来说，这不是什么好消息。

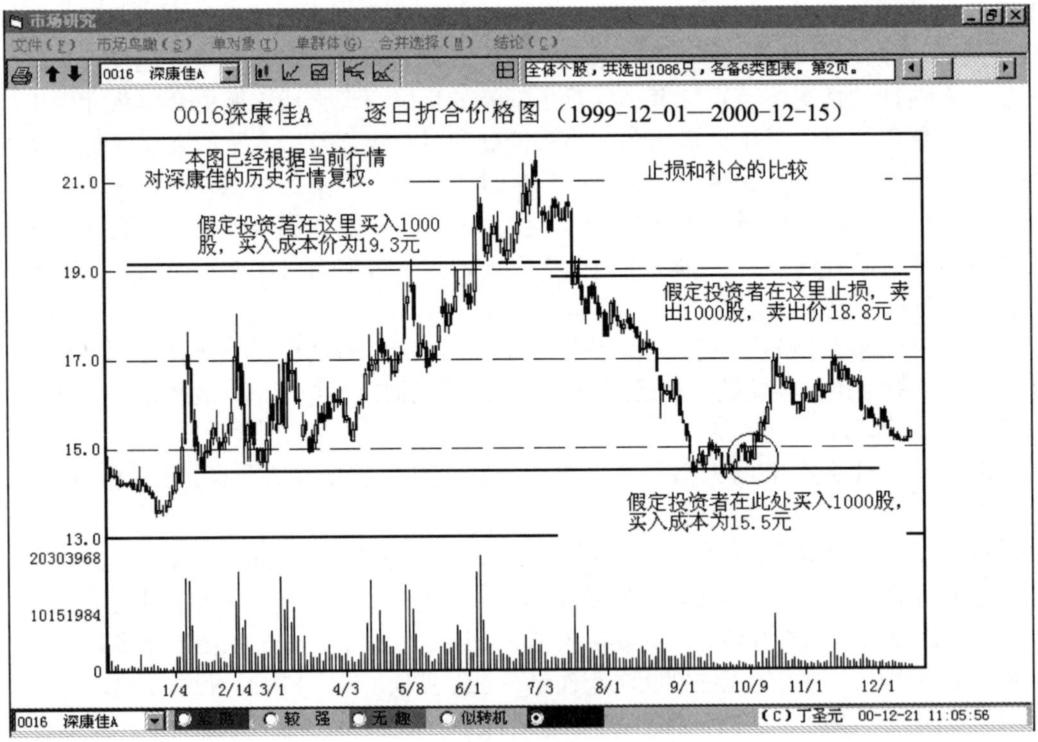

图 9.8（a） 深康佳行情图

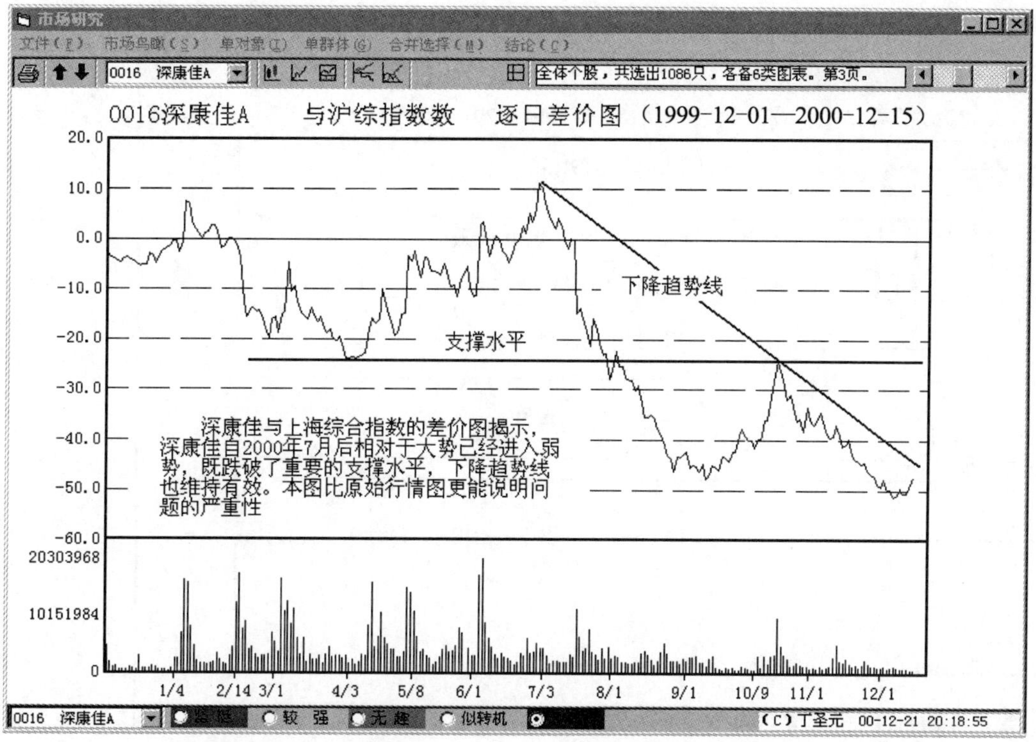

图 9.8（b） 深康佳与大势差价图

由此可见，同止损策略相比，“补仓”、“摊低成本”的办法有两方面缺陷，第一，需要留出额外的资金以防万一，平常不允许满仓操作，只能半仓或大半仓；第二，在不走运的情况下，由于补仓带来的滚雪球效应，可能招来大麻烦，遭到重大损失。可怕的是，即使纯粹以随机的角度出发估计，发生这种悲剧的可能性也有 50%！

多次止损

如果采取止损——买进的交易策略，有时候可能需要一再地止损。即便如此，对投资者来说，多次小额止损也比一笔重大的累积亏损有利，因为从整个下跌过程来看，如果采取止损——买进的办法，一般总是能够避免其中某些部分；而如果采取补仓摊低成本的策略，则原有头寸必然蒙受了全部下降幅度的亏损。图 9.9 是金果实业按照除权以后的价格对历史行情复权后得到的，自从 2000 年 3 月初的最高点之后，本股票已经下跌了 50%以上，最高点近 30 元（折合价），目前的价格 13 元出头。假定某位不幸的投资者恭逢如此行情，最初在 2 月 29 日买进（这是上升趋势中的向上突破信号，而且当时大势也相当坚挺）。假定买进价为 26.5 元，买了 1000 股。后来市场下跌，跌破了该水平，这位投资者有两种选择，一种是止损，一种是等待“底部”再买进、摊低持仓水平。

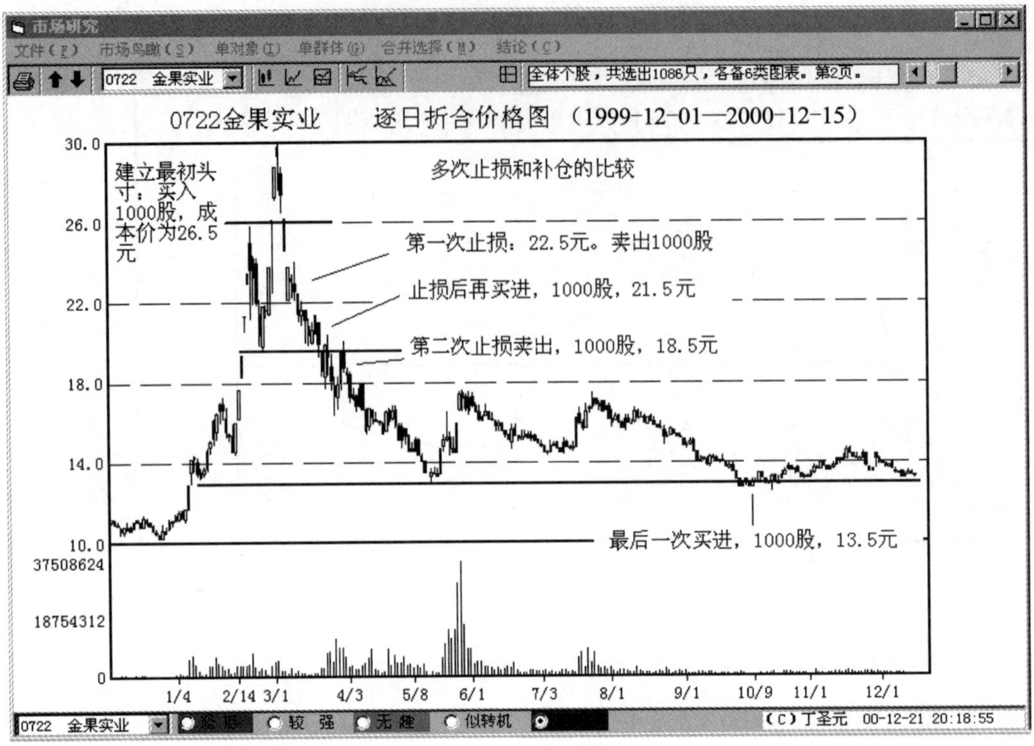

图 9.9　金果实业行情图

在止损的情况下，由于下跌行情太快，很可能在向下突破后的几天里才能决定卖出，假定卖出价为 22.5 元，卖出 1000 股。投资者蒙受了每股 4 元的较大损失。一周半之后，买入机会出现了，这里是另一个重要的历史支撑水平，于是他再买进 1000 股，买进价为 21.5 元。不幸的是，第二个支撑水平又被击破，只好二度止损，在 18.5 元卖出 1000 股，每股亏损 3 元。最后，市场终于下跌到 14 元以下的支撑水平，且又一次得到了支撑，后来市场在此停留，所以这位投资者三度买进 1000 股，买进价为 13.5 元。因为中途两次止损，每股共亏损 7 元，总计成本价相当于 20.5 元，持股 1000。换一种眼光来看，市场从 26.5 元下跌到 13.5 元，跌幅共 13 元，这位投资者通过止损策略避免了其中 6 元的损失，只蒙受了其中 7 元的损失。

假定他采用"补仓摊低成本"的策略，在 13.5 元买进 1000 股，平均成本价摊底为 20 元，乍看起来，似乎补仓比止损更有利，其实不然。

首先，采用止损的办法，投资者早已拿回本金，有机会另外选择走强的股票，但是如果采用等待的办法，就只能一棵树上吊死；其次，止损者的亏损中相当比例来自交易成本，只要更慎重一点，比如要求出现更多的验证信号才买入，就有可能避免一些损失；最后，先止损再买进的投资者虽然付出了一定的代价，却也多了几次尝试机会，而补仓者只能一次在 13.5 元处"抄底"成功，在其他任何地方"抄底"都会铸成大错，导致平均成本价高、持仓量大的恶果。比如说在第二次买进之处，也很容易诱使"抄底客"入市，果真如此，则平均成本价就是 22.5 元，且持仓量为 2000 股，比上述理想状况可就差远了。

两笔交易实质互不相干

实质上，补仓的第二笔交易与被套的前一笔交易根本就是两笔，两者互不相干。

什么是一笔交易？一笔交易就是一次投入、一次机会，就像渔夫手里的鱼叉，一旦刺出去，只能等收回来以后才有机会刺下一次。任何一次交易机会都完全取决于当时的市场状态和信号，交易结果也完全取决于当前这一次的行情走势。叉鱼手的刺鱼机会总是有限的，每次刺鱼都完全取决于当时的鱼情，如人与鱼的距离、速度、角度、水位关系等，而每次刺鱼的结果相互之间也是相互独立的，既不会因为前一次手气好而这次就刺不着鱼，也不会因为前一次手气不好而这次一定刺着鱼；反之亦然。通常，就一笔投资的正常决策过程来说，投资者首先必须研判大势，唯有大势处在上升趋势中、或者至少处在更大规模上升趋势的横向整理阶段时，才构成入市良机；其次，必须按照系统的选股方法将所有股票放在同一条起跑线上来考察，不受过去曾经获利过的所谓“熟悉”的影响、更不能优先考虑被套牢的股票；最后，需要进一步选择适当的买卖时机，要全面平衡资金和持股比例、投资组合中各股票类型之间的比例，还要采取止损措施，防备万一。这是每一次买入股票时都应当奉行的完整策略，忽略其中任何部分都说明在投资者的方法中存有漏洞。总之，每当投资者面对一次交易机会时，都应当选择当前最有利的交易方式。

现在我们可以回答前面投资者的反驳了，怎样看待“很多时候抢反弹补仓是很成功的”的问题呢？退一步说，假定抢反弹确实能够成功地降低成本，解救被套牢的头寸，但是我们必须明白，从投资技术上说，两笔交易就是两笔交易，决不等于账目上的算术平均。后一笔之所以能解救前一笔，不过是因为投资者在后一笔交易中取得了成功，其盈利弥补了前一笔交易的亏损。如果我们在“补仓”时一视同仁地对待所有股票，总是选择走势最强的股票买入，它们后来的涨势很可能明显强于被套的股票，从以盈利弥补亏损的角度来看，这样的“补仓”岂不是更好？

如果投资者幸运地拥有第二次交易机会，则绝对不应当因为已经被某个股票套牢，反而使之成为首选的对象，至少需要和其它股票一视同仁。

两种摊低成本的方法

如果投资者一定要摊底成本，请参考这里介绍的二种方法。

第一种方法是，事先定好时间间隔，届时不论市场价格高低，总是按照固定金额分批买进股票。换言之，时间间隔不变，买进金额不变，买进股数随行情而变。这相当于将股市变化视为随机过程，在每次间隔之间，价格涨跌的可能性各占 50%，但是由于金额固定，如果价格上涨，则买入股数减少；如果价格下降，则买入股数增加，如此一来则平均成本价必定低于随机波动的平均值。在一定程度上，这种投资方法类似于养老保险。

假定股票价格始终围绕 10 元上下随机波动，长期来看平均价为 10 元。投资者每次投入 300 元，每 3 个月买入一次，在 10 年内共 40 次买进中，假定买进价超过 10 元的平均价格是 15 元，买进价格低于 10 元的平均价格是 5 元，且在 10 元以上买进的次数和 10 元以下买进的次数各为 20 次。40 次买进共投入资金（为了简便起见，不计利息）：

40 次×300 元/次＝12000 元

在 10 元以下平均每次买入的股数是：

300 元÷5 元/股=60 股

在 10 元以上平均每次买入的股数是：

300 元÷15 元/股＝20 股

因此 40 次分成两半，买进的总股数是：

20 次×60 股/次＋20 次×20 股/次＝1600 股

平均买进价为：

12000 元/1600 股＝7.5 元/股

平均买进价格介于平均价格 10 元和低于 10 元的平均买进价 5 元之间，投资赢利的把握相当大。不过，该成本价明显高于 10 元以下的平均买进价，说明有时候也会出现账面亏损，卖出时机选择也是相当重要的。

本方法成功的前提条件是，上市公司没有破产风险，可以长期持有；上市公司的股票价格总体上不是处在长期下降趋势中，而是至少处在横向波动趋势下；交易手续费相对于股票行情的波动处在很小的比例。问题是在正常的投资环境下，不能假定投资对象没有破产风险，也不能假定股票行情总是处在横向趋势、甚至上升趋势下。这是这种摊底成本法的风险。

第二种方法是所谓金字塔法，买进时分批建仓，总是在较高的价格买进较少的股数，在较低的价格买入成倍的股数，以更有效地摊低成本。

举例来说，第一笔买入价在 10 元，买入 1000 股，如果第二笔买入价为 13 元，则买入数量应当不超过 500 股，使平均成本价不高于 11 元（持股总量不超过 1500 股）；如果第二笔买入价为 7 元，则应当买进 2000 股以上，使平均成本价不高于 8 元（持股总量不低于 3000 股）。前一种情况相当于在买进后有账面赢利的情况下追加投入；后一种情况相当于在买进后出现账面亏损的情况下“抄底补仓摊低成本”。请注意，在后一种情况下，第二笔资金投入量远大于第一笔，持仓量显著增加，投资者为了降低原有不利头寸的成本价承担了相当大的新增市场风险。

本方法的前提条件与前一种类似，但是从短线出发，本方法需要随时有足够的资金贮备，即对资金的要求是不确定的，而买入时机则是另一个大难题。实际上，本方法风险相当大，更要求股票行情处在横向趋势或上升趋势的条件下。

在出现账面亏损的情况下，作者明确地反对上述做法；仅当账面盈利的情况下，投资者打算进一步加大仓位时，才可以采用金字塔法，即在高位加码时买进数量必须大大少于底位原有的股数，以免明显提高持仓成本。

我们的忠告是，两笔交易就是两笔交易，不能混为一谈。

第十章　最糟糕的组合

投资者常见错误之八：我不贪，有利就走

“有利就走”不符合稳定、连续条件

如果盈利具有一贯性，那么哪怕每次都只是小小的盈利，经过不断的循环积累，就能迅速放大至大幅盈利。在第六章我们曾指出，资金收益的日积月累效应远胜股票市场的一时盈亏，大约这种投资方法和“有利就走”的说法最接近。

典型的例子是套利交易，假定同一种市场对象在不同市场上具有不同的报价，且其差价大于交易成本，这就产生了套利机会，套利者可以在价格偏高的市场卖出，同时在价格偏低的市场买进；等两个市场的价格持平时，再次同时在两个市场买卖，完成套利交易。每次套利交易几乎都能确保小笔利润，而其风险几乎为零，这就是套利交易之所以吸引人的原因。1995 年以前，上海和北京的国债期货之间曾经有过套利机会。目前，由于国内市场高度集中、交易对象单一，同一个品种一般只有一种交易对象、仅存在于一个市场，所以套利机会几乎不存在。

表面看来，“有利就走”的策略对投资者稳定地累积盈利有利，因为每一小笔获利

都对投资者的境遇有所改善。然而，小比例盈利投资策略的成功关键在于其稳定性和连续性，即如果投资者打算通过小比例的盈利累积出满意的总盈利，则必须有能力系统和一致地获取小比例回报，不允许盈亏反复，更不允许出现大幅度亏损。

由于有利就走的做法通常需要频繁交易，因此交易费用对投资者严重不利，如果小比例盈利和小比例亏损都是随机出现的，则在计算交易成本后，盈亏是不对称的，一笔盈利弥补不了一笔亏损。因为小比例累积盈利法只能通过不间断地累积才能顺利增长，如果缺少了一贯性，则在幸运情况下，投资者只能在小幅盈利和小幅亏损之间来回晃荡，难以取得满意的成绩；偶尔遭遇重大亏损，则绝对不可能通过小比例累积来弥补损失。换句话说，对于不掌握系统和一致的套利技巧的投资者来说，“有利就走”的真正危险就在于顺利时只能获得小利，而不顺利时将被深度套牢或者蒙受极大亏损。实际上，“有利就走”是交易所场内套利专家的交易办法，绝对不是场外普通投资者的交易办法。

投资者语言与市场语言

有些投资者在经受了多次被套的痛苦经历后，深刻反省自己的人性弱点，最后总结出“贪心”是自己最大的问题。这些投资者发现，每次买进后，除了极少数情况外，一般总有机会在高于买进价的位置上卖掉，后来之所以被套住，就是因为当时没有及时出手。于是他们总结出“有利就走”的交易策略。

投资业务和其他实务性工作一样，时常反省以往的成败是无可替代的学习方式。不过，必须从正确的基本原则出发，才可能领悟出真知。市场的本质是“不确定性”，或者说“变化”，由此决定了投资者必须注意的几方面问题：首先，必须明确区分投资者的主观判断和市场客观演变；其次，必须区分事前和事后的不同立场；最后，必须同时考虑到风险和收益两个方面。

你不贪，很好；但是多少算“不贪”？你满意的涨幅是不是一定能够出现？如果不出现是否一直等下去？如果在涨之前，市场先跌下去了怎么办？

问题的要害是，“不贪”是投资者的语言，而“趋势”才是市场的语言，投资者语言和市场语言不能混为一谈，也不能直接对话，需要以投资者的市场观和投资方法作为沟通的桥梁。因此，用“不贪”来应对市场问题，当然是驴头不对马嘴。市场行情的涨跌、持续的时间好似一首荒诞派的现代音乐，涨跌交替的时间就是音乐节奏，市场的节奏时快时慢；涨跌的力度就是音乐的音色，市场的音色有时和谐、有时刺耳。音乐虽然荒诞，却仍然构成了音乐的旋律。成功的投资者总是伴随着市场的笛音跳舞——本着对旋律的领会，提前一拍做好心理准备，跳出的舞步则刚好合拍，既不抢先，也不落后；即使偶尔领会错误，也能迅速调整，赶上下一步。如果舞者不是力求理解音乐，而是本着自己有多么快速的反应力、多么谨慎小心的态度，那么即使他的步子偶尔踩对鼓点，也难以合拍，而且他的耳朵总是紧竖着、大脑始终紧张着、肌肉一直紧绷着，很可能在音乐结束之前早已累倒在地。“我不贪，有利就走”就是这样的跳舞法。

把亏损限制在小额，让利润充分增长

“把亏损限制在小额，让利润充分增长”，是技术分析对这个问题最直接的回答。这句话背后是包含着系统的投资方法。

首先，我们单纯从收益率的角度来看。在“投资者常见错误之十：某某炒股赚了几倍”中，我们将有简单的计算，由于换股导致的交易费用和在采取止损措施时承受的损失，在投资组合中至少必须有一只股票比大势强 80%，才能使得整个投资组合的收益率与大势相当。如果我们有利就走，实际上放弃了保留强势股的机会，最终一定不可能达到大势的收益率水平。另一方面，由于奉行有利就走的保守策略，很可能增加了换股次数，从而增加了交易费用。交易费用仅与交易金额成正比，与市场方向、投资者盈亏无关。

其次，如果撇开强弱转化的复杂情况不论，则股票市场一般具有强者恒强、弱者恒弱的特性（所谓趋势惯性）。换言之，盈利的股票其利润往往倾向于继续增长，亏损的股票其亏损常常倾向于继续扩大。如此看来，如果一定要找一个机械的炒股公式，那么不但不是“我不贪，有利就走”，反而应是“有赔就走、有利就留”才对。

最后，关键的一点，乍一看，“有利就走”似乎非常保守、克制，好像这样做就没有被深度套牢的危险了。但是，实际上“有利就走”并不能有效地避开市场的大规模下跌，免遭深度套牢。公允地说，我们只能假定投资组合中个股强弱的比例的情况与股市总体状况一致。相对于大势来说，达到“有利标准”的股票和达不到“有利标准”的股票总是一半对一半。那些没有达到“有利”标准的股票或者买完就跌的股票总是没有机会“走的”，这些股票只好留在手里。对于这部分股票来说，“有利就走”的交易策略实际上转变为“扔那儿等着”（这也是投资者常见的错误之一），如果市场进一步下跌，则很可能被深度套牢。更糟糕的是，在大势向下逆转的大转折前夕，奉行“有利就走”策略的投资者不可能洗手不干，而是一如既往地卖股票、买股票，此时买进的股票恰逢大势反转，不可能“有利”，根本没有机会“走”。由此可见，“有利就走”不一定能够避免在市场大转折时被深度套牢的危险。当然，没有任何交易方法能够准确预知市场大转折的到来，但是在健全的交易方法中，必须包括事后及时检讨市场状况、及时采取止损措施的补救办法。

虽然“有赔就走、有利就留”比“有利就走”强一点，也不是完整的市场交易方法。这里强调两点作为本问题的正确答案：

无论买、还是卖，都需要切实可行的决策依据；

无论买、还是卖，都必须以适当的风险报偿比为条件。

有决策依据，投资者才能冷静客观、心理平衡；有决策依据才可能系统、一致地获取投资收益，而不是听天由命，将投资变成博采；有决策依据才能够在出现重大转折时，及时采取止损措施，保留再战的机会。如果盈利，投资者将获利地原因归结到决策依据上，进一步推敲其可靠性，而不是归结到自己的手气或心情上；如果失败，交易者也不自怨自艾，而是冷静检讨决策依据的缺陷和不足，如此才能积累经验稳步前进。

价格水平与风险报偿比

不论技术分析、基本分析、现代投资理论，关键都在于寻找可行、可靠的决策依据。选择决策依据的标准是，简易、可行、前后一贯。一般说来，简单的就是最好的。从这样的思路出发，作者推荐技术分析中的“价格水平”工具，这是一种直观、简便的基本决策依据。简言之，如果价格水平没有被向上突破，则构成卖出信号；价格水平被向上突破，则构成买入信号；价格水平没有被向下突破，则构成买入信号，价格水平被向下突破，则构成卖出信号。当然，其他方面的验证信号、大势状况也很重要。

为了保证最终结果是盈利的，任何交易方法都有两个先决条件，首先必须采取止损措施，保证生存——即继续投入的机会；其次，每次入市，必须根据目标价格水平和止损位置来估算风险报偿比，使得盈利的幅度总是数倍于止损的幅度。在具体做法上，首先通过某个价格水平是否被突破来获得入市信号；其次，通过临近的下一个价格水平来大致估计盈利前景，通过本价格水平来估计止损幅度，再计算潜在盈利和亏损的比例，即风险报偿比，通常我们要求风险报偿之比达到 3～5 倍才入市。

图 10.1（a）显示了在价格水平不突破信号的情况下估算风险报偿比的方法。图示阻挡水平和支撑水平共同构成一个横向区间。由于市场未突破横向区间下边界，当市场刚刚回升时，构成买入信号（买入位置）。我们在横向区间下边界稍下方设置指令（止损位置），从这里到买入位置的竖直距离就是风险值。我们估计市场将重新试探横向区间上边界，因此，以上边界稍下方作为估计的获利平仓的位置（获利位置），从这里到买入位置的竖直距离就是报偿值。以报偿值除以风险值，就得到风险报偿比。如果这个比值在 3～5 倍以上，就是可以接受的风险报偿比。

图 10.1（b）是在上升趋势中价格水平被向上突破的情况。由于价格水平被向上突破，突破信号就是买入机会，买入位置位于价格水平的稍上方。如果市场重新回到该价格水平之下，就说明原突破信号是伪信号，应当卖出止损，因此止损位置在价格水平稍下方。在一切顺利的情况下，上升趋势将继续向上推进，为了估计获利前景，我们以原价格水平上方邻近的另一个适当的价格水平作为获利目标，获利位置在其稍下方。获利位置与买入位置之间的竖直距离就是潜在报偿值，止损位置与买入位置之间的竖直距离就是潜在风险，两者的比值构成风险报偿比。

图 10.1（a）、（b）均是针对买进做多而言的，如果允许做空，我们也可以从卖出一边来估算风险报偿之比。如图 10.1（c）所示，在下降趋势中，如果市场向下突破某价格水平，则构成卖出信号，卖出位置在价格水平稍下方。如果市场后来重新回到该价格水平之上，则说明突破信号是伪信号，因此应当买进止损，因此止损位置在原价格水平稍上方。在原价格水平下方选择与之邻近的适当价格水平，作为潜在获利目标，这就是获利位置。最后，就可以估算风险报偿比了。

从以上介绍可以看到，如何选择目标价格水平事关重大。一般说来，我们希望原有价格水平和目标价格水平的分量相当，同时综合考虑趋势结构、趋势阶段等因素。出于保守的目的，我们也尽可能选择邻近原价格水平的价格水平作为目标。毫无疑问，在这个问题上，存在明显的主观取舍的余地，需要研究者多加揣摩。

在上述条件下，如果我们对市场未来方向判断正确的机会只有40%，那么由于及时将判断错误的交易止损，而保留盈利的交易直至盈利目标，平均一笔盈利的交易可以负担两笔亏损的交易，长期来看，总的结果还是较为满意的。

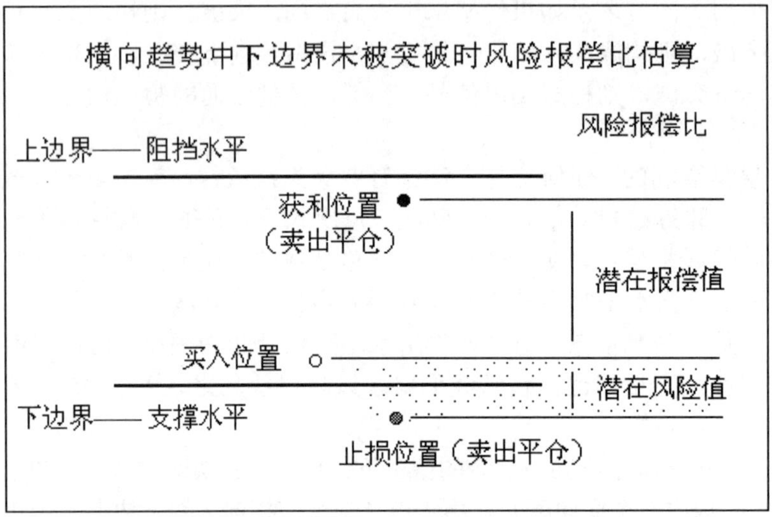

图 10.1（a） 价格水平不突破信号的风险报偿比估算

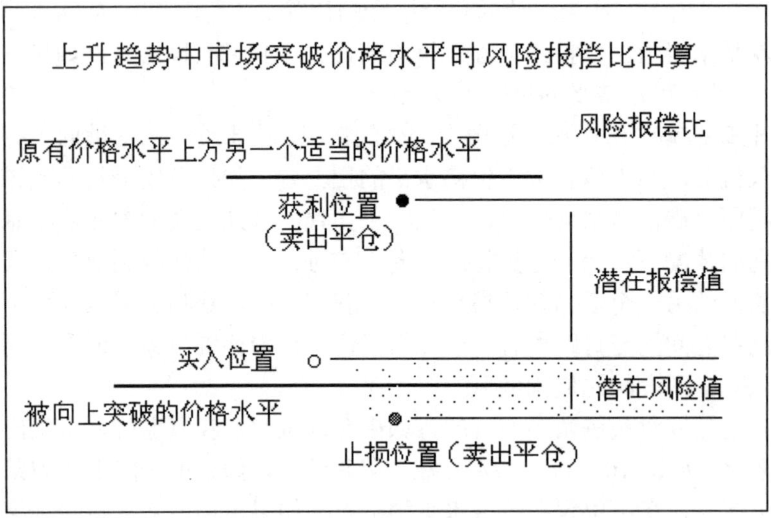

图 10.1（b） 价格水平向上突破信号的风险报偿比估算

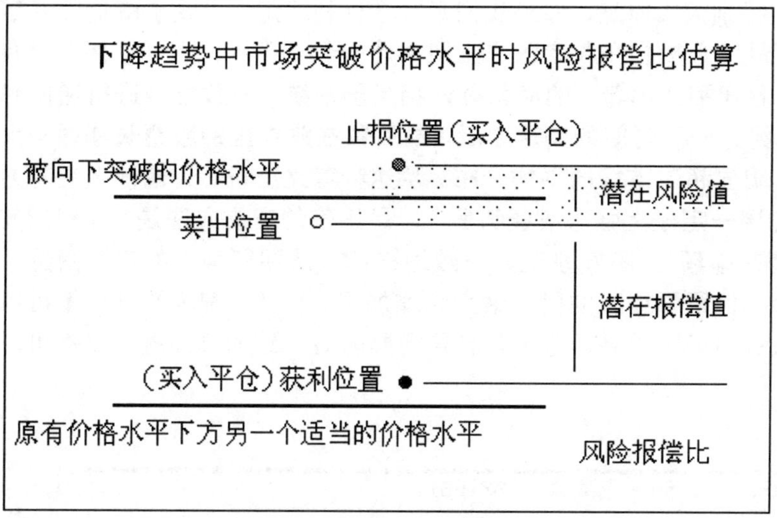

图 10.1（c） 价格水平向下突破信号的风险报偿比估算

投资者常见错误之九：跌就跌吧，扔那儿等着

最糟糕的组合——汰弱留强

照常理来说，如果乘公共汽车时坐过站了，我们得赶紧下车，再往回走或者往回乘车。要是某位乘客认为反正公共汽车来回开，干脆跟着汽车转一圈就是了，大多数人一定认为这很荒唐。但是，在投资者中间，如果股票被套住，常常听到“跌就跌吧，扔那儿等着”的说法，事实上，很多人一直等下去，就像那位各色的乘客一样；果断止损——相当于赶紧下车的人反而非常少见。反过来，如果买股票后有赢利，很少有人说“涨就涨吧，扔那儿等着”，总是早早卖掉，入袋为安。

表面看来，不止损就是不认赔，就是不赔；拿回利润就是获利，就是真赚，然而，被套住后的浮动亏损果真不是亏损吗？另一方面，如果“扔那儿等着”真有出头之日，也就是说，投资者有把握认定市场终究能够再涨回来，那么当手里的股票赢利时又何必急着出手呢？可叹的是，只要投资者染上了“有利就走”的毛病，就会染上“跌就跌吧，扔那儿等着”的毛病；反过来，只要投资者染上了“跌就跌吧，扔那儿等着”的毛病，往往也是“有利就走”的忠实执行者。这大约是投资方法中典型的不一致性的表现。一方面“有利就走”，另一方面“跌就跌吧，扔那儿等着”，还有什么交易方法比这样的组合更糟糕呢？

根据我们在国内股市上的经验，半数左右的股票基本上与大势同步，八分之一弱的股票明显强于大势，四分之一股票明显弱于大势，另有八分之一强的股票处在强弱转折阶段。用纯粹随机的眼光来看，持有明显弱于大势，尤其是长期弱于大势的股票的机会并不是特别大。但是，如果我们奉行“有利就走”、“跌了就扔那儿等着”的交易办法，则最终必然会在股票账户上留下此类长期下跌的股票，**因为“有利就走”加上“跌了就扔那儿等着”的交易办法相当于系统、一致性地进行逆向筛选，总是汰强留弱，经过一段时间的淘汰之后，最后留在账户里的股票长期弱于大势的机会大大增加，明显超过市场的平均分布。从这种意义上说，无论什么交易方法在开始时都没有把握一定碰上强势或弱势股，但是正确的交易方法是“让利润充分增长，把亏损限制在小额”，不断系统、一致地进行“汰弱留强”的正向筛选，经过一定的循环之后，保留强势股的机会就大大增加了**。当然，淘汰的过程不可以过于频繁，以免交易费用成本过高；选择新股票需要前后一致的判断标准，不可以朝三暮四。

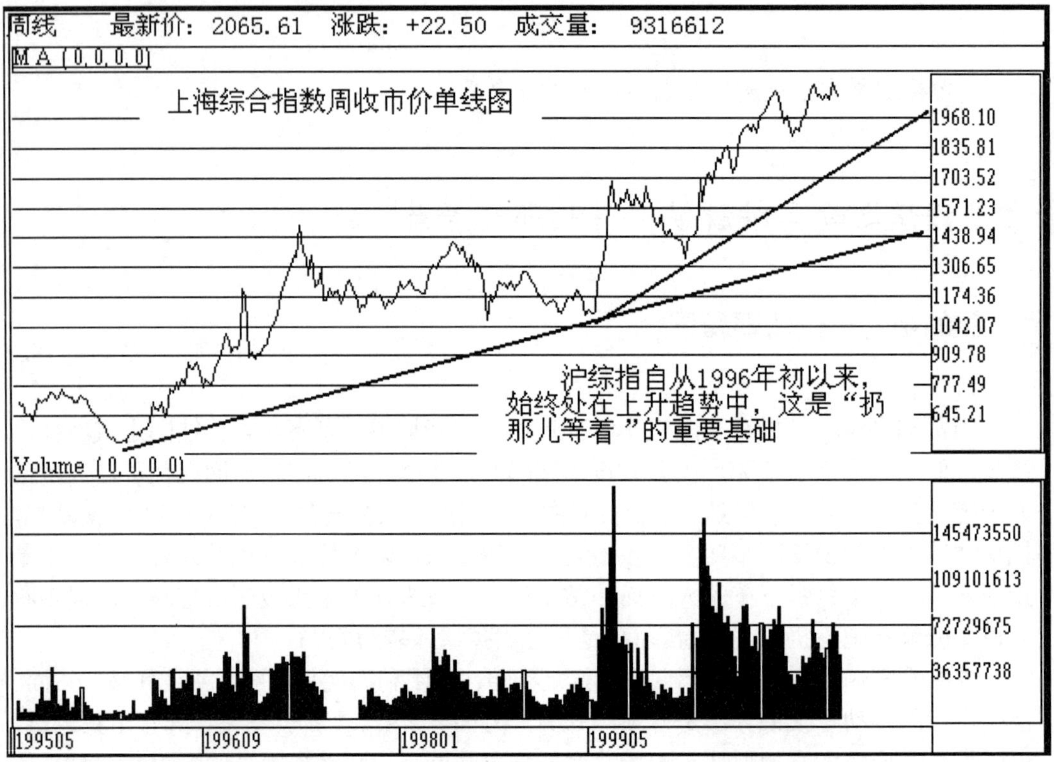

图 10.2 上海综合指数周收市价单线图

现代投资理论假定市场变化是完全随机的，果真如此，则投资者的收益率也应当围绕大势收益率上下随机分布。然而，从股市投资者的实际经验来看，投资者的收益率分布明显不同于随机分布于大势附近的“中性”局面，而是极少数人获利，绝大多数人亏损或者盈亏相抵。流行的估计是，十位股市参与者中只有一位获利，二位不赔不赚，其余六七位都是赔钱的。投资者收益率不如大势收益率只能有两种互有联系的解释：

第一种解释是交易费率过高且投资者交易过频，手续费负担沉重，因此投资者平均收益率明显低于大势收益率。

第二种解释是，大多数投资者的交易方法存在系统性问题，即那六七位投资者很可能倾向于一方面“有利就走”，另一方面“跌就跌吧，扔那儿等着”，其余三位“让利润充分增长，把亏损限制在小额”，但是盈利者选股方法很得当，交易次数比较少；而另外二位则选股准确率偏低，换手次数过高，交易费用吃掉了所有盈利。

如果投资者能够对上述盈亏分布所包含的系统性问题有所领悟，大概就是从“亏损阶级”和“不亏不赚阶级”晋身到“盈利阶级”的开端。

大雪崩

为了说明逆向筛选的极大危险，我们特意在大势上升 51.8%的背景下，选出这些股票来考察它们的行情演变与大势的对比（表 7.1）。综艺股份的例子前文曾详细讨论，这里就以中科创业和厦华电子为代表。

如图 10.3（a）为中科创业和上海综合指数的价格指数合并图，以 1996 年 12 月 4 日为基期，即以当日两者的收市价为 100，以后每个收市价照此类推，遇到中科创业除权时则按照复权的结果计算。该股票急剧的上升趋势开始于 1998 年 3～4 月间，当时上海综合指数仍然陷于颓势，因此其表现非常引人注目。早在 1999 年“5 • 19”行情之前，该股涨势已经启动，而在“5 • 19”行情中则更上一层楼。2000 年 1 月中，激烈的上升势头转为火箭般的直线上升，一直延续到 2 月下旬。此后直至当年 12 月下旬，该股票一直均匀下坡，与此同时，沪综指却有 50%以上的涨幅。从 2000 年 12 月 25 日起，均匀下坡突然演化为大雪崩，接连 7、8 个跌停板。该股 2000 年 5 月 16 日除权，以当前价格计算，2000 年初最高点约为 60 元，2001 年 1 月 19 日春节前的收市价为 13.17 元，由此可以想见，如果投资者在高位被套牢会遭到多大打击，浮动亏损的幅度可能超过 50%。

该股价格指数和沪综指价格指数的差价图（图 10.3（b））显示，在大势强劲上升的背景下，上述中科创业行情本身的下跌实际上还不能完全体现投资者相对于大势的损失。从图 10.3（b）来看，甚至在行情大部分时间均匀下坡时，差价已经是急剧滑坡了。

从 2000 年 1 月 7 日到 2001 年 1 月 19 日的日蜡烛线图（图 10.3（c））清楚地显示了中科创业从滑坡到雪崩的过程。图 10.3（c）已经将 5 月的除权按照当前价格折算了。从图 10.3（c）看，当 7、8 个跌停板发生时，可能有的投资者会说，“瞧，跌停了，想卖也卖不掉”。实际上，这些投资者从来不曾认真考虑过卖出止损，因为他们信奉的就是“跌就跌吧，扔那儿等着”。当然，本例中包含非市场化因素，不是投资者所能左右的。作者的意思是，仅就图表来看，如果投资者不是持有“跌就跌吧，扔那儿等着”的消极态度，而是主动止损，“把亏损限制在小额”，或许本来有一些机会卖出的。图 10.3（c）所示的几个卖出机会就是当市场下跌突破价格水平后（突破信号），或者当市场向上试探价格水平失败后（不突破信号）发出的。

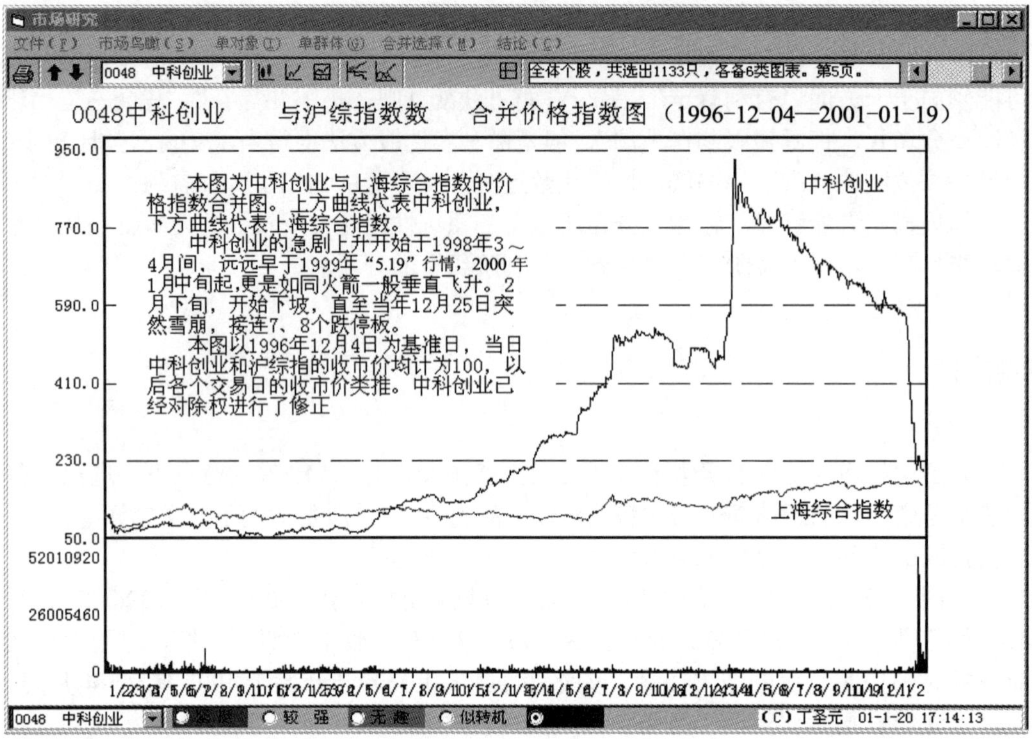

图 10.3（a） 中科创业与大势合并图

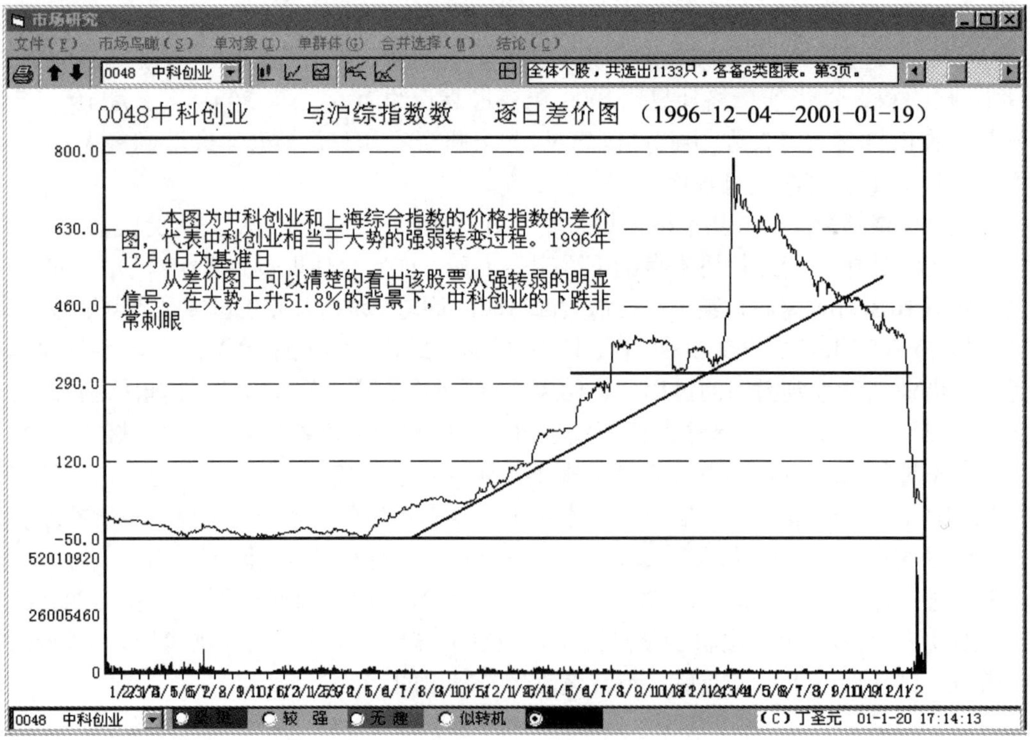

图 10.3（b） 中科创业与大势差价图

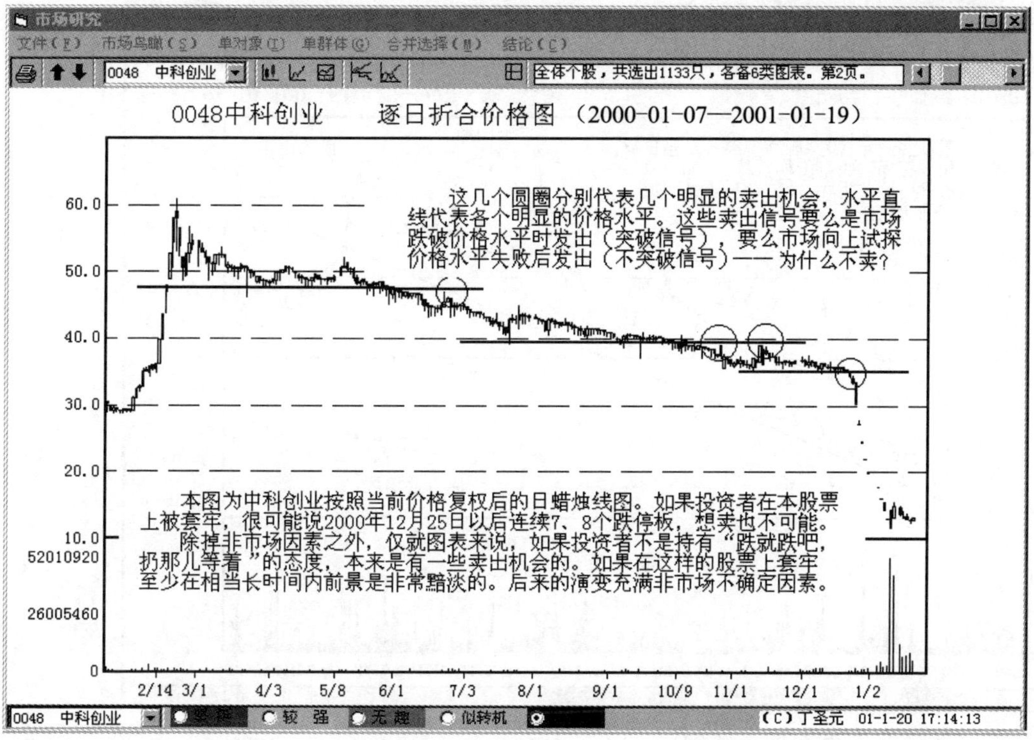

图 10.3（c） 中科创业日蜡烛线图

如果投资者早日卖掉的话，固然必须承受亏损，但是很可能躲过了后来大雪崩的7、8个跌停板；将资金解放后，还可以捕捉其他机会。反过来，如果被套住的话，则投资者将面对未来一些非市场化的不确定性；单纯从图形上看，该股票的跌势也远远没有结束，图 10.3（c）中最后几天显示，“庄家”怕事情闹大“出手自救”，但是投资者不要为之所迷惑，即使在正常情况下，下降趋势中止、再转为上升趋势也需大费周章，很可能需要数年时间。

现在我们再来看厦华电子的例子（图 10.4（a）、（b）、（c））。2000 年 6 月下旬之前，厦华电子始终处于强劲的上升趋势中，明显强于大势，但是之后形势突变，该股票的上升趋势向下逆转为下降趋势。从图 10.4（a）可见，三山形态非常典型，当该股票向下跌破颈线后，这是第一个转势的征兆；当图示的长期上升趋势线被向下跌破后，则是相当可靠的验证信号了。

从差价图 10.4（b）来看，其长期上升趋势线被向下突破的信号出现得更早，说明该股票强于大势的一贯格局可能发生变化，当差价曲线的三山形态颈线被向下跌破后，就验证了上述结论，此时即使厦华电子的行情本身未必逆转为下降趋势，但是它相对于大势已经从强转弱了。

从目前该股票本身的行情来看（图 10.4（a）），似乎已经到达了由前期低点构成的支撑水平，可能有机会喘息一番。但是从差价图来看，情况并不乐观。

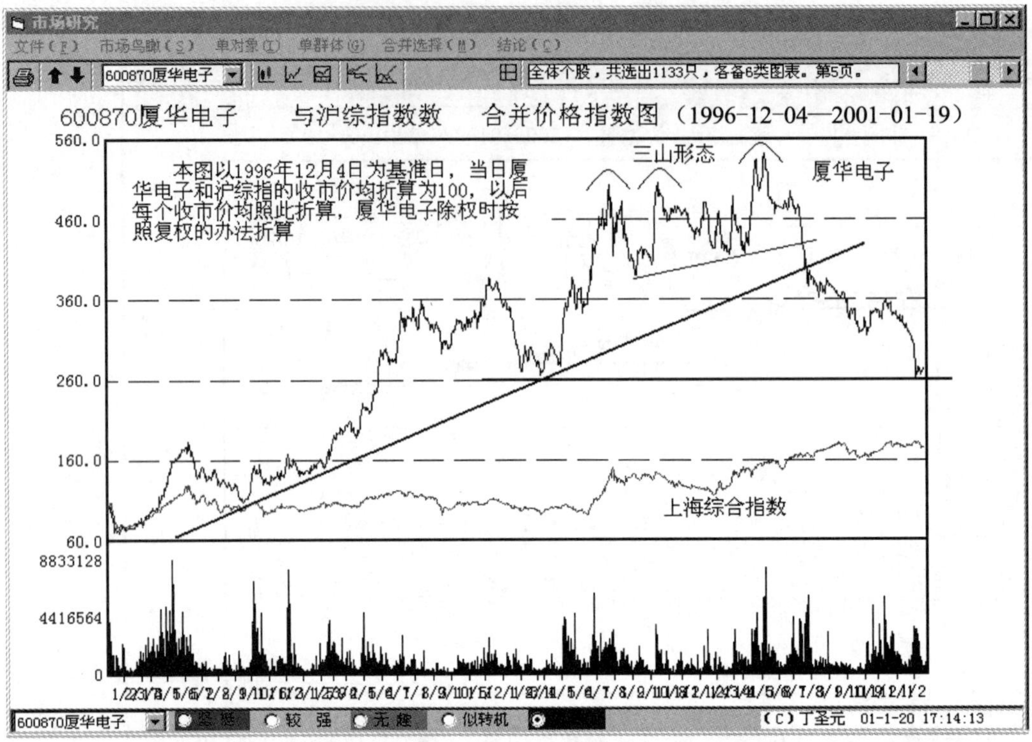

图 10.4（a） 厦华电子与大势合并图

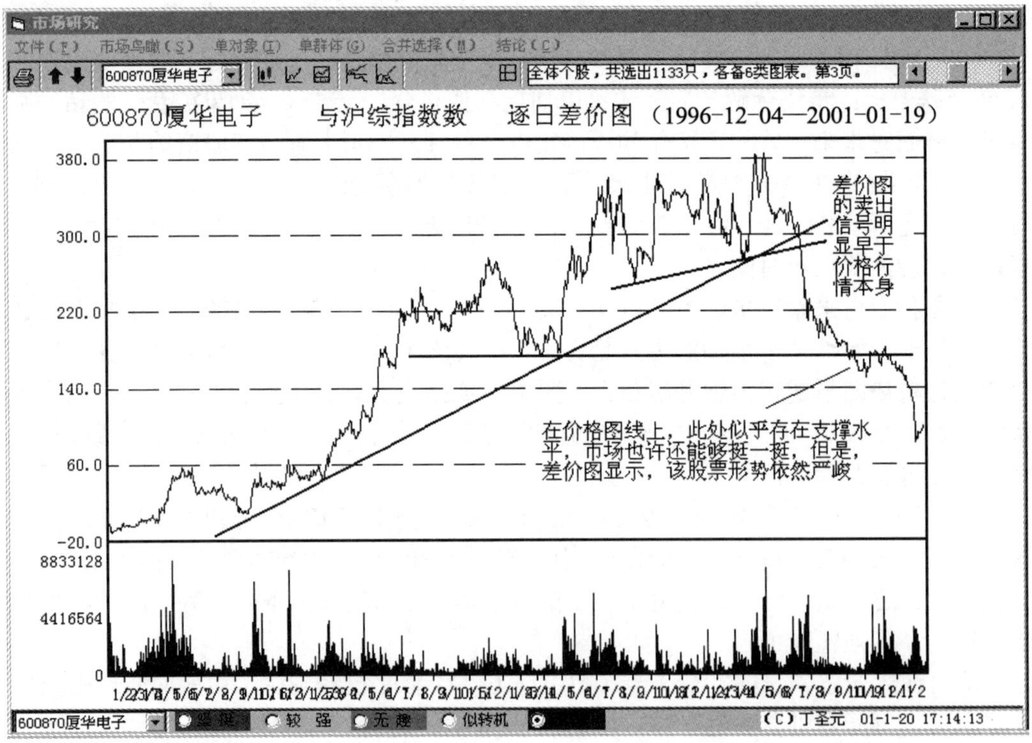

图 10.4（b） 厦华电子与大势差价图

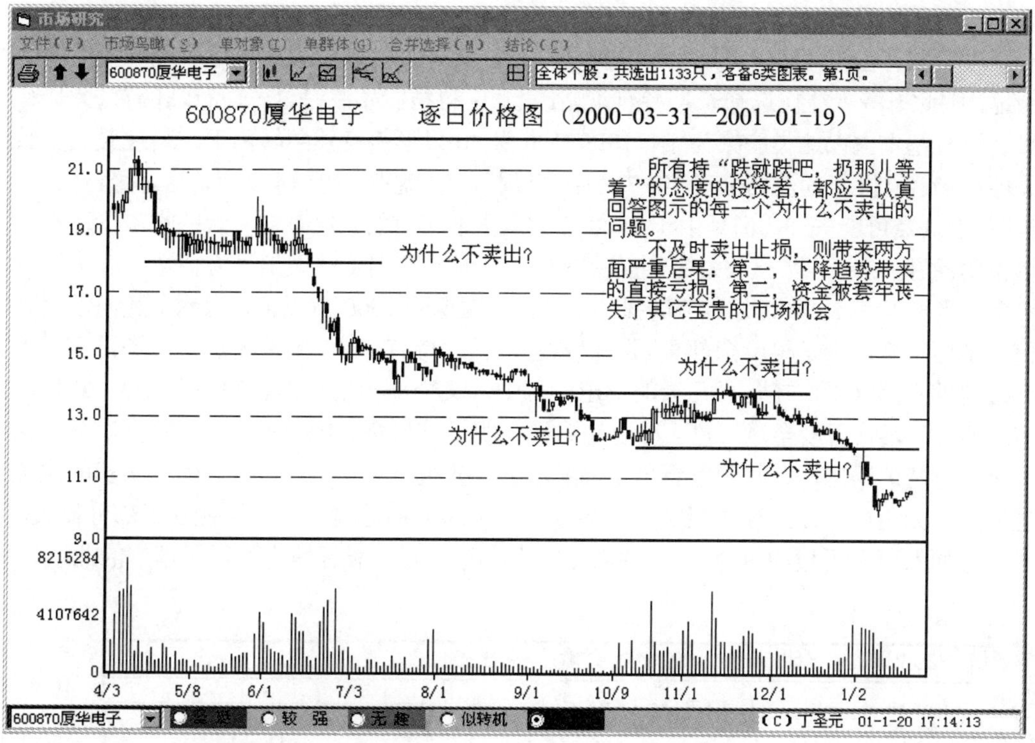

图 10.4（c）　厦华电子日蜡烛线图

厦华电子于 2000 年 9 月 25 日除权（请注意，在这类大幅上涨、大幅下跌的股票之中，除权乃至大比例除权是家常便饭），图 10.4（c）是按照当前价格复权后的日蜡烛线图。图 10.4（c）以价格水平作为基本工具，标注了几个卖出信号，每一个注有“为什么不卖出”的地方都是卖出信号。其中最先出现的卖出信号实际上就是前面讨论的趋势逆转信号，结合上述几方面信号，卖出理由是相当充分的。

换一种眼光看止损

其他卖出信号的价值也并非不值得重视，如果投资者在任何卖出信号处卖出，虽然表面看来是认赔了，但是他的真实处境实际上是改善了。被套牢的投资者不妨换一种算账的办法，就算被套的头寸是“扔那儿等着”，在任何一个卖出信号处卖出都不算割肉，而是重新做一笔空头交易，只要后来再以更低的价格买回来，这个空头交易就获利了。这样看来，后来的卖出和买进都和原来被套牢的头寸无关，都不是割肉，但是它们的盈利对原有头寸的浮动亏损有所补偿，起到了降低成本的积极作用。

其实不管账怎么算，都只是投资者本人对“止损”还是“卖空”的看法不同而已，没有实质区别。在市场对己不利的逆境下，最糟糕的事情莫过于束手无策、终日坐等，主动采取措施，至少能够达到减少损失的目的。

如图 10.5 所示，1999 年“5·19”行情对很多投资者来说都是一个很好的教训。笔者熟悉的某位投资者直到 1500 点被向上冲破后才认识到一轮大牛市已经形成，于是满仓买进股票。由于 1500 点是多年的历史高点，此处被突破说明市场很可能有较大上涨余地，因此投资者往往选择长期持有策略。此外，科技股始终是这一轮行情的首选对象，投资组合基本上以这类股票为主。1999 年 6 月 30 日形势突然急转而下，科技股类多数跌停板，这位投资者被高位套牢。7 月 19 日周五，大盘收市于 1479 点，这是警告信号，说明 1500 点可能失守，但是由于 1500 点的水平非常重要，仅有这一天的收市价还不足以说明问题；21 日周一，大势开盘后即向下，似乎证实了突破信号，他全部卖出所持股票；当日下午 1 时 30 分后市场强劲上拉，再次返回 1500 点以上，说明上述向下突破信号是假信号，于是再度全部买回，仍然坚持长线持有。10 月 8 日后，市场再度向下突破前期支撑水平，在随后几天的卖出信号中，又全部卖出止损。2000 年 1 月 20 日，市场明显反转，再度全额买进。以上简略地说明了该投资者的主要交易过程，实际上由于个股行情的不同，有些股票更早止损卖出，有些股票更早买进，有些股票买卖的次数也更多。无论如何，上述积极努力明显改善了当事人的处境，一方面挽回了部分损失，另一方面保留了再战的机会，在 2000 年的上半年的科技股行情中取得了理想的业绩。

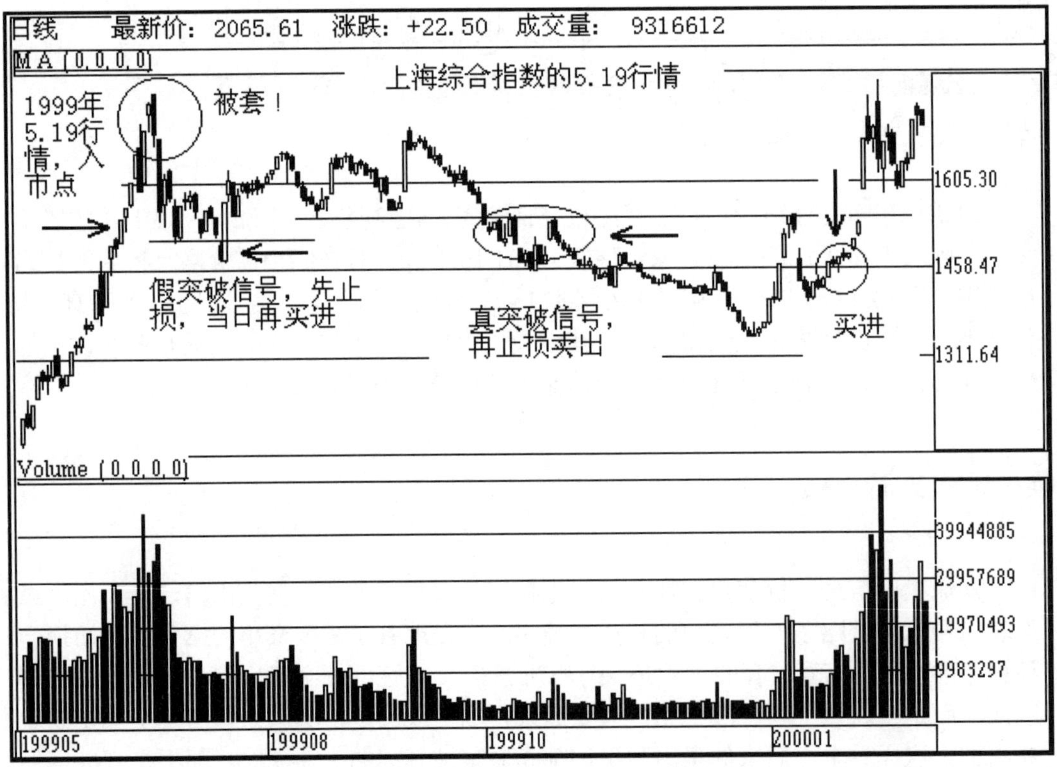

图 10.5 上海综合指数日蜡烛线图

通过上述实例，我们看到这些大幅下跌的股票原来是怎样大涨的。不过，我们无意用这些例子来证明“圆周运动”理论。按照圆周运动的理解，股票行情总是涨跌周而复始的，长期上涨的股票终有一跌，长期下跌的股票终有一涨。但是，圆周运动理论是靠不住的。

我们用意是强调在“中国特色”的股票市场，投资者需要付出额外的注意力来躲开各种人为陷阱。股价从上涨十几倍转为下跌 70%～80%，充其量只能说明“圆周运动”的一半：如果股价上升 10 余倍本非因为上市公司价值显著上升所引起，高价位当然难以持久，暴跌是难免的；然而，反过来的另一半“圆周运动”并不成立，如果股价长期走低正是上市公司严重亏损的当然结果，那么这样的股票并没有理由仅仅因为长期下跌而自动上涨。

从未大涨过的股票

有的朋友可能反驳说，上面的例子都是先有相当大涨幅再有急速下跌，按照圆周运动理论，这样的股票当然下跌的机会更大，我本来就是不买的。且不说圆周运动理论站不住脚，也不说强势股不一定逆转向下、弱势股不一定逆转向上，如果投资者只买从来没有过大幅上涨的股票，坚持“跌就跌吧，扔那儿等着”的态度，结果是不是会好一些呢？为了全面起见，我们再看几个事前没有大规模上升过程的例子。

葛洲坝于 1997 年 5 月 26 日上市，上市后几天之内曾经出现过昙花一现的上升行情（图 10.6（a）、（b）、（c）），随后进入近两年长期下降趋势，股价大幅下跌至上市时的一半，在后面一半时间该股票主要呈现横向盘整的格局，价格区间在 7～10 元。该股在大幅下跌之前并没有长期、大幅上升的情节，但是一旦投资者不幸在 11 元以上被套牢，则苦等两年后也没有任何解套的迹象。

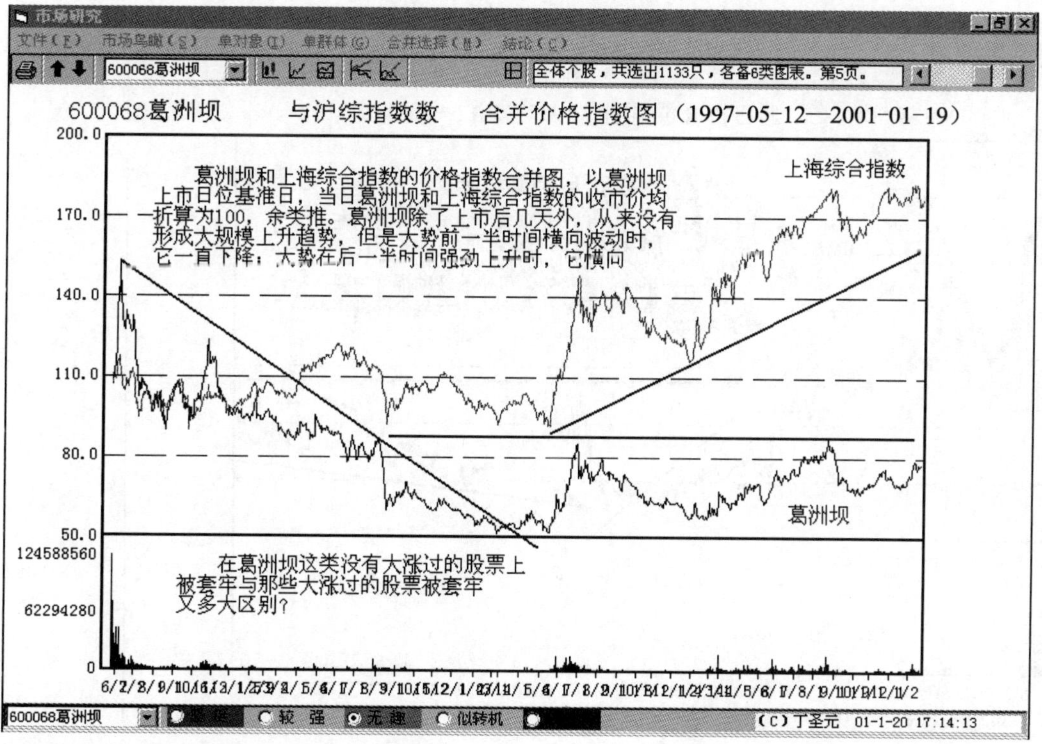

图 10.6（a）　葛洲坝与大势合并图

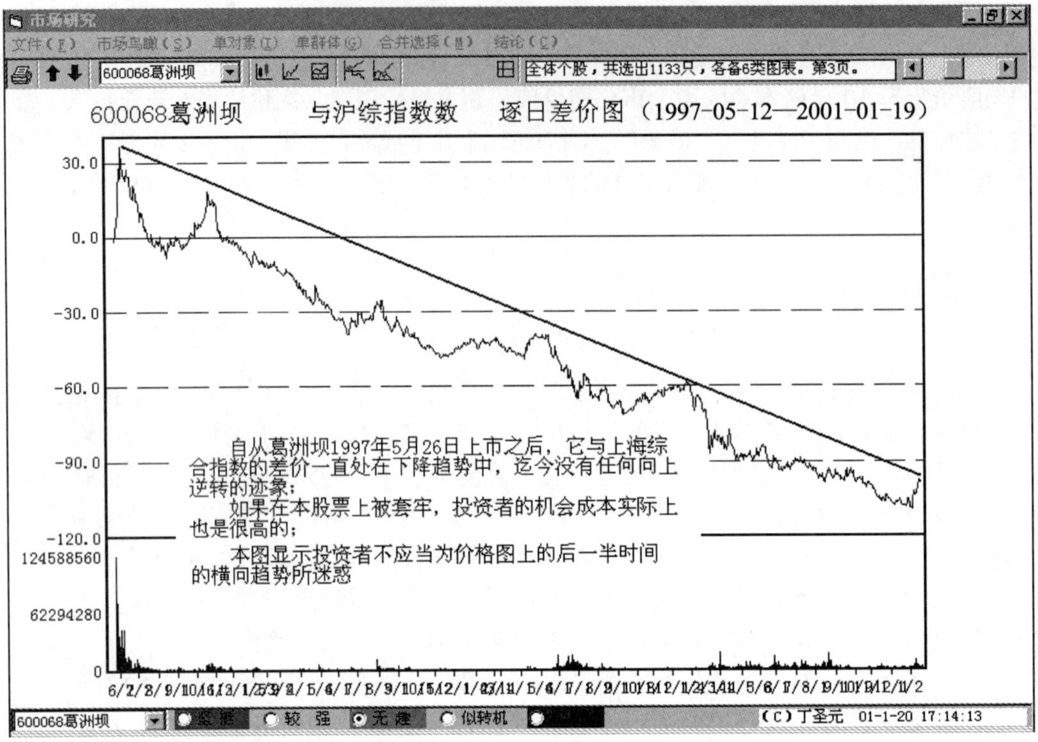

图 10.6（b） 葛洲坝与大势差价图

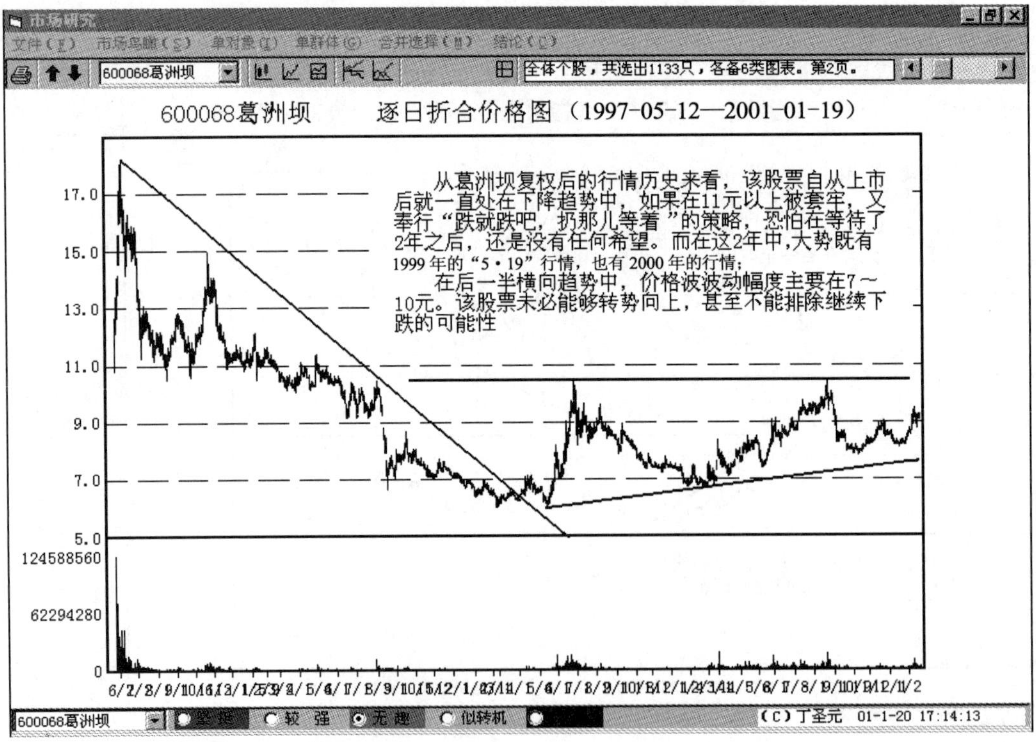

图 10.6（c） 葛洲坝日蜡烛线图

请注意，这是与大势的“5·19”行情和 2000 年的大行情同时发生的，图 10.6b 的差价图显示了该股票和大势的差距始终处在下降趋势之中——这说明投资者不应当被行情图上后一半的横向趋势所迷惑，“跌就跌吧，扔那儿等着”的机会成本是很高的。从图 10.6（b）来看，始终按兵不动的投资者真是很有“定力”，我们忍不住想，如果将这份“定力”运用在长期上涨的股票上结果会怎样呢？

图 10.6（c）是按照当前行情复权后的行情图，这是 K 线图，挤得很密。从本图来看，被套牢者的等待依然没有任何结果，甚至不排除后来行情向下突破的可能性。

0687 保定天鹅的故事和葛洲坝非常相似，说明这类股票具有一定的典型性。更有甚者，有的股票上市后一跌再跌，2～3 年间竟然已经戴上了“ST”、“PT”[①]的帽子，也就是说，该公司自从上市后从未有过盈利，而是一直亏损，令人怀疑它是怎么达到上市前连续 3 年盈利的上市标准的。

600083PT 红光正是这样的例子（图 10.7（a）、（b）、（c））。该股票 1997 年 6 月 6 日上市，当年每股亏损 0.863 元，1998 年每股亏损 1.442 元，1999 年每股亏损 0.849 元，2000 年中期每股亏损 0.17 元——除了上市招股时报出 1996 年每股盈利为正的 0.339 元外，全部亏损。投资者碰上这样的股票，如果采取“跌就跌吧，扔那儿等着”的办法，几乎是“一棵树上吊死”了，血本无归的风险相当大。此类企业未来唯一的希望是脱胎换骨、扭亏为盈，这比从头经营新企业困难得多。投资者当然没有任何理由在这类企业上无限期地等下去。

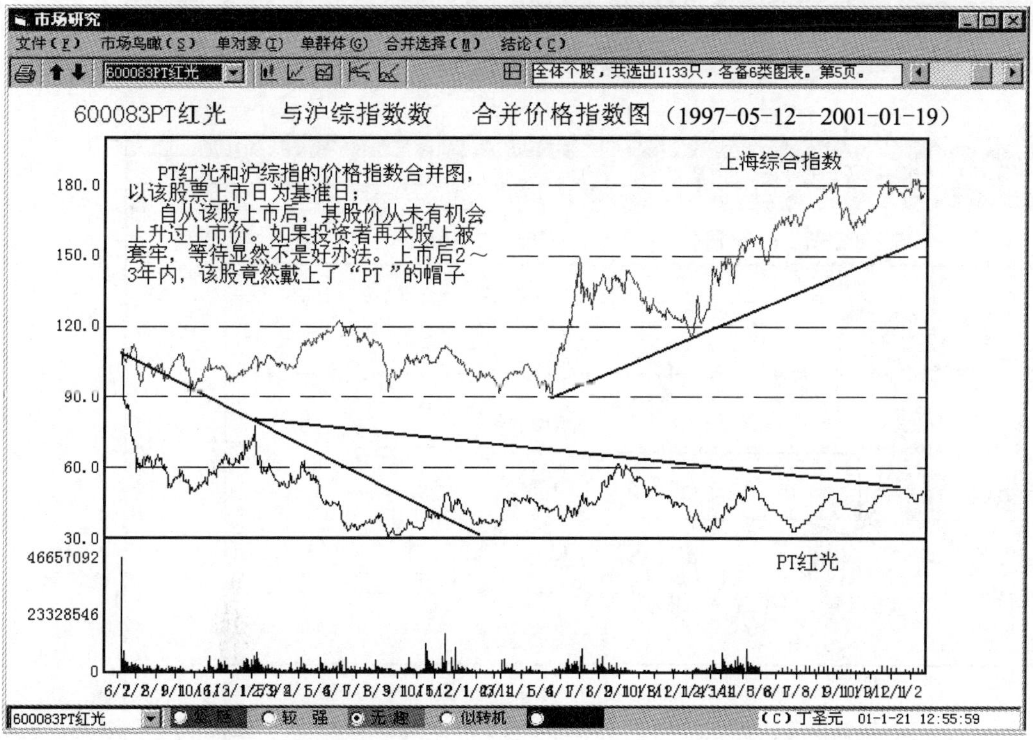

图 10.7（a） PT 红光与大势合并图

---

① 按照目前的规定，连续 2 年亏损的上市公司归入“ST”的类别，二级市场交易的涨停板为 5%，不设跌停板。连续 3 年亏损的上市公司归入“PT”的类别，每周只有最后一个交易日的集合竞价交易，涨停板为 5%，不设跌停板。

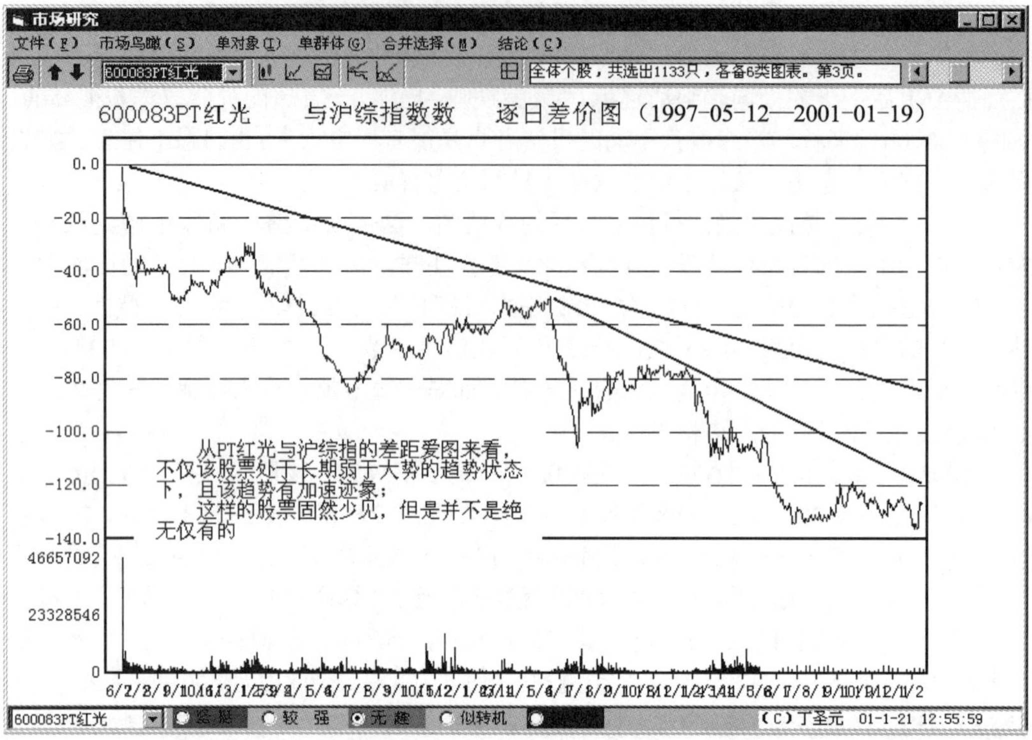

图 10.7（b） PT 红光与大势差价图

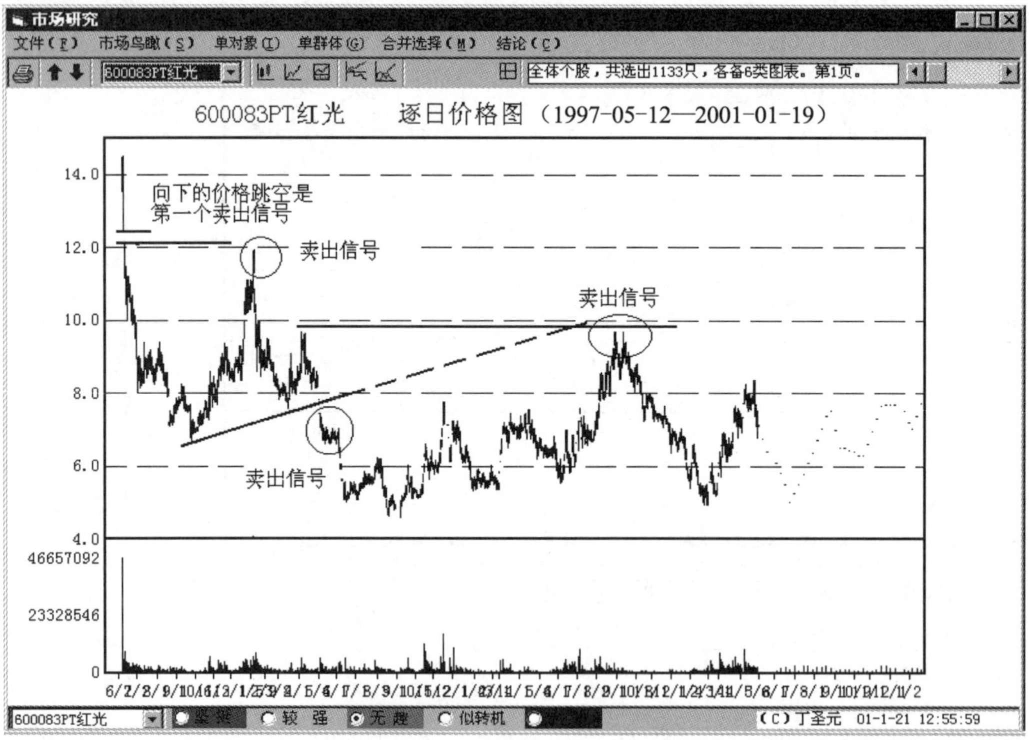

图 10.7（c） PT 红光日蜡烛线图

从 600083PT 红光和上海综合指数的合并图（图 10.7（a））来看，该股票自从上市后从未有过超过上市价的时候，基本上总是处在下降趋势中，甚至在“5・19”行情和 2000 年行情中也不例外。在差价图（图 10.7（b））上，该股相对于大势走软的程度甚至处在加速状态下，迄今没有任何好转迹象。

蜡烛线图（图 10.7（c））显示了几个比较明显的卖出信号。第一个卖出信号出现在上市后几天之内，即图示的向下价格跳空；第二个卖出信号是，在下降趋势中市场向上反弹，但是未能向上越过前期价格跳空，这是价格水平未被突破的信号，应卖出；第三个卖出信号出现在下降趋势中，市场向下突破上升趋势线，且跌破前期低点的支撑；第四个卖出信号是双重顶，又没有向上突破前期阻挡水平。

时间拖得越久，对投资者越不利

或许我们应将这类股票归入非市场风险的类别。然而，不管原因何在，有一点是肯定的：风险永远是投资者的。因此，非市场风险的问题不但不是投资者松懈的原因，反而更加突出了投资方法的重要性，投资者需要更严格地采取止损措施，才能避开人为陷阱。实际上，即使在正常市场条件下，此类情况偶尔也会发生。

从上面两个例子来看，长期弱于大势的少数股票可能永远回不到投资者被套住时的高点，一旦在“跌就跌吧，扔那儿等着”的原则下被套住，同样可能招致两方面问题：首先，被套股票的行情如同沼泽地一般，使投资者陷入泥潭；其次，由于资金被锁定在套牢的股票上，当总体市场处在强劲牛市中时，或者另有投资机会时，难以捕捉新机会，坐失良机。上述两方面后果的严重程度与套牢的深度、套牢的时间成正比。特别值得注意的是，由于国内企业所有制正处在巨大变化之中，非市场风险极大，因此时间拖得越久对投资者越不利。

股票强弱分化本是股票市场发挥优化资源配置功能的前提，无论如何，上市公司强弱分化是不可避免的，好的上市公司越来越好，差的上市公司越来越差，投资者被套牢后基本上没有等待的余地。国内股市强弱分化的现状还远远不够，或许这就是“圆周运动理论”的原因之一，但是这只是一时的不正常现象。

在国内研究者中存在某种误解，认为从长期来看，股市行情终归呈上升趋势。不幸的是，这一结论并不必然成立，而是需要一定的前提：社会组织没有系统性弊病，经济体系没有结构性障碍。自从 1987 年以来，日本经济 10 余年停滞不前，股市不是横向波动，而是从 38000 多点的高位下跌到 14000～20000 点，连续 10 多年在低位区间波动（图 10.8）。假如投资者在这样的大势背景下，仍然坚持坐等策略，恐怕要等得“白了少年头”了。

一般说来，投资者的成本主要是资金，在市场上表现为风险和回报两方面，承担最小的风险取得最大的收益，就是成功的标准。实际上，这一结论只适用于日常投资活动，一旦将视野放宽到数年、数十年，则投资者的终极成本——时间就成为重要的衡量因素。在第六章谈到资金管理的长远眼光和全局平衡观时，我们曾经指出个人投资者应当将视野拓展到 10 年、20 年，获得日积月累的可靠投资收益。由此可见，如果股票市场长达 10 多年在低位徘徊、甚至还可能进一步下跌，显然不属于可接受的长远投资的范围；反过来从时间成本看，如果投资者不得不没有补偿地等待 10 多年或更长时间，代价实在太沉重了。

仅以股市投资来说，衡量职业投资者成功与否的时间单位不应当超过 1～2 年；衡量普通投资者的成功与否的时间单位不应当超过 2～3 年。换句话说，以数十年、上百年为单位讨论股票市场涨跌，除了学术意义之外，不具备操作性意义。

图 10.8 日经 225 种股价平均指数单线图（对数刻度）

退一步说，即使股市大势总为上升趋势，对身处逆境的个别企业来说，也不一定意味着东山再起。股市指数永远和股票市场一道存在，而上市公司则是过客，无法逃脱优胜劣汰的市场竞争。单单凭股市大势总是上升这一点，并不意味着等待的办法是可行的。

综上所述，如果说买错了股票被套牢是投资者犯下的第一个错误，那么“跌就跌吧，扔那儿等着”就是试图用另一个错误来解决第一个错误，结果只能错上加错；更进一步地，如果投资者习惯于既“有利就走”、又“跌就跌吧，扔那儿等着”的交易方法，则几乎注定不可能获利。

我们的忠告是，时间不在投资者一边，等待不是办法。

第十一章　轻信是投资者的大敌

投资者常见错误之十：某某炒股赚了几倍

如果“某某炒股赚了几倍”仅限于茶余饭后的轻松话题，当然算不得什么，但是不少投资者，尤其职业投资者竟然信以为真，发展到以“赚几倍”作为正常的股市投资目标，企图从天方夜谭的故事中钻研出一条正确的投资途径，那就成问题了。正确的投资理念和平衡的心理状态都是投资者必修的基础课，容不得一点马虎。

赌博和投资

赌博和投资是两件截然不同的事情，“赚了几倍”正属于赌博的范畴，而不在投资的字典之内。赌博，通常人们只是偶尔为之，投入的赌本相对于资产总额的比例也相当小，赌博中采的机会极小，但是一旦中奖，则可能大赢，充满喜剧色彩；投资，通常是持续大半辈子的长期活动，投入的资本金通常占据总资产的相当比例，正常投资收益基本上是长时间累积的成果，取决于投资者长期一贯的、平均的获利能力。

投资界人士总是津津乐道索罗斯在1992年的大手笔，他认定官方规定的欧洲汇率机制的汇率浮动区间没有意义，大笔下注卖出英镑买进德国马克，最终压垮英镑对德国马克汇率浮动区间底部，逼迫英镑等弱势货币退出欧洲货币机制，获利10亿美元。然而，这次成功并不是一时中采，而是经过长期的战略准备。虽然当年索罗斯旗下的基金“获利超过50%”[①]，但是这场胜利和赌博不可同日而语。

显然，投资是一种职业，一门专业性工作，而要做好任何专业、职业，事先都必须经过认真准备和学习，并且在实践过程中不断总结提高；投资是一场长期竞赛，归根结蒂是一种劳动；赌博仅是人生游戏，不须任何劳动、任何艰苦。因此，正确的投资理念是，投资即劳动，坚决摒弃赌徒心理。不仅如此，假如真要以赌博谋生，同样必须付出艰苦的劳动。举例来说，概率论原本就是职业赌徒为了追求赌博事业的成功而发明的工具。

提防陷阱

在监管严格的成熟市场上，人为陷阱少、市场效率高、有关人员尽责、各方角色透明度高，或许投资者的劳动量可以稍稍少一些，然而了解企业、选择基金管理者、调整资金分配比例等仍然是必不可少的基本作业。相比之下，投资国内市场无异于走入丛林，投资者绝对必须放弃“跟庄”、“内幕消息”、“快速致富”的幼稚想法，脚踏实地地付出劳动。首先，要识破骗局，这是投资者面临的最大风险，包括虚假消息、侵吞资产、“庄家”出货的陷阱等；其次，要研究政策变化、体制变化等宏观环境的变动；再次，研究经济状况、行业状况、企业基本情况、市场行情，从大量信息中去伪存真、提取精华；最后，做好资金分配、风险控制、投资组合管理等各方面投资工作。对国内投资者来说，对第一点必须特别留意。在股票市场，例子有公开报道的大庆联谊案、东方锅炉案；在期货市场，例子有上海国债期货逼空行情、北京新国大期货经纪公司诈骗案；在资金市场，例子有江苏无锡的大规模非法集资案。总之，“平时多流汗、战时少流血”。

投资收益率与平均社会劳动回报率具有平衡关系

既然投资即劳动，那么这种劳动的回报率就必然趋于社会劳动的平均回报率。

在典型的市场经济条件下，任何具有高平均收益率的行业都会立即吸引新的竞争资金的加盟，导致行业竞争加剧，平均利润下降，该过程将一直持续到行业平均利润率和社会总体平均收益率相当；反过来，如果任何行业的收益率低于社会总体平均利润率，则将驱使行业内资金流出，竞争减缓，行业平均收益率上升，直至回到社会总体平均收益率附近。资本市场是市场经济的精华部分，市场效率相对最高，国外长期的市场历史已经证明，股票市场大势的收益率不可能长期大幅高于国内生

①[美]乔治·索罗斯，《金融炼金术》，孙忠、侯纯译，海南出版社，1999年。

产总值（GDP）的增长率；投资者的平均收益率不可能长期大幅超过社会平均劳动收益率。

根据现代投资理论，成功的投资组合收益率大致和市场大势的收益率相当。事实证明，和“赚几倍”派的想法正相反，一贯地获得与大势相当的回报率并不是一件容易的事情，2000 年上海综合指数上涨 51%，有多少投资者能够达到如此收益率呢？

在投资组合中必须有“赚了几倍”的股票

不可否认，在投资过程中，“赚了几倍”的情况并不少见。从投资组合的角度来看，如果要取得与大势相当的成绩，则必须在组合中捕获一二只涨幅很高的投资对象，在 2000 年这样的行情中，就必须捕获一二只“赚了几倍”的股票，才能取得和大势不相上下的收益率。

账是这么算的。

我们在第四章曾经介绍研究个股相对于大势的走势的方法。我们以 100 个交易之前的那一天作为基准日，将当日个股的收市价折算为 100，得到其价格指数；将当日上海综合指数的收市价也折算为 100，以后每个交易日的收市价均如此折算。然后用个股的价格指数减去上海综合指数的价格指数，得到个股与大势的差价。

在 2000 年底国内股市 1000 多只股票中，约 1/2 和上海综合指数同步——即约 1/2 个股的走势和大势的差价基本上局限在±10%以内，差价范围至多不超过±20%，且差价曲线没有明显可辨的向上走强或向下走弱的趋势；

约多于 1/4 的个股明显走弱，即在上述时期内，个股相对该指数的差价跌幅在－10%以上，并处于明显可辨的下降趋势中；

不足 1/8 的个股明显强于上海综合指数，即在上述期间内相对于该指数的差价超过+10%，且处于明显可辨的上升趋势中；

其余约 1/8 个股要么处在从弱转强的试探过程中，要么处在从强转弱的试探过程中，需要进一步的验证信号，才能明确归入强、弱或同步的类型。

假定我们在投资组合中持有 8 只股票，并且公允地假定这 8 只股票的情况大致相当于股市的总体状况。投资者需要支付双向 1.5%的交易费用。按照国内市场的实际情况，假定平均每季度整个投资组合换股一轮，则每年手续费支出相当于 4×1.5%＝6%；即使半年完全调整一次，交易费用也达到总投入的 3%。因此，和大势基本同步的股票实质上先天地弱于大势。

其次，为了动态地保持投资组合的强势特性，需要对某些个股止损卖出、重新买入新的股票。止损的目的就是从投资组合中剔除弱于大势的个股，使投资组合由与大势同步和强于大势的个股组成。假定止损比例控制在 10%以内，在全部投资组合中全年平均共有三分之一的股票曾被止损，则需付出相当于总金额 3%～4%的止损成本（33%×10%＝3.3%）。

最后，假定投资组合总是平均分配资金在 8 只股票上，其中大多数股票的表现与大势同步，少数股票需要止损、换股，仅有 1 只股票明显强于大势。为了总体业绩与大势相当，这只股票的收益必须足以补偿全部投资组合的交易费用和止损成本：

下限为

$$(3\%+3\%)\times 8=48\%,$$

上限为

$$(6\%+4\%)\times 8=80\%,$$

即这只强势股票的投资收益率必须达到超过大势50%～80%的程度，才能使得整个投资组合与大势不相上下。这个幅度和“赚了几倍”相去不远了。

黑马是优选的结果，不是事前的赌注

组成投资组合、止损、换股的全部目的就是为了两点：降低整个投资组合的非系统风险；捕捉上涨幅度较大的“黑马”。和赌博不同的是，事前我们并不知道哪只股票是“黑马”，所以我们不愿意孤注一掷，而是组成投资组合，“黑马”是通过调整投资组合的优选过程自然产生的，是投资方法本身所致，而不是投资者本人有巫术捕捉“黑马”。这就使投资者借助成功的投资方法在不确定的市场中获得了某种程度的相对确定性。“黑马”所发挥的作用是对投资组合而言的，重要的不是“黑马”本身“赚了几倍”，而是帮助投资组合追求大势平均收益率。

从上述简单计算可知，如果要求投资组合的获利率明显超过大势，或者在投资组合管理过程中止损比例没有控制在个股投入资金的10%之内，或者投资组合的换股过于频繁，那么强势股的上涨幅度必须超过大势100%以上才能令投资组合成功。

偶尔“赚几倍”也许不少见，但是一贯“赚几倍”则是神话。“赚几倍”是硬币的一面，另一面则是“赔几倍”，言者可能只交代了前一面。投资收益的一贯性只能出自健全、一致的投资方法，当投资者盈利时，必须了解到底为什么会盈利；亏损时，同样必须了解到底为什么会亏损，这样的能力才是真正的投资盈利能力。

投资股市的成功典范

如果非谈投资股市最成功的人不可，那只能从美国的沃伦·巴菲特说起。

“在投资业的发展史上，沃伦·巴菲特可谓独占鳌头。他从零开始，仅仅从事股票和企业的投资，积累起巨额财富，成为20世纪世界大富豪之冠。在40年的时间里（足以消除偶然因素的影响），沃伦·巴菲特在股票市场的业绩非凡，获取了惊人的赢利，未曾遭遇过大的风险，也没有出现过亏损年度，这真是一个奇迹！在市场专家、华尔街经纪人及旁观者们看来，简直是一件不可思议的事。通过连续、高质量的滚动，巴菲特获得了97亿美元的收益净值。

无论股市行情牛气冲天抑或疲软低迷，无论经济繁荣与否——巴菲特在市场上的表现总是很好——从艾森豪威尔时代到比尔·克林顿执政，从50年代到90年代，从便鞋、越南战争到债券、信息时代，在战后美国，主要股票的年均收益率在10%左右，巴菲特却达到了28.6%的水平。”[①]

沃沦·巴菲特的第一项投资基金名为“巴菲特合伙人企业”，始于1956年，1969年解散，年均毛利达32%。从1965年起，巴菲特控股一家纺织厂——伯克夏·哈萨维公司，当时其股价约为12～15美元。在以后的数十年中，巴菲特成功地把它改造为投资控股公司，通过它来投资股市、投资其他企业，2000 年末该公司的股价大约在70000美元，上涨5000倍左右（图11.1（a）、（b））。

图11.1（a）、（b）均是截止到2000年12月29日伯克夏公司A股的行情月线图，图11.1（a）采用线性刻度，图11.1（b）采用半对数刻度。在线性刻度下，由于累积涨幅高达5000倍，早期的行情受到严重压抑，以至在5000美元以下根本无法显示具体价格。而在对数刻度下，则不存在这个问题，伯克夏的股价从1976年到1999年中几乎始终保持均匀的高速度增长，图11.1（b）的上升趋势线很好地显示了其增长过程。图11.1（a）、（b）突出地显示了线性刻度和对数刻度的异同，证明投资收益比例是衡量投资者业绩的唯一准确的尺度，在有大比例的股价变化时，对数刻度才能给出可靠的市场涨跌比例。请注意，伯克夏 A 股[②]从未采取除权手段降低名义价格，股价记录了真实的行情历史。

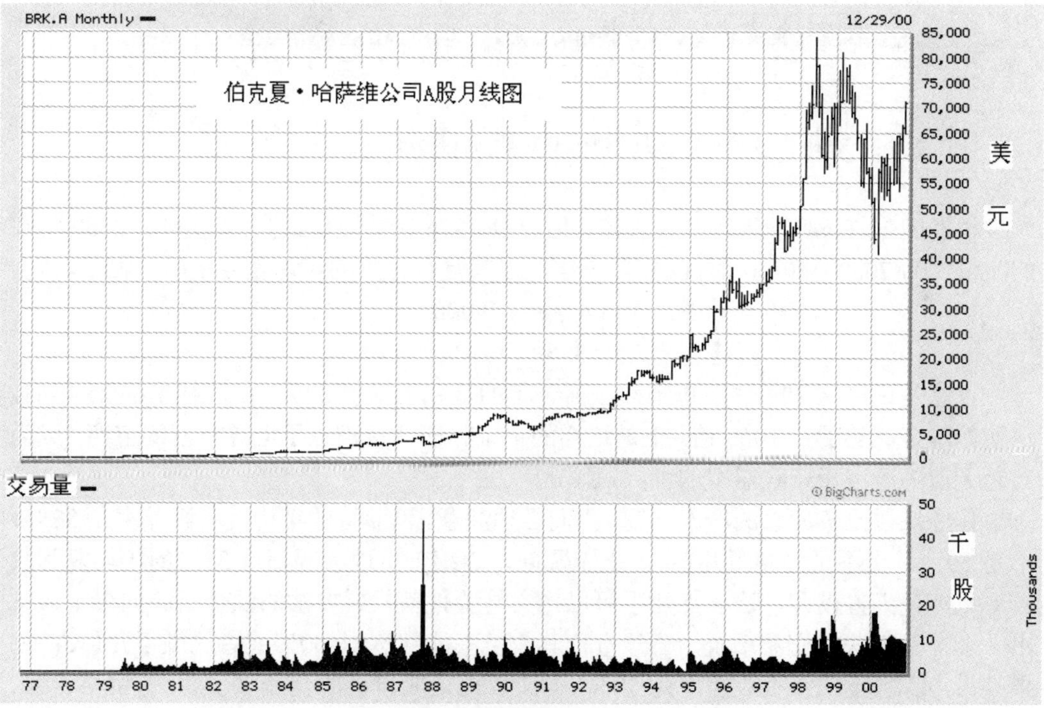

图11.1（a） 伯克夏·哈萨维公司A股月线图

① [美]罗杰·洛文斯坦著，《一个美国资本家的成长——世界首富沃沦·巴菲特传》，顾宇杰等译，海南出版社，1997年出版，原著出版于1995年。

② 伯克夏公司的股票分为A、B两类。A股即通常所指的伯克夏股票，占主要地位；B股是1996年推出的，每份A股可以折换为30股B股，但是反过来不行；B股的投票权只有A股的1/200，而不是1/30。通常B股价格为A股价格的1/30，但是偶尔由于供求关系而有波动。B股大致是为解决A股面值过高而导致的流动性问题的折中方案，但并没有将A股拆细。

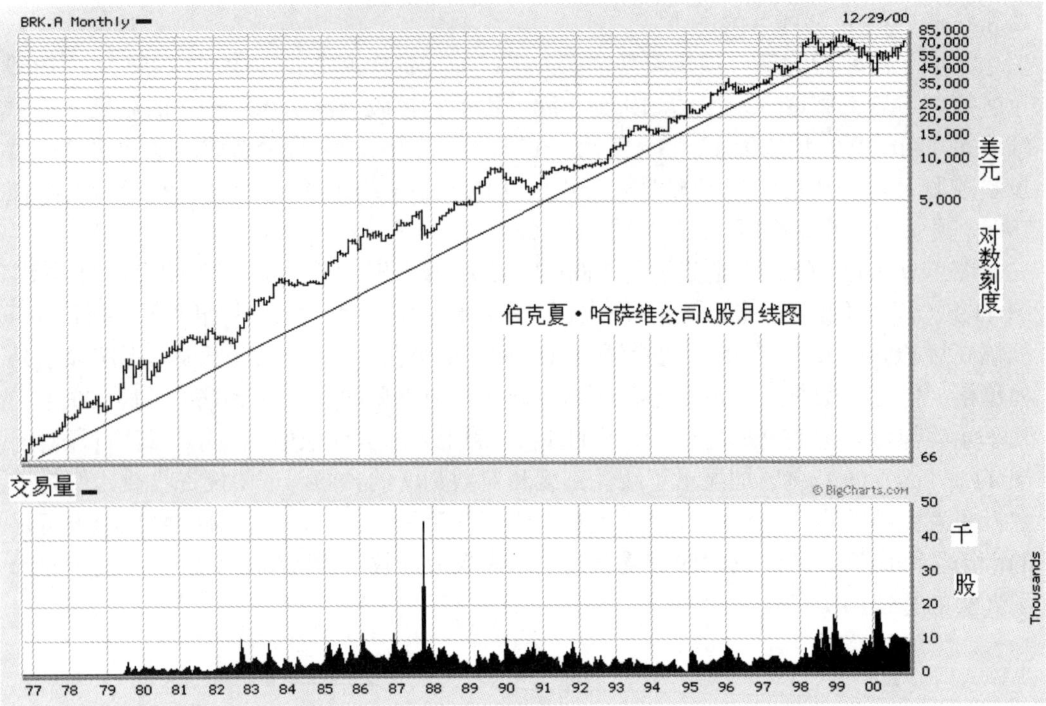

图 11.1（b） 伯克夏·哈萨维公司 A 股月线图（对数刻度）

根据图 11.1（a）、（b）大致估算，伯克夏 1976 年的股价约为 66 美元，2000 年底的股价约为 70000 美元，时间跨度 25 年，以其**复利**计算的年均收益率用 y 表示，则

$$66 \times (1+y)^{25} = 70000$$

$$y = 32\%$$

也就是说在这 25 年里，每年都在前一年的基础上增值 32%，在连续累积 25 年后，从初始本金成长了约 1060 倍。正是这样的记录将巴菲特推上了世界首富的宝座，成为当之无愧的股市投资收益率的世界冠军。

作为探讨投资理念的严肃话题，我们必须注意，巴菲特的年均复利收益率是 32%，不是 50%，更不是“赚了几倍”。毫无疑问，连续一贯地大幅超过 32%的年均复利收益率只能是天方夜谭，这一点几乎可以作为检验任何投资方法的试金石。如果某人拿出一套交易方法或交易系统，公然宣称其收益率能够达到 50%或者“赚了几倍”；如果某人声称自己的投资收益率达 50%以上，以此证明自己的交易水平高，有资格讲课、写书、代人管理资金，您最好离他远一点。

请注意，巴菲特的成功是在美国股市超长期牛市的背景下取得的。如图 11.2 所示，在 1976 年前后的 10 多年内，道指始终维持在 1000 点以下横向波动；1982 年底向上突破长期横盘区间的顶部 1000 多点，就此拉开气势宏伟的、持续至 2000 年底的 20 年超级牛市的序幕。图 11.2 中的上升趋势线很好地描述了该上升趋势，表明目前该趋势仍然有效。从现在看来，1987 年 10 月的“股灾”只不过是这个超级牛市中一场小小风波。

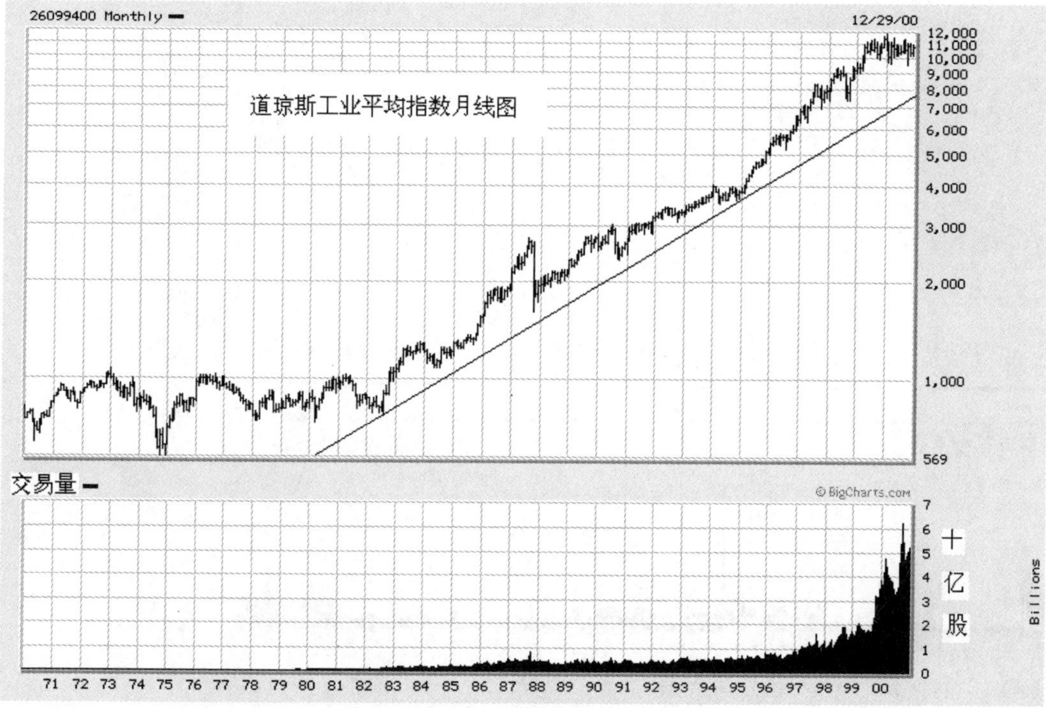

图 11.2 道·琼斯工业平均指数月线图（对数刻度）

如上所述，为了准确衡量巴菲特的年均收益率，我们当然应当考虑大势背景（当然，这里没有分别比较大势和巴菲特各年度的收益率）。还需说明的是，大势指数不能体现其成分股历年分红的情况，因此这里计算的大势收益率比实际收益率偏低。

根据图 11.2 粗略估算，1976 年道琼斯工业平均指数大约位于 950 点，2000 年底大约位于 11000 点，假定不计其成分股历年的红利率，设道指年均收益率为 x，则

$$950\times(1+x)^{25}=11000$$

$$x=10\%$$

道指在 25 年间上涨 11 倍多，年均收益率为 10%。

按照这个被低估的大势年均收益率（巴菲特基本上是不分红的，因为股东的资金使用效率不会高过他本人），从 1976 年到 2000 年末的 25 年中，巴菲特年均投资收益率约为 32%，同期道指不计分红的年均收益率约为 10%，巴菲特超过大势约 22%，即其相对大势的年均收益率为 22%。

为了使您对伯克夏的股票价格相对于道指的巨大落差留下深刻印象，这里是将伯克夏 A 股月线图和道·琼斯工业平均指数均采用价格指数来表示，在 1976 年的数据起点处分别折算为 100 点，两者的价格指数绘制于同一比例尺下（图 11.3（a））。遗憾的是我们找不到对数刻度的对比图，只能用线性刻度来表示，结果，道指 10 多倍的涨幅几乎被压缩成紧贴底部的一条水平线，而伯克夏目前的涨幅读数介于 110,000%和 100,000%点之间，相当于最初的 1100～1000 倍。

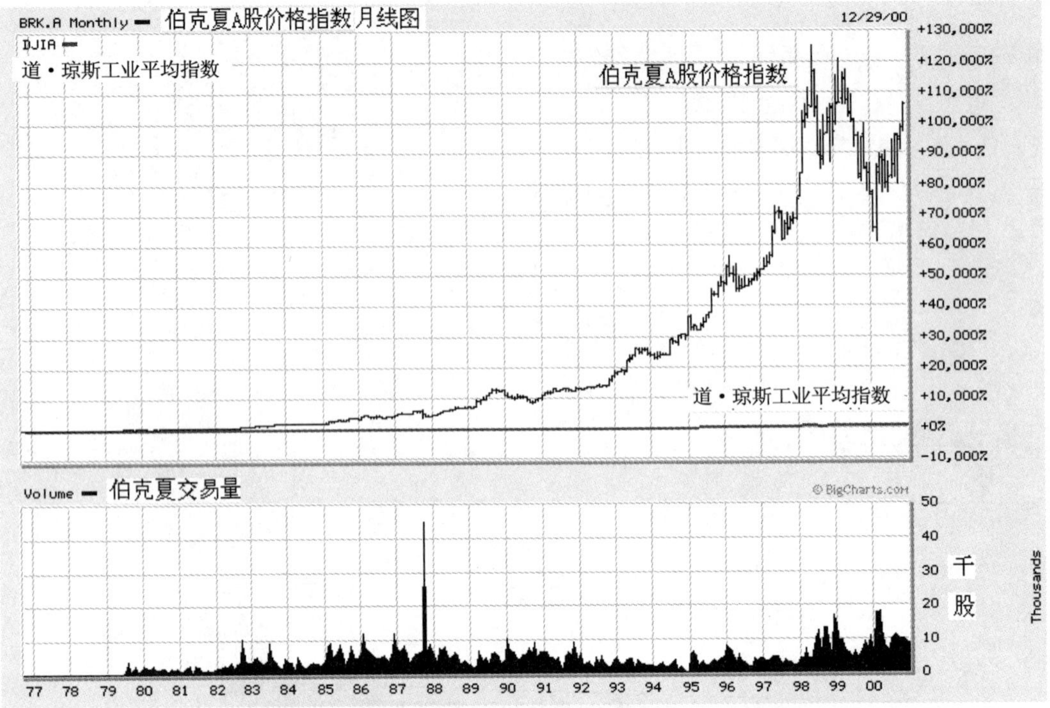

图 11.3（a） 伯克夏·哈萨维公司 A 股与道·琼斯工业平均指数合并月线图

为了简明起见，我们简单地认为巴菲特的平均和一贯获利力为 32%（年率），平均和一贯相对获利力为 22%。以 25 年的长期结果来看，这个数字对我们有重要启发。

首先，衡量投资者成功与否的唯一合理尺度是长期的年平均投资收益率和相对年均收益率，而衡量投资者的对市场的把握能力、投资方法的系统性和一致性的唯一合理尺度是其各年度收益率围绕平均收益率分布的离散程度。巴菲特的 A 股行情几乎均匀上升，离散度极低。

其次，最成功的股市投资者的平均和一贯获利力是 32%，平均和一贯相对获利力为 22%，这一指标作为当前的世界纪录，既是投资者努力的目标，也是投资者衡量自己不足的参考标志，是我们的定盘星。

最后，每当投资者自己心浮气躁的时候，或者需要识别江湖骗子的骗局时，这一指标可以作为投资者的清凉油或者照妖镜，让投资者清醒地回到现实。

巴菲特故事的续集

巴菲特的故事还没讲完。作者一再强调，市场的本质特征就是不确定性，这一点甚至对巴菲特这样的沙场名宿也不例外。严格说来，交易成绩记录的都是历史，而未来则是不确定的。在市场未来的不确定性面前，所有的市场参与者都是平等的，每一天游戏都重新开始，大家重新站在同一条起跑线上。从这个意义上说，即使某位投资者过去很成功，面对未来时，也不能有丝毫的懈怠。

索罗斯是国际投资界的另一位大师级人物，作者读他的传记和他的书时印象最深的是，他总是清楚地认识到，未来的投资生涯充满风险。索罗斯说，“假如能事先料到会出错，我会提高警觉心，但现实并不能尽如人意。必须面对的事实是，个别投资经理人的表现总是有起有落，假如他们走对了路子，他们会干得很好，然后变得趾高气扬，最后终于自食其果。连我也难以幸免。我也常有这种经验：事情一开始很顺利，让我渐渐地松了心防，于是错误就尾随而至。时势瞬息万变，假如不能驾驭局势，就会反过来被局势淹没，所以任何人都不能把谨慎恐惧的防备心理抛诸脑后。”①

索罗斯在各种场合多次强调投资应采取如履薄冰的谨慎态度，与其说这是出自个人的谦逊，不如说索罗斯这位投资大师对市场不确定性的本质有着深刻理解。上面这段话主要强调了投资者自身的不确定性。正如第三章所说，投资者遭遇的不确定性，同时来自自身和市场两方面。如果说投资者自身的不确定性有可能通过不断学习、实践、领悟来逐步提高的话（这一点实际上并不容易），那么市场的不确定性则是客观存在的，无法避免。所谓“人算不如天算”，就是说市场是最后的裁判者。

巴菲特、索罗斯等投资大师长期一贯的骄人投资业绩已经充分说明他们将自身的不确定性降低到了极低的水准，他们遭遇的主要是市场的不确定性。从图 11.1（b）上我们注意到，1999 年中以后，巴菲特的经营业绩向下突破了长期上升趋势线。从 1999 年 5 月至 2000 年 3 月，正是以纳斯达克市场为代表的“新经济股”成为市场宠儿、以道·琼斯工业平均指数为代表的传统“旧经济股”被市场冷落的重要转折时期。虽然站在 2000 年底的事后立场来看，纳斯达克指数自从 2000 年 3 月底达到 5000 多点的历史高位后急剧下跌，似乎已经表明投资者重新拥抱“旧经济”，而抛弃了“新经济”，但是事前谁也没有把握认定这不是一个长期趋势。

从 1996～2000 年伯克夏与道·琼斯指数的 5 年行情对比图（图 11.3（b））来看，最近 5 年大致可以划分三个阶段，1996～1997 年的 2 年道指在大多数时间内略强于伯克夏，但差距较小；从 1998 年 1 月到 1999 年 7 月的 1 年半，伯克夏明显优于道指，且差距相当大；第三阶段从 1999 年 7 月持续到 2000 年末，这一阶段对应于伯克夏股价的长期上升趋势线被向下突破，伯克夏的收益率明显不如道指，且差距相当大。在第三阶段末，两条曲线再度相交，伯克夏重新回到道指之上。在最近 5 年中，巴菲特的投资收益率没有明显超越道指，而是围绕道指波动，且后期波幅加大。

我们再将过去 5 年伯克夏的价格指数与纳斯达克指数对比（图 11.3（c））。1996 年 1 月至 1999 年 3 月，两者基本上一致，除了在 1998 年下半年伯克夏稍稍胜过纳指之外。戏剧性的转折从 1999 年 5 月底开始，纳指强有力地向上推进，伯克夏则明显走软，两者形成了鲜明的对照。其间两者的差距直线放大，一直持续到 2000 年 3 月底达到强弱分化的最高潮，持续时间共计 10 个月。以 1996 年初的价格计算，此时纳指上涨约 375%，伯克夏上涨约 25%，两者差距近 350%。

①[美]乔治·索罗斯著，《金融大鳄——索罗斯的赚钱哲学》，李凌译，海南出版社，1997 年。

图 11.3（b） 伯克夏·哈萨维公司A股与道·琼斯工业平均指数合并周收市价单线图

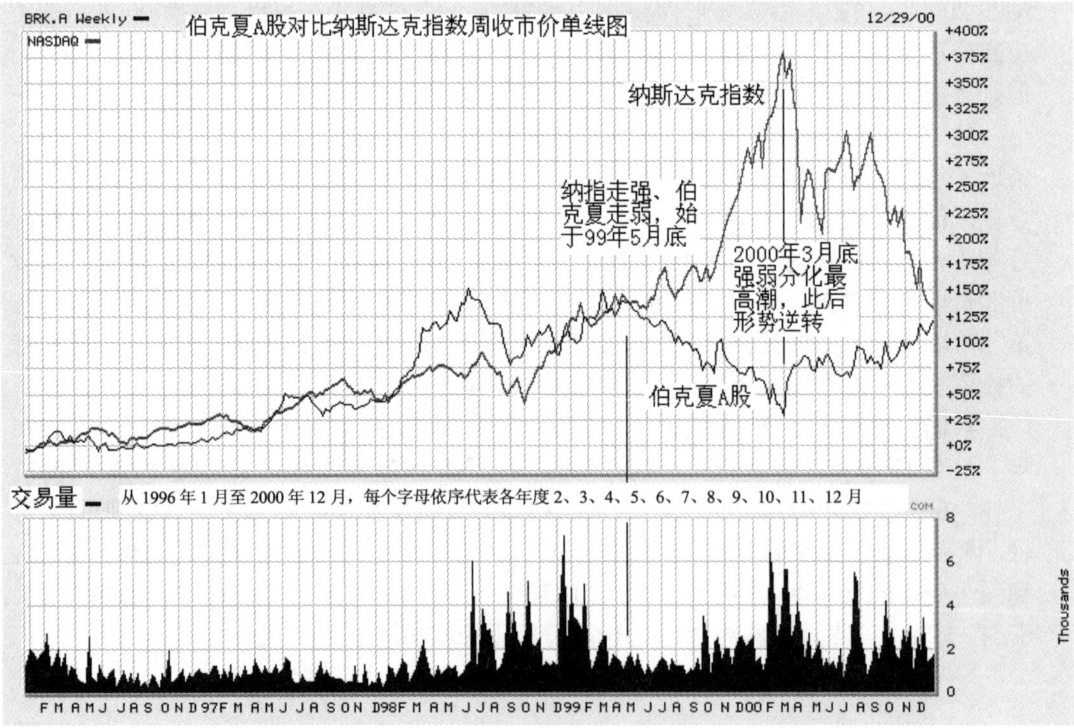

图 11.3（c） 伯克夏·哈萨维公司A股与纳斯达克指数合并周收市价单线图

就在上述戏剧高潮的同时，一年一度的伯克夏公司股东年会召开了，巴菲特回顾1999年的投资收益，发表了以下致辞：

“我们的净值在1999年增加了3.58亿美元，大约为我们的A股和B股每股账面价值增加了0.5%。在过去35年里（也就是自从本届管理班子上任以来），每股账面价值从19美元增长到37987美元，以复利计算，年均增长率为24.0%。

……对面一页上的数字如实显示了我们在1999年的记录有多么糟糕。在绝对数值上，这是自从我履任以来最差的一年；和标准普尔指数相比的相对数值也同样是最差的。相对成绩正是我们所关心的：随着时间的推移，糟糕的相对收益数值将导致令人难以满意的绝对收益数值。

甚至马大哈也能看出谁是去年的罪魁祸首：你们的董事长。我的表现令我想起一个四年级的学童，他的成绩单上写着，4门得F，1门得D，不过虽然如此，他的老师倒是挺体谅的。‘孩子，’老师慢条斯理地说，‘我觉得你在那一门功课上花的时间太多了。’

我的‘那一门功课’是资金分配，我在1999年的得分笃定是D。这一年里对我们损害最大的就是伯克夏的股票投资组合，其表现实在差劲——应当对这个投资组合负责的，除了其中一小点是由GEICO公司的卢·辛普森掌管之外，完全是我……”①

颇具讽刺意味的是，2000年4月以后，纳指急剧下跌，而伯克夏的价格指数则缓缓抬升，两者的差价迅速接近。早知如此，巴菲特或许大可不必如此“沉痛”检讨了。不过比较之下，另外两位投资大师级人物乔治·索罗斯和小朱利安·H·罗伯逊的遭遇则更有不如。索罗斯从1999年下半年开始将一部分资金转而投资高科技股，当时也取得了好成绩，但是在2000年3月底高科技股行情急转直下后，他措手不及，蒙受了巨大损失，以至于在2000年中宣布关闭曾经横扫世界的量子对冲基金。

小朱利安·H·罗伯逊被华尔街推崇为最伟大的价值法投资者之一，他掌管的老虎对冲基金自1980年从880万美元起家，至1998年增长到210亿美元，共增长259000%，扣除基金手续费后的年均收益率近32%，但是自1999年以来，由于拒绝卷入科技股潮流，其基金净值几乎垂直下跌，跌幅约30%。请注意，这一跌幅比例是从该基金的顶峰开始计算的，实际上勾销了几年的果实，而不是1年（这就是涨和跌的不对称性，一次大幅下跌需要数年较大幅的增长才能弥补，这种不对称性也是止损措施的意义所在）。2000年3月底，他宣布关闭所有基金。他在告别辞中表示，对当前投资科技类股票的狂潮唯恐躲之不及，他坚信根据企业内在价值投资的方法迟早会重新确立正统，只是不知道到底是什么时候。

讨论上述案例并不是贬低巴菲特、索罗斯、罗伯逊的功绩和获利力，而是提醒投资者以此为鉴，说明甚至从投资大师那里我们也要得出可贵的教训。长期投资成功的

①[美]沃沦·巴菲特。译自伯克夏公司的网页www.berkshirehasaway.com，1999年的“总裁致辞”。顺便说一说，巴菲特历年的总裁致辞都是极有价值的投资教材，能读英文的投资者朋友绝对应当仔细研读。每年3～4月间巴菲特发表致辞时，如同发布投资者福音书，各大媒体争先报道，无数投资者抢着阅读，成为投资界一年一度的盛事。丁圣元译。

历史表明，巴菲特、索罗斯、罗伯逊自身的不确定性已经降低到最低限度，但是市场的不确定性总是客观存在的，即使是投资大师也无可避免。市场是最终的裁判——这就是未来面前人人平等的真正意义。

市场总在变化

或许现在可以说科技股狂潮仅仅是一场插曲，但是这场插曲持续时间长、影响深远。实际上，这股汹涌的科技股浪潮最终将把证券市场推向何处，依然充满变数，可以肯定的一点是，科技股的巨大成长性和波动性是史无前例的，为市场变化谱写了新篇章（图 11.4（a）、（b）、（c））。严格说来，科技股浪潮并不是什么“插曲”，现在的行情也不是简单恢复罗伯逊所指的价值时代，而是全新的局面。

问题的要害是，无论科技股浪潮是短期还是长期、是大幅还是小幅，这种变化总是市场本身变化的结果，是市场演变过程不可分割的一部分。出人意料的市场变化过去有、现在有、将来也有——变化才是市场的本质。

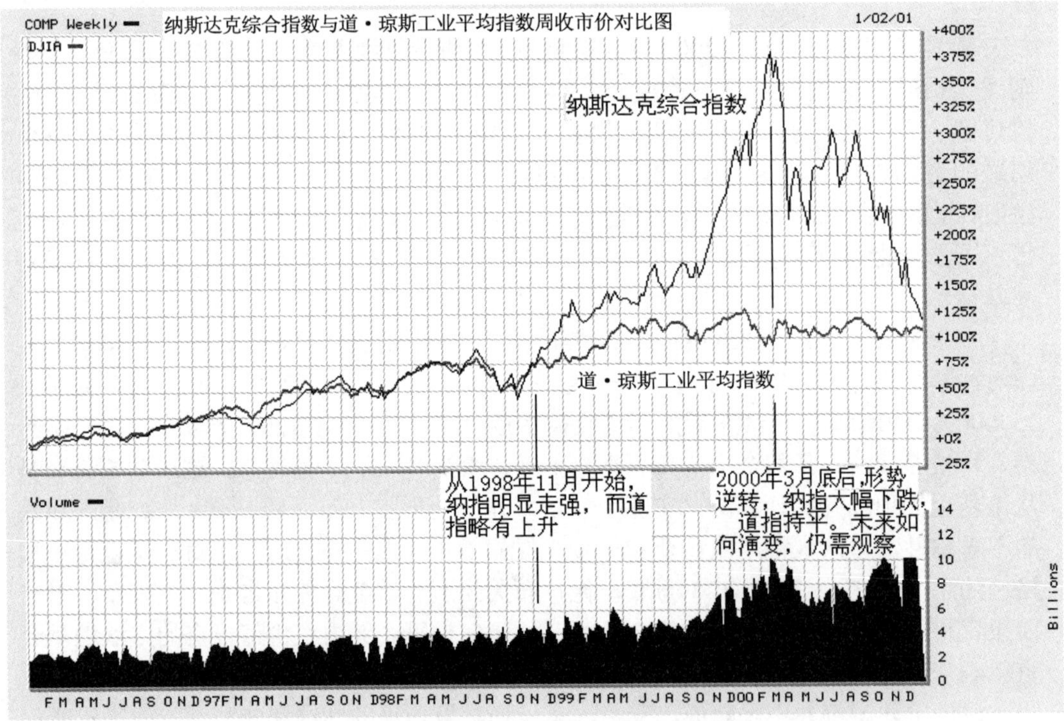

图 11.4（a） 道·琼斯工业平均指数与纳斯达克指数合并周收市价单线图

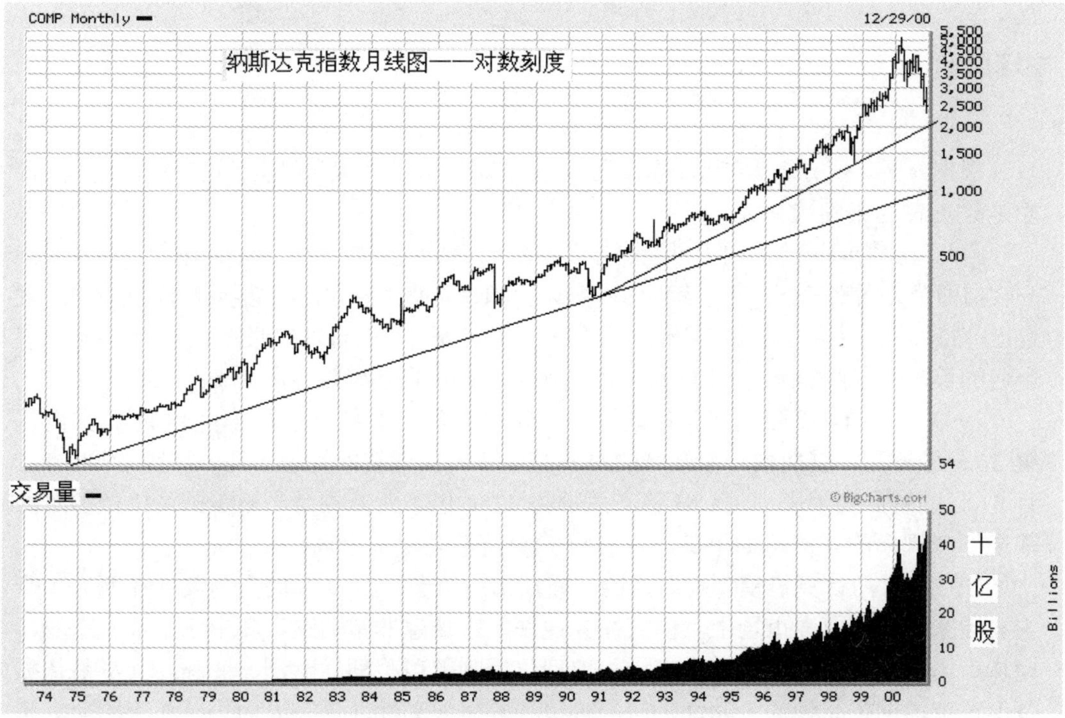

图 11.4（b）　纳斯达克指数月线图（对数刻度）

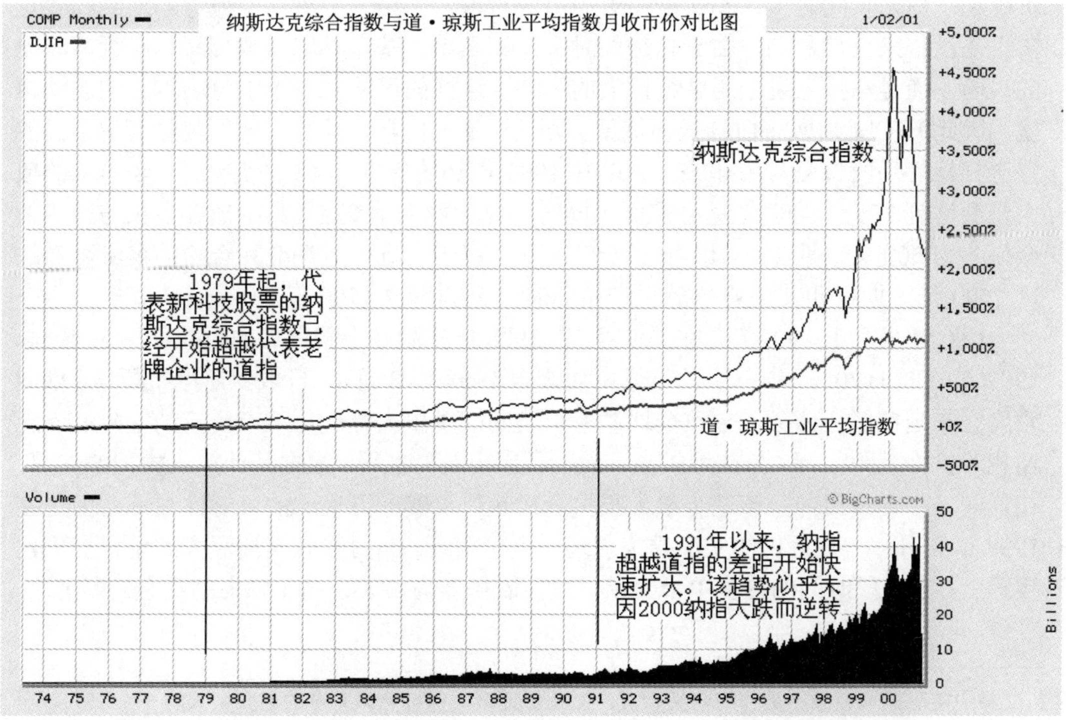

图 11.4（c）　道·琼斯工业平均指数与纳斯达克指数合并月收市价单线图

市场风险

根据《孙子兵法》“立于不败之地”的原则，不思“赚几倍”，先思有多大风险，才是投资者的正确选择。

由此将我们的讨论引向了风险的方面。关于市场和投资，绝大多数问题都可以从风险—收益两个方面来考察，也只有同时看到风险和收益两个方面，才能弄清问题的本质。通过巴菲特等投资大师的案例，我们了解到关于投资收益率的合理参照标准。下面我们研究著名的长期资本管理公司（LTCM）的案例来看看市场不确定性所带来的风险。

1998 年 9 月，美国联邦储备银行纽约分行出面，14 家证券公司、商业银行共同筹集 36.5 亿美元，以挽救一家破产的对冲基金——长期资本管理公司。按照 1998 年 8 月 31 日的资产负债表，LTCM 资产总额为 1250 亿美元，约为当时美国第二位的对冲基金资产规模的 4 倍。如果破产，有可能殃及整个金融市场。

LTCM 采用计算机模型控制风险、捕捉市场机会，约 80%的交易集中在西方 7 个主要国家的政府债券市场上，但它在其他许多市场也非常活跃，其中包括证券市场、期货市场、场外金融衍生产品市场，地理位置则覆盖美洲、欧洲、亚洲。其交易依据是上述市场同类品种的流动性、信用等级利差、波动性（这三方面均有相应的交易工具）的相对差距总会从历史最高值缩小至正常值，因此当上述差距扩大到一定数值时，同时卖出和买入对应的市场对象（这就是所谓“对冲”的由来），建立差价头寸，在差价缩小之后，再同时买入和卖出相对的市场对象，了结差价头寸，通过差距回归“正常”的过程来获得盈利。由于总是同时买入和卖出，基金不用承担交易对象行情波动的风险，而是承担上述差距继续扩大的风险。这样的风险一般小于市场本身的波动幅度，因此 LTCM 采取将债券抵押贷款、回购、逆向回购、期货、场外金融衍生工具的资金杠杆等手段将交易头寸放大。以其 1998 年初的资本金 48 亿美元计，8 月末的放大倍数达到 25 倍，当时该基金账面上同时存在 60000 笔交易，其中债券多头与空头的金额各为 500 亿，期货合约的名义金额达 5000 亿[①]，场外调期交易合约的名义金额超过 7500 亿，期权和其他场外衍生产品的名义金额超过 1500 亿。

LTCM 成立于 1994 年，在 1995 年和 1996 年扣除基金费用后的收益率约为 40%，1997 年略低于 20%。该基金的厄运主要来自 1998 年 8 月 17 日俄罗斯卢布贬值、俄国政府宣布延期偿还债务，导致全球利率市场同时发生大幅变化，市场流动性降低，上述相对价格差距大幅、持久地扩大，突破了历史最高水平。根据其计算机模型的估算，在任何一个交易日内，该基金最大损失金额超过 4000 万美元的可能性很低，但是在 1998 年 8 月，一天之内的实际损失曾超过 5 亿美元，9 月也有同样巨大的单日损失，实际上，在这段时间的许多单个交易日里，该基金均损失过亿元以上的资金。事实上，

① 期货交易的实际投入金额不是合约名义金额，而是保证金。保证金只有合约名义金额的 3%～5%。至于利率调期交易，则保证金和名义金额的比例更低。金融期权交易也仅投入保证金，而不是名义金额。上述产品的共同点就是资金的杠杆效应，所谓“衍生产品”即由此得名。

早在当年7月末，LTCM的资本金已经从年初的48亿损失至41亿。9月21日及以后几天，LTCM资本金日益枯竭，已无力支付交易头寸的追加保证金。

在LTCM管理者中，总裁约翰·梅里韦瑟曾是所罗门兄弟公司债券部的明星经理；戴维·马伦是美联储前副主席；罗伯特·默顿和迈伦·斯科尔斯是诺贝尔经济学奖获得者，因为提出期权定价公式而获奖；其他还包括哈佛商学院的名教授等。就在LTCM倒闭或者说被救前不久，人们普遍认为LTCM是“对冲基金中的卡迪拉克”。

这里没有必要探讨LTCM失败的技术细节，但是有一点很重要，LTCM没有充分认识到市场风险，也不能完全控制市场风险，但是出于对1997年17%的年收益率的不满足，他们一方面在1997年底将资本金从70亿削减到48亿，另一方面维持原有头寸规模，实际上使资金杠杆率更上了一层楼。LTCM有丰富的实战经验、有深厚的理论修养、有先进的计算机工具，但是一旦患上类似于“赚几倍”的相思病、把风险抛诸脑后，就会被命运无情地捉弄。

风气

不幸的是，时下日盛一日的博采活动和动辄百万、千万元的采金令社会成员的心理日益浮躁，追求“快速致富”蔚然成为社会风气；而股票市场的长期牛市客观上助长了股市投资者“快速致富”、“赚几倍”的心理；某些机构、媒体和个人出于商业目的或者其他不合法的目的，故意大吹大擂“赚了几倍”的神话，推波助澜。似乎“赚几倍”已经成为国内投资者的当然目标，至于正常的市场收益率、风险控制，则被远远地扔到一边。

美国股市在1920～1930年和1950～1960年也曾经历长期牛市，“快速致富”心理盛行一时。在这样的背景下，即使是金融市场相对发达、监管相对完善的美国，总有骗子浑水摸鱼，利用投资者“快速致富”的心理，采取集资、募股等方式大规模骗取资金。

美国相反意见理论的创始人汉弗莱·B·尼尔曾在题为“用金钱的智慧、而不是毛躁的冲动来挣得一些容易得来的钱财”的短文中介绍了当时的“盛况”。

“在1961年4月号《世界主义者》杂志上刊登了一篇文章……那篇文章题目是“读一本书能使您发财吗？”文章还附录了一些图片，其中一张彩色的大幅图片显示了最近这段枝繁叶茂的时代大量出版的各种关于如何在股票市场、房地产和推销术上挣大钱的书籍……尤其自从最近的两轮牛市开始以来，关于如何成功的书籍一直很有销路。前几天我曾经读到一篇书报亭的业主写的文章，他说金融类出版物以及如何击败市场的书籍竟然如此畅销，以致于他没法留下任何存货……与此同时，他回顾了10年前，这类东西堆满了书架，挥之不去。这是拿1961年和1951年相比的一个有趣的例子。

……具有金钱智慧的人一刻不停地寻找赚钱的途径。与此同时，他通常总是一位心态平衡的个人，因此不会不顾一切地陷入草率的事情上。他从金钱的角度深谋远虑：既考虑到亏损的可能性，也考虑到盈利的可能性。他从成功的可能性上权衡风险的大小。”①

正如作者多次强调，对于投资者自身的不确定性，关键在于树立切合实际的投资

①[美]汉弗莱·B·尼尔，《逆向思考的艺术》，丁圣元译，海南出版社，2001年。

理念和平衡的心理准备；对于市场的不确定性，关键在于建立一套健全、一致的投资方法；对任何投资市场的认识均需从收益和风险两方面着眼。

投资者常见错误之十一：某某推荐股票特别准，或者某某消息特别灵

领路人靠不住，唯有自己靠自己

市场演变的本质特性就是深刻的不确定性。关于市场，最肯定的一点就是市场将不断演变，而演变方式往往出人意料，“生生之谓易”，“日新之谓盛德”。市场未来演变的问题和人类未来的问题一样，不确定性的本质是毫无二致的，这正是自古以来就摆在人类面前最严峻的挑战之一。这种不确定性的本质意义是，每一个市场参与者，不论是政府、机构、还是个人，都不可能决定性地控制市场演变方向，市场面前人人平等、未来面前人人平等。通俗地说，没有人比其他人更有资格预言未来，每个人有每个人的未来。

但是在国内投资者中间，不少人往往存有依赖他人的心理，一方面在投资决策时可以避免自己费心劳神；另一方面，倘使结果不妙也可以将责任完全推到出主意的人头上，自己则总是“高明”的。

和国内社会生活的其他方面极为相似，很多投资者沦为追星族，狂热地追捧、依赖“领路人”，直至给偶像头上套上一圈神话般的光环——“某某推荐股票特别准，或者某某消息特别灵”。可以肯定，这位偶像实际上只是一介匹夫，迟早必定让盲从的投资者在市场上碰得头破血流。荒唐的是，一旦投资者终于清醒，一般不会责备自己轻信，不会正确地反省偶像之所以成为偶像，其实正是追随者盲从的结果，不会正确地认识到未来面前人人平等、人人有机会，而是一转脸便全身心地投入到追捧下一个偶像的热潮当中。

为什么投资者不负起本来就属于自己、事后又无可摆脱的责任呢？投资者的未来，终归是自己的未来。

在国内现实市场条件下，某些这样的偶像其实是“庄家”的帮凶，大多数股评人士则以提供市场评论为职业，由此挣得名声、稿费、讲课费来谋生。说到底，大多数股评人士对未来的看法未必比普通投资者高明，更不可能在系统、一贯的意义上“推荐股票特别准，消息特别灵”。因此，衡量股评人士好坏的标准，不是“准”和“灵”的问题，而是和评价任何职业相似，在于其专业水准和勤勉尽责的程度。

研究工作的三个层次

市场研究人员大约从事以下从低到高三个层次的工作。

第一个层次的工作主要是搜集、刷新、挖掘和市场有关的全部信息，包括国内外

市场行情、利率、通货膨胀、政治经济社会趋向、宏观经济走势、国际贸易、国际资金流动、消费者、产品、市场、技术、企业、行业等各方面内容。虽然现代社会信息泛滥，但是和正题有关的信息其实是不容易获得的，从业者必须具备一定的专业素质、与人分工合作，经由各种途径，书面资料和实际调查相结合，才能获得准确的信息和资料。普通投资者不可能完成这些工作。

本层次的工作类似于勘探铝矿、开采矿石，最后将铝矿石运送到冶炼厂。

接下来是第二个层次的工作。第一层次的原始数据通常只有粗略的分类和整理，下一步的工作是将资料格式尽可能统一，使之在纵向历史上具有可比性；也需要按照一定标准对资料进行横向的分门别类。尽可能使原始资料既保持原貌又具有清晰的脉络和历史延续性。在本层次的工作中，如何借助文字、数据、图表等多样化的形式，并尽可能将资料归并到统一的计算机数据库内，特别是将大多数资料定量化是成功的关键。定量化的数据便于研究者进一步分解和综合，纵向比较和横向比较。

这一层次的工作相当于冶炼厂将铝矿石冶炼提纯，制造出合乎标准规格的铝锭、铝板、铝线，为下一层次的消费品制造做好准备。

市场研究工作主要发生在第三个层次。研究者分解、综合各方面数据，既了解每个门类的历史线索，又将各方面历史线索拼合成关于研究对象的完整印象，还要它们进行充分的横向比较。

以上工作为研究者带来已知项，还要通过这些已知项求解未知项：市场未来可能出现什么样的演变；各种演变格局的主导因素是什么、主要特征是什么；各种演变格局各有多大的可能性，埋藏着什么样的变数等。换言之，研究者不是力图“特别准”、“特别灵”，而是力图透过当前市场的表象，深入发掘已知项之间错综复杂的内在联系，既大、中、小视野兼顾，又准确聚焦核心问题，最终得出对市场的全面、均衡的看法。如果研究者能够深入发掘各项因素之间的根本联系，“准”、“灵”的可能性当然是比较高的，但是我们并不能通过某人所说的话“准”、“灵”来推断他已经勤勉尽责地进行了研究。

第三层次的工作相当于用铝锭、铝板、铝线生产出飞机、游戏机、铝锅等功能极为多样的终端消费品，本层次的特点是多样化，关键在于百花齐放、百家争鸣，有利于真正使市场有效地体现各方面市场信息。

除了多样性之外，市场研究结论还有其他特殊性，消费者不能将它简单地拿来消费，而是必须经过消费者本人的推敲和判断，才能真正发挥其作用，就像一篇文章、一本书、一部电影一样。投资者的再创造就是以研究人员的结论为线索，进一步得出自己的判断和交易决策。

市场是信息加工厂

众所周知，国内目前还谈不上信息公开流动，相反，有关方面热衷于“导向”和“保密”，将人群划分为三六九等，每一个等级授予一定的知情权，分别享有不等的信息权利。在这样的大背景下，国内股票市场信息也极不透明，形成了从主管部门、地方当局，到上市企业、庄家、机构的三六九等，普通投资者就只能被导向、被保密。

总之，说信息等于权力、等于内部关系、等于金钱，恐怕不过分。

在市场经济条件下，一方面全体社会成员都在本质上属于市场参与者，另一方面，政府部门的任何决定、任何常规行政运作，甚至从表面看来纯粹是执政党或在野党内部的事务，都有可能对一部分市场参与者有利，而对另一部分市场参与者不利，或者对全体市场参与者短期有利、长远不利，从而直接关系到所有市场参与者的经济利益。换言之，在市场经济条件下，政治事件的重要性每每在经济利益的意义上上升为第一位，而原本的政治意义反而退居第二位——政治和经济本不可分，政治的影响力也无可置疑，但是政治为经济服务乃理所当然。如此看来，市场经济条件下的政府行为，显然构成了市场信息的首要组成部分，其公开性决定着社会成员经济利益分配的公平性，因而决定着市场机制的公平性，决定着生产力的发展。因此，政治的本质就是经济利益，市场经济建设的先决和首要条件乃是政治的公开化、程序化、平凡化，不应当神化或故作神秘，不食人间烟火。说穿了，政治就是社会成员之间日常的经济利益关系，为政者也只是平凡的市场参与者，不同的是他们有更多机会利用内幕消息牟利而已。

政府决策之前，“肉食者谋之”，秘密其事；决策之后，以内部文件方式甚至仅次口头方式层层传达，往往导致决策圈内的人士最先知情，与圈内人士关系密切者次之，再经过层层传达，沿着行政阶梯一波一波地向下扩展，最后达到全体普通投资者。然而，圈内人士无一例外都是市场参与者，无一例外地有可能利用知情的时间差获取利益或泄漏机密。下层的市场参与者为了改变自身信息不利的处境，必然竞相打听各种消息，于是真真假假的小道新闻不胫而走，“消息特别准”的灵通人士由此产生。建立监督机制来监管上述过程，不允许知情者利用内幕信息在市场上获利，是一种选择。但是，监管仍很容易留下漏洞，不如釜底抽薪，改变层层波及的信息传递模式，决策前允许公开提案，允许充分讨论；决策后立即同时向全体市场参与者公布，彻底消除时间差；决策执行一定时间后公开检讨效果并进行必要的修订。“上梁不正下梁歪”，市场机制不完善的根本原因就在于此。

市场经济建设离不开信息自由流动的基本政治和社会条件；市场机制的完善离不开多元化信息研究和决策功能的发挥。市场的首要功能是发现价格、促成交易、优化资源配置，而这些功能无一不以信息的自由流动、各抒己见的多样化研究结论为前提。正因为全体市场参与者充分了解市场信息，多样化地研究、评估市场信息，各种看法通过市场行为碰撞、激荡、交流，才使得市场价格有意义——价格即信息，交易即信息，资源即信息，市场以信息为核心内容。换句话说，在有形的实体市场经济存在之前、在有形的金融市场存在之前，必须已经有信息和意见的自由市场存在；在有形的实体市场经济运行过程中、在有形的金融市场运行过程中，必须以信息和多样化研究的自由市场为其内核；反过来，国内市场之所以不成熟，主要在于不充分具备信息“公开”的前提。没有“公开”，就没有“公平”、“公正”；没有“公开、公平、公正”，就没有市场。皮之不存，毛将焉附。

美国学者 F.S.席伯特指出，现代自由主义理论中两个重要原则——“观点的公开市场”和“自我修正过程”，就是从弥尔顿的思想发展而来的。这两个原则的基本假定是：第一，人是希望了解真理并愿意服从真理的；第二，为了接近真理，唯一的方法就是保证各种不同意见能够在“公开的市场”上进行自由竞争；第三，人们的意见不可能都是相同的，应该以承认他人的权利为前提，保障每个人都有表达自己意见的权利；第四，在各种不同意见的讨论和碰撞中，最终能够产生出一般人所能承认的最合理的意见。①

把上述引文中的“人”换成市场参与者，将“真理”换成市场价格，将“观点和意见”换成市场信息和多样化的市场信息研究，则“观点的公开市场”成为证券市场，自我修正过程成为市场行情。市场之所以能够在大多数情况下无可替代地完成其功能——发现价格、促成交易、优化资源配置，正是由于全体市场参与者知晓信息、从各种角度研究信息、以多样化的结论拿到市场上相互竞争的结果。

市场不是神话，而是信息加工厂，原料是全部市场信息，产品是市场价格。

正常市场条件

在正常市场条件下，市场参与者交易的出发点是对市场价值的判断，如果价格高于价值，则卖出；反之，则买入；而且在充分的市场信息和多样化研究的条件下，买方和买方的看法总是不同的。表面看来，技术分析者似乎不注重市场的内在价值，只注重市场趋势，实际上那只是因为技术分析者认为市场价值是相对的、处于不断变化之中，因此通过市场趋势来追求市场的相对价值。重要的是，**不论市场参与者是价值派，还是趋势派，他们都完全肯定市场演变存在自身规律，承认市场变化不以人的意志为转移。市场参与者对市场的尊重、对市场价值的不懈追求正是市场发现市场价值的前提条件**。

在不正常的市场条件下，市场参与者分为庄家和散户，庄家凭借资金实力和计谋操纵市场，散户买卖的出发点不是因为自己对市场价值的判断，而是对庄家开“大”、开“小”的猜测，双方的共同点在于，谁也不相信市场变化是不以人的意志为转移的，谁也不相信市场价值或相对市场价值的客观存在。换句话说，游戏规则不重要，市场规律不重要，重要的是当前的赌局——市场交易对象异化成交易符号，股票背后上市公司业绩、乃至有没有上市公司都不是问题。于是出现了奇怪的现象，上市公司公布预亏公告之时，可能就是其股票受追捧之日②。

正常市场条件一个重要的检验标准是，行情不会纯粹因为大额交易指令入场的时间顺序而出现明显变化。大额指令买进，不会令市场明显上涨；大额指令卖出，不会令市场明显下跌，因此不可能通过人为安排大额指令的入市时间来控制行情的涨跌。在国内股票市场，收市时突然出现一笔大单子将市场大幅推高或者大幅推低，甚至造成涨跌停板，这样的现象并不少见。

---

① 郭庆光著，《传播学教程》，人民大学出版社，1999。参见第136页关于约翰·弥尔顿和F.S.席伯特的一段评论。

② 参见《全景网络·证券时报》2000年7月27日“2000年中报：关注两个业绩指标的背离”一文：实际上，在相对宽松的配股政策环境和低成本筹资的利益驱动下，近年来越来越多的公司计划或实施了高价配股，这是1999年报的一大特点，即只要业绩达到配股资格的要求(有些甚至通过玩数字游戏的方式达到)，企业纷纷用足政策，一般都不愿放弃可以得到的融资机会，配股价格也屡创新高。而筹资后无法实现业绩的同步增长，自然使收益率降低。这种现象也反映出对募股资金的使用效率过低，已经是上市公司当中普遍存在的现象。

国内业界研究现状

国内证券市场有关单位的经营之道一方面主要在于当事人级别、关系与后台、国家政策偏向，另一方面在于上市公司、证券公司、大户投资者、股评家、报纸广播的幕后运筹，而正规的研究可能并不对日常经营起到实质性参谋作用，研究部门常常是用来装点门面的，可有可无。如此，国内证券市场就形成了一个恶性循环：市场越是受幕后运作的支配，大大小小的市场参与者就越是热衷于追逐内幕消息，而研究越是无关痛痒；反过来，有关方面对研究的投入越少、越不重视，则研究成果越少，研究水平越低，也就越不能满足日常市场运作的需要。

国内研究者常常遇到各种困难。以第一个层次来说，原始资料不容易获得，获得的资料准确性没有保障；以第二个层次来说，国内资料不规范，定量化程度很低，数据库产品少而质量低劣。研究机构、证券公司、基金的数据库建设仍然很初步，基本停留在人自为战、各有一套的阶段，研究者需要自己动手搜集原始数据、然后用电脑加工作图，往往一个项目准备一套东西，每换项目则必须从头来过。几乎每个研究者都有自己一套数据，敝帚自珍、秘而不宣。总之是手工作坊。

研究者整理出某一方面数据、制作某一方面图表已经需要花费大量的精力和时间了，又受到资料不全、资料历史不长、资料准确性不足、人为编造数据等因素的限制，在第三个层次对数据分解、综合、发现深层关系的研究工作更是难上加难。而第三个层次工作才是研究工作的中心任务，前两个层次只是准备工作。

结果，国内的研究成果往往停留在第二层次的数据表格和图表，甚至连高质量的数据表格和图表也不常见，投资者往往对整整齐齐的数据表格和图线惊叹不已，将它们当成很有水准的研究结论。大家惯常所见的所谓市场信息和研究，绝大多数属于财经信息的原始矿石，乍一见到纯色、整齐的铝锭、铝板、铝线材料时，往往把它误认为如飞机或铝锅一样的成品了。

对于普通投资者来说，如何使用市场资料则更成问题。像年报和中期报告之类的文本资料，数量惊人，且分别集中在两个月内公布，普通投资者即使把它们当小说来看，也是力不从心的；更不用说其他的宏观资料、地理经济、人口经济、行业经济等资料了。由于数据内容不能通过表格、图表等容易被投资者接受的形式来揭示，不便于投资者进行纵、横、合并、分组比较，以至于大部分资料难以有效地发挥作用。由此可见，投资者之所以需要研究人员的帮助，不是因为研究人员可以代替投资者决策，用“特别准”、“特别灵”的结论来代替投资者自己的抉择，主要是因为专业分工的益处，可以以较低的成本便利地找到经过整理的、便于了解的资料，得到多样化的、合格的参考意见。

普通投资者得不到多样化、高水准的研究成果，政府部门又何从得到呢？结果从上到下各方市场参与者都在市场信息研究的低水平上打转，如此市场环境怎么可能改善？

如何评价研究工作

必须说明，第三层次的研究结论与所谓“高深”不是一回事。能够一针见血地揭示事物内部联系的研究结论，反而常常是平直的、简练的、易于通过常识理解和接受的。因此，好的研究有三个标准：“言之有物、言之有据、言之成理”。言之有物，指研究者确有心得，而不是人云亦云、了无新意；言之有据，指研究者不武断、不云山雾罩，而是确有根据，论据和论点关系清楚、自然；言之成理指研究结论即使出人意料也非荒谬不经，而是包含更深的道理，至少指出了众人忽略之处，那种以保守商业机密为名故作高深或者神秘其事的说话，不听也罢。

当然，高明的研究者有时也需要从第一个层次开始搜集、整理资料，因为资料的搜集、整理和取舍等无不包含研究者的看法，完全标准化是不可想象的，但这绝对不是国内手工作坊式的作业方式。

“准”和“灵”的标准具有明显的事后总结的属性，而投资决策则是事前的问题，两者有本质的不同。譬如一个研究者的结论再过去 15 次都是“准”和“灵”的，那么第 16 次是否一定“准”、“灵”呢？按照现代投资理论关于市场有效性的随机假定，站在事前的观点来看，准确的可能性仍然是 50%，不会因为历史成绩好坏而不同——未来总是随机的。

当然，研究者占有资料多少、研究水平确有高低之分，肯定有人“准”和“灵”的次数明显多于其他人。但是，这并不能改变市场不确定性的本质，从事前来看，唯有市场才是“准”和“灵”的最终裁判，而任何机构和个人都不可能系统和一贯地“准”和“灵”。

如同图书管理员不见得读过他管理的所有图书一样，股评人士也未必完全清楚他提供的资料和市场意见。市场分析的结论只有三种：上涨、下跌、不涨不跌，通过扔钢镚赌正反面，未必不能做出预测；至于选择股票，将刊登股票行情的证券报贴在墙上，随意扔出飞镖看看击中哪几个股票，也是个不错的办法。因为结论是简单的，并且在很大程度上包含猜测的成分。衡量股评的好坏不在于它是否“对”了，而在于是否“言之有物、持之有据”。因为所谓“对”、“错”，是事后验证的问题；而“言之有物、持之有据”则是在事先为我们提供比较深刻的看法，提供基本依据，好让我们做选择，或看看有没有什么问题是自己没有想到的，这才对交易决策有意义。时间是至关紧要的，请注意其中事先和事后的关系。单纯根据结论的“准”、“灵”与否，并不能看出股评人士的专业水平高低、勤勉尽责程度。检验的标准就是信息研究三个层次的内容，我们固然不能要求股评人士同时对所有方面都有独到的心得，但是他至少必须在某一方面真下功夫、真有创见。对照以上三层次的研究内容，我们就不会满足于表面的结论，而是要看看到底这位股评家资料准不准、全不全、新不新；思路是否条理清晰、点面分明、线索连贯；想法是否独到、深刻等。

时下投资者和一些报纸文章常常挖苦股评人士①。有些股评家不努力提高业务素质、不尽心尽力地研究，当然怨不得他人批评。话说回来，股评人士的市场就在广大投资者和报纸、电台、电视那里，南郭处士之所以能够滥竽充数，齐宣王也难辞其咎。股评人士中的南郭先生之所以能够生存，也因为他们找到了市场，反过来，认真研究者也有可能得不到市场参与者的承认。

在某种意义上，投资者的收益正是对自己潜心学习和研究的回报。必须克服从众心理。无论什么事业，理智大于情绪和深思熟虑总是必不可少的成功要素，什么时候缺少了这一点，什么时候就是失败的。冷静思考的结果不一定比他人高明，但是第一，至少您可以首先充分了解他人（包括股评者）的意见，然后自己评估、挑选一番，这样就能够同时看到正反两个方面；第二，即使自己的想法不深刻，但是由于它是自己的，无论对、错，总能事先有依据，事后能检验、总结，这样才有利于自己的进步。

例外

以上关于“特别准”、“特别灵”的讨论对“庄家”是例外，从一段时间来看，“庄家”似乎远远比巴菲特厉害，他们对市场的操纵当然是“准”的、“灵”的。不过，“庄家”的重要伎俩就是保密，绝不能让其他投资者觉察他在搜集筹码、准备拉升；绝不能其他让其他投资者觉察他在派发筹码、准备走人。庄家总是想方设法让投资者在低位卖给他，让投资者在拉升途中买不到、买到了也抓不牢。当“庄家”打算高位派发需要投资者大力追捧、接最后一棒时，才会大事声张、大吹大擂。因此，来自“庄家”“准”和“灵”的消息，一定属于反面的“准”和“灵”。

①《中国证券报》2000年12月22日第一版程胜的文章“股评‘新八股’”很有代表性，“过去的股评家多喜欢用‘风卷红旗过大关’讲讲大盘，以‘吹尽黄沙始见金’来谈谈个股”，现在“这种股评新时尚可以用三句话来概况，那就是‘查股东探微索隐，找题材掘地三尺，造概念生搬硬套’”。

第十二章　行为模式即命运

投资者常见的错误反映了人性弱点

为了总结，我们将下篇讨论的十一种投资者常见错误排列在一起。

之一：只做自己熟悉的股票；

之二：只买一只股票或请人推荐一只黑马；

之三：不买贵的股票，或股评家说“消灭10元以下的股票”；

之四：涨到30元就卖，不到就不卖；

之五：18元我都没卖，现在跌到16元了，还卖什么；6元我都没买，现在涨到8元了，还买什么；

之六：抄底或买跌得多、跌得久的股票；

之七：补仓，或摊低成本；

之八：我不贪，有利就走；

之九：跌就跌吧，扔那儿等着；

之十：某某炒股赚了几倍；

之十一：某某推荐股票特别准，或者某某消息特别灵。

各种常犯的错误往往不是孤立的，而是具有相同的根源。在很多情况下，犯这个错误的投资者，也会犯另一类错误。

典型的情况是"有利就走"和"跌就跌吧，扔那儿等着"，这两类错误常常相伴着出现，因为投资者认为"有利就走"是非常谨慎的，而"扔那儿等着"则抱着绝不接受任何损失的保守想法。这样的投资者对市场不确定性的根本特性不了解，以为谨慎的做法就能够避免风险。投资固然需要谨慎，但是只有在正确认识市场变化的前提下谨慎才有意义，否则就成一厢情愿了。

"抄底或买跌得多、跌得久的股票"、"补仓，或摊低成本"、"不买贵的股票，或股评家说'消灭10元以下的股票'"，以及"跌就跌吧，扔那儿等着"等，也常常在一起出现，原因在于投资者相信股票行情具有圆周运动的特性，上涨和下跌总是周而复始的，甚至认为从长期来看，股票行情总是上升趋势。果真如此，则投资就太容易了，市场的不确定性也不存在了。市场有时候是周而复始的，大部分时候则是强者恒强、弱者恒弱地两极分化的。在正常市场条件下，强弱分化是市场主要功能之一，如此才能实现优化资源配置的功能。市场通过公开、公平、公正的竞赛，选拔和奖励优胜者，淘汰低劣者。竞争严酷，机会有限，绝对谈不上圆周运动。当然，目前国内股市确实具有一定程度的圆周运动性质，股票良莠不分，轮流"做庄"，但这是靠不住的。

"涨到30元就卖，不到就不卖"、"只做自己熟悉的股票"等错误在初入市场的投资者中较为常见。因为他们对市场变化认识不深，干脆将市场投资视为博采或赌博，或者过度简化行情变化。采取这样的态度，好处在于心理负担很小，也能从市场变化中取得很多乐趣，不过这样做是有前提的：投入资金的比例不可过大，只能偶尔为之，只图一乐。如果将投资看成严肃的事业，就必须学习基本的市场知识和基本的投资技能，不付出代价就不能享受成功。

有的投资者总是犯"只买一只股票或请人推荐一只黑马"、"某某推荐股票特别准，或者某某消息特别灵"、"某某炒股赚了几倍"之类的错误，这是由国内社会大气候所决定的。多年来，少数权贵人士、灵通人士早已"特别准、特别灵"地"先富裕起来"，无怪乎在股市上也随时传出类似的传奇故事。令人不解的是，这些"好事"本与普通投资者无缘，而且就是以普通投资者为代价才出现的，但是大家竟然忘记了自己的处境，对这样的传奇津津乐道。

撇开社会环境不论，上列投资者常见的错误可能根植于投资者人性的弱点。

简单说来，人类具有如下区别于其他动物的共性：在行为习惯方面，如固步自封、自以为是、不自觉地限入固定的行为模式或老套路；在社会关系方面，有盲目遵从社会习俗、随大溜（即从众行为）、倾向于相互感染、相互模仿；在心理和情绪方面，有急躁、轻信、冲动、贪婪、一厢情愿、恐惧、过度敏感等表现。

行为习惯本是人类适应相对稳定的外部环境、提高行为效率的一种重要能力，但是在市场环境经常变化的条件下，习惯的正面意义减少，而负面作用大为增强。市场环境多变，决定了投资者在市场信息方面必须具有开放的思维和全方位的视野；在研究决策过程中，必须既有系统一致的方法，又能敏感地觉察新变化、适应新变化；在交易行动上，既要随机应变果断行动，又要择善固执坚持己见。总之，投资者必须永远不断地否定和肯定自己，通过否定和肯定自己，才能不断地适应市场变化。

人类是社会动物，社会关系是生活的重要组成部分，但是多变的市场恰恰要求投资者独立思考、独立决策，要求每一个投资者贡献其独特的智慧，才能产生可靠的市场集体智慧，反过来投资者才能得到回报。如果在二级市场的交易盈亏中剔除上市公司价值增值的部分，则所有市场参与者都是赛马场上的竞争对手。一般说来，如果投资者完全凭借个人思考来交易，尚有可能从市场变化中取得随机性的投资业绩；但是一旦投资者放弃自己的思考，反而可能受误导，站在错误的一边。

从情绪方面看，适度的冲动、贪婪和敏感对投资者未必是坏事，反而带来了有益的压力和动力。建立在理性、客观分析基础上的紧迫感和强烈的行动愿望是可贵的，在从搜集信息、到研究决策、再到果断买卖的整个循环过程中，都是我们必不可少的动力。因为需要投资者同时考虑的因素极多、关系极复杂，往往得不出非黑即白的直接结论，只能得出各种可能性，所以交易决策不可能单单依靠因果逻辑推导出来。另一方面，情绪因素未必都是非理性的，因为情绪很可能代表了投资者对市场综合的、直觉的理解和把握。因此完整的交易决策总是包含一定的情绪成分，这就是投资者“感觉”好坏的含义。但是，情绪只能建立在全面可靠的信息和冷静客观的分析的基础上，只能在投资决策中占最后一小部分，是投资决策蛋糕上的最后一层装饰性的、提味性的奶油，因此，投资者不能沉湎于情绪之中。

在上述十一种错误中，很难说哪一个错误是由哪一类人性弱点所引起的，在大部分情况下，可能都有综合的原因。不过，“谨慎”类型的错误主要出于习惯，这类投资者对自己平时的行为模式颇有信心，因此简单移植到投资方面。“抄底”类型的错误很可能是由于自以为是所造成的。至于“特别准”类的错误，则是轻信的情绪性成分淹没了理性成分。

心理影响

投资者对行情的判断有时明显受心理作用的影响，就像戴上了有色眼镜。常见的心理作用大约有以下两类。

最明显的心理作用是浮动亏损不算亏损。很多投资者在年终计算投资盈亏时，总是以资金账户里的“实际”盈亏来计算，而股票账户里被套牢的股票或有浮动盈利的股票则不算。更有甚者，有些投资者往往不计浮动亏损，但是计算浮动盈利。正确的方法是，无论浮动盈亏均计入资产净值，并且按照期初比例与大势进行比较。

人一般都喜欢好消息，憎恶坏消息。

另外一种心理作用稍微复杂一点，投资者对自身境遇的评价常常单向地随着市场上涨而向上浮动，或者单向地随着市场下跌而向下浮动。当大势转折后，心理状态就停留在原先的市场顶部或者市场底部。对那些持有股票的投资者来说，当市场从最高点回落时，心理状态停留先前最高点的“甜蜜记忆”中，以最高点的盈利作为盈利目标，对当前市场变化不在意或者不接受；对那些寻找机会买进的投资者来说，记忆则停留在先前最低点的“甜蜜回忆”中，当市场从最低点回升后，对当前价格变化不在意或者不接受。实际上，在很多情况下最高点、最低点仅仅昙花一现，交易量很小，成交的可能性很低；市场不一定第二次重复前期的最高点、最低点，因此以之作为参考点并不适宜。最重要的是，最高点和最低点只能在事后回顾时水落石出，事前是无法判断的，因此，交易决策不可能建立在最高点、最低点上，而是从当前行情出发对未来趋势的判断。以当前行情出发就是要随行就市；通过对未来趋势的判断来决定买卖方向。

在诸如市场这样未来不确定的事业上，“最优”的情况实际上仅具参考意义，却不是可行的决策依据；“次优”的情况才是不容错过的行动机会；“次优”以下的情况则对投资者不利。市场技术分析的绝大多数交易方法着眼点就在于捕捉次优的交易机会，而放过最优点则是投资者在判断趋势时应付的成本。

如图 12.1 所示，某位投资者以 12 元的成本价买入豫园商城，后来股价顺利上涨到 14 元。事后来看，这里是卖出平仓的最优点，但这一点当时绝不可能知道，即使在这里卖出也是纯粹出于猜测而已。次优点是图示的卖出信号，大约在 12.5 元。表面看来，这里卖出几乎没有获利，但是在这里市场第二次向上试探前期高点，无功而返，加之此处形成了一个局部的蜡烛图反转形态，并已经向下突破，综合起来构成了较清晰的卖出信号。倘若投资者停留在最优心理状态，认为在 14 元卖出才是“应有”的收益，那就只能被动地等待下去，直至 5 个月后也没有结果。问题的要害在于：市场参与者最重要、最现实的问题是必须不断判断市场未来趋势，以决定现在采取何种措施——这才是研究行情历史的目的。

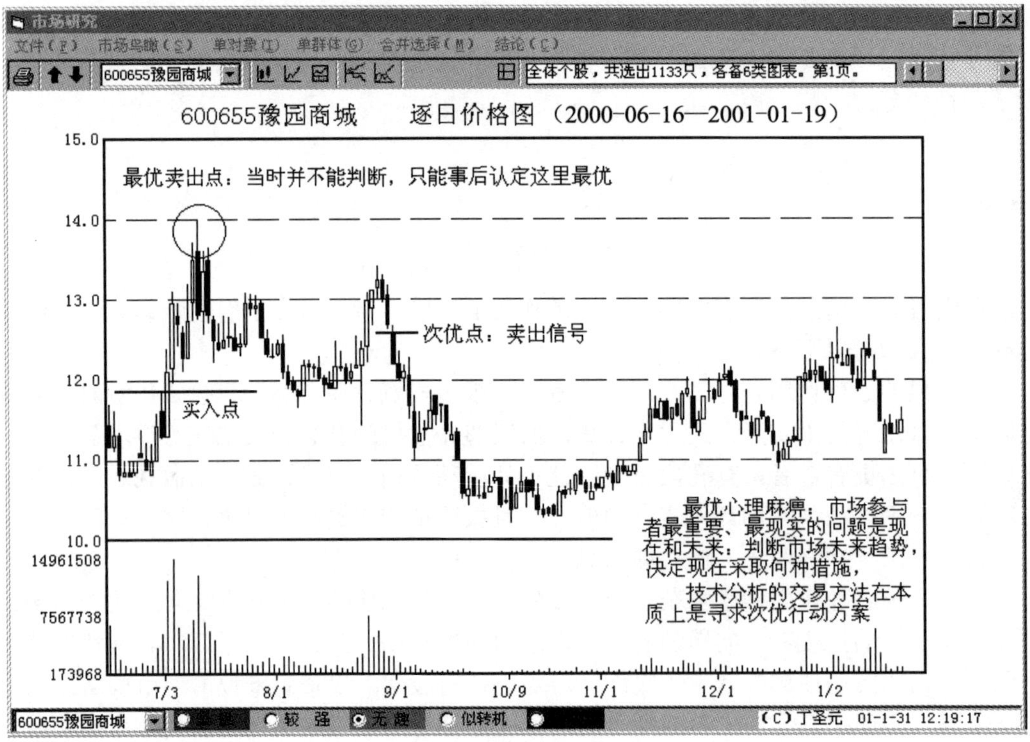

图 12.1　豫园商城日蜡烛线图

这一点对那些“跌就跌吧，扔那儿等着”的投资者也非常适用。衡量这些投资者的投资业绩，不能只看现有账户的总盈亏，还要看投资者本人如何看待现有的股票头寸，看其股票和资金的比例。如果他们现在接近满仓，而且这些股票都已经被套住，那么即使过去已经取得了可观的盈利，且盈利超过套牢头寸的浮动亏损，他们很可能看不到总体盈利，而是拿着被套住的股票坐等，假如大势逆转形成下降趋势，他们的利润往往是从起点来，又回到起点去。这就因小失大了。

人的心理喜欢停留在“最优”状态，但是“最优”状态一般只能在事后认定，事前是不可能确定的；重要的是，一旦投资者被过去的“最优”所麻痹，反而对现在和未来视而不见。

“愿赌伏输”的说法是完全错误的

为什么作者要指出投资者常见的错误？这既不是作者有意将国内股票市场投资者的亏损完全归因于投资者的错误，尤其是普通投资者的操作错误，也不是作者在指责投资者。

从下面的种菜经我们将看到，内在市场机制的健全程度，即“公开、公平、公正”的程度，相当于种菜的土壤条件。站在宏观角度看，在根本意义上，投资市场乃是投资者共同投资、共担风险、共享投资收益的场所，投资者整体为上市公司提供资金，是上市公司的所有者，通过上市公司的成长取得正常投资回报。只要经济发展，上市公司总体必然成长，投资者总体就应当得到投资回报。投资者在总体上长时间得不到相称的投资回报，绝对是不正常的。个别投资者的盈亏属于局部现象，决定投资者总体收益的，只能是市场机制。

国内股票市场仍然处于初级阶段，市场机制缺陷多多，“公开、公平、公正”的原则难以贯彻，表现在“庄家”和“庄股”[①]、内幕交易等竟然登上了报纸、电台的大

① 参见中央电视台《经济半小时》记者胡阳采访著名经济学家、国务院发展研究中心研究员吴敬琏和中国国际金融有限公司研究部主任许小年的节目内容，广播于2001年1月16日下午，时间是8:54。吴敬琏教授指出：“中国的股市从一开始就很不规范。如果发展下去，它就不可能成为投资者的一个良好的投资场所……另外从深层次看，股市上盛行的违规、违法活动使投资者得不到回报，股市成了一个投机的天堂。就像外国人说的：中国的股市很像一个赌场，而且很不规范。赌场里面也有规矩，比如你不能看别人的牌。而我们的股市里，有些人可以看别人的牌，可以作弊，可以搞诈骗。做庄、炒作、操纵股价可说是登峰造极。”当胡阳问“是谁在操纵股市？”时，吴教授回答：“一类是中介机构；一类是上市公司的某些知情人，即有内幕消息的人；还有一类就是资金的供给者，可以是银行，也可以是其他的资金供给者。他们共同密谋以后就低价吸纳、建仓，当手里掌握了大量股票后，就开始炒作。炒作的办法大概有两种：一种是关联机构互相炒作、互相买卖，买卖非常频繁，把价格炒上去。另外一种就是由有关的上市公司放出利好消息，然后把股价拉升上去。只要有大量资金入市，包括从银行筹集的资金，就可以把价格炒上去。当他们发现有中小投资者或局外的大投资人跟进的时候，就偷偷地跑掉，把后来跟进的人套住，这时股价就不断地往下跌。”许小年认为：“长期以来，中国证券市场可以说是庄家的天下，投资者都知道这样一句至理名言，那就是‘股不在好，有庄则灵’。其实，最让人痛心的应该是，经过近十年的庄股时代，中国证券市场中的参与者形成了‘庄股思维’，惟庄家马首是瞻，整个市场变成了庄家与散户博弈的场所，整个证券市场的股价体系严重紊乱，资源配置功能受到严重阻碍。但就在三天前，也就是9号和10号，中国证监会相继宣布，查处涉嫌操纵亿安科技股票案，同时对有关机构涉嫌违规操纵中科创业股价的调查也在进行当中。虽然监管层当前加大对涉嫌操纵股价者的查处来得晚了些，但来了总是好的。世界上任何国家的法律都把操纵证券市场和操纵股价的行为列为刑事犯罪，中国也不例外。但这样的现象一直禁而不绝，甚至有愈演愈烈的势头。中国的证券市场怎样做到“公正、公平、公开”，中小投资者的利益如何才能得到切实保护？愿中国证监会的这次重拳出击，能给证券市场在新世纪带来新希望。”

雅之堂，从大小舆论到各类研讨会，都可以公然讨论庄家手法、推荐庄股，如何跟庄俨然成为投资正道。在这样的外在环境下，从投资者总体来说，投资相当于把菜种播在盐碱地，好天时、好技术、勤劳都不可能挽回收不抵种的注定结局。

在这种情况下，对普通投资者的亏损说什么“愿赌伏输”，当然是替“庄家”作伥。请注意，“庄家”行为的贻害并不局限于从普通投资者手中转移过去的资金，更重要的是对市场本身的极大破坏，对生产力的极大破坏。

非洲大平原的草食动物为了果腹，不得不长途迁徙、追逐水草。在迁徙途中有一条布满鳄鱼的大河，但是草食动物除了过河继续远征之外，只能坐以饿死，因此，过河是唯一的选择。

有人会反驳，国内投资者可以不选择国内股市，只选择存款。然而，银行存款不会遭遇类似股市那种市场风险的想法在总体上绝对是一个错误。

国内很多企业已经经历了“吃完了企业吃财政，吃完了财政吃银行，吃完了银行吃股市”进化阶段，在银行贷款中留下了比例颇高的呆坏账。600898ST 郑百文似乎称得上其中的佼佼者，1998 年它开始出现危机，1999 年净亏损高达 9.81 亿元，财务费用高达 3.48 亿元。郑州百文截至 1999 年 9 月 20 日的贷款本金及应付利息共计 19.35 亿元，由中国建设银行转让给中国信达资产管理公司。2000 年 3 月 29 日债权人中国信达资产管理公司要求郑州百文破产还债，债务金额为 21.302 亿元（截止 2000 年 3 月 1 日的到期本息）。

国营银行既然过去能够损失这么多资金，现在更是处在机制改革的大转折之中，指望它们挽回损失显然是不可能的。从宏观总量上看，银行存款实际上已经大幅贬值了，因为其中相当比例的本金已经不存在，迟早必须通过货币贬值让所有存款人支付上述成本。另一方面，尽管股市有风险，但起码具有流动性，至少价格总是通过当日买卖双方的成交得来的，反而有一定程度的现实性和准确性。

实际上，无论存款市场、股票市场、还是企业市场，它们本质上是一体的、共通的，市场机制不完善的弊端处处一样。如同社会各行业的收益率总是趋向于平均水平一样，市场机制的健全程度也具有平均分布的倾向，股票市场的弊端既不会独多，也不会独少，顶多是表现得更露骨、更显眼而已。从现代金融市场内在的紧密联系来说，存款市场与股票市场并没有实质区别，只是前者的风险和收益表现得差异很大，而后者得风险和收益显得更平均。

股票市场是国内投资者的正当选择，也是国内投资者的正当权利。

综上所述，我们对“愿赌伏输”的说法必须区分投资者的总体亏损和与个别亏损的本质不同。

我们曾指出避免重复性错误是提高投资水平的捷径。实际上，作者研究“投资者常见的错误”的本意还在于：一般投资者不可能改变市场基本条件，剩下的选择只能是加倍磨砺投资技术、尽量减少犯错误的机会，使自己的处境大大优越于平均水平，才能在这样的市场上生存和发展；越是必须渡过鳄鱼河，越是必须选准时机、动作敏捷。

当然，在市场经济条件下，投资乃是严肃的、值得追求的行业之一，我们也不应该将眼光局限于国内市场，局限于一时的问题，而是要看到未来的发展，看到成熟的国际市场，如外汇市场带来的投资机会，因此投资正途当然值得投资者追求。

投资正途——种菜经

就未来不确定的根本特性而言，投资活动与日常生活中的其他行当相比，其基本属性并没有任何特殊之处。在市场经济条件下，日常生活的各个方面都是通过相应的市场来进行的，市场与市场之间必然是相互联系的。可见，投资的道理与人类其它活动的道理基本上一致，是相通的。有人认为投资属于特殊行业，其特殊性或许仅仅在于资金规模更巨大、市场变化更频繁更剧烈、投资结果可以通过资金账户上的数字简单直接地表达出来，如此看来，投资生涯是一种浓缩的人生经历。

正确的投资方法可以与种菜相互类比，您将发现，本书在上篇“大势、选股、买卖”中的正面叙述，以及在下篇“投资者常见的错误”中的反面叙述其实完全是一回事，就是一门种菜经。

种菜的外在条件是土壤和天气（农时）。农业活动靠天吃饭、靠地吃饭，归根结蒂，菜农不能改变农时，只能适应农时；不能改变天气，只能适应天气；改变土壤的能力也是有限的，只能识别和适应土壤。

农时和天气相当于投资市场的大趋势，投资者只能识别大趋势，适应大趋势，不可能改变大趋势。种菜要看农时，既不能耽误农时，也不能超前于农时。投资活动要看大势，如果要买进，则只能在大势上升时、或者更大规模的大势向上、当前大势横向整理时买进；如果要卖出，则只能在大势下降时、或者更大规模的大势向下、当前大势横向整理时卖出。市场大趋势的节奏也很重要，投资者需要在心里预期节奏的发展，脚下则按照当前节奏起舞。

土壤相当于投资市场健全的程度，也就是投资市场“公开、公平、公正”的程度，其中一切市场信息的充分公开是公平和公正的前提，也是市场发现价格、促进交易、优化资源配置的前提。决定市场是否能够给投资者整体带来合理回报的，是土壤，而不是个别投资者的交易技巧和能力。一般来说，普通投资者不可能改变市场“公开、公平、公正”先天不足的现状，而“庄家”肆虐、内幕交易横行给投资者带来的损失是不能由投资者负责的。

种菜的内在条件包括种子和菜农的技术与勤劳两方面。菜农可以选择在什么样的土壤里、什么农时种什么种子；种子可以培育和选种，苗子可以间苗和补苗，除草、灭虫、施肥、收割等耕作活动基本上也都取决于菜农的技术和勤劳。在投资活动中，投资者需要决定在当前大势条件下、在当前市场机制下选择投资什么样的行业、企业，更重要的是找到可靠的投资方法以适应复杂多变的市场条件。

因为国内股票市场的交易成本极为昂贵，每当投资者手持现金准备入市时，可以说都是一次从头来起的选择机会；反过来，只要投资者持有股票而不是现金，一般只能被动地为行情所左右，因为卖出手持股票再买进其他股票的交易成本高达 1.5%。

菜农种菜的正确方法是，首先看好农时，选好种子，下种；其次，当种子出芽长成菜苗后，拔掉瘦弱的小苗，留下强壮的大苗；如果间苗过多，还要从其他地里挑选合适的菜苗补栽到自己的地里，这样就得付出一定的成本。显然，这是一个优选的过程。

对照到投资方法上，投资者首先看好大势，选好个股，尝试性地建立投资组合；然后在大势不变的条件下，卖掉那些明显转弱的个股，留下能够和大势同步、甚至强于大势的个股。换言之，应当留下盈利的股票，卖出亏损的股票，“让盈利充分增长，把亏损限制在小额”，这才符合菜农优选的道理。当然，必要时，也需要重新选择个股买进，补苗。

从这里可以看出，“我不贪，有利就走”加上“跌就跌吧，扔那儿等着”正是相反的劣选过程，相当于菜农拔掉地里强壮的菜苗，留下瘦弱的菜苗，希望瘦弱的菜苗总有一天会变得强壮，这样的种菜方法显然是荒唐的。

即使采用优选法，仍然需要满足控制成本和风险的条件；换句话说，即使投资者采取优选过程，也必须满足以下几个条件才有盈利的可能性。实质上，这几个条件是相互联系的，尤其是后两者几乎是一回事。

首先，大势很重要，这是成功的先决条件，稍有农业常识的人都知道农时的重要意义，大势的重要性对投资者怎样强调都不过分。

其次，选种很重要，投资者选择的个股越能适应当时的市场条件（土质）、越能符合大势条件，则成功的把握越高，间苗、补苗的次数越低，手续费损耗越低。

最后，如果选种不准，不得不大面积拔苗、补苗，则这畦菜就会大伤元气，不可能有好收成，之前付出的成本将付诸东流，因此在投资过程中，应当避免换股太多、太频的情况。

最初，所有投资者都站在同一条起跑线上，没有人对市场的未来更有把握，但是这并不意味着各种投资方法之间也不存在系统性的区别。好的投资方法精髓就在于在每一个步骤系统和一致地“优中选优”——即浓缩可能性。首先，优选土壤，即选择适合投资的市场，按照分散投资原则和投资者的个性选择具体投资市场。由于国内尚且实行外汇管制政策，投资者的选择能力有限，不可能具有全球视野，但是个人外汇交易的开放无疑已经为投资者打开了一道门缝。虽然现阶段外汇买卖差价极为昂贵，但是外汇市场本身的公开、公平、公正程度则是所有投资市场的典范。其次，优选大势，即选择大势环境适合投资的入市、出市时机。股票市场的大趋势关系到很多方面，需要全面权衡。再次，优选投资对象，即适合当前大势条件的行业和上市公司。最后，在管理投资组合的过程中，采取止损措施和适当换股，保留强势的股票。经过系统和完整的优化，充分发挥投资者的主动性，即使我们不能改变市场不确定性的根本特性，也能更好地适应它，可以系统和一贯地创造较好的投资成绩。因而优选法是正确的投资途径。

无论如何，正确的投资方法也不能保证投资者一定盈利；但是错误的投资方法则一定不能盈利，还可能有巨大风险。正确的投资方法大方向是正确的，投资者经过勤学苦练，必能收取良好成效。

行为模式和命运

人类为了适应环境、提高行动效率，或者仅仅出于习惯，往往根据历史累积的经验教训和对环境变化的规律性的认识，形成相对固定不变的行为模式，即行为方式中的某种相对固定的程序和套路，在类似环境下作出类似反应或类似举动。《辞海》将“行为模式”解说为“个人的或群体公认的、具有相应一致性的有规律的行为样式。”

我们的着眼点在于投资者个人的投资行为模式，前面列举的各种投资者常见的错误实际上就是一些典型的投资行为模式。所谓投资行为模式就是投资者在相似的市场环境下，往往表现出相似的操作方式；或者我们换一种理解方法，假定我们统计某位投资者的市场行为，在特定的市场环境下，比如在10次市场见底回升过程中，其中6～7次或更多次该投资者都会在市场从底部回升之前“抄底”，那么这位投资者就具有“猜测底部”的投资行为模式；另一位投资者6～7次以上都在市场拉起后才买进，那么这位投资者具有就“货买当头起”的投资行为模式。

如此看来，投资行为模式可以从统计角度来定义，具有一定的客观性。不同的投资者可能出于各种各样的理由和原因采取同样的行为模式，而相同理由和原因在不同的投资者身上可能形成不同的投资行为模式。在体育比赛中，关键在于运动员动作质量，看其是否准确、是否满足技术要领的要求，运动员临场的各种念头既然无法捉摸，也就说明不了什么问题。

从这个角度来看，投资行为模式与其说是投资者的个性使然，不如说投资者市场实践的历史积累。更准确地说，投资者不能改变环境，却能适应环境；在同样的市场环境下，有的投资者盈利，有的投资者亏损，各自取得截然相反的投资业绩，因此投资行为模式是环境和投资者本人相互作用下的历史积累，因此，投资行为模式的形成既有市场方面的客观因素，也有投资者个人的主观原因。为了讨论如何系统和一贯地改进投资业绩，我们着意撇开市场环境不论，也撇开偶然性收益或亏损不论，主要研究投资者的投资行为模式和投资业绩之间的关系。

投资行为模式包含三个层次的内容，首先是经验和习惯的层次，这是投资者根据历史经验和直觉形成的交易办法；第二个层次是一整套的投资方法，从第一层次的经验和习惯上升到程序化的投资步骤，从搜集信息，到研究、决策，每个步骤都贯穿着同样的投资原则；第三个层次是投资者对市场本质的理解和把握，属于形而上的层次，是其投资方法的指导思想和内核，是投资方法具有系统性和一致性的根本保证。三个层次从低到高，共同形成了投资行为模式的整体，总之代表了投资者适应市场、减少偶然性的主动努力。平均和一贯的投资获利力、系统和一致的交易方法等概念描述的就是投资者主动努力改进投资行为模式的结果。

投资业绩是市场环境和投资者相互作用的结果，由于市场的不确定性，其中既包含偶然性因素，也包含确定性因素。偶然性因素既来自市场的不确定性，也来自投资者自身的不确定性。投资者固然不能改变市场环境，但是有一定的余地选择投资市场，选定市场之后，又有充分的机会选择出入市时机、选择行业和上市企业，因此，投资者的行为模式是投资活动相对确定性的源泉。偶然性因素对交易业绩的作用有好有坏，从长期来看，平均结果具有回归大势平均值（减去交易费用）的倾向，不会在投资者之间造成区别。确定性因素则具有系统性，长期看来会使投资者业绩明显偏离大势平均值，要么明显强于大势，要么明显弱于大势，两极分化——存在系统性弊病的投资行为模式其实不如纯粹偶然的交易结果；另一方面，投资者越是具有健全可靠的市场观，越是采用系统、一贯的交易方法，则越能减少自身的偶然性因素，越能适应市场的变化，从而增加投资成功的确定性（图 12.2）。

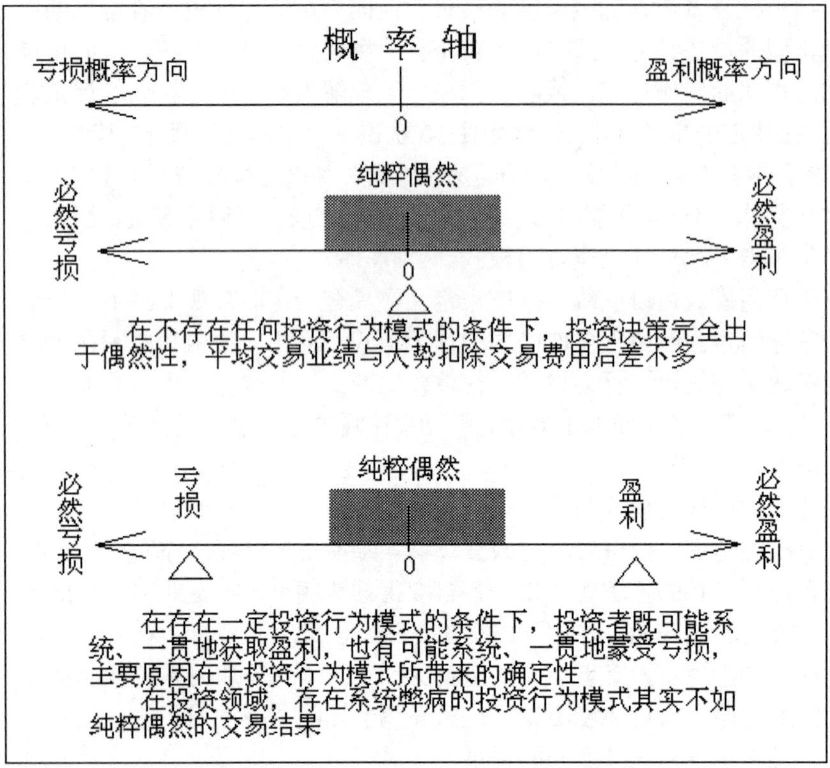

图 12.2　投资盈亏的必然性和偶然性

格言说，“性格即命运”。性格指“人的态度和行为方面的较稳定的心理特征，如寡断、刚强、懦弱等。在生理素质的基础上在社会实践活动中逐渐形成和发展。由于具体的生活道路不同，每一个人的性格会有不同的特征（《辞海》）。”参照这一格言，我们提出如下命题。

投资行为模式即投资者命运

如果我们将注意力集中在投资者的投资行为模式和投资业绩之间的关系上，不考虑市场环境的影响，也不考虑偶然性的投资得失，则投资者的投资行为模式属于确定性因素，决定了“平均和一贯的投资获利力”，因而决定了投资者“系统和一贯的投资业绩”，亦即投资者命运。简言之，投资行为模式决定投资者命运。什么样的投资行为模式决定了什么样的市场命运，这里面存在一定程度的必然性。如果投资者不能从根本上改进自己的投资行为模式，就不可能改变自身命运；唯有从根本上改进投资行为模式，才可能改变自身的命运。

市场的根本特性就是不确定性，而在人类生活中，只要遇到未来不确定的情况，人们就用“命运”或“命”来一言以蔽之。据《辞海》解释：“命，指吉凶祸福、寿夭贵贱等命运，即人对之以为无可奈何的某种必然性。”《辞海》还列举了我国先哲对“命运”的不同看法。《论语·颜渊》：“死生有命，富贵在天”，主张“知命”。墨子提出“非命”，反对听任命运。孟子主张“立命”，强调努力尽人的本分。庄子主张“安命”，“知其不可奈何而安之若命，德之至也”(《庄子·人间世》)。明清之际王夫之提出“造命”，认为认识和遵循事物的必然性，人就可以主宰命。

我们的看法是，只要未来具有不确定性，则在投资者的投资业绩中必然包含终极的、纯粹的无序性部分，无论这一部分占有多大比例，都非人力所及，所以不予讨论。但是，未来变化毫无疑问也包含有序性部分，而这一部分正是投资者相对确定性的根据（图 1.27）。由于我们对市场了解得不够全面、理解得不够深刻，我们不可能完全认识市场变化的有序性部分，其中未被认识的部分也是市场不确定性的来源。通过学习、实践、领悟可以逐步减少这类不确定性，增加投资者的相对确定性。这是我们研究的重点。正是在这样的意义上，投资者可以主宰自己的命运。以下研究的所谓投资命运和投资行为模式之间的关系，也是就有序性部分而言的。

松毛虫的故事

法国著名作家、昆虫学家法布尔撰写过一篇题为“结串而行的松毛虫”的文章，介绍了他进行的松毛虫结队行走试验。作者的原意是解释松毛虫没有任何智力，据此批评“在最低级的动物社会中发现理性的起源”，但是我们从中看到了人类行为模式的影子。

松毛虫行进时排成一路纵队，宛如一条没有断头的长绳，每只虫子都用自己的头够着前一只虫子的臀部。走在队首开路的“队长”毛虫随心所欲地游荡，踏出复杂多变的曲线，所有其他毛虫一丝不苟的踩着它那弯弯曲曲的线路前进。这只毛虫和其他毛虫没有什么区别，在各种排列方式的队伍中，它碰巧是头一位。队长虽是临时职务，可担任此职的毛虫，态度却与众不同。其它毛虫都被动地随着队伍认真走路，队长却心神不安，前半身一探一探的，忽而向这边，忽而向那边。

碰巧当上领头虫的那只毛虫，用垂挂下来的口涎拉成不带断头儿的长线；它按照自己飘忽不定的淡薄意念走出一条路线，同时也就把口中长线放在了路面上。正是顺着这极窄的丝轨天桥，第二只毛虫跟上来，并且为丝轨增添又一根细丝；第三只毛虫再增添一根细丝……

串联成队的虫队，长短非常悬殊。我所见过的地面长队，最长的大约有 12 米，由 300 只毛虫组成；最短的可能只有两只。

铺了沙层的地台上，长着有虫窝的松树；树旁有几口栽着棕榈树的大缸，缸口周长有一米半左右。毛虫们常攀上那圈鼓凸出来的缸口厚沿儿，它们觉得在那儿串长队很合适。

1896 年 1 月结束前的第三天，正午光景，我发现一支成员极多的虫队攀上缸口。虫队鱼贯而行，缓缓穿过缸壁，依次登上缸沿，然后串联成疏密均匀的队列，最后形成了几乎和一个圆环别无二致的循环跑道。我先操起大毛笔把多余的登山队员们扫掉；接着抓起硬毛刷，仔细清理缸壁，不仅沟通上下的丝线荡然无存了，而且连毛虫的气味也清除干净了。

首尾相接的环形虫队不再有什么队长。每只毛虫前都有一只毛虫，每只毛虫后都跟着一只毛虫，它们在集体的杰作——丝路的引导下，向前迈进。整根链条上的每个环节都重复着同一套动作。没有一只毛虫发号施令，换句话说，没有一只毛虫凭心血来潮的意志改变路线。

这队毛虫在缸沿窄面上整整爬行了 7 天，经历了霜冻、饥饿、疲劳、脚伤的折磨，到第八天才分批从缸沿上爬下来，回到窝里。每只毛虫 7 天多的总行程有 435 米，沿着缸沿画了 335 个圈。结串而行的毛虫困在缸上那么长时间，我想，原因并不是爬下来很困难，冒风险，而是它们可悲的智能做不到顿悟。

感受和思考，都不是虫子能做的事。走了半公里的路，绕过三四百圈，它们也没有获得任何启示；必须出现偶然巧遇的条件，才能使它们重返窝巢。如果不是露天夜宿造成混乱，不是一路劳顿后极需休息，不是进而在环形路线以外丢下那么一些丝线，那么它们就会在自己那险恶的丝带上丧生。正是靠了环路以外那些随便铺设的岔道引线，几只毛虫向远处走去；虽说方向不大对头，但是却以自己的作为，为下到地面做了准备；终于下地行动由那些获得偶然机会的小分队完成了[①]（为了形成直观影响，作者向您推荐一盘 DVD，题目是《昆虫世界——效果碟》，[法]Jaques Perrin 制作，1996 年，日本先锋公司出品。其中第 12 节就是一段毛虫在沙地上结串行走、原地转圈的镜头）。

读者很可能反驳，毛虫的机械行走和人类智慧不可以相提并论，毛虫是低级的，没有“感受和思考”，没有“顿悟”；人类具有归纳和分析能力，必定很早就能从类似的困境中解脱出来。

仅就有形的缸沿来说，这一点是毫无疑问的，但是我们必须清醒地认识到，毛虫有同毛虫的低级智能相应的有形缸沿，人类同样也有自己的无形“缸沿”。无形的缸沿不像毛虫的那样浅显、直接，而是由复杂多变的人类社会环境所带来的怪圈，由包括人类的经验、知识、智慧在内的高级素材所组成，因而对人类的“感受和思考”能力同样构成“高级”的挑战。同毛虫一样的是，在很多情况下，人类也缺乏相应的高级“悟性”来走出此类高级缸沿。

人类对某种行为模式自以为了解得越深、应用历史越久、越是曾经凭籍它取得过了不起的成就，这种行为模式给人留下的烙印就越深，越是进一步强化了这种行为模式，在相似的环境下越是倾向于不假思索地按照这种行为模式行事。有时候，行为模式并不让人明显地感受到它的存在，而是潜藏在人类行为深处，在这样的情况下，则其迷惑性更大，当事者每每自以为已经将问题思考得非常成熟，不幸的是其实从来都在过去的圈子里打转。关于这方面的问题，《逆向思考的艺术》[②]是一本很好的参考书。

不相信吗？

法布尔在本文中也没有类比人类高级“缸沿”的意思，但是在另外一篇“朗格多

① [法]法布尔，《昆虫记》，王光译，作家出版社，1998。第 177～196 页。这里的引文是作者根据该书缩写的。
② [美]汉弗莱・B・尼尔著，丁圣元译，海南出版社，2001 年。

克蝎的婚恋和家庭”中，法布尔显然已经非常接近“人类缸沿”的类比了。

无知反而可能受益；远离熟路也许有新的发现。这是当今以为声望很高的名师（指巴斯德，法国化学家，微生物学的奠基人，重视科学实验，不受旧说束缚，生前做出了一系列开创性贡献）曾经对我说过的。

有一天，他敲开我的家门，来向我请教关于蚕茧的问题，我们是物理、化学界的同行。

当他受政府委派，奔赴养蚕业的灾灾战场时，可以说是一丝不挂的，因为他对需要从灾祸中解救出来的昆虫，连最起码的概念都没有。巴斯德令我震惊，确切的说，他令我赞叹不已。

他刚才是有生以来第一次看到蚕茧，得知里面有个东西，那是未来蚕蛾的胚形；我们南方乡村小学一年级孩子都懂的事，他却一窍不通。然而正是这位初学者，不久之后便彻底改变了养蚕场的卫生状况，继而又彻底改变了医药和环境卫生的状况。

他的武器就是思路，是舍弃枝节、立足总体的思路。变形、眠虫、蚕茧、蛹壳、蛹虫等等，以及不胜枚举的昆虫学细微隐秘，这一切对他无足轻重！解决他的问题，以不知道这一切为好。思路这东西，能更好地保持独立头脑和大胆起飞精神；其行动将更为自由，将能越出已知世界的边线……细想起来，巴斯德不知蚕蛹为何物一事，包含着极其深刻的道理呀！①

投资者的投资行为模式一方面给投资者带来信心和便利，但是另一方面也可能构成固步自封的缸沿，使投资者对市场的新变化、新特征视而不见，沉迷于旧模式中。市场急剧变化的潜力、以及一般在投资活动中涉及的巨大金额使得这样的缸沿成本巨大。

如图 12.2 所示，投资行为模式既可能使得投资者的业绩在概率轴上系统性、一致性地偏向盈利的一边，也可能偏向亏损的一边。这是投资行为模式第一种可能陷入的缸沿。如果投资者停留在凭经验和直觉买卖的初步水平，不能上升为交易方法；如果投资者没有适当的市场观，交易方法缺乏系统性、完整性，甚至存在明显漏洞；如果投资者对市场本质的认识不深入、不全面，那么这样的投资行为模式反而使得投资者的业绩在概率轴上系统、一致地偏向亏损的一边，使亏损成为必然——只要投资者不能从根本上改进此类投资行为模式，则亏损就成为他们的投资命运。

投资行为模式的第二种缸沿尤其适用于那些过去盈利的投资行为模式。由于市场环境处在不断的演变过程中，一旦市场环境的主要特征发生变化，而投资者未能及时觉察这种变化，则过去在概率轴上系统性、一致性地偏向盈利一边的投资行为模式可能在新局面下变得偏向于亏损一边。实际上，由于过去的盈利记录已经牢牢地强化了原有行为模式，当事人很难认识到市场主要特征的变化，很难认识到投资行为模式需要改进，往往难以从系统、一致的亏损中解脱出来，结果旧模式成为危险的缸沿，可能招致极大危险。这是另一种投资者命运。美国长期资产管理公司（LTCM）在 1998 年遭遇的悲剧典型地揭示了这一类情况。

不同的投资行为模式导致上述两种命运，前者像黄梅雨季，绵绵阴雨，累积成大

① 出处同注 1。第 275～279 页，经过缩写。

亏损；后者更具有戏剧性，损失来得突然、巨大，市场内在特征的大转折导致投资者命运的重大转折。

改进投资行为模式不是易事。小修小补仅仅涉及投资行为模式的前两个较低层次，不涉及“市场观”的最高层次，难以摆脱缸沿的循环；唯有达到最高层次的洗心革面式的彻底改进，才能真正改进投资行为模式，摆脱原有的命运。

结语

在“大势、选股、买卖”中，我们根据太极图原理提出正负循环机制导致趋势，而趋势显示了系统的内在必然性，从这个意义上说，投资者的命运就是投资者所处的趋势，这个趋势是由投资者行为模式所导致的循环过程所决定的。投资者常见的错误往往正是投资者行为模式的典型代表。除了由于市场终极的无序性有可能为这样的投资者带来偶然收益之外，此类行为模式将注定投资者的亏损命运。

我们还指出，人类为了摆脱命运，既需要外在的自由，也需要内在的自由。从投资者常见的错误这一点来说，关键是不要被我们自己的积习、旧行为模式所奴役。

有人将成功归结为“百分之九十九的汗水加百分之一的运气”。在市场上，以及未来不确定的其他任何事业上，成功的公式很可能是“百分之五十的眼光加百分之四十九的勤奋加百分之一的运气”。

所谓眼光，不仅指“远见”，也指“近见”（即细节），研究市场时，应当对准研究对象，远镜头和近镜头逐步过渡，如此才能完整掌握趋势结构，进而弄清当前趋势的状况。驾驶员在破旧的马路上开车，他应当注意眼前几米，注意躲避大坑或大包，否则有翻车之虞。但是仅仅如此，则驾驶变成了杂要，丧失了前进的路线和方向，实际上沦为偶然的坑洼的奴隶。他应当从近而远地向前看过去，看到中景，才能躲避行人与车辆，避免事故；看到远景，才能选择转弯、路线，最终到达目的地，车越重、速度越快，就得看得越远。

没有足够的远见和清晰的近见，勤奋就成了手忙脚乱，是靠不住的。从改变命运的角度看，远见和近见比勤奋更重要。当然，眼光总是通过勤奋表现出来的，而且远、近眼光本身也是勤奋的结果，因此勤奋依然是重要的成功要素。

无论国家、市场、企业、投资者个人，都有眼光和勤奋的两方面问题。哪家上市公司既有眼光，又有勤奋，其股票就是我们的选择对象；哪位投资者既有眼光，又有勤奋，就有投资成功的希望。

附录
新股、次新股的买卖策略

最近上市的股票（新股）和上市时间不超过半年的股票（次新股）的行情具有明显不同于老股票的特殊性。新股、次新股的行情重点在于考验新股定价是否准确，如果定价不合理，则在短时间内就有较大的变化余地，且这种变化和大势演变没有直接关联；而老股票的行情重点在于连续地调整价格，反映了企业经营状况的连续变迁，更主要是反映股票和大势水涨船高的平衡关系，因此一般在短时间内变化余地较小，且往往与大势演变有直接关联。

从研究方法上说，老股票给我们提供了足够长的行情历史来研究其相对于大势的强弱关系，但是新股和次新股的行情历史较短，与大势相对强弱关系难以确定，短暂的相对强弱关系也不重要，因此对老股票选择弱者转强型、同步转强型、强者恒强型的办法对新股都行不通，不得不另起炉灶。

首先，我们介绍了新股定价过程的种种困难，结论是市场通过试错法来寻找上市公司的准确定价。

然后，我们对 2000 年深沪两市新上市股票的价格行为进行了统计分析，以验证上述分析。

最后，我们提出了根据新股上市日价格区间来制定新股、次新股的交易策略。简要地说，如果新股行情向上突破了上市日横向区间的上边界，则买入；如果向下突破了上市日横向区间下边界，则卖出；如果维持在上市日横向区间之内，则判断它将长期横向整理。

股票定价的相对价值法和绝对价值法

当一家企业上市时，投资银行要为新股确定价格，通常采用两类估价方法，一类是绝对价值估价法，一类是相对价值估价法。

绝对价值估价法在理论上具有通用性，但是实行起来很困难。为什么有价证券有价格？这是因为任何证券都能在未来提供一定的资金回报。因为现在的资金总是比未来的资金更有价值（即资金具有时间价值），所以未来的资金收入需要折算成现在的价值：

$$未来本息收入=现在本金\times（1+存款利率）^{期限}$$

所以

$$现在本金=未来本息收入/（1+存款利率）^{期限}$$

实际上，从普遍意义上说，上面公式中的“未来本息收入”就是未来某个时间的现金收入（未来现金流），而“现在本金”就是和这个现金流对应的当前价值。由于股票市场的风险大于存款，所以不用存款利率折算，而是用能够补偿股市风险的较高利率来折算，称之为补偿利率。预期未来现金收入的时间越往后，则补偿利率也越高。一般的折现公式就成为：

$$现值=未来现金收益/（1+补偿利率）^{期限}$$

股票和债券都可能带来一系列未来现金流，我们将每一笔未来现金流都单独折算为相应的当前价值，然后将所有的折算值相加，就得到了股票或者债券的当前价值。

然而，说起来容易，做起来难。从折现公式的分子来看，高等级债券什么时候付息、什么时候还本都是预先定好的，未来现金流的时间和金额都是已知项，但股票则不然，到底什么时候分红、分多少红，都很难说。即使不谈分红，只谈上市企业的每股盈利，由于企业外在环境和内在经营机制都具有不确定性，未来数值也难以确定。

从折现公式的分母来说，即使是高等级债券，计算起来也有困难，因为补偿利率一般以无风险债券（即国债）的收益率为基准，加上风险补偿的差价，但是国债的收益率也是由市场决定的，而国债市场和股市一样变化多端，如此一来，补偿利率总是变化的，也很难确定。

由于折现公式的分子和分母都不确定，对上市公司股票绝对价值的评估也就只能是定性的，不可能定量计算。定性的基本结论是，上市公司的股票价格应当与当前每股盈利、未来每股盈利的增长率成正比例关系；与市场利率水平成反比例关系。但是仅靠这些结论当然不能给新股作价，于是研究者只好退而求其次，采用相对价值估价法。

相对价值估价法的依据是，股票市场上已经有和新上市公司类似的上市公司挂牌交易了，它们当前的股票价格就是合理的市场定价，只要比较新上市公司和类似公司的基本情况，酌情增减，就能够得到新上市公司的股票价格。

举一个最简化的例子，假定股票价格完全取决于每股盈利，则

股票价格＝平均市盈率×每股盈利

公式中的平均市盈率是股市所有股票的市价和每股盈利比率的平均值。当然，实际计算时考虑的因素远远超过每股盈利，还要兼顾发行股数、行业受欢迎程度、企业的特殊优势或劣势、大势条件等多方面因素。

然而，将类似企业的当前盈利及未来盈利进行比较也不是一件容易的事。首先，这里同样面临着折现公式分子中的未知项，很多情况下不得不推算、猜测。其次，表面上类似的企业实际上采取的可能是完全不同的经营方针；更重要的是，两家企业越类似，相互间的市场竞争就越直接，出于竞争策略的考虑，这些企业必定着力谋求超越竞争对手，采取与对手不同的经营方式。如此来看，上述比较的基础总是暂时的、不稳定的。相对价值法通常给新上市公司的股价提供大致上限和下限，这种宽泛的参考价格区间显然称不上准确的“定价”。

比较而言，在绝对价值估价法中，研究者既要了解折现公式的分子（未来现金流），又要了解利率市场的变化（补偿利率）；在相对价值估价法中，研究者既要了解折现公式的分子，又要把它与类似的上市公司进行比较，得到新上市公司的价格。

如此看来，新股定价绝对是一门手艺，就像原始人的易货交易一样，全凭手掂眼量，而不是放在磅秤上称斤约两。和一切手艺一样，大多数手艺人水平一般，估摸的结果时准时不准，有时甚至很不准，只有少数经验老到、悟性深远的人才能估计到八九不离十。

市场多以试错法为新股作价

既然新股定价都是凭手艺掂量出来的结果，那么市场就只能通过试错的方法来寻找企业的真正价值了。这样看来，新股发行价基本上由投资银行和上市公司根据相对价值法研究确定，但是这只是新股定价工作的一半；更重要的一半是新股上市日以及随后一段时间里，市场通过试错法来得出最终的新上市企业的定价。实际上，前者是提议，后者才是决定。

这里的主要问题不是小小的调整，而是到底定价是不是离谱。根据我们的经验，在大部分情况下或许新股定价都算得上大致合适，因而新股价格在数月内都没有调整的必要，新股价格将长期处在某个横向区间中，没有明显涨跌。但是，

在少数情况下，新股价格可能非常离谱，在上市后一段时间内可能发生显著的涨跌变化。这种显著的涨跌变化就是市场纠正定价不当的过程，我们称之为新股定价修正行情。

实际上，股票市场之所以经常发生变化，特别是偶尔出现的一些剧烈变化，与其说是企业基本面在短时间内发生了戏剧性的改变，价格反映了基本面，不如说是市场参与者在评估企业价值时从来达不到精确的地步，因此不得不通过连续变化来逐渐调整。不过，比较起来，老股票已经有足够的时间来修正股价，它们寻找价值的过程主要属于推敲性质，一般通过小幅调整来进行。不仅如此，对大多数老股票而言，价格变化的主要原因是追随大势的变化，维持股票和股票时间价格的相对平衡关系。这一点和新股定价修正行情具有本质的不同。

当然，“老”股票的日常行情也具有强弱分化的特征，但是那同样是通过时间累积的效果，日常行情仍然属于微调的性质。新股定价修正行情主要在上市后数月内完成，且完成后很可能在新价格附近长期横向整理；如果新股定价合适，则在数月内暂且不会参与“强弱分化”。

新股上市日价格变化统计与分析

新股上市日价格浮动幅度不受限制，有很大的价格变化空间，如此一来既可能找到准确的定价，也有可能留下巨大的偏差。相对于新股上市日的巨大变动范围来说，股票市场的日常变化显得极为平淡、微不足道，所以如果新股定价较准确，则在相当长时间之内，市场无需频繁调整；如果新股定价不准，则不准确的程度也不是一点点，而是相当大，导致后来市场对新股定价的大幅修正行情。因此，新股定价修正行情不是大势的日常变化所能比拟的。

另一方面，股票市场大势的日常波动主要反应了宏观经济的景气状况，反应了金融市场之间收益与风险关系的平衡，与新股上市后的定价修正行情性质不同。因此，新股价格走势在相当时间内不与大势同步，与大势关系较小，要么定价大致准确，长期横向整理；要么定价失准，需要大幅修正。

从实际统计资料来看，新股上市首日的价格变化相对于其发行价一般均有较大的变化幅度，以 2000 年 1 月 13 日到 12 月 8 日深沪两市新上市的 113 只股票来统计（以下图表中的统计数据皆如此），新股上市日最高价相对于发行价平均上涨 181.2%，其中最大数值是 540.0%，最小数值是 19.2%（附图 1.1（a））；新股上市日最低价相对于发行价平均上涨 136.3%，其中最大数值是 375.0%，最小数值为 6.1%（附图 1.1（b））；新股上市日最高价和最低价之间的波动幅度相对于发行价平均为 44.9%，最大数值为 340.0%，最小数值为 9.9%（附图 1.1（c））。

2000 年上海综合指数全年涨幅为 51.8%，这是一个相当了不起的数字，但这是全年 240 个交易日共同累积的效果，和新股上市日的单日价格平均变化幅度相比，显然在相当长时间内大势变化对新股定价修正过程的影响都可以忽略。

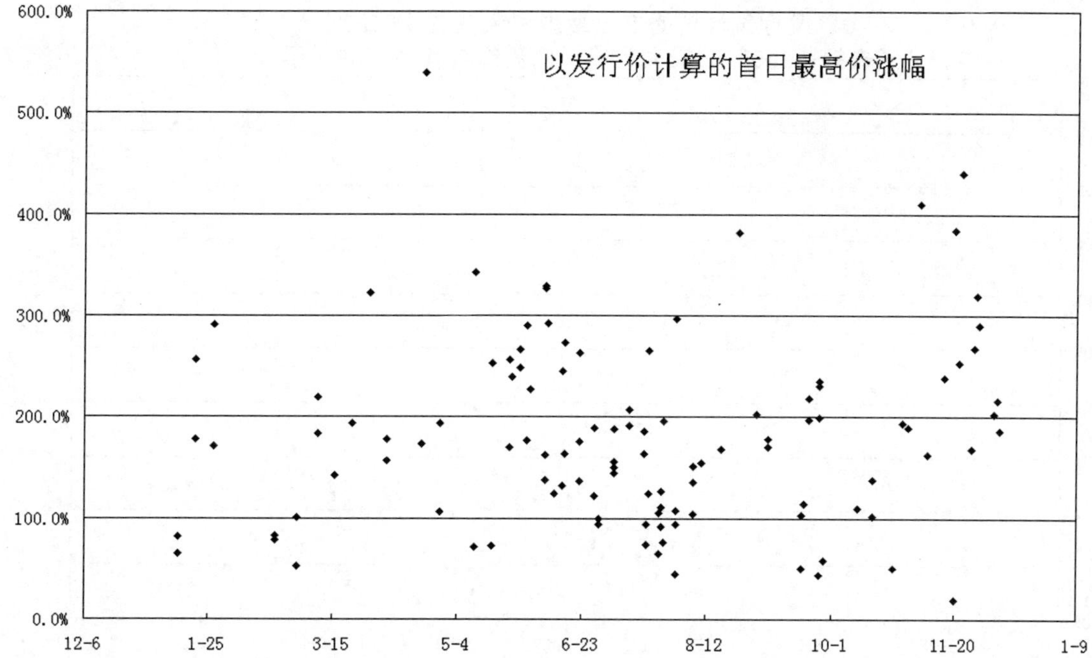

附图 1.1（a） 新股上市日最高价相对于发行价的涨幅

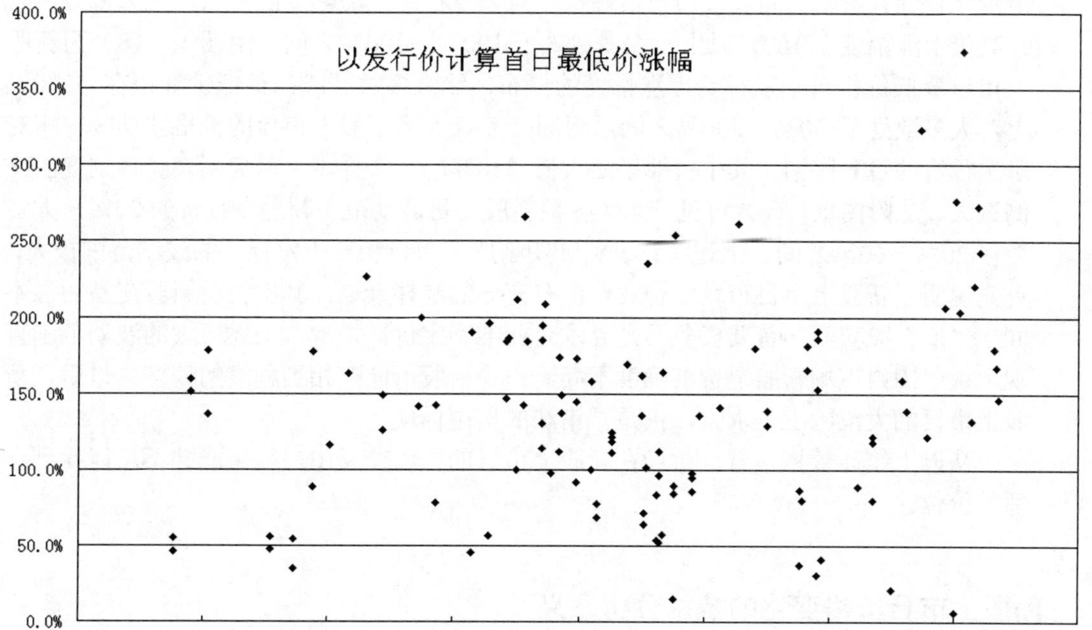

附图 1.1（b） 新股上市日最低价相对于发行价的涨幅

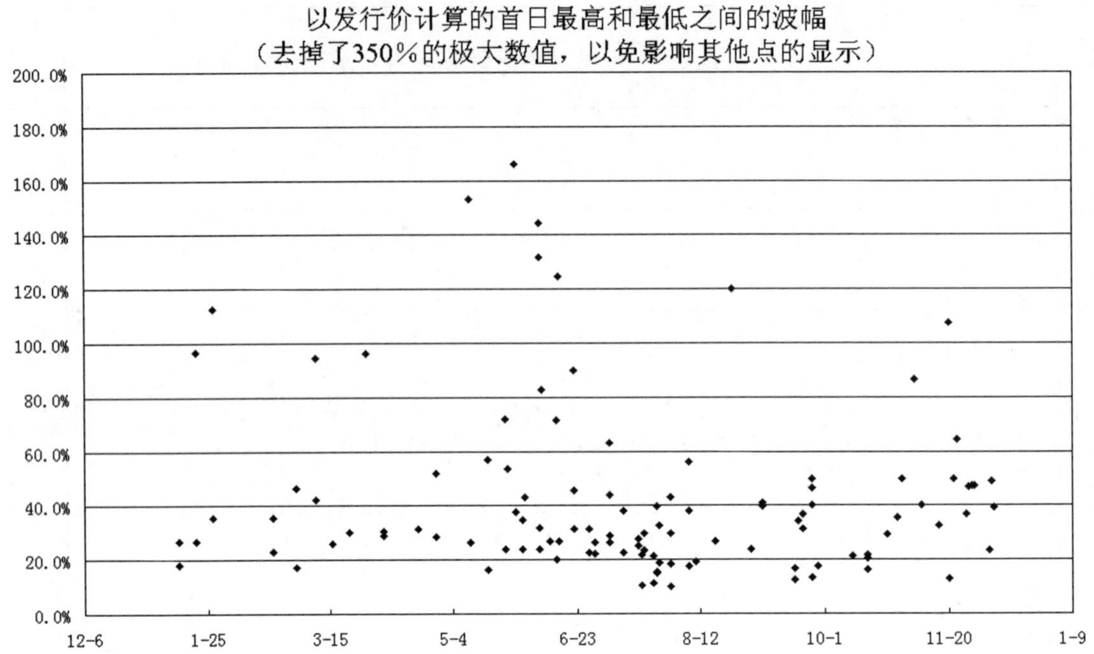

附图 1.1（c） 新股上市日最高价和最低价的区间相对于发行价的波动幅度

我们统计了 2000 年 1 月 13 日到 12 月 8 日深沪两市新上市的 113 只股票的情况。附图 1.1（a）所示为新股上市日最高价相对于发行价上涨幅度的分布，绝大多数新股最高价上涨幅度在 100%以上，大多数处于 100%～300%之间。附图 1.1（b）为新股上市日最低价相对于发行价上涨幅度的分布，绝大多数新股的最低价涨幅在 50%以上，大多数处于 50%～200%之间。附图 1.1（c）为新股上市日的价格波动区间相对于发行价的百分比例，其中去掉了最大值 350%的一个样本，以免图表竖直刻度的比例过大。从附图 1.1（c）可见，绝大多数新股首日波动范围超过发行价的 20%，大多数在 20%～60%之间。上述统计资料证明新股上市日相对于发行价的波动范围极大，首先说明了新股上市日市场对企业价值有充分的选择余地；其次说明新股交易明显不同于“旧”股交易，首要任务乃是寻求企业准确定价；再次，上述巨大的波动范围直观上说明国内市场新股定价准确度不高，不少新股可能有相当程度的偏差；最后，新股上市日的大范围上下求索，正是试错法的典型体现。

从以上统计数据来看，市场在新股上市日的一天交易中，很可能并不总能找到合适的价位。

新股上市日价格变化的技术分析意义

新股上市日通常交易量巨大，换手率（以上市日成交量除以流通股数）几乎都在 50%以上（附图 1.2），从价格和交易量配合的角度来看，新股上市日的四个价格都具有重要的技术分析意义。这四个价格分别是开市价、收市价、最高价、最低价，其中最高价和最低价限定了当日交易区间，属于重要历史价格水平，这里介绍的次新股操作方法主要就是根据首日价格区间来设计的。

附图 1.2 为全部样本上市日的换手率分布，换手率是以当日的单日成交量除以各个新股的流通股数计算的。图中为百分化数据，竖直轴的读数即新股上市日成交量占其流通股本的百分比。在全部 113 个样本中，仅有 4 例新股上市日换手率在 30%～40%之间，仅有 15 例首日换手率在 40%～50%之间，其余样本的上市日换手率均不低于 50%。相当多的样本甚至达到了 70%～80%的极高换手率。2000 年国内股市依然实行 T+1 交易制度，即当日买入的股票当日不可以卖出，上市日成交量的卖方全部来自原新股持有人，如此极端的换手率说明，除了那些因为一时疏忽没有卖出、或者打算第二天找更好的价钱再卖出的新股持有人之外，几乎所有的新股持有人都在上市第一天就抛出了。

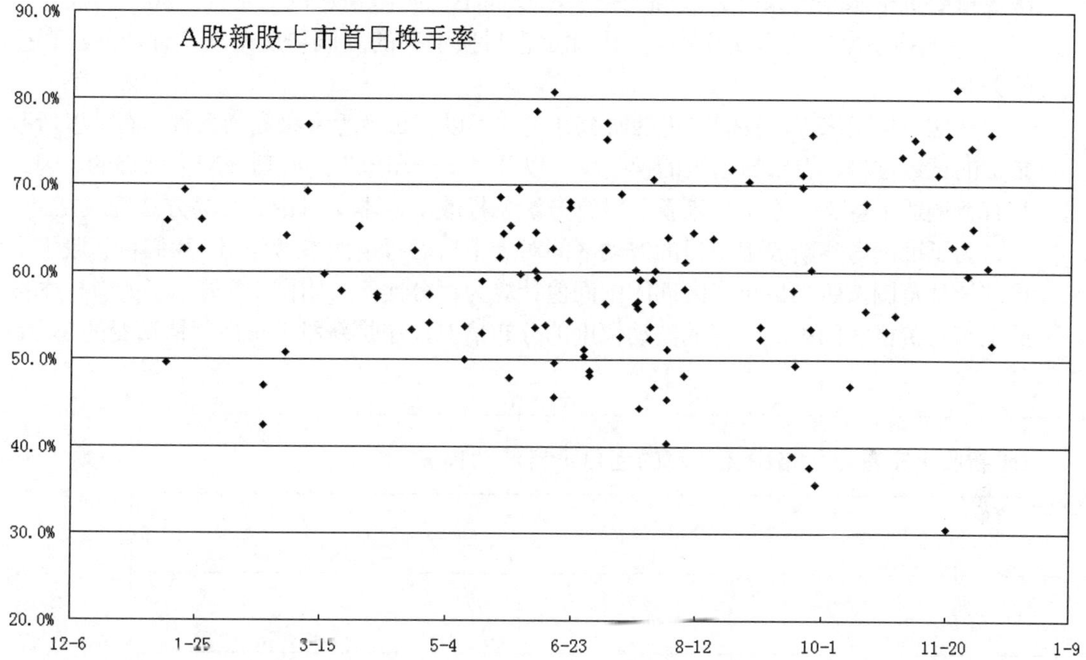

附图 1.2 新股上市日换手率分布图

一个自然的结论是，国内一级市场的申购者对新股的“忠诚度”极低，绝大多数申购者对上市公司根本没有兴趣，其全部目的只在一二级市场之间巨大而无风险的差价，上述新股在发行时几乎没有找到任何真正对本企业感兴趣的投资者，这无疑是对新股发行的极大讽刺。在正常的股票市场上，必须有相当比例的投资者长期投资于上市公司，时时监督上市公司。缺乏这一基本机制，则股票市场要不变味也难。从这个意义上说，以上新股发行显然是失败的。

我们从以下三方面来理解上市日价格的重要性。

第一，根据技术分析理论，围绕某个价格水平或者在某个价格区间内成交量越大，则该价格水平或价格区间的参与程度越高，给市场参与者留下的实际交易感受就越强烈，今后受市场参与者关注的程度就越高，意义越重要。

第二，新股上市日的价格区间还具有“第一印象”的重要心理效果。新股上市日的开市价、收市价、最高价、最低价在该股票上市后的整个交易历史中将具有重要参考意义。一般说来，高价股、低价股的形象定位和上市日的价格有很高的关联性，虽然后来的行情演变有可能带来大幅价格变化，但是在大多数情况下几乎是上市日“一日定终生”。

第三，在新股上市之前，投资银行、投资者有机会对发行价以及上市日价格进行充分的研究和评估，因此上市日价格比平常的交易价格更有意义，足以成为其交易历史上最重要的参考价格水平。

实际上，较高的成交量就足以说明价格水平或者价格区间的份量了，10%的换手率已经能够说明一个价格水平的重要性。新股上市日的换手率大大超过这一水平，均满足重要价格水平的条件。过高的换手率反而不说明问题，也就是说，50%的换手率和30%的换手率并没有实质不同，因此上市日换手率的高低与后市涨跌行情并没直接的关联。

从这个角度来说，我们这里的研究结论并不以首日换手率极高为条件，而是以新股定价的试错过程、上市日起码的换手率、以及“第一印象”的心理效应为前提的，因此具有普遍适用意义，不论将来新股发行方法怎样改变，本文讨论的交易方法均成立。

为了准确考察新股上市日的波动区间对上市日后行情的参考作用，我们将新股上市日的波动范围按照当日价格区间的中间值计算为百分比例，附图 1.3 显示了所有样本按照上市日价格区间中点计算的波动幅度的分布情况，这是新股上市后行情演变的起点。

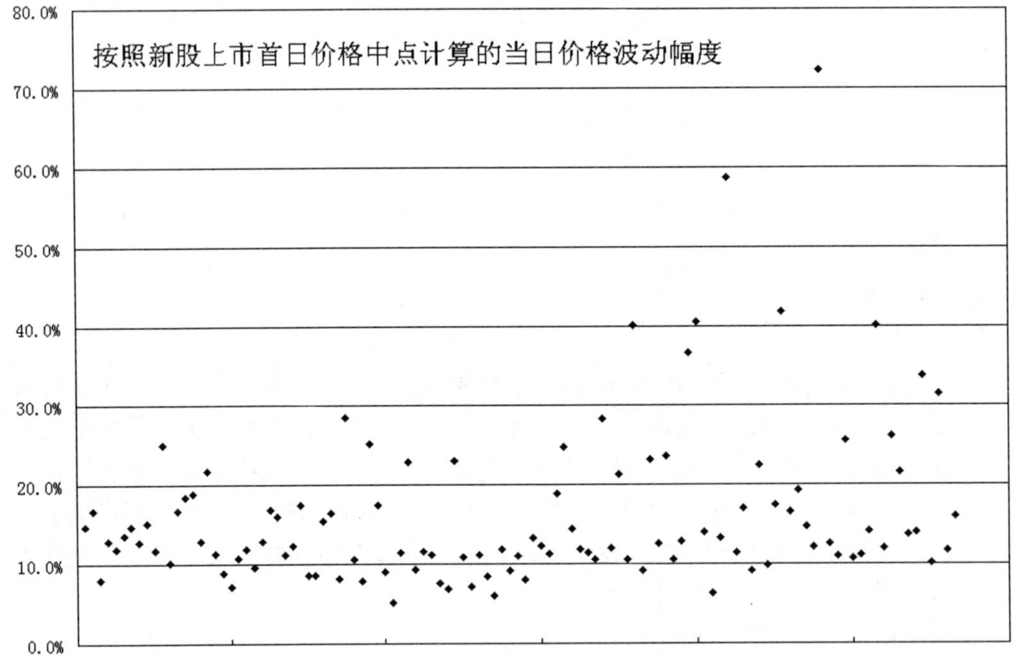

附图 1.3 以新股上市日价格区间中点计算的当日波动幅度

首先，我们注意到其中 21 个样本处在 10%以下，占样本总数的 18.6%。这些属于波动范围偏小的情况，因为没有经过充分试错，定价的准确性很可能两极分化，有可能一步到位，不须重新试错；也可能属于试错行情还没有展开，需要重新尝试。不过，由于上市日的价格区间过小，开市价、收市价、最高价、最低价的差别不太大，或许只能将它们看作一个重要的价格水平，不能构成横向价格区间。这一类股票不是我们的主要研究对象，以下的讨论对它们只有参考意义。

其次，大多数样本集中在 10%～20%的范围内，虽然幅度不算太大，但上市日最高价和最低价已经构成明确的横向价格区间了。这类股票多数可能定位较准，不须重新试错。当然，这样的价格区间毕竟较小，保守地考虑，此类次新股的突破信号一般可能只有 1～3 个月的短期效应。一般说来，此类股票的开市价和收市价（蜡烛线实体的两端）分别与最高价、最低价（蜡烛线上下影线的两端）的差距较小，没有必要再细分。

最后，还有 24 个样本处在 20%以上的高水平，占样本总数的 21.2%。此类股票波幅很大，说明市场可能曾经在大范围内寻找价格定位，这样既可能最终准确定位，但更可能潜伏着较大的偏差。更重要的是，这类股票上市日横向波动区间具有明确的技术分析意义，是我们研究的重点。

从统计日起倒推次新股的涨跌幅度分布

我们对新上市股票的价格变化进行了统计。新股陆续上市，没有统一的上市日，如果我们从新股上市日起统计它们在一定时间内的价格变化，则各个股票的价格变化均处在不同的大势环境下，特别是 2000 年大势阶段性特征很明显，4 月前大势坚挺，4～8 月为慢牛行情，9 月后则转而高位横向整理，这样得到的新股涨跌统计数据的可比性就成问题了。因此我们采取了一种变通的办法，所有涨跌数据均从统计日开始向前逆推。举例来说，所谓 21 日内的涨幅就是统计样本从统计日逆推 21 个交易日，再比较统计日收市价与该交易日收市价的涨跌幅。截至统计日上市时间不足 21 个交易日的新股不参加统计。为了避免新股上市时间过长导致上述逆推的结果不能代表新股定价修正行情，当我们统计 21 日内的涨跌幅时，样本上市时间最多不超过 3 个月。其他统计时间段照此类推。

我们将所有样本按照对应的逆推时间段和上市时间段划分为以下四类。

第一类，在统计日之前 1～3 个月（日历时间）内上市的样本，统计从统计日（2000 年 12 月 9 日）起逆推 21 个交易日内的涨跌幅，实际新股上市时间分布在 2 个月内；

第二类，在统计日之前 3～7 个月内上市的样本，对它们统计从统计日起逆推 55 个交易日内的涨跌幅，实际新股上市时间分布在 4 个月内；

第三类，在统计日之前 7～12 个月内上市的样本，对它们统计从统计日起逆推 144 个交易日的涨跌幅，实际新股上市时间分布在 5 个月内；

第四类，在统计日前 12～18 个月内上市的样本，对它们统计从统计日起逆推 233 个交易日内的涨跌幅，实际新股上市时间分布在 6 个月内。这类股票实际上不在属于次新股的范围，出于比较的目的，列出其统计数据。

附图 1.4（a）为第一类统计数据的分布图，统计日为 2000 年 12 月 9 日，其中 19 个样本取自 2000 年 11 月 9 日到 9 月 9 日之间（日历日期，不是交易日的日期。下同）深沪两市新上市的股票，数据点表示从 2000 年 12 月 9 日向前逆推 21 个交易日，以首尾两个交易日的收市价计算上涨或下跌幅度。全部样本 21 日内的涨跌平均值为 -2.71%，在附图 1.4（a）中用水平黑线表示。同期大势涨跌幅为 2%，显示此类股票的走势明显与大势不同。

附图 1.4（a）的水平轴表示新股上市日的时间。在本图中，11 月新上市股票的交易日总数仅略多于 21 个交易日，统计数据几乎包括了其所有的行情历史，但是 9 月新上市股票的交易日总数明显超过 21 日，有相当一段时间未包括在统计范围内。为了减少偏差，我们提出新股价格正常漂移边界的概念，即我们允许上市越早的股票涨跌幅度偏离平均值的程度越大，在附图 1.4（a）的平均水平线之上，用一条向下倾斜的黑线表示上边界；在平均水平线之下，用一条向上倾斜的黑线表示下边界。换言之，在时间轴右端，允许偏离的幅度为 0%；在时间轴左端，允许偏离幅度为 5%，由此得到两条新股价格的正常漂移边界。如果数据点处在正常漂移边界以内，则认为其行情基本上属于正常漂移，没有发生明显的新股定价修正行情；如果超出了正常漂移边界，则认为可能发生了新股定价修正行情。高于上边界者属于向上修正者，是值得买进的新股类型；低于下边界者属于向下修正者，是应当卖出的新股类型，我们的新股买卖策略就是要捕捉这样的新股定价修正行情。

如附图 1.4（a）所示，在总数 19 个样本中，6 个样本明显居于价格范围之外，我们在数据点上以小圆圈标注，约占总数的 32%，成为潜在的捕捉对象。

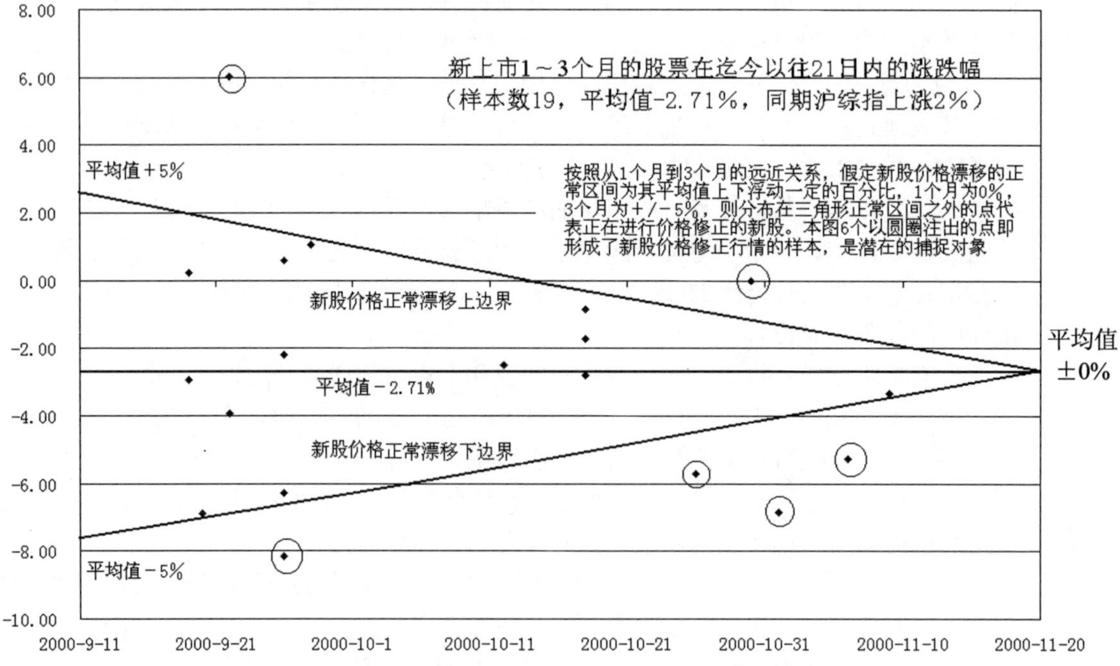

附图 1.4（a） 新上市 1～3 个月的股票从统计日倒推 21 个交易日内的涨跌幅

附图 1.4（b）表示在 2000 年 9 月 8 日至 5 月 9 日之间新上市的股票，从 12 月 9 日起逆推 55 个交易日统计其涨跌幅。图中新股价格正常漂移边界是从平均值上下偏移±5%到±10%的两条倾斜的黑线，两个数值分别对应于 3 个月前新上市股票的允许漂移范围和 7 个月前新上市股票的允许漂移范围。本类型样本总数为 61 个，其中 13 个超出上下边界，约占总数的 21%。本类型样本的涨跌平均值为 6.42%，同期大势涨跌 5.57%，较为接近大势的水平。我们注意到，边界内的样本密集分布于平均值附近，显示没有出现定价修正行情的股票处在长期横向趋势中，股价没有明显变化；处在边界外的样本则明显偏离平均值，可能表明新股定价修正行情发挥了作用。更重要的是，边界外的样本点本身也明显离散，同边界内的密集分布具有明显的不同。

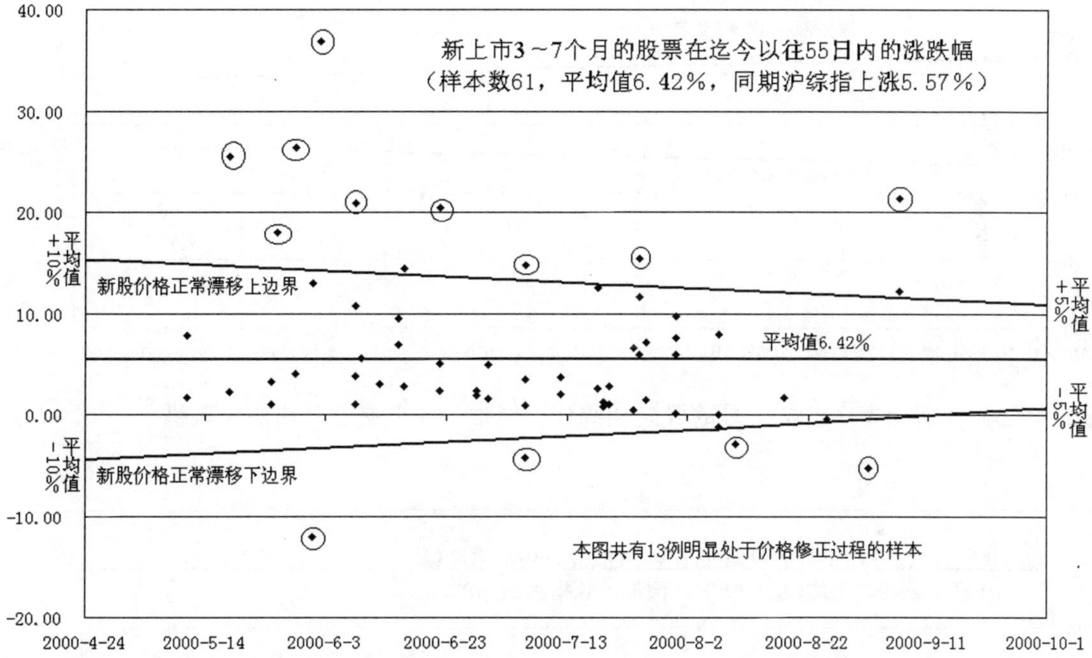

附图 1.4（b） 新上市 3～7 个月的股票从统计日倒推 55 个交易日内的涨跌幅

附图 1.4（c）表示在 2000 年 5 月 8 日至 1999 年 12 月 9 日新上市的股票，从 2000 年 12 月 9 日起逆推 144 个交易日统计其涨跌幅。图中新股价格正常漂移边界是从平均值偏离±10%到±15%的两条倾斜的黑线，两个数值分别对应于 7 个月前新上市股票的允许漂移范围和 12 个月前新上市股票的允许漂移范围。本类型样本总数为 29 个，其中 12 个样本明显处于边界之外，约占总数的 41%。边界外的样本点分布仍然具有附图 1.4（b）的某些特点，但边界内的样本点不再密集分布于平均值附近，离散度加大，与边界之外的样本点差异较小。边界外样本数目的上升除了因为新股定价修正行情的情况之外，也可能是因为此类股票已经出现了类似“老”股票的强弱分化行情。

附图 1.4（d）表示在 1999 年 12 月 8 日至 1999 年 7 月 9 日上市的股票，从 2000 年 12 月 9 日起逆推 233 个交易日统计其涨跌幅。本类型的允许离散边界是从平均值偏离±15%～±20%的两条倾斜的黑线，两个数值分别对应于 12 个月前新上市股票的允许漂移范围和18个月前新上市股票的允许漂移范围。

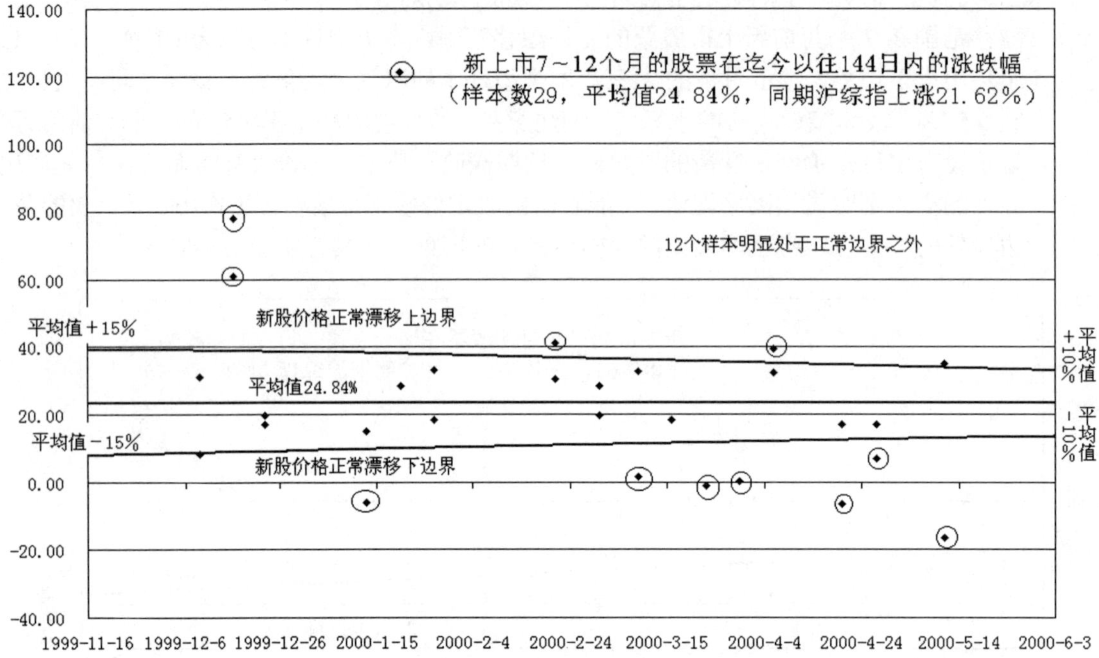

附图1.4（c） 新上市7～12个月的股票从统计日倒推144个交易日内的涨跌幅

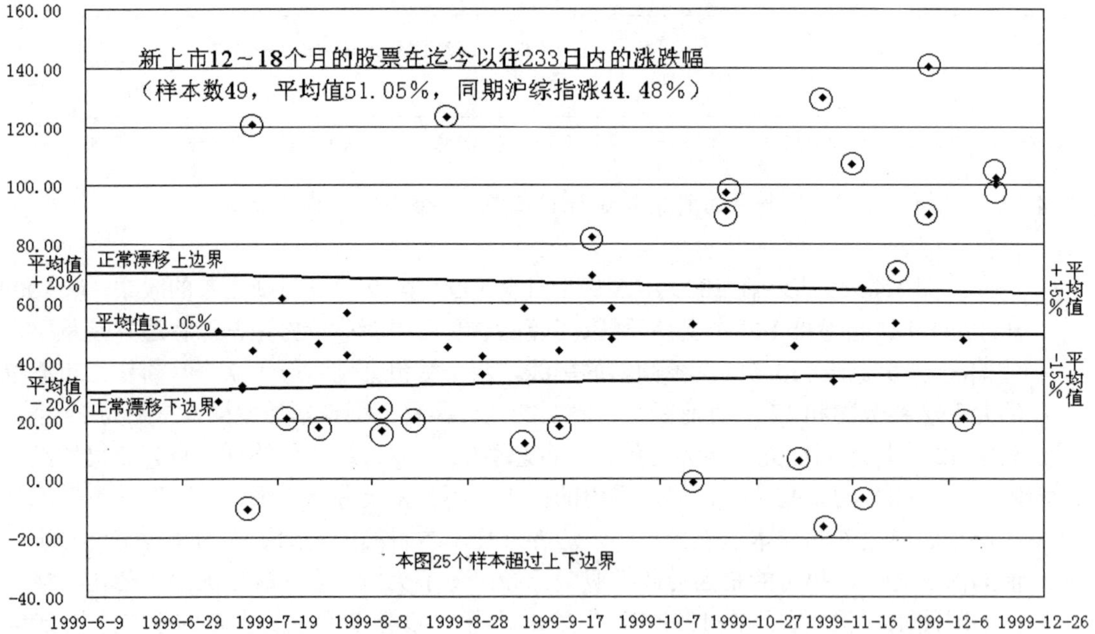

附图1.4（d） 新上市12～18个月的股票从统计日倒推233个交易日内的涨跌幅

本类型样本总数为 49 个，其中 25 个样本在范围之外，约占总数的 51%。

此类股票上市时间已经超过 1 年，各股票之间的涨跌差距拉大，样本点分布高度离散，即边界外的样本不再反映新股定位问题，其变化主要表现为“老”股票的强弱分化效应，而不是新股定价修正行情。

比较 4 张图表，附图 1.4（a）样本数较少，但仅从涨跌平均值上看，已经和大势有明显不同。附图 1.4（b）的分布状况最令人满意，边界之内的样本离散度较小，边界之外的样本则呈明显的离散分布状态，说明需要修正的新股与无需修正的新股特点显著不同，且没有“强弱分化”效应的影响。附图 1.4（c）依然在一定程度上保留了附图 1.4（b）的上述分布特点，但是已经减弱，且可能包含“强弱分化”效应的影响。而在附图 1.4（d）中，几乎所有样本都是离散分布的，边界内外区别不明显。由此可见，次新股的交易机会集中在从股票新上市到上市后半年之内。此后，由于新股已经有充分的时间调整定价，走势与大势的相关性显著增加，强弱分化的效果出现。因此，我们以 1 年作为次新股的时间选择范围，其中主要又以新上市的股票和上市时间约在半年内的股票为主要选择对象。

次新股的买进或卖出信号

如上所说，选择次新股的目标主要集中在新上市半年内的次新股，目的就是要捕捉新股定价修正行情，卖出那些低于正常漂移边界的向下修正的股票，买入或者继续持有高于正常漂移边界的向下修正的股票。

买入或者卖出次新股的判定准则如下：

如果确有信号表明市场已经向上突破上市日横向价格区间的上边界，且交易量温和放大，则买进；如果上市日蜡烛线实体的上端（阳线即当日收市价，阴线即当日开市价）与上影线上端接近，则以市场向上突破上影线最高点为买进信号，以市场重新向下突破实体上端为止损信号；如果实体上端和上影线上端不接近，则主要以上影线上端为交易信号和止损信号标志。

如果确有信号表明市场已经向下突破上市日横向价格区间的下边界，则卖出该次新股；如果上市日蜡烛线实体的下端（阳线即当日开市价，阴线即当日收市价）与下影线下端接近，则以市场向下突破下影线下端点为卖出信号，以市场重新返回实体下端之上为止损信号；如果实体下端和下影线下端不接近，则主要以下影线下端为交易信号和止损信号标志（附图 1.5（a））。

如果市场始终维持在上市日的横向区间边界之内，则市场倾向于长期维持在该区间中横向波动。在上市日价格区间较大（20%左右）的情况下，可以在接近上边界时卖出，在接近下边界时买进。倘若上市日价格区间很大（30%左右或更高），则除了最高价、最低价之外，实体端点也构成有效的价格水平，具有一定的参考作用，有可能将横向区间进一步细分（附图 1.5（b））。

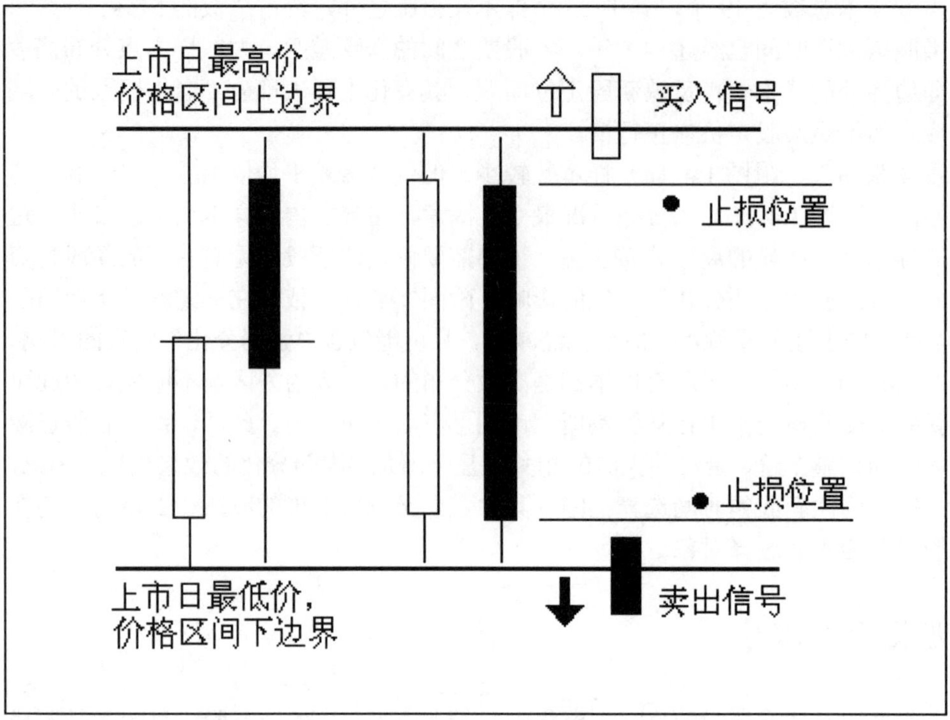

附图 1.5（a） 通过新股上市日蜡烛线确定上市日横向区间

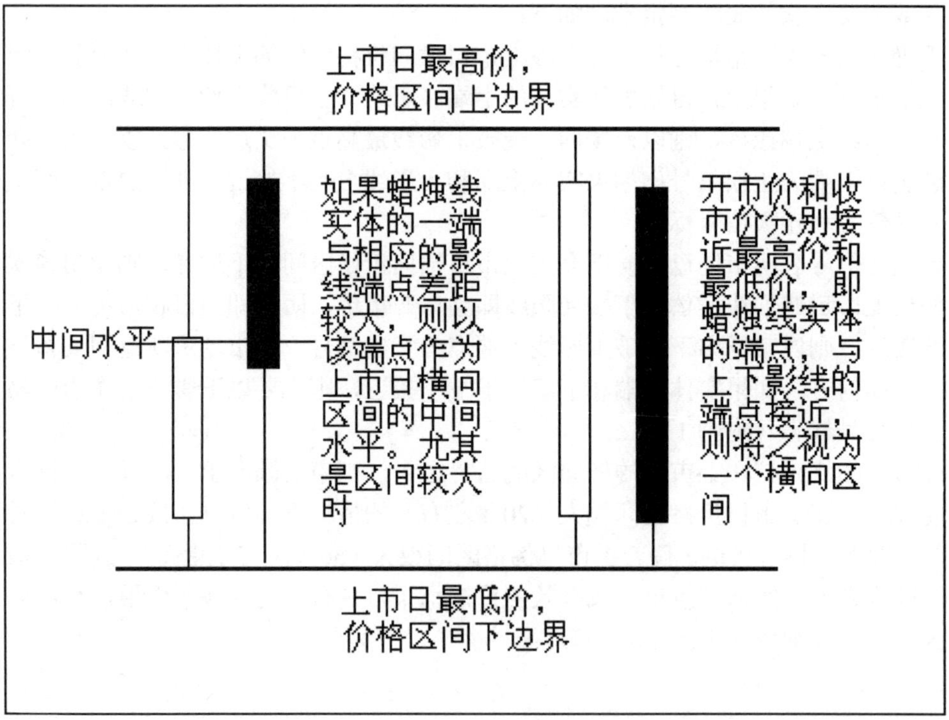

附图 1.5（b） 通过新股上市日蜡烛线确定上市日横向区间

导致新股定价明显偏低或偏高的因素——大势、行业、宣传

●大势　虽然新股修正行情和大势没有直接关系，但是从新股上市日的定价受大势环境影响的角度来考察，有的大势条件倾向于明显压低新股定价、有的大势条件倾向于明显抬高新股定价。一般说来，当大势延续原有趋势、且演变过程较为平稳时，新股定价环境相对稳定，不容易受影响；反之，如果大势正处在新旧趋势交替的转折期，市场参与者心理要么明显亢奋（上升趋势第三阶段后期，或下降趋势之初），要么明显压抑（上升趋势之初，或下降趋势第三阶段），新股定价受大势影响较为显著。在心理亢奋的情况下，新股上市日价格可能明显偏高；在心理压抑的情况下，新股上市日价格可能明显偏低。一方面，这种偏低或者偏高并不真正反应新上市公司的价值，自然需要市场来重新修正；另一方面，在前者定价偏高的情形下，大势马上从上升逆转为下降（或者横向），大势环境的恶化对之不利，加速了新股价格向下修正的过程；在后者定价偏低的情形下，大势可能马上从下降逆转为上升（或横向），大势环境的改善加速了新股价格向上修订的过程。

●行业　除了大势的极端状态之外，当新股所在的行业或者“概念”正成为市场一时的大热门时，新股定价可能显著偏高；反之，如果新股所处的行业或者“概念”在大热门的冲击下沦为“大冷门”，则新股定价可能显著偏低。这样的价格偏离也是靠不住的，一旦市场参与者对热门的追逐降温，则新股价格必然需要修正。2000 年上半年国内股市受美国纳斯达克市场的影响，互联网类上市公司成为一时的大热门，此类新股上市之日，正是大受追捧之时，定价必然严重偏高。4 月后，市场参与者的群体激情开始退潮，此类次新股的价格向下修正的漫漫熊途也就开始了。

●宣传　一般说来，新股上市总是公司加强公共关系的大好时机。为了扩大企业形象、产品和服务的影响力，公司往往在上市前后大做广告，发动宣传攻势。另一方面，上市日的定价是市场对上市公司的第一印象，低价股、高价股的形象可能就此建立，从烘托股价上考虑，上市前的铺垫实在不是多余的。但是，有时候上市公司宣传攻势过猛，加上与之有利益关系的证券经营机构也帮着大吹大擂，结果新股定价明显偏高；有时候上市公司拙于公共关系或者不屑于宣传，大家“闷声大发财”，新股定价可能明显偏低。

以上情况对分析新股定价修正行情都具有重要的参考作用，研究者应适当留意。

如何判断和调整新股上市日横向价格区间边界

上市日的上下边界并不是一目了然的，判断突破信号也非易事。与任何技术分析方法一样，或多或少涉及主观判断，没有严格的条条框框。以附图 1.6 德臣股份来说，上市日的交易区间不算大，在这种情况下，倘若次日交易区间明显、交易量也较大，则一般需要将上市日和上市次日合并作为上市日横向价格区间。

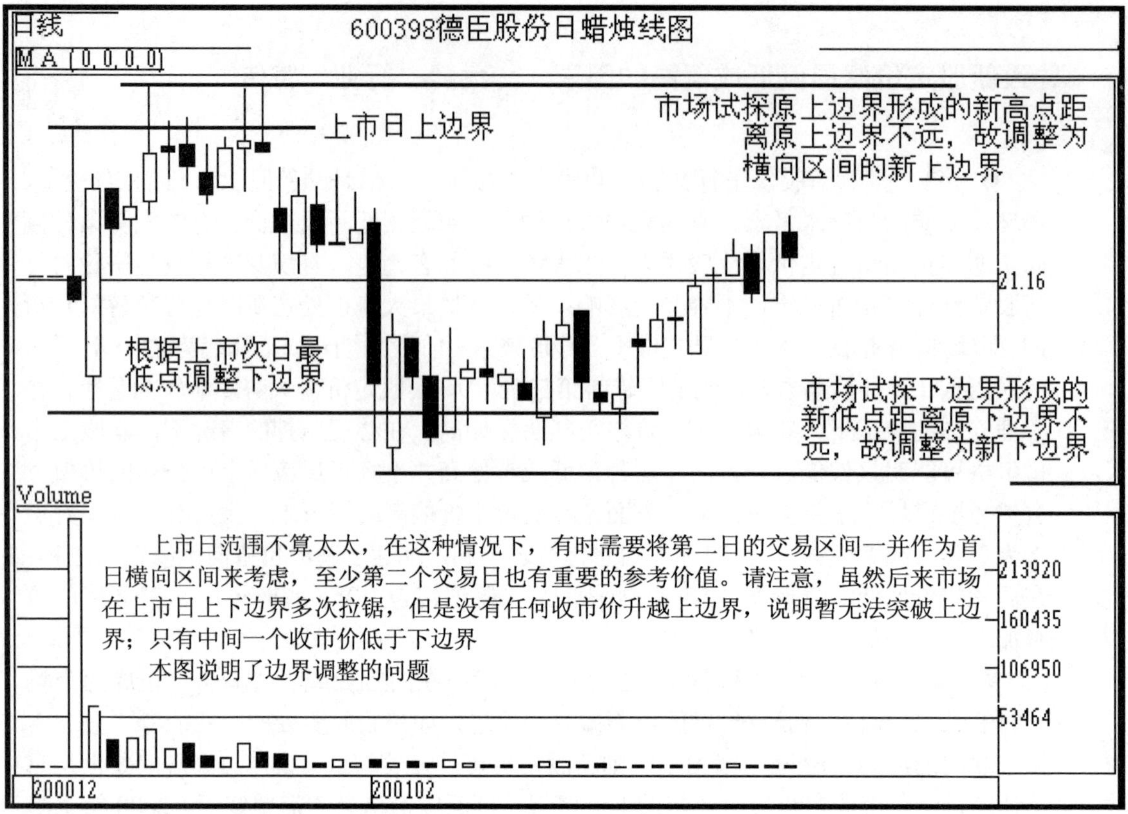

附图 1.6　德臣股份日蜡烛线图

不仅如此，随着行情发展，如果市场在试探原有横向区间的上下边界时没有明显的突破信号，但是在试探过程中创造了新高或新低，新高和新低又距离原边界不远，则应以新高和新低再次调整横向区间上下边界。当然，上市日和上市次日的几个关键价格水平仍有意义，在本例中，虽然市场多次在上市日上边界拉锯，但是没有任何收市价高于上边界；当市场试探下边界时，开头也没有收市于其下，在众多的“拉锯日”中仅有第四个交易日收市于其下，但是以第二个交易日的最低价调整后的新下边界来衡量，这一次也没有越界。据此我们判断，德臣股份的定价是合适的，在相当时间内没有调整的必要，即市场很可能将长期处于调整后的横向区间中波动。

有时横向区间边界的调整和突破信号搅在一起，让研究者很受挫折。面对这种情况，一方面事先要以多方面的验证信号来检验突破信号，对突破信号采取伏击法而非追击法，另一方面也需要采取止损措施，避免更大损失。我们买进新股是为了捕捉新股定价修正的情况，但出现修正行情的新股毕竟只占少数，大多数新股属于长期横向盘整的情况。

附图 1.7 闽东电力的情况颇令研究者感到挫折，该股上市日横向价格区间相当典型，本来可以指望它具有较明确的意义。但在第一个变形的蜡烛图启明星形态处，情形令人失望。在形态出现前一个交易日，市场试探下边界，尚且能够勉强收市于上市日下边界上方；启明星形态的第一个交易日，市场继续下探，收市于当日最低点，且明显低于上市日下边界，似乎构成卖出信号；启明星形态第二日是一个小实体，依然维持在该水平，似乎已经验证了向下突破信号；启明星形态的第三天，是一根较长的阳线，收市价高于启明星形态第一天的图线，至此启明星形态完成，形成向上反转信号；后两天，市场在上市日最低水平处还有反复，但是启明星形态维持有效，后来市场终于上升，显示原来的向下突破信号是假信号。在这样的情况下，我们首先要止损买进，因为闽东电力将长期在横向区间中徘徊，还要将横向区间下边界调整到新低点。

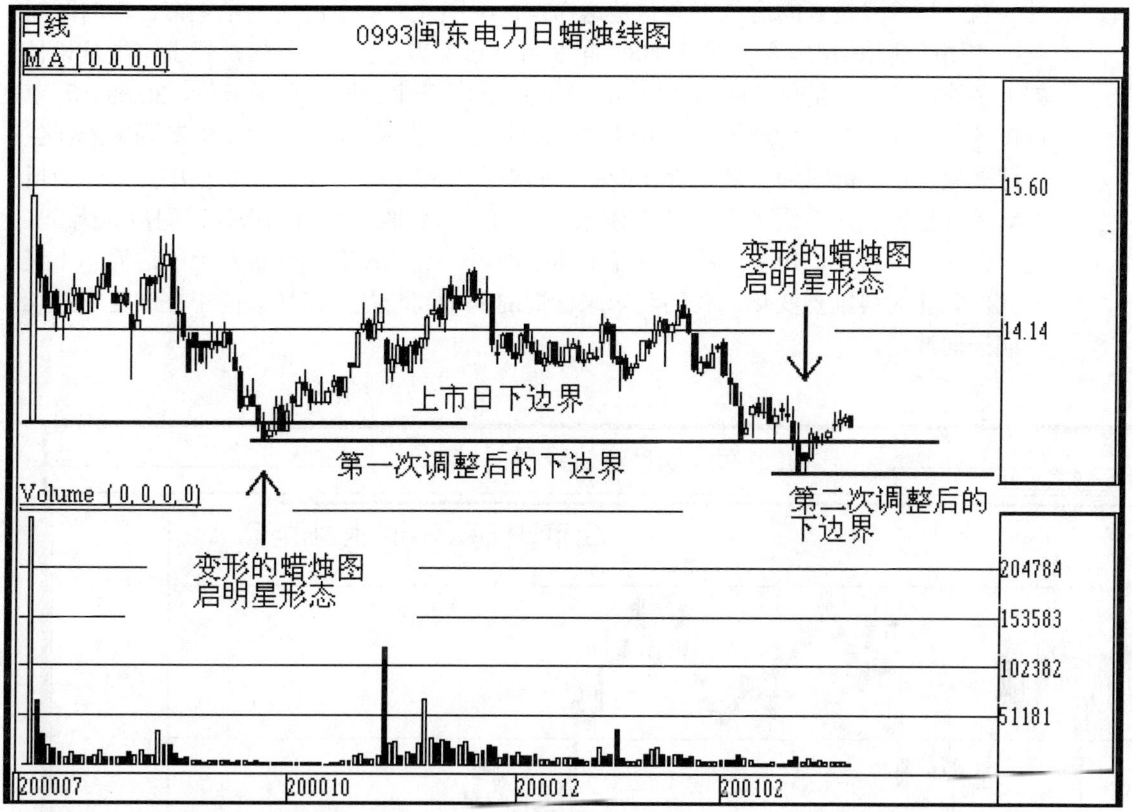

附图 1.7 闽东电力日蜡烛线图

闽东电力在横盘了 4 个月后，故伎重演，又一次向下突破调整后的横向区间下边界，无独有偶，这一回同样以变形的蜡烛图启明星形态向上反转，向下突破信号仍然是假信号。有了上一次的经验，再加上该股票已经上市超过半年，其拖泥带水的“股性”已经暴露无遗，我们这一回就会等待更多的验证信号，至少也要采取伏击法，而不是追击法。这样一来，很可能就避免了另一次挫折。

事后，我们需要再次调整横向区间的下边界。

上述两例充分说明，上市日横向价格区间边界不是铁板一块，而是具有一定弹性的，当然也不存在明确、刻板方法来识别突破信号。本质而言，研究上市日横向区间与技术分析中一般横向区间没什么两样，主要任务是识别和调整上下边界的两个价格水平，进而及时判断市场突破或者不突破价格水平的信号。遗憾的是，技术分析总是牵涉到研究者的主观因素，当事人的市场经验和市场见识是应用技术分析不可缺少的要素，得之于心，方能运用其妙。非如此，则不可想象仅凭提纲挈领的几项分析要领竟能广泛地适应复杂多变的市场万象。

典型实例

当然技术分析者的运气不会总是这样差，附图 1.8 所示的实例是上市日横向区间发挥作用的典型情况。新大陆于 2000 年 8 月 7 日上市，上市日的蜡烛线上一半是长长的上影线，下一半是长长的白色实体，表明上市日开市价即当日最低价，30.88。开市后市场由此向上强有力地推进，拓展了广阔的空间，最高点达 39.80。但市场未能保住全部战果，收市价回到了最高价和最低价的中点，35.24。以上市日价格中点计，当日波动幅度超过 25%，是典型的大范围波动的情况，新股上市日的横向区间由此确立。在上市后 7 个月内，市场始终维持在上述区间内，且从没有机会触及上下边界。不仅如此，除非大势剧烈变化，我们对未来行情的基本判断是，市场倾向于在该区间继续长期横向波动。

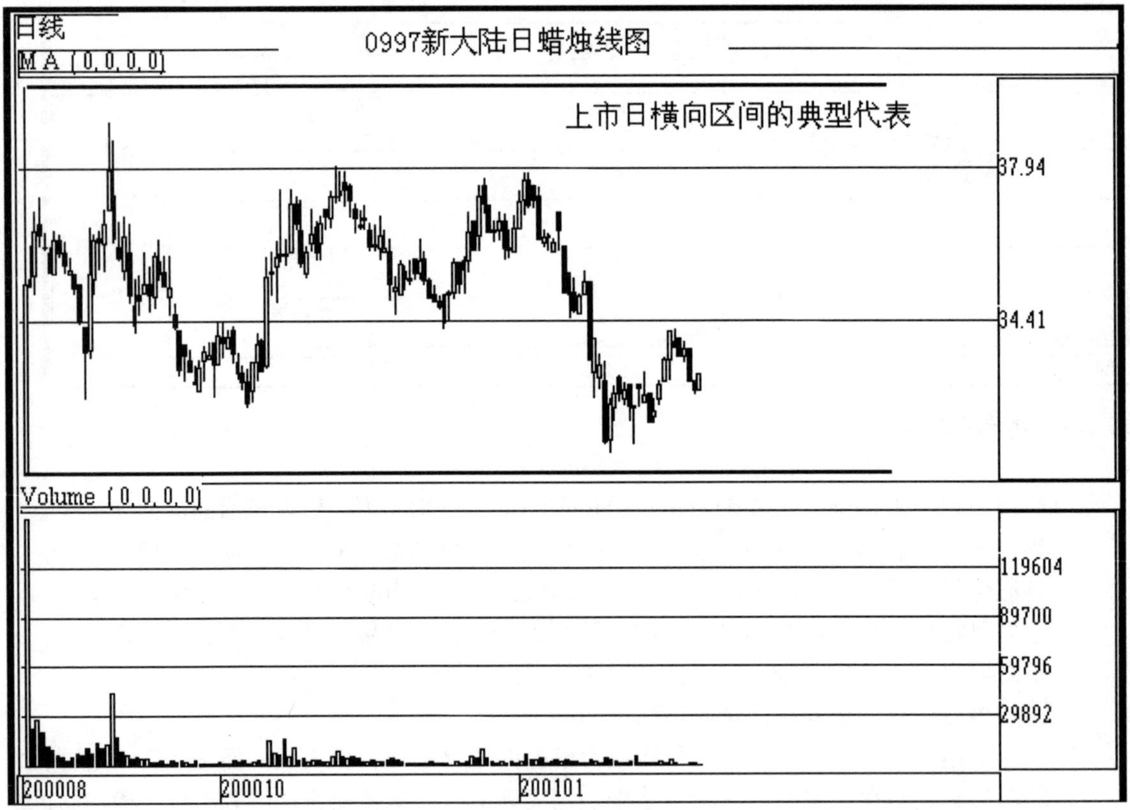

附图 1.8 新大陆日蜡烛线图

附图 1.9 是 2000 年 12 月 7 日上市的珠峰摩托，上市日开市价 16.38，最高价 17.85，最低价 15.81，收市价 17.60。以当日中间价计算，波动幅度为 12%，属于可以接受的上市日横向区间的类型。当日最高价接近收市近，即上影线上端接近实体上端，因此，当市场向上突破最高点 17.85 时，构成向上突破信号；如果突破后市场再跌回到实体上端之下，即 17.60 以下，构成止损信号。

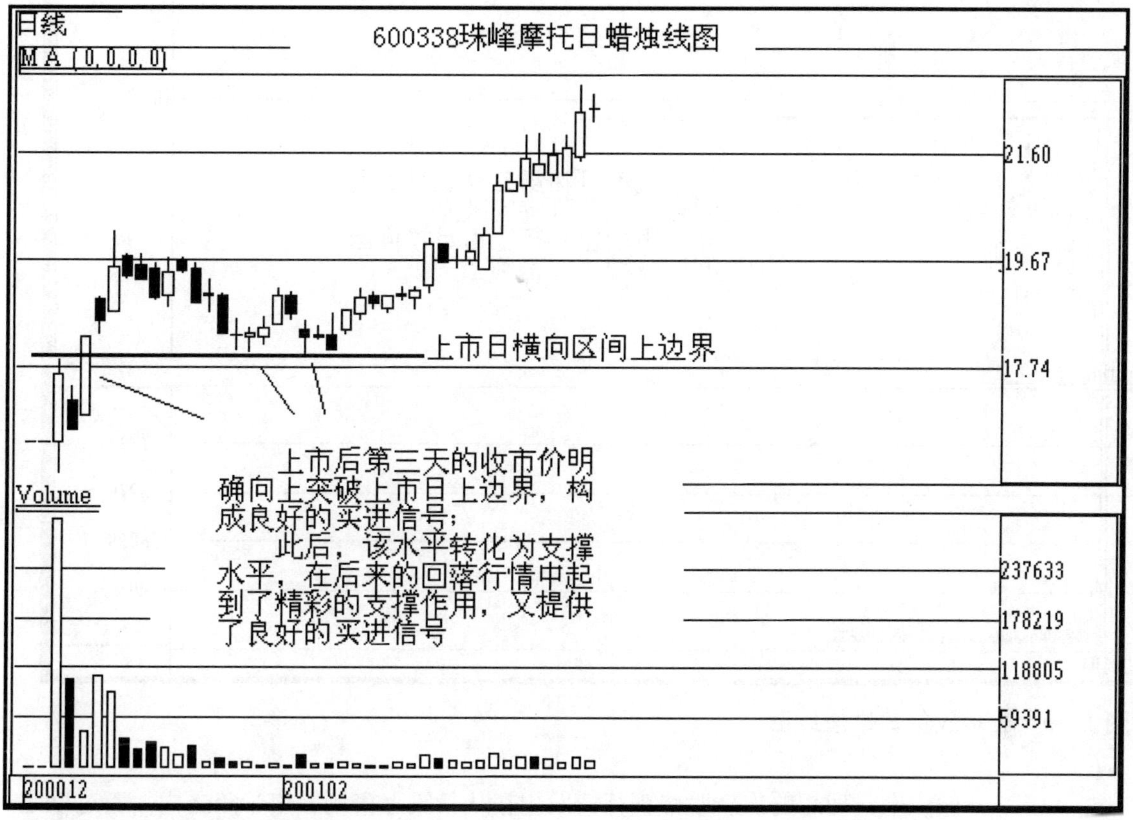

附图 1.9 珠峰摩托日蜡烛线图

不过，本例尚无止损信号的用武之地，在上市日后的第三个交易日，收市价为 18.27，明确向上超越了上市日横向区间的上边界，构成突破信号。这是第一个买进良机，既足以形成突破信号，又不算涨得太离谱。此后，上市日横向区间的上边界演变为重要支撑水平，后来市场向下回落时，始终停留在该水平之上，不越雷池，两个最低点分别是 18.00 和 17.97，构成了良好的伏击法买进信号。这实在是一个精彩的实例。实际上，我们并不需要市场如此整齐地排列在上市日横向区间上边界之上，只要收市价不低于上市日实体上端就够了。

附图 1.10 为长运股份向上突破的例子。该股票 2001 年 1 月 9 日上市，开市价 14.50，最高价 15.80，最低价 14.50，收市价 15.28，上市日价格波动幅度为 8.5%，幅度偏小。但我们注意到上市第二日的交易量较大，波动幅度也较大，且其区间明显延续了上市日的行情，因此，将第二日与上市日的区间合而为一，共同构成上市日横向区间。起初市场在上述区间中横向波动了 21 个交易日，直到 2001 年 2 月 23 日才向上突破，构成买入信号。

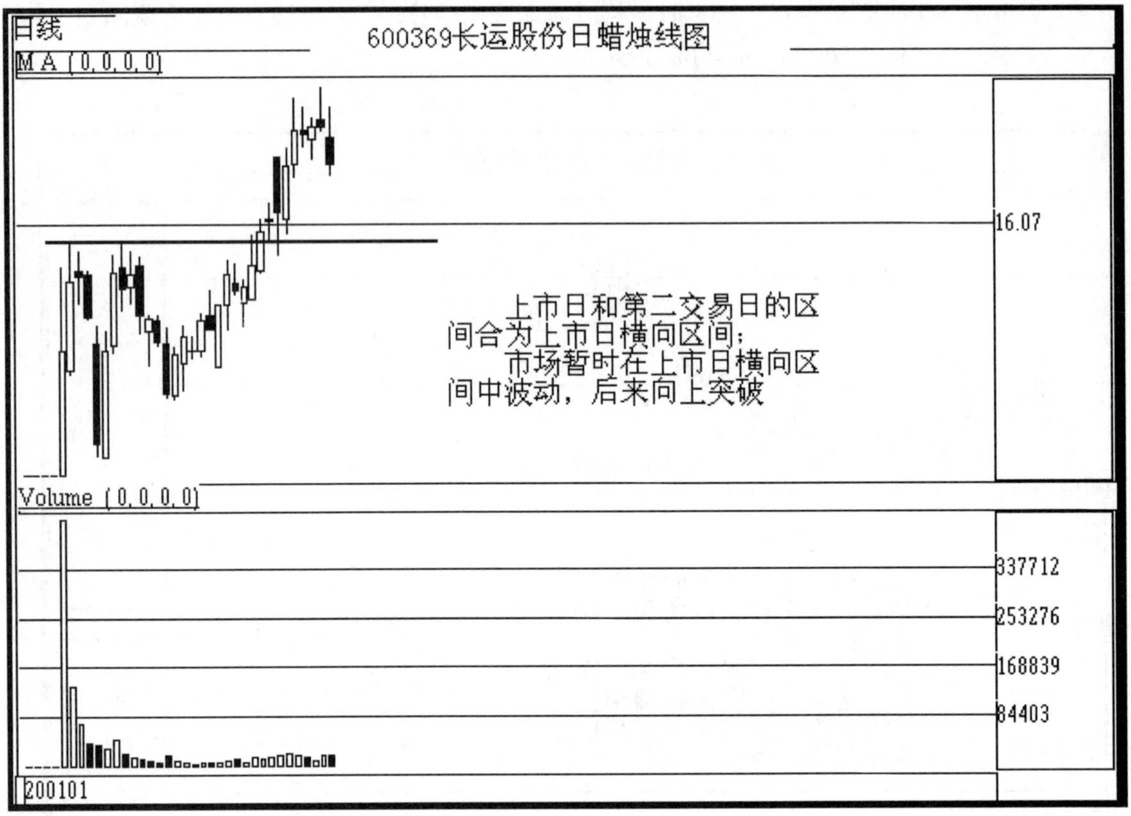

附图 1.10 长运股份日蜡烛线图

一般说来，理想的次新股修正行情发生在从新股上市到上市半年之内，不过以定价修正的本意来说，突破信号来得越早，则越可能构成与大势无关的修正行情；越晚，则越有可能受大势影响，变成突破一般横向区间的情况。对一般横向区间而言，市场横向波动的时间越久，则积累的交易量越大，横向区间越重要。但是，对于新股上市日横向区间来说，并不需要时间上的积累，只要上市日一个交易日，或者上市日和第二个交易日合而为一就足够代表一个重要的横向区间了。虽然后来有可能如附图 1.6 和附图 1.7 那样稍稍调整其上下边界，但那只是微调，是在新高、新低接近上市日横向区间边界的情况下的小幅调整。如果新高、新低不接近上市日横向区间边界，则它们属于一般价格水平和一般横向区间，需要时间积累。

附图 1.11 是向下突破上市日横向区间的典型例子。美克股份于 2000 年 11 月 16 日上市，开市价 35.00，最高价 35.12，最低价 30.30，收市价 31.00。以当日价格中点计，上市日波动幅度约 15%，可接受。在本例中，上市日蜡烛线实体的下端，即收市价，接近当日最低价，因此我们以市场向下突破上市日最低价为卖出信号，以市场再返回上市日实体下端之上为止损标志。

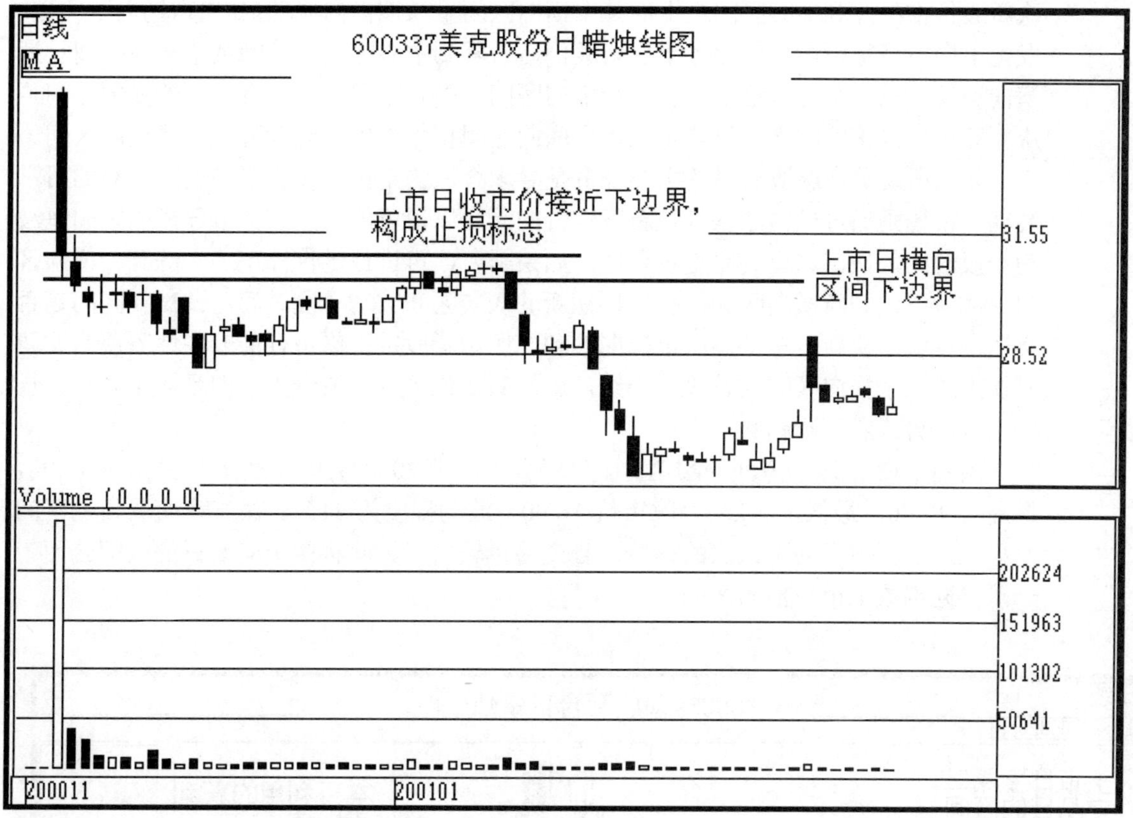

附图 1.11　美克股份日蜡烛线图

美克股份上市后第二个交易日的收市价（30.20）即向下突破了上市日横向区间下边界，不过它向下突破的幅度或许说服力不够，可以等第三个交易日的开市价乃至收市价来进一步证实上述卖出信号。上市后第三个交易日，开市价为 30.03，这是一个过得去的验证信号，表明可以卖出。当日收市价为 29.80，这是另一个验证信号，该下决心了。此后市场虽然表现为横向整理，甚至在 2001 年 1 月上旬向上返回到上市日最低点之上，但是，并没有返回到上市日蜡烛线实体下端之上，我们大可以静观其变。后来该新股的向下修正过程终于开场，股价明显下降，且很可能长期维持在较低水平。可见，虽然我们不能卖空股票，但是新股卖出信号仍然很有意义。投资者根据卖出信号及时卖出手里的新股，在股价大幅向下修正的情况下可以避免股价损失，在股价长期低位徘徊的情况下至少也能避免长期占压资金。

三个横向区间

由于新股行情的重点在于定价，而不是连续的“强弱分化”，一旦市场发现合适的定价后，新股往往长期在新价格附近横行波动。粗略地说，我们可以以新股上市日横向价格区间作为行情演变中心，如果市场向上突破，发生了向上修正行情，就相当于次新股价格上升到中心区间之上的某个横向区间里长期横向波动；如果市场向下突破，发生了向下修正行情，就相当于次新股价格下降到中心区间之下的某个横向区间长期横向波动。也就是说，这里共有三个横向区间，中心区间上方或者下方的横向区间是次新股定价修正的结果，可能与上市日横向区间相邻，更可能远离上市日横向区间。

如前所说，次新股交易的主要任务是寻求合适的定价，暂且不必追随大势的日常波动。市场是通过试错法来寻找新股定价的，所以很可能首先在上市日横向区间里波动一段时间，试试这里到底是否合适；如果需要，再进行定价修正，上涨到新横向区间，或者下跌到新横向区间，然后再在新的横向区间波动一段时间，试试新区间是否合适。这就是说新股总是倾向于横向波动，所谓新股定价修正行情较多地表现为次新股在上述三个横向区间的升级、降级，虽然其变化幅度一般较大，但是较少表现为长期上升趋势或者下降趋势。

附图 1.12 是这一方面的实例。国旅联合上市于 2000 年 9 月 22 日，开市价 15.98，最高价 17.40，最低价 15.55，收市价 16.90，波动幅度为 11%。第二个交易日的区间明显延续了上市日向上试探的行情，且交易量较大，因此将两个交易日的区间合而为一，共同构成上市日横向区间。

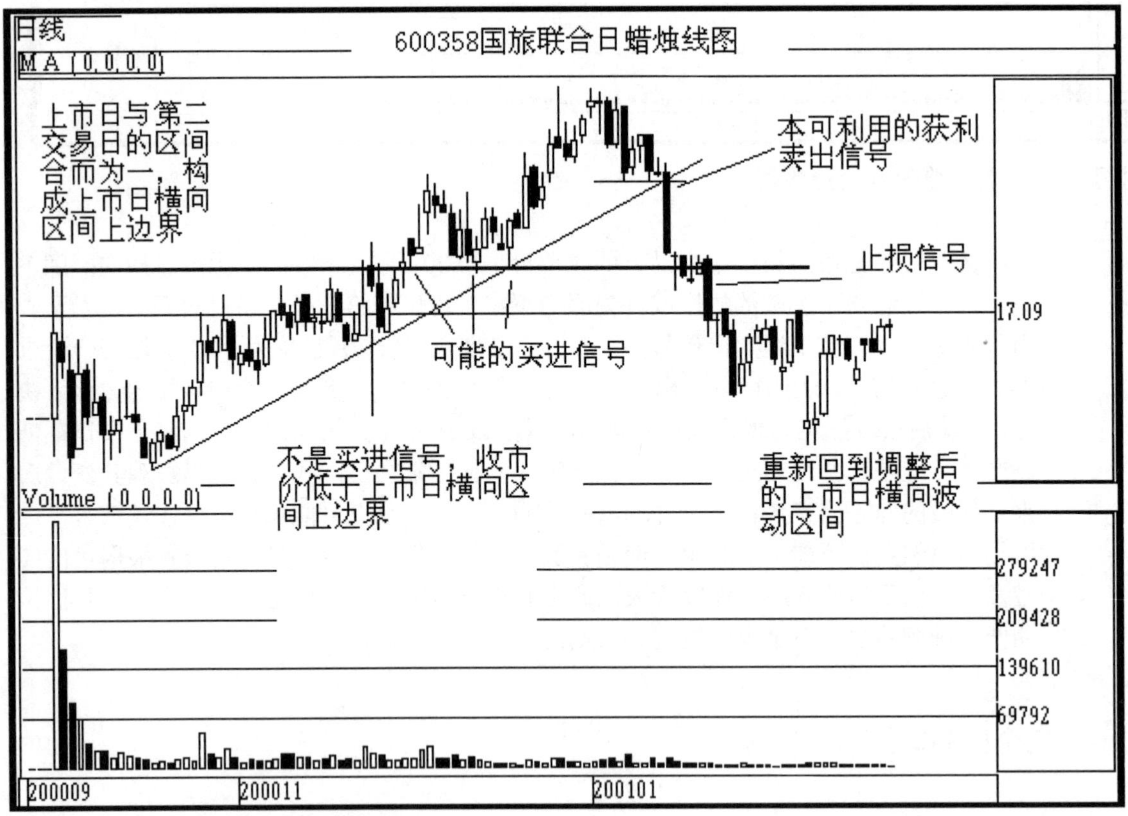

附图 1.12 国旅联合日蜡烛线图

实际上，第三个交易日也延续了第二个交易日的行情，继续下探，交易量也较大。

这一天的最低点又是新低，但接近上市日横向区间下边界，我们据此调整上市日横向区间的下边界。如此一来，上市日横向区间的上下边界就是在头三个交易日来确定的。这也是灵活运用技术分析的实例。

2000 年 11 月 23 日，市场曾一度向上超越上市日横向区间上边界，但是收市价返回其下，所以这不是买进信号。11 月 29 日和 30 日收市价向上超越该边界，29 日是一个小实体，向上超越的程度不明显，但是 30 日的开市价明显上升，收市价也维持在该边界之上，基本上构成买进信号。出于谨慎的考虑，如果这里不买进，则 12 月 12 日和 18 日，当市场两度向下回落试探原上边界的支撑作用时，则构成伏击法的买进良机，不宜错过。向上突破后的修正行情实际上是在上市日横向区间之上的横向区间中进行的，没有持续上升。

2001 年 1 月 15 日的大阴线是一个明显的获利卖出信号，首先，回顾之前的高位，连续的高位星线和十字星构成了向下反转信号；其次，上升趋势线已经被跌破；最后，几个整齐排列的前期低点也被向下突破。

如果没有在上述信号卖出，后来就必须卖出止损，因为 2 月 5 日的大阴线明确回到了上市日横向区间之内。一般估计，该次新股将长期在上市日横向区间中波动。

结论

次新股的突破信号和修正行情与一般横向区间突破信号既有相同之处，也有不同之处。在判断次新股上市日价格水平及其突破信号、寻求验证信号、选择买卖时机等方面，我们完全可以借鉴一般横向区间和一般价格水平的做法。不过，次新股有其特别之处，如上市日决定横向区间、次新股定价修正行情与大势关系较小等。

还必须声明，从总体来看，次新股修正行情未必比“旧”股票更有利于投资者。通过上述诸实例您可以发现，理想情况总是少数，常见的则是复杂的变形，研究者必须慎重抉择。之所以专门研究次新股，一方面是因为研究“旧”股票的方法在次新股这里有局限性，另一方面，由于此新股修正行情与大势没有太直接的关系，在大势条件不理想的情况下，投资者可以更多地选择次新股作为投资对象。